梅县年鉴

2021

（总第28卷）

梅县区年鉴编纂委员会
梅 县 区 年 鉴 编 辑 部 编

方志出版社
Publishing House of Local Records

图书在版编目(CIP)数据

梅县年鉴. 2021 / 梅县区年鉴编纂委员会，梅县区年鉴编辑部编.
——北京：方志出版社，2021. 12
ISBN 978-7-5144-4864-1

I. ①梅… II. ①梅… ②梅… III. ①梅县— 2021—年鉴
IV. ①Z525.54

中国版本图书馆 CIP 数据核字(2021)第 258839 号

梅县年鉴（2021）

编　　者：梅县区年鉴编纂委员会
梅县区年鉴编辑部
责任编辑：刘方圆

出 版 者：方志出版社
地址 北京市朝阳区潘家园东里 9 号（国家方志馆 4 层）
邮编 100021
网址 http://www.zgfzcb.cn
发　　行：方志出版社图书经销中心
电话（010）67110500
经　　销：各地新华书店
印　　刷：梅州程江彩色印刷厂有限公司

开　　本：889×1194　　1/16
印　　张：21
字　　数：628 千字
版　　次：2021年12月第1版　　2021年12月第1次印刷
印　　数：001~800册

ISBN 978-7-5144-4864-1　　定价：200.00元

梅县区年鉴编纂委员会

主　　任：王　锋（区委副书记、区长）

副 主 任：赖宇坚（区委常委、区委办公室主任）

　　　　　陈春妮（区政府副区长）

委　　员：（按姓氏笔画为序排序）

　　　　　王庆润　王志华　叶金胜　刘森江　李文杰

　　　　　李晓斌　李家亮　邹其森　陈永征　陈纪珠

　　　　　郑伟荣　凌宏志　章广润　廖秀丽　廖峰松

梅县区年鉴编辑部

主　　编：邹其森

副 主 编：杨东梅

编　　辑：黄　森　黎志康　卢　清　邓慧聪　陈福君

图　　片：区新闻办及有关单位提供

编辑说明

一、《梅县年鉴（2021）》全书以马克思列宁主义、毛泽东思想、邓小平理论、“三个代表”重要思想、科学发展观、习近平新时代中国特色社会主义思想为指导，坚持辩证唯物主义和历史唯物主义的立场、观点和方法，客观、全面、翔实地记述了梅县区2020年政治、经济、社会、文化、科技教育、卫生体育等诸多方面的发展状况，记载梅县区社会主义现代化建设进程，总结2020年梅县区发生的大事、要事、新事及面临的新问题、新情况，记载了取得的新成就、新进展、新经验，反映了梅县区各条战线的风貌，是一部了解2020年梅县区重要地情的资料书。

二、《梅县年鉴（2021）》为总第28卷，采用分类编辑法，以篇目、类目、分目、条目组成主体部分，图文结合，以文为主。全书设大事记、梅县区概况、政治、经济、科教文旅、社会生活、乡镇建设、国民经济主要指标、内设机构、名录、文献辑存，约628千字。

三、《梅县年鉴（2021）》资料主要来源于梅县区辖区内各单位提供的资料及内部情况通报、调查材料、网络、报纸、杂志等。各单位提供的资料均经供稿单位领导审阅，供稿人署名标在文后。所用的统计数字由各单位和区统计局提供，单位提供数字与统计局提供数字不一致的，以梅县区统计局编制的《国民经济主要指标》统计数字为准。

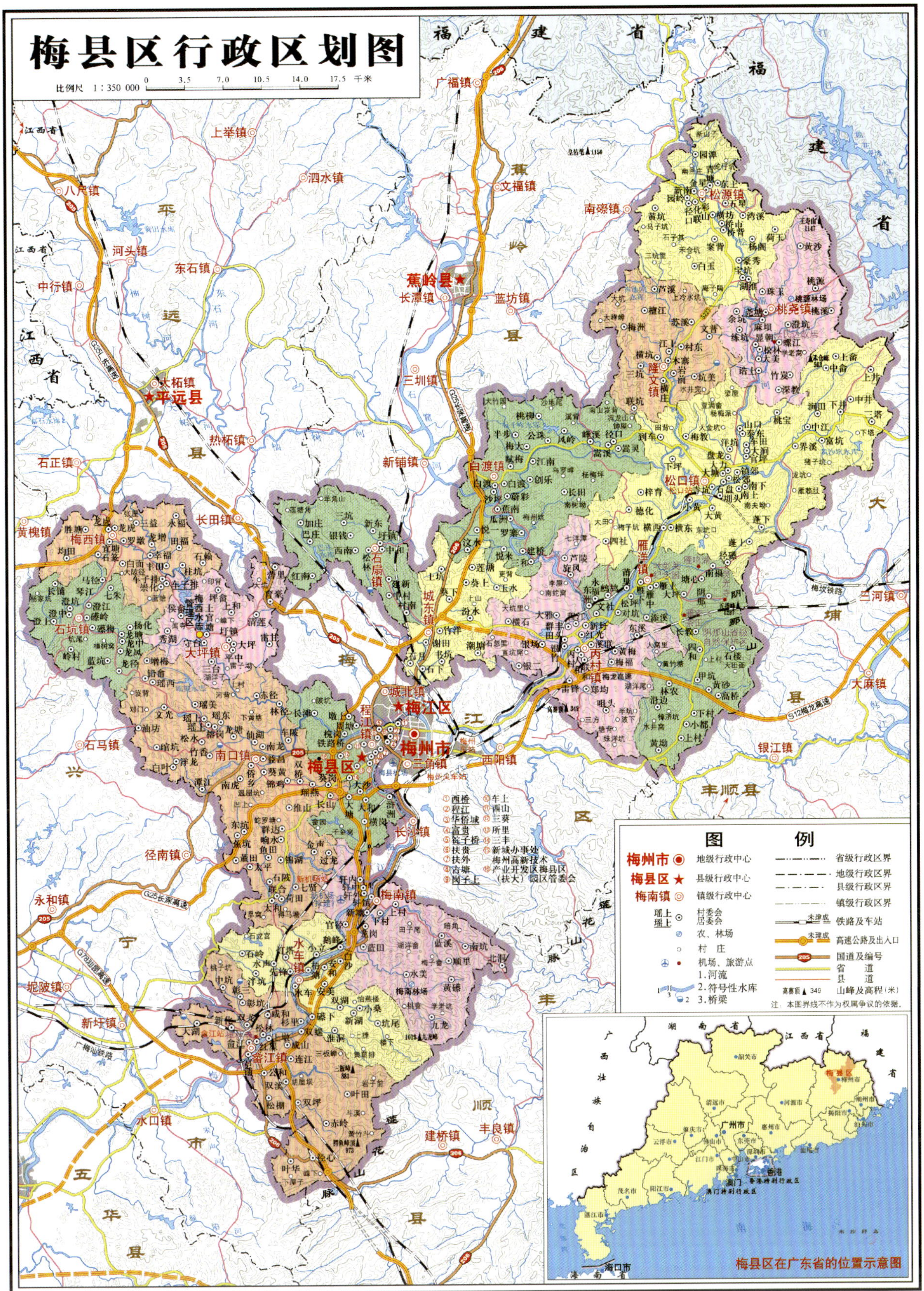

广东省地图院编制 审图号：粤S（2016）069 号

本图资料截至2015年12月

大事要闻

1月15日，中国共产党梅州市梅县区第一届委员会第九次全体会议在梅县区文化中心礼堂召开

6月10日，中国人民政治协商会议第一届梅州市梅县区委员会第五次会议在梅县区文化活动中心礼堂举行

大事要闻

6月11日，梅州市梅县区第一届人民代表大会第五次会议在梅县区文化中心礼堂举行

10月29日，中国共产党梅州市梅县区第一届委员会第十次全体会议在梅县区文化中心礼堂召开

大事要闻

1月16日，投资4000多万元的梅县区人民南路“断头路”建成通车

4月6日，梅县区在区委区政府大院举行欢迎仪式，欢迎中山大学附属第三医院粤东医院首批支援湖北医疗队的13名医务人员平安回家

大事要闻

5月19日，梅县区召开政银企工作座谈会暨招商引资项目签约仪式

5月29日，梅县区召开2020年精神文明建设委员会第一次全体会议暨创文工作推进会

大事要闻

6月28日，广东省三宜集团有限公司在梅县区程江镇挂牌成立

7月31日，梅州市在梅县区畲江镇举行规划面积2.53平方千米的梅州综合保税区建设动员大会

大事要闻

8月26日，梅县区疾病预防控制中心分子生物学检测室（PCR实验室）建成并正式启用，为梅州市首个具备新冠病毒核酸检测能力的县（区）级疾控中心

9月21日，梅县区庆祝2020年中国农民丰收节暨第五届广东高速车主节活动启动仪式在松口镇大黄村中心广场举行

大事要闻

10月8日，正式建成并投入使用的广东振声科技高新工业园

10月26日，在梅县区石扇镇举行“提升金柚品牌、助力乡村振兴”2020年广东梅州柚·梅县金柚开采节

大事要闻

11月18日，位于梅县区境内（丙村镇、城东镇）全长约15千米的梅龙高速公路梅州东联络线正式通车

11月27日，2020年中国电子铜箔行业年会暨梅州市铜箔产业大会在梅县区举行

12月25日，世界长寿之都（梅州）授牌暨客都人家开街仪式在梅县区丙村镇中国·梅州客都人家文旅综合体举行

12月27日，客商银行·2020世界客都长寿梅州马拉松赛在梅县区人民广场开跑

乡村振兴

南口镇葵岗村湿地公园

白渡镇宋湘故居

梅西镇丰年盛景
鸡肉菌种植场

乡村振兴

畲江镇新貌

丙村镇三堡大桥

梅南镇柏亨养龟基地

大坪镇清连村澳洲龙虾基地

目　录

大　事　记

梅县区概况

政　治

经　济

科 教 文 旅

社会生活

乡镇建设

国民经济主要指标

内设机构

名　录

文献辑存

索　引

大 事 记

1月

6日，梅县区扶外小学、梅县区松口镇中心小学获评第三批广东省中小学艺术教育特色学校。

7日，梅县区石坑镇龙中村村民李通被广东省文明委评为“广东好人”。

10日，梅县金柚入选中国农业品牌目录2019农产品区域公共品牌（第一批）价值评估榜单，品牌评估价值113.27亿元，位居广东全省第一，品牌影响力指数66.378。

12日，纪录片《红色根据地》开机仪式在梅县区松源镇“同怀别墅”举行。

13日，在梅县区妇幼保健院举行二级甲等妇幼保健院挂牌仪式。

是日，梅县区召开“不忘初心、牢记使命”主题教育总结会议。

15日，中国共产党梅州市梅县区第一届委员会第九次全体会议在梅县区文化中心礼堂召开。

16日，投资4000多万元的梅县区人民南路“断头路”建成通车。

20日，梅州市梅县区消防救援大队举行挂牌仪式。

23日，梅县区召开新型冠状病毒感染的肺炎疫情防控工作会议，深入学习贯彻习近平总书记对新型冠状病毒感染的肺炎疫情作出的重要指示精神，传达贯彻省、市防控会议精神，对疫情防控工作进行部署、落实。

26日，中山大学附属第三医院粤东医院抽调13名医护人员，组建普通患者救治医疗队，参与组建省第二批医疗队，全力支援武汉开展新型冠状病毒感染的肺炎医疗救治工作。

29日，梅县区组织工作人员对广场、公厕、车站等公共场所开展疫情防控环境卫生大消杀行动，坚持“全面、彻底、不留死角”，全力做好疫情防控工作。

31日，梅县区委组织部从代区委管理党费中给19个镇（办事处、高管会）党（工）委及卫健系统党委划拨专项资金67万元，用于支持各镇（系统）开展疫情防控工作，其中，每镇3万元、卫健系统党委10万元。

2月

1日，梅县区召开政府党组（扩大）会议暨2020年第二次政府常务会议，传达学习贯彻中共中央总书记习近平对当前新型冠状病毒感染的肺炎防控工作作出的重要指示精神，传达学习中央政治局常委会会议精神，传达省、市关于疫情防控工作相关要求，听取全区疫情防控工作汇报，研究部署下一步工作。

是日，广东嘉元科技股份有限公司捐款 10 万元，支持梅县区防疫抗疫工作。

4 日，梅县区根据疫情防控工作的需要，凡到药店购买感冒发热、咳嗽、咽喉痛等药品的一律实行实名登记。

是日，梅县区为进一步做好物业管理区域新型冠状病毒感染肺炎疫情防控工作，辖区住宅小区一律实行封闭式管理。

7 日，超华科技捐资 100 万元、嘉元科技捐款 100 万元及捐赠价值 20 万元的防护物资，助力梅县区开展疫情防控工作。

是日，梅县区外国语学校开展高三“停课不停学”系列网络直播课程，让高三学生不出家门就能满足学习需求。

10 日，经过核查和报区疫情防控指挥部批准，梅县区 25 家工业企业实现安全有序复工复产。

17 日，梅县区召开区委常委会会议暨区新冠肺炎防控领导小组（指挥部）会议，传达学习贯彻中共中央总书记习近平到北京市调研指导新型冠状病毒肺炎疫情防控工作和在中央全面深化改革委员会第十二次会议上的重要讲话精神，传达学习省委常委会会议、省新冠肺炎防控领导小组（指挥部）会议精神，传达学习市委常委会会议精神、市新冠肺炎防控领导小组（指挥部）会议精神，研究部署当前相关工作。

20 日，梅县区 9 个联合检疫站和 3 个入城关口防疫点撤除。

是日，梅县区正式开始线上教育教学活动，实现“停课不停学”。

26 日，梅县区委常委会召开扩大会议，传达贯彻中共中央总书记习近平在统筹推进新冠肺炎疫情防控和经济社会发展工作部署会议上的重要讲话精神，传达省委常委会（扩大）会议精神，传达市委常委会（扩大）会议精神，研究部署梅县区统筹推进疫情防控和经济社会发展工作。

是日，“同舟共济　共抗疫情”梅州市农业企业向湖北荆州捐赠抗疫物资发车仪式在梅县区广东村之翼科技有限公司举行。捐赠产品包括客都米、嘉应茶、梅州柚、鸡蛋、蜂蜜、茶油等物资，总计价值 210 多万元。

3 月

10 日，梅县区召开区委常委会会议，传达学习中共中央总书记习近平在北京考察新冠肺炎防控科研攻关工作时的重要讲话精神、在中央政治局常委会会议上和在决战决胜脱贫攻坚座谈会上的重要讲话精神，学习贯彻中央应对新冠肺炎疫情工作领导小组有关文件、省委常委会会议和市委常委会会议精神，研究部署统筹推进区域疫情防控和经济社会发展、脱贫攻坚等工作。

12 日，经过中山大学附属第三医院粤东医院医护人员精心救治和护理，梅州市最后 1 例新冠肺炎患者治愈出院。

是日，梅县区在富力城建筑工地组织开展“防疫应急演练”观摩会。

22 日，梅州市首批支援湖北医疗队共 21 人平安回到家乡。其中，包括梅县区中山大学附属第三医院粤东医院的 13 名医务人员。

23 日，粤港澳大湾区“菜篮子”工作办公室公布第四批“菜篮子”生产基地认定初审候选名单，梅州广东九联禽业养殖有限公司的大坪镇朱坑养殖六场、金坑养殖八场入选。

31 日，梅县区共享中药·智能配剂中心统一调拨服务签约仪式在梅县区中医医院举行，以梅县区中医医院为牵头单位，与全区 18 家乡镇卫生院签订协议，统一梅县区中医医联体的采购、调拨、配送服务等各项工作。

4 月

6 日，梅县区在区委、区政府大院举行欢迎仪式，欢迎中山大学附属第三医院粤东医院首批支援湖北医疗队的 13 名医务人员平安回家。

8 日，广东省生态环境厅厅长鲁修禄率队到梅县区调研环境治理和排污许可工作情况。

10 日，梅县区召开柑橘橙柚果树种植保险试点工作会议，将在松口、石扇、桃尧、雁洋 4 个金柚主产镇开展柑橘橙柚种植保险试点工作。

15 日，梅县区组织农产品电商企业开展直播推广活动，为梅州和湖北的特色农产品“带货”。

16 日，梅县区召开 2020 年春季学生返校工作部署会。

20 日，梅县区召开区委常委会会议，传达学习中共中央总书记习近平在中央政治局常委会会议上的重要讲话、对安全生产的重要指示精神，传达省委、市委常委会会议精神，研究梅县区贯彻落实意见。

27 日，梅县区 26 所学校的 8056 名初三、高三学生正式返校。

30 日，梅县区召开农村生活污水治理工作推进会，研究部署全区农村生活污水治理工作。

5月

12 日，梅县区 14028 名小学五、六年级学生返校。

是日，梅县区在智慧中心举行 2020 年“5·12”国际护士节纪念大会，致敬新时代最可爱的人。

18 日，梅县区 71945 名中小学生全部返校。

19 日，梅县区召开政银企工作座谈会，举行招商引资项目签约仪式。活动现场：金融机构为企业现场授信超 20 亿元；梅县区人民政府分别与嘉元科技、BPW 车轴、伟友耐磨、客客柚果、科华环保企业代表进行签约。

20 日，2020 广东省促消费（夏季）暨“互联网+家 520”购物节（梅州）活动启动仪式在梅县区红星美凯龙商场举行。

25 日，梅县区各中小学校恢复常态班上课，不再采取拆班的办法进行上课。

26 日，参加全市农村工作暨实施乡村振兴战略和决战决胜脱贫攻坚现场推进会的人员，到梅县区考察点丙村镇芦陵村、溪联村进行实地参观考察。

28 日，经国家发展改革委等五部委认定的广东嘉元科技股份有限公司国家企业技术中心正式揭牌，标志着梅州实现国家企业技术中心“零”的突破。

29 日，梅县区召开 2020 年精神文明建设委员会第一次全体会议暨创文工作推进会。

6月

3 日，广东省涉农资金统筹整合领导小组办公室调研组到梅县区开展涉农资金统筹整合上门服务和调研工作。

7 日，由梅县区新城办、市生态环境局梅县分局和团区委联合主办的 2020 年纪念“6·5”环境日活动启动仪式在锦发商业广场举行。

10 日，中国人民政治协商会议第一届广东省梅州市梅县区委员会第五次会议在梅县区文化活动中心礼堂举行。

11 日，梅州市梅县区第一届人民代表大会第五次会议在梅县区文化中心礼堂举行。

是日，中国电子材料行业协会副秘书长、中国电子材料行业协会电子铜箔材料分会秘书长、研究员冷大光率队到广东超华科技股份有限公司调研企业增资扩产项目推进情况。

13 日，中国环境科学研究院生态文明中心总工程师、副研究员张强率领生态环境部现场核查工作组，对梅县区“绿水青山就是金山银山”实践创新基地申报创建工作进行复核考评。

18 日，梅县区的梅州市永丰盛种养专业合作社入选广东省林业专业合作社示范社。

23 日，以“筑梦美丽梅县·创赢乡村振兴”

为主题的“梅州农商银行杯”梅县区首届乡村创新创业创富大赛在南口镇侨乡村毅成公家塾启动。这是广东省首次举行县级乡村创业大赛。

24日，梅县区新冠肺炎疫情防控指挥部办公室疫情防控组开展农贸市场新冠肺炎疫情防控应急处置演练。

28日，广东省三宜集团有限公司在梅县区程江镇挂牌成立。它是以梅州市梅县区国有资产经营有限公司、梅州市梅县区伟恒城建发展有限公司、梅州市梅县区客侨文化旅游发展有限公司等区属国有企业为基础组建的国有企业集团公司，主要经营范围为：基础设施建设、产业园区开发，土地与矿产资源开发、房地产开发、文化旅游资源开发、物业管理与租赁、城区广告经营权、城区停车场建设与管理以及开展对外投资与融资合作等。

是日，梅县区2020年“广东扶贫济困日”活动在区文化中心礼堂举行。

29日，汉口往返梅州西D3286次动车开始恢复正常运行。

30日，梅州西往返宜昌东的D3285次动车恢复正常运行。

7月

1日，梅州市首批市级党员教育基地授牌暨揭牌仪式在梅县区梅南镇水美村举行。现场对首批10个市级党员教育基地进行统一授牌，并对其中的粤东北九龙嶂革命根据地旧址群进行揭牌。

13日，第二届广东省退役军人创业大赛复赛在梅县区云电商生态城创业孵化基地举行。

17日，“美丽梅县·客都明珠”第五届梅县区微电影大赛总结暨第六届微电影大赛启动仪式在梅县区新时代文明实践中心举行。

22日，梅县区农村泥砖房清理整治工作现场推进会在松口镇召开。

是日，由广东省质量协会主办，梅州市质量协会承办，联合汕头市质量协会，以“质量提升·创新品牌”为主题的“2020年广东省质·创论坛暨质量管理小组经验交流大会”在梅县区雁洋镇雁南飞茶田会议中心召开。

27日，梅县区精神文明建设和创建全国文明城市工作推进会在梅县区文化中心召开。

28日，2020年梅县区优质民营企业现场招聘会在畲江镇举行，邀请20多家企业参加，提供就业岗位1000多个。

31日，梅州市在梅县区畲江镇举行规划面积2.53平方千米的梅州综合保税区基础设施建设启动仪式。

是日，梅州城区首家村级“中医阁”——“李展望中医阁”在梅县区程江镇古塘村卫生站成立。

8月

7日，梅县区举行重点项目集中动工仪式。此次梅县区集中动工的一批重点项目总投资38.8亿元，分别是：投资5.3亿元的广东外语外贸大学附设梅州实验学校项目、投资11.8亿元的广东嘉元科技股份有限公司1.5万吨高性能铜箔项目、投资12亿元的梅州天虹购物中心项目、投资5.4亿元的BPW车轴（梅州）有限公司八期技改项目、投资2.5亿元的中国金柚科技文化产业园项目和投资1.8亿元的梅州伟友耐磨材料有限公司二期技改项目。

12日，中共党史教研部主任、教授罗平汉率队到梅县区开展红色资源保护和利用工作调研。

21日，梅县区退役军人法律援助工作站在区退役军人服务中心挂牌成立。

24日，梅县区城东镇的石下村与玉水村、桃尧镇的松林村与螺江村、梅南镇的黄磜村、顺里村与北洞村、石坑镇的岭村村与龙凤村、雁洋镇的大坪村、石扇镇的西南村与建新村、松口镇的大黄村与梅教村、丙村镇的溪联村与郑均村、南口镇的侨乡村与车陂村、松源镇的湾溪村、白渡镇的创乐村、梅西镇的宜塘村等 21 个村被广东省农业农村厅定为首批省级“一村一品、一镇一业”专业村。

26 日，梅县区疾控中心分子生物学检测室（PCR 实验室）建成并正式启用，为梅州市首个具备新冠病毒核酸检测能力的县（区）级疾控中心。

是日，中国农业农村部办公厅公布“互联网+”农产品出村进城工程试点县名单。梅州市梅县区上榜，成为广东省入选的 3 个县（区）之一。

是日，文化和旅游部发布《文化和旅游部国家发展改革委关于公布第二批全国乡村旅游重点村名单的通知》，梅县区雁洋镇长教村入选。

是日，梅县区公安分局组织防爆小分队开展防爆处突夏季练兵汇报演练。

27 日，梅县区首批区级党员教育基地授牌暨揭牌仪式在大坪镇举行。

28 日，梅县区集中举行乡镇体制改革挂牌仪式。

31 日，梅州市梅县区教师发展中心成立。

9 月

4 日，广东省双拥工作领导小组办公室发布《关于对拟命名表彰的广东省双拥模范城（县）、双拥模范单位和个人进行公示的公告》。梅县区入选“省双拥模范城（县）”公示名单；梅县区南口镇人民政府入选“省爱国拥军模范单位”公示名单。

21 日，梅县区庆祝 2020 年中国农民丰收节暨第五届广东高速车主节活动启动仪式在松口镇大黄村中心广场举行。

25 日，在梅县区丙村镇客都人家康养文旅综合体举行“世界客都 · 长寿梅州欢迎您”梅州文旅复苏在行动系列活动启动仪式暨客都人家项目推介活动。

27 日，在梅县区雁洋镇大观天下博物馆举行“梅州农商银行杯”梅县区首届乡村创新创业创富大赛（决赛）活动。

28 日，梅县区领导干部党章党规党纪教育培训班在区文化活动中心举行。

是日，在梅县区梅南镇举行梅州政协连心桥通车仪式。

29 日，《林风眠年谱》《松源河古桥》首发仪式在梅县区图书馆举行。

10 月

1 日，梅县区首届客家“柚获节”在梅州客都人家开幕。

14 日，梅县区举行新城办事处华侨城党群服务驿站暨城市社区微课堂启用仪式。

18 日，梅县区组织收听收看全省传达学习贯彻习近平总书记出席深圳经济特区建立 40 周年庆祝大会和视察广东重要讲话、重要指示精神大会。

26 日，在梅县区石扇镇举行“提升金柚品牌、助力乡村振兴”2020 年广东梅州柚 · 梅县金柚开采节。

29 日，中国共产党梅州市梅县区第一届委员会第十次全体会议召开。

是日，梅县区召开传达学习贯彻中共中央总书记习近平出席深圳经济特区建立 40 周年庆祝大会和视察广东重要讲话、重要指示精神大会。

30 日，梅州市梅县区新城办富贵社区长者饭堂挂牌揭幕仪式在梅县区新城办文化活动中心举行。

11 月

4 日，梅县区 2020 年新任村（社区）党组织书记培训班开班。

5日，梅县区举行首批11家“广东省放心消费承诺单位”和2家“线下无理由退货承诺单位”授牌仪式。

8日，梅县区组织收听收看中央宣讲团中共十九届五中全会精神宣讲报告会。

11日，梅县区农业农村局加挂梅县区林业局牌子。

13—15日，马耳他、斯洛伐克、阿尔巴尼亚、奥地利、葡萄牙、瑞典、斯洛文尼亚、北马其顿、塞尔维亚等9个欧洲国家共13名驻华使节到梅县考察访问。

16日，梅县四三三足球俱乐部在梅县区雁洋富力足球学校举行揭牌仪式。

18日，位于梅县区境内（丙村镇、城东镇）项目全长15.05千米的梅龙高速公路梅州东联络线（简称“梅州东线”）正式通车。

是日，梅县区在深圳举行“情系金湾·柚香鹏城——广东梅州柚·梅县金柚”推介活动。

20日，梅州市荣誉市民、印尼工商会馆中国委员会执行主席、印尼熊氏集团董事长、梅州市侨联荣誉主席熊德龙到松源镇开展敬老奖教慰问活动。

21日，“粤菜（客家菜）师傅”工程之“名师名店名菜”评选颁奖暨梅县区成果展活动在梅县区人民广场举行。

26日，广东超华科技股份有限公司在梅县区雁洋镇超华科技厂区举行超华科技年产8000吨高精度电子铜箔工程项目（二期）投产、年产600万张高端芯板项目开工、年产2万吨高精度超薄锂电铜箔项目动工仪式。

27日，2020年中国电子铜箔行业年会暨梅州市铜箔产业大会在梅县区举行。

12月

1日，梅县区在文化活动中心举行科级干部专题研讨班开班仪式，深入学习贯彻中共中央总书记习近平出席深圳经济特区建立40周年庆祝大会和视察广东重要讲话、重要指示精神。

2日，梅县区被文化和旅游部认定为第二批国家全域旅游示范区。

12日，梅县区在白渡镇举行“书香墨韵·宋湘故里”第二届宋湘学术研讨会暨纪念宋湘系列活动。

15日，梅州市直关心下一代工作活动基地揭牌仪式在梅县区程江镇中心小学举行。

25日，世界长寿之都授牌暨客都人家开街仪式在梅县区丙村镇中国·梅州客都人家文旅综合体举行。

26日，长深高速公路梅县区南口镇葵岗互通立交正式通车。

是日，深圳市梅县商会第三届第二次会员大会暨乡情通报会在深圳召开。

27日，客商银行·2020世界客都长寿梅州马拉松赛在梅县区人民广场开跑。

梅县区概况

基本概况

【位置面积】 梅县区位于广东省东北部，韩江上游，梅州市中部。介于北纬23° 55′ — 24° 48′、东经 115° 47′ — 116° 33′ 之间，东西宽 78 千米，南北长 98 千米；东邻大埔，西界兴宁，南连丰顺，北接蕉岭；东北与福建省上杭、永定毗连，西北与平远接壤，中部环接梅州市梅江区。2020 年年底，全区总面积 2482.86 平方千米。向有“八山一水一分田”之说，盆地、丘陵、山地分别占总面积 22.5%、55.4%和 22.1%。

【自然环境与资源】 境内千米以上山峰 9 座，最高阴那山五指峰 1297 米，次为王寿山 1147 米。主要河流有梅江河、石窟河、程江河和松源河，梅江为主干流（母亲河），流经区境约 70 千米，年平均径流总量 90 多亿立方米，水能理论蕴藏量 30 万千瓦，占全区水能理论蕴藏量 40.13 万千瓦的 75%。隆文镇岩前村“绿窟潭”是国内首个顶级待开发的水下全淹洞。

矿产资源以大理石、煤、铁、锰、钨、锌、铜、石灰石等为大宗，其中大理石储量 40 多亿吨、煤近 4 亿吨、铁 1318 万吨、锰 700 万吨。

野生动物资源兽类主要有野猪、黄猄、大灵猫（五段子）、狐、狸、野兔、黄鼠狼、豪猪、松鼠等 10 多种，禽类有竹鸡、雉鸡等，鸟类有斑鸠、鹧鸪、猫头鹰、喜鹊等 10 多种，鱼类有河鲶、斑鱼、黄鳝、泥鳅等近 10 种，两栖爬行类有鳖、龟、青蛙、穿山甲、金环蛇、银环蛇等 10 多种。

植物资源主要有金柚、茶叶、柑橙、香蕉、柿子、西瓜、烤烟、仙人草、竹笋、南药等。

【气候】 2020 年，梅县区年平均气温 22.5℃，比历年平均偏高 0.9℃；年降水量 1122.7 毫米，比历年平均偏少 25%；年日照时数 1830.7 小时，比历年平均偏少 1%。年极端最高气温 39.6℃，出现在 7 月 14 日，年极端最低气温 0.4℃，出现在 12 月 31 日。最冷月平均气温比历年同期平均偏高 2.4℃，最热月平均气温与历年同期平均偏高 1.5℃。

5 月 11 日，受弱冷空气和切变线的共同影响，梅县区出现大雨到暴雨，局部大暴雨的大范围的强降水天气过程，强降水主要集中在梅县区中北部一带。全区平均雨量 49 毫米，最大降雨量出现在桃尧，为 111 毫米。在此次强降水天气服务过程中，区气象局密切监测、准确预报、提前预警，恶劣天气呼叫系统及时发挥“叫应”作用，在强降水雷达、雨量、风力等达到阈值时及时电话告警通知值班人员及各级责任人。强降水期间，发布《天气报告》2 期、《地质灾害气象风险预警》2 期，发布暴雨预警信号 2 次、雷雨大风预警信号 1 次，启动气象灾害暴雨 III 级应急响应 1 次，启动恶劣天气领导一线带班 1 次。

2020 年的气候特点是：气温偏高，降水量偏少，日照时数略偏少。

【旅游景区景点】 主要有国家 AAAAA 级旅游景区雁南飞茶田度假村，国家 AAAA 级旅游景区叶剑英纪念园、雁山湖国际花园度假区、千年古刹灵光寺，国家 AAA 级旅游景区南寿峰健康产业园和大观天下文化旅游产业园，省文物保护单位元魁塔，最具代表性的中国五大特色建筑客家民居围龙屋南华又庐、丙村温公祠，国家级文化产业园南口麓湖山庄，国家级古村落水车茶山村、南口侨乡村，广东省十大最美古村落雁洋桥溪村、国家历史文化名镇和历史文化名街松口、世界最大圆形建筑——梅县文体中心，主要地方名胜阴那山、王寿山、九龙嶂等。

【荣誉与人物】 梅县区先后荣获中国金柚之乡、全国水果百强县、中国旅游强县、全国文化先进县、中国民间艺术之乡（山歌艺术之乡）、全国绿化模范县、全国绿色小康县、全国文明县城、全国卫生城市等称号，并被确认为中央苏区县、中国长寿之乡。是传统的文化之乡、足球之乡、华侨之乡。梅县区是全国森林康养基地试点建设区、全省首批全域旅游示范区，入选国家、省级现代农业（金柚）产业园创建名单，梅州综合保税区获国务院批复设立。客家文化源远流长，客家话方言以梅县客家话为代表，文化底蕴深厚，孕育出不少杰出人物。著名的有清代著名诗人宋湘、黄遵宪，辛亥革命烈士、陆军上将邓仲元，中华人民共和国开国元勋、全国人大常委会委员长叶剑英，现代著名画家林风眠，全国政协副主席叶选平，全国人大常务委员会委员、香港金利来集团有限公司董事局主席曾宪梓，两院院士古德生、张楚汉等 14 人。

【行政区划】 2020 年年底，梅县区设新城办事处、扶大高新区管理委员会 2 个镇级建制单位和程江、南口、畲江、水车、梅南、梅西、石坑、大坪、城东、石扇、白渡、丙村、雁洋、松口、隆文、桃尧、松源 17 个镇，下辖 355 个行政村、34 个社区。

【人口】 2020 年，全区户籍人口 651806 人，同比增长 6%；全区常住人口 493324 人。

2020 年，全区人口出生率 9.25‰，死亡率 5.9‰，自然增长率 3.35‰。

经济社会发展概况

【概述】 2020 年，梅县区在中共梅州市委、市政府和梅县区委的领导下，在梅县区人大及其常委会和梅县区政协的监督支持下，坚持以习近平新时代中国特色社会主义思想为指导，认真落实中共广东省委“1+1+9”工作部署和中共梅州市委“123456”思路举措，围绕梅县区委加快推动生态发展区高质量发展的要求，抓“六保”，促“六稳”，努力夺取“双统筹、双胜利”。全年地区生产总值实现 219.95 亿元，同比增长 3.5%，增速排名全市第二，高于全国、全省、全市平均水平。

坚持精准施策，全力抓“六保”促“六稳”。一是抓复工促复产。坚持疫情防控和经济社会发展两手抓、两促进，及早出台复工复产“20 条”，落实“实体经济 10 条”“稳外贸 20 条”等措施，减税降费 5.4 亿元，减征社保 2.2 亿元。举行政银企座谈会，发放贷款 88 亿元，金融存贷比由 51.8%提升至 61.5%。多措并举援企稳岗，新增市场主体 6314 户，同比增长 6%；发放创业补贴 850 万元，建成 4 家青年见习基地，新增城镇就业 2950 人，城镇登记失业率 2.5%。经济社会发展秩序快速恢复。二是强实业促发展。坚持产业兴区，“11115”产业集群稳步发展。铜箔产业入选全省“双十”战略性产业集群。成功举办铜箔产业大会，新签约铜箔产能项目 10 万吨。超华科技、嘉元科技增资扩产 1.3 万吨铜箔产能项目顺利投产。铜箔总产能达 4.1 万吨，约占全国产能的 10%。投资 10.1 亿元的年产 1.5 万吨高性能铜箔项目正在建设，年产 600 万张高端芯板、年产 2 万吨高精度锂电铜箔项目有序推进。装备制造产业链条不断延伸，总投资 5.4 亿元的 BPW（八期）项目加快建设，福德金属、伟友耐磨、雄辉实业首期项目顺利投产。全年规上工业增加值 45.8 亿元，同比增长 3.8%。工业投资、技改投资分别增长 19.4%、33.9%，增速均排名全市第三。电商物流产业融合发展加快，“互联网+”关联企业超过 1000 家，全年电商交易额 67.6 亿元，增长 10.1%，入选国家“互联网+”农产品出村进城工程试点县。文旅产业亮点纷呈，客都人家一期项目开街运营，《原乡》全球公演，开业仅一个多月游客突破 60 万人次，“大观天下”获评国家 AAA 级旅游景区，雁洋镇入选省旅游度假区名单，长教村被评为全国乡村旅游重点村，获评国家全域旅游示范区。金柚“两园一区”顺利推进，省级产业园全面完成建设任务，通过绩效考核，国内首条柚苷生产线试产成功。国家产业园、梅州柚优势产区建设全面启动，投资 2.5 亿元的梅州柚深加工项目进展顺利，扩种金柚 666.67 公顷，产量 55.6 万吨，产值 28.9 亿元，增加农民收入 2.5 亿元。三是攻项目稳投资。发挥“1+9”重大工程项目建设总指挥部统筹协调作用，举行重点项目集中开工仪式。强攻 82 项年度投资 88.04 亿元的重点项目，固定资产投资 121.5 亿元，增速扭负为正，总量全市第一。客都人家一期、省级万里碧道试点、东环高速、葵岗互通立交、梅州政协连心桥等一批重点项目相继建成，梅龙高铁、东部快线稳步推进，西部快线正式动工。

坚持统筹兼顾，坚决打好三大攻坚战。打好扶贫攻坚战。累计投入扶贫开发资金 5.3 亿元，销售扶贫产品 3.8 亿元，32 个省定贫困村全部退出，6821 户 15045 名相对贫困人口全部实现脱贫，扶贫开发成效获评全省“好”的等次。打好污染防治攻坚战。6 个断面水质优良率均为 100%，河长制工作获评全市优秀。城区空气质量优良率 98.3%，无中度以上污染天气。全面完成“净土保卫战”任务，修复受污染耕地 1733.33 公顷。防范化解债务风险。坚持过紧日子，严格预算约束管理，压减“三公”经费支出。成立国企集团，盘活国有资产和存量资金。争取上级财政资金 58 亿元，化解隐性债务 10.3 亿元，政府债务总体可控，“三保一转”得到有效保障。

坚持重点突破，着力打造发展新平台。实施梅县产业集聚地提质增效工程，申报省级高新区，新落户工业企业 10 家，总数达到 75 家，产值 44 亿元。梅州综合保税区正式获批，成为全市首个国家级发展平台，投资 9.3 亿元的卡口、围网、查验场、信息化等设施集中动工。同步开工建设梅州国际无水港，打造“海铁联运、山海联动”的现代铁路物流中心。大力支持企业创新发展，嘉元科技被认定为全市首家国家企业技术中心，获评国家技术创新示范企业、广东省科技进步二等奖。规上企业建立市级以上研发机构占比 39.4%，稳居全市首位。全面启动槐岗片区、丙雁片区、高铁片区和临港物流园、铜箔特色产业园规划编制，不断完善“三区两园”基础设施，组织申报省级铜箔特色产业园，努力打造城市新的增长极，构筑产业发展新平台。

坚持重农固本，持续推进乡村振兴。坚持“三农”优先发展，统筹省级涉农资金 3.9 亿元，着力发展精致农业、建设精美农村、培育精勤农民。新增水稻种植面积 155.4 公顷，建成高标准农田 866.67 公顷，粮食生产保持稳定。茶叶种植面积增至 1400 公顷，“梅县绿茶”获国家地理标志认证。引进广新控股、正大康地等 5 家现代化养猪场，新增产能 40 万头，生猪生产加快恢复。推广“稻鱼共生”综合种养模式，带动发展健康养殖，获评省水产健康养殖示范县。农林牧渔业产值 88.5 亿元，同比增长 2.5%。全面提升农村人居环境，持续开展“百村示范、千村整治”“厕所革命”、破旧泥砖房清理和污水治理等行动，拆除破旧泥砖房 6.1 万间，新建农村公厕 185 座，无害化户厕普及率 100%，完成 1386 个自然村环境整治，行政村全部达到干净整洁村标准。“一河一路一树一花一景”生态景观廊道加快建设，完成 S223 线丙村段、S224 线城东至客都人家、芦陵至剑英大桥、X020 线育豪村至上官塘段黑底化改造、绿化提升，全面建成 3 个镇 14 个村 26 公里石窟河美丽游线，丙村芦陵、溪联、城东莲塘、桃尧桃溪、白渡宋湘故居等乡村实现美丽蜕变，雁洋镇被评为省乡村治理示范镇。深入实施“粤菜（客家菜）师傅、广东技工、南粤家政”三项工程，举办首届乡村创新创业创富大赛，加大农民实用技能培训，培育新型职业农民 1890 人。开展“百企帮百村”，158 个集体经济“空壳村”全面清零。

坚持改善民生，全面发展社会事业。完成十件民生实事。城乡居民医保征缴 46.6 万人，医保实现与全国 2.9 万家医院直接结算。发放各类救助资金 5700 万元，实施医疗救助 3.2 万人次，困难群众得到应保尽保、应救尽救。坚持新增财力向教育倾斜。新建、扩建 8 所学校，外国语学校、德兴小学、扶大中心小学完成扩建，新增学位 5400 个，第二实验幼儿园、广外附设梅州实验学校、华师华业外国语学校等项目扎实推进。设立教育基金，教师发展中心投入使用，全省教育履职考核排名北部生态区 37 个县（市、区）第三、全市第一。加快建设卫生强区，新建疾控中心分子生物学检测室，核酸检测能力全市第一，21 家发热门诊（诊室）完成改造，投资 2.3 亿元的中医院、妇保院扩建工程即将完工，妇保院晋级“二甲”，第二人民医院晋升二级综合医院，省级健康促进区、全国基层中医药工作先进单位顺利通过创建评估。持续推进城市提质扩容。人民南路断头路全面打通，实现双向通车，剑英大道延长线、高铁沿线畲江至西站段、梅花山等绿化、美化提升，所里、公园南路等新建道路竣工验收。西桥老旧小区、棚户区改造加快实施，公共机构垃圾分类实现全覆盖，全国文明城市创建深入推进。文体事业蓬勃发展，《春闹》荣获省艺术节剧目一等奖，圆满举办梅州马拉松、中冠联赛等赛事，组建“四三三”足球俱乐部。学校“互联网+明厨亮灶”工程组网运行。基层应急管理“四个一”建设、完成第七次全国人口普查登记等工作。全民禁毒工程成效明显，梅县区公安分局获评“全省全民禁毒工程先进集体”。

【旅游】 2020 年，全区接待游客 510.8 万人次，同比减少 72.9%，旅游总收入 20.8 亿元，同比减少 84%。文化旅游成为梅县区的主导产业之一。梅县区成功创建国家全域旅游示范区、雁洋镇长教村获评第二批全国乡村旅游重点村、雁洋镇获评省级旅游度假区；由梅县区精心创排选送的大型山歌剧《春闹》在第十四届广东省艺术节中荣获大型舞台艺术作品戏曲组一等奖。

提升辖区内 A 级旅游景区资源吸引力，丰富景区旅游体验，提升景区主题形象。梅县区雁洋镇国际慢城旅游度假区获评省级旅游度假区，南寿峰旅游景区通过 AAA 级旅游景区质量评定复核工作，不断增强景区的核心竞争力、完善公共服务设施、智慧旅游系统、旅游标识系统等。

精心谋划精品旅游路线规划，完善相关服务配套、标识设施，做好线路的宣传推广工作，雁洋镇长教村获评第二批全国乡村旅游重点村，“南洋古道 · 千年古镇”乡村旅游精品路线入选第二批省级乡村旅游精品线路名单。

组织文旅宣传推介活动，打响“美丽梅县 · 客都明珠”“中国旅游强县”品牌，宣传客家传统优秀文化。2020 年印制 1.5 万份梅县区全域旅游宣传手册和折页，更新制作梅县文旅宣传片和一批全域旅游道路标识标牌；线上推出梅县名人故居智慧旅游导览系统微信小程序，线下设置名人故居导览图标识牌；协助中央电视台《味道》栏目组拍摄宣传梅县美食；推进区木偶传习所与客都人家康养文旅体项目签订合作协议，在景区设立梅县区木偶展示馆，促进非遗文化与旅游融合发展；积极组织或参加"5·19"中国旅游日——2020年"智游打卡梅州·文旅复苏有我"媒体直播带货活动、2020广东国际旅游产业博览会、"魅力广东·客都梅州、和美汕头、古韵潮州"旅游（南昌、泉州）推介会、第八届广东自驾旅游日暨精彩梅州自驾旅游日、2020广东国际旅游产业博览会、"世界客都·长寿梅州欢迎您"梅州文旅复苏在行动系列活动启动仪式暨客都人家项目推介活动亮灯仪式、客乡客都大柚获·中秋国庆喜相逢——首届客家柚获节、"中秋月圆合家欢·同喜同贺迎国庆"文化旅游周、2020年"世界客都 长寿梅州"马拉松赛事、博览会等一系列文旅宣传推广活动，进一步打响梅县区文旅知名度和影响力。

【基础设施建设】 2020年，全区硬化公路通车总里程3380.66千米，通车公路密度达每百平方千米136.2千米。其中：高速公路7条共136.42千米、国道2条84.4千米、省道11条共489.7千米（包括320.5千米新升省道）、农村公路2670.14千米。全区通镇公路达到三级路以上，镇通村公路全部实现路面硬化，通100人（20户）以上自然村道路基本实现路面硬化。全区已开通城乡公交线路77条，途经梅县区新能源电动公交车722辆，全区355个建制村已开通公交（其中18个为网约公交）。

2020年，全区交通公路重大项目共9大项22小项，计划投资17.88亿元（高速公路5.62亿元、普通公路11.56亿元、站场0.7亿元），实际完成投资14.88亿元，占年度计划的83.2%。主要是西部旅游快线受政策影响，推进滞后。

高速公路建设：主要有2项，包括梅大高速公路梅州东环支线和长深高速葵岗互通立交，年度计划投资5.62亿元，顺利完成投资并分别于11月18日和12月26日顺利通车。

国省道公路建设：共12项，年度计划投资7.99亿元，实际完成投资4.99亿元。除西部旅游快线受财政政策影响，推进缓慢外，如期完成国道G206线提升改造，S223、S224、S332线等省道及一批新升省道共148千米国、省干线路面升级改造，进一步提升干线动脉的路况水平。

"四好农村路"建设：按照习近平总书记对农村公路"建设好、养护好、管理好和运营好"的总要求，全力巩固提升农村公路整体水平，年度计划投资3.56亿元，完成投资3.56亿元。完成省道S224线至滨江路旅游公路建设项目，完成梅长大桥建设并顺利通车，有序推进铁炉桥等7座县乡公路危桥改造项目；提前完成154个共172.7千米"四好农村路"建设攻坚战项目。顺利通过"四好农村路"省级示范县省联合复检。

公交综合站场建设：扶大三丰村公交综合枢纽站场完成年度投资0.7亿元。

【城乡建设】 2020年，全区完成建筑业增加值11.12亿元，同比下降6.5%。全区55家资质等级以上建筑业总产值35.59亿元，同比减少4.8%。全区99家房地产企业中的62家完成房地产开发投资61.19亿元，同比下降5%，其中住宅投资44亿元，同比下降8.5%。商品房销售额完成51.5亿元，同比减少18.92%。

【环境保护】 2020年，梅县区城区空气质量优良率98.3%，比上年同期下降1个百分点；PM2.5平均浓度22微克/立方米。全区6个地表水考核断面（1个省考、5个市考）1—12月平均水质均达到或优于Ⅲ类，平均水质优良率100%，水质达标率稳步提升。饮用和备用水源平均水质达到水质保护目标要求。无丧失使用功能（劣于Ⅴ类）断面水体。城区环境噪声基本符合城市噪声质量标准。1.深化"放管服"改革，优化审批服务。全面梳理区本级职能行政许可和公共服务事项。依规对建设项目实行环评豁免管理和环评告知承诺制审批。优化疫情防控期间环评审批流程。统筹推进区生态环保重大项目建设工作。2020

年，有生态环保重大项目7宗，项目总投资45.574亿元，计划完成投资10.2991亿元，已完成投资6.8766亿元，完成2020年度投资计划比例为66.77%。全年审批建设项目87宗，备案登记154宗；窗口受理行政许可项目399个，办结399个；完验收建设项目备案62宗；审批建筑施工夜间连续施工申请295宗。2.推进“双随机、一公开”工作，强化环境监管。做好建设项目审批或备案后跟进服务和监管工作，督促企业完善污染防治设施建设、完善建设项目竣工验收手续。严格贯彻落实行政执法公示、执法全过程记录、重大执法决定法制审核等制度，规范行政执法程序，积极推进“双随机”抽查机制。全年开展“双随机”抽查130家次。

【国土资源】 全年受理区级用地预审审批7宗，选址情况说明16宗；共调整修改土地利用总体规划项目32个，其中完成调规项目23个，已上报省厅待批复项目1个，在编制调规方案项目8个；经省批准单独选址项目和城镇批次用地占用耕地70.3719公顷、水田6.7241公顷；单独选址项目水田指标通过向省自然资源厅预购方式解决，其他耕地指标通过先补后占方式，落实耕地占补平衡。

梅县区18个镇（高管会）及梅西水库共有基本农田保护区面积1.6082万公顷。每年按照该实施办法要求，以每亩5元的标准下发给永久基本农田保护单位，配合省级每亩30元的补助资金，用于梅县区基本农田的后续管护、修缮农田水利设施等，同时各镇按照基本农田经济补偿面积与各村已签订《基本农田经济补偿协议书》。

协助做好客都人家二期三期40公顷的征地工作，白渡工业园约20公顷的征地工作，梅州综保区33.33公顷的征地工作，省道S223线松源至雁洋段改造项目征地工作，梅龙高铁的征地工作，新县城城市建设用地和教育用地约53.3公顷的征地工作，继续做好原梅县电厂约56.67公顷的收储工作；着手谋划西部旅游快线和铜箔基地项目的征地工作；协助做好储备土地的供地工作；做好区政府2021年土地储备计划有关事项的实施；做好储备土地数据的报省工作。

2020年，共上报至省自然资源厅待审核批准2宗单独选址项目，面积259.59公顷，上报至市自然资源局待审核批准5宗城镇批次用地，面积56.52公顷；上报至市自然资源局待审核2宗单独选址项目，面积46.8公顷；正在组卷城镇批次10宗，用地面积96.75公顷；正在组卷单独选址项目1宗（西部快线S242），用地面积126.39公顷。全年挂牌出让的新增国有建设用地使用权12宗，面积23.96公顷，共计出让金额33611.28万元。至2020年年底，梅县区耕地保有量24546.7公顷，永久基本农田为16216.2公顷。全面完成市对梅县区耕地保护目标责任考核工作，获得梅州市三等奖。

【科学技术】 2020年，全区有国家高新技术企业41家；国家企业技术中心1家；国家级“星创天地”1家、省级1家；广东省创新型企业2家、创新型试点企业1家；广东省企业重点实验室1家；省级工程技术研究中心10家、市级28家；广东省省部产学研示范基地3家、省科技特派员工作站7个；省部产学研合作重点实验室培育单位1家；广东省产业技术创新联盟1个；省级技术创新专业镇8家、市级2家；广东省众创空间试点单位2家；省科技企业孵化器1家、市级1家；广东省青少年科技教育基地4家。

2020年度科技计划项目申报工作，累计申报国家级1项、省级15项、市级医研项目45项，经批准立项国家级1项、省级9项、市级医研项目40项，争取到上级核拨科技经费501.4万元。其中，康立高科技“血气电解质分析仪的研发与产业化”被列入科技部“科技助力经济2020”重点专项项目（立项经费50万元）。省（“大专项+任务清单”）科技专项5项，超华科技“纳米纸基高频电子基材的关键技术的开发与应用”被列入引进重大科技创新资源计划项目（立项经费300万元），庆达实业“采用盘式制动器的盘式挡泥板的研发与产业化”被列入提升科技型中小企业创新能力计划（立项经费 50 万元），梅县区科工商务局承担实施的“梅州市梅县区科技服务能力提升建设项目”被列入完善地市科技服务体系建设计划项目（立项经费 30 万元），区农科所有 2 个项目被列入农村科技特派员计划项目，立项经费各 10 万元。另外，南口镇中心小学获省粤东西北地区农村中小学校科学馆（室）建设试点示范计划项目 1 项，立项经费 20 万元。自远环保“农村农业多元化污染水体生态节能治理与资源化利用技术及关键装备”、南方金柚研究院“柚类资源精深加工研发平台建设”和伟友耐磨“高强韧耐磨挖掘机减速器用钢铁材料的研发”3 个项目被列入 2020 年广东省企业科技特派员专项资助项目，资助经费分别为 12.6 万元、9.4 万元、9.4 万元。

全区有 3 个省级科技计划项目通过结题验收。分别是振声科技 2013 年省“扬帆计划”引进创新创业团队“山地果园运输机的研发和应用”专项项目、“山地果园运输机械设备专利技术转化”2015 年省产学研协同创新成果转化项目、石扇镇人民政府“梅州市梅县区石扇镇金柚产业升级示范建设”2015 年省专业镇产业升级示范建设项目。受市科技局委托，梅县区组织开展市级科技计划项目结题验收，经专家组验收和市科技局审核，25 个医研项目全部通过结题验收。组织泰鸿科技和 BPW（梅州）车轴 2 家企业的 14 个项目申报并取得技术合同登记，技术合同金额共 1260.15 万元。

科技创新平台建设　1.科技孵化器：梅州云电商的“梅州云电商生态城科技企业孵化器”被认定为广东省科技企业孵化器，实现省级科技企业孵化器在梅县区“零”的突破；2.星创天地：李金柚公司的“李金柚星创天地”被认定为广东省“星创天地”；3.工程中心：梅州康立高科技有限公司于 2020 年 8 月 11 日获批准组建市级工程中心，嘉宝电子企业（梅县）有限公司、广东奥蓝科技发展有限公司、广东十记果业有限公司 3 家企业于 2020 年 11 月 3 日获准组建市级工程中心。至年底，梅县区规上工业企业中建立市级以上研发机构的比例 39.39%。

组织嘉元科技等企业参加 2020 年度企业和科研机构类省级工程技术研究中心动态评估，全区 10 个省级工程中心通过省动态评估。其中，超华科技、自远环保、航鑫科技 3 个省级工程技术研究中心评估成绩优秀。积极开展梅州专利技术孵化产业园园区服务，积极开展相关招商工作，多方寻求合作共建机会。组织做好广东梅兴华丰产业集聚带梅县产业集聚地申报省级高新技术产业开发区工作，拟好申报初稿，协调国土、环保、发改、统计、园区等部门共同做好申报工作。

【教育】　2020 年，全区有各类学校 60 所，其中：完全中学 7 所，十二年一贯制学校 1 所，初级中学 11 所，九年一贯制学校 6 所，中心小学和直属小学 28 所；民办中小学 2 所（富力足球学校和北大新世纪实验学校）；中等职业学校 2 所（第一职业学校和梅州英才外语学校），区教师发展中心、特殊教育学校、青少年宫各 1 所。幼儿园 132 所，其中：区直属幼儿园 2 所、镇中心幼儿园 19 所、学校附设幼儿园 14 所、民办幼儿园 97 所。中小学生 75778 人，其中：普通高中 8168 人、初级中学 17501 人、小学 50109 人，适龄儿童入学率和小升初升学率为 100%，高中毛入学率为 96.1%。

2020 年，全区高考参考人数 3473 人，高分优先投档线上线人数 312 人（不含地方专项），比上年增加 93 人，同比增长 42.5%；本科上线人数 1748 人，本科率为 50.33%，比上年增加 81 人，同比增长 4.86%；专科上线人数 3449 人，比上年减少 106 人，专科率 99.31%，同比增长 1.97%（同比减少 3%）。其中：高级中学 600 分以上 11 人，优先投档线共 200 人，比上年增加 46 人，本科线以上 942 人，本科率 88.28%，比上年增长 6.77%；梅县外国语学校 600 分以上 5 人，优先投档线共 88 人，优先投档上线率达 35.3%，居全市第二，且本科率保持在 95%以上的高位。2020 年，梅县区优先投档线人数大幅增加，特别是体艺生成绩更是喜人，如梅县外国语学校1位学生考入中央美术学院，高级中学有2位学生考入中国美术学院、1位学生考入北京体育学院等。全区中考参考人数5547人，760分（总分830分）以上有29人，750分以上有77人，700分以上有494人，高分层人数位居全市前茅，其中梅县外国语学校270位学生参考，平均分718.5分。

2020年，梅县区年度教育经费总投入149152万元（其中：国家财政性教育经费135455万元、民办学校中举办者投入3569万元、社会捐赠经费225万元、事业收入9775万元、其他收入128万元），与上年投入166650万元对比，教育经费投入减少17498万元。

【文化艺术】 2020年，山歌剧《春闹》荣获第十四届广东省艺术节戏曲组一等奖；传承中心和木偶传习所精心创作抗疫专题题材作品：录制山歌对唱《疫情无情人有情》、快板《科学周密把疫防》、表演唱《众志成城加油武汉》等；由文化馆组织选送的防疫抗疫题材作品快板《科学防疫心中记》、歌曲《血脉相连》入选学习强国平台，其中歌曲《血脉相连》MV还在央视网平台播出。

2020年，开展各类型文艺演出、送戏下乡、进景区、进园活动近300场次，创作抖音宣传视频作品22个。区图书馆开展世界读书日系列活动之悦读达人挑战活动、"品味端午、传承国学"、广东省首届"中华传统文化百部经典"知识大赛、暑期少儿21天阅读挑战等活动；区文化馆举办2020年梅县区社会主义核心价值观教育实践活动——彩书家训·快乐涂鸦和竹板歌传唱活动、"我们的中国梦·文化进万家"2020年梅县区文化馆总分馆联动系列活动等，还举办暑期公益少儿艺术培训班；区松口图书馆深入开展书法培训、亲子活动、故事分享、全民阅读等系列阅读推广活动；区博物馆举办"百年记忆·世纪画梦——林风眠艺术人生"展览、梅县籍中国现代艺术教育先驱"两林三李"图片展等，分别入选2020年广东省弘扬社会主义核心价值观主题展览和广东省弘扬社会主义核心价值观主体展览推介。区客家山歌传承保护中心、区木偶传习所积极开展戏曲进农村、进景区、进校园和公共文化服务惠民全市巡回演出等活动，"非遗传承 健康生活2020"梅州市客家文化（非遗）艺术周系列活动·雁南飞景区中秋国庆非遗主题活动、梅州市"三百工程"文化惠民巡回演出、普法儿童剧《猴哥让我再想想》巡回演出等，丰富群众的文化生活。此外，"相约梅县"综合性文旅宣传平台上线，开展线上线下演出38场次。线下举办走进名人故居——张榕轩纪念馆、宋湘故居活动。

责任编辑：黎志康

政　治

梅县区领导机关

中共梅州市梅县区委

【概述】　2020年，中共梅州市梅县区委员会以习近平新时代中国特色社会主义思想为指导，深入贯彻落实中共中央总书记习近平出席深圳经济特区建立40周年庆祝大会和视察广东重要讲话、重要指示精神，认真落实中共十九届五中全会、中央经济工作会议精神，按照省委十二届十一次、十二次全会部署及市委工作要求，全面部署2020年工作，动员全区上下牢记嘱托、乘势而上、感恩奋进，全力推动生态发展区高质量发展，争当“绿水青山就是金山银山”实践创新排头兵，为梅州打造“绿水青山就是金山银山”的广东样本，为广东省在全面建设社会主义现代化国家新征程中走在全国前列、创造新的辉煌贡献梅县区力量。统筹推进疫情防控和经济社会发展，推进“六稳”工作，落实“六保”任务，全面打赢脱贫攻坚战，为全面建成小康社会打下坚实基础。

坚持把政治建设摆在首位。坚持第一议题制度，深入学习中共中央总书记习近平重要讲话和重要指示精神。持续巩固“不忘初心、牢记使命”主题教育成果，组织深入学习《习近平谈治国理政》，深入学习贯彻中共中央总书记习近平出席深圳经济特区建立40周年庆祝大会和视察广东重要讲话、重要指示精神及中共十九届五中全会精神，用新思想武装头脑，指导实践。以政治建设为统领，推进全面从严治党。认真落实省委“两个维护”十项制度机制。巩固全面彻底肃清李嘉、万庆良恶劣影响成果，坚决做到“三个决不允许”。开展新一轮“大学习、深调研、真落实”行动，抓实党员干部教育培训，区领导带头开展19个专题调研，分层次、全覆盖抓好基层党员干部学习培训，党员干部“四个意识”明显增强、“四个自信”更加坚定、“两个维护”更加自觉。

【区委工作】　党的建设全面加强。认真贯彻新时代党的组织路线，全力抓实“头雁工程”“党员先锋工程”“基层保障工程”，完成党的基层组织建设三年行动计划。大力推进各领域党建，打造了梅县外国语学校等一批党建示范点，设立小区党支部30个，在全市率先成立新的社会阶层人士联合会党支部，“两新”党组织覆盖率90%以上。村级党组织选举任务顺利完成。大力推进粤东北（九龙嶂）革命根据地旧址群、同怀别墅、肖向荣故居、卢伟良故居等红色革命遗址保护利用，建成1个市级、8个区级党员教育基地，水美村、雁上村入选中组部“红色村”组织振兴建设试点村。打造“学习马克思主义”专题微党课、“守初心、担使命”情景党课等一批精品党课，激发基层党组织服务党员群众新动力，获省委组织部经验推广。切实履行意识形态工作责任制，确保意识形态更加安全。坚持正确的选人用人导向，及时选拔任用忠诚干净担当的优秀干部，激励党员干部担当作为。全面配合省委巡视工作，开展两轮常规巡察、村级巡察。全区纪检监察机关共受理群众信访举报395件，同比下降6%；立案178件178人，党纪政务处分169人。立案查处违反中央八项规定精神问题54件，党纪政务处分54人。

加强党委对人大、政协工作的领导，充分发挥人大、政协在民主政治建设中的重要作用。做好民族宗教工作，爱国统一战线持续巩固壮大。发挥工会、共青团、妇联等人民团体的职能作用，改进党管武装，促进军民融合发展。

经济发展回暖向好。按照“双统筹”“双胜利”要求，全面落实“六稳”“六保”工作任务，经济呈现逐季好转、稳定恢复态势。全年经济社会生产总值完成219.95亿元，同比增长3.5%，增速位列全市第二；规上工业增加值45.8亿元，同比增长3.8%；一般公共预算收入完成14.58亿元，完成税收总收入29.6亿元。固定资产投资由负转正；工业投资、技改投资大幅增长，分别同比增长19.4%、33.9%。产业发展平台实现新的突破，梅州综保区获国务院批复设立，成为全省首个内陆型综保区、全市首个国家级发展平台；梅州国际无水港项目获省政府3.5亿元财政资金支持；省级金柚现代农业产业园基本建成，国家级金柚现代农业产业园、梅州柚优势产区项目加快建设。嘉元、超华、BPW车轴等骨干企业逆势增资扩产，发展活力不断释放。BPW车轴八期动工建设，整体税收由上年8800多万元增加到1.77亿元；超华年产8000吨、嘉元年产5000吨铜箔项目新投产，全区铜箔产能达年产4.1万吨，占全国产能的10%左右；超华年产600万张高端芯板项目、嘉元1.5万吨铜箔项目动工建设；同时超华、嘉元各签约5万吨铜箔项目进驻梅县区铜箔新材料产业园。4家规上电力生产企业完成产值44.45亿元，荷树园电厂产值同比增长36.5%。成功创建国家级全域旅游示范区，雁洋国际慢城获评省级旅游度假区；长教村获评全国乡村旅游重点村，松口古镇乡村游线入选省乡村旅游精品线路。“客都人家”项目一期建成开业，《原乡》正式公演，成为梅州文旅新地标和网红打卡点。深化国企国资改革，设立区国有资产监督管理局，推动国有资产整合，组建广东三宜集团有限公司。成功举办梅州市铜箔产业大会、马拉松赛、世界长寿之都授牌和政银企座谈会等系列活动，推动综保区基础设施、工业园区产业项目等一批项目动工建设，为经济发展注入新的动能。

乡村振兴提质增效。全面打赢脱贫攻坚战，32个省定贫困村全部退出，建档立卡贫困户6821户15045人全部实现脱贫。创新产业帮扶方式，“一地多用、一地多产”立体种养帮扶模式得到广东电视台、南方日报等省级媒体专题报道。大力实施乡村振兴战略，推动“1+N”生态宜居美丽乡村示范创建，沿石窟河连线连片美丽乡村建设取得明显成效，1386个自然村环境整治基本完成，农村生活垃圾保洁覆盖面、垃圾处理率和无害化卫生户厕普及率均达到100%，建成1241户美丽庭院示范户。金柚产业入选国家级2020年优势特色产业集群，4家农业企业入选省农产品出口示范基地，梅县绿茶获国家地理标志认证。获评全国“互联网+”农产品出村进城工程试点，成功举办梅县区首届乡村创新创业创富大赛。

城乡建设焕然一新。梅龙高铁征地任务率先完成，东环高速、葵岗互通立交、梅州政协“连心桥”建成通车；东部快线加快建设，雁洋段完成路基建设、雁洋至松口段完成征拆、松源支线开工建设；西部快线全面完成前期工作；一批国省道、“四好农村路”项目完成建设，全年交通公路完成投资14.88亿元。5G基站建成276个，实现城区5G网络全覆盖。城区空气质量优良率98.3%。省万里碧道十大试点工程丙雁大堤一期建成，6个地表水考核断面平均水质优良率100%。全面开展镇村饮用水厂水质监测和整治行动，44宗水质不达标水库全面实施整改。建成23座镇级污水处理厂、188个村级污水处理站点。绿色矿山创建走在全市前列，受污染耕地和污染地块安全利用率均达100%。完成碳汇造林1.58万公顷，森林覆盖率75.37%。城市提质扩容，进城大道、剑英大道、客都大桥连接线等主干道全面提升，西桥社区老旧小区提升改造，天虹购物中心等城市综合体项目动工建设，一批城建民生项目完成建设。持续推进文明城市创建，社会文明程度和市民文明素养有效提升。畲江镇入选全省城乡融合发展试点。

民生事业持续改善。树牢以人民为中心的发展思想，统筹解决教育、医疗、社保等民生问题。设立区教育发展基金会和区教师发展中心，梅县外国语学校小学部、扶大宪梓中心小学、德兴小学扩建项目如期建成使用，增加城区优质学位5400个。第二实验幼儿园、广外附设梅州实验学校、华师华业外国语学校等新建项目加快推进。教育履职考核在北部生态发展区37个县（市、区）中排名第三、全市排名第一。粤东医院启动全省高水平医院申报工作，与畲江、南口、松口镇等卫生院建设紧密型医联体初显成效。区第二人民医院获评二级综合医院，创建省级健康促进区工作通过省级评估，建成全市首个“中药智能化配剂中心”。“粤菜（客家菜）师傅”“广东技工”“南粤家政”工程深入推进，城镇登记失业率2.5%。大力推进新时代文明实践中心省级试点建设，区镇村三级文明实践体系实现全覆盖。建成区级融媒体中心，获广东省委宣传部充分肯定。梅县山歌剧《春闹》获第十四届广东省艺术节一等奖。安全生产形势稳定，全年事故宗数、死亡人数“双下降”。加快推进市域社会治理现代化，全力推进扫黑除恶专项斗争，2020年打掉涉恶势力犯罪集团3个、涉网黑恶集团3个。

疫情防控取得阶段性胜利。疫情发生以来，中共梅州市梅县区委员会坚决落实中共中央总书记习近平和党中央的部署要求，严格按照省委、市委的工作部署，坚持“党旗飘在一线、堡垒筑在一线、党员冲在一线”，全区上下万众一心，打赢打好疫情防控阻击战。13名医护人员逆行支援武汉抗疫，8名医护人员在武汉抗疫一线“火线”入党。1.5万余名志愿者奋战防控一线。广大群众、海内外热心乡贤和社会各界全力支持疫情防控工作，想方设法筹集捐资捐物，无私奉献、汇聚温暖，2020年共捐资668.8万元。粤东医院作为全市两家定点收治医院之一，成功治愈7例输入病例，实现确诊病例“零死亡”、医护人员“零感染”和治愈患者“零复阳”。用一个多月时间，全区3万多户市场主体基本实现复工复产、复商复市。毫不松懈、慎终如始抓好常态化疫情防控。在这次疫情防控中，涌现了一批先进集体和先进个人，全区有4人获评省级先进个人、30人获评市级先进个人，粤东医院获评省级先进集体。

2020年年底梅县区委办公室

主　任：赖宇坚

（供稿：办公室）

组织工作

【基层党组织建设】 2020年，梅县区有基层党组织1137个，其中党委59个（乡镇党委19个、区直系统党委11个、区直单位党委10个、非公企业党委8个、村级党委11个），党总支部56个，党支部1022个。有行政村355个、社区34个。

2020年，梅县区认真贯彻落实《加强党的基层组织建设三年行动计划》，切实增强各级党组织政治功能和组织力，全面提升基层党建工作质量，为梅县苏区振兴发展提供了坚强组织保障。一是大力提升各领域党建质量。梅县区委2020年“一月一研判”基层党建工作事项31项，抓实党委书记抓基层党建工作述职评议，建立党员区领导挂钩联系基层党支部 26 个，健全镇村党组织议事决策制度，建立村（社区）“两委”干部任期体检制度，升格成立村级党总支 47 个，完成 23 个软弱涣散村级党组织整顿，开展 28 个试点村发展壮大集体经济扶持项目；组织 60 多个机关单位党组织、6500 多名在职党员到社区“双报到”。安排 1230 万元党建工作专项经费，支持基层党组织建强组织、建强队伍、建强阵地；加大基层党组织关爱党员力度，“梅县区党员关爱基金”2020 年慰问补助党员 5248 人次共 200 多万元。二是全面建强红色教育阵地。水美村、雁上村、金星村入选中组部“红色村”组织振兴建设试点村，建成 1 个市级和 8 个区级党员教育基地，建成 1 个省级和 2 个市级镇街党校示范点、50 个“红味”“党味”突出的党校分教点；建立 50 人的区级镇街党校师资库。三是精心谋划部署村级换届。成立由区镇党委书记担任组长的换届工作领导小组，建立区领导包镇挂村、镇领导分片挂钩制度，成立 6 个区级巡回督导组和 389 个镇级换届工作指导组，提前对梅县区 389 个村（社区）选情进行逐镇研判、村村过关，确保落实领导责任到位、人选研判把关到位、风险防控化解到位、专项督导指导到位、纪律宣传警示到位。四是让党旗在抗疫一线高高飘扬。新冠疫情发生后，第一时间慰问医护人员和基层一线抗疫人员，第一时间下拨 120 万元党费支持基层疫情防控，选派 1000 多名区直机关党员干部亮身份、作表率支援城区 258 个网格、400 多个小区疫情防控，拨出 37.8 万元为梅县区 1.3 万多名一线防疫人员统一购买防疫专属保险，动员梅县区党员捐款 410 多万元支持疫情防控，党员捐款率 94.3%，各级党组织主动上门服务企业复工复产，梅县区有 10 名党员、6 个党组织获省市级抗疫荣誉。

【党员队伍建设】 至 2020 年年底，梅县区有党员 33993 人，其中女党员 10554 人。职业分布情况：公有制单位 7907 人，非公企业和社会组织 1554 人，农牧渔民 18522 人，离退休人员 5694 人，其他人员 316 人。年龄分布情况：35 岁以下 6667 人，36—50 岁 9211 人，51—60 岁 5833 人，61 岁以上 12282 人。学历分布情况：大学本科及以上 6735 人，大学专科 7239 人，高中、中专、中技 11497 人，初中及以下 8522 人。2020 年发展党员 343 人（其中抗疫一线发展党员 8 人）。

【干部选拔任用】 严格规范开展公务员职级套转与晋升工作，在规范各项晋升程序的基础上，对干部德才表现、职责轻重、工作实绩和资历等标准进行细化，树立正确选人用人导向，提升选人用人工作的科学性、精准性。2020 年，梅县区委常委会讨论区管干部职务任免 210 人次，其中讨论提拔（重用）37 人次，职级晋升 8 人次，同级交流转任 104 人次，兼任职务 9 人次，军转安置 1 人次，挂职 6 人次，免职 8 人次，机构改革 21 人次，试用期满转正 4 人次，干部退休 12 人次。

【档案管理】 梅县区委组织部管理在职干部档案 1668 卷，退休干部档案 4270 多卷。抓好档案的日常管理，严格执行档案管理制度。做好档案材料收集归档、新录用干部档案审核整理工作。加强档案保管和保密，做好库房“六防”设施工作。2020 年，办理查阅档案 1207 人次，借阅档案 228 人次，接收干部档案 184 卷，转出档案 158 卷。认真做好省委第七轮巡视选人用人专项检查档案抽查工作。扎实做好干部人事档案专项审核全覆盖工作。严格执行干部档案任前审核制度。

【党员干部培训】 2020 年，在区一级 29 期培训班和镇一级 256 期培训班中，共有 2.3 万多名党员干部接受各类型培训。编纂《梅县区乡镇党校简明教程（二）》作为基层党员干部培训的教学用书，共下发 2000 册至各乡镇党校和各基层党支部。

【党员远程教育】 组织梅县区各级党组织开展形式多样的“党课开讲啦”活动，创新形式开展了梅县区“守初心、担使命”情景党课，共制作推荐了《民法典解读》《学习马克思主义》等一批党课视频。打造了1个市级、8个区级党员教育基地和1个省级、2个市级镇街党校示范点，为开展党员教育提供了良好条件。继续抓好远程教育站点开机学习工作，使梅县区站点每月开机使用率100%，名列梅州市各县（市、区）第一名。

【公务员管理】 梅县区公务员基本情况。截至2020年12月31日，梅县区公务员（含参照管理人员）共有2639人，其中：女性792人，占比30.02%；研究生学历64人，大学本科学历1761人，大专学历及以下814人；二级调研员5人，三级、四级调研员52人，一级、二级主任科员255人，三级、四级主任科员905人。严肃认真做好公务员招录。2020年，选调生、急需紧缺专业共15名考生已经报到。2020年，省考招录公务员第一批56人（区直12人，乡镇44人）已完成公示，待市审批后将至各单位报到。稳妥有序推进职务与职级并行。2020年，共完成职级晋升406人次（区直机关292人次、乡镇机关114人次）。科学高效做好日常管理工作。2020年，共办理公务员转任32人、日常公务员（含参公）登记60人、退出公务员（含参公）登记63人，完成梅县区公务员的个人信息采集、单位统计和工资统计工作。

【直属机关工作】 1. 加强机关党组织规范化制度建设。①抓好对区级机关（党群口、政府口）、事业单位绩效考核工作，按照区直机关绩效考核工作要求，对48个区级党群、政府机关单位及5个事业单位进行了党建工作绩效考核的全覆盖实地核验。②优化调整机关党组织设置。指导财政局总支升格党委做好前期准备工作、中国邮政集团有限公司梅县区分公司的补选党委委员、民政和人力资源社会保障局机关党委成立党员大会等。③做好国有企业退休党员社会化管理工作。制定了《梅县区关于接收国有企业退休党员组织关系的操作指引》，做好企业和基层党组织的沟通协调，优化程序和加快党员接收工作。2020年度由梅县区委组织部门负责的国有企业退休党员转接工作100%完成。④继续抓好机关党建阵地建设和党员先锋模范作用发挥。2020年度，指导区直机关新建党建文化展示厅1个和党员活动室24个。机关各单位开展主题党日活动1063场次，党员志愿者活动开展1453场次。2. 举办专题培训班。一是在2020年7月22日至25日，举办为期4天的梅县区党员发展对象培训班。二是在2020年12月22日至23日，举办为期2天的区直机关及“两新”组织党组织书记专题培训班，共290多人参加。3. 举办“党课开讲啦”情景党课活动。9月28日晚上8时，梅县区“守初心、担使命”情景党课在区文化中心礼堂开讲，并通过南方+客户端进行在线直播，旨在进一步巩固拓展“不忘初心、牢记使命”主题教育成果，开展好“党课开讲啦”活动，提升党员教育效果，为新中国成立71周年献礼。

【老干部工作】 至2020年年底，梅县区有离休干部76名、处级退休干部33名和退休干部6500多名。

坚持精准服务理念，不断丰富和拓展服务管理工作内容，进一步提升服务管理水平。一是思想上关心。2020年，召集老干部座谈会3次，走访看望老干部70多人次。采取座谈交流会、送学上门等形式组织广大离退休干部开展习近平新时代中国特色社会主义思想和新时代时事政治理论学习，共开展座谈交流3场，统一为老干部订阅2020年度《秋光》杂志133份、2020年度《老人报》106份。二是生活上关爱。疫情期间，梅县区老干部工作系统通过登门、电话、微信等方式联系慰问老干部800多人次，送出口罩5000个，消毒水、洗手液等防护用品480套；积极开展2020年“重阳节”系列文体活动，组织离退休老干部到潮州市参观考察。三是精神上关怀。2020年，上门慰问离退休干部600多人次，慰问资金60多万元。同时进一步完善困难帮扶机制，不断拓宽离休干部困难帮扶渠道，持续关心离休干部遗属57人，每月为遗属发放补助共1.6万多元。

把政治建设摆在首位，持续深入抓好思想建设和组织建设。指导梅县区58个离退休支部开展支部学习会、主题党日活动、参观学习，全年召开主题党日专题学习会164场，组织离退休干部代表实地参观考察1次。

坚持着力提升“两个阵地”建设水平，不断满足老干部精神文化生活需求。一是切实加强老干部活动中心建设。投入30多万元，对老干部服务中心进行升级改造。二是高度重视老年教育，办好老干部大学。于2020年9月正式开班办学，聘请专业老师，开办太极拳、书法和音乐3个班，共招收学员70多名。

主动担当作为，扎实开展关工工作。城东镇中心小学爱心之家被中国关工委评为全国优秀儿童之家，梅县区关工委获评全省关心下一代先进工作集体、梅州市“爱心之家”优秀组织奖，城东镇中心小学、雁洋镇中心小学、松口镇中心小学、石扇镇中心小学、石坑镇中心小学和水车镇中心小学等6间爱心之家获评梅州市优秀“爱心之家”，刘广炉等29人获评梅州市优秀“爱心之家”活动志愿者。全年开展关心慰问留守儿童活动19场，关爱农村留守困难儿童320人；指导开展“传承红色基因，争做时代新人”主题教育活动5场，教育人数1000多人；举办农村创业青年培训班5批次，共培训280人次。

2020年年底梅县区委组织部

部　长：李瑞金

宣传工作

2020年，梅县区宣传思想文化工作，自觉承担起举旗帜、聚民心、育新人、兴文化、展形象的使命任务，坚定政治方向、坚持守正创新，坚决筑牢意识形态安全屏障，重视精神文明建设，加快全国文明城市创建步伐，满足人民精神文化生活新期待，为打造宜居宜业宜游“美丽梅县·客都明珠”，推动梅县区高质量发展提供坚强思想保证和强大精神力量。

【重大主题宣传教育】 围绕聚焦“决胜全面小康、决战脱贫攻坚”主基调，深入宣传中共中央总书记习近平关于扶贫工作的重要论述和党中央、国务院关于脱贫攻坚工作的决策部署。围绕统筹推进疫情防控和经济社会发展重点工作，全力做好做实防疫防控和企业复工复产、重点项目建设等各项宣传。通过《梅县视窗》、广播、电视、“南方+”、羊城派客户端、政府网、宣传网及“梅县发布”APP、微信公众号、微博、手机微信群等开展全方位宣传，重点宣传疫情防控工作动态、防控知识、防控工作做法措施、先进典型、好人好事等。制作刊播了客家话情景剧、动漫、短视频、歌曲MV等，在省、市、区各类各级媒体推送，生动宣传防疫知识。制作并推送了《武汉加油·英雄的城市》等公益歌曲MV，《抗疫之战》等诗歌，《众志成城、加油武汉！》《相信党中央》等快板，《天灾无情人有情》等客家山歌，《如何做好居家防控新冠肺炎》《办公场所如何预防新冠肺炎》等客家话科普情景短剧，宣传疫情防控知识、工作经验做法、先进典型。开展“创文”“创全”“创森”“两美”等重大主题活动宣传。主动配合梅州马拉松、2020年中国电子铜箔行业年会暨梅州市铜箔产业大会、世界长寿之都授牌暨客都人家《原乡》公演系列活动、首届柚获节、中国农民丰收节等重要工作、重大活动的宣传，有力有效地做好宣传配合。

【群众文化活动】 梅县区图书馆开展8场读者活动，开展2020年世界阅读日粤港澳创作比赛、“4·23”世界读书日系列活动之悦读达人挑战活动、庆国庆·迎中秋——梅县区“两美”摄影作品展等系列活动；区文化馆开展“我们的节日端午”——微爱传递，情暖留守儿童主题活动、“梅县区社会主义核心价值观教育实践——竹板歌传唱活动”、“我们的中国梦·文化进万家”2020年梅县区文化馆总分馆联动系列活动，举办了两期暑期公益少儿艺术培训班和拓展活动。梅县区博物馆指导协作完成了“百年记忆·世纪画梦——林风眠艺术人生”展览，并入选“2020年广东省弘扬社会主义核心价值观主题展览”；承办李树化学术研讨会，协办“感悟客都 · 人文之旅”梅县籍中国现代艺术教育先驱“二林三李”图片展。

【电影放映】　实施惠民农村公益电影放映工作。全年农村公益电影完成放映4260场，观影人次15万多人；配合宣传部做好新冠肺炎疫情防控宣传工作，在2—5月每天派出LED宣传车到全区各镇、村、社区、学校、市场、防疫点、工厂、人口密集地等地点进行新冠肺炎疫情防控巡回广播、宣传；抓好其他各类的专题电影放映宣传工作，如配合区扫黄打非办公室做好扫黄打非专题电影放映宣传，在全区各乡镇（办事处、高管会）宣传放映60场，观影人次6000多人；9月起每周周末和法定假日，到社区进行公益电影放映，放映宣传20场，观影人次4000多人；配合开展“文明城市共创建 · 垃圾分类我先行”宣传放映活动，在全区各乡镇（办事处、高管会）宣传放映400场，观影人次8000多人。

【文艺创作】　2020年，梅县区文艺团体充分发挥文艺凝神聚力、抚慰心灵的独特优势，引导和鼓励梅县区文艺工作者和文艺院团积极投身疫情防控宣传工作，助力梅县区疫情防控阻击战，以群众喜闻乐见的形式创作疫情防控文艺作品，其间区文化馆共收到防疫抗疫创作作品14篇，通过微信公众号发布了12篇，其中山歌、表演唱、歌曲、三句半各1篇，快板2篇、诗歌4篇，被学习强国APP选入1篇，南方+APP选载8篇，梅州市非遗听山歌小程序选入1篇。梅县区山歌传承中心创作发布山歌快板2篇，木偶传习所创作发布了防控知识小视频1个。此外，还创排普法儿童剧《猴哥让我再想想》、创作红色文艺作品——表演唱《九月来信》；打磨提升以扶贫为创作题材的大型山歌剧《春闹》，并参加第十四届广东省艺术节终演，摘得戏曲组一等奖。

【文明创建】　以深化拓展新时代文明实践中心建设省级试点为切入点，推进新时代文明实践活动。强化组织领导，健全新时代文明实践中心运行机制，构建覆盖区、镇、村的“1+35+389+N”文明实践体系和“1+35+N”志愿者队伍体系，积极开展扶贫济困、助残、环保、文明交通、关爱退伍老兵和特殊青少年等领域的志愿服务活动。深入推进创建全国文明城市工作。印发《2020年梅县区创建全国文明城市工作方案》《梅县区创建全国文明城市测评体系任务分解》《未成年人思想道德建设工作测评体系任务分解》《梅州市梅县区创建全国文明城市工作问责办法》和《梅县区创建全国文明城市网格化管理责任分工一览表》，与69个创文责任单位签订《创文责任书》；召开了文明委全会暨创文推进会议，总结部署区精神文明建设和创文工作。加强文明村镇创建的督查，全区文明村（居）覆盖率100%，32个省定贫困村全部达到省级文明村创建标准。根据市文明委的创建要求，梅县区全部乡镇按省级文明镇标准参加创建已达到全覆盖。加强文明校园创建。按照文化惠民工程要求稳步推进文化旅游公共服务体系建设。新建梅县区博物馆工程建设顺利进行。图书馆、文化馆总分馆建设方面：区图书馆初步建立了南口、新城、丙村、雁洋、扶大、梅南6个分馆和5个服务点；区文化馆已建立丙村、新城、南口、白渡、梅南和雁洋等6个分馆，5个服务点。继续开展送戏下乡活动，丰富广大群众精神文化需求。组织开展“一镇一年一戏”送演文化惠民工程、敬老院慰问巡演、文艺演出等活动，进一步丰富了人民群众的精神文化生活。

【文化遗产保护利用】　文化遗产保护利用和传承发展全面加强，文物工作有力推进，消除文物安全隐患。做好非遗传承工作，弘扬客家优秀传统文化。突出文化引领，加强名人故居（旧居）保护利用，通过全面普查，深入挖掘，做好名人资源登记标示和历史研究，建立了梅县区名人资源名录和保护档案。组织开展梅县区名人资源调研，对梅县区主要名人的重要历史信息、文物遗产、文化内涵、精神实质和教育意义进行深入挖掘提炼。2020年，着重对被誉为中国美术学院梅州“三剑客”（林风眠、林文铮、李金发）之一的林文铮故居进行调查考证等工作，组织相关人员对隆文镇坑美村蒲风故居——以祯居、程江镇长滩村林文铮故居——承怡居、程江镇李树化故居——棣萼楼以及畲江镇“邹韬奋纪念馆”现状等开展了文物保护和活化利用的调研，提出保护和开发的工作方案，并重点统筹推进林文铮、李金发、李超士、李树化等名人故居（旧居）展陈提升项目。合理利用，广泛传播，焕发名人故居新时代的历史魅力。

【意识形态工作】　全面落实意识形态工作责任制，每季度召开1次意识形态联席工作会议，定期分析研判和部署开展意识形态工作；与各镇签订《落实意识形态工作责任制责任书》；区委宣传部领导作意识形态专题辅导报告5场（次）；联合组织部门、党校举办2020年学习贯彻习近平新时代中国特色社会主义思想培训班；积极配合巡视、巡察工作，做好省委第十三巡视组对梅县区意识形态专项巡视迎检工作，收集整理2017年以来意识形态工作台账，整理31个大项1130份文件，整理《中国共产党宣传工作条例》工作台账14个大项301份文件；派出干部配合区委开展第6、7轮巡察，对11个单位落实意识形态工作责任制情况进行专项巡察；对文广旅局、电视台等6个单位和机构改革后新成立的退役军人事务局、医保局进行意识形态工作指导；结合绩效考核对53个单位落实意识形态工作责任情况进行督查，筑牢意识形态“防护墙”“护城河”。

2020年年底梅县区委宣传部

部　长：涂戈峰

统战工作

【概述】　2020年，中共梅州市梅县区委统战部坚持以习近平新时代中国特色社会主义思想为指导，深入学习贯彻中共中央总书记习近平关于加强和改进统一战线工作的重要思想，坚决落实中央和省委、市委、区委重大决策部署，认真落实全国、全省、全市统战会议精神，奋力推动统战工作提质增效，为梅县区夺取疫情防控和脱贫攻坚、经济社会高质量发展的全面胜利凝聚统一战线磅礴力量。

【思想建设】　坚持中国共产党的领导，坚持以习近平新时代中国特色社会主义思想为指导，学深悟透中共中央总书记习近平关于加强和改进统一战线工作的重要思想，树牢“四个意识”、坚定“四个自信”、坚决做到“两个维护”。加强对统一战线各方面人士的学习教育，凝心聚力，着力引导统一战线广大成员更加坚定中国共产党领导和社会主义制度的政治优势。认真传达学习中共中央总书记习近平重要讲话指示批示精神，切实把思想和行动统一到党中央决策部署上来，进一步坚定必胜信心，毫不懈怠抓好常态化疫情防控各项工作。

【民主党派建设】　坚持和完善中国共产党领导的多党合作和政治协商制度，坚定多党合作制度自信。通过召开座谈会、情况通报会等形式，传达通报和诚恳征求各民主党派的意见建议，深化多党合作初心。8月4日，副市长、区委书记吴泽桐到统战系统调研，召开党外人士座谈会，对统战工作提出具体要求。突出加强中国特色社会主义参政党建设，持续提升多党合作水平。推荐7名党外人士参加9月21日至10月25日《习近平谈治国理政》专题读书班。积极做好党外人士培养、选拔、推荐、服务工作。着眼2021年换届，争取区委的关心和支持，加大对区各民主党派代表人士的培养使用力度。9月，2名民主党派专职主委到区直单位担任单位主要负责人，实现党外人士正职新突破。民盟梅县区委员会被民盟中央授予“民盟思想政治建设和宣传工作先进集体”称号，盟员赖瑜明荣获广东省文化和旅游厅颁发的“2020年广东省基层先进文化工作者”

称号、李发达被致公党广东省委员会评为优秀党员，张晴洪被致公党广东省委员会评为社会服务工作先进个人。九三学社梅县区支社荣获“2020年纪念九三学社创建75周年优秀社组织称号”。

【参政议政】 引导各民主党派积极履职，主动担当作为。各民主党派围绕区委、区政府中心工作，围绕做好常态化疫情防控，推进“双统筹”、夺取“双胜利”等深入开展调查研究，提交提案议案64件、调研材料和大会发言15篇。5月15日，区委统战部组织民主党派开展决胜脱贫攻坚、助力乡村振兴专题调研。

【社会服务】 2020年疫情期间，各民主党派捐款捐物15多万元，企业和商会协会共捐赠600多万元的资金和防疫物资，全区宗教界捐款捐物逾25万元，梅县区港澳台捐款37.5万元，区委统战部机关和退休干部职工捐款1.05万元。区工商联和商会发挥组织作用，积极引导会员企业参与脱贫攻坚、扶贫济困、捐资助学等事业，投身“百企帮百村”行动，至年底，已有158家会员企业参与帮扶138个村，投入9000多万元用于乡村振兴和新农村建设。2020年，全区宗教界筹集善款200多万元，用于扶贫助困。民盟刘谦隆2020年参与创作演唱的两首抗疫歌曲《武汉加油》《众志成城、加油武汉》入选广东省文联抗疫主题文艺作品库，李平的绘画《爱的奉献》荣获“同心抗疫与统一战线第五届全省系统书画摄影作品选展”二等奖。古海平和梁淑芳被评为民革广东省委员会2020年抗击新冠肺炎疫情工作杰出优秀奖。援武战士、南粤好医生林百润被农工党中央评为抗击新冠肺炎疫情先进个人，林百润、李干文、宋宏中、刘雅芳被农工党广东省委员会评为疫情防控工作一线先进个人。李林锋荣获省民进“抗疫突出贡献会员”称号，民进党高级支部主委李福生荣获省民进党“抗疫先进会员”称号。

【非公经济】 2020年，会员企业嘉元科技凭借优秀的技术，建成全市首个国家企业技术中心，振声科技荣获中国专利优秀奖。至年底，全区已有13家企业上市（含新三板）。12月10日，梅县区召开新的社会阶层人士联合会暨新的社会阶层人士联合会党支部成立大会，这是梅县区创新新的社会阶层人士统战工作的有力举措，得到各级的充分肯定。

【港澳台统战】 服从服务中央港澳台工作大局，做大做实乡情数据库，进一步巩固拓展爱国爱港爱澳基本盘，谨慎做好专项工作，特别是香港专项工作，稳妥做好社会面和舆情工作。认真做好港澳台同胞的接待工作，推动梅台港澳友好往来。参与10月15日“台湾乡土文学杰出奠基人钟理和生平事迹展”开幕。发动梅县区台生参加10月16日至18日市台港澳办举办的第十九届梅台青年夏令营活动、梅县区台胞台属参加12月4日至8日“第七届台湾青年岭南行”客家文化体验探寻之旅活动，连心交流，增进感情。协助做好香港“摘心计划”活动，圆了8名来自不同乡镇贫困学生的大学梦。

【侨界统战】 2020年是《中华人民共和国归侨侨眷保护法》颁布30周年，积极开展侨法下乡宣传活动，营造依法护侨的社会氛围。维护侨益抓服务，全年接待群众来信21批次来访38人次，办理华侨回国定居1宗、归侨身份证明1宗。开展侨资企业调查摸底工作，了解新冠疫情对企业的影响，积极帮助侨资企业解决发展中的困难和问题。关注侨界民生，协助做好教育助学基金的发放工作。认真做好《梅县侨声》编辑和发行工作，积极宣传党和国家各项侨务政策，向海外侨胞传递梅县区的时事政治、讲好梅县区故事。疫情期间，梅县籍华人华侨捐赠或带领侨界社团发动捐赠共计3000多万元物资助力祖国抗疫。

【民族宗教工作】 开展民族团结进步创建活动。结合创文工作，8月6日，到程江社区开展以“中华民族一家亲·同心共筑中国梦”为主题的民族团结进步宣传教育活动，切实维护少数民族群众的权益，铸牢中华民族共同体意识。坚持宗教中国化方向，引导宗教界爱国爱教，与社会主义社会相适应。强化属地管理，把宗教工作列入区委督查项目，完善区、镇、村三级宗教工作网络，加强宗教工作“三支队伍”学习教育，7月1日举办全区宗教政策法规培训班，专门邀请省民宗委领导解读新的宗教政策法规。扎实推进“四进”活动，为全区117间登记开放宗教活动场所免费订阅《梅州日报》和提供国旗，发放新修订的《宗教事务条例》和《宗教政策法规应知应会手册》3000本。坚决落实中央和省委宗教工作督查反馈意见整改方案和巡视整改“回头看”工作。露天佛像整治，禁止燃大香、高香、大烛，二维码收款、“去商治乱”等各项整改工作落实到位，形成长效机制。全面贯彻党的宗教工作基本方针，重点抓好民族宗教领域安全稳定工作，坚决打击非法宗教活动和抵御宗教渗透。2020年，依法打击取缔非法宗教活动场所1宗，清理清查收缴非法宗教出版物50多本。

2020年年底梅县区委统战部

部　长：张小兰

（供稿：李发强）

党　校

【突出教学重点，紧扣党校培训主业主课】 一是把马克思主义经典理论、习近平新时代中国特色社会主义思想课程等作为培训学习的中心内容，突出“深”字，侧重于学经典、学理论，夯实党员干部的政治理论基础；二是把党性教育摆在教学的突出位置，突出“精”，结合基层实际侧重党史国史、党纪法规、道德修养等培训，主题班党性教育课程比重不低于总课时的20%，实现了党的理论教育和党性教育主题班全覆盖；三是结合上级相关部署和要求，推动中共中央总书记习近平重要讲话指示精神在基层落地生根，突出“新”，第一时间开展学习培训、宣传宣讲，将学习宣传贯彻工作通过党校课堂直达基层党员干部，直通基层一线。在各类培训班次中开设2020年全国两会精神、抗疫精神、《习近平谈治国理政》（第三卷）、中共中央总书记习近平出席深圳经济特区建立40周年庆祝大会和视察广东重要讲话重要指示精神、中共中央总书记习近平在2020年秋季学期中青班开班仪式上重要讲话等学习培训。按照梅县区宣讲要求，选派教师进乡镇（社区）、进单位、进企业宣讲2020年全国“两会”精神、中共十九届四中全会、《习近平谈治国理政》（第三卷）、《中华人民共和国民法典》解读、乡村振兴等专题。四是在培训班中把学习苏区精神、梅县革命历史作为培训学习的重要内容，突出“红”，利用现有红色资源和基础设施，用活用好梅县区首批8个区级党员教育基地，开设“苏区精神”“叶帅精神”“九龙嶂精神”“九月来信在松源”等专题课，传承红色基因，擦亮梅县区红色教育品牌。至11月底，举办主题班9期和专题班8期、培训党员干部1300多人；党校教师深入村（社区）、企业、单位等宣讲37场，受众约5000人次。

【创新教育教学方式，增强干部培训实效】 一是实施课程体系改革。持续推进“三库”建设（师资库、精品库、现场点），在原有兼职教师师资库基础上，以各乡镇、各单位推荐方式，进一步遴选区、镇党校兼职教师，建立了50人组成的区镇两级党校师资库；同时，借助市领导干部、理论宣讲人才、百姓宣讲团人才、嘉应学院马克思主义学院人才库的师资力量，全方位、多渠道充实区委党校师资力量。二是打造党校精品课。重点打造党的理论教育和党性教育精品课，如结合学习党章党规党纪创新教学方式，打造“学党章、守初心、担使命”研讨式教学精品课；结合党校马克思主义教育基地打造“学习马克思主义，做马克思主义的忠诚信奉者和坚定实践者”微党课；结合“党课开讲啦”活动助力区委组织部打造“梅县区‘守初心、担使命’情景党课”等；精心打造地方特色精品课，如依托梅县区是原中央苏区红色资源丰富优势，打造“铭记光辉历史 传承九龙精神”“弘扬叶帅精神”“九月来信在松源”等一批有地方特色、吸引力较强的红色教育精品课程，通过“实地调研+基地参观+课程讲授”等模式用活用好梅县区首批8个区级党员教育基地和区域内红色资源，传播红色文化，增强培训实效；借助师资库教师精品课，充分利用现有50人师资库资源的教学力量提高党校精品课水平和内容范围，精选课程以供党校教学使用，内容涵盖党史党建、哲学社科、经济文化等多个学科，与精品课形成合力,提升教学质量。三是采用“内省”与“外化”相结合课程模式。“内省”就是通过撰写心得体会、分组讨论，组织学员自学等方式巩固学习成果。“外化”就是组织学员走出课堂、到村（社区）、产业园、红色教育基地、先进地域等学习参观，2020年，区委党校各主题班前往中山大学、中共湘潭县委党校、遵义干部培训学院、浙江大学等地进行异地教学，通过集中授课和现场教学的方式有针对性地学习相关理论知识和实践经验，汲取他方智慧，助力干部成长。四是实施教学方式改革，开展多元授课，摸索丰富“八式一体”培训模式，即理论式、调研式、情景式、现场式、体验式、辩论式、讨论式、案例式等教学方式，通过形式多样的教学方式，调动学员的学习积极性，不断提升教学质量。

【整合资源，加强乡镇党校建设】 一是编好“参考书”，在乡镇党校使用《梅县区乡镇党校简明教程（一）》情况总结基础上，组织精干力量编写《梅县区乡镇党校简明教程（二）》，增加思想道德修养、法律基础知识和卫生防疫知识等内容，立足本地实际，为当前乡镇党校培训提供了教学参考。二是用好“教学点”，充分运用各乡镇的高质量、有影响力的省市区级党性教育和红色教育示范点，利用各村（社区）党群服务中心、闲置小学、名人旧居等乡镇党校分教点开展好各类培训，利用好区、镇两级师资库老师和当地红色讲解员讲好红色故事、乡村振兴和基层发展等主题。三是打好“建设分”，按计划分组分片到各乡镇党校进行业务指导，通过座谈、实地考察、查阅相关资料等了解培训计划实施情况、教学管理情况、经费使用情况等，进一步提高镇街党校办学水平，并根据各乡镇党校工作开展情况给各镇街党校建设打分，评选出优、中、差等级，以供区委对镇街党校建设绩效考核参考。

2020年年底梅县区委党校

校 长：李瑞全

区人民代表大会

【概述】 2020年，区人大常委会在区委的领导下，深入学习贯彻中共中央总书记习近平关于坚持和完善人民代表大会制度的重要思想，深入学习贯彻中共中央总书记习近平出席深圳经济特区建立40周年庆祝大会和视察广东重要讲话、重要指示精神及中共十九届五中全会精神，坚持党的领导、人民当家作主、依法治国有机统一，依法履职、主动作为，顺利完成了区一届人大五次会议确定的各项目标任务。全年召开常委会会议10次、审议议题33项，听取审议专项工作报告9项，开展视察调研11次、执法检查2次，组织1次专题询问，作出决议决定13项，各项工作取得了新进展新成效。

【区一届人大五次会议】 2020年6月11—12日，梅县区第一届人民代表大会第五次会议在梅县文化中心胜利召开。本次大会听取和审议了区人民政府工作报告、区人大常委会工作报告、区人民法院工作报告和区人民检察院工作报告，审查了梅县区2020年国民经济和社会发展计划执行情况的报告和区2020年预算执行情况的报告，表决通过了政府工作报告等六个报告决议。会议期间，来自全区各条战线的人大代表，认真履行宪法和法律赋予的职责，积极参政议政，提出了许多宝贵的意见建议。本次大会共收到建议43件。

【监督工作】 区人大常委会紧紧围绕全区发展大局和人民群众关注的热点难点问题，综合运用多种监督方式，注重发挥监督合力，保障区委决策部署贯彻落实，保证宪法和法律法规有效实施，助推经济高质量发展。常委会持续关注梅县区营商环境建设，听取和审议区政府关于大力推进法治化营商环境建设情况的报告，并围绕法治化营商环境建设工作中存在的突出问题首次开展专题询问，听取审议区人民检察院发挥检察职能服务保障民营经济发展的报告，推动政府深入推进“放管服”改革，提升政务服务能力，营造良好的法治化营商环境，保护和激发市场主体活力，推动全区经济高质量发展。听取和审议区政府“十四五”规划编制情况报告，推动政府高标准高质量编制“十四五”规划纲要，切实提高规划编制的科学性、公开性和有效性。听取和审议2019年度区本级财政预算执行和其他财政收支的审计工作报告、2019年财政决算草案和2020年上半年预算执行情况的报告，审查批准区本级2019年度财政决算，审查批准2020年二次预算调整方案，支持和促进政府及相关部门全面贯彻新发展理念，落实积极财政政策，依法推进预算绩效管理，提高公共财政资金使用的效益。助力打好三大攻坚战。听取和审议区政府关于梅县区巩固脱贫成果建立长效机制工作情况的报告，推动政府巩固拓展脱贫攻坚成果，建立脱贫长效机制，推进脱贫攻坚与乡村振兴有效衔接。常委会坚持把打好污染防治攻坚战摆在人大监督的重要位置，听取和审议区政府关于环境状况和环境保护目标完成情况的报告，组织开展城乡集中供水、生活污水收集和治理、城乡人居环境提升等重点工作的督查，促进政府及相关部门深入贯彻落实习近平生态文明思想，压紧压实生态环境保护责任，推动突出环境问题整改。听取和审议区政府关于梅县区2019年度国有资产管理情况的综合报告，推动政府进一步深化国资国企改革，健全国有资产管理机制，确保国有资产安全完整和保值增值。关注民生福祉改善。围绕做好“六稳”工作、落实“六保”任务，听取和审议区政府关于2020年十件民生实事实施情况的报告，组织对教育基础设施建设、交通基础设施建设、自来水水源地保护管理、城乡人居环境提升工程、土地拆旧复垦、“两违三抢”防控和红色文化的保护传承等工作开展监督，加快推进城乡基础设施建设，扩大基本公共服务的覆盖面，优化提升城乡发展环境，促进全区美丽乡村建设。助力营造共建共治共享社会治理格局。坚决贯彻落实中共中央总书记习近平关于厉行节约、反对浪费的重要指示精神，向人大代表发出倡议书，号召全区各级人大代表在制止餐饮浪费行为上率先垂范。检查野生动物保护法、传染病防治法等法律法规实施情况，开展广东省安全生产管理条例实施情况、治理企业拖欠农民工工资和禁毒工作的专题调研，组织代表对区人民法院工作进行视察，组织对区财政局等7个区政府组成部门进行工作评议和满意度测评，督促“一府一委两院”依法行政、公正司法。认真落实备案审查工作情况报告制度，听取审议区人大法制委员会关于规范性文件备案审查工作情况报告，依法开展规范性文件备案审查，丙村镇被列为市级规范性文件备案审查示范点。充分发挥省人大常委会基层立法联系点的作用，配合省、市人大常委会开展立法征求意见15项。

【依法行使重大事项决定权和人事任免权】 区人大常委会依法讨论决定重大事项，围绕区级决算、预算调整等重大事项依法作出决议决定，审议通过民生实事项目人大代表票决制的决定。坚持党管干部原则和人大依法行使选举权任免权相统一，认真贯彻区委人事安排意图，区委推荐的人选均高票当选。严格实行任命人员任前法律考试、宪法宣誓和任后监督等制度。2020年，共依法任免地方国家机关工作人员39人次，补选区人大代表14人，依法组织宪法宣誓12人次。

【代表工作】 丰富代表履职活动。坚持和完善常委会组成人员联系代表、代表联系群众“双联系”工作机制，进一步密切和人民群众的联系。

依靠代表做好人大工作，全年邀请区人大代表列席常委会会议、参加视察调研、执法检查、工作评议等 160 多人次。扎实开展“更好发挥人大代表作用”主题活动，区镇两级人大组织 880 名人大代表统一开展集中履职活动，听取和收集群众意见建议 123 条。及时向人大代表发出倡议书，动员人大代表投身疫情防控，全区各级人大代表积极响应，医疗卫生战线代表奋不顾身战斗在疫情防控最前线，基层社区代表夜以继日参与联防联控，企业家代表踊跃捐款捐物，在不同的战线上履职尽责、担当作为，充分展现了人大代表的担当和风采。强化代表履职保障。注重代表履职能力建设，组织部分常委会组成人员、区镇人大代表赴湖南湘潭党校学习培训，围绕民法典、《习近平谈治国理政》（第三卷）等内容组织开展专题学习培训，不断增强代表履职意识和履职水平。制定梅县区人大代表活动经费管理办法，将代表活动经费纳入本级财政预算，保障代表依法履职。推进人大代表联络站规范化建设，不断加强代表联系选民、服务选民工作，全年底，全区共建立镇人大代表中心联络站 19 个、村（居）人大代表联络站 199 个。全年，全区各级代表利用人大代表联络站接待群众 1257 人次，收集意见建议 222 件，推动解决问题 178 件。提升建议办理质效。常委会听取审议区政府代表建议办理情况的专项报告，认真总结代表建议办理工作经验，建立“建议交办、政府领办、人大督办、代表测评”机制，有力提升了办理质效。区一届人大五次会议期间代表提出的 43 件建议全部办复完毕，代表反馈满意及基本满意率为 100%，推动解决了一批群众关注的热点难点问题。

【人大自身建设】 强化思想政治建设。以政治建设为统领，着力建设对党绝对忠诚、人民群众满意的代表机关和工作机关。坚持把学习贯彻习近平新时代中国特色社会主义思想作为首要政治任务，作为常委会党组和中心组学习的第一议题、机关“三会一课”的长期主题，推动学习贯彻常态化制度化。严守党的政治纪律政治规矩，把“两个维护”作为最高政治原则和根本政治规矩，严格执行省委坚决落实“两个维护”十项制度机制，始终把中共中央总书记习近平重要讲话和指示批示精神作为党内政治要件，全年办理政治要件 37 件。强化作风纪律建设。常委会党组严格落实全面从严治党责任，持之以恒抓好党风廉政建设和意识形态工作，严格执行中央八项规定及实施细则精神，力戒形式主义、官僚主义。深入开展调查研究，广泛听民声、聚民意、汇民智，切实解决好群众最关心最直接最现实的利益问题。扎实做好挂点村的精准扶贫精准脱贫工作。强化工作宣传交流。常委会重视做好人大宣传工作，充分发挥融媒体、新媒体优势，加强对人大制度、人大会议、代表活动的宣传，构建人大宣传工作新格局。积极配合上级人大开展视察调研、执法检查等活动，加强与各地人大的联系交流，对广东省乡镇人民代表大会工作条例实施情况开展专题调研，指导各镇人大按照条例健全完善主席团议事规则，按法定程序召开会议和开展活动，推动人大工作的法治化制度化。

2020 年年底梅州市梅县区人大常委会

主　任：曾庆辉

（供稿：张凤明）

区人民政府

【概述】 2020 年，在中共梅州市委、市人民政府和中共梅州市梅县区委的领导下，在梅县区人大及其常委会和梅县区政协的监督支持下，区人民政府坚持以习近平新时代中国特色社会主义思想为指导，认真落实省委“1+1+9”工作部署和市委“123456”思路举措，围绕区委加快推动生态发展区高质量发展的要求，抓“六保”，促“六稳”，努力夺取“双统筹、双胜利”。获“国家全域旅游示范区、全国乡村旅游重点村、国家技术创新示范企业”称号及广东省科技进步二等奖。入选全省“双十”战略性产业集群、国家“互联网+”农产品出村进城工程试点县、省旅游度假区名单，梅州综合保税区正式获批为梅州市首个国家级发展平台。

【区政府工作】 坚持精准施策，全力抓“六保”促“六稳”。全年地区生产总值实现219.95亿元，同比增长3.5%。抓复工促复产。坚持疫情防控和经济社会发展两手抓、两促进，出台复工复产“20条”，落实“实体经济10条”“稳外贸20条”等措施，减税降费5.4亿元，减征社保2.2亿元。举行政银企座谈会，发放贷款88亿元，金融存贷比由51.8%提升至61.5%。多措并举援企稳岗，新增市场主体6314户，同比增长6%；发放创业补贴850万元，建成4家青年见习基地，新增城镇就业2950人，城镇登记失业率2.5%。经济社会发展秩序快速恢复。强实业促发展。铜箔产业入选全省“双十”战略性产业集群。成功举办铜箔产业大会，新签约铜箔产能项目10万吨。超华科技、嘉元科技增资扩产1.3万吨铜箔产能项目顺利投产。铜箔总产能4.1万吨，约占全国产能的10%。投资10.1亿元的年产1.5万吨高性能铜箔项目。装备制造产业链条不断延伸，总投资5.4亿元的BPW（八期）项目加快建设，福德金属、伟友耐磨、雄辉实业首期项目顺利投产。全年规上工业增加值45.8亿元，同比增长3.8%。工业投资、技改投资分别增长19.4%、33.9%，增速均排名全市第三。电商物流产业融合发展加快，“互联网+”关联企业超过1000家，全年电商交易额67.6亿元，同比增长10.1%，入选国家“互联网+”农产品出村进城工程试点县。文旅产业亮点纷呈，客都人家一期项目开街运营，《原乡》全球公演，开业仅一个多月游客突破60万人次，“大观天下”获评国家AAA级旅游景区，雁洋镇入选省旅游度假区名单，长教村被评为全国乡村旅游重点村，获评国家全域旅游示范区。金柚“两园一区”顺利推进，省级产业园全面建成，国内首条柚苷生产线试产成功。国家产业园、梅州柚优势产区建设全面启动，投资2.5亿元的梅州柚深加工项目进展顺利，扩种金柚666.67公顷，产量55.6万吨，产值28.9亿元，增加农民收入2.5亿元。攻项目稳投资。发挥“1+9”重大工程项目建设总指挥部统筹协调作用，举行重点项目集中开工仪式。强攻82项年度投资88.04亿元的重点项目，固定资产投资121.5亿元，增速扭负为正，总量全市第一。客都人家一期、省级万里碧道试点、东环高速、葵岗互通立交、梅州政协连心桥等一批重点项目相继建成，梅龙高铁、东部快线稳步推进，西部快线正式动工。

坚持科学防控，众志成城抓抗疫。1.5万多名党员、干部、志愿者下沉到基层社区，遏制疫情传播。港澳台同胞、海外侨胞、社会各界踊跃捐款668万元支持抗疫，全区未发生本地感染病例。粤东医院收治疑似病例201例，治愈确诊病患7人，治愈率100%，实现了“零死亡”“零感染”“零复阳”。13名医护骨干白衣执甲、逆行出征、驰援湖北。粤东医院获评省先进集体，李刚等4人获评省先进个人。进入疫情常态化防控阶段，因时因势动态调整防控策略，压实“四方责任”，持续筑牢“外防输入、内防反弹”防线，慎终如始抓好疫情防控。

坚持统筹兼顾，坚决打好三大攻坚战。打好扶贫攻关战。投入扶贫开发资金5.3亿元，销售扶贫产品3.8亿元，32个省定贫困村全部退出，6821户15045名相对贫困人口全部实现脱贫，扶贫开发成效获评全省“好”的等次。打好污染防治攻坚战。6个断面水质优良率均为100%，河长制工作获评全市优秀。城区空气质量优良率98.3%，无中度以上污染天气。全面完成“净土保卫战”任务，修复受污染耕地1733.33公顷。防范化解债务风险。坚持过紧日子，严格预算约束管理，压减“三公”经费支出。成立国企集团，盘活国有资产和存量资金。争取上级财政资金58亿元，化解隐性债务10.3亿元，政府债务总体可控，“三保一转”得到有效保障。

坚持重点突破，着力打造发展新平台。实施梅县区产业集聚地提质增效工程，申报省级高新区，新落户工业企业10家，总数达到75家，产值44亿元。梅州综合保税区正式获批，成为全市首个国家级发展平台，投资9.3亿元的卡口、围网、查验场、信息化等设施集中动工。同步开工建设梅州国际无水港，打造“海铁联运、山海联动”的现代铁路物流中心。嘉元科技被认定为全市首家国家企业技术中心，获评国家技术创新示范企业、广东省科技进步二等奖。规上企业建立市级以上研发机构占比39.4%，稳居全市首位。全面启动槐岗片区、丙雁片区、高铁片区和临港物流园、铜箔特色产业园规划编制，不断完善“三区两园”基础设施，组织申报省级铜箔特色产业园，努力打造城市新的增长极，构筑产业发展新平台。

坚持重农固本，持续推进乡村振兴。坚持“三农”优先发展，统筹省级涉农资金3.9亿元，着力发展精致农业、建设精美农村、培育精勤农民。新增水稻种植面积155.4公顷，建成高标准农田866.67公顷，粮食生产保持稳定。茶叶种植面积增至1400公顷，“梅县绿茶”获国家地理标志认证。引进广新控股、正大康地等5家现代化养猪场，新增产能40万头，生猪生产加快恢复。推广“稻鱼共生”综合种养模式，带动发展健康养殖，获评省水产健康养殖示范县。农林牧渔业产值88.5亿元，同比增长2.5%。全面提升农村人居环境，持续开展“百村示范、千村整治”“厕所革命”、破旧泥砖房清理和污水治理等行动，拆除破旧泥砖房6.1万间，新建农村公厕185座，无害化户厕普及率100%，完成1386个自然村环境整治，行政村全部达到干净整洁村标准。“一河一路一树一花一景”生态景观廊道加快建设，完成S223线丙村段、S224线城东至客都人家、芦陵至剑英大桥、X020线育豪村至上官塘段黑底化改造、绿化提升，全面建成3个镇14个村26千米石窟河美丽游线，丙村芦陵、溪联、城东莲塘、桃尧桃溪、白渡宋湘故居等乡村实现美丽蜕变，雁洋镇被评为省乡村治理示范镇。深入实施“粤菜（客家菜）师傅、广东技工、南粤家政”三项工程，举办首届乡村创新创业创富大赛，加大农民实用技能培训，培育新型职业农民1890人。开展“百企帮百村”，158个集体经济“空壳村”全面清零。

坚持改善民生，全面发展社会事业。城乡居民医保征缴46.6万人，医保实现与全国2.9万家医院直接结算。发放各类救助资金5700万元，实施医疗救助3.2万人次。新建、扩建8所学校，外国语学校、德兴小学、扶大中心小学完成扩建，新增学位5400个，第二实验幼儿园、广外附设梅州实验学校、华师华业外国语学校等项目扎实推进。全省教育履职考核排名北部生态区37个县（市、区）第三、全市第一。加快建设卫生强区，新建疾控中心分子生物学检测室，核酸检测能力全市第一，21家发热门诊（诊室）完成改造，投资2.3亿元的中医院、妇保院扩建工程即将完工，妇保院晋级二甲，第二人民医院晋升二级综合医院，省级健康促进区、全国基层中医药工作先进单位顺利通过创建评估。人民南路断头路全面打通，实现双向通车，剑英大道延长线、高铁沿线畲江至西站段、梅花山等绿化、美化提升，所里、公园南路等新建道路竣工验收。西桥老旧小区、棚户区改造加快实施，公共机构垃圾分类实现全覆盖，全国文明城市创建深入推进。文体事业蓬勃发展，《春闹》荣获省艺术节剧目一等奖，圆满举办梅州马拉松、中冠联赛等赛事，组建“四三三”足球俱乐部。学校“互联网+明厨亮灶”工程组网运行。基层应急管理“四个一”建设、第七次全国人口普查登记等工作顺利完成。全民禁毒工程成效明显，梅县区公安分局获评全省全民禁毒工程先进集体。

坚持加强自身建设，提升政府治理效能。坚持向区委、区人大及其常委会报告工作，向区政协通报情况，人大建议、政协提案办复率和满意率均为100%。加强政府系统党建，扎实推进法治政府、廉洁政府和服务型政府建设，严格落实中央八项规定精神，强化审计监督、整改，创建模范机关，营造风清气正的干事创业氛围。严格规范市场监管行为，“双随机、一公开”监管实现全覆盖。深入开展“放管服”“数字政府”改革，“一窗办”“马上办”“网上办”进驻事项均超过1000项，一般登记办理时限压减到3个工作日内。工青妇、文联、侨联、科协等群众团体作用进一步发挥。监察、审计、民宗、气象、史志、档案等工作进一步加强。国防动员、民兵预备役、拥军优属、优抚安置、应急救援等事业取得新成效，连续五届获评全省双拥模范县。

【信访工作】 2020年，在区委、区政府领导和市信访局的指导下,梅县区上下认真贯彻落实中央和省、市关于做好信访工作的一系列重要精神，严格落实各项信访工作机制，通过各种有效措施及时调处化解各类信访问题，全年信访态势实现整体平稳,为全区经济社会发展创造了良好的社会环境。

本级受理情况：

1．本级受理群众来信12件，比上年下降64.7%。

2．本级接待群众来访347批991人次，同比批次下降31.15%，人次下降21.03%（其中：集体访48批569人次，同比批次下降2%，人次下降13.53%）。来访立案128批317人次，同比批次下降31.18%，人次下降42.67%（其中：集体访16批166人次，同比批次下降22.27%，人次下降46.62%）。

3．受理群众网上信访来信432宗，同比下降39.66%。

上级受理情况：

1．市级信件39件；省级信件44件；国家信访局信件24件。

2．群众进京上访7批7人次，同比批次下降30%，人次下降36.36%。

3．群众到省上访14批18人，无集体访。同比批次下降58.82%，人次下降58.14%。

4．群众到市上访42批204人，同比批次下降60.37%，人次下降36.84%。其中：集体访6批152人次，同比批次下降45.45%，人次下降23.23%。

5．上级交办省专案13宗、市专案3宗，全部办理上报。省委第十三巡视组转办案件72宗，已按巡视组要求交由责任单位办理。

*落实信访工作责任。*区委常委会、区政府常务会、区信访联席会议多次专题研判全区信访形势及矛盾化解攻坚等重点任务，压实信访工作责任。区领导坚持每月接访、下访群众以及包案化解重点问题，通过重点约访、带案下访、下基层接访、领导包案等形式，及时了解掌握辖区群众反映的热点难点问题，及时解决群众的合理诉求，在源头上消除不稳定因素，切实控制和减少群众越级上访。疫情防护期间，根据省、市相关要求，梅县区暂时关闭了人民来访接待厅，将工作模式从“面对面”转变为“背靠背”的沟通。疫情防护期间，梅县区转办、交办涉疫9宗、涉企1宗，办结率100%。

*重点时期的信访保障工作。*及早筹谋、周密部署，全力做好2020年各个重点时期的信访保障工作。一是区委常委会、政府常务会议多次专题研判、部署信访保障工作。二是落实领导包案。对排查的重点案件、重点人员、重点群体，落实区领导包案，落实责任。三是注重调处化解。先后调处化解涉房地产领域、农民工欠薪等群体性信访事件5宗，从源头上有效防范重大风险。四是注重排查稳控。对排查出的重点人员，严格落实领导包案，明确责任人，成立专班和稳控工作组，实施24小时稳控。五是强化信息预警和应急处置工作。一旦掌握越级上访信息，立即启动应急预案，开展劝返处置工作，最大限度把人员吸附在当地，切实维护梅县区社会的和谐稳定，实现了“三个不发生”的工作目标。

*专案办理情况。*梅县区高度重视做好省、市专案的办理工作，认真落实“三到位一处理”，努力做到“案结事了、事心双解”，确保案件能够按期办结。一是对上级交办的专案，逐案落实区领导包案，明确化解期限。包案领导约见信访群众、研究化解措施，强调工作责任，要求属地镇进行重新核实，依法依规落实化解措施，并督促、跟进案件的化解工作。二是各责任单位规范工作程序，严格落实“四个一”（一案、一策、一包案领导、一工作专班），依法做好信访问题

的化解工作，重新调查核实，多次组织调解，做好回访，并按要求做好信息录入等工作。三是区联席办进一步明确省专案的目标、内容和审核标准。逐案建立台账，并分别安排专人跟进专案的办理结果，审核材料，督促责任单位严格按要求做好录入办理信息等工作。至年底，上级交办梅县区 13 宗省专案、3 宗市专案，均办结上报。

2020 年年底梅县区人民政府办公室
主　任：谢源兴

（供稿：办公室）

区政协

【梅县区政协一届五次全会】 中国人民政治协商会议第一届梅州市梅县区委员会第五次会议，于 2020 年 6 月 10—11 日在梅县区举行。这次会议是在梅县区全面建成小康社会决胜之年、在新冠肺炎疫情防控常态化特殊背景下召开的重要会议。副市长、区委书记吴泽桐等区各套班子领导出席会议，与委员们共商大计共谋发展。会议审议通过主席罗时亮代表一届区政协常务委员会所作的工作报告，审议通过副主席钟梅福代表一届区政协常务委员会所作的提案工作情况报告。会议听取并讨论区长温助民所作的政府工作报告和其他报告，对上述报告表示赞同，并提出意见建议。会议选举林作鹏为政协第一届梅州市梅县区委员会副主席。会议充分肯定政协第一届梅州市梅县区委员会常务委员会的工作。2020 年，区政协及其常委会在区委领导和区政府大力支持下，准确把握人民政协的性质定位，坚持团结和民主两大主题，积极发挥专门协商机构作用，围绕中心、服务大局，担当作为，在坚持党的领导、履职尽责、改革创新、投身新冠肺炎疫情防控和促进复工复产等方面成效明显，为推动梅县区高质量发展做出积极贡献。会议高度评价区长温助民所作的《政府工作报告》。认为过去的一年，梅县区按照市委、市政府和区委的决策部署，攻坚克难，锐意进取，统筹推进稳增长、促改革、调结构、惠民生、防风险、保稳定各项工作，经济发展稳中向好，社会大局和谐稳定，人民生活水平稳步提升，"美丽梅县 · 客都明珠"建设迈出新步伐。会议认为，《政府工作报告》提出 2020 年的目标任务和工作举措符合梅县区发展实际，紧扣全面建成小康社会目标任务，统筹推进疫情防控和经济社会发展工作，推动"六稳""六保"落实见效。会议期间，委员们还对做好 2020 年梅县区各项工作积极建言献策。

【常委会会议】 一、一届区政协第二十次常委会议。2020 年 5 月 29 日，一届区政协第二十次常委会会议在区政协一楼会议室召开，全体区政协常委参会，会议内容如下：

（一）学习习近平新时代中国特色社会主义思想。

（二）讨论《区政府工作报告》。

（三）审议有关区政协一届五次会议有关事宜。

1．审议会议议程及日程安排（草案）。

2．审议区政协常务委员会工作报告和提案工作情况报告。

3．审议区政协工作报告报告人和提案工作报告报告人。

4．审议各场大会的主持人。

5．审议邀请出席和列席会议的人员名单。

6．审议部分区政协委员辞职的事宜。谢晓虹委员因工作原因，提出辞去一届区政协委员的请求。审议通过。

7．审议一届区政协增补委员事宜。因工作需要，计划增补林作鹏、余春文、翁尚华、黄玉、杨庆平、冯龙程、付子瑜、郭钊祥、洪森胜、赵启胜等 10 人为一届区政协委员。审议通过。

8．审议会议秘书长和副秘书长建议名单。

9．审议大会期间各讨论组主持人及讨论地点事宜。

10．审议会议表彰有关事宜。

11．审议会议期间成立临时党委事宜。

12．讨论授权主席会议未尽事宜的决定。

二、一届区政协第二十一次常委会议。2020年6月10日，一届区政协第二十一次常委会会议在区政协一楼会议室召开，全体区政协常委参会，会议内容如下：

1．审议部分区政协常委会组成人员辞职的相关事宜。因年纪到龄退休，区政协副主席赖良钊提出辞去一届区政协副主席和政协委员职务。审议通过。

2．审议增选区政协副主席候选人名单。经市委组织部提名，林作鹏为区政协副主席候选人，并提请区政协一届五次会议进行大会选举。审议通过。

3．审议会议选举办法（草案）。

4．审议监计票人名单（草案）。

三、一届区政协第二十二次常委会会议。2020年6月11日，一届区政协第二十二次常委会会议在区文化活动中心礼堂侧小会议室召开，全体区政协常委参会，会议内容如下：

1．听取大会秘书处汇报各组讨论情况。

2．听取提案委员会关于区政协一届五次会议期间提案情况的报告（草案）。

3．审议通过林作鹏为区政协副主席候选人。

4．审议通过区政协一届五次会议选举办法（草案）。

5．审议通过区政协一届五次会议监计票人名单（草案）。

6．审议区政协一届五次会议决议（草案）。

四、一届区政协第二十三次常委会会议。2020年6月29日，一届区政协第二十三次常委会会议在白渡镇会议室召开，全体区政协常委参会，会议内容如下：

1.传达学习中共中央总书记习近平在十九届中央政治局第二十次集体学习时发表的重要讲话精神和在专家学者座谈会上的重要讲话精神。

2．传达学习中共中央总书记习近平在党外人士座谈会上的重要讲话精神。

3．意识形态专题学习。

4．传达市委政协工作会议精神。

5．传达梅县区新冠肺炎防控领导小组（指挥部）会议精神。

五、一届区政协第二十四次常委会议。2020年8月20日，一届区政协第二十四次常委会议在雁洋镇会议室召开，全体区政协常委参会，会议内容如下：

1．传达中共中央总书记习近平在吉林考察时的重要讲话精神。

2．传达中共中央总书记习近平在企业家座谈会上的重要讲话精神。

3．传达党外人士座谈会精神。

4．意识形态专题学习：实现中华民族伟大复兴的思想旗帜和行动指南。

5．传达闽粤赣边三省十县（区）政协第48次联系协作会议精神。

六、一届区政协第二十五次常委会会议。2020年11月3日，一届区政协第二十五次常委会会议在南口镇会议室召开，全体区政协常委参会，会议内容如下：

1．传达中共中央总书记习近平在深圳经济特区建立40周年庆祝大会上、在广东考察调研时的重要讲话精神。

2．传达全国政协第41次双周协商座谈会精神。

3．传达省委书记李希到梅州调研主要精神。

4．意识形态专题学习:《习近平谈治国理政》第三卷：“人民至上”这条红线一以贯之。

5．研究讨论增补区政协各专委会副主任事宜。

【提案办理】 2020年，共收到提案91件（一届五次会议期间收到89件，会后收到2件），其中：委员联名提案17件，民主党派提案15件，委员个人提案59件。经审查，立案66件，其中，有关经济、市政建设、乡村振兴方面33件；有关法制、民政和社会保障、劳动人事方面14件；有关文化、教育、卫生、环境及其他19件。在区委、区政府的重视支持下，在31个承办单位共同努力下，全部提案均在规定期限内办复，委员满意或基本满意率 100%，为推动全区经济社会高质量发展发挥积极作用。

【协商议政】 牢牢把握新时代新使命，积极开展调研视察、专题议政，组织界别委员围绕政府工作报告开展专题议政，提出意见建议供区政府决策参考；组织区政协常委开展主题为“做大先进制造业，力促实体经济发展”“巩固提升脱贫成效，奋力推进乡村振兴”“推进交通强区建设，打造立体交通网络”等专题视察调研，形成高质量专题视察报告，呈报区委、区政府。政协常委视察发现问题和提出建议，区委、区政府领导高度重视，要求相关部门认真研究。此外，政协各专委会积极组织界别委员开展协商座谈、专题调研，形成“大力发展梅南茶叶产业，打造粤港澳大湾区茶罐子”“完善公共法律服务体系，提升依法治区水平”等高质量专题调研报告。

【民主监督】 区政协充分发挥民主监督职能，拓宽民主监督渠道，向“客都人家”康养文旅综合体项目和城东—白渡工业园区派驻民主监督小组开展专项民主监督，对发现的问题及委员提出意见建议，以《民主监督简报》形式向区委、区政府专题报告，助推重点项目和工业园区建设，客都人家康养文旅综合体项目如期建成开放，工业园区基础设施建设有序推进。按照区委工作部署，由区政协领导牵头组织区直单位成立 2 个督查组，分别对“泥砖房清理整治和民房管控风貌提升”和“厕所革命”工作开展专项督查，形成督查报告供区委区政府决策参考。组织委员参加区法院专题视察、区检察院观摩庭审等活动，促进依法治区工作的深入开展，努力把人民政协制度优势转化为社会治理效能。

【专题调研视察】 主要是组织开展对“做大先进制造业，力促实体经济发展”“巩固提升脱贫成效，奋力推进乡村振兴”“推进交通强区建设，打造立体交通网络”专题调研，深入解情况，积极建言献策。

【联谊交流】 切实发挥政协大团结大联合的组织优势，积极邀请各界别委员参加调研视察、专题议政、民主监督等工作，认真听取意见，更好发挥各党派团体在政协工作中重要作用。发挥人民政协联系广泛优势，开展走访委员活动，主动加强与粤港澳大湾区委员的沟通联系，引导委员充分发挥桥梁纽带作用；积极参与区委区政府招商推介活动，为梅县主动融入服务“双区”建设贡献智慧和力量。注重深化对外交流，参加在大埔县和寻乌县召开的闽粤赣三省十县（区）政协联系协作会议，积极推介梅县良好的发展环境，探讨交流政协履行职能和推动老区苏区振兴发展经验做法；接待安徽铜陵政协、湖南浏阳政协等 36 批次兄弟市县政协到梅县学习交流；先后组织部分政协委员前往河源市和平县、连平县学习考察发展精致高效农业做法，前往龙岩市上杭县、长汀县考察客家文化传承发展等方面成功经验。

【委员工作室活动】 区政协委员工作室建设不断规范完善，达到“七有”标准，即有机构、有场所、有方案、有制度、有经费、有考核、有成效，委员队伍实现“四自”目标，即自我管理、自我服务、自我教育、自我监督。广大政协委员依托委员工作室积极开展履职活动，充分发挥联系基层、凝聚民心、服务民生作用，特色突出，亮点纷呈，成效显著，反应良好。委员工作室主要发挥三个方面作用：一是拓展学习平台。各委员工作室在政协各专委会的具体指导下，把委员工作室作为集中学习、研讨交流、政策宣传、内外互动的新平台新载体，组织委员加强学习，有效促进委员学习培训多元化和常态化，不断提升委员的政治把握能力、调查研究能力、联系群众能力、合作共事能力，工作室成为思想政治引领的重要平台。二是延伸履职空间。委员工作室的设立，解决县（区）级以下无政协的短板，工作室积极为委员履职尽责创造良好条件，真正使委员工作室成为政协委员密切联系群众、倾听民声、反映民意的“一线”平台。工作室成立以来，各委员工作室结合“三联系”工作制度，有针对性开展调研视察、委员走访、服务群众等履职活动，真正做到上情下达、下情上传，工作室成为助力民生改善的重要平台。三是打造特色品牌。各委员工作室充分发挥委员界别特色和专业优势，不断创新工作方式，打造一批特色工作品牌，为政协工作增添新的亮点、新的活力。比如民营经济委员工作室出台《委员工作室轮值制度》，要求委员轮值期间组织一次主题活动和一次以上走访活动，实现委员轮值全覆盖；积极发动30多位委员投身“百企帮百村”活动，为乡村振兴和脱贫攻坚贡献力量。文教卫体委员工作室发挥医卫界、文艺界委员的优势，积极开展“送医送药送戏”下乡活动，深受群众广泛赞誉。港澳台侨委员工作室关心关注民生福祉，每年都为家乡做1件以上实事、善事，共捐资160多万元助力民生改善；此外，还积极发挥港澳委员人缘、地缘优势，为梅县区融入粤港澳大湾区建设牵线搭桥、汇聚力量。农业和农村委员工作室组织农业专家深入田间地头，利用委员们的专业技术，推广良种良法，为梅县区农业产业发展谋良策出实招。学习文史委员工作室扎实抓好文史资料工作，积极邀请专家学者编撰《梅县民俗》工作，出版《梅县区政协庆祝新中国成立70周年暨人民政协成立70周年书画作品集》，展现新时代人民政协形象。社会法制委员工作室组织委员和法律界人士开展“送法下乡”法律宣讲和法律咨询活动，邀请界别委员组成民主监督小组，对“客都人家”项目和城东—白渡工业园区开展民主监督，得到区委、区政府领导充分肯定。经济科技委员工作室发挥经济科技界别委员较多优势，深入开展“扶持特色产业，助推乡村振兴”、“疫情防控与线上教育的启示”等调研视察活动。提案委员工作室积极组织委员开展专题调研，抓好领导挂案重点提案督办工作，充分发挥提案在推动民生实事落实和热点难点解决中的作用。同时，委员工作室积极引导委员参与经济社会建设、“三进一出”工程等各类活动。比如在抗击新冠肺炎疫情中，各委员工作室发动委员通过各种途径为疫情防控累计捐款捐物280多万元；在“梅州政协连心桥”建设中，发动委员捐款50多万元；一届政协以来，委员共投入2200多万元，助力乡村振兴和扶贫济困工作。

【关注民生】 坚持把群众所思所盼所想作为履职重点，聚焦推动脱贫攻坚与乡村振兴有效衔接，持续发力增进民生福祉和社会发展。用心用情参与脱贫攻坚工作，4年来共筹措资金100多万元，帮扶区政协办挂钩的隆文镇卢溪村完善道路基础设施、建设村民活动中心，圆满完成脱贫攻坚各项工作任务；积极发动委员参与社会公益事业，2020年，委员通过各种途径捐资捐款共计800多万元助力乡村振兴和民生实事；积极响应市政协号召，倡议委员捐资建设的梅州政协连心桥建成通车，方便梅南老区群众出行；组织各团体和各界别委员开展送政策、送科技、送健康、送法律、送文化“五送”下乡活动，充分彰显政协为民情怀。围绕创建全国文明城市工作要求，扎实做好挂钩联系网格点的工作，政协机关干部身体力行带头参与志愿活动和大清洁活动，全年政协机关投入18万元，助力完善“创文”网格点道路设施和环境卫生整治工作。

2020年年底政协梅州市梅县区委员会

主　席：罗时亮

（供稿：办公室）

区纪委

【概述】 2020年，梅县区纪检监察机关在梅州市纪委监察部门和中共梅州市梅县区委的领导下，坚持以习近平新时代中国特色社会主义思想为指导，认真学习领会中共中央总书记习近平视察广东重要讲话精神，深入贯彻上级纪委全会部署，全面从严治党取得新成效，为全区社会经济高质量发展提供有力纪律保证。

【区纪委一届五次全会】 2020年4月1日，召开梅县区纪委一届五次全会，会议由区委常委、纪委书记、监委主任古裕主持，区委副书记、区长温助民传达十九届中央纪委四次全会、十二届省纪委五次全会和七届市纪委六次全会精神，副市长、区委书记吴泽桐出席会议并讲话。古裕代表区纪委常委会作题为《强化监督责任主动担当作为，为梅县决胜全面小康提供坚强纪律保证》的工作报告。抽取6位科级党政“一把手”在区纪委全会上进行书面述责述廉。

【党风廉政建设】 压实主体责任。协助区委履行好党风廉政建设主体责任，加强对落实党中央重大决策部署和中共中央总书记习近平重要指示批示精神、落实全面从严治党主体责任情况的监督检查，督促相关职能部门扎实做好“六稳”工作、落实“六保”任务，推动脱贫攻坚、污染防治攻坚战、扫黑除恶专项斗争等各项重大决策部署落到实处。特别是在抗疫期间全区各级纪检监察机构检查区直、乡镇、村（居）、社区等共655个（次），及时纠治873个轻微问题，通报问题158个。狠抓履职监督。对区委新提拔或转任的11名党组织“一把手”发放提醒函，及时打好廉洁“预防针”；抽取6位科级党政“一把手”在区纪委全会上进行书面述责述廉，并对排名靠后的1名区直单位党组书记进行约谈；积极抓早抓小，2020年，全区开展提醒谈话150人次，其中乡科级65人次，警诫谈话11人，把党内谈话真正落实到加强日常监管的工作之中，督促干部增强纪律和规矩意识。发挥群众监督。继续加强对“小微权力”清单和惠民信息平台宣传和完善工作，在原“小微权力”清单涉及11个区直单位包含村级决策事项、村级财务事项、工程招标等30项内容基础上，修改11项、新增1项、删减4项，进一步厘清村级权力事项；推动完善梅县区惠民信息平台，投入63.44万元对区惠民信息平台进行第二次升级，进一步强化平台运用大数据对惠民资金、扶贫资金等损害群众身边利益问题的监督，至年底，平台公开数据的部门有11个，公开惠民项目48项，发布惠民补贴数据1295.7万条。

【作风建设】 每月对区委、区政府重要工作、重点工程、重要项目推进、问题集中的典型问题进行通报。特别是在疫情期间督促卫生部门抓好疫情防控工作、教育部门抓好学校复学复课防疫工作和学校食堂卫生管理工作、市场监管部门做好农贸市场监管工作等；针对各节假日期间值班执勤、窗口部门存在“两难一低”以及贯彻落实中央、省、市和区委决策部署情况，特别是违反中央八项规定精神和“四风”问题、形式主义官僚主义问题，2020年，共对92个（次）单位开展明察暗访，对发现的问题及时提醒纠正。

【查处违纪违法案件】 2020年，全区纪检监察机关受理群众信访举报395件，同比下降5.9%；立案178件178人，同比下降2.2%，其中：科级干部15件15人；采取留置措施2人。结案175件，党纪政务处分169人。积极运用监督执纪“四种形态”，“第一种形态”处理150人，“第二种形态”处理144人，“第三种形态”处理14人，“第四种形态”处理11人。

【专项治理工作】 坚决惩治扶贫领域腐败和作风问题。2020年，受理扶贫领域违纪违法问题线索20条，立案13件，党纪政务处分10人。一是大力开展督办直查。对市纪委监委督办直查案件线索2条进行快查快结；区纪委选取3条可查性强、类型典型的问题线索进行督办直查，立案3件3人，给予党纪政务处分3人。二是开展“讲讲我的帮扶户”督查。以抽查的形式对各镇、各区直单位帮扶责任人就帮扶贫困户家庭的基本情况、收支情况和各项政策落实等进行督查提问，推动脱贫攻坚政策落地见效。共对553名帮扶责任人进行督查提问，及时向帮扶责任人和相关单位提出工作建议。三是督促抓好问题整改。督促各级党委（党组）结合工作实际认真对照检查，抓好问题整改。针对部分单位在脱贫攻坚等工作存在的不足，对区农业农村局等5个单位“一把手”进行谈话提醒，确保贫困人口如期脱贫。严查涉恶腐败和黑恶势力“保护伞”。2020年，排查和受理涉恶腐败和黑恶势力“保护伞”线索9条，立案7宗，给予党纪政务处分7人。一是加强协调联动。严格落实与公安机关办案机制和常态化联合督导机制，适时召开协调会议，通报工作进展、开展个案探讨、研究线索双向移送，推动“四同步”落实，同时严格落实一把手签字背书制度。二是抓好整改落实。印发《梅县区纪委监委关于贯彻落实全国扫黑办海南调研报告反馈问题的整改工作方案》《梅县区纪委监委关于贯彻落实全国扫黑办领导2020年分片调研反映问题的整改工作方案》，全面梳理在“惩腐打伞”中存在不足和问题，明确责任领导、责任部门和整改任务，立行立改、真改实改，推动梅县区扫黑除恶专项斗争深入开展。三是开展“六清”行动。紧扣扫黑除恶“六清”行动要求，抓好线索核查、案件查办、“打伞破网”、“打财断血”等工作，对魏某涉恶犯罪团伙案件开展自查，联合区公安分局对吴某涉恶犯罪集团案件进行“回头看”和“再排查”立案查处6宗6人，确保实现“清彻底、清到底、清干净”的目标。全面惩治形式主义、官僚主义问题。深入贯彻落实中央纪委国家监委《关于整治“四风”问题中“低级红”“高级黑”的工作措施》和省委、省政府《关于解决形式主义突出问题为基层减负的若干具体措施》，聚焦精准脱贫、污染防治、扫黑除恶专项斗争和新冠疫情防控等工作方面的形式主义官僚主义问题，继续配合做好基层减负工作，杜绝过多过频过度留痕等突出问题。全年查处形式主义、官僚主义问题线索7条，立案查处15宗15人。深入开展生态环保领域监督执纪问责。印发《梅县区纪委监委监督实施乡村振兴战略的工作方案》，督促各单位开展生态环保、违规占用农村耕地建房等专项工作，切实把生态环保主体责任压紧压实。组织人员对南口、松口、雁洋3处违建别墅现状和清查整治情况进行督查，督促各职能局按时间节点落实好违建别墅清理清查工作。全年查处违法占用耕地案件15件；查处违建别墅问题3件，立案3件3人（另并案处理1人，移交梅江区处理1人），诫勉5人，提醒谈话15人，批评教育2人。

【巡察工作】 巩固巡察实效，稳步推进全覆盖。2020年，完成一届梅县区委六轮共74个单位巡察，现对剩余6个单位开展第七轮巡察，至2021年1月中旬完成对全区80个单位的常规巡察全覆盖任务；完成对387个村（社区）巡察，村级巡察覆盖率100%；移交问题线索318条，立案134件134人，党纪政务处分96人。创新工作方式，提升巡察实效。对原有巡察结束后组织被巡察单位干部对巡察干部进行综合评价制度进行提升，出台《区委巡察组开展巡察后评估制度》，对区委巡察组遵守纪律、工作作风等情况进行量化式评估，2020年，组织开展4场被巡察单位对区委巡察组的测评，得到被巡察单位认可。抓好成果运用，向区委组织部、区财政局等5个单位发出工作建议书，建议各单位就相应问题督促有关单位或部门解决实际问题。压实整改责任，做好“后半篇文章”。印发《区委巡察整改落实情况专项督查工作实施办法（试行）》；建立纪检监察机关对巡察反馈问题整改日常监督工作机制；建立问题线索库，对问题线索实施倒逼办理、对反馈问题实施动态跟踪督办；实施区委区政府分管（挂点）领导与被巡察单位党组织主要负责同志约谈机制，层层加压推进镇、村党组织落实整改的主体责任。全年协调8位区领导分别对18个单位党组织主要负责人进行约谈；对10个已巡察单位进行巡察整改情况督查，仍发现在制定和执行制度方面问题21个；第六轮常规巡察反馈的240个问题和第五轮村级巡察反馈的887个问题全部整改完毕。

【宣传教育】 强化宣传引导，传播反腐倡廉好声音。积极在国内重点论坛发表正面网评文章汇聚正能量，在南方日报、南粤清风、梅州日报、客都清风等媒体上刊发稿件67篇，在梅县区广播电视台设立“纪检监察之窗”栏目播放4期工作动态，传播梅县区纪检监察工作好声音。加强警示教育。协助区委开展好纪律教育学习月活动，通过举行全区领导干部党章党规党纪教育培训班、举办廉政主题辩论赛、参观反腐倡廉教育基地、举办“守初心、担使命”情景党课、旁听法院庭审教育活动等亮点活动，在全区营造纪律教育学习良好氛围，使全区党员干部进一步增强纪律规矩意识；加强典型案例通报曝光，每季度至少印发 1 次案件通报,教育党员干部以案为鉴；在春节、“五一”、中秋、国庆等重要时间节点，向全区副科级以上党员领导干部发送“廉洁短信”3365 条，提醒党员干部廉洁文明过节；对全区 189 名新任村（社区）党组织书记开展任前廉政谈话全覆盖，进一步筑牢新任村（社区）党组织书记拒腐防变的思想道德防线。加强意识形态工作管控。通过定期召开意识形态专题会议、机关干部大会、各级党组织会议等方式加强意识形态的引导和管控，加大对廉洁文化宣传阵地、网站网络等舆论阵地的建设和管理力度，切实守好意识形态“南大门”。打造廉洁宣传阵地。打造建成程江河堤、清水公园孝廉文化教育基地、梅花山主题公园，使广大党员、群众在游览休闲中学习。

【机构改革】　梅县区按照上级关于派驻机构改革的文件精神，对标对表，稳步推进深化派驻机构改革工作。加强组织领导。按照《关于深化市县纪委监委派驻机构改革的指导意见》《关于深化梅州市纪委监委派驻机构改革的实施方案》精神，梅县区结合实际，制定《关于深化梅州市梅县区纪委监委派驻机构改革的实施方案》，由区委统一领导，区纪委监委专责组织实施推进。完善制度机制。按照实施方案要求，区纪委监委更新完善《梅县区纪委监委派驻机构审查调查协作制度》，拟定《关于健全全区纪委监委派驻机构与驻在部门党组（党委）协调机制的指导意见》。完善派驻监督方式。对区纪委监委驻区委政法委纪检监察组的监督范围进行调整，增设区纪委监委驻梅州市公安局梅县区分局纪检监察组，进一步提高派驻监督全覆盖质量。改革后，各派驻组强化自身建设，依规依纪依法履行纪检监察两项职责，在区纪委监委领导下，依靠协作片区机制，加强审查调查力度，严厉查处违纪违法问题。

【干部队伍建设】　加大学习教育力度。疫情期间，利用学习强国视频会议功能开展线上学习，其次，将学习任务分散到各党小组进行学习，重点学习中共十九届五中全会精神、习近平总书记出席深圳经济特区成立 40 周年庆祝大会和视察广东重要讲话重要指示精神、党章党纪法规和法律法规等。另外，邀请专家学者、科室骨干作专题授课。通过选派优秀年轻干部到省、市纪委以案代训、到市纪委跟班学习等形式，提升年轻干部业务能力。2020 年，开展干部培训 13 场，参加人数 563 人次；开展知识测试 9 场，参加测试人数 1065 人次；开展在线培训年中测试 2 场，参加测试人数 180 人次。强化干部队伍建设。坚持从源头上严格把关，实行调入纪检系统先试用，正式考察之前先民间考察的做法，面向社会公开招考公务员 2 名,另从外单位调入干部 6 名；稳妥推进职级并行制度，推荐 10 名优秀干部提拔晋升职级；提拔 12 名干部，对本委机关和派驻组 6 名副科职干部进行轮岗调整，进一步优化干部队伍结构。聘任区纪委监委 10 名干部为公职律师。完善体制机制。深化派驻机构改革，向区公安分局派驻纪检监察组，制定《梅县区纪委监委派驻机构工作报告暂行办法》和派驻机构主要负责人向区纪委监委述职制度。严格执行纪检监察干部双重管理制度，要求每镇至少配备 3 名专职纪检监察干部。强化内部监督。印发《关于开展纪检监察干部违纪违法案专题警示教育的方案》，区纪委监委主要领导带头向全区纪检监察干部讲警示教育课，筑牢拒腐防变的思想防线；将纪检监察干部遵守纪律情况、工作落实情况、“八小时以外”活动等作为监督重点，通过现场检查、座谈、家访等形式，对纪检监察干部存在的苗头性、倾向性问题进行早提醒、早纠正、早处理，切实抓早抓小，防微杜渐。对全区 130

多名纪检监察（巡察）干部实现“全覆盖”建立个人廉政档案。按层级管理执行谈心谈话制度，2020 年，区纪委监委机关开展党内谈话 71 人次。

2020 年年底梅县区纪律检查委员会

书　记：古　裕

（供稿：李家亮）

民主党派

民　革

【概述】 2020 年，民革梅县区委员会在民革梅州市委及中共梅县区委的领导下，以市委“123456”和区委“3113”的工作部署，围绕加快推动生态发展区高质量发展的要求，团结广大党员，积极参政议政，切实履行好参政党职能，为梅县区全面加快老区苏区振兴发展，全力建设宜居宜业宜游“美丽梅县·客都明珠”做出积极贡献。至年底，全区有 5 个支部，党员 64 人。其中：市人大代表 1 人、市政协委员 2 人、区政协副主席 1 人、区人大代表 1 人（常委 1 人）、区政协委员 8 人（常委 1 人）。

【思想建设】 2020 年，全区民革党员在区委会的领导下，结合自身实际，通过集中学习、微信转发学习文章、专题调研、专题教育活动等多种方式方法，努力做好学习工作。一是区委会组织党员在 6 月学习全国两会精神，在 12 月学习中共十九届五中全会精神；统一订购《习近平谈治国理政》1—3 卷供民革党员学习。二是积极参加各种专题培训。6 月 30 日和 7 月 1 日，区委会正副主委们参加梅县区委统战部、区委组织部、区委党校联合举办的 2020 年社会主义民主政治建设培训班学习；7 月和 12 月，李朝晖主委分别参加“梅州市科级干部学习贯彻党的十九届四中全会精神专题研讨班”和全区科级干部学习贯彻中共中央总书记习近平出席深圳经济特区建设 40 周年庆祝大会和视察广东重要讲话、重要指示精神暨学习中共十九届五中全会精神专题研讨班；9—10 月，林映华参加 2020 年梅县区新时代年轻干部成长工程培训班暨《习近平谈治国理政》专题读书班学习。三是积极学习法律法规和党的各项方针政策。8 月，区委会组织党员学习《中华人民共和国民法典》。四是努力学习民革中央、省、市有关文件精神。6 月，区委会组织党员学习省民革十三届四次全会精神；12 月，学习民革十三届四中全会精神。组织党员前往深圳开展“不忘合作初心，继续携手前进——不忘初心使命，积极担当作为”教育活动。五是积极学习新时期统一战线理论，为做好海外联谊工作打下扎实基础。六是学习民革的党章党史。

【组织建设】 民主党派作为参政党，必须紧紧围绕国家大政方针，紧跟形势发展，大力加强自身建设，不断提高整体素质，才能更好地履行参政党职能。一是搞好班子建设。要统一思想，提高认识，同心同德，通力协作，从我做起。工作中充分发扬民主，求同存异，共同研究制定计划，解决问题。二是充分认识到基层组织是区委会开展各项工作的重要基础，重视与各支部的联系、沟通，及时、准确地解情况，尽力帮助其解决各种困难和问题，结合创建“达标支部”“示范支部”的工作要求，主委办公会议讨论通过后经请示市委会同意，将原来城区一支部和二支部更名为民革梅县区第一支部和民革梅县区第二支部，将松口支部更名为民革梅县区第三支部，将丙村支部更名为民革梅县区第四支部。民革梅县区铁炉桥医院支部暂不更名。根据党章的要求，区民革各支部都相应进行换届。最后选举结果为：民革梅县区第一支部主委廖国优，副主委吴利青、黄惠，支委邹孟丽、林映华；民革梅县区第二支部主委朱日晖，副主委黄国敏、古海平，支委曾冠、汤云春；民革梅县区第三支部主委徐建伟，副主委李明、黎竹新，支委黄祝宏、温杨庭；民革梅县区第四支部主委冯剑辉，副主委刘胜金，支委郭瑞霞。民革梅县区铁炉桥医院支部主委曾彩霞，副主委陈莲环、魏利娟，支委杨向凯、黄国雄。三是发展好新党员做好组织建设。2020 年，发展松口中学的罗海洪、吴海辉加入民革。

【参政议政】 民革区委会紧紧围绕参政议政、服务大局这一中心工作，结合梅县区的经济社会建设、群众关心的热点难点问题积极建言献策。2020 年，积极参加区委、区政府、人大、政协等有关部门召开的座谈会、协商会、情况通报会及各种活动，参与梅县区大政方针和重大问题的协商。在区政协一届五次全会上，赵严君代表区委会作题为《发展医养产业，建设健康梅县》的大会发言，对人民群众关心的养老养生问题作比较全面的阐述。在区政协一届五次全会上，区委会提交《关于高标准加快推进梅县区畲江工业园区梅州综合保税区建设的建议》和《关于统筹缴交计划生育家庭城乡居民基本医疗保险费用的建议》两份集体提案。在个人提案方面，温晓晖、朱日晖联名提交《关于增加优化梅州市梅县区外国语学校公交路线的建议》；赵严君提交《关于加强通信建设，使人民群众获得便利通讯的建议》和《关于在公园北路、人民南路安装防护栏的建议》；李颂发提交《关于在梅县区行政区绿道上安装凳子的建议》；黎竹新提交《关于对临退休教师关心的一些建议》；曾彩霞提交《关于锭子桥车站门口、西山村村道门口设临时红绿灯的建议》；冯剑辉提交《关于保障师生安全，在丙村镇小侧建人行天桥的建议》等 9 份提案；市政协委员李朝晖提交《关于不断壮大金柚产业，助推我市乡村振兴发展的建议》的提案。其中《关于高标准加快推进梅县区畲江工业园区梅州综合保税区建设的建议》被列为副市长、区委书记吴泽桐挂案督办提案，被区政协评为 2020 年度优秀提案；《关于不断壮大金柚产业，助推我市乡村振兴发展的建议》被市政协评为优秀提案。这些提案针对性较强，调研有深度，解决办法和措施可行性强，得到有关部门的高度重视。

【本职工作】 区民革充分发挥人才智力优势，努力做好促进梅县区经济社会发展工作。民革党员立足本职，扎实工作，取得可喜的成绩。钟李峰、赵严君、古海平、梁淑芳、宋小玲、汤云春、黄国雄、池宇明等民革党员坚守岗位，无私贡献。古海平和梁淑芳获民革广东省委会 2020 年抗击新冠肺炎疫情工作杰出优秀奖，同时被评为梅县区 2020 年度“最美战疫天使”。钟李峰被评为梅州市抗疫先进个人。此外，在教育战线的民革成员，积极参加线上教学工作，执教的课例教学效果好，一些民革成员受到学校的表彰。8 月，区委会组织开展无偿献血活动；9 月，铁炉桥医院支部党员在区委会副主委钟李峰的带领下前往石坑镇开展义诊和慰问活动。钟李峰撰写的论文《益气活血通窍方治疗脑梗塞后遗症的疗效及对 TLR4 表达的影响》在《现代诊断与治疗》上发表；杨向凯撰写的论文《瑞芬太尼在甲状腺切除手术的麻醉效果及不良反应发生率影响分析》在《黑龙江医药》上发表；梁淑芳撰写的论文《阑尾炎患者围手术期护理中应用健康教育的价值分析》在《护理前沿》上发表；曾红霞撰写的论文《在阅读教学中拨动情感之弦》在区教育局语文科年会上评为一等奖。

2020 年年底民革梅县区委员会

主　委：李朝晖

（供稿：办公室）

民　盟

【概述】 2020 年，民盟梅县区委员会认真履行参政党职能，紧紧围绕区委、区政府中心工作开展调研，积极建言献策，团结带领全区盟员为打造宜居宜业宜游的“美丽梅县 · 客都明珠”贡献智慧和力量。盟务工作获得上级盟组织的肯定，被民盟中央授予“民盟思想政治建设和宣传工作先进集体”荣誉称号。至年底，全区有 7 个支部，盟员 182 人。其中：省人大代表 1 人、市人大代表 1 人、市政协委员 1 人、区人大代表 2 人（常委 1 人）、区政协委员 12 人（常委 2 人）。

【思想建设】 盟区委积极引导和组织广大盟员把学习贯彻习近平新时代中国特色社会主义思想作为首要政治任务。一是加强政治理论学习，全体盟员认真学习贯彻中共十九大及其历次全会精神、学习贯彻中共中央总书记习近平在党外人士座谈会上的重要讲话精神、学习十三届全国人大三次会议和全国政协十三届三次会议精神、学习贯彻习近平总书记在全国抗击新冠肺炎疫情表彰大会上的讲话和在深圳经济特区建立 40 周年庆祝大会上的讲话精神。二是学盟史、铸盟魂，盟区委充分利用多媒体平台，特别在“盟萌新天地”公众号开设专栏《周一学盟史》，与全区盟员一起慕先贤、守初心、担重任；全年共发布学习资料 35 篇。三是组织盟员积极参加各级组织的学习培训活动：6 月 30 日至 7 月 1 日，梅县区委统战部、区委组织部、区委党校联合举办 2020 年社会主义民主政治建设培训班，盟区委主委叶柳华、副主委吴文龙、机关专干罗樱参加培训班。9 月 21 日至 10 月 25 日，盟员钟宇参加由中共梅县区委组织部、区委党校联合举办的 2020 年梅县区新时代年轻干部成长工程培训班暨《习近平谈治国理政》专题读书班的学习培训。通过各种形式的学习活动，不断增进全体盟员对中国共产党和中国特色社会主义的政治认同、思想认同、理论认同和情感认同，提高全区盟员的思想觉悟和政治素养。

【组织建设】 1. 加强领导班子建设。一是按照民主集中制原则，明确职责，加强考核检查，重大问题都通过主委会或区委会进行讨论研究。二是把后备干部队伍建设摆在重要位置，积极做好发现、选拔、培养、任用、推荐等工作。在区委十五届十一次委员会议上，补选钟宇为区委委员。2. 开展丰富多彩的活动。叶柳华主委带领骨干盟员赴汕尾海丰开展盟务工作交流；组织各支部盟员前往丰顺、潮州开展学习调研。各支部开展的主题教育活动有：南口中学支部开展全国“两会”精神和《中华人民共和国民法典》学习会、“加强农旅融合　推动乡村振兴”专题调研活动；华侨中学支部与民建华侨中学支部开展联合学习调研活动；高级中学盟支部、城区支部分别组织盟员到平远县开展“学革命历史　传红色精神”主题教育活动；松口中学支部前往丰顺县开展主题教育活动和乡村振兴调研。3. 注重宣传思想工作。充分运用微信公众平台“盟萌新天地”，及时刊发习近平总书记系列重要讲话精神、盟中央领导的重要文章，充分发挥宣传联络作用，向盟员通报盟务信息，并鼓励盟员积极报送社情民意信息、盟务活动通稿、游记散文、评论、摄影和书画作品等。4. 做好社情民意工作。叶柳华主委、区委委员陈立菲、盟员涂妍关注民生，主动作为，发扬民盟“奔走国是、关注民生”的优良传统，紧紧围绕疫情防控工作，撰写的《关于出台专项政策扶持受疫情影响的民办幼儿园》《关于武汉新型冠状病毒疫情支援物资有效发放的建议》上报到民盟广东省委参政议政工作处，为助力打好疫情防控战发出民盟声音。

【参政议政】 5 月 15 日，叶柳华主委参加中共梅县区委统战部组织的梅县区西部乡镇开展助力乡村振兴专题调研活动。6 月 1 日，民盟梅州市委专职副主委李跃文率队到梅州市鹏辉幼儿园开展复学情况调研，叶柳华主委陪同调研。6月4日，叶柳华主委带领区委委员吴亦辉、陈立菲走访梅州爱尔眼科医院，解医院疫情防控和复工情况。6月19日下午，梅县区人民政府副区长谢芳带队走访调研广东御安建筑消防科技有限公司，解企业复工复产情况，叶柳华主委陪同调研。8月4日下午，副市长、梅县区委书记吴泽桐专程走访调研梅县区各民主党派机关，看望慰问机关干部并召开座谈会，叶柳华主委参加座谈会。在政协梅县区第一届五次会议上，童大东委员代表民盟梅县区委作《发展乡村教育，助力乡村振兴战略》大会发言。会议期间提交集体提案1件：关于加强新县城西片区补短板强弱项统筹规划的建议；个人提案13件，内容涉及医疗卫生、交通建设、校园安全、社会民生等；夏丹丹2019年提交的《关于提高乡镇卫生院医疗服务水平的建议》被评为优秀提案，李玉珍被评为2019年度优秀政协委员。同时积极开展调研并撰写好统战理论课题《浅谈如何加强民主党派后备干部队伍建设》交区委统战部。

【社会服务】 2020年，民盟梅县区委会通过不同形式为抗击疫情奉献爱心，踊跃捐款，通过不同途径献爱心共捐款1.64万元。在6月30日扶贫济困活动中，盟员共捐款8150元。6月21日，南口镇车陂村南源世第举办“我们的节日·端午节”——微爱传递，情暖留守儿童主题活动，盟员李玉珍为孩子们带来的竹板歌传唱深受大家喜爱。10月26日，盟员李玉珍、徐美吟参加“情暖社区，爱在重阳”活动，为老年朋友们送上精彩的文艺表演。12月27日，客商银行·2020世界客都长寿梅州马拉松赛在梅县区人民广场激情开跑，盟区委主委、梅县区体育局局长叶柳华参与赛事筹备；盟员曾学苑参与医疗安全保障工作；盟员李玉珍、赖瑜明、刘谦隆、徐美吟在起跑点、赛道两旁演唱客家山歌，充分展现客家人的多彩文化。

【本职工作】 赖瑜明荣获广东省文化和旅游厅颁发的“第四届广东省基层先进文化工作者”称号；李玉珍创作的小戏《寒冬暖夜》获广东省戏剧家协会举办的“新时代　新征程”主题小戏小品剧本征集优秀奖，荣获梅州市2019年度文艺“双精”奖；刘谦隆被广东省流行音乐协会评为2019年广东优秀音乐人，演唱歌曲《大山之歌》荣获广东省流行音乐协会年度“十大金曲奖”；由李玉珍、刘谦隆主演，赖瑜明担任策划，陆优、廖丽、徐映茹参演的以精准扶贫为题材的大型山歌剧《春闹》在第十四届广东省艺术节上夺得大型舞台艺术作品戏曲组一等奖，刘谦隆获“优秀表演奖”。钟兰芳在“慈爱基金·侨界奖教奖学金”活动中获得“优秀教师”荣誉称号，得到广东省侨界仁爱基金会的表彰；丘芳撰写的论文获2020年梅州市英语年会论文二等奖。吴雪琴撰写的论文《高中物理探究式教学的探索与实践》在物理2019——2020年会上评为区一等奖；梁娟撰写的德育论文《以德育人，以文化人——在语文课程教育中构筑人文素养》获梅县区二等奖。

2020年年底民盟梅县区委员会

主　委：叶柳华

（供稿：钟　宇）

农工党

【概述】 2020年，农工党梅县区委员会紧紧围绕区委、区政府中心工作开展调研，积极建言献策，为打造宜居宜业宜游的“美丽梅县·客都明珠”贡献智慧和力量。至年底，全区有农工党党员73人，5个支部。在职45人、退休28人。在职党员中医卫界33人占73%，教育界6人占13%，新阶层人士及其他4人占7%，中高级职称34人占85%，市政协委员1人、区人大代表（常委）1人、区政协委员8人（常委1人）、区特约人民监督员1人、特约审计员2人。

【参政议政】 2020年5月，张清祥主委和李雪梅副主委参加梅县区委统战部组织的梅县区西部乡镇开展助力乡村振兴专题调研活动。11月，区委会组织区委委员和相关成员到丙村镇客都人家、芦陵村调研梅县区连线连片美丽乡村和文旅项目建设情况，并到松口镇中心卫生院进行工作交流，进一步解基层医疗卫生队伍建设和管理方面存在困难及解决办法。副主委李雪梅就“做大先进制造业，力促实体经济发展”积极参加政协组织的常委专题协商、专题视察活动。推进交通强区建设，打造立体交通网络。在政协梅县区第一届五次会议上，宋国良委员代表区委会作题为《做强做优梅县金柚产业、助力梅县区乡村振兴发展》的大会发言。会议期间共提交集体提案3件：关于加快绿色产业发展，助推生态富民强区建设的建议、关于加强梅县区全科医师队伍建设的建议、关于加大扶持力度，培育民宿产业发展的建议。个人提案5件：关于优化富力北桥及其周边设施的建议（李雪梅）、建议老旧小区改造要考虑无障碍设施的建设（钟素芬）、关于规范管理家政服务行业的建议（罗琼瑶、吴惠玉）、关注脑瘫康复，助力创建全国残疾预防综合试验区建设（宋国良）、关于在新县城城区红绿灯路口增设摩托车专用等候区的建议（黄念先）。内容涵盖医疗健康、乡村振兴、红色传承、经济、交通、教育和旅游等方面。在政协优秀提案评选中，钟素芬委员提交的提案《关于加大梅县区红色文化资源保护利用力度的建议》被评为区政协优秀提案。市政协委员谢正在市政协会议期间提交1件提案：关于加快打通梅江碧桂园到八一大道路段的提案。积极开展调研并撰写好统战理论课题《浅谈梅县区网络人士统战工作的现状及建议》交统战部。

【思想建设】 一是加强党员政治理论学习。二是开展党史和爱国主义教育。2020年，是中国农工民主党成立90周年，区委会认真组织党员学习农工党党章党史，不断增强党员的荣誉感和责任心，号召全体党员参加省委会的庆祝农工党成立90周年“学精神、学党章、学党史”网上知识竞赛活动。7月，廖淑洪、张红同志参加市委会组织的新党员培训班，到松口镇和水车镇两个教育基地现场教学、参观学习，开展党史学习教育活动；9月30日，谢正副主委参加在南口镇梅县革命烈士陵园举行的梅州市2020年烈士纪念日烈士公祭活动；12月，曹锐参加市委会组织的新党员革命传统教育活动，分别到古田会议旧址和培田古村落传承红色文化精神，提升爱国主义情怀。12月5日，区委会组织各支部成员到水车镇农工党创始人之一黄琪翔将军故居、纪念馆和五华县奥体中心“铭记光辉历史、传承红色基因”体验馆开展爱国主义革命传统教育。

【组织建设】 一是加强领导班子建设。按照民主集中制原则，明确职责，加强考核检查，重大事项在充分发扬民主的基础上，由集体决策。二是注重年轻干部队伍建设和组织发展工作。2020年发展新党员2人，都在卫生界。6月，张清祥主委和谢正副主委参加区委统战部在党校举办的2020年社会主义民主政治建设培训班，9月，廖晖参加2020年梅县区新时代年轻干部成长工程培训班，10月，谢正副主委参加2020年梅州市梅县区人才工作理论学习研修班。三是支部活动有序开展。10月，区委会召开退休党员重阳节座谈会，大家欢聚一堂，畅谈对农工党的热爱之情。12月5日，区委会组织各支部成员到五华足球小镇、奥体中心惠堂体育场和超顺农旅园调研学习活动。12月19—20日，区委会组织区委委员、骨干党员联合梅县区民革党员到深圳开展“不忘初心使命，积极担当作为”主题教育学习活动。四是加强机关建设。农工党区委会机关不断健全完善工作制度，严明工作纪律，严格遵守中共中央八项规定。8月4日，副市长、区委书记吴泽桐专程走访调研梅县区各民主党派机关，看望慰问机关干部并召开座谈会。吴泽桐充分肯定各民主党派近年来取得的工作成绩。

【本职工作】 粤东医院张清祥主委担任医院抗“疫”一线专家组副组长；林百润参加第二批广东援助湖北医疗队，奔赴武汉前线参加当地的医疗救治工作；李干文、宋宏中每天驻扎在感染病区，坚守住接诊疑似病人的第一道防线。刘雅芳报名前往感染大楼参与疫情防控，负责感染大楼四楼病人；梅县区疾控中心副主任黄念先、黄建平，参与对梅县区疫情研判评估工作，形成风险评估报告和制订防控应急工作方案，梅县区中医医院谢正副院长、感染管理科主任宋国良始终坚持防控第一线；梅县区妇幼保健院罗琼瑶报名加入医院队伍，承担梅县城西高速出口的监测工作。6 月 12 日，农工党广东省委员会对新冠肺炎疫情防控工作先进集体和个人进行表彰，林百润、李干文、宋宏中、刘雅芳为疫情防控工作一线先进个人，刘智为疫情防控捐赠先进个人。12 月 28 日，林百润被农工党中央评为抗击新冠肺炎疫情先进个人。张清祥主委入选广东省家庭医生协会《2019 年度岭南名医录》。李干文（共同作者）在英国牛津大学《感染病开放论坛》发表 SCI 论文 1 篇。

【社会服务】 2020 年是中国农工民主党成立 90 周年，为更好地发扬农工党革命先辈光荣传统，发挥界别优势，9 月，区委会组织最美战疫医师等医护人员到农工党创始人之一黄琪翔将军故乡水车镇敬老院开展“关爱老人、情暖夕阳”送健康活动。此次活动的医疗专家分别来自粤东医院、梅县区疾控中心、中医医院和妇幼保健院抗击疫情的专家和在抗疫一线的医生，涵盖呼吸内科、感染科、内分泌科、针灸康复科和保健科。专家队伍为水车镇敬老院 17 位老人进行身体检查和健康教育宣传。

2020 年年底农工党梅县区委员会

主　委：张清祥

（供稿：廖　晖）

致公党

【概述】 2020 年，致公党梅县区委员会紧紧围绕区委、区政府中心工作开展工作，积极建言献策，带领全体党员为打造宜居宜业宜游的“美丽梅县 · 客都明珠”幸福家园，贡献智慧和力量。至 2020 年年底，全区党员中，有市人大代表 1 人、市政协委员 1 人；区人大代表 1 人、区政协委员 9 人，其中副主席 1 人。纪委特邀监察员 2 人，检察监察员 1 人，全区有 4 个支部，党员 90 人（其中当年新加入 3 人）。

【思想建设】 致公党梅县区委会以开展各种学习教育活动为基础，以重要纪念活动为契机，抓好政治学习和理论研究工作，进一步加强参政党思想政治建设，增强“四个意识”、坚定“四个自信”、做到“两个维护”，不断夯实多党合作政治基础,发挥本党派特色优势，认真履行参政党职能；不断强化思想、建立组织建设长效机制，提高自身建设水平；坚持从实际出发，探索新方法，社会服务工作取得突出成效。2020 年，区委会分别组织党员到平远革命老区，河源、龙川红色革命点参观学习，接受革命传统教育和爱国主义教育。

【组织建设】 通过健全完善和贯彻落实领导班子理论学习制度、集体领导和个人分工负责制度，提高班子成员的政治思想素质和业务素质，形成班子团结合作的氛围。区委会领导班子成员不断强化为党员服务、为社会服务的意识，密切联系基层组织和广大党员，有效提高本党的向心力和战斗力。夯实基层组织基础，全面贯彻“人才兴党”战略树立和宣传先进典型。对多名在政治协商、参政议政、社会服务、海外联系、防疫抗疫中表现优异的党员进行表彰。其中在 4 月 21 日广州召开的致公党广东省十二届四次全会上，李发达被评为广东省委会优秀党员，张晴洪被评为致公党广东省委员会社会服务工作先进个人。同时，继续抓好优秀人才的推荐工作，不断完善区委会后备干部人才库建设。依托各级党校、社会主义学院，加强对优秀干部和骨干党员的培养提高。专职副主委陈瑞玲参加区委统战部部长组织的党外人士开展乡村振兴专题调研；区政协副主席、主委徐婉玲和副主委王德恩参加梅县区“2020年社会主义民主政治建设培训班”学习；选派李发达参加致公党广东省委员会举办的“致公党全省中青年骨干党员培训班”学习。选派李依薇参加区委组织部和区党校联合举办的“2020年梅县区中青年干部培训班”学习；选派副主委王德恩参加致公党省委会举办的“2020年全省提案和社情民意信息写作培训班”学习。

【参政议政】 2020年，受到疫情影响，调研活动有所减少，在6月10—12日召开的梅县区政协第一届第五次会上，致公党梅县区委会有9名政协委员以饱满的政治热情和强烈的责任感，充分利用“两会”平台参会，履职献良策，同心谋发展。梅县区委会提交集体提案2件（《关于创新处理厨余垃圾的建议》和《关于改造城区老旧小区的建议》），委员个人提案2件《关于实施乡村振兴战略 建设梅县最美乡村的建议》《扩大梅县区城区公立幼儿园比率和普惠幼儿园的覆盖率，建成学前教育公共服务体系，切实提高人民群众的幸福生活》，内容涵盖乡村振兴、老旧小区改造、教育等方面。在“致公党梅州市委会参政议政工作会议”上，向市委会提交的意见（建议）有8件，通过市委会的平台进行参政议政，内容涉及政府部门管理、农村垃圾处理、消防安全、医疗卫生和教育改革等多元内容。

【联谊活动】 2020年，受疫情影响，接待“三胞”和归侨、探亲访友、学术交流等工作受到较大影响，但区委会不忘自己侨界政党的身份，4月10日，区委会响应“致公中央疫情没有国界，致公党员与海外侨胞抗击疫情万里同心”的号召，在国内抗击疫情已经取得阶段性重要成果的同时，发动党员以捐赠“致公爱心小包裹”的形式，为海外侨胞力所能及地提供医用防护物资。

【社会服务活动】 2020年，致公党梅县区委会积极推动党员在各自的工作岗位上尽职尽责，做好本职工作，区委会办公室人员参与精准扶贫挂点大坪镇平中村2家贫困户胜利脱贫，党员中的医务工作者经常参加有关部门组织的“送医送药”或扶贫济困义诊活动，耐心又热情为人们把脉问诊检查身体并送上药品。

【疫情防控】 区委会组织广大党员深入贯彻落实习近平总书记重要指示和中共中央、国务院决策部署，在梅县区委的坚强领导下，纷纷在各自的岗位上投入抗击疫情的战斗中，用实际行动为打赢疫情防控阻击战贡献着智慧和力量。参与一线医疗救治的致公党党员有梅县区中山三院粤东人民医院呼吸内科副主任医师谢战忠、梅县区中医医院副主任医师谢讯华、梅县区中医院疫情防控成员、梅南镇卫生院科室主任曾向党。除了医务工作者，其他各行业各领域的致公党员也自愿坚守在工作岗位上，默默奉献，积极参与疫情防控。

2020年年底致公党梅县区委员会

主　委：徐婉玲

（供稿：李发达）

九三学社

【概述】 1984年，广东省九三学社开始在梅县市发展成员，储备在梅县建立组织。1987年6月30日，成立梅县市直属小组，有成员9人，组长吴恭文，副组长杨冀岳，办公地址设在梅县市政协二楼。1988年4月，因地改市建置，原直属小组机构、成员归属梅州市。在1988年4月至2014年12月梅县未再设九三学社组织。因撤县设区，九三学社梅州市梅县区支社于2014年12月24

日正式成立，社员 10 人。2020 年，发展到社员有 15 人，九三学社的人员组成以科学技术界高、中级知识分子为主，常见职业分布为教师、医师、工程师等。其中硕士生 1 人，研究生 1 人，本科学历 7 人，大专学历 6 人；高级职称 3 人，中级职称 6 人，律师 1 人。市政协委员 1 人，区政协常委 3 人，区政协委员 4 人。

【思想建设】 2020 年，九三学社梅州市梅县区支社全面加强思想政治建设，不断提高思想政治素质，紧紧围绕区委、区政府的决策部署，积极履职尽责。不断加强自身建设，动员全体社员立足本职工作，发挥岗位优势，对社员进行政治思想教育，及时传达学习中国共产党各级各类会议精神，组织社员学习社中央和社省委文件，贯彻落实九三学社广东省委关于开展“不忘合作初心，继续携手前进”主题教育活动精神，持续开展革命传统教育和爱国主义教育，积极组织支社社员开展多种形式的主题学习活动。9 月 21 日至 10 月 25 日，副主委肖秋兰参加 2020 年梅县区新时代年轻干部成长工程培训班暨《习近平谈治国理政》专题读书班。

【组织建设】 2020 年，九三学社梅州市梅县区支社重视组织发展，不断提升组织活力，注重年轻干部队伍建设和组织发展工作。6 月，肖秋兰借调至九三学社梅州市梅县区支社工作，7 月 18 日，梅县区九三学社“社员之家”在梅县区政府大院人大楼四楼正式挂牌，7 月 19 日，为庆祝九三学社成立 75 周年，继续深入开展“不忘初心，继续携手前进”主题教育，组织社员到五华县古大存故居开展主题教育活动，同时还参加五华县新农村建设、乡村振兴等成果；8 月 4 日，副市长、区委书记吴泽桐专程走访调研梅县区各民主党派机关，看望慰问机关干部并召开座谈会；8 月 25 日，组织社员前往梅州岃红军路和古驿道开展“重温革命征程 传承苏区精神”主题教育活动，随后，赴平远县红军纪念园参观学习，红四军三进平远,在平远建立赤色政权的光辉历史；12 月 18—19 日，继续结合“不忘合作初心，继续携手前进”主题教育活动，梅县区支社联合梅江区支社、嘉应学院一支社赴潮州市爱国主义教育基地，与潮州支社开展学习调研，进行宣传、参政议政、社会服务、机关建设等工作交流座谈。

【参政议政】 紧紧围绕区委、区政府的中心工作，积极开展调查研究，把专题教育学习实践活动与履行参政党职能结合起来，不断提升参政议政、民主监督水平。结合自身特点优势，积极开展多种多样的调研，收集社情民意，认真撰写发言和提案，积极建言献策。2020 年，在中国人民政治协商会议第一届梅县区委员会五次会议上，肖秋兰副主委撰写大会发言，并代表九三学社梅县区支社作大会发言，题目是《保护绿水青山，进一步加强对松材线虫病的防治力度》；同时提交政协提案 2 篇，分别是《关于进一步加强对松材线虫病防治力度的建议》《关于缓解停车难的建议》，其中《关于进一步加强对松材线虫病防治力度的建议》的提案得到 2020 年度区政协领导挂案重点提案督办，并获得“优秀提案”。

【社会服务】 9 月 25 日，副主委肖秋兰和社员杨思忠参加九三学社中央丛斌副主席一行莅梅调研社务工作座谈会。九三学社梅县区支社组织社员到丰顺县等乡镇开展免费送医送药义诊活动，服务群众 1000 人次，赠送药品价值 5000 元，得到社会好评。主委吴东超在福建南安仑苍镇仑眉公路改造捐款 12 万元，在梅州政协联心桥捐款 2 万元，“七一”期间在大埔退伍军人爱心慰问金 8000 元。2020 年，突如其来的疫情发生，主委吴东超捐款 3 万元，社员钟其云捐款 2.5 万元，社员杨思忠捐赠价值 10 万元金线莲助力抗疫。为梅县区防疫防控工作中贡献自己的一份力量。

2020 年年底九三学社梅县区支社

主　委：吴东超

（供稿：肖秋兰）

责任编辑：邹其森

群众团体

总工会

【概述】 2020年，梅县区总工会下辖11个区直系统工委会、19个乡镇（办事处、高管会）工委会、19个乡镇（办事处、高管会）工会联合会，另外在畲江现代创业孵化园设有工会联合会1个；2020年，有社会化工会工作者23人。2020年，全区有基层工会484家，其中机关事业单位工会225家，企业工会259家；发展会员34296人，其中农民工入会10716人。

【基层工会组织建设】 工会组建工作以指导基层工会开展换届为主，共帮助21家已届满区直机关事业单位和6家已届满非公企业工会做好换届工作，指导10家单位补选完善工会班子。在区直机关事业单位和非公企业新建工会组织11家，其中非公企业有上药控股（梅州）有限公司等10家。全区共64家机关事业单位（首次申领1家、补选更名10家、换届21家、旧换新1家）和非公企业（首次申领10家、补选更名15家、换届6家）办理工会法人资格证书。分批举办工会会员实名制管理暨“粤工惠”APP推广培训会，新增23家企业注册登录“粤工惠”APP，新增会员2000多名。

【争先创优】 做好省、市劳动模范和先进集体推荐表彰工作，中山大学附属第三医院粤东医院管理顾问（梅县区新冠疫情防控专家组组长）李刚、广东嘉元科技股份有限公司技术工程师钟孟捷被授予2020年广东省劳动模范称号；广东超华科技股份有限公司技术负责人刘吉扬、卡莱（梅州）橡胶制品有限公司叉车科长叶勤图、广东宝丽华新能源股份有限公司董事长宁远喜、梅县区教育局教研室主任温荣华、中山大学附属第三医院粤东医院医师（粤东医院援武医疗队队长）舒昱立、梅县区松口镇大黄村党委书记廖建明被授予2020年梅州市劳动模范称号；广东烟草梅州市有限公司梅县分公司、广东电网有限责任公司梅州梅县供电局程江营业点、广东嘉元科技股份有限公司、梅州市梅县区卫生健康局被授予2020年梅州市先进集体称号。

【职工服务】 筹资252.5万元开展各类帮扶活动，其中40多万元开展金秋助学活动，资助困难职工和困难农民工子女97人次；筹资38.06万元开展生活救助，救助困难职工165人次；筹资13.4万元开展医疗救助，慰问患重病、癌症的困难职工21人次；筹资1.54万元慰问困难和因公受伤的职工32人次；筹资45.5万元慰问疫情防疫应急保障企业和一线防控企业及一线防控人员；筹资114万元开展“两节”送温暖活动，慰问劳动模范、困难企业和困难职工1000多人次；筹资11万元开展高温送清凉活动，慰问奋战在一线的户外工作者和环卫工人1000多人次。做好职工互助保障工作，全年办理“二次医保”的有15745人、女职工安康保险1015人、职工医疗甲（重大病）1479人、住院津贴5531人，全年综合报销金额128万多元。关心关爱教职工、环卫工人,投入40多万元为5000多名教职工和200多名环卫工人每人购买1份“住院医疗综合互助保障”。

【职工维权】 以重点企业、行业建制带动协商工作开展，至2020年年底，梅县区存续有效集体合同覆盖企业248家、职工15107人：其中区域性集体合同16份、覆盖企业189家、职工6046人；企业单独签订集体合同42份、覆盖企业42家、职工8992人；行业性集体合同1份、覆盖企业17家、职工69人，已建制企业集体协商覆盖率95.8%。不断健全完善“法院+工会”“民社+工会”矛盾纠纷多元化解决机制，加强与民社、劳动仲裁等部门合作，主动参与到劳资纠纷化解的各个阶段中，通过诉调对接调处化解劳资纠纷案件40宗，涉及金额151万多元。

【职工活动】　“五一”期间，联合团区委、区教育局等单位以“寻找身边最美劳动者”为主题，通过征文、摄影、绘画、毛笔书法等形式，在全区教职员工、中学生中开展“庆五一”系列比赛活动。8月，组织举办两期亲子活动，全区教育系统教师及其子女和粤东医院参与疫情防控一类医务人员及其子女共60多人参与了活动。以“客青恋·爱在美谷”为主题，8月底，联合有关单位在梅县区美谷时代新城组织举办了有全区机关、企事业单位共100多人参加的交友嘉年华活动，弘扬文明新风气，倡导时代新风尚。选送《白衣执甲逆行出征》参加梅州市总工会与梅州市广播电视台联合开展的“中国梦·劳动美——永远跟党走奋斗新时代”梅州工会迎接中国共产党成立100周年主题文艺创作活动，并选送省总荣获优秀作品奖。

【经费收缴和管理】　税务代收工会经费工作全年实现上缴上级工会158万元，实现了工会经费稳步增长，为做好工会各项工作提供保障。

【工会管理监督】　为加强对基层工会的经费审查监督，规范工会经费收支管理，2020年，重点对教育局工会和29家中小学校工会2019年度的经费收支和资产管理等经济活动真实性、合法性和效益实施进行审查，强化了基层工会经费使用的规范性和合法性，提高工会经费使用效益，维护了工会资产安全。

2020年年底梅县区总工会

主　席：刘　敏

（供稿：张绚彬　黄　淦）

共青团

【概述】　2020年，共青团梅县区委员会认真落实区委一届十次全会和共青团梅州市第七次代表大会部署，紧紧围绕区委制定的争当生态发展区高质量发展排头兵的目标任务和青年所需所求，聚焦根本任务、政治责任和工作主线，团结带领广大团员青年勇担当、敢作为、重实干，推动各项工作取得新进展，为建设“美丽梅县·客都明珠”贡献青春力量。至年底，梅县区有基层团组织1012个，其中团支部937个，团员14945名，团干1157名。

【组织建设】　全面深化共青团改革，深入推进“命脉工程”。坚决落实从严治团要求，持续加强共青团队伍建设，打造全面过硬的团干部队伍。一是深入实施整治软弱涣散基层组织三年行动“命脉工程”，对标团市委阶段性督查通报和专项工作推进会议要求，重点针对团的基层建设、整治软弱涣散基层团组织、团干部和团员队伍建设等进行集中攻坚，有效解决空心团支部、超大团支部、无团干团支部等问题，规范团费收缴、组织关系转接、团员发展报到等流程，持续提高团的阵地作用发挥和“两新”团组织建设覆盖面，全年新建“两新”组织团组织36家。二是会同区教育局、区少工委制定《关于规范成立学校少先队工作委员会的通知》，系统梳理、规范指导全区各中小学紧紧围绕少先队改革目标任务要求，扎实推进学校少先队改革，加强党团队一体化建设，提高各中小学少先队组织建设科学化水平，全区54间中小学全部规范成立学校少工委，并推选29名代表参加少先队梅州市第二次代表大会。三是持续加强队伍建设。制订年度培训计划，开展线上“青年大学习”活动，举办2020梅县区新时代年轻干部成长工程暨团干骨干专题培训班，组织近50名团干骨干到贵州遵义开展红色教育；2020年选派25名基层团干、10名少先队辅导员、3名志愿者联合会负责同志到省团校、广州市团校进行习近平新时代中国特色社会主义思想、乡村振兴战略、创新创业、党的建设等8个专题的培训，全面提升梅县区青年干部和志愿者的综合素质，着力打造一支政治坚定、团务熟练、作风过硬的团干部队伍。

【思想建设】 聚焦青少年思想政治建设，创新方式加强广大青少年思想引领，进一步增强“四个意识”、坚定“四个自信”、做到“两个维护”，更加坚定听党话、跟党走的人生追求。开展“抗击疫情，梅县红领巾在行动”六个一活动。发起“特别的升旗仪式”活动，发动全区少先队员通过“停课不停学”系统开展“云升旗”的活动，通过多形式开展“入学第一课”活动。在建党99周年之际，联合区委党史办开展“党史进校园”等系列活动，引导各学校团组织、少先队大队部开展形式多样的纪念建党99周年系列活动：以“不忘初心”“红领巾心向党”“相聚团旗下 永远跟党走”为主题的班会，同唱一首红色歌曲、国旗下的讲话，纪念建党99周年手抄板、黑板报等丰富多彩的活动。在南口镇梅县区革命烈士纪念碑前开展“争做新时代好队员”2020年梅州市梅县区“以队带童·星火相传”少先队建队日主题示范活动；联合广州团市委、广州市团校开展“青马工程”项目，学员们前往悦来村、水美村、侨乡村等地进行对口扶贫调研与支教，到客家博物馆、三河坝战役纪念园、叶剑英纪念园进行现场教学。2020年，共有96名个人和5个团队分获省市优秀。

【志愿服务】 1. 助力文明城市创建。一是持续优化提升梅县志愿者服务管理水平，统筹做好志愿服务信息系统管理、志愿组织和志愿者个人注册登记、活动发布和志愿服务培训等活动，全年发动498个志愿服务队10万人次，为助力“创文”贡献志愿力量。重点推进志愿者注册登记、活动发布和时长录入等，集中在“i志愿”系统注册志愿者4.9万人，其中发布志愿活动9422个，各项指标均居全市前列。二是推进志愿服务队伍和项目化建设，充分整合全区志愿服务力量，设立乡村振兴志愿服务队、理论政策志愿服务队等16支特色志愿服务队，广泛开展禁毒、扫黑除恶、防邪反邪、“七五”普法等宣传活动，系统推进预防青少年违法犯罪工作，同时，设立3个交通文明示范岗、组织志愿者开展为期4个月的文明交通劝导志愿服务活动。三是组织创文志愿服务工作专班、志愿者联合会理事单位成员前往广州市团校开展创文志愿服务专题培训，学习广州市先进的创文工作经验，助推梅县区的创文工作。四是做好创文网格点浒洲村的各项工作。做到对标对表开展工作，主动完成各项指标要求，全年市、区第三方测评保持全市前10名，全区前5名。五是服务好大型赛会。组织一批青年志愿者服务2020年中国电子行业年会暨梅州市铜箔产业大会、世界长寿之都授牌暨客都人家开街仪式、《原乡》公演系列活动，培训组织3560名志愿者参与“客商银行·2020年世界客都长寿梅州马拉松赛”。2. 助力美丽梅县和美好家园建设。按照“美丽梅县·美好家园”行动方案，每周五下午组织发动志愿者持续不间断开展爱国卫生运动，发动志愿者到梅县白渡镇工业园区、南口镇等地开展植树活动，积极发动志愿者开展“争当河小青、共护母亲河”等志愿服务活动，结合垃圾分类和光盘行动，发放垃圾分类和光盘行动宣传册6000多份，结合抗击疫情，积极向市推选“优秀战疫志愿服务典型”，共有5名志愿者、1个志愿服务组织和1个志愿服务项目受到省市级表彰，其中2人获省市抗疫先进个人。

【扶贫助学】 一是聚焦当前梅县区农村留守儿童现状和需求，打造“情暖童心”特色品牌。开展“两帮两促”系列活动，邀请广州市的优秀社工、梅县区创客等团队走进松源、石坑，让山里的孩子们接受专业的心理辅导和前沿的创客知识；开展“七彩假期”的三下乡活动，组织广州大学华软软件学院蓝天服务队在梅南镇罗田上村开展为期 11 天的“三下乡”社会实践活动，为孩子们打开走向大城市的一扇窗；联合教育局、科协开展“梦想学堂·线上编程”公益活动，3000 多名小学生参与免费培训。二是聚焦山区教育，深入实施“希望乡村教师计划”和“美丽中国”支教志愿服务项目，争取 29 名来自浙江大学、中央民族大学等知名高校本科生分赴 9 间乡村学校开展为期 1—2 年的支教服务，惠及近 1000 名山区学子。三是持续开展扶贫助学活动，争取团市委“薪火公益”资金 21.6 万元，助力全区 36 名贫困学子圆大学梦。

【服务青年】 一是开展梦想学堂“两帮两促团团助力高考”活动，让考生和家长了解高考填报志愿的基础知识和相关政策。二是聚焦广大青年日益增长的精神文化需要，高规格打造“团代表联络站”等交流平台，全年新增青年之家、团代表联络站各 1 个。三是积极开展青年文明号创建，积极动员发动先进集体和部门申报青年文明号。四是持续开展单身青年嘉年华活动，联合美谷时代新城等单位开展“客青恋·爱在美谷”活动，为 100 多名青年搭建积极向上的交友交流平台。五是扩大青年就业渠道。开展梦想学堂“两帮两促，团团助你上岸”，让青年了解公务员考试，为考生提供助考指导，助力青年解决就业问题；全年为大学生实践提供 105 个岗位；开展新生代产业工人上大学“圆梦计划”，帮助 20 多名产业工人申报“千元上大学”政策；开展“筑梦美丽梅县·创赢乡村振兴”为主题的“梅州农商银行杯”梅县区首届乡村创新创业创富大赛，有 90 多个优秀项目参赛，经专业评委通过初赛、复赛等环节评审选出了一、二、三等奖。

2020 年年底共青团梅县区委员会

书　记：魏南辉

（供稿：张姗姗）

妇　联

【概述】 2020 年，梅县区妇联在区委、区政府及上级部门的正确领导下，区妇联在区委的正确领导下，全面贯彻中共十九大和中共十九届五中全会精神，深入学习贯彻习近平总书记重要讲话和重要指示批示精神，全面落实广东省妇女第十三次代表大会和梅州市妇女第七次代表大会精神，立足让妇女得实惠、普受惠、长受惠要求，不断增强妇联组织的影响力、凝聚力、战斗力，认真履行组织、引导、服务妇女和维护妇女合法权益的职责，扎实开展各项工作。

【基层组织建设】 2020 年，区妇联认真贯彻落实上级部署要求，加强妇联组织建设，根据工作实际制定《梅县区深化妇联组织建设改革“破难行动”实施方案》。至年底，全区有乡镇妇联组织 19 个，专职妇联干部 40 名；区直机关事业单位建有妇女组织 12 个，依托各村文化活动场所，建有“妇儿之家”389 个。

【精神文明建设】 梅县区妇联立足家庭主阵地，把社会主义核心价值观全面融入家庭建设，积极开展寻找“最美家庭”“文明家庭”“书香家庭”等系列主题活动：一是联合区文明办开展 2020 年梅州市梅县区寻找“最美家庭”活动，选出刘雪萍等 10 户家庭为“最美家庭”，其中刘雪萍家庭被评为 2020 年梅州市“最美家庭”，梅南、吕解方家庭获评“梅州市十大优秀书香家庭”，雁洋、陈仕贤家庭获评“广东优秀书香家庭”；二是梅县区白渡镇圩镇社区宋湘文体中心被市妇联命名为第二批梅州市家风家教实践基地；三是梅县区获评第五届梅州市“自强不息好少年”2 人、“孝老敬亲好媳妇”3 人；四是梅县区妇联主席余红梅获“全国家庭工作先进个人”荣誉称号。

【促进城乡妇女事业发展】 联合人社、农业、财政、金融等部门大力宣传妇女创业就业小额担保贷款优惠政策，全年为梅县区25名创业妇女发放项目贴息贷款250万元。至年底，到期回收贷款314万元，共36户。联合区民政和人社局开展“春风送岗位”活动，通过加大线上宣传力度，采取“非接触”式宣传、电话咨询等多项措施，为需要就业的妇女及时搭建平台；同时依托梅州市梅县区村之翼职业培训学校、梅州市圆月家庭服务有限公司、天草实业有限公司这些巾帼文明岗，以母婴服务、居家服务、养老服务等领域为重点，突出技能培训、职业评价、促进就业等，推动梅县区家政服务业提质扩容，进一步拓宽妇女就业渠道。2020年，全区荣获广东省“巾帼文明岗”2个、梅州市“我心中的巾帼文明岗”2个、梅州市“我心中的三八红旗手”4名、第一届梅州市“最美妇联执委”2名。

【关爱妇女儿童健康】 2020年，梅县区妇联联合区卫健局完成6000多名妇女的“两癌”免费检查任务和购买“两癌”保险3万多元，全年有17名患者获得“两癌”救助款17万元；省贫困母亲关爱工程项目共有14户(含2019年11月上报的)获得省妇女儿童基金会、省扶贫基金会核实救助9.3万元。积极做好“情暖母亲·爱润孩子”系列活动，1月17日，联合区总工会、文明办、共青团、梅州市爱心义工天使协会到南口镇政府开展“2020大手拉小手·把爱带回家”春节慰问活动，为近100名困境儿童和困难家庭送上慰问金和慰问物品。10月31日，联合区总工会、团区委、区教育局举办“情暖母亲·爱润孩子”2020梅县区大手拉小手会亲活动，共筹集善款32.8万元，资助学生328名，为每位学生发1000元的爱心款以及书包、文具等。积极做好“爱心父母牵手困境儿童大联盟行动”活动，发动爱心父母牵手137名困境儿童，资助5万多元，为15名孤贫儿童发放援助款7500元，为73名寒门学子发放叶剑英基金助学金。积极配合做好“童·奔康”——广东省关爱贫困地区儿童助力决战决胜脱贫攻坚公益行动，为梅县区3名14周岁以下贫困儿童量身定做“守护成长保险”，每人标准为2000元。

【维护妇女儿童权益】 依托妇女维权站阵地和“12338”妇女维权热线，加强妇女信访代理和协理工作，及时化解矛盾纠纷，2020年，全区各镇（高管会、办事处）接访案件36件，调处率95%。同时加大宣传力度，为妇女儿童维权工作提供有力支撑：一是联合白渡镇派出所到白渡中学开展禁毒宣传活动；二是邀请区委党校罗芳梅老师为区妇联全体干部职工解读学习《中华人民共和国民法典》；三是召开“反对家庭暴力 共建和谐家庭”和“关爱女童护苗成长”妇女民生座谈会，增强基层妇女干部应对和处置家暴和侵害女童合法权益投诉的能力；四是在梅县区华侨城广场开展梅州市梅县区“12·4”国家宪法日法律宣传咨询活动，现场进行宪法、反家暴法、民法典、妇女儿童权益保护法等法律宣传，通过培训、宣传、座谈会等多种形式进一步增强广大妇女儿童维护自身合法权益的能力，维护社会稳定。

【妇儿规划】 深入实施妇女儿童发展规划，坚持把实施“两纲”作为贯彻落实男女平等基要国策的有力抓手。一是积极采集成员单位数据，对数据严格复核把关，发现问题及时反馈修正，完成2019年两个规划年报数据网报工作并撰写评估报告；二是4月29日，区政府副区长、区妇儿工委主任谢芳在全市妇儿工委工作会议上作题为《综合施策，梅县区扎实推动创建省卫生镇工作》经验发言；三是11月10日，市妇儿工委到梅县区开展重难点指标推进情况专项督查，召开重难点指标落实推进会议，对区未达标指标和市未达标指标中本区未达标的指标涉及的相关单位多次进行专项督查，加强各单位沟通协调，确保指标如期达标；四是认真开展性别平等教育课题研究等各项工作。

2020 年年底梅县区妇女联合会
主　席：余红梅

（供稿：林　琼）

科　协

【概述】 2020 年，梅县区科学技术协会在上级科协的关心支持下，在区委、区政府的领导下，以习近平新时代中国特色社会主义思想为指导，紧紧围绕区委、区政府重点工作，切实加强自身建设，积极践行科协组织“四个服务”职能，为梅县区提升全民科学素质作出了积极贡献，科协各项事业取得新发展。

【开展科普系列活动】 充分发挥职能，坚持以创新的工作思路团结和发动广大科技工作者，发挥科普工作主要社会力量作用，全力铺开科普系列活动，传播科学思想和科学方法，大力推广先进实用技术，不断提高广大青少年、人民群众的科学文化素质和技能。

1. 品牌科普活动丰富多彩。扎实开展科技“三下乡”、全国科技活动周、全国科普日等传统品牌科普活动，不断创新形式，注入新内容，使品牌活动焕发新活力。全年，聚焦科技进步对实现全面小康、打赢脱贫攻坚战、促进群众美好生活的重大作用，聚焦继承和弘扬中华民族的优秀传统，积极培育和践行社会主义核心价值观，在传统节日（端午节、七夕节、中秋节）、全国科普日等特定时间节点，分别在松源镇宝坑村、程江镇西山村、梅州富力城 A 区和 B 区广场、梅州富力乐启幼儿园等地开展一系列新时代文明实践中心科技志愿服务活动。通过开展口腔、视力健康宣教及义诊、机器人展演、科学实验秀、创文知识问卷调查等寓教于乐的系列活动，聚焦基层党员、社区群众和未成年人，传文明、传健康、传科学，在努力营造文明、和谐、欢乐的节日氛围的同时，引导群众树立文明、健康、科学的生活方式。至年底，举办各类科技志愿服务活动 8 次，活动期间发送科普宣传手册、资料约 8000 份，受众人数达 1 万人次。

2. 创新形式搭建青少年科技教育平台。梅县区科学馆联合青少年创客基地，在疫情严重的 2 月至 7 月份，特别推出每周两次的“线上科学小实验”公益课堂。“线上科学小实验”公益课堂在公众号平台以及活动群发布，让孩子们在家进行学习与操作，在实验的过程中让学生叙述实验步骤，通过实验说出实验现象和结论等方式，让他们在一个个小实验里探索科学的奥秘。线上实验课深受孩子们喜欢，参与热情高，线上科普的人数阅读量达 1000 多人次，取得良好的效果，营造良好的科学氛围，充实了孩子们的课余学习。8 月，35 名学生参与科学馆和青少年创客基地举办的以“科技探索与文化寻访行”为主题的暑期公益课堂。本期活动首创现场研学与实地培训相结合的模式，学生们除在创客基地内学习电子电路知识外，还参观了梅县区气象局、市科普教育示范基地梅州洋山口腔医院、梅县区博物馆等单位，学习了解相关的气象、口腔知识和梅县区的历史文化风采。此次极具特色的活动取得了良好的效果，例如在梅县区气象局在学习期间，通过学习气象仪器使用原理和气象要素的测定方法，了解气象灾害防护等知识，增加孩子们保护环境、爱护地球家园的责任意识，充分调动起孩子们的学习热情。组织梅县区青少年参加省、市科技创新大赛，在第 35 届省青少年科技创新大赛中，广东梅县外国语学校学子获“省科协主席奖”“国家专利申请奖”，总体成绩位列梅州市第一、全省前列。

3. 调动科技工作者的工作热情。为深入学习贯彻习近平总书记关于科技创新的重要思想，营造梅县区尊重人才、崇尚科学、推动创新的社会氛围，区科协在“科技工作者日”开展以“致敬科技工作者，弘扬创新精神”为主题的“全国科技工作者日”活动，在全区卫生、教育、新农村建设、企业创新等各工作领域征集先进科技工作者事迹并通过媒体进行报道，以展示梅县区广大科技工作者在经济建设中默默无闻奋斗的时代风采，并进一步激发他们的工作热情。此次活动共征集科技工作者的先进事迹材料 21 篇，其中《南方日报》对梅县外国语学校教师余顺欢、梅县区植物保护与检疫站高级农艺师李富正、广东振声科技股份有限公司研究院院长陈金德等 3 人的先进事迹进行报道。

【加强自身队伍建设】 通过开展学习教育、警示教育、红色教育等方式，积极引导本单位党员干部增强“四个意识”、坚定“四个自信”、做到“两个维护”，切实打造一支政治素质过硬的干部队伍。

1. 开展学习教育，提升党性修养。积极加强党员干部的学习教育，组织干部职工认真学习习近平新时代中国特色社会主义思想、《谈治国理政》第三卷等重要理论，组织党员干部学习党章、《中国共产党纪律处分条例》等党内法规制度，不断引导党员干部自觉用党章党规党纪规范言行，带头学法遵法守法用法，党性认识进一步提高。

2. 开展警示教育，提升廉洁意识。组织全体干部职工观看市纪委制作的《走向牢狱的“涉土贪吏”》《林蠹的毁灭》等警示教育片，组织学习违反中央八项规定精神典型案件的通报，用“看得见的身边人”的反面案例来教育干部职工，从而增强干部廉洁意识。

3. 开展红色教育，提升宗旨意识。通过组织全体党员干部到松源镇金星村同怀别墅进行参观学习、重温入党誓词过好政治生日等形式，不断提升党员干部为民服务的宗旨意识和责任担当。

【疫情防控】 2020 年，梅县区科学技术协会从大局出发，以高度的政治责任感和担当精神，尽力配合做好区委区政府重点工作任务。把疫情防控工作当作首要任务抓早、抓细、抓实，组织号召基层科协工作者认真履职，坚守岗位，共同做好疫情防控、监督检查、科普宣传等工作。同时，广泛利用各科普平台播放科普视频，发布防控新型冠状病毒的科普知识，有针对性地进行解疑释惑和科学辟谣，让广大公众及时掌握正确的疫情防护知识，增强科学防范意识。疫情期间，加强干部职工管理，切实做好防疫工作。在职党员积极响应区委号召参与到社区防疫工作当中，参与社区疫情防控 140 多天次。

【“创文”工作】 全体干部职工积极参与“创文”相关志愿服务活动，其中，派出文明交通志愿者 52 人次，开展周末挂点双到等全员清洁活动 11 次。与此同时，在端午、七夕、中秋等传统节日期间，深入社区、村委等地开展“我们的节日”系列活动，大力宣扬“创文”工作。

2020 年年底梅县区科学技术协会

主　席：黄　玉

（供稿：张科华　黄华新）

工商联

【概述】 2020 年，梅县区工商联在区委、区政府的领导下，以习近平新时代中国特色社会主义思想为指导，认真学习贯彻中共十九届四中、五中全会精神和习近平总书记重要指示批示精神，主动提高政治站位，服务民营经济，促进全区非公经济健康发展和非公经济人士健康成长，取得一定的成绩。

【思想建设】 工商联狠抓思想政治建设，努力提高工作能力。一是始终把思想政治放在第一位，坚定立场，拥护党的领导。班子成员忠诚党的事业，坚定政治方向，全面贯彻执行党的路线方针政策。二是坚持理论学习指导实践。采取集中轮训、专题培训、集中学习等途径。以中共十九大全会精神和习近平总书记重要批示、系列重要讲话精神为学习重点，认真组织学习《习近平谈治国理政》第三卷、《中国共产党章程》、《中华人民共和国民法典》等，把理论成果转化为推动工作的重要力量。三是不断巩固深化主题教育成果，把不忘初心、牢记使命作为加强党的建设永恒课题和党员干部终身课题。7月，组织非公党员及常执委人员前往汕尾海丰县的红宫红场、澎湃故居、东尾村红色示范村，开展“不忘初心砥砺前行”党日活动。

【组织建设】 2020年，工商联在册会员人数1590人，直属基层组织14个，其中完成商（协）会法人注册11个。一是发挥党建引领作用，全年筹备成立白渡商会党支部，全区成立基层商会党支部8个，党员28名。二是规范基层商会建设，为促进基层组织健康发展，树立广东省“四好”商会建设的标杆和按照创建“四好”商会要求，围绕“组织健全、制度建设、档案管理、引导服务”等四个方面进行考核，对综合考核优秀的梅州市松源商会、梅县区南口商会、梅县区石扇商会、梅县区梅西商会等4个基层组织授予先进单位称号，增强商会凝聚力、执行力和公信力。三是借助基层商会换届工作，进一步激活基层商会组织活力。至年底，石扇商会、梅南商会已经完成换届工作，丙村商会换届选举工作也在有序推进中。

【争先创优】 会员企业广东华银集团被全国工商联授予“抗击新冠肺炎疫情先进民营企业”称号。南口商会获2019—2020年度广东省“四好”商会称号。主席黄志平获第九届梅州市道德模范“诚实守信”提名奖。副主席廖平元、副会长王标能获梅州市第二届“客都好乡贤”称号。

【企业项目建设】 一是培育科技创新动力，提高产业集聚水平。梅州将依托嘉元科技高性能铜箔，超华二期、三期高端铜箔和高端芯板等重点项目，规划建设特色产业园，将梅县区打造成全省高性能铜箔产业基地，坚持走“研发高新技术—生产高新技术产品—做强高新技术企业”三高发展道路，倾力打造“中国铜箔之都”，通过3—5年的努力，让铜箔产业产能达到20万吨以上规模，在全国行业发展中走在前列。2020年，超华科技建成投产年产8000吨高精度电子铜箔工程项目（二期）将新增铜箔8000吨/年的产能，主要生产高精度电子电路/极薄锂电铜箔等产品。项目投产后，超华科技将拥有2万吨/年铜箔产能。嘉元科技投资11.8亿元的广东嘉元科技股份有限公司1.5万吨高性能铜箔项目动工建设，并入选工业和信息化部2020年国家技术创新示范企业名单。此外，投资5.4亿元的BPW车轴（梅州）有限公司八期技改项目稳步推进、广东振声科技公司投资1.2亿元建设城东工业园，投资3000万元建设振声乳胶制品工业基地。二是坚持以生态优先绿色发展，推动高质量发展。广东木子李投资2.5亿元的中国金柚科技文化产业园项目。志颖农资公司在城东镇现代农资物流园投资3500万元等，并建立梅州柚科技服务中心。进一步提升梅州柚品质和品牌，助力乡村振兴。三是发展康养文旅产业，提升宜居宜业宜游的城市品位。2020年，非公经济企业投资5.3亿元的广东外语外贸大学附设梅州实验学校项目、投资12亿元的梅州天虹购物中心项目、总投资50亿元的客都人家康养文旅综合体的正式开园都将大力提升梅县区的城市活力，打造更高成色的“美丽梅县·客都明珠”。

【联络交流与宣传】 工商联围绕招商引资工作，倾情倾智倾力做好联谊交流服务。增城区工商联、中山市梅州商会、河源市商会相继来梅开展考察调研工作，共同谋求互动合作项目，推动更多优质的招商引资项目在家乡落地开花结果。全年各商会组织会员走访会员企业100多次，市松源商会、南口商会、梅县青企协等基层商会还开展较大范围的外出交流学习活动5次。9月，为积极参与海南建设自由贸易港带来的重大战略机遇，还专门组织带领工商联企业家赴海南考察学习。这些活动的开展极大的促进会员企业之间的交流和发展。此外，工商联紧扣促进非公经济健康发展和非公济人士健康成长的工作主题，积极畅通信息宣传渠道，打造良好的营商发展环境。一是把握舆论导向，营造健康舆论环境。二是围绕疫情防控工作，引领非公经济人士同心抗疫，以实际行动践行初心使命。有300多家会员企业和个人通过梅县慈善会和红十字会捐赠资金和物资，共捐赠590多万元的资金和医用消毒设备、医用口罩、防护服、医用酒精等一批物资。

【参政议政】 一是做好调研工作。5月，区工商联联合多个部门开展“同心聚力、助推乡村振兴”调研走访活动，重点围绕推动乡村振兴、推进美丽乡村建设等工作，加强交流探讨，凝心聚力共同做好梅县区乡村振兴工作。7月，根据市工商联开展“走访谈心开新局 暖企行动”的统一部署，以“一对一”个别谈心和小范围集体谈心的方式深入走访各企业，参与“一对一”个别谈心11人，参加小范围集体谈心22人。8月，梅州市副市长、梅县区委书记吴泽桐亲自率队调研工商联工作，走访梅西商会、市松源商会，希望商会各企业要把握机遇，育新机开新局，主动对接产业链，助推梅县区高质量发展。二是做好参政议政工作。工商联注重突出商会政治引导，发挥参政议政的界别优势，重视和参与全区经济发展重大问题的讨论和协商，为梅县区经济发展献计献策。

【服务非公企业】 一是开展减税降费活动，疫情防控期间专门联合税务部门和银行等金融部门通过多项举措，全面落实好税收优惠和融资融贷政策，助力企业复工复产。二是开展专题培训活动，组织梅县区民营企业开展应对疫情带来的挑战和机遇的专题培训活动。三是组织会员参加检察院举办的“检察护航民企发展”检查开放日活动。加强企业与检察部门的沟通交流，让企业家们了解检察院护航梅县区民营企业健康发展。四是支持商会举办沙龙、讲座等，发动企业积极参与“粤商通”“粤省事”及全国“信易贷”平台，推送企业办税缴费优惠政策。五是开展法律宣传进企业，优惠政策话你知、援企稳岗扩就业、民营企业复工复产等暖企专场行动，联合金融机构介绍金融风险，促进民营企业风险防控能力、依法经营能力和管理能力提升。

【履行社会职责】 一是围绕扶贫济困工作，支持梅县区精准扶贫精准脱贫、助力乡村振兴。2020年，工商联继续发动商协会开展乡村振兴“百企帮百村”工作，积极搭建帮扶平台，至年底，已有180家企业结对帮扶150个村，募集扶贫济困捐款和销售扶贫产品3600万元，各项帮扶投入3.29亿元，众多企业家和商协会为梅县区解决贫困人口生产生活问题，加快脱贫攻坚步伐，实现乡村振兴提供了重要支持。二是积极开展奖教奖学工作，助力教育事业发展。全年各基层商会募集100多万元资金用于开展奖教奖学活动。

2020年年底梅县区工商业联合会

书　记：余春文

（供稿：罗永红）

文　联

【概述】 2020年，梅县区文联在区委、区政府的领导下，在市文联和区委宣传部直接指导下，以习近平新时代中国特色社会主义思想为指导，深入学习贯彻习近平总书记重要讲话精神和重要指示、批示精神，深入学习贯彻中共十九大精神和十九届二中、三中、四中、五中全会精神，紧紧围绕区委、区政府的中心工作和区委宣传部工作部署，团结引领广大文艺工作者和文艺爱好者，开拓创新、锐意进取、抓重点、破难点，大力推动梅县区文艺振兴发展，全力打造宜居、宜业、宜游的“美丽梅县 · 客都明珠”。

【党建工作】 严格落实区文联党支部“三会一课”制度，每周五定期召开1次党员干部学习会，每个月召开1次以上党支部会议，每季度开好1次党课，采取集中学习和自学相结合，在学深、悟透、做实上下功夫。同时，采取多种形式开展好主题党日活动。2020 年，分别到梅江区红四军梅城战役历史陈列室、梅县区梅南镇九龙嶂红军烈士纪念碑、程江镇墩上村、水车镇小桑村和梧塘村开展 12 次主题党日活动，增强“四个意识”、坚定“四个自信”、做到“两个维护”，不断提高区文联全体党员干部政治站位和政治素养，不断提高党员干部引领文艺发展方向的工作水平和能力。加强党建引领协会工作。专门组织全区 15 个文艺家协会会长和秘书长到梅县区委党校培训学习习近平总书记在庆祝深圳特区成立 40 周年大会上的讲话精神，深入学习习近平总书记视察广东重要讲话精神和重要指示精神，深入学习中共十九届五中全会精神，通过狠抓政治理论学习，提高文艺家政治认识和政治站位，牢牢树立党领导文艺的正确思想，坚持文艺发展的“二为”方向和“双百”方针。

【脱贫攻坚】 紧紧围绕落实好“两不愁、三保障”和“八有”的精准扶贫要求，结合挂点村水车镇梧塘村实际情况，明确脱贫攻坚的目标任务，定期逐家逐户走访，坚持结对帮扶干部每周电话联系 1 次，每月走访 1 次，深入了解贫困户生产和生活情况，帮助贫困户解决实际困难和问题。通过多方筹措资金 4.6 万元，用于解决贫困户房屋装修资金问题，切实完成贫困户住房“八有”，如期完成 26 户贫困户脱贫任务。

【“创文”任务】 区文联“创文”挂点程江镇墩上村，按照“创文”评比评分的标准，逐项逐条对标对表，以问题为导向，压实责任，落实整改。一是组织工作人员到村民家中进行“创文”宣传和入户调查工作，共同营造人人积极参与“创文”的良好氛围。二是结合爱卫日活动，组织志愿者到“创文”挂点的程江镇墩上村开展道路清洁和卫生死角清理工作。三是对墩上村第三村民小组贫困户进行节日慰问，鼓励他们树立信心，克服困难，勤劳致富。四是多方筹集资金拨出经费 1.3 万元，推进挂点村“创文”的各项工作。

【文艺创作】 1.加强意识形态学习和研判，筑牢文艺创作思想防线。召开 5 次支部大会，专题研究意识形态工作。同时，召开 2 次意识形态工作研判座谈会，区文联干部职工和区各文艺家协会会长、秘书长参加会议。通过辅导学习、专题研判，落实意识形态主体责任，加强文艺队伍思想建设和政治建设，加强网络文艺意识形态阵地建设，提高文艺工作者防范意识形态风险能力，筑牢意识形态防火墙，推动梅县区文艺事业振兴发展。

2.拓宽协会之间的业务学习交流渠道，切实增强文艺凝聚力。坚持向先进学习、向典型学习，自觉承担起举旗帜、聚民心、育新人、兴文化、展形象的使命任务。梅县区文联积极开展“走出去，请进来”文艺交流活动，分别与梅江区文联、大埔文联开展了文艺交流学习。在如何做好意识形态、协会建设、会员管理、信息宣传、文艺培训、培养新人等方面进行了深入探讨交流，进一步夯实文艺工作根基。鼓励协会之间开展业务交流学习。在区文联指导下，区美术家协会在中国客家博物馆举办“不忘初心、丹青墨韵”曾德新中国画作品展。区书法家协会开展每周五晚上定期书法学习交流活动。区硬笔书法协会举行名师指导书法学习交流活动，形成各文艺家协会积极学习、互相交流创作热情高涨，文艺精品不断涌现的良好局面。

3.积极开展新时代文明实践活动，下惠大众服务人民。一是发挥文艺凝神聚力抚慰人心特有的作用，增强人民群众抗疫信心。在疫情期间，通过互联网工具，积极组织广大文艺工作者创作“抗疫”作品。2—4 月，共收集各类文艺作品 370 多篇，其中现代诗歌 20 篇、古诗词 152 篇、散文 5 篇、歌曲 1 首、对联 20 幅、山歌 18 首、快板 5 段、书法作品 55 幅、美术作品 15 幅、摄影作品 81 幅。发挥文艺特有的凝神聚力、抚慰人心的作用，增强人民群众抗疫信心，响应政府号召，不串门、少走动、戴口罩、勤洗手、好心态，打赢抗击疫情阻击战。二是组织带领红色文艺轻骑兵队伍积极开展新时代文明实践活动，下惠大众服务人民。在春节期间，区文联组织区书法家会员分别到松口镇、白渡镇、南口镇、石坑镇、丙村镇、程江镇、水车镇开展20多场次“挥春送福”写春联活动，送出春联约4000对，为山区群众送上新年祝福，传达了党和政府关怀之情。在松口举办“文明实践、文艺行动”启动仪式和中秋文化之旅活动，在南口举办乡村中秋晚会，在隆文镇举办“我们的中国梦·文化进万家”活动，惠及群众人数3000多人。举办“美丽梅县、美好家园”征文摄影比赛和“丰收的欢笑”主题摄影比赛，收集摄影作品有1800多幅，集中展现客家人民热爱生活、热爱劳动、热爱家乡的美好景象，宣传梅县区在乡村振兴和脱贫攻坚方面取得的辉煌成就。在传统节日举办2次书画笔会，参与笔会的梅县区文艺家有100多人，拓展文艺发展的空间。

【“精品创作、精英人才”工程】 1.以文艺家协会换届选举为抓手，为协会选优配强领导班子增添优秀新生力量。2020年，梅县区有10个协会举行换届选举，区文联对每个协会换届均进行具体指导，从加强党的领导、促进协会活力、提高文艺技艺、培养文艺新人四方面着手，选好配齐协会领导班子。同时，指导各文艺家协会加强完善协会章程、会员登记管理、财务管理制度，推动协会规范化建设，为文艺繁荣发展提供了坚强有力的保障。

2.支持和鼓励协会会员积极参展参赛，让文艺人才在更高平台脱颖而出。鼓励文艺家积极参外出看展、应展培训、参展创作、冲展交流，积极参加更高层次的培训和学习。组织民间文艺家参加兴宁市举办的第二届全国花灯节。组织书法家协会和硬笔书法协会到“曦之风”工作室进行书法学习，不断提高艺术创作水平。

3.组织文艺家深入基层开展文艺采风活动，创作更多人民群众喜闻乐见的文艺精品。全年组织文艺家深入到基层农村文艺采风20多场次，参与采风的文艺家100多人。带领文艺家走进实践深处，深度挖掘了乡镇人文资源，创作了一大批描述历史人文风貌，反映乡村振兴建设，表达人民心声的文艺作品。形式多样，内容广泛，包括了诗歌、散文、戏剧、摄影作品、短视频，美术作品等等。编辑出版《梅苑》杂志城东镇、石扇镇、白渡镇三本专刊，展现经济建设、社会建设、乡村振兴等方面取得的成果。

4.成功申报省级古村落，保护民俗文化抓好文艺传承。经过3个多月的现场采风，深入挖掘梅县区城东镇莲塘村民俗文化、撰写文字材料、拍摄照片影像、制作宣传视频，成功申报省级古村落。该项工作得到由省文联、省民协组织的第七批古村落认定考察专家组的高度评价，专家组认为，申报材料详细完善，城东镇莲塘村在古村落元素结构上相当完整，具有丰富的历史内涵，较好地保护民俗文化，对文艺传承起到很好的推动作用。

2020年年底梅县区文学艺术界联合会

主　席：刘火云

（供稿：吴睿峰）

残　联

【概述】 2020年，梅县区残疾人有3.4万多人，占总人口的5.57%，持证残疾人16983人，其中：重度残疾人11232人、视力残疾1736人、听力残疾1061人、言语残疾493人、肢体残疾7779人、智力残疾2071人、精神残疾3043人、多重残疾800人。

【民生工程】 梅县区将残疾人扶贫解困纳入各级政府扶贫解困计划同步实施，不断加大扶残助残力度。2020年，为137957人（次）发放重度护理补贴，约计32417100元；为55685人（次）发放困难残疾人生活津贴，约计9743875元；为6845人购买280元/人城乡居民医疗保险；为6462名重度、精神和智力残疾人购买10元/月城乡居民养老保险。

【残疾人康复】 梅县区残疾人联合会切实按照省康复办《关于做好全国残疾预防综合试验区创建试点有关工作的通知》精神，全面开展残疾预防宣传工作及重点干预项目实施工作，围绕《国家残疾预防行动计划（2016—2020年）》中16项工作任务和15个量化指标，各部门分工协作，全面超额完成中国残联下达的总任务指标，有效地减少、控制残疾的发生，为建设健康梅县作出新贡献。2020年，孕产妇产前筛查并诊断752例，补助58.51万元；0—6岁儿童残疾筛查诊断144例，补助8.64万元；残疾评定3307人，补助26.46万元，实现婚前医学检查率达93.94%；免费孕前优生健康检查率80%以上，产前筛查率97.7%；新生儿及儿童残疾筛查率86.25%，干预率99.6%。

2020年，为455名符合手术条件的白内障患者实施免费复明手术，大大减少视力残疾的发生，使白内障患者及时得到康复治疗，重见光明。

加大残疾儿童康复救助力度，全区有4家儿童康复机构，分别是梅州市梅县区残疾人爱心康复中心、梅州市梅县区残联自闭症儿童康复中心、梅州市梅县区博爱自闭症康复中心和梅州市梅县区中医医院脑瘫儿童康复训练部。全年收治192人（次）。

梅县区残疾人托养服务中心于2011年筹建。2020年，收治精神病人213人，着力解决残疾人残有所养的问题，真正做到为政府分忧，为百姓解难。

为进一步提高残疾人社区康复服务水平，促进残疾人参与、融入社会能力，梅县区在18个镇建有20个社区康园中心，为本社区内16—60周岁的精神、智力和重度肢体残疾人提供康复服务，组织会员开展工疗和娱疗等活动。2020年，康园中心服务会员有408人（次），出勤率每月12天及以上的，每人每天补助10元，并为会员购买意外险。

为进一步落实梅县区残疾人精准康复服务工作，2020年实施1442人（次），残疾人得到不同程度的治疗、康复服务，康复服务率97.24%。

根据对残疾人的调查摸底情况，对辅助器具有需求的残疾人，视具体情况给予护理床、轮椅、拐杖、座便椅、助行器、四脚手杖、盲杖、助听器等辅助器具，满足他们的需求，2020年配发772件辅助器具，适配率95.9%。

为150户贫困残疾人按平均5000元/户的标准实施家庭无障碍改造，改善贫困重度残疾人居家环境，提高残疾人的生活质量。

【扶残助学工程】 将特殊少年儿童教育列入义务教育体系，实行目标责任管理，主动配合教育部门认真抓好残疾儿童学前教育和义务教育，对全区残疾儿童少年进行调查，切实掌握残疾儿童少年入学情况，推行随班就读，认真开展未入学适龄残疾儿童少年调查登记和资助工作。2020年，为22名学前教育残疾儿童发放1000元/人学前教育助学金。

通过多形式、多渠道宣传残疾人工作，积极动员社会各界资助残疾人或贫困残疾人家庭子女入学，大力开展扶残助学工程。在香港刀们植林慈善基金会及社会各界人士的大力支持下，2020年，为85名贫困残疾人家庭子女发20.45万元助学金；为2名残疾大学生申请“南粤扶残助学工程”助学金，在全社会营造良好的扶残助学风尚。

【扶残助残活动】 不断加强梅县区残疾人事业的宣传力度，积极向政府网络、报刊、电台、电视台等新闻媒体及省、市残联报送宣传残疾人工作稿件20多篇（次），不断扩大残疾人事业影响覆盖面。

认真搞好“爱耳日”“世界自闭症日”“国际残疾人日”“全国残疾预防日”“全国助残日”等活动宣传报道，发放残疾预防宣传资料（短信等）30多万份。多次开展以残疾预防为主题的活动，助推“残疾预防”进社区、进农村、进学校宣传工作，使残疾预防知识家喻户晓，妇孺皆知，使梅县区残疾预防创建工作更上一个新台阶。

【残疾人就业】 组织残疾人参加实用技术培训班，全年培训47名残疾人，提高残疾人职业技能，促进残疾人就业。疫情期间，为10名视力残疾人发放7000元/人盲人按摩机构扶持资金，共计7万元；扶持197名残疾人自主创业，对残疾人创办企业或工厂、种植养殖、个体工商等，发放创业扶持补助金，投入资金37.15万元。

根据《关于开展残疾人就业保障金年审征收工作的通知》（粤残联〔2018〕32号）等政策规定，认真宣传、仔细审核年审材料，严格按照审核规定对企业进行年度审核。2020年，安排358名残疾人就业，税务部门征收残疾人保障金1200多万元。

【信访工作】 高度重视残疾人维权工作，积极开展残疾人法制宣传教育，耐心细致做好残疾人来信来访、解释安置工作，把残疾人信访问题和矛盾纠纷化解在基层，处理在萌芽状态，全年接待残疾人来信来访18人（次），努力维护残疾人合法权益，做好“代表、服务、管理”的职能。

2020年年底梅县区残疾人联合会

党组书记：谢建业
理 事 长：李朝晖

（供稿：李广呈　王艾平）

军　事

人民武装

【概述】 2020年，梅县区人民武装部在上级军事机关和区委、区政府的领导下，深入学习贯彻习近平新时代中国特色社会主义思想和习近平强军思想，以“建强党委班子、突出练兵备战、打牢建设基础、确保安全稳定”为统揽，凝神聚气，鼓足干劲，全面建设不断取得进步。军事训练、征兵工作、“四个秩序”建设和新闻宣传等工作均走在梅州市军分区的前列，全市轻舟分队比武取得“八连冠”。先后迎接了国家国动委、东部战区和省军区等各级首长机关的视察，得到首长和工作组高度评价。

【政治建设】 坚持以习近平新时代中国特色社会主义思想和习近平强军思想为指导，着力打牢人武部机关干部职工、基层专武干部和广大民兵预备役人员听党指挥、强军兴武思想根基，牢牢把握党管武装工作正确方向。突出抓好党管武装制度落实，及时研究解决国防动员和后备力量建设重大问题。6月4日，区委召开议军会，学习习近平强军思想和上级关于国防和军队建设重要指示精神，研究出台了推进全民国防教育、民兵调整改革、两季征兵改革保障等措施。突出抓好政治教育质效，深入贯彻落实全军思想政治教育工作会议精神，坚持“周讲一课，月读一书，每季度一次体会交流”，人武部党委班子成员个个有调研课题、人人有授课任务。干部职工学习氛围浓厚，干事创业劲头足，学用结合效果明显，2020年，在省级以上各类新闻媒体共刊发理论文章38篇，其中国家级16篇、省级22篇。突出抓好全民国防教育，第二季度结合征兵宣传，组织开展国防法规进校园活动，第三季度对全区5100多名高一新生进行军训；在农业银行、邮政集团、华普医院等国有、民营企业开展国防教育；组织区国动委成员单位、各镇和驻梅企业主要负责人开展学习习近平强军思想专题讲座，持续营造热爱国防、关心国防、支持国防的氛围。

【军事训练】　坚持聚焦中心，把备战训练摆在中心位置，深入纠治和平积弊，破除不实作风，强化打仗意识。着眼应急应战职能使命，及时调整完善战备方案预案，分阶段组织战备演练，扎实开展专攻精练。4月，梅县区人武部承办梅州市民兵整组现场观摩会，为全市开展民兵整组提供了参考；在梅州市轻舟分队集训考核中，梅县区轻舟分队连续八年夺得第一。6月，在梅州市专武干部集训中，取得团体总分第二名的成绩。

【征兵工作】　突出抓以大学毕业生为重点的征兵宣传，调取全区大学应届毕业名单，分解任务至镇村，逐人挖掘。通过制作优质宣传片、印制宣传资料及召开大学生专题座谈会、入伍政策咨询会、家长恳谈会等多种方式，深入宣传发动，营造了浓厚的参军氛围。强化业务培训，严把征兵体检、政审和廉洁关，落实签订廉洁征兵责任书，确保无违规违纪问题发生。

【双拥工作】　坚持以人为本，以解决官兵实际问题为导向，不断推动双拥工作向纵深发展。积极协调区政府解决随军家属就业、子女入学等问题，符合政策的100%得到妥善解决。充分发挥民兵在疫情防控、抗击自然灾害、维护社会稳定等行动中的主力军和突击队作用，全年先后出动民兵完成疫情防控、抗洪抢险、扑救山火、创文巩卫等任务20余次。

2020年年底梅县区人民武装部

部　　长：朱洪亮

政治委员：王杞杨

（供稿：陈雄辉）

退役军人管理

【概述】　2020年，梅县区退役军人事务局在区委、区政府的领导和上级业务部门的精心指导下，认真贯彻落实习近平新时代中国特色社会主义思想，坚持边组建机构、边推进工作，积极适应新时代新常态，坚持以服务保障好退役军人为目标，狠抓工作落实，努力破解难题，有效应对挑战，统筹抓好疫情防控与退役军人工作，推动梅县区新时代退役军人工作稳步发展，各项工作取得明显成效。

【退役军人慰问金】　做好退役军人离世慰问金发放工作，根据《梅县区退役军人离世慰问金发放管理规定（试行）》（梅县区退役军人发〔2019〕17号），全年向去世的退役军人，发放一次性慰问金。深入开展“爱心献功臣”活动，区财政局拨出专项资金帮助退役军人解决“三难”问题纪念抗战胜利75周年为44名老战士（每人）、11名抗战牺牲烈士家属（每户）发放3000元慰问金。纪念中国人民志愿军抗美援朝出国作战70周年，为13名志愿军老战士发放纪念章，并以走访慰问的形式发放5000元/人慰问金，同时为4名抗美援朝烈士家属发放5000元/户慰问金。

【安置任务】　做好部分退役士兵社保接续工作，后续工作正在按程序办理当中。主动对接职业培训机构和大型企业，为退役军人搭建就业创业平台，区退役军人事务局联合区民社局就业中心举办招聘会3场（线上和线下），参与市退役军人事务局举办的退役军人专场招聘会1场，参与企业150多家。积极鼓励退役士兵参加中级职业技能培训，组织退役士兵参加适应性培训，参训率100%。2020年，接收符合政府安置工作做到早动员、早部署、早落实，创新、科学、合理落实人员安置，至9月底，安置对象全部安排到岗，比上年提前3个月。

【双拥工作】　做好光荣牌悬挂工作，为服务对象悬挂光荣牌。举行欢送新兵入伍和退役士兵返乡报到接待相关工作，为获得个人三等功以上的现役军人送喜报。退役军人纳入各级党政班子“八一”、春节期间走访慰问对象。2020年“八一”前夕，区退役军人事务局会同市复退军人医院，组织“关爱功臣”巡回医疗队到松口镇为重点优抚对象开展送医送药活动。开展“幸福双拥·情定军营”青年联谊、“送文艺进军营”等拥军活动。对全区重点优抚对象的抚恤补助标准，军转干部、退役士兵、军队离退休干部的接收安置，子女入学入托等进行全面检查，确保有关政策落实到位。2020年，梅县区被省委、省政府、省军区授予“双拥模范城（县）”荣誉称号。

【下属事业单位工作】 梅州市梅县区人民政府军队离休退休干部休养所（简称军休所）主要职责：接收、安置、服务和管理军队离休退休干部，无军籍退休退职职工，统称军休人员。落实好军休干部政治待遇、生活待遇，做好相关保障工作，维护军休干部合法权益。

梅县区光荣院主要职责：供养孤老烈属和孤老复员军人。光荣院工作人员从生活照料、日常护理、精神关怀、医疗及安全等多方面做好对象的服务工作。

梅县区退役军人服务中心主要职责：全面建立服务工作台账，加强与退役军人的日常联系及政策宣传，做好来访接待，抓好退役军人应急救助资金使用和管理等。

【开展星级创建】 2020年，“区镇村”三级退役军人服务中心（站）按照“五有”全覆盖要求全面建成。统一设立镇、村级服务站场地建设标准。全区各服务中心（站）在省级星级示范创建中获评三星级以上，其中区服务中心和雁洋镇、松源镇、畲江镇、丙村镇、程江镇等6个单位通过五星级考评；松口镇、南口镇、水车镇、城东镇等4个单位通过四星级考评；扶大高管会、新城办事处、白渡镇、石坑镇、石扇镇、桃尧镇、梅南镇、隆文镇、大坪镇、梅西镇等10个单位通过三星级考评。全区有12个服务中心（站）通过国家级星级示范创建验收。

【服务体系建设】 建立健全覆盖“区镇村”三级退役军人服务体系的微信工作调度群412个，确保上级的重要政策文件精神和宣传事项24小时内传达到位。结合常态化联系工作，全面落实“一人一档”，准确掌握服务对象信息。聘请常年法律顾问，区退役军人服务中心设立“法律援助站”，推进和深化退役军人法律援助工作。对全区退役军人档案进行数字化管理，将纸质版退役军人档案转换成电子版，并对档案室进行升级改造，实现信息化、智能化管理。

2020年年底梅县区退役军人事务局

局　长：李　扬

（供稿：廖　敏）

法　治

政法委

【概述】　2020年，区委政法委在区委的领导和上级政法委的指导下，按照中央和省委、市委、区委对政法工作的部署，扎实推进维护政治安全专项行动、维护社会稳定化解社会矛盾专项治理和扫黑除恶专项斗争，积极推进创建全国市域社会治理现代化试点城市工作，不断深化政法队伍建设，努力推动全区政法工作走在全市前列，加快建设“平安之乡”，为打造宜居宜业宜游“美丽梅县·客都明珠”提供坚实保障。

【维护社会稳定】　牵头协调各镇（办事处、高管会）、政法各部门和各综治成员单位切实履行主体责任，紧紧围绕区委、区政府部署的中心工作，主动谋划服务措施，提供法律服务，简化审批程序，提高办事效率，减少社会对抗，从源头上消除社会不稳定因素，努力打造法治化营商发展环境。对重大项目建设、重大活动举行、重大行动开展等，要求各相关工作部门切实增强风险意识，做好社会稳定风险评估，完善预警机制和突发事件应急预案。对由此引发的不稳定因素和矛盾纠纷，逐一落实防范化解责任，充分运用民主协商和法治方式，做到调解、仲裁、行政裁决和复议、诉讼的有机衔接和相互协调，努力实现妥善解决，严防演化成群体性事件。以深入开展社会矛盾问题专项治理行动为抓手，组织协调各镇（高管会、办事处）和各成员单位认真组织对本辖区、本行业、本领域矛盾纠纷排查化解工作。积极搭建协商沟通平台，压实主体责任，引导利益诉求群体依法依规表达诉求，通过合法途径解决矛盾纠纷。圆满完成了庆祝经济特区建立40周年、“世界长寿之都暨客都人家开街系列活动”、“客商银行—2020长寿梅州马拉松比赛”等重大活动、重大会议、重要节日期间的各项维稳安保任务。至年底，全区未发生影响政治安全和社会稳定的重大事件，未发生重大群体性事件和规模进京集访问题，未发生重特大生产安全事故及其他公共安全事件，各类社会风险隐患和矛盾均在稳控中。

【扫黑除恶专项斗争】　严格按照中央、省、市的部署要求，强化组织领导，强化宣传发动，强化线索摸排，强化精准打击，强化督导问效，强化治理整顿。通过不懈努力，扫黑除恶专项斗争取得明显成效，人民群众获得感幸福感安全感不断增强。2020年是扫黑除恶专项斗争收官之年，自专项斗争开展以来至2020年12月，全区打掉恶势力犯罪集团6个，恶势力犯罪团伙45个，刑事拘留386人，逮捕270人，缴获枪支1支，投案自首33人，查封冻结扣押资产1667.17万元，起诉涉黑涉恶案件13宗100人，判决9宗77人，受理涉黑涉恶腐败和“保护伞”线索30条，给予党纪政务处分23人，移送司法机关2人，调整撤换“四不”村（社区）党组织书记26人，排查确定23个软弱涣散村（社区）党组织，实施精准整顿。

【平安梅县建设】　扎实推进“综治中心+网格化+信息化”建设工作。梅县区三级综治中心建成率100%，城乡社区网格化服务管理实现全覆盖，全区网格实行了统一编码管理，综治中心（网格化服务管理中心）工作人员、网格员全部按要求落实到位，综治信息系统在基层社会治理中的信息支撑、数据引导作用充分发挥，“排查防控违法犯罪、排查化解矛盾纠纷、排查消除公共安全隐患”三大任务落地见效，网格账号活跃度进一步提升。全年全区网格账号活跃度平均数92.08%，网格员上报网格事件总数22375件，办结22300件，办结率99.7%。“雪亮工程”平安乡村视频监控建设有序推进。根据省委、市委、区委关于推进乡村振兴战略的实施意见有关平安乡村视频监控工作部署要求，梅县区按照主要道路卡口、学校、幼儿园、广场、宗教场所等人员密集场所以及人民群众公共活动场地“六个必建”原则，依托电信公司“云视频平台”大数据先进技术，搭建区、镇、村（社区）三级平安乡村视频监控平台，扩大公共安全视频监控联网应用范围，织密织牢治安防控网。至年底，“雪亮工程”平安乡村视频监控区级平台已建成，镇级平台已建成19个，村级平台建成383个，全区上线视频2180路，实现区、镇、村三级联网。加强精障患者救助管理工作。2020年上半年，区财政对3431名精障患者监护人发放补助资金207.56万元，为全区精障患者监护人购买责任险35.93万元，对2019年有关镇（高管会、办事处）精障患者送诊治疗进行补贴12.5万元。下半年对3455名精障患者监护人发放补助资金207.64万元。另外，还扩大了责任险的范围，除对精神患者肇事肇祸进行一定的赔偿外，还增加对贫困精障患者子女的就学进行资助。对全区25名贫困精障患者子女进行了资助，总金额8.9万元。全年全区未发生精障患者肇事肇祸事件。加快建设社会心理服务站（室）。按照省、市委政法委工作部署要求，在全区基层综治中心建立社会心理服务站（室）。结合实际，计划分两年完成建设任务。至年底，完成19个镇（高管会、办事处），50%的村（社区）社会心理服务站（室）的建设任务。

【政法队伍建设】 区委政法委作为区委领导政法工作的组织形式，在切实加强对政法各部门工作统筹协调力度的同时，认真抓好《中国共产党政法工作条例》的贯彻落实，自觉把条例作为做好梅县区政法工作的总遵循、总依据、总规范。坚持把政治建设摆在首位。先后邀请市委、区委宣讲团成员到单位为全体政法干警作《习近平谈治国理政》第三卷的专题报告会；组织政法各单位领导班子参加“习近平总书记出席深圳经济特区建立40周年系列讲话精神以及十九届五中全会精神”专题研讨培训班学习；组织全体政法干警参加省委政法委举办的《关于全省政法领导干部政治轮训》专题培训班等，通过学习，使全区政法干警工作能力和水平有了全面提升。狠抓各项制度机制落实。坚持政法系统党委全委会每月定期研判制度；全面压实意识形态工作责任制，严格落实“三同步”，有效预防和处置影响意识形态安全的各种苗头隐患，不断提高做好意识形态工作的能力和水平。健全完善各项请示报告机制、重大事项报告制度和法院、检察院党组向党委政法委定期汇报制度；认真抓好中央关于《领导干部干预司法活动、插手具体案件处理的记录、通报和责任追究规定》、中央政法委关于《司法机关内部人员过问案件的记录和责任追究规定》以及《广东省领导干部干预司法活动、插手具体案件处理的记录、通报和责任追究实施办法》的落实；认真抓好党委督促检查政法工作的落实和执法督查巡视、案件评查工作等，确保党管政法的原则落到实处。至年底，全区政法各单位未发现领导干部干预司法活动、插手具体案件处理及司法机关内部人员过问案件情况，未发现司法人员与当事人律师、特殊关系人、中介组织不正当接触交往的情况反映。

2020年年底梅县区政法委员会

书　记：丘孝良

（供稿：刘志敏）

公　安

【概述】 2020年，梅州市公安局梅县区分局以"对标一流、赶超先进"为工作目标，全力以赴战疫情、防风险、保安全、护稳定，深入开展"扫黑除恶"专项斗争及"飓风2020""梅安2020"等专项打击整治行动，大力推进智慧新警务、创新亮点、全民禁毒工程等重点工作，圆满完成全国全省"两会"、经济特区建立40周年庆祝活动和2020世界客都梅州马拉松赛等各项重大安保维稳工作，有力确保梅县区社会治安大局的持续稳定。

【队伍建设】 深入开展"坚持政治建警全面从严治警"教育整顿工作，全面加强公安队伍思想、作风建设和制度建设。全年发表彰通报34份，集体嘉奖10个单位，个人嘉奖204人次，表彰优秀辅警324人次。

【维护社会稳定】 强化维稳机制，深入推进专项行动，加强基层国保工作室建设，注重关口前移，注重风险防控，大力提升预测预警预防能力，侦破一批邪教案件，及时化解处置一批涉楼盘、军退等不稳定因素。

【治安管理】 全年受理查处行政案件1873宗，其中调解203宗、处罚195宗。查处违法嫌疑人380人，其中行政拘留99人，行政罚款146人（部分人员为并处）。

【刑事案件侦查】 全年立刑事案件1997宗，破905宗，刑拘犯罪嫌疑人452名，逮捕304名，移送起诉492人，抓获逃犯78名。其中立命案2宗，破2宗，抓获1名犯罪嫌疑人；立涉九类案件79宗，破49宗，刑拘115人，逮捕90人，打掉犯罪集团4个、团伙17个。立涉盗抢四类案件658宗，破527宗；破获电信诈骗案件59宗。

【经济犯罪案件侦查】 全年立案11宗，破案12宗，刑拘63人，逮捕14人，取保候审18人，移送起诉25人，抓获网上在逃人员4人。破获"飓风58号"串通投标案，涉案金额1.21亿元。

【道路安全】 紧密围绕"保安全、保畅通、促平安"的总要求，严格落实各项工作措施，全年检查各类车辆50430辆次，查处交通违法行为39091起，暂扣车辆7010辆，查处酒驾违法行为706宗，醉驾7宗，无证驾驶5895起，驾驶假、套牌车辆违法行为163起，车辆违停11339起，骑乘摩托车不戴安全头盔2891起，大货车违法行为6033起（其中超载526起）。全年发生交通事故宗数5729宗，死亡50人，受伤585人，与上年同期相比分别下降1.79%、3.85%、3.78%。

【禁毒工作】 全年破获涉毒刑事案件22宗，打掉涉毒团伙4个，破获新型毒品案件3宗，刑事拘留22人、逮捕14人，抓获网上在逃人员10人，查处易制毒案件10宗，罚款0.1万元，查处吸毒人员40人次，送强制隔离戒毒19人。

【户政管理】 2020年，梅县区常住人口493324万人。市外户口迁入1598人，迁出市外3434人，审核登记各类出生入户6156人，死亡注销户口4408人，市内（含所内）移居5390人，其他注销人员23人，恢复户口登记79人，人口信息项目变更、更正93797人次，补打证件（含户口簿）8619人次。办理居民身份证27301张，临时身份证3496张，发放居住证1562张。

【港澳台通行证管理】 全年受理各类申请材料2323份，其中：港澳通行证1734份、港澳单程（定居）24份，往台湾通行证82份，护照471份，台胞证12份。

【监所管理】 拘留所全年收拘各类违法人员26人，其中吸毒类1人、交通类1人、殴打他人4人，卖淫嫖娼5人、非法入境11人，其他4人，看守所全年新收押各类人员420人,变动出所506人，月均押量304人。

【警务监督】 组织开展各类督察行动238次，督察单位577个次，发现查纠问题135个，提出督察建议6条，党纪、政纪处分违法违纪民警10人、警戒2人。

【“110”报警服务】 2020年，“110”报警服务台受理、处置各类警情74199起。其中刑事类警情1291起，治安类警情1297起，交通类警情14920起，火灾类警情56起。快速、妥善处置自杀、溺水、水电煤气等紧急求助70起，及时协助处理纠纷、咨询、噪音等非紧急求助7621起，协助抢救伤、病人员（含交通事故伤者）800多名，协助查找走失人员312名。

2020年年底梅州市公安局梅县区分局

局　长：梁惠文

（供稿：罗继东　吴陈婧）

检　察

【概述】 2020年，梅县区人民检察院在区委和上级检察机关的领导下，以高度的政治自觉、法治自觉、检察自觉把上级党委和检察机关及宪法法律赋予职责落实到位，各项检察工作取得新进展，为统筹推进梅县区疫情防控和经济社会发展提供有力法治保障。办公室获省、市“巾帼文明岗”称号，受到上级表彰奖励25人次。

【打击刑事犯罪】 1. 严厉打击各类刑事犯罪。受理公安机关提请批准逮捕案件254件453人，批捕194件318人；受理移送审查起诉案件332件554人，起诉294件446人。继续在反腐败斗争中发挥检察作用，加强监检衔接配合，起诉职务犯罪7人。2. 全力打好扫黑除恶收官之战。深入推进“六清”行动，起诉涉黑恶案件5件35人。推动“打财断血”“打伞破网”，发现并移送职务犯罪线索7条，监督已判决生效的涉黑恶案件财产刑执行案件6件28人。针对办案中发现的行业监管漏洞，发出社会治理检察建议19份。创新宣传形式，以办理的真实案例为素材拍摄微电影《乌云背后》，受到群众好评。3. 用心呵护未成年人健康成长。对侵害未成年人犯罪零容忍，批捕21人，起诉13人。对涉嫌轻微犯罪并有悔罪表现的未成年人依法从宽处理，不批捕9人，不起诉1人，附条件不起诉1人。开展拟附条件不起诉不公开听证，举办检察开放日、关爱困境未成年人工作研判会等，加强与人大、教育、民政、学校和社工组织的沟通联络，督促落实“一号检察建议”，推动构筑保障未成年人健康成长的坚实屏障。

【社会管理与服务】 1. 服务民营经济健康发展。出台《服务保障民营经济发展的15条意见》，落实服务保障民营经济发展“2241”工作举措，推动“依法惩治、平等保护”双向发力。依法批捕侵害民营企业和企业家合法权益的犯罪15人，起诉11人。依法妥善办理涉民营企业家的案件，做到慎捕、慎诉、慎押，不批捕4人，不起诉9人，改变强制措施1人。开展涉民营企业刑事诉讼“挂案”专项清理，让民营企业轻装前行。与区工商联建立沟通联系机制，联合举办检察开放日活动，进一步加强检企联系。专题报送的《关于发挥检察职能服务保障民营经济发展的报告》获区委主要领导批示肯定。2. 服务打赢三大攻坚战。着力服务防范化解重大风险攻坚战。积极参与互联网金融风险专项整治，依法办理非法吸收公众存款、集资诈骗、传销等涉众型经济犯罪4件4人，起诉电信网络诈骗、侵犯公民个人信息犯罪20人。着力服务精准脱贫攻坚战。严厉打击涉农诈骗、“恶意欠薪”等犯罪，批捕涉农犯罪4人。推动司法救助和精准扶贫深度融合，办理国家司法救助案件5件，对因案致贫、因案返贫的困难群众发放救助金16万元。对挂点帮扶村投入23万元，助力脱贫攻坚。着力服务污染防治攻坚战。从严惩处污染环境、破坏环境资源犯罪，起诉 18 人；办理生态环境修复、噪声污染、水库水质整治等生态环境领域公益诉讼案件 40 件。3．积极化解社会矛盾。落实群众信访件件有回复，受理群众信访 121 件次，实现“七日内程序回复、三个月内办理过程或结果答复”两个 100%。正确运用宽严相济刑事政策，打造“一三三”刑事和解工作模式，并申报作为 2020 年度“平安之乡”实践创新项目，有效拓宽刑事案件双方当事人沟通渠道，促成刑事和解 16 件 18 人。

【法律监督】 1．做优刑事检察。依法不批捕 109 人、不起诉 52 人，改变强制措施 8 人。对认罪悔罪的犯罪嫌疑人适用认罪认罚从宽制度，适用率达 80%。实行“每案必监督”制度，监督立案 1 件、撤案 2 件，纠正漏捕 9 人，追诉 5 人，纠正移送起诉遗漏罪行 4 人，发出纠正违法通知书 2 份。常态化开展社区矫正监督，防止社区矫正对象脱管漏管、再犯罪现象发生。结合村（社区）“两委”换届选举，开展被判处剥夺政治权利罪犯执行情况专项监督，保障基层换届选举工作顺利开展。2．做强民事检察。依法对民事生效裁判和执行活动进行监督，办理民事检察监督案件 12 件，发出检察建议 4 件，依法不支持监督申请 6 件，同步做好释法说理、息诉服判工作。3．做实行政检察。充分发挥行政检察“一手托两家”职能，办理行政非诉执行监督案件 15 件，向法院和相关行政部门发出检察建议 10 件，均被采纳。开展“行政争议实质性化解”专项活动，通过公开听证等方式化解行政争议，促进案结事了政和。聚焦违建突出问题，与梅州市自然资源局梅县分局签订《关于加强行政检察与自然资源行政执法衔接工作的实施意见》，依法监督拆除违建建筑物。4．做好公益诉讼检察。办理公益诉讼案件 66 件，发出诉前检察建议 49 件。开展“保护烈士纪念设施”专项公益诉讼检察，推动解决烈士纪念设施年久失修、保护不全面等问题。开展“饮用水安全”公益诉讼专项监督“回头看”，促使企业依法规范供水。开展“规范食品生产经营”专项监督，调查核实 16 个镇 236 家食品生产经营店铺，规范食品经营行业健康发展。开展消防安全公益诉讼专项行动，召开圆桌会议，公开宣告送达检察建议书，推动解决消防安全隐患。

【队伍建设】 1．加强政治建设。坚持党对检察工作的绝对领导，坚持“第一议题”制度，学深悟透习近平新时代中国特色社会主义思想和习近平法治思想。深化“三个三”党建工作品牌，把政治建设融入检察履职。严格落实意识形态工作责任制，加强阵地建设和管理。2．推进素质能力建设。加大业务培训力度和覆盖率，结合“请进来”解疑惑、“走出去”学先进、“上讲台”传经验形式，增强培训实效。坚持以实战、实用、实效为导向，开展大学习、大讨论、大练兵活动。全年获得区级以上集体荣誉 7 项，25 名干警受到上级表彰奖励。3．强化纪律作风建设。落实党风廉政建设责任制，盯紧办案重点岗位、重点领域和重要环节的廉政风险点，强化风险防控。严抓“三个规定”重大事项记录报告制度落实，做到逢问必录。开展“每月一督察”和专项督察，及时发现整改存在问题。扎实开展提醒谈话，强化警示教育。4．深化检察文化建设。重视文化的引领和凝聚作用，组织志愿者开展疫情防控、法律宣传、创建全国文明城市等志愿服务活动，增强干警服务社会意识。举办党建知识竞赛、书画摄影比赛、拓展活动、主题游园活动等，活跃机关文化生活。

2020 年年底梅县区人民检察院
副检察长、代理检察长：李培军

（供稿：何嘉雯）

法　院

【概述】 2020 年，梅县区人民法院以“努力让人民群众在每一个司法案件中感受到公平正义”

为目标，统筹推进疫情防控和审判执行工作，全年受理案件5920件，审结5776件，结案率97.57%。

【刑事审判】 全年受理刑事案件312件，审结309件，判处犯罪分子472人，结案率99.04%。判处实刑343人、缓刑129人、五年以上45人，判处罚金和没收个人财产2000余万元。审结故意伤害、寻衅滋事等犯罪案件104件。审结交通肇事犯罪、危险驾驶犯罪案件70件。判处未成年人罪犯8人。快审快结盗伐滥伐林木、非法狩猎等刑事犯罪案件13件。审结认罪认罚案件258件368人、速裁案件73件。审结涉黑及保护伞案件3件29人，涉恶案件1件5人，判处五年以上有期徒刑22人。依法快速审结省重点督办的215案件。执结涉黑恶财产刑案件4件，执行到位1.63亿元。发出涉黑恶司法建议8份，反馈8份。

【民商事审判】 全年受理民商事案件3465件，审结3371件，同比上升48.9%和43.75%，结案率97.29%。调解撤诉案件1315件，同比上升20%，调撤率40.14%。审结涉企业案件1674件，有效保护民营企业合法权益。审结婚姻家庭纠纷案件403件，维护家庭和谐稳定。审结医疗、养老等涉及人民群众切身利益的民事案件1254件，维护民生权益。审慎处理民间借贷纠纷，审结民间借贷案件566件，涉案金额2.38亿元。依法妥善审结农村土地租赁、宅基地纠纷等民事案件36件。妥善化解松口蓬径石场周边354座房屋损害纠纷，保障群众利益。出台《关于为优化营商环境提供司法保障的实施意见》，细化优化营商环境举措。积极向企业提出司法建议7份，邀请部分企业管理人员旁听庭审，走访辖区梅州客商银行、广东莲泉酒业等民营企业，增强企业法律风险意识。

【执行情况】 全年受理执行案件2143件，执结2096件，分别同比上升56.42%、58.55%，执结率97.8%，执行到位金额4.61亿元。有财产案件期限内实际执结率98.8%，终本案件合格率100%，执行结案率95.2%。执结涉农民工工资案件99件，执行到位金额122.96万元。严格规范公正文明执法，综合运用多种强制措施严惩失信行为，限制高消费1032人次，纳入失信被执行人名单801人次。

【司法改革】 推进院、庭长办案常态化，加大院庭长办案比例，全年办结案件5215件，占结案总数的90.29%。推进专业法官会议运行，召开9次专业法官会议，研讨适用法律争议事项8项，形成专业指导意见8项，讨论4类疑难复杂案件，讨论意见采纳率100%。完善审委会工作规则，推行类案强制检索报告制度，召开审委会6次，讨论具有类案检索报告个案6件，议题6项。审判流程信息公开全覆盖，有效公开3295件，网络庭审直播488次，同比增长152%，观看量11.67万次。上网公布裁判文书2559份，同比增长34.97%。全面推行网络司法拍卖，司法网拍139次，成交53件，成交额5794.34万元。全年完成9个审判法庭智慧语音安装、6600册新卷宗扫描建档，实现卷宗材料电子化查阅。

【便民服务】 全年给予7名当事人缓减免交诉讼费3.3万元。制定《梅州市梅县区人民法院特困当事人救助规定（试行）》，向60宗案件的特困当事人发放救助款30万元。全面推进“一站式”诉讼服务体系建设，全年受理诉前调解案件354件，组织调解350件次，调解成功82件。集约高效审结诉讼保全案540件，最短2小时审结。与中国邮政速递物流股份有限公司梅州市分公司签订集约化送达协议，开启在线集约送达新模式，平均送达周期缩短10天。

【队伍建设】 始终坚持党对法院工作的绝对领导，扎实开展“两个坚持”专题教育，巩固“不忘初心，牢记使命”主题教育成果，树牢“四个意识”、坚定“四个自信”、做到“两个维护”，召开党组理论中心组学习会21次。扎实开展“三个规定”、虚报冒领补助和司法作风问题专项整治。主动邀请人大代表、政协委员旁听庭审、视察法庭等活动4场。人民陪审员参审案件553件，参审率96.04%。完成市审计发现的29个问题的整改。完成市委巡察反馈的39个问题的整改。

2020年年底梅县区人民法院

院　长：魏伟辉

（供稿：办公室）

司法行政

【概述】 2020年，在区委、区政府的领导和上级业务部门的具体指导下，区司法局被广东省司法厅荣记“集体二等功”一次，被市委、市政府授予“2019年梅州市创建全国文明城市平安建设工作先进单位”称号；区法治文化主题公园被省司法厅、省文化和旅游厅、省普法办共同评选为“广东省法治文化主题公园”；1人被司法部授予“全国公共法律服务管理工作先进个人”荣誉称号；1人在“大排查、早调解、护稳定、迎国庆”专项活动表现突出，被司法部通报表扬。

全年开展法治宣传、咨询等活动153场次，向干部、群众、学生印发普法学习资料和法律知识宣传资料12万多份。全区社区矫正对象新接收186人，解除矫正223人，在册200人，切实做到社区矫正对象得到有效监管；新接收刑满释放人员393人，安置率和帮教率均为100%。全区各级调委会调处各类民间纠纷2770件，调解成功2740件，调解成功率98.9%，无因调处不及时或调处不当而引发的矛盾激化的事件，未发生影响社会稳定的重大矛盾纠纷。受理法律援助案件97宗，见证签署《认罪认罚具结书》案件315宗，接待群众法律咨询875宗1319人次；公证处办理各类公证1939件；全区顾问律师共接访咨询4682人次，出具法律专业意见104件，法治宣传1641场次，调解纠纷59件，其他64件。

【法治工作】 认真做好依法治区日常工作，协调各单位做好依法治区各项工作。加强疫情防控应急行政执法工作的指导，筹备、召开区委全面依法治区委员会第二次会议，审议通过《梅县区2020年全面依法治区工作要点》和《梅县区2020年依法行政工作要点》；落实《梅县区法治建设工作述职报告制度》，全面铺开法治建设第一责任人职责情况列入年终述职内容试点工作；组织各相关单位做好2020年法治政府建设年度报告工作；组织各单位深入学习贯彻中央全面依法治国工作会议精神；举办了全面依法治区暨普法依法治理专题培训班，推进法治化营商环境和市域社会治理现代化工作，加快法治政府建设。

【法制工作】 组织区政府法律顾问参与区政府法律事务，对提交区政府常务会议研究讨论的288个议题、2个政府重大行政决策、110件合同、合作协议和法律文书等从法律角度进行审查并提出合法性审查意见；按规定审查、清理全区规范性文件，其中审查区政府规范性文件5份，审查部门规范性文件1份。组织区政府法律顾问参加全省“千名法律顾问解千案”活动，每名法律顾问负责调处化解我区1件疑难复杂信访案件，成功调处上访多年的邓培坤土地权属纠纷案件。依法办好政府行政复议、行政应诉和行政赔偿案件，有效化解社会矛盾，促进依法行政，收到上级行政复议5宗，均已组织完成答辩及听证调查；收到本级行政复议16宗，依法受理13宗，不予受理3宗；收到区政府行政诉讼案件29宗，均已组织完成答辩和按规定出庭应诉，其中收到生效判决7宗，撤诉案件3宗，一审未判决1宗，其余18宗均在二审过程中。贯彻落实《关于深化乡镇街道体制改革完善基层法理体系的意见》，推进区级行政执法职权下放工作，组织区住建等10个区直执法单位经2次征求意见3次修改后，形成《梅县区区级行政执法职权调整由镇街实行职权目录（第一批）》，拟向全区镇街下放第一批行政处罚事项519项，推进乡镇街道综合执法工作。全面使用执法队伍管理系统，完善执法队伍和人员管理的规范化、标准化、信息化。组织448人参加2020年梅县区行政执法人员综合法律知识网上考试，严格行政执法人员证件验审和申办，办理新证185张，证件补办21张，回收及注销旧证42张。全面落实行政执法“三项制度”，加强行政执法监督全面推行行政执法案卷评查，进一步规范公正文明执法。积极推进乡镇机构改革，加强对全区综合行政执法的指导、统筹、协调和培训工作，不断提升全区依法行政水平。

【人民调解】 全年组织全区各司法所进行每月一次的矛盾纠纷大排查，共排查纠纷173宗，预防纠纷118宗；各级调解组织受理各类矛盾纠纷2770宗，调处成功2740宗，调处率100%，调处成功率98.9%；无因调处不及时或调处不当而引发的矛盾激化的事件，未发生影响社会稳定的重大矛盾纠纷。

【社区矫正】 组织学习、宣传、贯彻《中华人民共和国社区矫正法》，每月召开全区矫情分析研判会，依托视频会议系统、手机定位监控系统、人脸和指纹识别系统远程终端加强动态监督，发挥社区矫正基地功能作用，规范落实日常管理，认真做好疫情防控期间社区矫正对象及场所安全防控工作，对违反监管的人员依法进行惩处，确保社区矫正对象得到有效监管。全年新接收186人，解除矫正223人，在册200人，未发生脱管、漏管和虚管现象；为135名社区矫正对象办理了出入境报备手续，对43名持有出入境证件和护照的社区矫正对象进行边控报备；对违反监督管理规定的社区矫正对象给予书面警告3人，进行训诫教育2人，提请撤销缓刑1人；开展调查评估28件，远程视频会见304宗，会见家属585人次。

【安置帮教】 协助各监狱对服刑人员信息真实性开展核查99条，核查率100%；及时做好预释放人员和重点人员的回执反馈工作，回执率100%；新接收刑满释放人员393人，及时衔接登记建档，落实相关的安置帮教措施，建档率、安置率和帮教率均为100%。在疫情期间，按省司法厅要求认真核查刑满释放人员相关信息，摸清底数，认真做好刑满释放人员“必接必送”“安置帮教”工作，扎实落实疫情防控措施。3月1日至12月31日，梅县区配合监狱“无缝衔接”接回刑满释放人员152人。

【律师事务】 加快完善公共法律服务体系，不断提升公共法律服务水平，更好满足全社会法治领域新需求，使人民群众的获得感、幸福感、安全感持续增强。一是继续完善公共法律服务工作站（室）建设，按照省厅规范化建设标准建成区公共法律服务中心1个、公共法律服务工作站12个，公共法律服务工作室51个。收集上报“12348广东法网运行日报”实体平台数据，完成广东法网“12348”任务管理工单7宗，为群众提供免费法律咨询、纠纷调解、法治宣传、服务投诉等法律服务。每天安排1名局中层干部和1名以上律师在区公共法律服务中心轮值，接受群众法律咨询875宗1319人次。二是深化“一村（社区）一法律顾问”工作。组织79名律师与全区391个村（社区）（含梅西水库两个管理区）签订服务协议，修订完善《梅县区村（社区）法律顾问考核办法（2020修订版）》（梅县区委办字〔2020〕112号），进一步加强调研、宣传、管理、督查和考核工作。全年全区村（社区）顾问律师接访咨询4682人次，出具法律专业意见104件，法治宣传1641场次，调解纠纷59件，其他64件。三是充分发挥律师服务社会功能作用。强化律师行业监管和职业道德监督检查，组织律师参与区领导接访活动和区信访局召开的重大疑难复杂信访研判会，为区委、有关职能部门及区领导交办的信访案件等及时提供法律意见；组织律师参与和代理涉诉、涉法信访案件的化解工作。全区社会律师担任机关、企事业单位法律顾问54家。

【法律援助】 开展法律援助宣传月活动，加强法律援助规范化建设，提质增效，推广“减证便民”服务，持续做好农民工、未成年人、老年人、残疾人、军人军属等特定人群法律援助工作，严格按照要求落实刑事案件律师辩护全覆盖工作，畅通援助渠道。8 月，在区退役军人事务局设立法律援助工作站，进一步落实法律援助值班律师工作。全年受理法律援助案件 97 宗，其中民事案件 23 宗、刑事案件 74 宗；见证签署《认罪认罚具结书》案件 315 宗，做到应援尽援、应援优援。

【司法公正】 开展集中警示教育活动，严格规范办证程序，严管公证质量和公证队伍，指派公证员为党委政府中心工作、重大经济项目等提供公证法律服务，全年办理各类公证 1939 件。

【法治宣传】 创新思路，强化措施，全面完成“七五”普法任务，在更高层次上推进全民普法。一是举办普法骨干培训班，抓好重点对象学法用法，加强疫情防控相关法律法规解读和法治宣传，组织开展国家工作人员民法典专题学考和年度学法考试，持续深入推进宪法、民法典的学习和宣传教育。二是开展法治进校园活动，共筑校园安全防火墙。三是举办企业法治讲座，开展“法治进企业”活动，引导企业依法经营、依法治企。四是认真落实以案释法制度，组织领导干部参加旁听庭审活动，开展警示教育。五是会同区电视台拍摄制作“以案说法”普法专题栏目。六是积极开展法治文化传播活动，依托梅花山法治文化公园打造民法典主题宣传阵地，依托广东梅县外国语学校青少年法治宣传教育基地开展青少年法治实践活动；积极推进法治文化建设示范企业、民主法治村（社区）等工作。七是全面贯彻落实“谁执法谁普法”的工作责任制，认真组织开展 2020 年履职报告评议活动。八是充分利用重要时间节点，组织区“南粤春雨”普法志愿者开展“法律六进”“服务大局普法行”“防控疫情、法治同行”等专项法治宣传活动，集中宣传法律法规。2020 年，开展法治挂图宣传、法治讲座、法律咨询活动等 153 场次，现场解答群众咨询 5000 多人次，向干部、群众、学生印发法典宣传小册、民法典 50 问、海报等普法学习资料和法律知识宣传资料 12 万多份。

2020 年年底梅县区司法局

局　长：徐婉玲

（供稿：张　妮）

行政管理事务

编 制 管 理

【行政管理体制改革】 2020 年，区委编办抓好行政管理体制改革。一是全力做好深化机构改革“后半篇文章”。在区委组织部加挂区委非公有制经济组织和社会组织工作委员会牌子；在区财政局加挂区国有资产监督管理局牌子；在区农业农村局加挂区林业局牌子；制定印发区发展和改革局、区交通运输局的“三定”规定；调整区森林公安机关管理体制。二是全面深化乡镇体制改革、完善基层治理体系。根据省委《关于深化乡镇街道体制改革完善基层治理体系的意见》（粤发〔2019〕27 号）精神制定《梅州市梅县区深化乡镇体制改革完善基层治理体系实施方案》，按时按质、有序有力推进乡镇改革各项工作落实。按照“优化协同高效”的原则，进一步理顺职责关系，优化组织结构，乡镇机关统一设置党政综合办公室、人大常委会办公室、党建工作办公室（组织人事办公室）、纪检监察办公室、公共服务办公室（党群服务中心）、综合治理办公室（应急管理办公室）等6个综合性办事机构和综合行政执法办公室（综合行政执法队），因地制宜单独或加挂牌子的形式设置农业农村办公室、生态环境保护办公室、规划建设办公室、城市管理办公室、经济发展办公室、社区建设办公室等机构，各镇分别共设置7—9个内设机构，建立综合治理委员会、公共服务委员会、综合行政执法委员会、应急管理委员会、规划建设委员会五大工作平台。至年底，全部完成全区17个乡镇“三定”规定印发、机构挂牌等工作，各镇内设党政机构主要负责人已配备，五大工作平台已挂牌、工作运行机制已建立，集中梳理、分批下放行政职权686项、执法职权519项。按照部署推进乡镇派驻机构属地管理工作，17个自然资源所、12个市场监管所全面下放乡镇实行属地管理，与乡镇综合行政执法办公室等乡镇党政机构整合设置。此次改革，共增加和下沉各镇行政编制30名、行政执法专项编制210名。

【机构编制管理】 坚持把机构编制作为重要政治资源、执政资源，严格执行机构限额、领导职数和总量等规定，坚决做到不在限额外设置机构、不突破总量增加编制。一是严格编制管理。在全区机关事业单位实行机构编制审核和编制卡管理，凡梅县区机关事业单位的人员调动、招录和外县工作人员调入梅县区的，用编单位都必须进行编制审核。坚持调动和招录在编内进行，招录实行“凡进必考”，严把入口关。二是保障人才编制。深入贯彻落实省委、省政府实施人才强省战略部署，制定《梅州市梅县区区直急需紧缺人才专项事业编制保障管理办法（试行）》，调剂50名事业编制，建立区直“急需紧缺人才用编周转池”，主要用于保障区直科技、卫生、农技等领域事业单位人才引进工作，为梅县区经济社会发展引进人才提供编制保障。三是保障民生编制。积极解决教育、医疗卫生等民生领域机构编制需求。制定提前使用退休教职员编制规定，在招聘中小学教职员时提前将每学年中小学退休教职员人数作为空编数列入当年招聘计划，以此达到新老教职员“无缝交接”目的，充分利用编制资源。同时，建立“中小学校教师编制周转池”，调剂50名事业编制建立“周转池”，主要用于因教师脱产进修、产假等需要安排教师的中小学校。此外，调剂核增编制给技工学校18名、慢性病防治院10名，将区疾控中心在编人员经费全部纳入区财政预算。四是完成问题整改。2020年，通过自然减员、人员分流、调剂增加编制等措施加大力度对因历史遗留的违规超编和因政策性原因超编问题进行整改，完成整改超编问题54个。至年底，70个违规超编问题全部完成整改，44个因机构改革等政策性原因造成的超编问题完成整改37个，剩余7个，剩余问题将继续按相关政策要求逐步消化。

【事业单位改革】 一是深化区直事业单位改革。制定《深入推进区直事业单位改革工作方案》，其中，撤销的事业单位有6个、整合或调整优化的事业单位20个、调整分类事业单位9个。二是开展公益三类和从事生产经营活动的事业单位改革以及对暂未分类事业单位进行分类。制定《梅县区公益三类和暂未分类事业单位改革实施方案》，主要加大力度推进公益三类和从事生产经营活动的事业单位改革，以及对暂未分类的事业单位进行分类。全区公益三类和暂未分类的涉改事业单位有15个，均为经费自理单位，涉及编制146名，实有人员122人。改革措施为：撤销3个机构，整合3个机构，6个机构转为公益一类单位，3个机构转为公益二类单位。改革后，减少机构6个，收回编制21名。涉改单位的在编人员全部理顺了经费来源方式，人员平稳过渡。三是开展对公益一、二类事业单位改革“回头看”工作。对规模较小、定位不清、职能分散、力量薄弱、效率低下的“小散弱”事业单位进行撤并整合；对面向社会提供公益服务事业单位，分散在多个部门，职责、任务、服务对象相似，重复设置，或条块分割情况严重的进行跨部门整合优化；积极探索部门（单位）统合设立综合性事业单位，集中力量、集中资源，整合技术力量，统一面向社会提供公益服务。四是剥离事业单位承担与本部门行政审批相关中介服务的职能。结合事业单位改革，完成需开展行政审批相关中介服务事业单位转企改制或者与主管部门脱钩的改革工作，以后，审批部门所属事业单位不得开展与本部门审批相关的中介服务。五是深化镇街事业单位改革。制定《梅州市梅县区深化乡镇体制改革规范事业机构设置工作方案》，明确各镇统一规范设置经济发展和财政服务中心、农业农村服务中心（农产品质量安全监管服务中心、水务服务所）、公用事业社会保障服务中心、文旅教体服务中心、退役军人服务站、卫生院（卫生健康服务中心、疾病预防控制中心）6个事业单位。

【事业单位登记管理】　2020年，事业单位登记管理稳步推进，对新设立的梅州综合保税区建设服务中心、梅州市梅县区应急宣传教育中心、梅州市梅县区企业服务中心、梅州市梅县区扶贫开发信息中心、梅州市梅县区机关事务服务中心5个事业单位进行了登记发证。全年办理变更登记事项128个，因机构改革注销事业单位法人登记17个。在线正常登记的事业单位337个，全部按时提交了年度报告书并公示，接收社会监督。承担机关群团统一社会信用代码赋码工作，为18个机关群团办理事项变更，至年底，发出统一社会信用代码证书120张。

【机构编制电子政务中心】　2020年，电子政务中心以域名变更为重点，对因机构改革进行调整的单位进行整理，积极收集新设立或合并机构的信息，对需要做出调整的中文域名重新进行申请或信息变更。对无效或因合并而失效的机构中文域名进行清理删除。在做好域名变更工作的同时，对到期域名进行统一续费。积极做好财政预算，对全区需要进行续费的中文域名进行整理，做出相关预算，积极与财政部门进行衔接沟通，以确保全区政务和公益机构中文域名的正常运行。

【档案管理工作】　2020年，完成机构编制纸质档案整理1264件，著录条目1264条，编卡存根姓名录入（以文代卡关联档号）3917人。机构编制档案数字化以来，大大提高机构编制工作效率和方便全区各单位的查找利用，也为档案信息资源数据库的建设打下坚实基础。

2020年年底梅县区委机构编制委员会办公室

主　任：李敏均

（供稿：邓　峰　张惠清）

政数管理

【概述】　2020年，梅县区政务服务数据管理局在区委、区政府领导下，认真贯彻落实国务院和省、市政府对政务服务工作的部署要求，积极抓好机关党建、依法行政、廉政勤政和队伍建设各项工作，在慎终如始做好疫情防控的同时，坚持“规范、便民、廉洁、高效”的服务宗旨，深化“放管服”改革、“一门式一网式”政府服务模式改革和政务服务“马上办”改革，努力推进“数字政府”改革建设，提高审批服务便民化程度，提升服务群众、服务企业、服务高质量发展的能力和水平，取得了显著成效。

【推进行政审批各项改革创新】

（一）坚持深化改革，优化营商环境。调整“数字政府”改革建设工作领导小组，积极开展调研工作。一是开展“数字政府”改革。结合实际制定下发《梅州市梅县区人民政府办公室关于印发梅县区数字政府改革建设2020年工作要点的通知》（梅县区府办函〔2020〕38号）和《梅州市梅县区人民政府办公室关于建立数字政府改革重点工作推进双月例会制度的通知》（梅县区府办函〔2020〕56号）文件，进一步推动梅县区数字政府改革建设，统筹指导区有关单位形成工作合力，研究推动重点工作，协调解决改革建设推进过程中遇到的困难和问题。二是深化“放管服”改革。认真落实“无费市”工作。进一步深化“放管服”改革，降低企业开办成本，激活了市场主体活力。通过推行企业法人事项审批模式改革，为新办企业开通“绿色通道”，企业只需到服务中心跑一趟便可以办结业务。开展“四免”服务。充分发挥“数字政府”改革建设对政务服务便民化工作的支撑促进作用，逐步实现政府部门核发的材料原则上免提交、政府部门形成的业务表单数据原则上免填写，可用电子印章的免用实物印章，可用电子签名的免用手写签名，实现更多事项全程网办。至年底，梅县区发布第一批和第二批免证办清单共114项，制作了56个电子印章，用于每天调用电子证照的次数为500次以上。推进工程建设项目审批制度改革。加强与相关职能部门的沟通协调，对工作人员进行业务培训，熟悉掌握系统操作流程，做到全区工建统一标准、统一受理。全区工建项目审批系统受理事项348宗。优化不动产登记。全力推进“互联网+不动产登记”，实现网上预约、网上预审、网上申办、查询进度；全面推进不动产交易、缴税、登记“一窗受理”；进一步压减审批时间，实现一般登记办理时间压缩至3个工作日，抵押登记时间压缩至1个工作日。

（二）坚持服务便民，提高办事效率。大力推进“一窗办”“马上办”“一次办”“网上办”“就近办”，全面提升政务服务水平。一是“一窗办”。进驻区行政服务中心单位24个，进驻事项1096项（其中进驻“大一门”事项596项），进驻率83.92%。二是“马上办”“一次办”。全年全区依申请事项1306项，其中马上办事项591项，占比45.25%，一次办事项1171项，占比89.66%。三是“网上办”。可登录广东省政务服务网办理的事项1146项，占比87.75%。四是“就近办”。结合深化乡镇街道体制改革，坚持简政放权、放管结合的原则，聚焦基层受理难点，进一步明确区直单位下放事项权限，汇总形成《赋予乡镇区级行政职权通用目录》（下放镇级依申请事项为686项，其中委托事项677项，授权事项为9项）。

（三）坚持数据融合，提升政府效能。统筹完成区级214项高频事项和教育、民社、农业等15项惠民事项与“粤省事”政务平台对接。一是促进“指尖办”政务。优化平台功能，初步实现政务事项“指尖办”，在“粤省事”政务平台地市特色板块开设了政务服务预约功能，让群众和企业能通过提前线上预约的方式，更好安排办事时间，避免人流高峰，提高办事效率。通过政府网站、政务微信号等方式推广“粤省事”政务小程序，至年底，全区粤省事小程序注册人数超过30万人。二是加强“大数据”管理。持续推动自建系统迁云上线工作，2020年，上线“梅州市梅县区纪委监委官网”“梅县区惠民信息平台”“中共梅州市梅县区委党校官方网站”“梅州市梅县区妇幼保健院网站”“梅县区行政服务中心运行概览图”，部署、筹备上线“梅县名人故居智慧旅游导览系统”“智慧农业”“智慧交通”等业务系统。推进政务信息资源共享，在智慧梅县原有基础上新引进“雪亮工程”“明厨亮灶”等视频资源，有3380多路视频信号接入智慧梅县，为“数字政府”提供监控“一张网”的功能应用和平台支撑。三是搭建“协同办”平台。整合全区公文系统，收集掌握全区各部门、乡镇、群团政务外网建设需求情况，组织和指导区有关部门安装使用省协同办公平台和公文交换系统，实现省协同办公平台电子公文交换系统在梅县区的普及应用。四是抓好惠民平台升级。统筹完成惠民信息公开平台升级建设，增加新农村专项资金公开、百岁老人人脸识别、基层招聘、扫黑除恶专栏、黑名单应用等11项功能，完善宣传、公开、查询、监管“四位一体”的惠民便民服务系统，进一步扩大惠民信息公开范围，公开事项49项，在涉农资金监管方面实现了社会和政府监督的双向结合。

【完善“12345”政府服务热线和作风效能工作】 认真做好“12345”政府服务热线和作风效能工作。按照市政府和市政务服务数据管理局对“12345”政府服务热线和作风效能的工作要求，区政数局认真做好服务热线管理和作风效能工作，努力完善运行机制，落实责任，强化管理，提高政府服务热线和效能投诉运行管理水平，扩大了热线服务覆盖范围。同时围绕提高现场解答率、工单回复率和群众满意率的目标，认真协调各职能部门解决群众诉求问题，全年受（处）理政府服务热线工单6531个，按时办结率100%，回访满意率99.86%；受（处）理机关作风、行政效能投诉7件，其中存在作风效能问题1件。

2020年年底梅县区政务服务数据管理局

局　长：冯丽锋

（供稿：梁　玲）

责任编辑：卢　清

6月24日，梅州市副市长、梅县区委书记吴泽桐到梅县区政务服务中心调研

经　济

经济管理

发展与改革

【规划编制】 2020年，梅县区积极推动老区苏区政策落地见效，围绕推动原中央苏区振兴发展，谋划一批重大项目和重大事项，积极争取各项政策支持和项目落地，惠及苏区群众。主动服务融入“双区”建设，落实服务融入粤港澳大湾区政策，跟进服务湾区建设重点工作进度。起草《梅县区支持深圳建设中国特色社会主义先行示范区的工作方案》和《梅县区支持广州市推动“四个出新出彩”的若干措施》等政策文件。稳抓宏观调控，编制形成《梅县区2019年国民经济和社会发展计划执行情况与2020年计划的报告（草案）》，并提交区一届人大五次会议审议。综合考虑梅县区因受疫情影响面临的环境条件和发展阶段性特征，及时调整各项经济指标预期目标，并以区政府的名义下达《梅县区2020年国民经济和社会发展计划》。对接落实区人大安排的工作任务，深入调研形成2020年上半年经济执行情况情况报告，形成区“十四五”规划编制情况报告，向区人大常委会汇报。认真学习贯彻习近平总书记关于“十四五”发展和规划编制工作的重要讲话和重要指示批示精神，集中力量做好“十四五”规划的编制工作，完成了经济社会指标、新兴产业、生态文明建设、营商环境改革、能源发展和节能等5项前期研究综合课题。同时，坚持开门编规划，在政府网站和《梅县发布》公众号上发布公告，征集社会各界对“十四五”规划编制的意见建议。扎实推动城乡融合发展，落实《广东省建立健全城乡融合发展体制机制和政策体系的若干措施》，以畲江镇成功入选城乡融合发展省级试点为契机，指导畲江镇完成《梅州市梅县区畲江镇城乡融合发展试点实施方案》。

【重点项目建设】 坚持“项目为王”的理念，充分发挥区重大工程项目总指挥部及9大专项指挥部和区领导挂钩工作责任制作用，实行“资金跟着项目走”“要素跟着项目走”机制，狠抓重点项目建设，全年推动82项重点项目正式项目，完成投资82.93亿元，同比增长12%。其中，梅州国际无水港（梅州松棚铁路物流基地）、梅州综合保税区查验设施与信息化建设项目、梅县区嘉元科技15000吨/年高性能铜箔技术改造项目、广东外语外贸大学附设梅州实验学校（梅州昌盛实验学校建设项目）等31个项目新开工建设；长深高速公路葵岗互通立交工程、梅大高速公路梅州东环支线建设工程（梅县段）、梅县区嘉元科技股份有限公司现有生产线技术改造项目等23个项目建成投入使用，为梅县区固定资产投资增长注入新动能。通过周报、月报、专报和建立工作群等方式，实时掌握重点项目推进情况和存在问题。每月组织、配合区各领导召开重点项目工作会议，协调解决重点项目推进过程中的“卡脖子”问题。全年组织3次专项督导，助推重点项目加快建设。通过“举办开工仪式”、开展“百日攻坚”等活动，营造全区上下齐抓共管氛围，加快项目开工建设，共推项目加快完成年度投资。疫情期间，制定《梅县区关于应对新冠肺炎疫情支持企业复工复产的若干措施》《重点项目复工和疫情防控指引》，建立全区重点项目推进工作专班制度、分级协调解决机制、全程代办制等，主动帮助建设单位调购口罩6万余只，协调解决重点项目建设原材料供应和人力等不足问题，确保重点项目有序复工。编报梅县区2021年省、市、区重点项目111项，编制区“十四五”规划重大项目256项。

【固定资产投资管理】　成立稳投资工作专班，解决项目建设过程中的问题和困难，协调落实建设条件，推动项目加快建设。做好梅县区固定资产投资项目的摸底、谋划、储备工作，推动项目尽快动工，形成有效投资量。加强上级下达的中央预算内建设资金和专项债券资金的跟踪检查，督促资金使用进度，确保通过上级政策资金支持有效拉动项目建设。积极谋划项目，争取地方政府专项债券和中央预算内投资资金，全年为梅州国际无水港、梅州综合保税区查验设施与信息化建设项目等13个项目争取到地方政府专项债券资金9.7亿元，为扶大中心小学、程江河棚户区等5个项目争取到中央预算内投资资金0.47亿元，为粤东医院争取到重大项目前期工作经费670万元。为省道S223线（出省通道）、新城地下综合管廊项目争取到抗疫特别国债2.09亿元。积极谋划储备一批项目入库争取2021年上级政策资金。持续深化行政审批制度改革，动态完善行政审批事项清单，进一步优化规范审批流程，压缩审批时限，疫情防控期间，企业投资项目备案实行“不见面审批”，全年受理办结项目405宗，涉及固定资产投资224.92亿元，其中审批、核准项目163宗，备案242宗。

【铁路建设】　全力配合做好梅龙高铁（梅县区段）红线内征地拆迁及临时用地的租地，征拆进度走在全线前列。积极与广铁集团沟通，做好国际无水港（松棚铁路物流基地）项目的前期各项工作。加强与深建指沟通，积极协调处理梅汕高铁梅县区段的遗留问题。组织协调做好梅汕高铁梅县区段征地拆迁概算清理，完善梅汕铁路（梅县区段）征拆补偿基础资料报送国铁集团鉴定中心审查。积极配合人社部门并督促中铁十九局妥善处理欠薪问题，专门召开协调会议20余次。全力配合做好瑞梅铁路梅县区段的前期各项工作，配合做好取、弃土（渣）场的合理选址、征拆数量摸底核查。配合做好蕉岭货运专线梅县区段的前期各项工作，蕉岭货运专线设计院正在编制可研报告，全力配合做好线路勘察、线路选址等前期各项准备工作，力争早日动工建设。协调、配合做好铁路沿线安全隐患处理工作，为铁路运行营造安全有序的环境。

【信用建设】　完善守信联合激励和失信联合惩戒制度，扎实推进“双公示”数据报送工作，完善“双公示”信息平台，实现信用信息数据推送、交换与共享，录入数据10009条，其中行政许可6283条，行政处罚3726条。将“双公示”信息推送至“信用梅州”，方便群众监督。每月对“双公示”疑问数据进行更正。全面建立信用承诺制度。

【价格管理】　贯彻落实《梅州市机动车停放服务收费管理实施细则》，制定梅州西站停车场车辆停放服务收费标准和梅县区中医医院停车场车辆停放服务收费标准。开展城镇自来水价格和污水处理费和生活垃圾处理收费调研。制定梅县区乡镇管道天然气临时价格。完成调整富力足球学校收费标准和2019年度行政事业性收费情况报送。进一步清理规范涉企收费。推进农业水价综合改革。全年完成价格认定事项135宗，总金额257.5万元。疫情期间，启动价格应急监测机制，增加监测点和工作人员，每天到市场、超市、零售药店进行价格信息采报，了解市场动态及时上报。落实价格临时补贴政策共发放1252.8万元，贯彻落实疫情防控期间减免水、电、气费用的相关政策。

【能源管理】 加强油气输送管道及成品油市场安全监管。彻底解决梅县区看守所段穿越乌仙岩佛光寺矛盾问题和扶大高新区三丰村房屋占压输油管道隐患问题，推进中石油天然气管网建设项目，积极协调推进梅州末站和接收门站建设。依法组织开展成品油市场综合整治工作，积极发挥牵头单位作用，全年组织公安、市场监管等职能单位联合查处非法成品油案件5宗（其中刑事处罚3宗，行政处罚2宗），并通过梅县电视台《以案说法》栏目专门报道了扶大阿基缝布店非法经营成品油案件，广泛宣传成品油政策法规和打击整治案例。完成全区57家加油站的年检申报审批和监管检查，完成全区“十四五”加油站布点选址规划上报。积极推进梅县区独立供电区域的农网改造，全年完成了大坪三台村独立供电区域农网改造任务。

【节能降耗】 贯彻落实节能降耗决策部署。推进能耗“双控”工作，组织做好“百千万”重点用能单位2019年度节能目标责任评价考核工作，高级中学成功创建国家节约型公共机构示范单位，超额完成14家节能专项监察任务。完成2019年度公共机构能源资源消费统计。制订《2020年梅县区节能宣传周和低碳日活动方案》，开展节能宣传周和全国低碳日活动。

【粮食储备】 完成市对梅县区年度粮食安全政府责任制考核工作，被评为优秀等级。全面完成1671吨地方储备粮轮换任务。多措并举，扎实做好储粮安全。严格仓储管理，建立健全各项规章制度和作业操作章程，规范药品库、器械库管理，全面提高仓储管理水平和效率。提高保粮能力，加强雁洋粮库智能化升级改造设备运用，加强对保化人员的业务培训，先后两批共选派5名职工干部到市粮食质量检验站跟班学习，强化粮食质检知识培训。加强质量检测，坚持粮食出入库质量检验制度，全年入粮期间共抽取7个样品送检均合格。组织开展粮油库存检查工作，对承储企业粮食库存的账目、轮换情况、粮食质量安全和安全生产工作落实的情况进行检查。开展一系列粮食安全生产监督执法检查，并举办了粮食安全生产事故警示教育活动和粮食行业安全生产培训及消防应急演练。以“中国优质粮食工程”为平台，优化服务，助力粮食企业发展。对辖区内3个项目采取事前、事中、事后监督检查。完善粮食调控监管体系。进一步加强粮油应急体系建设，共设立应急供应网点25个、应急配送中心1个、应急加工运输企业2家，保证每个乡镇都有粮食应急供应网点，实现粮食应急供应全区全覆盖。疫情期间，第一时间调拨应急救灾帐篷56副、应急折叠床22张满足各有关乡镇及单位需求。密切关注粮油市场动态，粮食应急供应网络实行“日报库存”制。

2020年年底梅县区发展和改革局

局　长：钟加练

（供稿：肖桂芳）

市场监督管理

【概述】 2020年，梅县区市场监管局积极贯彻区委、区政府的决策部署，坚持贯彻新发展理念，狠抓疫情防控、激发市场主体活力、筑牢市场安全底线、提升市场监管效能，各项工作取得了良好的成绩，全区市场经济秩序平稳运行。

【登记注册管理】 全面推行窗口业务“网上办”“零见面”“无费市”“容缺受理，承诺补办”“送贷入户”等措施，助推梅县区企业有序地实现复产复工。同时落实创建企业开办“无费市”“互联网+政务服务”全程电子化登记、企业登记时间压减到0.5个工作日、加强“银政合作”、企业名称自主申报等一系列便民措施，服务效能再提升，为区域经济发展注入新动力。全区新发展各类企业1199户，新发展个体工商户5115户，全区各类经济主体43303户，同比增长6%。

【食品安全监管】 一是加强日常监管。牢牢抓住食品生产、流通、餐饮三道关口，加强消费量大、群众关注度高的米面粮油、乳制品、保健品、酒类等重点食品的监管。2020年，开展冻库食品、“保健品”市场、集体食堂、学校校园及周边食品、“湿粉统一查”等专项检查，出动执法人员4246人次，检查经营户2491户，检查餐饮单位9285家次，检查单位食堂88家次，责令整改80户，立案查处生产销售不合格食品案件97宗。承担大型活动食品安全保障工作28场次。二是加强抽查检测。快检食用农产品4.64万批次，不合格866批次，不合格率1.9%，全部进行无害化处理；抽检食品2658批次，不合格84批次，不合格率3.1%，对抽检不合格的批次进行依法核查处置。三是推动学校食堂“互联网+明厨亮灶”工程。为提升校园食品安全监管效能，用科技化、智慧化、信息化支持监管，全面完成全区165家学校食堂实现“互联网+明厨亮灶”全覆盖。

【药品、医疗器械、化妆品监管】 全面落实重点药品销售登记报告制度，组织开展“两品一械”、“挂证”、中药饮片、第二类精神药品、非法添加禁用物质化妆品、药品化妆品网络销售、医疗器械等专项检查。全年出动执法人员2610人次，检查疾病预防控制机构1家，接种单位22家，药品化妆品经营企业738家，医疗机构325家，医疗器械经营企业228家，医疗器械使用单位87家，发出整改通知27份。抽检药品70批次，化妆品12批次，医疗器械5批次。其中化妆品抽检1批次不合格，收到药品不良反应监测报告453例，化妆品不良反应监测上报数163例，医疗器械不良事件监测154例。

【特种设备安全监察】 健全企业主体责任落实机制，督促指导特种设备使用单位开展分险分级管控和隐患排查治理。对特种设备重点监控单位、重点设备，包括在用电梯、压力容器、锅炉、景区游乐设施、盛装危险化学品的高风险特种设备开展全面检查，全年出动执法人员836人次，检查特种设备使用单位430家，检查特种设备550台套，抽检在用电梯204部，发出《特种设备安全指令书》29份，立案查处8宗。

【工业产品质量安全监管】 开展重点产品质量监督检查和专项监督抽查，落实企业产品质量安全主体责任。开展防疫防护产品、油品、危险化学品、电动自行车、烟花爆竹、重点工业产品质量安全专项整治、货运行业乱象整治等专项整治行动16项。全年出动执法人员906人次，检查各类市场主体709家次，发现存在问题31项，全部已落实整改。

【企业监督管理】 一是扎实推进年报公示工作。通过多渠道向市场主体和社会各界广泛宣传年报制度和年报软件的具体操作指南，让市场主体熟知年报公示的时间、内容、范围和申报操作的方式方法，以及不按规定履行公示义务的法律责任，有效提高年度报告申报率。全区2019年度各类市场主体已报户数26825户。二是扎实推进“双随机一公开”监管工作。全部推行部门联合“双随机一公开”监管工作，牵头制定全区部门联合抽查事项清单，组织开展双随机抽查320次，抽查各类企业1357户，对抽查中发现的问题及时指导企业整改。三是开展“守重”企业评选活动。积极开展“守合同重信用”企业评选活动，在全社会营造讲信用、守合同的氛围，全区共评选公示 2019 年度“守合同重信用”企业 491 户，形成引领带动效应。

【市场监管执法检查】 始终以打击人民群众反映强烈、切身关系人民群众身体健康和生命安全、涉疫产品的重点领域违法违规行为重点，着力提高综合执法的权威性、有效性，加大力度对保健品市场、制假售假、虚假广告宣传、不正当竞争、校园食品安全、特种设备安全、市场垄断、传销、非法集资等违法违规案件的查处力度。至年底，立案查处各类案件 275 宗，罚没金额 185.68 万元。

【知识产权保护】 完成创建国家知识产权强县工程试点区工作，等待上级验收。同时准备创建国家知识产权强县工程示范区工作。帮助企业申报“梅县绿茶”“石坑奈李”取得地理标志产品保护，委托第三方申报“梅县绿茶”地理标志证明商标，并将“石坑奈李”列入证明商标培育对象。至年底，全区商标申请件数 1930 件、注册件数 991 件；专利申请件数 645 件，专利授权件数 528 件；有效注册商标 5915 件，专利授权 5379 件。

【广告监管】 在疫情期间，重点排查涉及出售、购买、转让野生动物制品发布广告的违法行为，同时加强对医疗、药品、保健食品、房地产、金融投资理财等重点领域广告监管，加大案件查处力度，严厉打击虚假违法广告行为，严厉查处违法广告案件，规范广告发布行为。查处违法广告案件 12 宗。

【标准化工作】 推进企业产品标准和服务标准的自我声明公开，全年新增标准公开数 33 项。

【计量管理及检测】 加强疫情防控用计量器具开展检测服务，送检体温计 1949 台，为复工复产企业检定校准各类计量器具 3603 台件，减免检定校准费用 74 万元。同时完成对 55 家加油站，578 枪的三大三小流量检定整改工作。

【认证认可监管】 检查检验检测机构 15 家次，发出整改通知书 16 份，并完成整改。同时对 16 家企业进行认证活动现场检查。

【价格管理】 加强涉企收费、旅游消费、医药服务、转供电环节电价等方面价格检查及保健市场等重点领域的专项整治，整改问题 70 个，立案查处价格案件 13 宗，受理价格投诉举报 130 宗。

【网络市场监管】 对梅县区 84 家网络经营主体依法核查，重点核查是否在首页显著位置亮证亮照及广告、宣传的合法性等，引导经营者按照电子商务法的要求规范经营。

【消费者权益保护】 推进放心消费创建活动，创建“广东省放心消费承诺单位”11 家、“无理由退货承诺单位”2 家，成立“消费维权服务站”81 家，在全区营造浓厚的放心消费创建氛围。2020 年，受理群众投诉举报 1014 宗，调解成功 588 宗，为消费者挽回经济损失 5 万元。

2020 年年底梅县区市场监督管理局

局　长：李文海

（供稿：郑文敏）

自然资源

【概述】 2020 年，梅州市自然资源局梅县区分局紧紧围绕市自然资源局“1+1+5”的年度工作部署，务实做好全区自然资源各项管理工作，为建设宜居宜业宜游“美丽梅县 · 客都明珠”提供自然资源保障和优质高效服务。全年全区自然资源在第三次全国国土调查、“三旧”工改工、村庄规划优化提升、用地报批、补充耕地核查整改、垦造水田报备、卫片执法、绿色矿山建设等方面工作都走在全市前列。在2020年梅州市梅县区国家机关“谁执法谁普法”履职报告评议中获得优秀等级。至年底，梅县区有矿山企业30家（建筑石场13家、矿泉水企业2家、铁矿3家、铜矿1家、石灰石9家、银锑矿1家、大理石1家）。

【保障用地计划指标】 一是获得建设用地指标方面：获得新增建设用地指标81.27公顷（其中通过批而未供土地处置和闲置土地处置“挣”得用地指标27.4公顷，排名全市前三；通过列入省专项项目，“争”得用地指标9.6公顷），全年使用指标在全市排名第二。同时积极利用“增存挂钩”政策，通过上报省批准失效用地批文，为2020年“腾”退获得用地指标38.93公顷，位列全市第一。二是获得省批准建设用地批文方面：获得省批准城镇批次用地6宗，面积62.95公顷；获得省批准单独选址项目用地1宗，面积10.96公顷。

【用地预审、规划修改、耕地占补】 全年受理区级用地预审审批7宗，选址情况说明16宗；调整修改土地利用总体规划项目32个，其中完成调规项目23个，至年底，上报省厅待批复项目1个，在编制调规方案项目8个；2020年，经省批准单独选址项目和城镇批次用地占用耕地70.37公顷、水田6.72公顷；单独选址项目水田指标通过向省自然资源厅预购方式解决，其他耕地指标通过先补后占方式，落实耕地占补平衡。

【土地征收储备、土地融资】 协助做好客都人家二期三期40公顷的征地工作，白渡工业园约20公顷的征地工作，梅州综保区33.33公顷的征地工作，省道S223线松源至雁洋段改造项目征地工作，梅龙高铁的征地工作，新县城城市建设用地和教育用地约53.33公顷的征地工作，继续做好原梅县电厂约56.67公顷的收储工作；着手谋划西部旅游快线和铜箔基地项目的征地工作；协助做好储备土地的供地工作；做好区政府2021年土地储备计划有关事项的实施；做好储备土地数据的报省工作。

【整合和盘活土地资源】 2020年，上报至省自然资源厅待审核批准单独选址项目2宗，面积259.59公顷，上报至市自然资源局待审核批准城镇批次用地5宗，面积56.52公顷；上报至市自然资源局待审核单独选址项目2宗，面积46.8公顷；正在组卷城镇批次10宗，用地面积96.75公顷；正在组卷单独选址项目1宗（西部快线S242），用地面积126.39公顷。全年挂牌出让的新增国有建设用地使用权12宗，面积23.96公顷，出让金额33611.28万元。

【耕地保护责任制落实】 至2020年年底，梅县区耕地保有量24546.7公顷，永久基本农田16216.2公顷。全面完成市对梅县区耕地保护目标责任考核工作。9月，梅县区修订并印发《梅县区人民政府办公室关于印发梅县区镇级人民政府耕地保护责任目标考核办法的通知》（梅县区府办〔2020〕6号），下发至各镇（高管会）及各职能部门。明确耕地保护责任主体、组织考核实施单位、考核内容及评分细则等。梅县区与市签订耕地质量目标责任书，按照市下达给梅县区的耕地保护目标责任情况，区与镇、镇与村、村与村民小组由一把手层层签订耕地保护目标责任书，明确了耕地保有量、基本农田保护面积等保护目标责任情况。

【基本农田保护】 高度重视基本农田保护工作。全区18个镇（高管会）及梅西水库共有基本农田保护区面积1.61万公顷。梅县区自2013年制定并印发《印发梅县基本农田保护经济补偿制度实施办法的通知》（梅府〔2013〕14号），每年按照该实施办法要求，以每亩5元的标准下发给永久基本农田保护单位，配合省级每亩30元的补助资金，用于全区基本农田的后续管护、修缮农田水利设施等，同时各镇按照基本农田经济补偿面积与各村签订《基本农田经济补偿协议书》。

【矿产资源管理】 加强对30个矿山进行日常开发利用监管。积极推动绿色矿山建设，梅县华银矿业有限公司梅县宝坑铁锰矿等4个矿山通过绿色矿山验收。至年底，全区有14家矿山被评为绿色矿山，其中广东金雁工业集团有限公司玉水硫铜矿和梅州市梅县区雁洋永福石盘下石场被评为国家级绿色矿山。给梅州市梅县区春生石场等6家矿山办理了采矿许可证延续、变更登记，共收取矿业权出让收益1314.88万元。加强对探矿权人管理，重点是检查硐探、槽探有无“以采代探”及超工作量硐探等，未发现有违法行为。

【执法监管】 一是按时保质完成卫片执法工作。梅县区2019年季度卫片执法耕地部分未完成整改违法图斑共25个，实测用地面积36.57公顷，占用耕地8.31公顷，已整改7.86公顷（完善用地手续0.07公顷）。2020年，下发梅县区第一、二、三季度卫片图斑26个，监测面积38.85公顷，占用耕地面积0.19公顷。经核查，合法用地23宗，违法用地3宗，立案查处1宗，拆除1宗，备耕1宗。2020年，第一、二、三季度卫片执法违法耕占比为零。二是精心组织开展农村乱占耕地建房问题摸排工作。按照部、省、市工作部署，精心组织排查，切实摸全摸清农村占用耕地建房情况，为分步整治、分类处置存量问题奠定基础。根据部下发五批数据，全区需核查疑似农村乱占耕地建房图斑数量共33579个，已全部完成摸排并上报系统。属于农村乱占耕地建房图斑数3527个，面积109.29公顷，占耕面积60.65公顷。三是扎实抓好违建专项整治工作。聚焦“位置”和“违建”两个要害，严格依法整治。国家、省下发梅县区疑似违建图斑330个，经全面清查，发现并上报违建问题5宗，均已处置到位。至年底，对国家、省下发的330个疑似违建图斑已逐宗整理材料，建立档案，进行台账管理。四是深入推进扫黑除恶专项斗争。受理核查线索38宗，立案查处6宗，有效线索2宗，逮捕并由法院起诉有关人员8人。全年受理核查线索8宗，未发现有本领域涉黑涉恶违法行为。通过专项斗争，全区自然资源领域涉黑涉恶违法犯罪得到有效遏制。五是加大力度推进动态巡查工作。严格按照自然资源动态巡查工作的要求，严控新增违法用地。完善并出台《在线巡查工作汽车燃油费用和维修费用补助制度》，有效激励各自然资源所巡查人员日常巡查效率，全年动态巡查上线率85.81%。

【不动产登记】 一是做好不动产登记业务办理。2020年，梅县区不动产登记机构发放不动产登记证书28542本，不动产登记证明21916本。出具房屋登记证明6852份，受理查阅复印档案5029卷，协查相关部门和群众26573人次，不动产档案整理上架4200卷。二是基本完成存量数据整合工作。不动产存量数据入库利用上传项目完成了验收，完成土地及房屋信息纸质档案整理扫描挂接260724宗，整理电子登记数据326896条，扫描附件利用软件开发上线。林权历史数据整合入库项目完成验收，林权纸质档案全部扫描电子化，完成林地使用权及承包经营权数据整合入库16073宗并全部挂接档案数据。完成国有建设用地补充调查3772宗，完成落图落宗工作。完成历史预售数据清查5772条，清除无效数据4879条，最终导入不动产登记数据库的预售数据893条。后续将进一步补充完善不动产登记数据；三是互联网+不动产登记工作。11月9日，完成项目验收。硬件安全防护建设体系已经完成，搭建“互联网+不动产登记”综合服务平台，连接实体窗口、政务服务网、粤省事、自助设备四类服务载体，构建“一个平台、四个入口”的“1+4”不动产登记“网上办”服务体系，实现24小时不打烊，随时随地可申请、预约、一证一码等服务。实现不动产登记便民服务窗口向银行网点、房企、乡镇社区延伸的“就近办”通道。四是加快推进“房地一体”农村不动产登记发证工作。梅县区“房地一体”工作按照国家、省、市工作部署，于2020年9月14日开展工作，至年底，全区农村集体建设用地、宅基地应调查总宗地数123602宗，完成106253宗，占总数的85.96%；农村集体建设用地、宅基地应登记发证58091宗，完成47071宗，占总数81.03%。

【信访和土地权属纠纷调处】 全年受理各类信访件146宗，其中反映农村三乱23宗，不动产方面101宗，土地利用方面11宗，矿产资源方面10宗，耕地保护方面1宗，受理信访件已按规定期限全部办结，办结率100%。做好政务信息公开工作，全年回复依申请公开事项11宗。对各类信访件，均做到件件有落实，帖帖有回复，宗宗有反馈。接待有关土地权属纠纷的来访来信23多批180多人次。积极做好群众向省厅和市、县信访办反映的有关土地权属纠纷问题处理、复核和答复工作。

【地质灾害防治】 一是编制《2020年度地质灾害防治工作方案》，并报政府批准后认真组织实施。二是制定《梅州市梅县区地质灾害防治三年行动实施方案（2020—2022年）》和《梅县区实施地质灾害防治三年行动方案联席会议制度》。三是组织完成梅州市梅县区梅西镇崇化村崩塌群、滑坡治理工程二期项目、梅州市梅县区白渡镇悦来村崩塌群、滑坡治理工程设计工作、梅州市梅县区松口镇蓬下村民小组滑坡地质灾害治理工程勘查设计工作。四是通过广东省中介超市选取地勘单位对全区275个地质灾害隐患点逐一进行摸底调查，确定具体治理措施和治理费用测算，编制治理方案，并通过市自然资源局专家评审。同时向区政府申请资金，政府常务会议同意拨付200万元用于完成2020年55处治理任务。聘请第三方编制具体地质灾害隐患点实施方案，印发《梅州市梅县区中小型地质灾害隐患点整治实施办法》，指导各镇完成整治任务。全年全区核销55处地质灾害隐患点。五是落实领导挂点制度，完成群测群防体系建设。按照省自然资源厅的要求，威胁100人以上的大型地质灾害隐患点由市、区政府领导负责挂点，中小型地质灾害隐患点由所在镇领导挂点；完成由镇长（主任）担任责任人、村干部担任管理员、群测群防员担任专管员的“三员共管”群测群防管理责任体系建设。六是做好省、市地质灾害数据管理平台的维护管理。当数据管理平台中的地质灾害隐患点和群测群防体系人员发生变动时，根据地质灾害的搬迁治理核销情况和人员调整信息及时进行调整更新。补充完善平台中地质灾害隐患点防灾预案和明白卡信息。七是做好汛期地质灾害气象风险预警信息的发布。通过梅县区地质灾害气象风险预警平台对我区的地质灾害管理人员、隐患点监测人和监测责任人、削坡建房户户主和镇村防控责任人发出预警信息26.26万条，预警接收人员根据预警信息启动预警响应，取得较好的防灾效果。八是做好地质灾害防治知识的宣传培训。制作地质灾害防治宣传动画视频，通过区电视台、微信等形式进行地质灾害防治知识宣传。对全区275个地质灾害隐患点的警示牌进行更新补装。组织地质灾害防治技术装备和群测群防监测工具使用人员的操作使用培训。九是做好地质灾害的应急调查和巡查排查工作。按照省厅的要求，对位于梅县区的两个铁路沿线地质灾害隐患点组织应急调查，明确防治责任主体和提出处置意见建议。汛期对一些重要地质灾害隐患点开展巡查排查，全年未发现有新增地质灾害隐患点。十是做好削坡建房整治的验收工作。与区住建局组织对2019年各镇完成削坡建房整治的244户进行区级抽查验收，验收合格给予以奖代补的资金141万元。

【地价评估及土地使用权交易】 地价评估：一是完成梅县区城镇国有建设用地标定地价体系建设项目工作，于2020年10月1日公布施行。二是继续推动梅县区国有建设用地基准地价更新和集体建设用地及农用地基准地价建设项目工作，项目成果已通过验收，下一阶段将做好地价成果上报政府审批、向社会公开、电子备案化等工作。三是组织土地使用权价格评估38宗，面积43.51公顷，显化土地资产5.2亿元（其中：

1. 挂牌出让评估 16 宗；2.“三旧”改造用地评估 1 宗；3. 置换土地价值评估 2 宗；协议出让评估 4 宗；4. 个人补办出让评估 15 宗）。土地使用权交易：通过梅州市公共资源交易中心成功拍卖土地 13 宗，总面积 26.31 公顷，总金额 34247.3 万元，流拍 4 宗。

【土地变更调查与遥感监测】 完成 2018 年土地变更调查与遥感监测下发二批数据共 490 个图斑 437.3 多公顷核查上报工作。按时保质保量做好土地利用现状核对和上报工作。同时完成 2020 年各个批次建设用地报批所需地类面积数据核算、相关图件制作和资料报送；矿场企业年审、卫片检查、规划修编等工作所需地类面积和图件制作等工作。完成梅县区各乡镇设施农用地审批、用地预审、用地规划调整等所需土地利用现状图 230 宗，面积 280 多公顷。

【测绘管理】 全年完成测绘业务 67 宗，面积约 9 平方千米；放线 13 宗；完成不动产测绘约 350 多宗，面积约 1.2 平方千米；完成用地报批、违法用地查处、设施农用地审批及不动产登记等制图业务 1000 多宗。

【档案管理服务】 2020 年，各类档案归档 869 卷。其中划拨国有使用权补办出让审批表〔2018〕117 卷、〔2019〕54 卷；文书类：〔2019〕593 份；耕保类：〔2020〕105 卷。认真做好档案的借阅登记工作，严格执行档案借阅制度，提供利用服务 4120 余次，定期开展档案安全和涉密检查，做到专机专用。

【地理信息管理】 积极配合各单位各部门工作任务，提供数字梅县数据链接服务，为各项管理工作提供参考。更新完善政府网站涉及自然资源数据，做到发布真实、及时。2020 年，发布信息 268 条，其中向区人民政府门户网站报送自然资源的部门动态 52 条，公告 205 条，切实做好政府政务网站内容要求的保障工作，部门文件 7 条，部门预决算与三公经费预决算 4 条。认真做好局内部信息管理工作，为自然资源管理工作提供数据信息保障。

2020 年年底梅州市自然资源局梅县分局

局　长：凌宏志

（供稿：刘钦炜）

统　计

【经济运行形势监测】 2020 年，梅州市梅县区统计局面对复杂严峻的新冠肺炎疫情和国内外经济形势，区委、区政府坚决落实上级各项决策部署，科学统筹做好疫情防控和经济社会发展，扎实做好“六稳”工作，全面落实“六保”任务，全面落实“13365”发展战略，经济总体呈现持续回暖、稳中向好的发展态势。全区地区生产总值（GDP）完成 220 亿元，同比增长 3.5%。其中，第一产业增加值 56.64 亿元，同比增长 2.4%，拉动 GDP 增长 0.5 个百分点；第二产业增加值 70.92 亿元，同比增长 7.6%，拉动 GDP 增长个 2.6 百分点；第三产业增加值 92.4 亿元，同比增长 0.8%，拉动 GDP 增长个 0.3 百分点。三次产业结构比为 25.7：32.3：42。全区财政预算收入完成 14.58 亿元，同比下降 8.2%。税收收入完成 29.61 亿元，同比下降 5.5%。年末居民消费价格指数比上年同期上涨 2.1%，商品零售价格指数比上年同期上涨 1.4%。城镇新增就业人数 2950 人，帮助失业人员实现再就业 2410 人，帮助就业困难人员实现就业 200 人；年末城镇登记失业率 2.51%，年末城镇登记失业人数 2499 人。全区 9 家民办养老院拥有床位 827 张，民办养老院入院人数 186 人；20 家敬老院拥有床位 720 张，入院人数 309 人。城镇、农村低保标准由 705 元、520 元提高到 772 元、532 元；城镇、农村低保补差水平分别从每月 555 元、290 元提高到 609 元、302 元；城镇、农村特困供养标准分别从每人每月 1128 元、832 元提高到每人每月 1236 元、852 元；孤儿基本生活最低养育标准分散供养水平从每人每月1025元提高到1110元；困难残疾人生活补贴、重度残疾人护理补贴标准，分别从每人每月165元、220元提高到175元、235元。通过专项治理，共清退540户1236人，新增386户738人。有低保户6053户11609人，其中：城镇低保户276户421人，农村低保户5777户11179人。

【联网直报】 2020年，全区联网直报企业总数为351家，与上年同期相比增加8家，同比增长2.3%。其中：工业企业101家，增加9家，同比增长9.8%；建筑业企业55家，增加6家，同比增长12.2%；批发零售业企业62家，减少2家，同比下降3.1%；住宿餐饮业企业13家，减少5家，同比下降27.8%；房地产开发企业99增加2家，同比增长2.1%；重点服务业企业21家，减少2家，同比下降8.7%。

【基层建设】 2020年，继续抓好统计基层基础建设。区委、区政府对统计工作十分重视，继续对完成台账建设和准时上报数据的每位“四上”及房地产联网直报企业统计员每月发放工作补贴150元。同时，把镇（街道）统计台账是否健全和村级报表保存是否完善作为衡量统计规范化建设的重要标志，通过开展常态化的检查，对台账、村级报表保存仍然不完善的，着力采取措施加以整改。同时加强对统计人员和调查员的统计业务及统计法规法律知识培训，举办各类各专业培训班10多期，参加人数1300多人次。

【统计服务】 以强化服务意识为抓手，持续提升统计服务能力。一是深入开展“大学习、深调研、真落实”活动。“十三五”时期，区统计局全面贯彻落实区委关于开展“大学习、深调研、真落实”的要求，坚持落实各股室专业人员每月深入3—5家企业开展调研，了解情况，发现问题，分析原因，作出研判和预测，帮助基层和企业解决问题，促进全区实体经济高质量健康发展。二是强化经济运行分析，发挥参谋作用。紧紧围绕区委、区政府的经济工作，密切关注梅县区经济运行中的热点难点问题，全年撰写统计分析28篇，按时编印和发送《统计监测月报》，及时主动为区领导提供主要经济数据分析报告，真正发挥参谋助手作用。三是加强统计信息公开，加大统计服务影响。每月（季）定时反映经济运行状况，发布了年度统计公报，编印统计年鉴，向区广电台提供统计分析新闻稿件，大力推进电子政务信息建设，认真做好本单位公开信息资料的采集，及时更新、维护梅县区政府网站责任栏目内容，及时为社会各界提供统计信息资料。

【专项调查统计】 有序推进第七次全国人口普查工作，梅县区将“七人普”工作列入2020年区政府的重点工作安排，区人普办严格按照省、市、区人普办的工作部署，5—9月，完成市级新城办富贵社区综合试点工作的基础上，按部就班、有序推进全区“七人普”各个阶段工作。全年全区动员培训两员（普查指导员和普查员）3484名，完成390个普查区3060个普查小区划分，从11月1日起全面启动入户普查登记，全区短表登记88.47万人，长表抽样6.5万人，全面完成了PAD数据录入、验收工作。12月7—8日，省第七次全国人口普查登记工作质量检查组到梅县区开展“七人普”登记工作质量抽查，梅县区高度重视，区、镇、村（居）委三级联动，密切协调配合，完成了入户抽查工作。全区“七人普”各项工作正有序推进。在做好“七人普”的同时，配合国家统计局梅州调查队共同推进城乡住户一体化调查和粮食生产大县抽样调查等工作；完成各专业各领域国家、省、市、区布置的常规统计调查和各项专项调查，如实施规模以下工业企业抽样调查、工业企业成本费用抽样调查、开展主要畜禽监测抽样调查、规下服务业抽样调查、限下贸易业抽样调查等。

【统计法制】 以强化统计宣传执法为抓手，持续提升法治能力。一是强化统计法律法规知识宣传。着重结合“七人普”等重大国情国力调查工作，采取形式多样的宣传方式，加大《统计法》《中华人民共和国统计法实施条例》等法律法规宣传力度。2020年，在全区开展第七次全国人口普查工作中，悬挂“七人普”横额100多条，张贴宣传海报700多张，普查员入户发放清查一封信4万多份，发放《全国人口普查条例》《统计法实施条例》小册子1400多本，为第七次全国人口普查营造良好的社会氛围。二是开展统计执法检查。按照上级的工作部署，全区采取“双随机”检查与重点检查相结合的方式开展统计执法检查，上半年和下半年各开展了1次对“四上”企业、固定资产投资项目和镇（街道）统计执法大检查，每次检查单位不少于10个。三是开展提高统计数据质量专项整治。

2020年年底梅县区统计局

局　长：李文杰

（供稿：范郁辉）

审　计

【概述】 2020年，梅县区审计局主动担当作为，认真履行审计监督职责，不断拓展审计监督的广度和深度，多措并举力促审计全覆盖，紧扣审计整改“最后一公里”这个关键，坚持问题目标进度导向，以建立健全审计整改机制为主抓手，全方位、全过程推进审计查出问题整改工作，采取台账管理、对账销号的方式，督促指导相关单位及时整改规范，通过制定、完善制度，切实加强内部管理。督促并指导被审计单位全面做好审计问题整改工作，充分发挥了审计在推进和服务全区区域治理体系和治理能力现代化中的职能作用。

【财政管理审计】 积极探索运用大数据审计模式，加强对财政运行全过程跟踪，首次初步实现全区54个一级预算单位部门预算审计全覆盖，持续关注全区政府性债务管控情况和财政运行质量，加强对政府性债务风险，财政收入质量等方面的分析揭示，揭露部分单位发债项目动态储备机制不健全、相关债券资金未形成实际支出、动态调整未按规定程序报批、财经纪律执行不严、预算执行进度缓慢造成资金沉淀、公务接待超标准、公职人员违规在企业兼职办企业、部分镇村重复编制村庄规划、个别单位违规将涉农资金用于行政单位基本支出，单位固定资产出租租赁管理不严、非税收入未实行“收支两条线”管理、大额资金使用未实行集体决策等问题，推动“大专项+任务清单”工作落实落细，实现积极财政政策提质增效、深化预算绩效管理。

【民生项目审计】 聚焦民生政策贯彻落实、资金筹集管理使用情况，从注重民生资金规范到更加注重使用绩效，组织开展乡村振兴发展相关专项内容落实情况跟踪审计、免费乘坐公交资金管理和使用情况审计、“四好农村路”养护经费管理和使用情况审计、创业小额担保贷款贴息资金管理和使用情况审计、中央耕地地力保护补贴资金审计等民生审计项目，揭示和反映了资金管理不规范、民生项目建设迟缓、资金使用效益不高等问题，促进了补齐民生短板，积极推动民生领域改革，守住民生保障底线，推动民生政策、资金真正惠及百姓。

【重大政策跟踪审计】 认真组织对“稳就业”、“稳投资”、降费减负、清欠民营企业账款、减免返还社保费等政策措施落实情况跟踪审计，着力揭示了政策落实不到位，资金闲置和统筹管理使用不规范，项目建设管理机制不健全和进度缓慢等问题，促进政策红利转化为发展成果。区审计局组织力量对梅县区西片区储备地三条市政道路工程项目、梅州综合保税区（申报中）的厂房及保税仓建设项目开展审计调查。对2020年第二季度全区推动复工复产复市政策措施落实情况进行跟踪审计调查，延伸审计餐饮类、旅游类市场主体各5家，极大助力梅县区重大政策的贯彻落实。新冠肺炎疫情发生后，区审计部门迅速行动，按照审计署的统一部署，快速调配审计力量投入专项审计，对梅县区疫情防控资金和捐赠款物开展专项审计，延伸审计了区红十字会、区慈善会和相关单位，扛起助力复工复产大旗，推动稳就业，保民生，推动惠企利民政策落地见效，纠正资金滞拨、物资积压、出入库管理等方面问题。

【经济责任审计】 认真学习贯彻中央两办新修订的经济责任审计规定，进一步加大对重点领域、重点地区、重点岗位领导干部的经济责任审计力度，对领导干部开展经济责任审计，严肃揭示决策不当、管控不力、损失浪费以及违反中央八项规定精神等违纪违法问题，特别是在乡镇党政主要领导干部经济责任审计中，揭露重大政策落实不到位、"三重一大"决策机制不健全、财政管理不规范、项目建设不规范、未批先征、少批多征等违纪违法和管理不规范问题，有力促进了领导干部依法用权、秉公用权、廉洁用权。积极探索经济责任审计新模式，探索完善建立任前告知、任中轮审、离任交接的经济责任审计新模式，制定出台领导干部经济责任任前告知办法，推动依法履职、权力规范运行。

2020年年底梅县区审计局

局 长：李晓斌

（供稿：张足锐）

工 业

科工商务

【概述】 2020年，梅县区科工商务局紧紧围绕中央经济工作会议和省、市经济工作部署，坚持稳中求进工作总基调，全面做好"六稳"工作，统筹做好稳增长、促改革、调结构、惠民生、防风险、保稳定各项工作，全区经济社会实现稳健发展，各项事业取得新进步。至年底，全区有工业企业585家，其中规上工业企业97家。工业产品主要有电能、电子元件、水泥、车轴、橡胶轮胎、纺织工艺品、电解铜箔、覆铜板、服装、医药化工等产品。实现规模以上工业企业工业总产值153.54亿元，同比增长3.8%（可比价）；实现规模以上工业增加值46亿元，同比下降3.8%；全区工业投资完成19.57亿元，同比增长17.6%，其中技改投资完成7.28亿元，同比增长28.6%；全区实现社会消费品零售总额146亿元，同比下降13.7%。全区电商线上交易额67.6亿元，同比增长10.1%；全区完成外贸进出口总额27673万美元，同比下降36%。

【支柱产业】 梅县区规上工业按行业划分有五大支柱产业：1. 电力生产；2. 电子信息；3. 机电制造；4. 建材；5. 纺织及服装制造。五大行业实现产值132.39亿元，占全区规模以上工业总产值的86.2%。其中：1. 电力生产产业：实现工业总产值44.44亿元，同比增长31.3%，占规上工业总产值的28.9%。至年底，全区电力生产企业有4家，其中1家火力发电企业，3家水力发电企业。亿元以上企业有广东宝丽华电力有限公司、广东梅雁吉祥水电股份有限公司。2. 电子信息产业：实现工业总产值26.12亿元，同比下降5.8%，占规上工业总产值的17%。全区电子信息规模以上企业共有10家。亿元以上企业有广东超华科技股份有限公司、广东嘉元科技有限公司、梅州紫晶信息存储技术股份有限公司、梅州超华电子绝缘材料有限公司。3. 机电制造产业：实现工业总产值 36.54 亿元，同比增长 27.8%，占规上工业总产值的 23.8%。全区机电制造产业规模以上企业有 16 家。亿元以上企业是 BPW（梅州）车轴有限公司、梅州市盛富金属制品有限公司、广东嘉和微特电机股份有限公司、卡莱（梅州）橡胶制品有限公司。4. 建材产业：实现工业总产值 20.35 亿元，同比下降 17%，占规上工业总产值的 13.3%。全区建材产业规模以上企业有 24 家。亿元以上企业有梅州市梅县区源兴混凝土有限公司、梅州市皇马混凝土有限公司、梅州市梅县区金盘商品混凝土有限公司、梅州市新恒塔混凝土有限公司、梅州市建兴水泥有限公司、梅州市梅县区恒发建材有限公司、梅州市梅县区嘉鼎水泥有限公司、梅州市梅县区泰山建材有限公司、梅州市梅县区恒塔旋窑水泥有限公司。5. 纺织及服装制造业：实现工业总产值 4.91 亿元，同比下降 21.9%，占规上工业总产值的 3.2%。全区纺织及服装制造业规模以上企业有 7 家。亿元以上企业有广东华裕织造有限公司、广东裕源织造有限公司。

【工业建设】 2020 年，全区（含梅州高新区）备案入笼工业投资（含技改投资）项目共 90 项，全年新增工业投资项目 34 项，结转工业投资（含技改投资）项目共 56 项（含技改投资项目 20 项），项目投资额都偏小，部分项目完工周期较长，因供地等各种因素，部分结转项目进度偏慢、畲江园区工业投资、技改投资乏力等因素影响技改投资的增速。

【信息化建设】 1. 切实提升基本公共服务水平。协调区直相关部门、各镇（高管会、办事处），电信、移动、联通、铁塔等运营商提升基本公共服务水平。2020 年，根据《关于印发梅州市信息基础设施建设三年行动计划（2018—2020 年）的通知》，光纤接入用户数 2.03 万户，其中：移动完成 9000 户，电信完成 8000 户，联通完成 3300 户，完成率 100%。根据《广东省工业和信息化厅关于开展全域纳入规划的 20 户以上自然村宽带网络覆盖情况摸查的通知》（粤工信信软函〔2020〕583 号）文件，省厅下发的清单中涉及梅县区辖区内共有 1352 个 20 户以上自然村，至年底，梅县区辖区内 1352 个 20 户以上自然村已实现光纤网络、4G 网络 100%覆盖。加快推进信息基础设施建设，落实省、市加快 5G 产业发展实施方案、5G 站址建设规划，开工建设移动 5G 数据中心，推进 5G 智慧城市建设等，2020 年，计划建设 5G 基站 262 个，完成 5G 基站建设 276 个。中国移动梅县分公司投资 1.5 亿建设 5G 数据中心已开工建设，项目建成后，主要承担业务为通信数据调度、为企事业单位提供 IDC 机架服务。2. 认真做好公共建筑与设施开放工作。为加快推进“网络强区”建设步伐，经区政府同意，于 2020 年 4 月 16 日印发关于《梅县区公共建筑与设施开放目录（2020 年）》的通知（梅县区府办函〔2020〕16 号）。除法律法规另有规定外，免费开放机关事业单位、公共场馆、旅游景点等所属建筑物及路灯、道路指示牌等公共设施，支持各运营公司以共建共享方式进行光纤布设和通信基站建设。

【技术改造升级】 2020 年，全区实施技术改造规上工业企业 16 家，全区备案技改项目 29 个，项目总投资 17.34 亿元，固定资产投资 16 亿元。组织规上企业申报省、市、区专项资金共 3 个专题 26 个项目，各级下达梅县区技改扶持资金 5096.73 万元。[其中：1. 省级专项资金预计：3275.43 万元。①梅州市山水源医疗用品有限公司获省级疫情防控扶持资金 43.23 万元；②已组织广东超华科技股份有限公司、BPW（梅州）车轴有限公司、卡莱（梅州）橡胶制品有限公司、广东翔龙科技股份有限公司等 8 家企业申报《广东省工业和信息化厅关于组织 2021 年省级促进经济高质量发展专项企业技术改造资金项目入选项目库》，并获得（第一批特别抗疫国债）资金共计 3232.2 万元。2. 区级财政资金：嘉元公司等 12 家企业共 17 个项目，获区级购置设备奖励额约 1821.3 万元。]

【招商引资】 2020 年，全年有新项目 9 个：计划投资 2.5 亿元的广东梅州客客柚果有限公司柚果（柚苷）深加工项目，计划投资 3.5 亿元的正大康地（梅州）原种猪有限公司松口养猪场项目，计划投资 5000 万元的广东大坪鸽生态农业有限公司养鸽项目，计划投资 11 亿元的梅州市华思教育服务有限公司华师华业外国语学校，计划投资 6 亿元的梅州光锋房地产开发有限公司程江碧桂园，计划投资 1 亿元的广东腾辉鸿旗汽车销售服务有限公司红旗汽车销售服务项目，计划投资 9 亿元的峻昇宏（广东）文化旅游投资管理有限责任公司 1927 红色文旅综合体项目，计划投资 15 亿元的广东超华新材料科技有限公司“年产 2 万吨高精度超薄铝电铜箔”项目，计划投资 5 亿元的喜朋达酒店管理（广东）有限公司酒店项目。此外。4 个增资扩产项目：投资 10.1 亿元的嘉元年产 9000 吨高性能铜箔技术改造项目，投资 9530 万元超华低轮廓高频铜箔项目技术升级改造，投资 3600 万元梅县荷树园电厂#1 ~ #6 机组节能降耗升级技术改造项目，投资 5300 万元的 BPW 新型车轴扩产技术改造项目。

【招商情况】 2020 年，梅县区引进项目 13 个，计划投资总额 65.44 亿元。其中：9 个新项目，计划投资总额 53.5 亿元，已投入资金 7.6 亿元；4 个增资扩产项目，计划投资 11.94 亿元，已投资金约 1.8 亿元。

【安全生产】 依据《民用爆炸物品安全管理条例》，做好广东省四〇一厂、梅州市兆安民爆梅县分公司等民爆生产、仓储企业的日常监管。1．有针对性地对民爆生产销售企业开展专项整治，组织执法队伍开展联合专项检查和集中整治。2020 年 10 月 27 日，联合梅县区应急管理局、梅州市梅县区公安分局、梅州市自然资源局梅县分局、梅州市消防支队梅县区大队、交通运输局、气象局、梅西镇人民政府在广东省四〇一厂，开展 2020 年度民爆生产销售企业安全隐患联合执法行动；根据《梅州市民爆生产销售企业交叉检查工作方案》，与兴宁市科工商务局开展民爆生产销售企业安全生产交叉检查。通过这些检查使企业的安全生产意识明显增强，安全隐患得到及时消除。还要求各相关企业坚持做好每月的安全生产月检情况表和月检整改情况表。2．深入宣传贯彻习近平总书记关于安全生产工作的重要指示和国务院安委会办公室《关于开展 2020 年全国“安全生产月”和“安全生产万里行”活动的通知》，结合梅县区安委会关于安全生产工作的部署，制订《梅县区科工商务局 2020 年“安全生产月”和“安全生产万里行”活动方案》并下发到相关企业；督促指导各相关企业专门开设专题，设置专栏、张贴挂图等形式开展安全生产宣传教育活动。3．认真落实市、区消防安全委员会办公室关于开展 2020 年“119”消防安全宣传月活动的要求，大力普及消防法律法规和消防安全知识；督促指导科工商务领域企业特别是民爆生产销售企业通过 LED 屏、横幅和宣传栏等广泛开展消防宣传活动，通过开展多种形式的消防宣传活动，营造良好的消防宣传氛围；联合广东省四〇一厂和梅州市兆安民爆专卖有限公司梅县分公司举办了 2020“119”消防安全宣贯及演练活动，进一步提高企业的消防安全素质和抵御灾害能力。

【工业节能】 1．根据上级有关部门的部署和要求，紧紧围绕节能宣传周主题“绿水青山、节能增效”，低碳日主题“绿色低碳，全面小康”，组织重点用能企业通过悬挂节能宣传横幅，利用黑板报、宣传栏等积极开展全国节能宣传活动，引导企业职工自觉参与节能行动，增强节能低碳意识，提高能源利用效率。2．依法依规推动落后产能退出：根据省工信厅 2020 年度推动落后产能退出工作部署，结合《梅州市 2020 年度推动落后产能退出工作方案》，经区人民政府同意，印发《梅州市梅县区 2020 年推动落后产能退出工作方案》，组织各镇人民政府（扶大高新区管委会、新城办事处），区有关单位按照各自职能认真贯彻实施，做好2020年推动落后产能退出工作。3．指导、督促列入梅州市2020年计划实施清洁生产审核企业名单的有关企业严格按照国家和省规定的审核程序和有关要求开展清洁生产。梅州市梅县区恒发建材有限公司、梅州市梅县区恒塔旋窑水泥有限公司、梅州市韩江水泥有限公司、广东翔龙科技股份有限公司4家企业通过了梅州市2020年清洁生产审核验收。

【商流贸易】 认真贯彻落实中央和省统筹推进疫情防控和经济社会发展的工作部署，积极应对新冠肺炎疫情影响，着力稳定居民消费，加大力度推进促消费工作，全年工作落实情况汇报如下：一是培育消费新增长点，推动消费升级。2020年，完成社会消费品零售总额146.5亿元，同比下降5.4%。存在问题主要是：第一季度批发零售、住宿餐饮、文化娱乐、房地产等消费市场受到较大冲击，第二季度消费市场将处于恢复期，第三季度进一步好转，受疫情影响的部分补偿性消费进一步释放。针对上述情况，区科工商务局在区委、区政府及上级主管部门领导下，努力培养消费新增长点，推动消费升级，加大推进促消费工作：1．5月20日上午，在梅县区红星美凯龙商场主办2020广东省促消费（夏季）暨“互联网+家520”购物节（梅州）活动启动仪式。2．7月15日上午，在梅州万达广场与梅州市商务局、梅州市餐饮行业协会、梅江区商务局共同主办2020广东省促消费（夏季）暨“梅州客家滋味云美食直播节”活动启动仪式。3．组织重点电商平台企业搞网络促销活动。由集一集团旗下新唯视界有限公司联合打造的梅州首家IP直播孵化基地，每月开展二期直播卖货培训，孵化挖掘梅州本地网红直播卖货达人，打造以短视频为基础的新媒体多元化发展创新平台，提供定制式短视频、可视化营销、电商培训、直播带货等一体化的专业服务；梅州市电子商务协会与梅县区云电商职业培训学校在梅县区云电商生态城举行梅州市直播电商网红培训；为梅州产业集群销售代言，用流量推动梅州经济发展，助力乡村振兴和产业扶贫，传播客家风情与文化，帮助“世界客都”品牌走向全国及海外。二是开展2020年家电下乡、家电惠民专项行动。为营造家电下乡工作良好社会氛围，广泛宣传家电下乡惠农政策，促进农民购买热情。此次家电下乡宣传活动，对家电下乡活动宣传进行安排部署，明确工作目标。按照工作部署，从10月1日起“家电下乡”政策调整为“家电惠民”，为了进一步扩大消费，激发消费潜力，推动消费提质升级，更好满足居民日益增长的美好生活需要，11月5日，在梅县区亚陈电器商行与新城办事处共同主办广东省2020年家电惠民专项行动主题宣传促销活动梅州市梅县区专场。活动主要是扩大政策公众知晓度，进一步扩大梅县区消费，激发消费潜力，推动消费提质升级，真正惠及消费者。三是开展汽车消费节活动，全面推动线上线下汽车消费融合发展。根据广东省商务厅《关于做好2020年广东“互联网+汽车消费”活动的通知》文件精神和要求，希望通过“互联网+汽车消费”的模式线上引流下单，线下集中销售服务，面向消费者打造一场“政府牵头搭台、企业真诚让利、折扣力度空前”的汽车消费活动，为广大消费者提供质优、价廉、实惠的汽车产品，激发居民消费热情。积极与有关行业商会协会、企业联系，通过政府牵头搭台、企业让利，建立起了点面结合的多层直播网络，线上线下融合，以“云购车”活动全力打造汽车交易新模式，掀起“数字汽车”促销热潮。四是做好报废机动车回收拆解企业资质认定工作。1．优化企业布局。推动具备资金技术管理实力的企业投资建设报废汽车回收拆解企业，形成与本地汽车保有量相适应的报废汽车拆解能力，确保及时拆解本区报废汽车。2．提高拆解效率。指导报废汽车回收企业按《报废汽车回收拆解企业技术规范》要求进行建设，引导企业规划建设新能源汽车拆解生产线。3．加强回收拆解监管。要求企业按照法律法规和《报废汽车回收拆解企业技术规范》要求回收拆解报废汽车。与当地公安、生态环境、市场监管等部门的协调联动，形成工作合力，提高监管水平。五是抓好内贸流通领域安全生产工作。紧密围绕商务部门的职责做好风险识别防控和隐患排查治理，加强对内贸特种行业（备案的拍卖、二手车交易市场、报废机动车回收拆解等）及商贸流通企业（大型批发市场、超市等）开展安全生产大检查及配合市场局等开展“双随机一公开”检查。通过开展安全生产大检查，有效提升行业安全风险防控能力和水平，促进相关行业企业生产和平稳健康发展，坚决遏制安全生产事故，切实维护好人民群众生命财产安全和社会稳定。六是落实食品安全工作。1.完成2019年梅县区食品安全考核任务；2.组织企业参加区食安委组织的“食品安全宣传周”活动；3. 完成2018年、2019年肉类蔬菜追溯体系验收审核工作，经市商务局组织专家组对梅县区2家企业现场验收，2家企业验收合格。七是政府服务热线处理工作。全年处理健身、美容、汽车等商业预付卡消费者维权共57宗，替消费者挽回了经济损失，营造安全放心的消费环境。

2020年年底梅县区科工商务局

局　长：王庆润

（供稿：李晓莹）

产业转移工业园

【**概述**】　2020年，在区委、区政府的领导及区相关单位和部门的关心支持下，园区管委会坚持以习近平新时代中国特色社会主义思想为指导，认真贯彻区委、区政府工作部署，贯彻新发展理念，统筹推进疫情防控和经济发展，狠抓思想武装，强化责任担当，推进园区平台建设、企业服务、梅州综保区申建等工作，取得了较好的经济效应。全年园区完成工业总产值48.64亿元，同比增长4.5%；固定资产投资18.47亿元（其中工业固投9.52亿元，同比增长58.67%），同比增长20.72%；规模以上企业实现工业增加值11.44亿元，同比增长4.2%；实现税收（全口径）2.95亿元，同比增长8.5%。

【**基础设施建设**】　至2020年年底，园区市政道路、管网、供电、污水处理厂等基础配套正加快推进。畲江园区用地征拆工作全面完成，已建成专利技术孵化园、6栋标准厂和2栋仓库，公交、用水用气等配套设施，投资1.6亿元的广梅园二期（综保区）污水处理厂正在开展勘察设计工作。城东白渡园区沙坪污水处理设施已开工建设，梅州坑33.33公顷用地已完成平整，正在精准招商，葵下工业区块用地正在核定产业类型、调配用地计划。

【**招商引资**】　实行领导班子抓项目责任制，将项目指定1名班子成员和具体责任人进行跟进，同时将项目挂钩情况通过政务公开栏进行公示，主动接受监督，班子成员每周至少1次到项目建设现场解决问题，同时抓好上级和梅县区扶持实体经济发展等政策措施的贯彻落实，力促项目尽快落地建成见效。集聚地有入园和纳入统计企业77家，建成投产62家，在建15家。福德金属、中爱医疗、特变电气等一批项目建成投产，沙坪嘉元二期，捷松科技、臻尚食品等项目已落地建设。2020年，新引进项目10个，计划投资额11.37亿元，新落地项目11个，计划投资额17.4亿元。

【**综合保税区建设**】　积极发挥责任主体作用，根据市、区工作部署，主动加强与海关等部门的沟通汇报，及时跟进梅州综保区申报进展情况，扎实推进基础配套设施的规划建设。2020年6月28日，梅州综保区正式获得国务院批复，围绕“一次建设、一次验收、一次达标、一次运行”目标，班子成员全员下沉建设现场，按照验收标准推进各项设施建设，确保2021年6月底完成建设，迎接海关总署验收封关。

2020年年底广州增城市（梅县区）产业转移

工业园管理委员会
主　任：曾　辉

（供稿：冼美华）

电　力

【概述】　2020年，在区委、区政府和梅州供电局党委的领导下，梅县供电局紧紧围绕上级工作会议精神，以高质量发展为引领，坚持稳中求进工作总基调，年度各项任务完成良好。全年完成供电量19.35亿千瓦时；客户平均停电时间（低压）4.8小时/户；农村居民端电压合格率100%；设备消缺率100%。

【电力安全生产】　严格抓好安全生产风险管理，全年对6类22项风险制定86项控制措施，电力安全事件同比下降63.57%；深入开展城乡供用电、社会人员触电等隐患治理，全年整治涉电公共安全隐患5170项；积极开展防外力破坏专项整治、涉电公共安全整治和电气火灾隐患排查，发现各类安全隐患5619处，整改率100%。严格抓好应急管理和保供电相关工作，完成了“世界客都·长寿梅州欢迎您”梅州文旅复苏在行动系列活动启动仪式等重大活动及全国“两会”、中秋、国庆等重要时期的保供电任务24次。

【供电服务】　疫情期间全力做好辖区内重要客户保电工作，保证粤东医院、华银生物等疫情相关制药、设备企业正常运转。努力通过架空线路综合防雷改造、用户故障出门事故事件防控等方法，实现中压线路故障率同比下降48%，有效提升供电可靠性。深入推进客户全方位服务体系，全年走访工商业客户300余家，及时帮助客户解决用电需求。系统走访区域内多家转供电实体，向终端用户宣传到户电价政策，向转供电实体阐明违规加价问题，引导转供电主体加强用电管理，让国家的降价红利政策真正传导到广大终端用户手中。落实疫情期间一般工商业及其他、大工业用户95%优惠结算政策，惠及2.6万户用电客户，优惠金额超3100万元。全面落实“免费电”政策，主动为8156户“低保户”“五保户”办理“免费电”，减免电量94.18万千瓦时。大力推进电动汽车充电桩基础设施投资建设。积极贯彻市委、市政府关于打造一流营商环境推进民营经济高质量发展的指导要求，完成超华科技公司二期用电工程、客都人家康养文旅用电工程等项目接火送电工作，为地区经济发展提供便捷高效的电力保障。

【电力建设】　2020年，完成年度投资6962万元，完成馈线自动化改造26个，完善中压网架工程14个，解决重过载台区30个、低电压台区76个以及中低压线路存在的安全隐患问题立项19个，有效提升电网自动化水平和供电能力。助力打赢脱贫攻坚战，完成3个贫困村电网改造，32个省定贫困村实现户均配变容量2千伏安。加快小水电自供区接管，完成投资102.93万元，新增配变2台，总容量300千伏安，新建低压线路24.17千米，实现大坪三台村自供区抄表到户。此外，会同区消防大队、区安委办、镇政府及当地派出所等部门，全面开展小水电治理、反窃电和稻田排灌用电专项排查，共查处窃电103宗，违约用电16宗，补收电量92.29万千瓦时，高损降损完成率90%。

2020年年底梅县供电局
局　长：丘涛文

（供稿：黄楚强）

应急管理

【概述】　2020年，梅县区应急管理局在区委、区政府的领导下，在梅州市应急管理局业务指导下，较好地完成各项目标任务。全年全区发生一般生产安全事故 6 起、死亡 5 人、受伤 3 人，与上年同期对比：事故起数减少 3 起，同比下降 33.3%；死亡人数减少 4 人，同比下降 44.4%；实现全年全区事故起数、死亡人数“双下降”。全区发生森林火灾事故 19 宗，19 宗山火共造成过火面积 73.42 公顷（其中受害森林面积 47.29 公顷),组织森林消防专业队伍扑救森林火灾 11 次，出动救援人员 400 多人次；启动四级防冻应急响应 1 次，成功迎战 3 轮强降雨防御工作，实现人员零伤亡，最大限度减少人民群众财产损失，全区应急管理和安全生产形势持续稳定，为梅县区经济社会快速发展提供坚强安全保障。

【安监监管】 1. 严格落实“一岗双责”制度。严格执行安全生产“党政同责、一岗双责、齐抓共管”责任制，区委、区政府以及各镇级党委政府全面实施安全生产委员会“双主任”制。2020 年，区委常委会会议 9 次、区政府常务会议 12 次研究讨论部署应急管理和安全生产工作，区委、区政府与各镇（高管会、新城办）、区安委会成员单位均签订了 2020 年度安全生产和消防工作责任书，进一步推进安全生产责任制落实。2. 抓好重点行业安全生产监管。2020 年，区应急管理局检查非煤矿山企业 144 家次，发现问题 396 项，整改复查 344 项；检查工贸企业、危险化学品、烟花爆竹等 189 家次，发出整改指令 50 份，排查隐患 108 处；办理行政许可事项非煤矿山 8 家、非煤矿矿山安全设施设计审查备案 10 家、危险化学品（加油站）33 家、烟花爆竹（零售）核发 70 家；共办理行政处罚案件 6 宗，罚款 24.4 万元；向法院申请行政强制 1 宗。3. 落实行业安全监管督查。按照“管行业必须管安全”和“属地监管”的原则，充分发挥安委会统筹协调、牵头抓总作用，区安委会、区安委办发出 250 多份行业和属地监管安全生产督查文件，督促自然资源、交通、公路、供电、住建、市场监督管理局等重点监管部门、各镇级政府扎实做好行业和属地安全生产各项工作。4. 加强联合执法检查。在重点时段、特殊时期，区应急管理局会同公安、市场监管、科工商务、消防等部门开展联合执法 12 次，依法依规惩处各类非法违法违规行为，加大安全生产事故处罚力度，促进全区安全生产联合执法工作的落实。5. 抓好疫情和节日期间复工复产。专门制定《关于开展复工复产安全生产和疫情防控核查工作方案》，成立 3 个现场核查工作组，对全区春节和国庆节后非煤矿山、烟花爆竹、危险化学品、工商贸行业企业是否严格落实“四个到位”、“八个一”疫情防控措施和“六个一”安全生产保障工作要求进行现场核查，并根据现场核查情况出具核查意见，确保企业安全有序复工复产。6. 做好安全生产专项整治三年行动工作。按照国家、省、市相关要求，区安委会组织开展安全生产专项整治三年行动工作，成立专项整治三年行动工作专班，由应急、公安、交通、住建、农业农村、消防救援、生态环境等 7 个部门牵头组织区有关单位进行整治，督促各级各部门贯彻落实习近平总书记关于安全生产重要论述的思想自觉、政治自觉、行动自觉明显增强，“三个责任”“三个必须”进一步得到落实，安全隐患排查和安全预防控制体系初步建立，安全生产治理体系和治理能力现代化明显提升。7. 扎实开展国家安全发展示范城市创建活动。区安委办组织相关单位对照《国家安全发展示范城市任务分解表》，细化部门创建任务分解，加强创建评价内容、评价标准的业务培训，以问题为导向，不断加大人力、物力、财力投入，加快建设区级城市安全管理指挥平台，提高区级应急救援和处置能力，加强宣传教育，大力培育安全文化和氛围，高标准高质量推进创建工作。

【宣教培训】 1. 扎实开展“安全生产月”活动。以“消除事故隐患，筑牢安全防线”为主题，组织开展安全宣传咨询、安全警示教育、应急知识科普、应急救援演练等形式多样的活动。2020 年，区应急管理局筹集 30 多万元，印制纸巾、环保袋、宣传海报等一批安全生产宣传物资发放至各镇、区安委会成员单位、企业。全区安委会成员单位在“安全生产月”开展主题宣讲活动 18

场；开展各类安全宣传活动 21 场，发放各类宣传资料 1.9 万多份；开展安全警示教育课 5 场，教育人数 6000 多人次；组织开展应急预案演练 7 场，参与演练人数约 900 人次。2．加大防灾减灾宣传力度。充分利用广播、电视、短信、知识手册等多种方式加大防灾减灾宣传，举办防灾减灾宣传活动 6 场，发放防灾减灾知识手册 2 万多份，大大提高了广大人民群众的防灾减灾意识和避险应急自救能力。3．加强应急干部业务培训。切实加强《中华人民共和国安全生产法》《广东省安全生产管理条例》等安全生产法律法规的学习培训，组织举办 5 场安全生产专题培训、6 场森林扑火技能培训、1 场森林火灾应急演练、1 场防御强台风应急演练、5 场安全生产事故应急演练，培训应急管理干部及相关工作人员 2300 多人次，全面提高了全区应急管理干部的业务素质和工作能力。

【森林防灭火、三防和防灾减灾】 认真贯彻落实国家、省、市森林防灭火指挥部工作会议精神和领导指示批示精神。一是及时转发和下发文件。2020 年，区森林防灭火指挥部及其办公室转发、下发文件 51 份，制定和印发《梅县区森林防灭火指挥部工作规则》《森林火灾扑救联动协同工作机制》《梅县区森林火灾应急预案》等重要文件。区三防指挥部及其办公室转发、下发文件 56 份。二是组织召开工作部署会议。组织收看收听上级防灭火、三防工作视频会议 6 场，提请区政府组织召开防灭火、三防工作部署会议 8 场，指挥部组织召开防灭火、三防工作部署会议 13 场。三是组织开展专项行动。3 月，区三防指挥部组织相关单位组成 5 个工作组，到各镇（高管会、新城办）汛期安全生产大检查落实情况进行督查，并进行督查整改反馈。9 月，区三防指挥部组织开展第一次全国自然灾害综合风险普查工作，初步完成全区自然灾害承灾体、综合减灾资源、重点隐患 3 个大类、7 个中类、30 个小类前期清查任务，并汇总上报清查对象共 907 条数据。9 月，区森林防灭火指挥部组织区应急管理局、区农业农村局开展森林防火宣传月活动，到各镇圩镇发放森林防灭火宣传资料，制作森林防灭火公益视频在梅县区电视频道每天滚动播放。10 月 23 日至 12 月 20 日，区森林防灭火指挥部组织区公安分局、应急管理局、农业农村局，在全区范围内组织开展为期 3 个月的打击森林违法用火行为专项行动，重点是打击所有森林违法用火行为，整治危害防火安全的违法行为。四是组织开展森林防灭火工作督查。在重要节假日以及重点时段，区指挥部组织区应急管理、农业农村局、水务局等对区各镇（高管会）落实森林防灭火和三防工作责任情况进行督促检查。

【应急救援】 坚持“以人为本、安全第一、科学扑救”的原则，全力以赴做好安全生产事故和自然灾害应急抢险救援工作，实现人员零伤亡，最大限度减低群众财产损失。1．推进基层应急管理“四个一”建设。根据市委、市政府《关于加强基层应急管理建设的指导意见》文件要求，梅县区 18 个镇（新城办）均在综合治理办公室加挂应急办，并配备应急办主任 1 名。全区 19 个镇均组建了一支 15 人以上的兼职应急救援队伍。全区 19 个镇均设立镇级应急指挥中心会议室和配备 1 台应急值班专用电脑，实现了村村通应急卫星电话。全区 19 个镇均建设 1 个应急救援物资仓库。2．充实应急救援物资。2020 年，区应急管理局筹集 100 多万元，采购了高压水泵、水带、移动水袋、风力灭火机、扑火把、阻燃指挥服、阻燃扑火服、防火手套、砍刀等一批森林扑火物资，并将森林扑火物资发放至区森林消防专业队、区消防救援大队以及各镇；筹集 80 多万元，购置一批橡皮艇、手摇报警器、铜锣、救生衣、救生圈、水鞋、雨伞、排水泵、发电机、平板挂车、加厚雨衣和帐篷、棉被、折叠床等防汛救灾应急物资，在汛期前分两批将物资下发给区应急大队、防汛仓库和各乡镇。进一步充实区、镇、村应急救援物资储备，提高全区应急救援队伍的应急救援能力。3．开展应急救援演练培训。2020 年，组织区消防救援大队、应急大队、各镇应急队伍等120人，开展为期7天的防汛抗洪应急救援培训，训练科目主要有冲锋舟驾驶、水上救人、防汛物资使用等。举办森林扑火培训班，分6期对全区18个镇（高管会）扑火队员、护林员进行森林扑火安全知识业务学习和扑火机具技能操作及扑火工具配合演练。4. 严格执行应急值班值守。按照“群众过节，我们过关，把好应急值守第一关”的工作要求，严格实行全年24小时值班制度。在节假日期间，实行分管领导带班值班制度，强化值班人员力量，时刻保持应急战备状态，一旦发生应急突发事件，第一时间赶赴现场科学处置，最大限度减少人员伤亡和财产损失。

2020年年底梅县区应急管理局

局　长：廖劲松

（供稿：办公室）

责任编辑：卢　清

农　业

种植业

【**概述**】　按照上级机构改革要求，2020年11月11日，加挂梅县区林业局牌子，负责贯彻落实上级关于“三农”工作的决策部署，组织开展“三农”问题的政策研究，全面实施乡村振兴发展战略。至2020年年底，梅县区农业农村局有正式干部职工276人。内设行政股室18个，直属行政单位1个，下属事业单位15个。

坚持农业农村优先发展，以农业供给侧结构性改革为主线，坚定不移实施乡村振兴战略，以建设国家和省级现代农业示范区为引领，以推进国家现代农业产业园建设为契机，高起点规划、高效率推进，壮大金柚、水稻、茶叶和特色水产四大主导产业，悉心培育南药、食用菌等新兴产业，因地制宜发展鹰嘴桃、葡萄、柰李、小龙虾等特色产业，培育发展休闲农业、乡村旅游、农产品电子商务等新兴产业，打造建设一批现代特色农业产业基地，形成“一村一品、一镇一业”特色的农业与旅游业相结合的格局，不断拓展农业功能形态，促进一、二、三产业融合发展。2020年，梅县区获评全国农作物病虫害绿色防控示范县、省级家庭农场示范县，成功创建省级水产健康养殖示范县，入选“互联网+”农产品出村进城工程试点县。

【**粮食生产**】　2020年，梅县区认真贯彻习近平总书记关于粮食安全的重要论述，坚持“藏粮于地、藏粮于技”，努力提高粮食生产能力。2020年，全区水稻种植面积22733.33公顷，产量约16.54万吨，粮食生产种植面积、单产、总产基本保持稳定。全区粮食生产企业、合作社有17家，主要有梅州市稻丰实业有限公司、梅州市正佳农业发展有限公司、梅州市丰禾源实业有限公司、梅县嘉园农业发展有限公司、梅州市金稻实业有限公司、梅州市惠兴米业有限公司、广东桦粤农业发展有限公司、梅州市丰盈乐农业发展有限公司等。培育形成主要特色品牌有“金良稻丰”“君惠”“酥穗”“嘉园”“嘉州梅花”等。

【**金柚生产**】　2020年，梅县区种植金柚面积17000公顷，柚果产量55.6万吨，鲜果产值近29亿元。柚农5万多户，金柚人均年收入8600元，占农业人口人均年收入的40%，金柚成为农民的“摇钱树”“致富果”。

【金柚基地与品牌建设】 2020年，全区培育省级金柚专业镇3个、从事柚类产业农业龙头企业45家，农民专业合作社550家，深加工企业12家。梅县区主动参与共建共享“梅州柚”区域品牌，认真实施“企业品牌”“区域品牌”“长寿品牌”三位一体品牌提升工程，加强梅县金柚绿色健康品牌建设。全区柚类产品“绿色食品、有机食品、农产品地理标志”认证企业70家。注册金柚品牌100多个，其中省名牌产品10个，省十大名果2个，“木子”金柚获GAP认证。积极实施广东梅州柚“12221”市场营销暨品牌建设十大行动计划，举办梅州柚新闻发布会、梅县金柚采摘节，组织企业参加长沙、重庆农交会、深圳举办梅县金柚专场推介活动，并在中央、省、市各级报刊、电视台、新媒体和梅州马拉松赛上开展多层次多角度宣传推广，实现金柚产销有效对接，进一步擦亮梅县金柚品牌。梅县金柚区域公共品牌评估价值113.27亿元，位居全省第一。

【经济作物】 茶叶。2020年，全区茶叶种植面积1400公顷，产量1265吨。主要种植品种有金萱、金观音、梅占、白叶单丛、金牡丹、本地小叶种等，种植茶区分东部、南部、西部3个茶区。全区有省级茶叶龙头企业2家，市级龙头企业8家，县级农业龙头企业6家，2010—2020年共获国内外名优茶竞赛奖20多项，其中阴那山“金螺春”绿茶2013年荣获广东第十届名优茶质量竞赛特等金奖，2015年被评为广东十大名茶之一；雁南飞茶园2015年被评为岭南最美茶园，2018年被评为广东最美茶园，雁南飞金单枞2013—2016年被评为广东省名牌产品等。“梅县绿茶”于2020年取得国家农产品地理标志认证。

大豆、花生。2020年梅县区大豆种植面积14016亩，产量3635吨；花生种植面积2261.07公顷，产量7732吨。

【蔬菜基地建设】 梅县区有粤港澳大湾区“菜篮子”生产基地3个，广东省“菜篮子”生产基地8个。

【种子管理】 全面推进农种监督管理和种子相关法律法规宣传工作。在抓好疫情防控基础上，不误农时抓好备耕，保障生产用种，对粮食、蔬菜等重要农产品生产和供给进行监管，同时对全区8家种子经销企业和100多家经营网点进行种子相关法律法规宣传，下发宣传资料1000多份。保障农业生产用种安全，开展农种市场动态监管活动。确保全区双季稻2万公顷耕地的生产用种50万公斤稻种以及玉米、蔬菜、花生等种子的供给监管，在流通环节不出差错。在“3·15”消费者权益保护日组织开展了“放心农种下乡进村”活动。加强农种市场监管，2020年，开展农种市场、门市专项整治活动20多个/次，出动执法人员40人次，对全市8家农种生产经营企业、全区100多家农种销售门点进行检查，梅县区未发生种子安全生产事故，实现种子安全生产零投诉。加强种子检验体系建设，完成了省2020年下达的梅州、汕头、潮州、揭阳等4个市农作物冬春季种子监督抽查检测任务，共完成种子样品97个，通过对样品4个指标的检测，检测指标全部合格，合格率100%；完成企业委托种子样品4个，全年共检测农作物种子样品101个。做好新品种展示工作，组织广东兆华种业有限公司在城东镇石下村水稻品种美巴香占展示种植面积6.67公顷；广东省农科院在城东镇莲塘村、丙村镇银场村展示杂交花生粤油43、粤油41新品种各1.67公顷，收到很好的展示引导作用。

【农业科技推广】 《养殖固废安全高效制备有机肥技术及装备研发与集成应用》《高效抑制镉吸收的有机水溶肥料研发与推广应用》分别获得广东省农业技术推广奖二等奖和三等奖。

做好受污染耕地安全利用与耕地土壤环境质量类别划分边界核实工作。制订了梅县区受污染耕地实施安全利用与治理修复（2019—2020年）工作方案。开展受污染耕地调查分析，经现场核查，全区涉及16个镇67个村，有受污染耕地17742.74公顷，其中二类地16个镇66个村1681.8公顷、三类地5个镇6个村60.94公顷。

通过技术指导改种、休耕和治理修复，受污染耕地安全利用率 100%。完成梅州市梅县区土壤环境质量类别划分边界核实工作并形成技术报告。

【病虫害预测与防治】 2020 年，梅县区获评全国农作物病虫害绿色防控示范县。

2020 年，全区主要农作物病虫草鼠总体发生程度为中等、局部偏重发生，病虫发生面积 130840 公顷次，防治面积 222466.67 公顷次，经防治后挽回损失 6.56 万吨，实际损失约 0.48 万吨。

全年金柚病虫发生面积 69613.33 公顷次，防治面积 98266.67 公顷次，挽回损失 15.625 万吨，挽回经济损失 9375 万元。

蔬菜种植面积约 5666.67 公顷，病虫发生程度属中等、局部中等偏重，特点是虫害重于病害，病虫发生面积约 15780 公顷次，防治面积约 32453.33 公顷次，挽回损失 2.23 万吨。玉米种植面积约 653.33 公顷次，病虫发生面积约 60 公顷次，防治面积约 60 公顷次，挽回损失 193.2 吨。

【农产品认证与质量监管】 积极推进"绿色食品、有机食品、农产品地理标志"等培育和认证申报工作，2020 年，做好了绿色农产品认证企业 8 家产地检查和产品认证；做好了有机认证 1 家，良好规范农业 1 家；培育发展申报省"粤字号"品牌产品 2 家，复评 3 家。全区有绿色食品认证 29 个，有机农产品认证 59 个，梅县绿茶获评国家地理标志农产品，梅县金柚获得国家地理标志证明商标。

做好农产品质量安全应急监管工作，结合梅县区水产品专项整治和"利剑"行动的要求，全区组织开展监督抽检 5 次，抽检农产品、畜产品、水产品样品共 68 个，合格率 100%。加强风险隐患排查，开展风险信息提示、生产技术指导、专项监督检查等生产主体检查 85 家/次，通过及时进行查漏补缺，做到风险受控，防患于未然。积极配合国家和省、市对梅县区农产品、畜产品、水产品等产品质量安全风险监测、例行监测、双随机监督等抽检 24 次，抽取蔬菜、茶叶、水稻、枇杷、火龙果、金柚、水产品、畜禽产品等样品 316 个。

【农业执法检查】 坚持将依法行政工作纳入重要议事日程，建立健全民主决策、权力运行监督以及行政执法相关制度，加强普法宣传，着力推进农业综合执法、行政审批改革，进一步规范农业行政执法，提高依法行政水平，推动农业农村经济持续健康稳定发展。全年出动农业执法人员 4009 人次，出动执法车辆 105 次，出动执法快艇 8 次，执法检查企业门店 1396 间次，检查农产品种植基地 47 场次，检查兽药经营门店 152 间次，抽样送检农资、农产品样品 123 个，抽样送检样品经检测全部合格；检查发现安全生产隐患 2 处，发出限期整改通知书 2 份，检查发现安全生产隐患在限期内全部整改完成。2020 年，立案查处违法案件 3 宗，涉案农资货值 4636 元，为群众挽回经济损失 3.2 万元，依法罚缴财政 5300 元，有效整顿和规范了全区农业市场秩序，切实维护了农民合法权益。

【惠农补贴】 积极落实惠农政策，2020 年，全区登记耕地地力保护补贴面积共 18420 公顷、11.44 万户、补贴金额 2257.48 万元（每亩补助标准 81.7 元/亩）。

2020 年，农机购置补贴下拨资金 49.78 万元，其中农机报废 3 台，补贴报废资金 1.65 万元；农民购置各类补贴农机具 261 台，补贴购置资金 48.13 万元；包括耕整地机械 239 台、收割机 6 台、旋耕机 4 台、拖拉机 3 台、插秧机 1 台、植保无人机 6 台、采茶机 2 台、受益农户 247 户，受益企业 5 家。

落实惠渔政策，服务于渔民。开展渔业油价补贴及禁渔补助工作，把国家惠渔政策落到实处，安排专人负责油补系统操作及对各镇操作员进行培训指导，确保由镇组织申报顺利开展、油补审核发放公开透明、准确及时，经审核，2020 年，梅县区符合禁渔补助的渔业船员有 359 人，发放 2020 年度禁渔补贴 78.76 万元，符合条件渔船 185 艘，发放 2019 年度渔业油价补贴 78.2667 万元。

及时、准确、足额发放生态公益林补偿资金。梅县区 18 个乡镇及阴那山自然保护区 2020 年度损失性补偿资金，梅县局会同区财政部门，采用财政直拨方式打入各补偿对象提供账户，2020 年，全年拨付损失性补偿金额 4102.93 万元，涉及 100980 户。

【农业综合开发与项目扶持】 做好有机肥替代化肥示范县项目实施工作。完成金柚有机肥替代化肥示范面积 800 公顷，开展试验 1 个，耕地质量监测 10 个点，项目区化肥施用总量较上年减少（折纯）189.5 吨，同比减少 17%，项目区有机肥施用总量较上年增加（实物）2026 吨，同比增加 23%。做好世界银行贷款广东农业面源污染治理项目实施工作。全区有 2 个镇 12 个村参与该项目的实施，共 3233 户，面积 2220 公顷（其中金柚 2033.33 公顷、水稻 186.67 公顷）。

【农业产业化建设】 培育壮大新型农业经营主体，2020 年，新认定省级重点农业龙头企业 3 家、市级 10 家、区级 13 家；省级农民合作社示范社 2 家、市级 2 家、区级 3 家；省级示范家庭农场 4 家、区级 12 家。全区区级以上农业龙头企业 162 家，其中省级 24 家，市级 54 家、区级 84 家；农民专业合作社 913 家，其中国家级示范社 7 家、省级 17 家、市级 12 家、区级 37 家；家庭农场 2083 家，其中省级示范家庭农场 6 家、区级 71 家。通过公司（合作社）+基地+农户（贫困户）的模式，强化联农带农作用，带动农民增收致富。

【农业社会化服务体系建设】 2020 年，全区农机社会化服务主体有 19 个农机专业服务合作社。合作社根据市场需求成立水稻耕种收机械化服务队，茶园修剪、采收、加工服务队，果树修剪、病虫防治、采收、清洗打蜡包装机械化服务队，服务范园涵盖梅县区三大主导产业，服务农户 9000 多户，作业服务面积 4000 公顷。

【农业经济组织管理】 按时完成全区集体经济组织赋码工作，共登记村组两级集体经济组织的赋码 4808 个。

2019 年、2020 年，梅县区共实施 28 个扶持壮大集体经济项目。项目实施后，2020 年试点村增加年收入 36 万元。

2020 年，新注册成立农民专业合作社 24 家，新评定省级示范社 2 家，区级示范社 3 家，至年底，农民专业合作社总数 913 家（其中国家级示范社 7 家、省级示范社 17 家、市级示范社 12 家区级示范社 37 家）。

【农业信息化建设】 2020 年，梅县区入选“互联网+”农产品出村进城工程试点县。

2020 年，全区申报认定益农信息社 281 家，其中县（区）级运营社 1 个，益农信息示范社 9 个。

择优遴选推荐 10 家数字农业经营主体引导参加组建广东数字农业发展联盟。

【农村土地承包与经营权流转】 出台《梅县区 2020—2021 年推进土地流转及复耕复种工作方案》，通过制定政策、宣传发动、产业帮扶、资金奖补等有力措施，2020 年,全区实施土地流转面积达 7822.53 公顷，占全区耕地面积的 40.8%。

林 业

【概述】 2020 年，梅县区积极践行“绿水青山就是金山银山”的发展理念，立足生态发展区定位，坚持生态优先、绿色发展，以创建国家森林城市为目标，大力实施“绿满梅县”大行动，强化森林资源培育、保护和发展工作，有效推动绿色生态文明建设，提升绿色发展水平。全区林地面积 181660 公顷（含梅南林场），森林覆盖率 75.37%，森林蓄积 1184.93 万立方米。先后建成了 1 个省级、4 个市级（含梅南林场 1 个）、6 个县级共 11 个自然保护区；建成 1 个国家级、1 个市级、12 个县级、26 个镇级共 40 个森林公园；1 个湿地公园；1 个省级风景名胜区。

【植树造林与森林抚育】 推进森林碳汇工程，全面完成了 2019 年度备耕未种植的 148.67 公顷种植任务；全面完成 2020 年度新造林任务 100 公顷的备耕任务，完成种植 60 公顷。

推进碳汇林抚育工程，2020 年度的 1176.67 公顷，抚育对象为 2018 年和 2019 年新造林，其中 2018 年新造林部分面积 1028 公顷，已按作业设计要求全面完成抚育任务。

推进景观林带建设，2020 年 5 月下旬全面完成梅汕高铁梅县区段沿线景观林带建设工程的备耕和种植任务，分别于上年 7 月、11 月按设计要求完成了当年 2 次的抚育。

【生态公益林建设】 2020 年，梅县区有省级以上生态公益林面积 98866.67 公顷，其中国家级生态公益林 18754.93 公顷，涉及全区 18 个乡镇，阴那山自然保护区和上官塘水库。

做好省级以上生态公益林完善落界工作。梅县区生态公益林落界已完成全部外业实地调查、内业数据处理、省级核查及核查问题修改等工作；本次生态公益林落界完成后，梅县区公益林面积为 98769.97 公顷，其中国家级公益林 18686.75 公顷，省级公益林 80083.62 公顷，比省控制面积（98866.67 公顷）少了 96.7 公顷；减少原因主要是落界工作中错漏划、修边、征占用等原因剔除公益林面积比占补平衡的面积大（各乡镇申请占补平衡面积 1893.61 公顷）。

【自然保护区建设】 2020 年，梅县区对自然保护地进行了整合优化，整合优化后，梅县区自然保护地总面积为 28671.57 公顷，自然保护地数量整合为 22 个，其中保护区 7 个，自然公园 15 个（含森林公园 14 个、湿地公园 1 个）。整合优化预案中保留 7 个自然保护区，面积为 17715.86 公顷。自然公园 15 个，面积为 10955.71 公顷。自然保护地整合优化预案通过省政府审批，已报国家林草局审核。

【城乡美化绿化】 2020 年，积极创建县级国家森林城市，全面实施城乡绿化美化工程。至 2020 年年底，已推进城乡绿化 1.8 万平方米，道路绿化 36 千米，已建成 1 个省级森林小镇，26 个省级、38 个市级、151 个县级乡村绿化美化示范村。全年投入 520 多万元，重点实施梅花山森林公园、古梅梦景沿线“种梅添花”、高铁沿线景观林带建设等绿化提升工程。推动松源镇白玉绿美古树乡村立项及建设工作。积极开展全民义务植树活动，全区建成义务植树点 26 个，送苗下乡 1 万多株，打造了“一山一色、一路一树、一街一景、一处一花”特色景观。

【林业基地建设】 至 2020 年年底，梅县区培育了国家级林业龙头企业 2 家、省级林业龙头企业 7 家、省级林下经济示范基地 5 家、省林业专业合作社示范社 1 家、特色经济林 2 家、生态休闲旅游和林下经济文化产业基地 5 家。

【森林资源保护】 狠抓护林防火，严防森林火灾发生。投入 1200 多万元，建成全区高山森林防火远程视频监控系统，实现森林防火视频监控全覆盖，投入 660 多万元，建设生物防火林带，有效遏制森林火灾发生。

投入近 80 万元，编制《梅县区自然保护地整合优化预案》，重点加快推进全区自然保护地整合优化工作。

实施《梅县区现有以食用为目的的陆生野生动物人工繁育场全面退出实施方案》，参照省市指导价格，投入 102 万元用于补偿退出养殖户，投入 6.6 万元用于无害化处置人工繁育野生动物，全区有 20 家以食用为目的的陆生野生动物人工繁育场现已全面退出。

积极推进全区 2020 年度森林督查暨森林资源管理“一张图”年度更新工作，建立梅县区基于空间数据库的森林资源动态管理机制。

深入开展“红线行动”“护飞行动”等一系

列活动，2020 年，办理刑事案件 11 宗，行政案件 46 宗，严厉打击了各类破坏森林资源违法犯罪活动，切实保护森林资源。

加强森林病虫害防治。严格落实新修订的《中华人民共和国森林法》和国家、省、市有关要求，严密监测、加强检疫、科学防治，坚决遏制松林线虫病爆发蔓延势头。全区松林面积 103080 公顷，梅县区林业有害生物发生面积 4875.67 公顷，其中成灾面积 900 公顷，全部为松材线虫病危害所致，成灾率 4.95‰。全区完成综合防治作业面积 12866.67 公顷，其中实际防治面积 12866.67 公顷，防治率 100%。

畜牧 · 水产

【概述】 2020 年，梅县区以发展生态、环保、健康养殖为中心，建立健全绿色畜禽生产体系，加快畜牧业转型升级，有效促进了全区畜牧业生态绿色健康发展。发展渔业主导产业，引导特色养殖、健康养殖，有效促进了渔业增效、渔民增收。大力推广稻渔综合种养等生态循环农业发展模式，打造“稻鱼共生”示范基地，广泛推广“稻鱼、稻虾、稻鳖”等综合种养模式，示范推动绿色养殖。2020 年，全区生猪饲养量 44.83 万头，其中存栏 18.38 万头，出栏 26.45 万头；三鸟饲养量 798.4 万只，肉鸡出栏 504.3 万只；牛饲养量 2.91 万头，羊饲养量 4.55 万头，肉类总产 3.78 万吨，牧业总产值 21 亿元；渔业养殖面积 3026.67 公顷，水产品产量近 3 万吨，产值 3.81 亿元。

【畜牧】 加快恢复生猪生产。高度重视生猪生产恢复工作，建立了领导干部畜牧企业定点联系制度，强化政策指导服务，落实扶持生猪生产的各项政策措施和防疫措施，有序补栏，引导鼓励大型规模养殖场开展兼并重组，带动中小养殖场升级，加快规模产能扩张生猪存栏由 2019 年年末的 10.38 万头恢复到 2020 年年底 18.38 万头，增长 77%，切实提升生猪生产水平。

推进畜禽养殖重点项目建设。引进广新控股、正大康地集团等 5 家现代化大型生猪养殖企业 2020 年投入 4.5 亿元加快生猪恢复性生产，推动小散养殖向标准化、规模化、现代化、绿色化养殖转型，全面投产后预计可新增产能 40 多万头（其中优质猪苗约 20 多万头），与双胞胎集团合作的梅州生原经过标准化升级改造后在 11 月份投入生产，存栏母猪 3000 多头，12 月，正大康地（梅州）原种猪有限公司从丹麦引纯种猪 1700 头已投入生产，助力梅县区生猪稳产保供工作有效开展。加快推进投资 5000 万元的广顺海食品有限公司养牛基地建设，鼓励支持梅县区丰都综合养禽场、梅州市鸽天下农业科技发展有限公司扩大肉鸡、肉鸽养殖规模，提升全区肉禽规模化养殖水平，持续优化肉类供给。推进城区活禽经营限制区工作，引进广东省华心食品公司做好三鸟全产业链建设项目—屠宰及冷链物流项目。推进屠宰行业高质量发展，清理撤并小散生猪屠宰场（点），共关停了石扇镇等 7 家生猪屠宰点，保留了 7 家三证齐全屠宰场点。引进武汉至为科技有限公司在梅县区建设畜禽无害化处理监管系统，实现病死畜禽处理的全过程监管。

提高畜禽养殖废弃物资源化利用水平。以规模场为重点，通过源头减量，过程控制，末端利用等措施，加快推进畜牧业转型升级和绿色发展，推进种养结合，农牧循环推进畜牧养殖废弃物资源化利用，并投入 140 万元扶持 5 家规模养殖场建设种养结合农牧循环示范点，通过以点带面推动梅县区粪污资源化利用。推广微生物发酵粪污提高资源化利用水平，发放 2.4 吨有机物料腐熟剂，有效发酵处理固体粪便 2.4 万吨。梅县区备案考核的畜禽规模养殖场粪污处理设施装备配套率、大型规模养殖场粪污处理设施装备配套率均为 100%，全区畜禽养殖业废弃物资源化利用率 85.1%。

持续抓好动物疫病防控。切实做好非洲猪瘟防控工作，持续深入推进“3+1”各项关键措施。对全区的生猪养殖情况进行登记造册，落实网格化防控责任。制订了《梅州市梅县区集中开展违法违规调运生猪行为专项整治行动实施方案》，加强部门联动开展生猪违法违规调运行为执法监管，在梅县区 8 个高速出口设卡查验生猪运输车辆，全年检查运猪车 896 辆，未查获有“三无”调运生猪。对全区 114 辆生猪运输车辆 100%进行备案，实现信息化管理。筹资 10 多万元，购买了消毒药、防护用品、扑杀用具、注射用具等防疫应急物资下发乡镇畜牧水产组、区动监所作储备。持续强化开展防疫大消毒行动，全区发放消毒药 7.5 吨。扎实做好高致病性禽流感、口蹄疫、小反刍兽疫等重大动物疫病的防控工作，全区高致病性禽流感、口蹄疫等畜禽群体免疫率均为 98%。

【水产】 2020 年，全区渔业养殖面积 3026.67 公顷，水产品产量近 3 万吨，产值 3.81 亿元，比年增长 1.5%。

加快特色渔业发展。不断总结丙村溪联等村“稻鱼共生”项目经验，推广“稻鱼、稻虾、稻鳖”等综合种养生态循环农业发展新模式，示范推动质量兴渔，绿色养殖。目前全区形成了水产苗种生产、龟类养殖、小龙虾养殖基地等八大特色养殖基地。

大力倡导健康养殖。实施健康养殖“五大行动”，开展水产养殖污染防治行动，加大生态健康养殖技术推广和培训力度，加强水产养殖尾水排放监测，推动质量兴渔。成功创建广东省第一批省级水产健康养殖示范县，积极申报国家级渔业健康养殖示范县。全区创建了农业农村部水产健康养殖示范场 11 家，无公害水产品产地认定 15 家和产品认证 13 家，有机水产品认证 1 家，有效示范、带动全区水产健康养殖发展。

完善渔业基础设施建设。以创建国家和省级水产健康养殖示范县为契机，聚焦绿色养殖、水产品“三品一标”、水产品质量安全等多点发力，加大财政投入，完善梅县绿色健康渔业示范园区建设，加快推进梅县区松口渔港升级改造项目建设，实施养殖标准化建设、水库健康养殖示范、水产养殖机械化示范等项目，有效完善梅县区渔业基础设施建设。

扶贫开发

【概述】 按照中央和省委、市委统一部署，围绕“两不愁、三保障、一相当”目标任务，持续精准发力推进脱贫攻坚，抓好脱贫攻坚收官工作，持续巩固提升脱贫成果，取得了明显成效。2020 年，全区有建档立卡贫困户 6821 户 15045 人，其中省定贫困村 32 个，贫困户 1136 户 2911 人；分散贫困户 5685 户 12134 人。2016—2020 年，全区投入资金 28.2 亿元，其中累计筹集扶贫开发资金 5.3 亿元，“631”财政资金 17552.2 万元，已下拨到镇“631”财政配套资金 16205.85 万元，区本级统筹资金 1346.35 万元。发放扶贫小额信贷资金 5840.6748 万元。2020 年年底，全区建档立卡贫困户全部实现脱贫，32 个省定贫困村全部退出。完成省第三方评估组对梅县区 2019 年扶贫开发工作成效的评估工作，获评全省“好”的等次；接受了省 2020 年精准扶贫精准脱贫跟踪审计和省脱贫攻坚专项调查评估工作。

【脱贫攻坚】 压实政治责任，合力脱贫攻坚。严格落实区、镇、村三级书记抓脱贫攻坚工作责任，形成党政“一把手”抓扶贫工作机制。区党委、政府全年召开了 47 次脱贫攻坚工作专题会，区委书记完成遍访 32 个省定贫困村，区主要领导开展了 71 次专题调研。同时，统筹协调凝聚部门攻坚合力，共召开 14 次领导小组会议和 25 次脱贫攻坚工作联席会议，推动各行业部门协同推进、分线作战，100%落实行业部门责任，确保“两不愁三保障”等政策落实到位。

突出产业帮扶，增强脱贫攻坚实效。把产业扶贫作为脱贫增收“主渠道”，大力发展金柚、烟叶、鸡肉菌、金线莲、木耳等特色产业。强化建立产业扶贫利益联结机制，推动贫困户参与新型农业经营主体、农业企业（合作社），建立“企业（合作社）+贫困户”的产业扶贫利益联结机制。全区43个实施“一村一品、一镇一业”项目村中，有9个是省定贫困村。

重视消费扶贫，激发持续增收活力。积极探索“互联网+消费扶贫”模式，完成18个镇级电子商务平台建设，实现32个省定贫困村电子商务站点全覆盖。推动3家企业入驻全国消费扶贫广东馆、2家企业入驻中国社会扶贫网，成功上架40多个品类扶贫产品。建设梅县区消费扶贫馆，在喜多多超市内设立了多个梅县区消费扶贫专区。组织发动各类企业、帮扶单位等，借助电商平台、展会、旅游扶贫、“百企帮百村”行动等载体，多形式开展消费扶贫，拓宽贫困户农产品销售渠道。通过线上和线下销售平台，梅县区消费扶贫产品销售金额3.58亿元，带动贫困户2000多户，促进贫困户增收成效明显。

加强全覆盖监测，巩固脱贫成果。制定《梅州市梅县区对建档立卡贫困户脱贫质量监测的工作方案》，将义务教育、安全住房、基本医疗、产业、就业、人均可支配收入等“两不愁三保障”要素列入监测内容，着力构建防返贫常态化检测体系。开展疫情防控和脱贫攻坚工作监测，围绕贫困户“八有”情况，组织全区上下各方力量，对全区所有建档立卡贫困户全覆盖进行排查监测和跟踪帮扶。组织各镇和帮扶单位为2762户建档立卡有劳动力贫困户购买防返贫救助责任保险，建立防返贫救助保障。

【美丽乡村建设】 按照“千村示范、万村整治”的部署，紧紧围绕示范区、镇、村三级创建，深入推进农村人居环境整治，大力开展“厕所革命”、破旧泥砖房清理整治、垃圾处理和污水治理等专项行动，持续完善农村基层设施短板，切实提升梅县区农村生态宜居水平。1386个自然村完成村庄环境整治任务，所有行政村基本达到干净整洁标准；农村生活垃圾村庄保洁覆盖面、垃圾处理率和无害化卫生户厕普及率均为100%。覆盖3个镇14个村庄、总长26千米的沿石窟河连线连片美丽乡村项目全面完成。

持续提升村庄人居环境。不断拓展优化“三清一改”内容，深入开展了村庄清洁行动春季战役，引导农民群众养成良好卫生习惯，逐步完善长效保洁机制，美化提升村容村貌。全区开展村庄清洁行动3471次，清理农村生活垃圾约5.17万吨，清理村内水塘2130口、沟渠1220.85千米，清理畜禽养殖污染等农业生产废弃物1302吨，消毒农村厕所2100多处，发动农民群众投工投劳3.44万人次，投入资金约2800万元。沿石窟河连线连片美丽乡村建设全面完成工程建设，完成投资6900万元。

扎实开展农村泥砖房清理整治。2020年3月，梅县区开展了农村泥砖房清理整治调查摸底和分类工作，18个镇（高管会）拆除危旧泥砖房6.06万间137.18万平方米。

有效推进农村“厕所革命”。在上年完成农村无害化卫生户厕改造795户，无害化卫生户厕普及率100%的基础上，2020年持续推进农村卫生公厕建设，完成新建农村卫生公厕418座，共计建成851座。

推进“1+N”生态宜居美丽乡村示范创建。坚持“点上出彩、线上成景、面上美丽”原则，以“精致规划、精美打造、精细管理”推进生态宜居美丽乡村示范创建，出台了《梅县区“1+N”生态宜居美丽乡村示范创建工作方案》，建立了“1+N”美丽乡村项目库，第一批17个示范项目在建设中，以点带面、梯次创建、整村示范、连线成片，全力创建生态宜居美丽乡村示范区。

2020年年底梅县区农业农村局

局　长：陈永征

（供稿：巫达文　张清祥　卢晓燕）

水利水电

【概述】 2020年，梅县区水务局着重开展中型灌区续建配套与节水改造建设工作，完成梅县区巴庄水库灌区改造提升工程总体方案编制与报批，顺利进入项目立项等前期工作；继续推进农业水价综合改革工作，完成梅县区大劲水库灌区1043.33公顷农田的农业水价综合改革任务；继续完成大劲水库灌区和丙村镇人和潭廖队灌区灌溉水有效利用系数测算工作，为落实最严格水资源管理制度、建立节水型社会提供科学依据。

【水利工程建设与管理】 完成梅县区白渡镇汶水水库除险加固等3宗工程初步设计等技术文件的审查、审批和上报工作。完成梅县区乡道Y244线铁炉桥危桥改造等3宗工程洪水影响评价报告的审查、审批和上报工作。

在全面完成中央规划中小河流治理项目和列入2015—2020年度广东省山区五市山区中小河流治理项目后，完成梅县区中小河流治理（二期）实施方案编制工作，梅县区仍有42宗（整合后）山区中小河流需治理，总长446.2千米，总投资约为10.19亿元。

按照广东省水利厅《关于开展小型水库安全运行管理标准化工作的通知》（粤水运管〔2019〕10号）要求，拟对梅县区129宗小型水库开展小型水库安全运行管理标准化工作，总体目标:（一）2019年年底前按照《广东省小型水库安全运行管理标准化工作指引（试行）》开展小型水库安全运行管理标准化前期工作。（二）2020年完成小（1）型和坝高15米以上（含15米）小（2）型水库34宗达到二级标准、坝高15米以下小（2）型水库21宗以上达到三级标准；（三）2021年计划完成小（1）型和坝高15米以上（含15米）小（2）型水库40宗以上达到二级或以上标准、坝高15米以下小（2）型水库34宗以上达到三级或以上标准。（四）2022年年底完成评估认定。

根据《广东省水利厅关于印发〈广东省小型水库除险加固攻坚行动实施方案〉的通知》（粤水建设函〔2020〕745号）、《转发广东省水利厅关于进一步加快推进山区五市中小河流治理工程竣工验收工作的通知》（梅市水建管函〔2020〕120 号）要求。梅县区列入历次全国规划（方案）的尚未竣工验收的小型病险水库项目47宗，2020年完成32宗小型病险水库项目竣工验收工作，梅县区仍有15宗水库、27宗中小河流治理工程、1宗县城防洪堤达标工程和韩江梅江沿岸重点堤围工程（180河堤27.3千米）未及时竣工验收工程，共计43宗工程需办理竣工验收。

根据梅州市水务局《转发关于印发水库大坝安全鉴定年度目标任务的通知》（梅市水建管函〔2020〕162号）要求，根据《水利部运行管理司关于印发水库大坝安全鉴定年度目标任务的通知》（运管函〔2020〕11号）要求 ，水库大坝安全鉴定是及时准确掌握工程安全状况，科学设定管理措施的法定制度，2020年完成38宗水库大坝安全鉴定工作。

【农田水利建设】 2020年，梅县区着重开展中型灌区续建配套与节水改造方案编制工作，完成梅县区巴庄水库灌区改造提升工作方案编制与报批，顺利进入项目立项等前期工作；继续推进农业水价综合改革工作，组织梅县区与大劲水库灌区农业水价综合改革方案编制与多部门联合技术评审，顺利完成水利部门1.565万亩的改革任务。

【农村安全饮水工程建设】 2015年以前，梅县区实施了农村饮水解困和农村饮水安全工程，解决了部分农村人口饮水困难和安全的问题。由于梅县区地处山区丘陵地带，难于进行大范围集中供水，受资金不足和群众个人意愿影响，未能全面进行农村自来水全面覆盖。且农村饮水安全工程多采用相对实施时间较短、难度较低的小型单村集中供水，供水保证率相对较低，遭遇连续干旱易出现饮水困难问题。2016年起，梅县区通过省财政补助、银行贷款、企业投资、群众自筹等方式筹集资金，全力推进村村通自来水工程建设，批复概算总投资为5.67亿元。通过村村通自来水工程建设,全区18个乡镇355个行政村1386个自然村基本形成供水安全保障体系，其中32个贫困村130个20户以上的自然村集中供水已全面完成，实现了 355 个行政村集中供水 100% 覆盖。随着工程建成后，各镇村供水管理体制逐步完善，通过对口扶贫、村民集资入户等形式，村村通自来水建成的供水站陆续运行起来，自然村集中供水覆盖率和入户率将进一步提高。

根据省委省政府以及市委、市政府工作要求，要提前至 2022 年完成建设任务，将对剩余的 156 个行政村中的 392 个自然村进行集中供水全覆盖，实现全域自然村集中供水率 100%，同时应当地镇政府要求对 12 个圩镇的镇级水厂升级改造和更换圩镇老旧管网。总投资约 2.92 亿元，其中，白渡镇和丙村镇全域自然村集中供水工程已经组织实施开工建设，剩余 14 个镇的工程已统一完成可研立项，按整区全面推进至 2022 年年底全面完成建设任务。白渡镇、丙村镇已开工，其余各镇前期工作在有序推进中。

【农村小水电建设】 2020 年，梅县区着重开展小水电退出试点与清理整改核查评估工作，完成梅县区城东镇佛子高水电站和梅县区松口镇松东黄沙坑水电站两宗试点电站退出工作；完成全区 186 宗小水电清理整改核查评估分类，按照退出类、保留类和整改类进行归类划分，形成清理整改任务清单，为后续水电站清理整改打下良好基础；进一步加强农村水电站安全生产标准化建设工作，制定梅县区小水电站安全生产标准化建设工作方案（2021—2025 年），不断推进农村小水电安全良性发展。同时，抓好水电站技术改造监督管理工作。

【水资源保护】 全区主要江河水质常年保持在Ⅲ类水质以上，重要水功能区和集中式饮用水源地水质全年稳定达标。

【水资源开发利用】 梅县区多年平均水资源量为 19.79 亿立方米，2020 年梅县区用水总量 32593.9492 万立方米，其中农业用水量 25031.9 万立方米、工业用水量 2992.6192 万立方米、生活用水量 4197.43 万立方米、生态环境用水量 372 万立方米。万元 GDP 用水量 148 立方米、万元工业增加值用水量 51 立方米。用水总量、万元 GDP、万元工业增加值用水量均未超过市下达控制指标。

【水土保持】 梅县区革命老区及原中央苏区崩岗治理一期工程 2020 年下达省级资金 500 万元，主要完成石扇镇、畲江镇、南口镇共 6 个崩岗点，治理崩岗面积约 6.53 公顷，防治水土流失面积约 10.45 平方千米。

为促进梅县区的水土保持监督管理步入法制化和规范化的轨道，督促辖区内新上生产建设项目依法依规办理水土保持方案报批，认真做好水土保持补偿费的征收，积极开展水土保持监督检查和管理。

【河道管理】 为进一步落实绿色发展理念，推进生态文明建设，维护河湖健康生命，完善水治理体系。以保护水资源、保障水安全、防治水污染、改善水环境、修复水生态为主要任务。强化河湖监管，建立了“河长+警长”“河长+检察长”工作联动机制，全面推进“水利行业强监管”向纵深发展。河长制工作进展有序、成效显著。

打造一个“亮点”，高标准推动万里碧道建设根据《广东万里碧道总体规划（2020—2035 年）》和《梅州市碧道建设总体规划（2019—2035 年）》的要求，梅县区实施梅县区丙雁大堤景观提升工程，建设休闲旅游带 5 公里，投资 29994.72 万元。丙雁大堤景观提升工程被列入省级万里碧道试点工程。项目建设结合当地“客都人家”康养文旅项目，紧密联系雁洋镇、松口镇文化旅游景点，打造丙雁松文化体验区，串联区域协同发展，以碧道建设带动流域综合发展、改善城乡人居环境。

做好两个“规划”，扎实推进河湖管理范围划定和河道采砂规划编制河湖管理范围划定方面，根据《广东省河长办关于加快河湖管理范围划定和河道采砂规划编制工作的通知》（粤河长办函〔2020〕20 号）和《梅县区河湖管理范围和水利工程管理与保护范围划定工作实施方案》的相关规定。梅县区实际完成梅县区河流管理范围划定 23 条，长度 409.57 千米。比省下达任务清单增加长度 12.34 千米。投入资金 740.45 万元。全部技术成果已上报《广东河湖划界成果上报与审核系统》审核。河道采砂规划编制方面，根据《广东省河长办关于加快河湖管理范围划定和河道采砂规划编制工作的通知》（粤河长办函〔2020〕20 号）的相关规定，编制《梅州市梅县区河道采砂规划（2021—2025 年）》。本次规划范围为梅县区境内流域面积 50 平方公里以上河道，规划河段总长约为 567.11 千米。规划划定 5 个可采区（15 个采点），采区总长度 10.22 千米；采区面积 38.91 万平方米；规划采砂总量 32.92 万立方米；每年不超过 2 个采区。

强化三个“监管”，全面推进“水利行业强监管”向纵深发展。河长巡河监管方面，全面普及使用智慧河长平台，以问题为导向，各级河长高效履职巡河。2020 年度，梅县区河长巡河 19413 人次，其中区级河长巡河 85 人次，镇级河长巡河 3933 人次，村级河长巡河 15395 人次。各级河长巡河发现问题 411 宗，处理 411 宗，问题处理率 100%；收到智慧河长公众投诉 11 件，办结 11 件，办结率 100%。

水行政执法监管方面，结合扫黑除恶专项斗争，持续加大对非法采砂、侵占河道、破坏水利工程等涉水违法犯罪打击力度，2020 年度巡查 98 次，出动人员 185 人次，调查办结投诉件 35 宗。制定《梅县区水务局打击“蚂蚁搬家”式非法采砂工作方案》，建立了“河长+警长”工作机制和“河长+检察长”工作机制。加强工作联动机制，形成河湖监管保护合力，共同守护河湖生态安全。

水质断面考核监管方面，各成员单位全力推进镇村生活污水处理管网建设，推进农业农村污染治理，清理整治畜禽养殖，推广科学合理养殖模式，加强水电站生态流量管控，保障水质环境。据环保监测统计，国考断面对梅江干流水车桥、长沙滩下、蓬辣，市考核断面有程江西郊、石窟河大桥、松源河铜盘桥、隆文河英招桥等 2020 年度的监测结果，水质均达到地表水Ⅱ类或Ⅲ类水质标准，考核达标率 100%。

扎实推进“清四乱”，持续改善河湖面貌

全面核查梅县区河湖“四乱”问题，坚决遏增量、清存量为目标，以“边查边改、发现一处，清理一处，销号一处”的总体工作原则，做好区域内河湖“四乱”问题清理核查。2020 年度，全区排查 58 宗，系统认定销号 58 宗，销号率 100%。

按省统一开展 2020 年度两次“清漂”专项行动要求，两次专项行动时间分别为 4 月 15 日至 5 月 15 日、9 月 15 日至 10 月 15 日。投入资金 196 万元，打捞清理漂浮物 1.8 万吨，完成既定目标任务，实现了全区水面漂浮物清理全覆盖、无死角。

根据《广东省河道管理条例》的相关规定，梅县区建立河道管理养护常态化机制，明确责任单位。开展区级河道管理养护工作，通过政府购买服务的方式引进第三方管理公司，实行河道日常化管理养护，确保全区河道水面流畅、清洁、亮化。2020 年度，投入 576.9 万元完成区级河道日常管护清理河道长 96 千米，保洁水域面积 18 平方千米，打捞清理漂浮物 5.85 万吨。

加快推进全区水库水质整治工作

全区有水库 135 宗，经排查有 89 宗存在水产养殖问题，导致水质不同程度污染。水库水质问题周边群众反映意见大。根据区主要领导工作指示，水库水质整改由各镇主要领导担任辖区内水库水质整改责任领导，区水务局负责水库水质检测、督促指导和汇总上报整改情况。区水务局完成水库水质的检测，各镇已落实主体责任，针对水库养殖问题采取减养退养等措施，其中 5 宗水库已退出养殖（下塔子坑水库、园欣亭水库、林塘水库、解放水库、高山水库），其余水库在整改中。

【三防工作】 2020 年，梅县辖区的洪水主要发生在石窟河和松源河流域，均为“龙舟水”，下半年降雨量偏少，全年总体情况偏旱。

5月25—26日，第二场“龙舟水”，本场降雨过程正值全国“两会”期间，部分地区与上一轮降强雨过程重叠，按照提高一级响应的要求，梅县区水务局于5月25日8:30启动了水利防汛Ⅳ级应急响应。

7月，降雨稀少，旱情初现，9月以后持续干旱少雨，部分镇村的农作物和人畜饮水受到一定程度的影响。

因秋冬连旱，为科学调度和节约用水提供依据，按要求编制了《梅县区水利系统防旱抗旱保供水应急预案》《梅县区冬季水库蓄水和调度工作方案》。

根据机构改革后的职能要求，制定和印发了《梅州市梅县区水务局防汛应急工作预案》；编制了《梅州市梅县区山洪灾害防御预案》。

【水政执法】 加大宣传力度，营造舆论氛围。大队通过下乡、巡查等机会，会同镇、村干部，深入基层一线，密切联系接触群众，积极宣传水法律法规，在重点河段水域派发宣传册和竖立警示牌，提高群众特别是沿江、库区群众的知晓率，发动群众积极参与线索举报。

依法依规，严格执法。加大巡查执法力度，严厉打击水事违法行为。大队高度重视群众投诉举报线索，多次利用夜间、节假日时间加大巡查力度，全年共巡查183次，巡查河道总长度835千米，出动巡查366人次，巡查车辆183车次。受理群众举报9宗、阻止河道取砂1宗、查处偷采砂案件1宗。全年行政处罚1宗，罚款5万元；河湖“四乱”清理工作，已核查省厅新下发图斑15个；协助水保股核查疑似违法图斑35个。部门联合，上下联动。大队紧紧依靠当地党委政府，充分利用基层水利部门力量，做到水事违法行为及早发现，及时制止，及时查处，使危害减少到最低程度；积极加强与政府、海事、航道、公安、国土等部门沟通联系，成立由政府牵头，部门联合的联合执法领导小组，建立联合执法机制，重点对河道采砂、河湖专项整治进行巡查执法，极大地遏制和打击了违法行为。

强化细化管理，确保安全有序。根据梅县区水利实际情况结合扫黑除恶专项行动，重点关注“盗采河砂”行为，大队开展了打击行业治乱专项行动，先后制定《开展内河通航水域河道采砂执法行动方案》《梅县区集中打击水土保持违法行为联合执法专项行动方案》《梅县区水务局打击“蚂蚁搬家”式非法采砂工作方案》，以“零容忍”的态度，坚持有黑扫黑、有恶除恶、有乱治乱，做到打早打小、黑恶必除、除恶务尽，使扫黑除恶专项斗争在水利系统落到实处、见到实效，通过专项行动，成功阻止一起群众以“蚂蚁搬家”式偷采河砂的情况和查处一起非法采砂案件。

2020年年底梅县区水务局

局　长：冯勇文

（供稿：张　敏）

气　象

【概述】 梅县区气象局始于1952年7月建站，为国家基本气象站。2020年，根据梅州市气象局批复的《广东省梅州市梅县区国家气象系统全面深化气象改革机构优化调整实施方案》，全局有参照公务员法管理编制4名，事业编制9名，内设气象灾害防御管理办公室（重大气象灾害应急指挥部办公室）、办公室（人力资源股）、站网管理股、预报股、发展改革与财务股5个管理机构，气象公共服务中心、气象公共安全技术支持中心、机关服务中心直属事业单位3个。地方气象事业机构2个：梅县区突发事件预警信息发布中心（副科级）、生态气象服务中心（正股级），编制有30名。有在职人员36人，其中本科学历34人，大专学历2人，副高级专业技术人员1人，中级专业技术人员10人、初级专业技术人员13人，党员29人。

【天气预报】 2020年，梅县区气候比较异常，相继出现暴雨、冰雹、干旱等灾害性天气。全年降水量较常年偏少，年平均气温较常年偏高。区气象局认真做好气象预报服务工作，强化业务 24 小时值班制度，科学调度，加强天气预报研判，保证了预报业务质量的稳定和提高。坚持重要天气会商制、局长签发制、值班登记制，紧紧抓住灾害性、关键性、转折性天气做好预测预报及资料服务工作。及时分析制作天气快报，专题服务，按时发布长、中、短期天气预报和森林火险等级、地质灾害等级预报等服务产品。通过传真、互联网络等手段服务到乡镇及相关单位；每天通过气象影视产品发布短期天气预报。由于制度健全，措施得力，组织、认识、设备到位，气象服务工作得以顺利开展。

【气象服务】 全力做好决策气象服务。加强重要天气过程监测预报预警服务，坚持“形势早会商、服务早研判、天气早提醒”，不断提高预报精准化和预警提前量，为区委、区政府精准决策提供科学依据。通过专报、快报、决策服务、天气提醒等形式，全方位做好汛期强对流、暴雨、台风等灾害性天气和春运、清明、森林防火关键期、两会、中秋国庆、马拉松等关键节点气象服务保障工作，守牢防灾减灾第一道防线。全年发布各类天气报告 64 期(《重大气象信息快报》38 期、《天气报告》17 期、《重大气象信息专报》9 期)。

全面深化公共气象服务。严格执行决策气象服务周年方案和有关规定，认真做好春运、低温阴雨、寒潮等决策服务及其他气象服务工作。面对复杂的天气形势，严抓各项规章制度，认真组织预报人员的学习培训，通过强化职业道德及业务知识学习，使预报业务人员的素质进一步提高，基础业务质量保持稳定。

积极开展人工影响天气工作。全年梅县区雨量偏少，气温偏高，森林火险等级高。在 7 月底开展人影作业 1 次，为蓄水抗旱贡献力量。在区政府的大力支持下，在石扇镇新东村建立人工影响天气标准化作业点。

持续开展为农服务。加强与区农业农村局联系合作，做好全周期农事气象保障。一是实时监测和报告农作物生长情况和墒情，针对春季天气和气候条件，制作春耕春播气象服务专题预报，对春播农业气象条件进行分析预测并提出生产建议。为做好蜜柚采摘销售气象服务，区气象局有针对性地制订了气象服务方案，制作蜜柚采摘期气象服务专题预报。二是将全区重点涉农企业、专业合作社负责人、大型种养殖户、气象信息员等纳入决策服务平台，无偿为其提供重要天气预报、天气实况等信息，切实解决“最后一公里”问题，为防灾减灾提供坚实基础。三是通过电视、手机短信、电子显示屏、气象预警大喇叭等传播渠道，将农用天气预报、农业气象灾害预警等信息及时传播给重点服务对象。四是对全区 378 套气象预警大喇叭改造升级为天翼应急预警大喇叭，为防灾减灾、应急联动，提高气象预警水平提供重要保障。

强化防灾体系建设。更新区、镇、村和中小学校、山塘水库气象应急责任人数据库。充分发挥气象预警大喇叭覆盖面广、传播速度快、与群众零距离的优势，积极参与当地疫情联防联控工作，“喊出”疫情防控“最强音”。协助区委宣传部宣传新农村建设的相关政策；协助区森林防火指挥部做好森林防火宣传工作，协助区统计局宣传人口普查相关知识。

【灾害天气预警发布】 2020 年，区气象局全年启动气象灾害应急响应 5 次；启动 9 次恶劣天气领导一线带班；发布各类预警信号 96 次，其中寒冷预警信号 10 次、暴雨预警信号 16 次、森林火险预警信号 14 次、高温预警信号 12 次、雷雨大风预警信号 41 次、大雾预警信号 2 次、冰雹预警信号 1 次。发布决策短信 235 条，计 53.05 万人次。接受梅县区电视台采访 4 次。发布各类预警信号 96 次，其中寒冷预警信号 10 次、暴雨预警信号 16 次、森林火险预警信号 14 次、高温预警信号 12 次、雷雨大风预警信号 41 次、大雾预警信号 2 次、冰雹预警信号 1 次；发布决策短信 235 条，计 53.05 万人次。接受梅县区电视台专题采访 4 次。

5 月 11 日，受弱冷空气和切变线的共同影响，梅县区出现大雨到暴雨，局部大暴雨的大范围的强降水天气过程，强降水主要集中在梅县区中北部一带。全区平均雨量 49 毫米，最大降雨量出现在桃尧，为 111 毫米。在此次强降水天气服务过程中，区气象局密切监测、准确预报、提前预警，恶劣天气呼叫系统及时发挥“叫应”作用，在强降水雷达、雨量、风力等达到阈值时及时电话告警通知值班人员及各级责任人。强降水期间，发布《天气报告》2 期，《地质灾害气象风险预警》2 期，发布暴雨预警信号 2 次，雷雨大风预警信号 1 次，启动气象灾害暴雨 III 级应急响应 1 次。启动恶劣天气领导一线带班 1 次。

【测报站点管理】 2020 年，地面气象测报质量、地面气象报表预审、酸雨质量无错。国家级自动站数据业务可用性 99.99%，报文有效性 100%。区域自动站数据业务可用性 96.35%。在第 29 次全国酸雨观测质量考核优秀。10 月，安装天气现象视频智能观测仪。

【防雷安全管理】 依法履行气象主管机构安全生产监督管理职责，加强了梅县区域内的雷电灾害防御管理工作，全面履行安委会成员单位工作职责，分管领域无安全事故发生。

加强安全生产管理职责的落实。2020 年，制定了《梅县区气象局安全生产责任清单》《梅县区危险化学品气象安全综合治理提升实施方案》等安全生产文件 5 份。全面履行安委会成员单位工作职责，上报区安委会隐患点排查 10 次，整改率 100%。分管领域无安全事故发生。与有关单位联合开展岁末年初燃气安全大检查、危险化学品行业企业安全生产检查、民爆生产销售行业安全隐患检查等。通过安全生产检查，强化了重点行业领域气象安全风险管控能力，有效预防气象安全生产事故和灾害性天气直接造成或者诱发的生产安全事故的发生。

依法加强防雷安全检查工作。全年对 99 宗易燃易爆场所和 85 宗共 120 个项目一般场所进行了防雷定期检测业务，共检测查找隐患 91 处，其中对 36 处隐患出具了书面检测意见，对 55 处隐患提出了口头检测意见，整改率 80%。年内完成 17 宗共 105 栋新建建（构）筑物的防雷装置竣工检测业务和 13 宗共 95 栋新建建（构）筑物的防雷装置隐蔽工程检测业务，出具新建建（构）物防雷装置检测报告 32 份。检测查找隐患 35 处，并提出口头检测意见，整改率 100%。受理新建建筑物防雷装置检测委托 24 宗，完成 13 宗共 93 栋新建建（构）筑物的防雷装置竣工检测业务。完成 3 宗技术评价工作，出具防雷装置技术评价报告 3 份。

完成辖区雷电灾害风险点排查、评级、管控工作任务，将梅县区 56 个加油站、2 个油库、4 个石油液化气库、29 个炸药仓库、2 家烟花爆竹仓库和 3 个化工企业列入风险点危险源数据库，并每月根据实时情况及时更新数据库，实行动态管理。每月按时上报区安委会隐患排查情况。

【气象灾害防御】 切实做好岁末年初、疫情防控复工复产期间、危险化学品企业行业、国庆中秋双节期间安全生产监督检查工作。1 月 17 日，派员参加了由区住建局牵头的梅县区节前燃气安全大检查行动。8 月，参加了由区应急管理局、区市场监管局、区气象局、区消防救援大队组成的联合检查组，对梅州市梅县区丙村石化有限公司、广东航鑫科技股份公司开展了危险化学品行业企业安全生产联合检查。10 月，参加了由区应急管理、区科工商务局、市公安局梅县区分局、市自然资源局梅县分局等多个部门联合开展的梅县区民爆生产销售行业安全隐患联合执法检查。

扎实开展重点单位气象灾害防御专项执法检查。7 月，会同区安委会办公室印发了《2020 年梅州市梅县区重点单位气象灾害防御专项执法检查工作方案》（梅县区安委办〔2020〕33 号），由区气象局、区应急管理局、区住房和城乡建设局组成联合检查组，对 4 家单位企业开展气象灾害防御重点单位开展气象灾害防御专项执法检查。通过查阅台账资料、实地查看等形式，重点围绕在台风、雷电、暴雨等灾害性天气，对检查中发现的问题提出了整改意见，要求限期整改，及时完善。此次联合执法检查进一步加强了气象灾害防御执法力度，提升了梅县区重点单位防御气象灾害的能力和水平，切实管控重点行业领域气象安全风险，有效预防气象灾害造成或者诱发的安全生产事故的发生。

做好重点单位气象灾害防御工作。根据《广东省气象灾害防御重点单位气象安全管理办法》（省政府第254号令）第八条规定，区重大气象灾害应急指挥部办公室组织相关专家对梅县区气象灾害防御重点单位进行梳理和评审，报梅县区人民政府批准，确认广东梅县外国语学校、中山大学附属第三医院粤东医院等50家单位作为梅县区气象灾害防御重点单位，并予以公布。

2020年年底梅县区气象局

局　长：涂毓洪

（供稿：李仕安　林晓鸣）

交通运输·公路事务

交 通 运 输

【概述】　梅县区交通运输局是梅县区人民政府的行政职能部门，承担农村公路建设、养护、交通综合执法和交通行业管理等工作，贯彻落实《中华人民共和国公路法》《中华人民共和国水路运输管理条例》《广东省道路运输管理条例》《广东省公路条例》等法律法规。2020年，区交通运输局在区委、区政府的正确领导下，在上级主管部门的关心支持下，全局上下一心，认真贯彻落实中共十九大和十九届二中、三中、四中、五中全会精神，习近平总书记出席深圳经济特区建立40周年庆祝大会和视察广东重要讲话重要指示精神，永葆初心，牢记使命，紧紧围绕全力推进交通领域治理体系建设和治理能力现代化，构建内联外畅的现代综合交通运输体系目标，逢山开路、遇水架桥，竭力为梅县区脱贫攻坚、建成全面小康提供坚强有力的交通保障。至年底，全区公路已硬化通车总里程3380.66千米，公路密度每百平方千米136.2千米。其中：高速公路7条（段）共136.42千米、国道2条84.4千米、省道11条共489.7千米（包括320.5千米新升省道）、农村公路2670.14千米。全区通镇公路达到三级路以上，镇通村公路全部实现路面硬化，通100人（20户）以上自然村道路基本实现路面硬化。全区开通城乡公交线路77条，途经梅县区新能源电动公交车722辆，全区355个建制村已开通公交（其中18个为网约公交）。

【人员编制】　2020年，区交通运输局核定编制73名（其中行政编制14名、行政执法专项编制57名、工勤编制2名），有人员64人（其中行政编制人员13人、行政执法专项编制人员50人、工勤编制人员1人）。局属事业单位3个：梅县区交通战备中心为公益一类事业单位，编制2名，有人员2人，负责指导交通战备系统的国防交通工作，协调处理有关问题，为军事行动和其他紧急任务组织交通保障；梅县区地方公路总站为公益一类事业单位，编制15名，有人员15人，负责全区农村公路建设、管理、养护工作；梅县区交通运输服务中心为公益三类事业单位，编制29名，有人员29人，由原区交通运输总站与原新城汽车综合性能检测站整合成立，负责全区运输市场行业管理。局属企业 2 个：梅县水运公司、梅县进口汽车维修中心，均已解体，只留管理人员。

【交通基础设施建设】 2020 年，梅县区交通公路重大项目共 9 个大项 22 个小项，计划投资 17.88 亿元（高速公路 5.62 亿元、普通公路 11.56 亿元、站场 0.7 亿元），实际完成投资 14.88 亿元，占年度计划的 83.2%。主要是西部旅游快线受政策影响，推进滞后。

高速公路建设：主要有 2 项，包括梅大高速公路梅州东环支线和长深高速葵岗互通立交，年度计划投资 5.62 亿元，完成投资并分别于 11 月 18 日和 12 月 26 日通车。

国省道公路建设：共 12 项，年度计划投资 7.99 亿元，实际完成投资 4.99 亿元。除西部旅游快线受财政政策影响，推进缓慢外，如期完成国道 G206 线提升改造，S223、S224、S332 线等省道及一批新升省道共 148 千米国省干线路面升级改造，进一步提升干线动脉的路况水平。

“四好农村路”建设：按照习近平总书记对农村公路“建设好、养护好、管理好和运营好”的总要求，全力巩固提升农村公路整体水平，年度计划投资 3.56 亿元，完成投资 3.56 亿元。完成省道 S224 线至滨江路旅游公路建设项目，完成梅长大桥建设并通车，有序推进铁炉桥等 7 座县乡公路危桥改造项目；提前完成 154 个共 172.7 千米“四好农村路”建设攻坚战项目。顺利通过“四好农村路”省级示范县省联合复检。

公交综合站场建设：扶大三丰村公交综合枢纽站场，完成年度投资 0.7 亿元。

【公路规划】 2020 年，初步完成梅县区综合交通运输体系发展“十四五”规划，并结合市、区相关规划进行完善。

【公路养护】 2020 年，始终围绕“改革攻坚、养护转型、管理升级、服务提质”总要求，积极推动公路养护管理向现代化、专业化、精细化模式转型。全年投入养护资金 3600 万元，除加强日常养护外，完成 39.5 千米“四好农村路”标准示范路建设和 21.8 千米道路绿化、美化提升，完成 34.8 千米农村公路小修保养及坏烂路面整修，154 处共 9240 米道路水毁预防及修复。同时，深入落实道路养护工作日志，加大日常巡查监管力度，扎实推进养护市场化和“路长制”全覆盖，不断完善养护管理体系，切实抓好公路养护管理工作。

2020 年，公路总养护里程共 3244.24 千米，其中国道 84.4 千米、省道 489.7 千米、县道 88 千米、乡道 1370 千米、村道等 1212.1 千米。地方公路设置 5 个养护中心、1 个绿化队负责县道（新升省道）养护工作，19 个镇级乡村公路管理站负责辖区内乡村公路的养护工作。

【交通综合执法】 坚持“三个结合”依法行政，扎实开展交通执法工作。路面巡查和源头监管相结合，不断完善联勤联动机制，推进联合执法常态化、制度化，深入客货运输源头企业，强化源头监管。现场执法和科技治超相结合，在原有 4 个治超非现场执法监测点的基础上，启用梅畲快线和三乡银江隧道两处监测点，进一步遏制超限超载违法行为。日常检查和专项整治相结合，全面完成普铁综合治理、“迎国评”公路路域环境整治、货运行业乱象专项整治“三大整治”重点工作。全年出动执法人员 3800 多人次，出动执法车辆 650 多辆次，检查车辆 980 多辆次，走访运输企业 150 多家次，查处各类交通违法行为 553 宗，强制卸货 15756.48 吨，记分 2022 分，持续改善道路运输市场秩序。

【道路运输管理】 围绕“市场为主、政府引导、以人为本、服务全局”原则，全年审批普通货物运输企业 31 家，办理营运车辆新增入户 1821 辆，完成营运车辆年度审验 4413 辆；完成行政许可场地验收 31 次、新增摩托车驾培机构 3 家。今年新开通及优化延伸城乡公交线路 9 条，全区公交线路增加至 77 条，完成公交惠民政策财政补贴资金 3273 万元。同时，创新管理机制，促进网约汽车、共享单车等新时期运输新业态健康有序发展，为经济发展新旧动能转换发挥积极作用。

【安全生产管理】 深入贯彻习近平总书记关于安全生产工作的重要指示批示精神，全面落实行业安全生产监管责任和“一岗双责”，扎实开展“八大整治”、安全生产专项整治三年行动等专项行动，加强交通行业安全生产风险管理，督促企业认真落实安全生产主体责任，健全安全预防控制和隐患排查治理体系，进一步提高全区交通运输行业安全生产总体水平。同时，加强农村公路沿线森林防灭火巡查、宣传，强化火灾源管控，提高沿线群众防火意识。2020 年，安全生产形势持续稳定。

【公路绿化】 完成省道 S225 线（K15+000—K20+ 000）5 千米、省道 S227 线（K44+130—K52+530）界溪至死牛完段 8.4 千米、G205 国道至瓜洲大桥段 5 千米、S224 线至滨江路旅游公路 3.4 千米，共 21.8 千米绿化提升及周边空地约 4 万平方米路域环境绿化美化工作。

2020 年年底梅县区交通运输局

局 长：冯治山

（供稿：黄小明 林燕辉 李木炎）

公路事务

【概述】 2020 年，区公路事务中心坚持以习近平新时代中国特色社会主义思想为指导，围绕公路“建养管”工作，强化党建工作，全力抓好疫情防控、重点项目和迎国评等重点工作，坚持项目为王，优化项目管理，启动“智慧公路”建设，提升党风廉政建设工作水平，取得了新的成效，未发生安全责任事故，党风廉政建设达到要求，持续推动梅县区省养公路事业的高质量发展，助推区宜居宜业宜游“美丽梅县·客都明珠”建设。2020 年，有养护线路 8 条，总里程 262.05 千米（重复 17.882 千米），实际养护 244.17 千米。其中国道 3 条计 90.77 千米（重复 6.59 千米）实际养护里程 84.18 千米；省道 4 条合计 169.443 千米（重复 11.29 千米）实际养护里程 158.15 千米；乡道 1 条计 1.84 千米；大桥 7 座，中桥 11 座，小桥 74 座；隧道 2 条（其中：寮子窝隧道 751 米、凳子岗隧道 670 米）。

【公路建设与改造】 围绕公路基础设施建设，坚持稳中求进总基调，按照高质量发展要求，坚持项目为王，年度实施的项目多、投资大，全年投资 46284 万元，完成路面改造里程约 44.86 千米。

主要项目包括：一是国省道建设项目 4 项，包括：省道 S223 线梅县区松源镇至雁洋镇段（出省通道）改建工程、国道 G206 线梅县区梅平径至育豪段及锭子桥至梅州大桥段路面改造工程、省道 S227 线梅县区宝坑至松口变电站段路面改造工程和省道 S224 线梅县区城东全剑英大桥段路面改造工程。二是养护专项工程三大项，完成梅平桥、铜盘桥等 6 座危桥维修加固建设；实施 2 项隧道提质升级项目；完成重点水毁 2 项。三是迎国评路况综合整治工程完成投资 6495 万元。四是停车区建设 5 个，完成 G205 线白渡停车区、G206 线大坪停车区建设。五是安保及绿化工程共 4 项，完成 G206 线梅城至畲江段中央分隔带开口及平交口整治项目、G206 线畲江段路域环境整治工程，完成 S224 线城东至雁洋剑英大桥段绿化提升工程和 S223 线丙村段绿化提升工程。六是组织工程交（竣）工项目 4 个，分别是龙岗中桥、剑英大桥维修加固工程及各线安全生命防护工程交工验收；组织对省道 S332 线凳仔岗隧道至松东段、松口至白渡段路面改造工程竣工外业检测。七是推进项目谋划及工程项目前期，完成 2020—2035 年拟建项目国土空间规划并提交国道国土空间规划成果，做好“十四五”规划。推进项目前期工作 2 个，即省道 S223 线梅县区松源镇山亭至宝坑段路面改造工程和省道 S224 线梅县区雁上圆盘至黄坳段路面改造工程。协助市中心做好2个项目前期工作，即大外环西线和大外环东线。

主要工作措施有：一是全力争取各方支持，争取上级的政策和资金支持，统筹协调相关部门，加快在建重点项目和国评项目建设进程，确保完成年度投资计划；协调发改、交通、国土、乡镇等相关部门加快项目前期工作，形成建设合力。二是加强项目谋划，按照“规划一批，建设一批，竣工一批”的思路，在做好“十三五”项目收尾工作的同时，谋划好“十四五”项目，加快普通干线公路建设，不断增强国省道发展后劲，完善现代公路网络。三是坚持项目为王，紧扣重点项目和迎国评项目，倒排工期，挂图作战，注重解决存在问题，全力加快进度。四是强化项目管理，打造精品工程，着重加强质量、安全管理，统筹加快出省通道等项目建设进度，公路建设不断取得新的成效。

重点工作：一是高质量做好“迎国评”准备工作。推进路况综合整治工程，完成82.76千米整治任务。抓好路面灌缝，共灌缝31万米。加强路面、水沟和涵洞清理，完善标志标线等附属设施，消除安全隐患。规范整理资料。二是全力推进国省道建设。加快项目进度，挂图作战、倒排工期。加强谋划，抓好“十四五”规划，做好明年项目的前期工作；完成国土空间规划编制工作。三是全面提升公路养护管理水平。抓好养护专项工程实施，严抓养护精细化管理。

工作亮点：一是建设平安公路。构建公路安全网络，完成各线公路安全生命防护工程，完善安防设施。同时，在市中心的支持下，率先启动智慧公路项目建设。二是建设品质公路。对省道S224线城东至剑英大桥段进行路面改造，为客都人家项目提供优美的通行环境。三是建设绿色公路。对省道S223线、S224线进行绿化提升，形成了“花草有致、乔灌错落、四季有花、四季常绿”的生态景观廊道，营造“绿色公路”。

【公路养护】 按国评标准抓好养护管理，提升现代化管理水平，开展好全面养护、及时养护、预防性养护，推进养护精细化、规范化。探索新养护模式，促进养护现代化，筹资购置现代化养护机械，提升养护效率。抓好养护规范化，组织道班班长集中学习交流养护技术，统一冬季大整修标准，规范绿化、路肩水沟整修等养护工作，组织汛期水毁抢修、冬季大整修，推动精细化养护；加强稽查考核，定位养护车辆，定期进行评比奖罚。抓好重点旅游路段绿化提升，对S223、S224线等路线进行绿化提升，做好“梅马”、客都人家开街、铜箔大会等大型活动筹备工作，营造各路线绿色风景线。通过努力，各项路况指标良好，共清除塌方2.2万立方米，清挖水沟86.5万米，铲路肩362万立方米，耗用柴油4.2万公升、沥青326吨；机械完好率92%，一、二类桥梁占桥梁总数的94.7%。

【路政管理】 履行路政职责，切实保护路产、维护路权，保障公路畅通。严格公路许可，提升窗口服务水平；积极协调执法局、交警、乡镇等单位治理漏撒污染公路行为，取得较好成效；整治路域环境，加强巡查发现，拆除非法标牌，杜绝公路“六乱”，维护公路通行环境；做好管线迁移等，为公路建设顺利进行打好基础。全年无公路“三乱”，路政共上路291天1860人次，巡查里程26865千米；发现违法案件47宗，告知区综合行政执法局47宗；处理路产损害案件56宗，立案56宗，结案56宗，立案结案率100%，收回路产赔偿收费857918元。

【安全生产管理】 弘扬生命至上、安全第一的思想，树立安全发展理念，坚守红线底线，深化平安公路建设，层层落实安全责任，构建安全责任体系。落实“一岗双责”，推进公路安全生产体系建设，重点是“五加强”：加强安全培训、加强养护作业安全管理、加强在建项目安全监管、加强桥梁隧道专项检查和隐患整治、加强重点路段隐患排查和整治，保障通行安全。全年投入 88.3 万元完善安全设施，排查、整改主要隐患 22 宗，全力打造“平安公路”“平安工地”，未发生因公路管理不善、安全设施不齐全而造成的责任事故。

【公路绿化】 按照市委市政府“五沿”绿化及“美丽梅州 · 美好家园”城乡环境大提升行动要求，投入 675 万元，完成了 S223 线松口至雁洋段、S223 线丙村段、S224 线城东至雁洋段绿化提升；完成了 S223 线丙村段、S224 线城东至长教段花木修剪；完成了 G205 线扶大三葵、G206 线梅平径至育豪段树枝裁剪。

【基层站建设管理】 一是提升基层管理水平，强化基层养护能力，实施精细化管理。完善管理模式，坚持班子成员挂钩基层班组制度，坚持养护每月路况月检，检查养护外业和管理内业，同时加大稽查力度，确保人员到位和作业质量；进行冬季大整修，并对大整修质量进行评比；积极开展创文、创森和两美行动，重视马拉松赛等大型活动准备工作，加强整治、保洁和绿化等，营造良好的路域环境。二是抓好基层硬件建设。继续开展建家活动，建家工作有新成效。开展“职工之家”“职工小家”建设是工会工作的一项动态长期系统工程，我们创新思路探索建家方式标准，以“两个满意”为目标，丰富建家内涵，促进“职工小家”建设不断规范发展，力求突出“职工小家”“五小”特色。全年筹集 7.23 万元为基层班组更换、购买、维修道班房设施设备。三是加强基层队伍建设。加强养护培训，组织基层班长、养护骨干进行养护技能培训、养护工职业技能竞赛实操指导训练、安全应急演练、消防演练等，承办开展了梅州市公路事务中心 2020 年普通公路养护工职业技能竞赛工作；关爱基层职工身心健康，开展“夏送清凉”“冬送温暖”“金秋助学”等传统品牌活动；购买互助医疗保险和实施健康体检，关心基层患病职工等。

2020 年年底梅县区公路事务中心

主　任：邓志军

（供稿：郭练忠　吴文华）

邮 政 · 通 信

邮　政

【概述】 2020 年，中国邮政集团有限公司梅州市梅县区分公司（以下简称“梅县区分公司”）坚持以习近平新时代中国特色社会主义思想为指导，全力克服疫情影响，围绕有效益规模发展目标，各项经营管理工作有成效，全年实现业务收入同比增长 10.52%。

【代理金融业务】 梅县区分公司充分利用全区 25 个城乡网点，为广大群众特别是偏远农村地区提供便捷的金融服务，开办了存取款、汇兑等金融基础服务，承办了国债、保险、理财、基金等金融延伸服务，拓展了手机银行、移动绑卡和扫码付等金融电子服务，还代发农村新农保、五保供养资金和农村低保、乡镇在职及离退休教师、公务员等各类资金，为群众带来极大的便利。2020 年，余额规模 53.11 亿元。与此同时，配合相关部门，做好打击非法集资、反洗钱、扫黑除恶等风险防控工作。

【邮务类业务】 梅县区分公司积极践行“人民邮政为人民”初心使命，在做好函件、集邮、报刊发行、包裹等邮政传统业务的同时，认真履行普遍服务和特殊服务。2020年，邮政普遍服务满意度95.74分，城区范围党政机关《人民日报》当日见报率100%，及时传递了党的声音；全力以赴做好《习近平谈治国理政》第三卷等图书发行工作，落实扫黄打非专项工作，保障了人民群众的用邮渠道畅通和寄递安全。通过“电商+扶贫+寄递+金融”的协同发展模式，助推梅州柚、三华李等走向全国，助力精准脱贫。全年收寄梅州柚34.96万件，共280.5万公斤。

【邮政营业网建设与管理】 梅县区分公司有投递道段56条，其中城市投递段道14条，农村投递道段42条,全国建制村直接通邮率100%。2020年，对大坪、城东、白渡、雁洋等4个网点进行“微整治”，进一步优化府前路、华侨城支局网点布局，提升服务能力；在梅县碧桂园社区建成了第一家家邮站，叠加了代缴电费、邮件收寄、快递自提等一系列便民业务，以及邮政分销、余额保险转介等邮政业务。同时加快对城区、农村投递网络的建设，着力解决农村“最后一公里”和城区“最后一百米”的难题，不断提升邮政综合服务能力，为人民群众追求美好生活提供周到、便捷的服务。

2020年年底中国邮政集团公司梅州市梅县区分公司

总经理：李伟鑫

（供稿：谭顺龙　黄海励）

通　信

【电信】 2020年，梅县分公司在梅县区委、区政府及市分公司的领导和大力支持下，坚持党建引领，深化企业改革，深化推动企业划小改革、“平安乡村”建设、“云改数转”部署等专项工作。经过全体员工的共同努力，分公司超额完成收入指标，在全市组织绩效排名位居前列。中国电信梅县分公司荣获2020年梅县区首批“广东省放心消费承诺单位”称号；锭子桥营业厅党支部荣获市公司“2020年先进基层党组织”荣誉称号；锭子桥营业厅被评为市公司“2020年度最美文明窗口”；丙村、锭子桥、大新城营业厅荣获市公司2020年营业厅“营业服务优秀团队”称号。

党政建设　2020年，梅县分公司党委贯彻落实习近平新时代中国特色社会主义思想，坚持党建统领，强化责任担当，持续推进全面从严治党责任制落实，企业转型发展成效显著。年初，突如其来的疫情打破了常规的生活与工作，梅县分公司党委第一时间成立应对新型冠状病毒感染肺炎疫情防控工作领导小组及专项应急处置工作小组，要求各基层党支部加强对疫情防控的重点单位、重点场所、重点平台、重点网络的保障措施，鼓励广大党员加入疫情防控志愿者队伍，确保疫情期间通信畅通，助力打赢疫情防控阻击战。2020年，分公司党委继续选派涂小鹏驻点帮扶松源镇荷玉村扶贫工作，并担任省定贫困村园岭村党建指导员，协助指导园岭村党建工作。强化基层组织建设，提升基层组织力。持续抓好“三会一课”制度贯彻落实，对各基层支部开展“三会一课”制度执行情况的全面检查，进一步推动基层组织党建工作责任制的落实及党务基础工作的提升；日常通过办公OA、“两学一做”微信群等多种方式下发学习资料要求广大党员学习，企业内部掀起“学习强国”排名热潮；持续开展党员活动及积极创新模式开展“主题党日”活动，围绕经营改革，每季度确定一个主题，将支部党日活动融入生产，融入“两深入两服务”。如在“5·17”期间、国庆中秋“双节”期间、岁末年初冲刺期间，共14个支部近100名党员参与投入到市场一线营销活动中，发挥先锋表率作用，助力企业经营发展，强化党建与经营融合。

业务发展　在市场经营工作中，围绕市场需求，不断强化经营管理，创新实施营销活动，积极拓展市场份额，实现宽移收入及全业务用户发展量不断攀升。其中，“平安乡村”建设取得阶

段性成果，完成19个镇/街道办镇级平台签约，为梅县区打造三级联防体系提供信息化保障，大大提高社区治安水平。

改革转型发展　2020年，梅县分公司紧紧围绕省市公司工作部署，坚持“云改数转”部署、落实“三维联动”专项，推动企业大区制改革，实现企业高质量发展。

基础设施建设　2020年，梅县分公司精确把控光宽补点建设，全力支撑网络简化、平安乡村、智慧社区等市场业务发展的需求。光网全面覆盖梅县区城区、行政区和大部分自然村，真正意义上实现乡镇全光覆盖。全面配合区委、区政府开展“创建文明城市”“巩固卫生城市”及“两美”线路整治工作，2020年，完成县委宿舍、宏业小区、文化城小区、西山大屋跨、畲江圩镇、梅西圩镇、南口高铁出口沿线等20个点的“四网”整治工程及老旧小区整治工作。

助力梅县信息建设　助力梅县区各项大型活动，通信保障工作亮点纷呈。在重大疫情影响下，梅县电信克服困难，自2月中旬“停机不停学”启动以来，梅县电信协助梅县区教育局应急响应开通天翼云资源和提速外国语学校主直播平台的大带宽网络，并成立专业团队全程支撑保障直播期间网络通信，累计支撑全区中小学校开展网络教学，实现线上授课1684节课，点击量超1.2亿人次。同时，完成中高考、自驾节、广东省公安机关执法资格等级考试（梅州考场）及“梅马”“客都人家”等系列通信保障工作。

2020年年底中国电信股份有限公司梅县分公司

总经理：温　雄

（供稿：李慧颖　王　艳）

【移动】　2020年，梅县分公司在区委、区政府的领导下，以习近平新时代中国特色社会主义思想为指导，积极应对新冠疫情等带来的严峻挑战，公司规模实力、市场地位、基础能力和综合竞争力跃上新台阶，推动企业实现高质量发展。

5G发展　一是打造5G精品网络。2020年，梅县新建127个5G站点，共开通127个，全面覆盖梅县城区和部分主要乡镇，工业区和重要景区实现到达覆盖。二是加快普及5G终端。5G客户超6.3万户，打造23个智慧社区，为387个行政村提供宽带及视频监控服务，宽带客户超10万户、电视客户超8万户，提供全屋WiFi、家庭安防等智慧家庭硬件超2万。三是推动5G融入百业。紧抓国家级农业产业园创建契机，专项攻坚5G数字农业园拓展，打造“5G+梅县区国家现代农业产业园智慧农业项目”，形成农业行业标杆应用。

信息化工程　以大数据、云计算、物联网等自有技术，聚焦党政、执法、教育、旅游、中小企业等行业和群体，整合政务信息系统资源，构建覆盖“县—镇—村”的纵向政务协同办公体系，为超50家单位提供统一政务办公系统服务；为政府升级打造惠民信息公开与监督平台；提供云平台服务，助力企业上云用云的云计算服务提升；服务政府单位及大型企业的网络通信及办公超200家，服务中小企业超2000家；和教育学校使用数超80家，有效助力梅县“智慧城市”建设。

疫情防控　一是支撑好政府防疫。疫情期间，专项做好卫生系统网络保障，确保卫健系统视频会议系统正常运行。支撑梅县区疫情防控指挥部远程视频会议系统，5个区直医疗单位、18个乡镇卫生院提供更方便、更快捷、更及时的5G远程视频指挥调度会议系统服务，助力梅县区疫情防控指挥部更高效、更快捷地远程无接触防疫防控工作。二是服务好内外部客户。与梅县区文旅局及下属文化站、雁南飞茶田、南寿峰，灵光寺，大观天下等景区提供5G+智慧人脸测温跟踪系统，为梅县旅游在疫情期间的发展提供了保障。内部严格落实人员排查、场所消杀等八方面防护举措，全体员工0疑似、0感染。

社会责任　高效组织开展梅州马拉松、客都人家开业、农民丰收节等专项通信保障工作，确保政府重大活动顺利举行。多维度开展客户服务满意度提升，通过资费专项治理、家宽百日攻坚

和无线亮剑行动，资费、手机上网、家宽上网三大满意度领先指标逐期提升；完成护网2020、铸盾2020等重大活动保障和抗台防汛保障，落实防范打击通信信息诈骗和综合整治骚扰电话，关停涉诈号8641个，月均拦截涉诈呼叫约2000次；月均拦截骚扰电话约1600次，重大网络与信息安全事件零发生。

2020年年底中国移动通信集团广东有限公司梅县分公司

总经理：温国宗

（供稿：罗宇荣）

【联通】 中国联合网络通信有限公司梅县分公司是中国联通的下属分支机构。经营范围包括固定通信业务、移动通信业务、数据通信业务、网络接入业务和各类电信增值业务，以及与通信信息业务相关的系统集成业务等，为用户提供高效、优质、内容丰富的信息通信服务，是梅州信息化建设的主力军。2020年，梅县分公司在区委、区政府的大力支持下，在上级公司的领导下，积极响应国家网络强国、互联网+行动、5G战略计划，积极响应政府号召、落地省级分公司部署，致力加快本地信息基础设施尤其5G建设发展。加速5G行业应用创新（5G+工业互联网、5G+智慧执法和5G+智慧医疗、5G+智慧农业、5G+智慧教育）为梅县区行政事业单位的信息化建设和企业与农村信息化应用普及提供更加优质、丰富的服务。

党建工作　坚持以习近平新时代中国特色社会主义思想为统领，深入贯彻中共十九届五中全会精神，落实新发展理念，持续推进“五新”联通建设。2020年，召开支部党员大会12次，开展主题党日活动12次，坚持以高质量党建引领高质量发展，公司党支部始终坚持党对企业领导不动摇、围绕经营发展不偏离、建强基层党组织不放松，持续推进党建工作与生产经营实践相结合，把党建成效转化为促进公司发展的内生动力和强大优势。加强学习，树立正气，做到诚信经营，全面落实上级公司党建要统领全局、融入全局、推动全局工作要求，实现业务发展全面提速。积极开展对对口帮扶村松口镇盘龙村的帮扶工作，全年开展了二次慰问工作，为盘龙村搭建“沃视通流动党员管理平台”，该项目的投入使用使得外出的党员和老龄党员能够学习不掉线，实现“离村不离党、流动不流失”的愿望，加强了村党支部的党建管理。

基础设施建设　2020年，梅县分公司完成基础网络建设投资1564.1万元（其中5G基站室分建设投资1347.5万元），投资完成率100.1%，共开通5G基站77站，完成梅县主要区域5G基本覆盖（含县政府、粤东医院、畲江工业园、大型小区等区域），完成年度5G网络建设开通目标。新开通4G基站15站，新增NB基站5站，新增100M以上光纤接入用户数0.2万户（含光改迁转用户）。2020年，梅州联通云数据中心建成交付使用，是梅州市唯一家达T3+标准的数据中心，搭载5G数据切片和MEC（边缘云）技术，可个性化定制支撑各场景5G+应用，具备服务全市行政、企事业单位合作5G+应用部署的双活运营能力，成功与粤东医院开展5G+远程B超应用体验，与梅江区博敏电子5G+PCB智能制造、大埔通美实业5G+全果深加工。以后可为梅县高新技术、电子信息等行业5G+智慧应用提供服务，助力梅县高新技术产业园、综合保税区、金柚产业园等信息化升级发展。

5G行业应用创新　随着5G网络的加速建设、联通积极推广5G行业应用创新：

5G+工业互联网。5G是新一代移动通信系统，5G与工业生产融合之后，逐步成为支撑工业生产的基础设施。5G与工业互联网融合应用八大类新型场景，分别为5G+超高清视频、5G+AR、5G+VR、5G+无人机、5G+云端机器人、5G+远程控制、5G+机器视觉以及5G+云化AGV等将助力梅县实现制造业向智能化、服务化、高端化转型。

5G+智慧执法。利用5G的大带宽、低时延高可靠及海量连接特性，结合AI、大数据、IoT等支撑能力，打造立体5G+智慧执法应用系统，满足执法行业高清视频监控、灵活和快速部署、实时调度、广覆盖监控以及高可靠性保障的要求。

5G+智慧医疗。2020 年，实现 5G 在医疗健康领域包括远程会诊、远程超声、远程手术、应急救援、远程示教、远程监护、智慧导诊、移动医护、智慧院区管理、AI 辅助诊断等众多场景的广泛应用，通过创新智慧医疗业务应用，节省医院运营成本，促进医疗资源共享下沉，提升医疗效率和诊断水平，缓解患者看病难的问题。

5G+智慧农业。助力农业精效生产，数字驱动产业升级。推出无人机植保、高清视频监测、虫害识别、精准种植、智能预警等创新应用，实现农业产业数据驱动，精准化生产，效率提升。

5G+智慧教育。5G 与人工智能、虚拟现实、全息互动教学的应用结合、物联网校园管理等可以提升区域教育资源的协作，助力教育智能化发展。

联通 5G 应用场景推广将赋能千行百业创新升级，如 5G 新媒体、5G 智慧建筑、5G 智慧社区、5G 智慧交通等。

客户服务　2020 年，梅县分公司全面开展“百倍用心，10 分满意”的活动，推出宽带装维服务标准，实现装机、障碍修复“一日通”。发生装机及维护超时情况，采取按天补偿（除自然灾害不可抗力外，因国家政策、政府行为、司法行为、物业原因、市政施工、市电停电、用户原因等原因造成的超时不在补偿范围内），进一步提升装维服务水平。2020 年，全年宽带新装及时率为 99.4%，故障修复及时率为 99.2%。

2020 年年底中国联合网络通信有限公司梅县分公司

总经理：张　添

（供稿：刘桂青　张伟银）

责任编辑：杨东梅

城乡建设

住房和城乡规划建设

【概述】 2020 年，梅县区住房和城乡规划建设部门坚持以人民为中心，以打造宜居、整洁、优美的城市为目标，促进经济社会持续健康发展。2020 年，全区 55 家资质等级以上建筑业总产值 35.59 亿元，同比减少 4.8%。全区完成建筑业增加值 11.12 亿元，同比下降 6.5%。建设项目 116 项，建筑面积 212.25 万平方米。建成区面积 20 平方千米，建成区绿化覆盖率 43.56%，绿地率 40.24%，人均公共绿地面积为 17.29 平方米。

【城乡建设】 城市建设　一是对续建梅县新城地下管廊等市政基础设施工程、梅县区人民南路断头路市政道路工程、梅县区西片区储备地三条市政道路工程、梅县区公园北路梅花城侧道路工程、梅县区扶大变电站侧垃圾压缩中转站配套建设公厕工程、扶大变电站进站路及埋地高压电缆迁改工程，进行项目监管和协调推进；二是对新建项目广梅中路金锭花园人行天桥工程、扶外路市政道路改造工程做好前期报批报审、协调等工作；三是全力推进畲江北站连接道路与梅畲快线平面交叉改造工程、客都大桥至高铁梅州西站段沥青路面改造工程一期、梅县区进城大道延长段市政道路工程建设；四是扎实推进棚户区改造项目，梅县新城棚户区项目已完成工程总进度 87.6%（大沙安置小区工程完成 92.8%，三丰安置小区完成 82.4%）。程江河段棚户区改造项目完成工程总进度 77%；五是投入约 200 万元，修复破损花带石及路缘石约 300 处、坑洼不平、破损道路约 10000 平方米，加固部分存在安全隐患的人行天桥广告牌。

乡镇建设　1. 推进全区农村危房改造工作。全年完成建档立卡贫困户仍住CD级危房改造38户，共拨付111.53万元；建档立卡无房户新建房屋2户，共拨付8.7万元。2. 扎实推进农村削坡建房风险整治工作。2020年，省级拨付削坡建房风险等级专项资金230万元,用于排查鉴定工作，经第三方排查，梅县区农村削坡建房隐患点有6223户（处）。2020年，省级下达梅县区削坡建房整治任务数171户（处），至年末，已开工106户（处）、竣工83户（处）。3. 加大农村生活垃圾处理力度。全部实行市场化运作，共配备专业管理人员40人，清扫保洁、收运及转运人员523人，垃圾桶19000多个，车辆480多部，在用中转站16个，其中：新建中转站已投入使用14个，原有简易中转站2个（丙村镇、雁洋镇）。16个镇已形成前端清扫保洁，中端收运、末端压缩转运的生活垃圾处理一体化流程，生活垃圾经压缩最终运送至奇龙坑填埋场进行无害化处理，农村保洁覆盖率100%，生活垃圾产生量约280吨/天，垃圾有效处理率100%。4. 分两批完成7个镇计11个镇级填埋场验收及复验工作，全区列入中央环保督察整改任务的11座镇级垃圾填埋场现已全部按时完成整治销号任务。

【建筑市场管理】　一是做好建筑工程施工许可证核发管理工作。全年办理建筑工程施工许可证72份，其中：政府投资类15个，社会投资类57个，建筑面积101.55万平方米。二是受疫情影响建筑产值同比下降。全年全区45家施工企业完成建筑业总产值30.88亿元。三是做好招投标备案及招投标投诉处理工作。全年受理房屋建筑和市政基础设施工程招投标告知性备案16宗，全电子化招投标归档资料6宗，招投标投诉（举报）4宗，发出招投标活动中不良行为通报1宗。四是抓好工程竣工验收备案管理工作。全年办理竣工验收备案手续111项，建筑面积88.32万平方米，投资金额约34.77亿元。五是抓好“深入开展建材打假专项行动”工作。全年出动检查人员396人次，检查建设工程项目132家（次），商品混凝土生产单位9家（次）。经检测全部合格，合格率100%。六是抓好清理拖欠工程款和农民工工资的工作。全年协助处理拖欠工程款和农民工工资投诉82宗，涉及1844多人次，追发工资款7787万元。七是做好建筑领域专业技术人员业绩审查工作。全年对全区符合评审条件的技术人员的业绩材料进行审查，审查的业绩材料共50多项。八是加强对建设工程质量安全检测。全年受监工程77项，面积418万平方米，市政道路1.8千米，投资125.4亿元；验收工程35项，面积139万平方米，投资42.3亿元，验收合格率100%。九是稳步推进散装水泥推广应用、墙材革新工作。全年销售预拌混凝土使用量168.57万立方米，用散率98%；督促检查搅拌站18次，包括综合整治、主体责任落实情况、正规化管理情况、“源头”治超情况及安全生产情况；全区新型墙体材料生产企业共认证备案5家，全区全年生产粉煤灰砖9981万块，综合利用粉煤灰2294万吨，混凝土砌块22.3万立方米。十是扎实开展建筑施工扬尘专项治理工作。全年组织对在建工程的施工扬尘专项检查10次、出动人数810人次，检查工地270项次，发出施工扬尘整改通知书47份。

【房地产管理】　商品房管理　2020年，加强对房地产项目开发建设、预售销售、物业管理和矛盾纠纷化解处理各个环节监管，加强房地产预售资金监管，严格执行预售管理规定，以工程进度为依据，规范预售资金审批制度，确保预售资金规范运行充分，继续健全监督管理长效机制，促进区域房地产业持续健康发展。2020年，全区99家房地产企业中的62家完成房地产开发投资61.19亿元，同比下降5%，其中住宅投资44亿元，同比下降8.5%。商品房预售5756套71万平方米，套数同比减少57.16%，面积同比减少52.02%，其中住宅预售4843套62万平方米（套数同比减少43.58%，面积同比减少41.5%），非住宅预售913套9万平方米。2020年，房地产销售8004套84万平方米(其中住宅511套68万平方米，非住宅2493套16万平方米)，套数同比减少9.02%，面积同比减少10.89%，成交金额51.5亿元，成交金额同比减少18.92%，成交均价5877元，均价同比减少9.05%；住宅销售套数同比减少15.8%，面积同比减少12.46%，成交金额39.87亿元，成交金额同比减少17.31%，成交均价5819元，均价同比预计5.54%。2020年年底，库存（含期房和现房）48642套320万平方米，其中住宅12454套153万平方米、非住宅36188套167万平方米。

住房公积金　2020年，办理住房公积金缴交单位有567个，缴存人数有3.23万人，全年归集住房公积金4.91亿元，同比增长0.98%；缴存住房公积金总额34.47亿元，比上年末增长0.88%；结存余额11.84亿元，比上年末增长0.93%。审查发放贷款户数1110户，全年发放贷款额2.49亿元，同比分别增长0.84%、0.85%。贷款发放户数8842户，发放贷款总额18.08亿元，发放贷款余额10.56亿元。办理住房公积金提取额3.78亿元，同比增长0.98%，占当年缴存额的77%，提取总额22.62亿元，同比增长0.83%。催收补交住房公积金单位35个，核对住房公积金单位与银行数字70个。

保障性住房建设管理　一是大力推进对2018年签订的目标责任书中城市棚户区改造100套（87套为实物安置，13户为货币安置）棚改项目工程，2020年工程进度为56%。二是按照保障房年审制度，逐户进行审核。全年完成在保家庭年审工作95户，其中符合保障条件，继续给予保障51户，不符合条件（办理）退出保障44户。新增住房困难家庭保障对象6户，申请一户保障一户，做到应保尽保，保障率100%。审核发放住房租赁补贴，计6700元。

直管公房管理　2020年，一是抓好直管公房房租收缴工作。全年收取租金约2927299.3元，免租341户，免除租金总额为474453元。二是做好直管公房维修工作。全年维修房屋277间，维修面积8164.7平方米，维修费用支出119863.74元（注：有一单已修未付款，费用为4.98万元。）

房屋征收管理　2020年，承担房屋征收项目14个，签订征收补偿安置协议书256宗，发放房屋征收补偿款约24719万元（含各镇直接发放的补偿款），征收并拆除房屋、附属物占地面积为30597.2065平方米，建筑面积为42155.4559平方米，顺利完成既定的房屋征收任务。完成2017—2019年共23个征收项目被征收户在扶大三丰、程江大沙安置区的安置房回购的选房工作，大沙安置区432套：已选352套，余80套；三丰安置区420套：已选392套，余28套。继续完成幸福家园安置房的回购、结算及办证发放工作。

【环境卫生管理】　一是加强城区保洁。保证每天18小时，对城区市政道路292条、面积300万平方米进行清扫保洁工作。二是加强道路扬尘治理。每天派出6辆扫地车和3辆洗扫车对城区主、次干道210万平方米道路进行洒水4次，每周派出3辆高压冲洗车对人行道、铺道等清洗，不定期对施工地段进行冲洗，从源头有效控制扬尘产生。三是加大清除“小广告”力度，约每天清理“三乱”牛皮癣约500多张（处）。四是小区垃圾收集管理。对区域600个居民小区（含单体楼）生活垃圾实行定点投放、定时收运模式，一天收运二次，为市民创造良好的居住环境。五是加强公厕管理。对所管辖的16座公厕，做到“一人一厕”管理，完善公厕配套设施，及时修复设施，保持公厕整洁卫生，为市民和游客提供良好的如厕环境。六是加强垃圾收运管理。对城区8座中转站排污水沟每周清理一次，日产日清，日收集转运约250吨生活垃圾并运至奇龙坑焚烧场集中无害化处理，城区生活垃圾无害化处理率100%。七是做好垃圾分类，新城办试点小区引进社会第三方，通过摆点、志愿者上门入户宣传垃圾分类有关知识，其中和谐小区、状元楼小区、西桥头小区正式运行，运行率70%以上；金富花园、御江豪庭正在发放智能卡。按照“可回收、有害、易腐和其他垃圾”四个类别，新购置982个分类垃圾桶，对城区范围内的居住小区、公寓、分散住宅区等，按照每个物业管理单元不少于一组四分类垃圾收集容器的标准进行投放；对城市道路、公园、广场、城市综合体、农贸市场等公共场所，根据人口数量、服务半径、垃圾产量进行投放，基本实现垃圾分类设施投放全面覆盖。购置8辆小型密闭车进行厨余垃圾的运输作业车辆，按照四分类原则试行分类收集小区生活垃圾，加快推进“分类投放、分类运输”。八是加强对承包公司督查考核制。

【园林绿化】 一是做好日常养护管理。加强督促养护单位管辖内绿化带、公园内卫生保洁，及时补苗补绿。采取“预防为主，防治结合”的原则，做好病虫害防治工作。实行网格化管理制度，做好巡查日志，每月进行细化考核，园林绿化管理进入良好循环轨道，绿化带进行补苗补绿67850平方米。二是春节、中秋国庆节日前对梅县区各重要节点、道路和人民广场等进行绿化美化布置，积极营造喜庆祥和的节日气氛，每次费用约350万元，提升面积约9000平方米，全年总投资约700万元。2020年，环境提升运用了较多花境，花期较长，景观提升效果显著。三是对能展现梅县区城区景观面貌的客都大桥至高铁站沿线和其他重要节点，在原绿化地段进行提升，选择宜养护树（草）种，创造形式多样，能够体现良好城市风貌的景观道路，提升面积约6844.28平方米，投资175.49万元。四是对梅县区人民广场周边、亲水公园、金秋街口袋公园进行提升，增设一批园林景观和健身器材等，投资72.99万元。五是加强对城区56万平方米公共绿地的监管力度，完善对承包企业的考核制度，进一步提高城区绿化水平。

【路灯、灯饰】 一是对梅县区新府街、新贵街、电厂路、交通路、行政区等路段路灯改造工程项目进行政府采购公开招标，该项目总投资约290.46万元，更换路灯1840盏。二是对梅县区大新城33杆老化变色葫芦灯进行重新更换安装，对所有改造路段全部采用LED灯，有效节约电能和提高灯具使用寿命；对各承包单位进行认真考核，使全区路灯亮灯率99%以上。三是对各承包单位进行认真考核，加强城区路灯日常维护管理，使全区路灯亮灯率99%以上。路灯故障修复及时率、开关灯时间准确率、灯容灯貌合格率都达到国家规定标准，同时对灯杆小广告及时清理。

【城市管理监察】 围绕创文、“两美”行动及梅州市第三届马拉松大赛等工作，持续加强对市容市貌和环境卫生的管理整治。一是不断加大对城区乱摆乱卖等“六乱”行为的整治力度，持续开展专项整治行动，加强广场夜间流动摊贩的管理，全年组织140多次的大小市容市貌整治行动，规范店外占道摆卖门店39357间，劝导、取缔占道流动摊档1473多宗，清理、拆除设置在花带内破损指路牌、横幅1084条，整治夜间排档、烧烤档5740多档，暂扣物品746多件，拆除破损店面招牌3100平方米，顶楼户外大型招牌2块，共1300平方米。出动工作人员200多人次，在城区内主次干道广场派发创文宣传单1万余份。二是加强对城区建筑垃圾及外围倾倒现象的管理，规范沿街门店乱堆放建筑垃圾816多宗，及时清理清运乱倾倒建筑垃圾515立方米，对部分不按规定乱倾倒装修垃圾的作出行政处罚，处罚金额约2.58万元。三是针对城市规划区内乱搭乱建、少批多建、不按规划图纸建设问题，制定切实有效措施加强巡查；对偷建、抢建的违章建筑坚持“零容忍”态度，依法予以拆除。全年查处并拆除各类违章、违法建设79宗，拆除面积8091平方米。四是根据《关于开展梅县区临时建筑（铁皮瓦）整治工作的通知》和高铁沿线环境专项整治的工作要求，主动发挥牵头责任单位作用，全年拆除整改铁皮瓦90519.23平方米。其中党政机关、企业事业单位、学校拆除整改29家单位，约12814.32平方米；城区主次干道拆除整改35户，约12610平方米；高铁沿线已全部完成整治任务，共拆除65094.91平方米。五是全年组织对在建工程的施工扬尘专项检查10次、出动人数

810 人次，检查工地 270 项次，发出施工扬尘整改通知书 47 份。六是加强对余泥渣土的运输管理，全年出动执法人员 2430 多人次，向施工工地发出温馨提示 450 份，检查管理工地泥头车上路未密闭撒漏 308 宗，责令施工方清洗污染路面 245 余次，约 3.675 平方米，作出行政处罚 8 宗，处罚金额 9.7 万元。

【管道燃气】 2020 年，为增强燃气供应保障能力，敷设完成天然气市政管道 116 千米、庭院管道 116 千米。全年梅县区天然气供气总量 1109.742635 万立方米（梅县区城区），液化石油气供气总量 16136.5 吨。至年末，有天然气用气户数 7 万户，瓶装石油液化气管理得到进一步规范。

【人民防空】 一是根据市国动委会议及市人防办文件精神，重新组建 4 支人防专业队伍，共 101 人，确保统计调查资料真实、准确、完整，防止出现虚报、瞒报、漏报等现象。二是结合安全生产月活动，现场召集工地各项目负责人学习安全生产月文件和人防知识宣传活动，发放人防安全生产知识 200 多份。三是 9 月 18 日 9 时 18 分至 9 时 33 分，在梅县区城区进行第 19 次防空警报试鸣。四是严格征缴人防易地建设费，促进人防“结建”工作的进一步落实，全年项目报建 124 宗，其中“结建”9 宗、应建人防面积 68601.6 平方米、征缴人防易地建设费 379.9 万元。

2020 年年底梅县区住房和城乡规划建设局
局　长：李　梁

（供稿：张　波）

生态环境保护

【概述】 2020 年，梅县区积极履行职责，统筹推进常态化疫情防控和经济社会发展生态环保工作，全力支持服务做好“六稳”工作、落实“六保”任务，把解决突出生态环境问题作为民生优先领域。始终保持加强生态环境保护的战略定力，突出精准、科学、依法治污，以更加有力的措施打赢打好污染防治攻坚战。“十三五”规划确定的生态环境保护约束性目标任务基本完成，生态环境质量保持良好。未发生因环境问题引发的集体上访和群体性事件，未发生重大污染事故。

【环境质量】 2020 年，梅县区新城环境空气质量优良，空气质量优良率 98.3%，PM2.5 平均浓度 22 微克/立方米。全区 6 个地表水考核断面（1 个省考、5 个市考）1—12 月平均水质均达到或优于Ⅲ类，平均水质优良率 100%，水质达标率稳步提升。饮用和备用水源平均水质达到水质保护目标要求。无丧失使用功能（劣于Ⅴ类）断面水体。城区环境噪声基本符合城市噪声质量标准。

【环境保护管理】 1. 深化“放管服”改革，优化审批服务。全面梳理区本级职能行政许可和公共服务事项。依规对建设项目实行环评豁免管理和环评告知承诺制审批。优化疫情防控期间环评审批流程。统筹推进区生态环保重大项目建设工作。2020 年，生态环保重大项目 7 宗，项目总投资 45.574 亿元，计划完成投资 10.2991 亿元，已完成投资 6.8766 亿元，完成 2020 年度投资计划比例为 66.77%。全年审批建设项目 87 宗，备案登记 154 宗；窗口受理行政许可项目 399 个，办结 399 个；完验收建设项目备案 62 宗；审批建筑施工夜间连续施工申请 295 宗。2. 推进“双随机、一公开”工作，强化环境监管。做好建设项目审批或备案后跟进服务和监管工作，督促企业完善污染防治设施建设、完善建设项目竣工验收手续。严格贯彻落实行政执法公示、执法全过程记录、重大执法决定法制审核等制度，规范行政执法程序，积极推进“双随机”抽查机制。全年开展“双随机”抽查 130 家次。

【环保督察整改】 2020 年，组织做好中央环保督察、中央环保督察问题整改“回头看”和省环保督察问题整改工作。涉及本区的共16项整改任务中，14项已完成整改，畜禽养殖污染问题和农村生活污水处理设施建设任务达到时序进度。187件中央和省环保督察组交办件全部办结。

【污染减排】 2020年，按期完成第二次全国污染源普查。推动落后产能退出工作，对存在能耗、环保、安全、技术达不到标准和生产不合格产品或淘汰类产能，依法依规不予核发排污许可证。开展畜禽规模养殖场粪污资源化利用情况核查，督促各镇全面完成禁养区畜禽污染整治。深化排污许可制改革，加快推进排污许可全覆盖。至年底，梅县区112家企业获发国家排污许可证，办理排污登记694家，全面完成上级下发的国家排污许可核发登记任务。对照污染防治攻坚战任务要求，完成或超额完成主要污染物减排任务。全面完成“十三五”期间主要污染物总量减排工作任务。

【环境综合整治】 1. 加强执法监管，确保环境安全。深入开展环境执法大练兵，聚焦重点行业和关键时间节点，以严查危险废物产生和处置单位、涉重金属排放企业、非金属矿山、规模化畜禽养殖场等行业企业落实环境安全和应急管理工作，以及生态环境领域扫黑除恶专项斗争工作为重点，督促企业切实加强环境安全防范措施，确保污染防治设施正常运行，生产废水稳定达标排放，固体废物储存场所符合“三防”要求。据统计，全年出动执法检查2475人次，检查企业943家次，发出《责令改正违法行为决定书》7份，发出《责令限制生产决定书》1份，实施行政处罚8宗，处罚金额23.6918万元。

2. 精准施策，污染防治攻坚战目标任务全面完成。全面完成本区污染防治攻坚战的31项重点工作任务和13项问题清单任务。

大气污染防治 开展蓝天保卫战百日冲刺等专项行动，加大对建筑工地、道路、移动源、工矿企业以及城区周边露天焚烧、燃放烟花爆竹等大气污染管控。强化污染天气的预警预报和大气污染联防联控。实施水泥行业提标改造，完成3家水泥生产企业清洁生产审核验收、13家VOCs重点监管企业整治和8家工业窑炉大气污染物综合治理，做好VOCs减排核查工作。开展19家机动车用车大户入户检查，规范非道路移动机械环保管理，对97台非道路移动机械发放环保登记号码。完成全区57家加油站的油气回收专项检查，督促城区12家加油站落实错峰加油措施。联合交警、交通等部门加大机动车路检频次，对4辆废气检测不合格车辆依法进行查处，切实有效改善城区大气环境质量。

水污染治理 以问题为导向，聚焦省、市控断面和饮用水源，贯彻落实“水十条”和“南粤水更清”行动计划，进一步强化水质保护。每月对主要河流的10个市控断面开展水质监测，对6个考核断面水质达标情况进行分析和预警。开展集中式饮用水水源地保护专项整治，每季度对15个镇级集中式饮用水水源水质开展1次以上监测，排查整治7个“千吨万人”水源地保护区内环境违法问题。督促各镇（高管会、办事处）加快推进水库水体污染整治、养殖污染防治、污水处理设施和配套管网建设等。至年底，完成农村生活污水治理现状摸排，并编制《梅州市梅县区农村生活污水摸排治理实施方案》，全区1386个自然村达到治理要求的有1058个自然村，完成率76%。完成全区57家加油站200个地下油罐的改造任务。

土壤污染防治 开展重点行业企业用地土壤污染状况调查。完成全部33个地块调查，形成1个初步采样地块。完成疑似污染地块调查和风险评估，已编制方案报省生态环境厅。2家涉镉重金属整治企业已完成重金属污染整治工作。严格污染地块再开发利用准入管理。梅县区无污染地块供应情况，安全利用率100%。会同区农业农村局完成农用地调查，全区受污染耕地安全利用类任务共1742.74公顷已全部完成，达到100%的管控目标。

3. 重视环境信访工作，维护群众合法权益。

高度重视环保督察交办案件、人大议案、政协提案和人民群众来信来电来访，规范信访投诉的受理、交办、调处、反馈等流程，耐心做好息访息诉工作，提高办理力度和效率。全面排查涉“环保邻避”等有可能引发越级上访或群体性事件的倾向性、苗头性隐患，积极化解可能因环境问题引发的重大不稳定因素，维护社会稳定。2020年，受理各类环境信访案件772宗，信访案件的处理率保持100%。

2020年年底梅州市生态环境局梅县分局

局　长：黄伟政

（供稿：张红英）

国内贸易

2020年，全区社会消费品零售总额完成146.5亿元，同比下降5.4%。按经营所在地分：2020年，城镇实现消费品零售总额110.9亿元，同比下降6.1个百分点；乡村实现消费品零售总额36.9亿元，同比下降2.9个百分点。按消费类型分：2020年，全区实现商品零售131.2亿元，同比下降6.2%；实现餐饮收入15.3亿元，同比增长2.2%。按规模类型分：2020年，全区限额以上单位实现零售额33.02亿元，同比下降5.5%；限额以下企业和个体户实现零售额113.5亿元，同比下降5.3%。

供销商业

【概述】 2020年，梅县区供销合作联社围绕省、市供销社的工作部署及区委、区政府的提出的13365工作思路和举措，立足供销社本职，大力推进改革治社，不断完善为农服务功能，努力完成新型乡村助农服务示范体系建设任务，推动供销社培育壮大工程的实施，促进农业现代化发展和农民增收致富，各项工作取得较好成绩。全年实现商品总购进99781.04万元，同比增长54.6%，实现商品总销售100051.11万元，同比增长53.8%，农副产品销售总额26965.98万元，同比增长32.8%，实现利润35.23万元，同比增长64%。

【助农服务综合平台（中心）建设】 2020年，认真贯彻落实《广东省人民政府办公厅关于印发供销合作社新型乡村助农服务示范体系建设实施方案的通知》（粤办函〔2019〕46号）文件精神，按照“两年完成建设，四年完善功能”两个时间节点，扎实有序全面完成新型乡村助农服务示范体系建设。一是结合实际，紧抓落实。围绕梅县区域和产业结构实际，按“政府引导、市场运作，主体多元、共建共享，因地制宜、突出特色，功能集成、综合服务”的原则，围绕金柚、茶叶、水稻、油茶四大主导农业产业和“一镇一业，一村一品”特色农业产业，在深入调研基础上，按省社“三个一批”的建设模式，联社领导分工包干，落实责任，确保助农综合服务平台网络建设任务落实。至5月底，已超额完成省市下达的工作任务，建成1个县域助农服务综合平台和21个（其中新增2个）镇级助农服务中心。二是发挥职能作用，认真做好保供给、抗疫复产助“三农”工作。①2—3月间，县域助农服务综合平台线上线下齐发力，直接从种植户、贫困户中采购农产品，通过检测隔离后再配送供应市民，据统计，组织配送各类食品7200多单，数量10多吨，保障市民在防疫期间的生活需求。畲江镇供销社助农服务中心是以粮食种植、加工销售一体化的镇级服务中心，在疫情防控时期认真做好粮食供应，组织储备充足粮油产品供应市场，以不限量平价供应市民，稳定市场价格。②积极开展“春风行动”助农服务活动，助力疫情期间的农业生产。围绕梅县区金柚、茶叶、水稻、水产等农业支柱产业，联合助农服务综合平台（中心）和广东天禾梅州市助农服务综合平台，先后在丙村、石扇、白渡、梅南、南口等乡镇开展生产管理、技术助农、实物惠农服务活动，力促金柚、茶叶、水稻等产业提质增效。5月，在梅南镇供销社助农服务中心茶叶种植基地举办“春风行动助茶农，提质增效促发展”为主题的“春风行动”助农服务活动。聘请农艺师讲授金柚、茶叶春管技术知识和茶叶制作实操培训，为当地茶农送去茶叶种植管理技术和优质农资产品，为参加培训的群众免费送上有机肥料30多吨，推动农民增收致富，助力乡村振兴。8月，与市供销社、区农业农村局、广东天禾梅州市助农服务综合平台联合主办，在南口供销社助农服务中心举行耕地质量提升和水稻增产提质增效无人飞机喷施作业活动。专业技术人员对无人机喷施作业进行现场演示，对高效植保机械技术的推广应用起到示范带动作用。三是示范引领带动，协同发展。助农服务综合平台（中心）充分发挥服务功能作用，结合各乡镇产业实际，大力开展互联网+服务、技术培训服务。充分利用村之翼互联网服务网络优势，线下建立覆盖县、镇、村、社区的服务网络，发展连锁经营、配送专卖等，推动农产品上行、日用品下行的双向服务，打通农村物流“最后一公里”，积极协助参与美丽梅县·客都明珠助农直播季活动。四是认真开展统防统治服务，提升农业社会化服务水平。镇供销社助农服务中心通过聘请专业技术人员，组建农机服务队和农作物病虫害专业化统防统治服务队，自带农业机械下乡，以“走进农村、走入农户”的模式，以保姆式的服务，为群众提供农资农技、仓储加工、农产品销售等服务。五是大力开展产品销售服务。以“服务中心+合作社+农户”经营模式，坚持“管种、管卖，服务到家”的宗旨，致力为农户解决“农资买难、优品种难、产品卖难”的问题。松源镇助农服务中心通过在大黄金柚产业园建设加工厂，配置服务机械设备，提高农产品附加值，延长金柚产业链，着力解决果农筛选的金柚幼果、柚皮，变废为宝，提取柚苷等药品原料，增加农民收入，推动乡村一、二、三产业融合发展。

【消费扶贫】 2020年，梅县区供销合作联社认真贯彻落实省供销社《关于印发广东省供销合作社深入推进消费扶贫工作实施方案的通知》（粤供综函〔2019〕301号）、市供销合作社《关于印发梅州市供销合作社深入推进消费扶贫工作实施方案的通知》（梅市供综函〔2019〕20号）精神和区委、区政府关于打赢脱贫攻坚战的工作部署，结合供销社行业特点和系统优势，发挥新型乡村助农服务示范体系网络作用，助力脱贫攻坚。一是充分发挥村之翼县域助农服务综合平台功能作用，积极参加广州、东西部地区等地举办的消费扶贫活动，组织专业合作社生产的萌姜片、蜜饯、豆干、豆腐干、金柚果酱等农产品进馆参展销售，全年参展5场，进扶贫馆的专业合作社有2家，有13个产品获得扶贫产品认证，并与东西部地区建立合作关系，推动建立长期稳定的产销关系，东西部地区合作销售扶贫产品45万元。同时为推动数字农业发展，拓宽特色农产品销售渠道，助推农民增收脱贫致富，村之翼县域助农服务综合平台在省市区农业农村部门及省市区扶贫部门的支持指导下，积极协办系列网络直播活动，全年举办5场带货直播活动，销售额549.3万元。二是充分利用供销社助农服务平台（中心），以“企业+合作社+贫困户”的产业精准扶贫模式，进行集约化经营，贫困户以政府统筹精准扶贫开发专项资金入股，优先从事务工、从产业基地获得收益，实现产业脱贫。村之翼县域助农服务综合平台投入资金200万元，实施水果种植等产业扶贫项目，参与产业扶贫的专业合作社有8个，带动贫困人口3256人。石坑镇供销社助农服务中心以“党组织+龙头企业+合作社+贫困户”模式，开展油茶、莲子、茶叶种植产业项目扶贫，七朱、龙塘、龙凤3个贫困村以扶贫资金共105.5万元参股分红，在确保参股资金安全的前提下，年分红收益不低于股金的8%，其中70%为村集体收入，30%为贫困户分红，既壮大集体经济又助力贫困户脱贫。在用工方面，优先聘请建档立卡贫困户，增加务工收入，实现致富脱贫。梅南镇供销社助农服务中心以“公司+村委会+贫困户”的模式，与6个村共16户贫困户签订精准扶贫合作协议，以扶贫资金共9.6万元参股茶叶种植生产，每年按股金的10%分红，在务工上给予贫困户优先，实现助农增收。南口镇供销社助农服务中心为贫困户提供11.6亩水稻优质种子，对贫困户在水稻种植、管理上全过程给予指导，与贫困户签订水稻购销协议。同时以每斤补贴0.5元的价格与3户茶叶种植户签订茶叶购销合同，贫困户按照要求提供生态优质的水稻、茶叶产品，服务中心溢价收购，统一销售，达到双方合作共赢，实现“农业订单脱贫”。

【培育壮大工程】　根据省供销社《关于印发全省供销合作社培育壮大工程实施方案的通知》（粤供合〔2020〕30号）要求，区供销合作联社谋划培育壮大工程三年实施方案，细化工作任务，推动供销合作社培育壮大工程工作的落实。2020年，完成新建村级基层社2个，新增基层社农民社员418人，新建农村综合服务社5个，新建庄稼医院3个，新建连锁经营网点28个，新领办农民专业合作社5个，完成土地托管等农业社会化服务面积2126.67公顷（其中土地托管243.13公顷、测土配方施肥536.13公顷、统防统治676.47公顷、农机作业576.47公顷），夯实供销社基层组织建设，更好地服务群众。

【企业管理】　为进一步提高社有企业的经营能力、服务水平和经济效益，不断理顺社有企业关系，推动社属企业的改革发展。一是高度重视社有企业的生存和发展，及时协助解决企业的困难，增强企业发展后劲。制定加强和完善直属公司管理的有关制度规定，对下属企业国有资产进行全面检查、登记，建立统计台账，做好跟踪监督，加强和完善资产管理。二是加快再生资源现代流通网络建设，助推城乡人居环境的净化美化。认真贯彻落实上级有关开展生活垃圾分类部署，整合和利用现有经营网点，充分发挥物资回收公司的主导作用，大力扩宽经营网点，利用全区5个直营店、80个加盟店和160多个废旧物资回收经营网点，开展分购联销活动，协调发展再生资源链条，构建镇、村、社区回收利用网络，加强与废旧物资回收企业网点的合作，在城市生活小区设立回收网点，积极宣传配合做好生活垃圾分类工作，鼓励连锁经营网点参与生活垃圾分类，净化美化人居环境，助推美丽乡村建设。据统计，全年废旧物资销售5613万元。三是构建设现代农资经营与农技服务网络。充分发挥农资公司的龙头企业作用，加强与农资厂商的联合合作，努力组织质优价廉产品供应市场，平抑稳定农资商品价格。大力扩宽农资经营网点，联结助农服务中心，利用全区各乡镇设立的服务网点35家，村级服务网点15家，深入专业合作社、种植大户，开展“一站式、零距离”的服务，送肥送药到果园、菜园、田间地头，满足群众的农业生产需求，服务“三农”。全年销售各类化肥农药2038万元。同时创新机制，按照省供销合作联社粤供综函〔2019〕527号《关于印发〈广东省供销合作社新型乡村助农服务示范体系建设工作指引〉的通知》部署，要求助农服务综合平台（中心）建设主体要以1家供销社企业或基层社为牵头建设主体，原则上要求供销社持股比例不低于34%的要求，为规范新型乡村助农服务示范体系建设，以下属梅县区农业生产资料公司占股36%，牵头组建有限责任公司，对2019年建设的1个助农服务综合平台和12个镇级助农服务中心进行参股，实现与金柚产业园、物联网和全区镇级助农服务中心的有效对接，拓宽经营渠道，织就农资产品流通网络，搞活农产品流通，推动供销社由流通服务向全程农业社会化服务延伸，向全方位城乡社区服务拓展，促进小农户和现代农业发展有机衔接，提升供销社农业社会化服务水平，助力乡村振兴发展。

【农民专业合作社建设】 2020年，梅县区供销合作联社发挥山区的优势资源，按组织化、规模化、品牌化、产业化标准，大力扶持各类专业合作社发展，着力引导专业合作社走特色之路。全年新领办农民专业合作社5家，至年底，共领办专业合作社91家，其中国家级示范社4家、省级示范社17家、市级示范社15家。

【基层社管理】 2020年，梅县区供销合作联社不断完善供销社服务"三农"功能，加强基层社管理，推动经营业务发展，更好地服务基层，服务群众。不断完善畲江、梅西基层中心社建设，更好地发挥基层中心社的服务功能作用，取得较好的经济和社会效益，中心社全年销售额2797.73万元，比上年增长6.73%。

2020年年底梅县区供销合作联社

主　任：卜华兴

（供稿：陈小燕）

烟草专卖

【概述】 2020年，梅州市梅县区烟草专卖局(分公司)在地方各级党委、政府和省、市局(公司)党组的领导下，坚持以习近平新时代中国特色社会主义思想为指导，全面贯彻中共十九大和十九届四中、五中全会及中央经济工作会议精神，围绕广东烟草高质量发展战略和市局(公司)"1236"工作思路，坚持稳中求进总基调和新发展理念，积极应对各种困难和挑战，经济运行稳中向好。全年实现销售收入7.62亿元，同比增长7%。

【烟叶生产】 一是规范为先，抓实收购调拨。2020年，全区共有334户烟农，烟叶种植面积8393亩，共收购烟叶2.305万担，完成收购计划的98.09%。上等烟占比68.6%，比上年提高4.6个百分点，收购均价1422.25元/担。严格按流程开展移库调运，做到手续完备，共调运烟叶2.305万担。二是示范带动，提升技术推广。全区实施烟田犁冬晒白1725亩，梅州市优质烟叶生产核心示范片建设1100亩、土壤改良保育核心示范区建设100亩，开展贵州中烟生态特色烟叶开发项目500亩；实现全区烟田100%烟蚜茧蜂防治蚜虫，落实性诱捕器防治斜纹夜蛾/烟青虫技术面积7000亩；推广使用生物质燃烧机125台、烟夹300套。三是夯实基础，强化设施建设。落实2020年9件烟基项目建设，完成30件烟基项目市级核销工作，进一步提升烟区综合发展能力。四是探索潜力，推动促农增收。开展密集烤房与农机具综合利用，引导开展烟后优质稻种植，共实现增收总产值167.53万元，超额完成市局(公司)下达的增收任务。

【卷烟营销】 2020年，全区共有持证入网零售客户2775户，其中电子结算占比100%，网上订货客户占比100%。一是着力提升重点品牌集中度。2020年，共销售卷烟2.24万箱，同比增长0.47%，完成全年目标100.76%。其中省产双喜一二类销量7462.72箱，同比增长5.36%。实现卷烟销售收入78173.29万元，同比增长5.52%，卷烟单箱销售收入34963.98元，同比增长5.03%。二是扎实推进零售生态环境建设。推进20支连锁终端建设，全力落实全市营销工作的"1号工程"，全区建设3户特许加盟店和6户冠名合作店，报市局星级评定客户数28户，申报开通"易灵通"店铺管家系统客户95户。推进20支形象店建设，开展品牌推介、品吸体验等活动，提高门店影响力，拓宽门店的商品种类和盈利空间。三是不断提高客户服务质量。坚持以市场为导向，完善市场信息采集工作，帮助客户做好经营上的分析和策划，增强客户经营信心。开展"三员"转型试点先行工作，使营销工作更加精细化、标准化，有效提升客户服务水平和营销人员专业化水平。2020年，随机抽查客户204户开展满意度调查，调查满意度为 94.70%。四是切实加强专销联动机制。开展虚假客户和违规客户集中治理工作，开展客户档次与经营能力不符专项清理活动，下发整改通知书 71 份，降档处理 28 户，有效维护卷烟规范经营环境。

【专卖管理】 一是强化沟通协调，深化打假打私工作。巩固深化“政府主导、部门联合、多方参与、密切协作”的烟草打假协作机制，联合公安机关出台“蓝剑”专项行动工作方案，积极协调召开年度卷烟打假工作联席会议，进一步夯实基层打假工作责任，2020 年，联合公安、市场监督管理局等职能部门开展联合执法行动 29 次，切实做到“守土有责、守土负责、守土尽责”。二是推进市场监管法治化，提升市场管控力。落实政府“双随机、一公开”监管，推行以信用监管为基础、以 APCD 重点监管为补充的市场监管新机制，科学、灵活开展日常监管。同时主动联合市场监管部门出台烟草市场联合监管协作工作方案，健全完善“双随机、一公开”随机抽查事项清单。2020 年，累计检查 7468 户次，开展“双随机”检查 4 次，月均检查命中率达 10.90%，有效维护卷烟市场良好秩序。三是聚焦依法行政，深入“放管服”改革。积极推行“不见面零接触”式办证服务，稳步推进许可证大换证工作，累计办理各项许可审批 3273 份。坚持放管结合，全面自查许可审批发放管理，深入排查经营能力与业态不符的零售户，严格执行许可证管理办法有关规定，加大对多次违法户、无效证照户及“空挂户”的清理力度，稳妥推进中小学周边零售户清退工作。2020 年，共查处违法违规卖烟大户 11 户，责令停业整顿 3 户，取消经营资格并纳入黑名单管理 3 户。四是提升内管工作实效，深入开展规范监督。严格执行国家局《工作指引》和省局《内管工作手册》，突出问题导向，切实抓好“两烟”生产经营监管。2020 年，处理预警 267 宗，提出货源投放建议 24 条。烟叶监管方面，牢牢把握合同管理这条主线，以合同签订和收购秩序为重点，切实开展烟叶种植收购合同监督检查及烟叶收购调拨监督检查两个专项检查，防控烟叶生产经营不规范风险。五是狠抓专卖队伍建设，着力提升人员素质。扎实推进专卖执法监督检查，增强专卖队伍廉洁自律意识、保密意识和文明执法意识，开展“烟草专卖执法禁令”主题学习教育培训 1 次，廉政谈话提醒 26 人次，强调执法纪律，强化责任担当。2020 年，全区查获各类涉烟案件 75 宗，符合国标、省标案件 5 宗。查获涉案卷烟 1300.49 万支、烟丝烟叶 21.02 吨、制假烟机 3 台套及制假辅料一批，案值 1267.49 万元。

2020 年年底梅县区烟草专卖局
局　长：戴新导

（供稿：高林莅）

食 盐 专 卖

【概述】 2020 年，广东省盐业集团梅州有限公司梅县分公司认真贯彻落实省集团公司党委决策部署和工作要求，凝聚全员共识，砥砺改革，勇于担当，全面完成企业各项工作任务，推动企业持续高质量发展。全年实现销售 4511 吨，其中小包装盐 3236 吨，实现销售收入 1456 万元。

【主营业务】 一是打好疫情防控阻击战，做好食盐“稳价保供”工作。二是树牢市场竞争意识，坚持渠道下沉，提升市场终端掌控力，精准应对外省盐企冲击。三是持续优化食盐产品结构，贯彻以“高端引领发力、中端发展壮大、低端防守跟随”的经营措施，优化食盐销售结构，积极拓展高端盐市场。四是精准实施激励措施，提升营销积极性，按照市场导向、效益优先的原则，科学合理完善绩效考核方案和营销激励方案，充分激发全体员工的营销主动性和积极性。五是加强品牌宣传力度，持续提升粤盐品牌影响力。

【食盐质量管理】 一是班子高度重视食盐质量安全工作，要求在生产经营过程中，履行“最严谨标准、最严格监管、最严肃问责”工作制度，按照食盐定点生产企业技术规范和ISO、HACCP质量管理的规定，强化对采购、生产、环境卫生、质量检测、仓储运输等全链条管理工作。二是加强食盐质量检测工作，坚持对采购、生产的每批盐进行全项检测，对不合格产品，严禁进入下一道工序及出仓销售，严把盐关，确保食盐安全。

【风险管理】 一是持续强化风险管理教育，不断加强关键岗位、重要岗位人员的风险教育。二是查找工程建设、物资采购、干部提拔等企业容易滋生腐败的重要环节存在的廉政风险点，切实消除风险管理隐患。三是完善廉政风险点防范措施，做到前期有预防，中期有监控，后期有处置，有效防范、化解风险。四是持续完善风险管理制度建设，制定《责任追究制度》，明确相关责任，进一步提高员工的风险意识。

【安全管理】 一是切实压实安全责任，与各部室签订了《安全生产和消防安全责任书》，将安全责任层层落实到人。二是切实抓好安全措施落实，突出抓好重点部位、重点环节存在的隐患排查力度，彻底消除安全隐患。三是加强安全管理宣传教育培训，开展形式多样的安全培训。四是完善安全管理制度建设，健全安全管理体系，使安全生产有法可依，有章可循、管理有序。

2020年年底广东省盐业集团梅州有限公司梅县分公司

经　理：李　剑

（供稿：办公室）

财 政·税 务

财 政

【概述】 2020年，梅县区财政部门坚持以习近平新时代中国特色社会主义思想为指导，认真贯彻落实中央和省、市、区委工作部署，统筹推进疫情防控和经济社会发展工作，着力抓好“六稳”“六保”政策措施落实，积极应对经济运行下行压力，认真组织收入，严控财政支出，稳妥化解政府债务风险，推动经济高质量发展，为全区经济社会发展提供强有力的财政保障。2020年，全区一般公共预算收入完成145807万元，同比减收12982万元，减幅8.18%，其中：税收收入（本级）完成99201万元，同比减收6256万元，减幅5.93%；非税收入完成46606万元，同比减收6726万元，减幅12.61%，非税占比31.96%；一般公共预算支出完成578192万元，同比减支28635万元，减幅4.72%。

【财政改革】 一是深化预算编制执行监督管理改革，加强项目库管理，推进预算绩效目标管理，规范专项资金管理，优化本级国库集中支付内部管理流程和工作环节。二是深化预算绩效管理改革，全面实施预算绩效管理。搭建区级全面实施预算绩效管理制度框架，建立健全制度体系，夯实基础；组织实施绩效自评工作，绩效评价覆盖75个一级预算单位计240个项目，自评金额（区本级资金）6.33亿元，在此基础上，对各部门预算单位填报的项目绩效自评情况进行抽审，抽查和复核15个单位33个项目支出绩效；组织实施重点绩效评价工作，聘请第三方对本区公共自行车系统建设及运营等4个民生项目进行重点评价，评价金额1.19亿元，并对项目实施程序规范性有待完善、项目资金管理与使用方面存在不足等发现的主要问题，责成主管部门进行整改落实。三是深化国库集中支付和预算执行系统一体化改革，全区一级预算单位（含乡镇）全覆盖国库集中支付业务后，全区财政、预算单位、乡镇、人民银行、国库集中支付代理银行进行联网在线业务办理、部门预算与预算执行系统的整合、项目库的建立、单位财务集中监管系统上线、公务卡改革进一步完善，大大提升了工作效率，有利于对财政资金使用的全程监管。四是深化涉农资金统筹整合改革，保障在涉农领域确定的重大项目、统筹实施乡村振兴战略、打好脱贫攻坚战等建设。2020年，省级下达涉农资金27876万元，市级统筹1115.04万元，可统筹省级涉农资金26760.96万元，根据涉农项目实施的实际情况，在经过相关程序调整并报相关上级涉农办备案后，全部分解至5个部门共30个具体项目，涉农资金支出进度100%。五是深化国企国资改革，筹备成立广东省三宜集团有限公司，整合用好全区优质国有资源；成立梅县区国有资产监督管理局，转变原技改资金管理所工作职能，并更名为区国有资产运营中心，加强国有资产监管，促进国有资产保值、增值；完善制度建设，2020年，国有企业管理方面出台《梅州市梅县区区属企业违规经营投资责任追究实施办法》等4个规定，行政事业单位国有资产管理方面出台《梅州市梅县区行政事业单位国有资产使用管理暂行办法》等5个规定。

【民生支出保障】　一是确保各项减税降费政策落实到位，切实为企业减负。2020年，全区实现减税降费5.04亿元。二是深化供给侧改革，激发市场活力，依法依规开展征收，2020年，本级税收收入完成99201万元。在抓好税收收入的同时，全面盘活存量，全力挖潜增收。2020年，盘活存量资金9.8亿元，其中：统筹后重新安排用于乡村振兴、环境保护、教育、医疗卫生、高标准农田、垦造水田、水利工程、传统村落保护、食品安全检测等方面3.58亿元。三是牢固树立“过紧日子”思想，严格预算编制，强化预算约束，严控一般性支出和“三公”经费支出，围绕区委、区政府的决策部署合理调度，将更多财政资金用于保障“三保”、疫情防控、精准扶贫、乡村振兴、创建全国文明城市、各重点项目建设、债务还本付息等刚性支出上，并有针对性地加快支出进度，提高预算支出执行率，有效提升财政资金使用效益，为各项事业的发展奠定基础。

【财政监督管理】　一是加强债券资金管理。2020年，梅县区争取上级债券资金17.3亿元，同比增加7.2亿元，增幅71.3%，其中：新增一般债券1.5亿元、新增专项债券9.7亿元、再融资债券2.2亿元、抗疫特别国债2.1亿元、特殊转移支付1.8亿元。债券资金支出率68.2%。二是加强债务管理，防范和化解风险。严格落实地方政府债务预算管理和限额管理规定，严格规范举债行为，严控增量、减少存量，妥善化解存量债务，显性债务不出现风险预警，隐性债务不出现偿债信用风险。三是加大财政监督力度，充分发挥财政监督职能，积极开展“三公”经费专项整治、农村财务、会计信息质量、扶贫涉农资金等检查，并自觉接受各级审计、人大政协和社会各界监督。

2020年年底梅县区财政局

局　长：叶金胜

（供稿：何林盛　李婧纯）

税　务

【概述】　2020年，梅县区税务部门深入贯彻上级关于统筹落实疫情防控和经济发展的决策部署，在服务“六稳”“六保”大局中贡献税务力量，彰显梅县区担当，成功创建“全国模范职工之家”，顺利通过“全国文明单位”复评。2020年，全区组织税收收入2962063万元，同比减收17086万元，为上年同期的95%，其中：中央级收入135833万元，同比减收1016万元，为上年同期的99%；地方级收入160230万元，同比减收16070万元，为上年同期的91%（区本级收入

101577 万元，为上年同期的 96%）。1—11 月，全区新增减税降费 4.61 亿元，其中：2020 年出台的支持疫情防控和经济社会发展税费优惠政策新增减税降费 3.1 亿元；2019 年年中出台政策在 2020 年翘尾新增减税降费 1.51 亿元（减税降费数据由国家税务总局公布）。

【税源管理】 1. 做好税源调查，加强税收分析。加强税收数据分析，对常规性税源要做到心中有数，对偶发性税源要密切监控，做到底数清、情况明，加强对税收发展变化趋势的预判，综合分析重点行业前景、重点企业经营情况、减税降费效应和受疫情影响等因素对税收收入的影响，运用税收数据做好税收收入分析，为领导决策做参谋，为当地政府建言献策，掌握税收收入工作主动权。2. 加强专业团队管理。成立业务骨干专业团队，实行多兵种联合作战。一是成立土地增值税清算小组；二是成立收入分析小组；三是成立所得税汇算小组。3. 加强重点税种管理。加强土地增值税的征收管理。一方面，继续抓好可清算项目、土地交易、个人非住宅转让等的土地增值税清算工作；另一方面，加强房地产企业土地增值税的预征管理工作。4. 加强个人所得税的征收管理。一是加强个人收入信息的采集，特别是对高收入人群，积极利用外部信息从多方面、多渠道收集更加全面的数据；二是强化个人股权转让所得税税收的征管，充分利用涉税信息平台，加强与市场监督管理局的信息交换，及时掌握企业股权变动信息，重点监控重大个人股权平价转让情况，并严格按照股权转让相关政策规定进行税务处理，确保股权转让相关税收收入及时足额入库。5. 加强房地产和建筑行业的税收管理。继续对房地产业和建筑行业税收进行一体化管理，全面加强梅县新城、各乡镇房地产业和建筑业的税收管理，层层把好关口，做到应收尽收。6. 加强重点企业的税收管理。做好税源调查，深入基层和重点税源企业实地调查，全面掌握梅雁、宝丽华、嘉元、富力等大企业的生产经营变化情况，建立专户台账，加强跟踪管理和分析预测，重点对纳税户税收异动情况进行比对分析，及时发现问题，堵塞税收漏洞，有效提升税收征管质量。7. 加强建筑行业扬尘环保税的征管。对全区 2018 年后新建和在建工程进行核查，辅导企业正确申报缴纳扬尘环保税。8. 增强税收宣传实效性。坚持把税宣工作与日常工作相结合、与纳税人高度关注的热点政策相结合，开展形式多样、针对性强的宣传活动。综合利用报刊、电视、电台、微信和政府信息公开业务平台宣传减税降费税收政策，实现从线下宣传为主向线上线下宣传并重的转变，积极引导社会舆论支持税收工作。

【依法治税】 2020 年，梅县区税务局继续在法治轨道上推进税收治理体系和治理能力现代化，在法治工作中达成 8 个“百分之百”。具体包括：外部审计涉税问题整改率 100%，内控监督平台自我纠错率 100%，疫情防控税费优惠政策落实疑点排除率 100%，增值税内部快速反应试点成功率 100%，内部重点风险指标核查完成率 100%，执法督察发现问题解决率 100%，现金税费征缴专项整治覆盖面 100%，执法资格考试通过率 100%。在 2020 年度梅县区国家机关“谁执法谁普法”履职报告评议中，该局以评议团评分第一、社会评议第一、总成绩第一的成绩，荣获全区第一名。

【征管改革】 2020 年，首先做好个人所得税法全面实施后的首次汇算清缴工作。该局制定“分类分批、网格管理、专厅受理、及时提醒”的执行方案，开座谈、访企业、做培训、编指南、写报道，确保人人懂政策、会申报、能操作，全区 1300 多户扣缴单位、2 万多位纳税人如期完成申报。其次做好资源税法的施行工作。为落实“绿色税制”，该局构建起落实税收优惠与实施税收限制“双向发力”，资源开采、消耗、排污和贸易政策“四环相扣”，资源税、环境保护税、企业所得税等“多税共治”的绿色税收体系。资源税全年入库税款同比增长 30%，有效推动绿色发展、释放绿色效应。

在增值税发票管理方面：形成以制度为准绳、以科技为支撑、以机制为保障的"三位一体"增值税发票风险管理模式，在全市作经验交流，并向各县（区）局推广。在内控评价机制方面：注重前瞻分析，化"被动"为"主动"，打造"事前可预警、事中可拦截、事后可筛查、问题可追究、结果可运用"的信息化智慧防控体系，达到"以评促控、以控促管"的效果。在专项风险应对方面：参与征稽查管互动，对外税、警、关、银等多部门合作不断深化，对内风管、征管、纳服、法制等各部门紧密配合，形成打击税收违法的强大合力。2020 年，完成风险应对任务近 500 户，查补入库税款 300 多万元。

【纳税服务】 2020 年，为防疫情、护平安，推行"两全其美"办税服务，即"网络办税全方位服务+服务大厅全放心办税"。采取办税服务厅无死角消毒、无障碍通行、无差异测温、无间断值班、无口罩劝阻进入等措施，营造人性化、安全化的办税环境。同时，主动拓展"非接触式"办税渠道，引导纳税人网上办、自助办、邮寄办。在全市率先推出"邮寄发票"服务，实现"网上申请、线上受理、邮寄配送"全覆盖，寄出发票超 13 万份。2020 年，实现 244 项业务"网上办"，做到税企不见面、服务不断线。在政务服务"好差评"工作中，满意率 100%。2020 年，继续开展"便民办税春风行动"，持续优化税收营商环境。主动和梅州农村商业银行股份有限公司合作，推出"银税互联自助办税"服务，实现进一家门、办两家事。应用纳税信用结果，与多家金融机构合作推出"客家税融通""税银通""税易贷"等信贷产品，让企业贷款更便利、经营更顺利。2020 年，梅州客家村镇银行、建行梅县支行和农行梅县支行共发放助企贷款超 38 亿元。此外，以第 29 个全国税收宣传月和"诚信兴商宣传月"为契机，在中央电视台、中国新闻网、《南方日报》及省、市局网站、微信等平台登稿 100 多篇，内容贴近中心工作、贴近社会热点、贴近纳税人需求，让税收工作被看见、被理解、被认可。

2020 年年底国家税务总局梅州市梅县区税务局

局　长：罗志坚

（供稿：黄祝钦　梁炜坤）

金　融

银行业

2020 年，全区金融机构各项人民币存款余额 390.81 亿元，同比增长 11.18%，其中，城乡居民储蓄存款余额 245.5 亿元，同比增长 10.7%；贷款余额 240.22 亿元，同比增长 31.9%；银行业贷存比为 61.47%。

【中国工商银行股份有限公司梅县支行】 2020 年，梅县支行在分行党委的领导下，深入学习和传达贯彻落实省、市分支行行长工作会议精神，在全行深入开展"不忘初心、牢记使命"主题学习教育活动，进一步提高网点竞争力和产能，大力拓展存款业务市场，不断深化资产业务经营转型，加大拓户工作力度，全力加快中间业务发展，继续坚持稳健经营、从严治行的理念，各项工作取得一定成效。至年底，本外币各项存款余额 369823 万元，比年初减少 41311 万元。各项贷款余额（不含票据）275929万元，比年初减少1102万元，资产业务稳健发展。在规范中收的情况下，实现中间业务收入3199万元，同比减少84万元。

业务经营　存款业务方面：一是做好服务工作，高度重视抓好柜台服务工作，进一步提高员工服务意识和敬业精神，努力提升网点服务质量和服务效率，切实服务和维护好客户；二是按新常态的工作要求加强存款稳定增长的管理；三是继续加大对征地拆迁款等资金的营销力度；四是通过“存款+理财产品”组合营销，带动各项存款的增加；五是与证券公司开展资产托管，积极拓展三方存管和私人银行客户，通过业务营销系统筛选目标客户、营销客户，充分利用好我行优势产品，为客户量身订制个性化服务，着力提高市场竞争力，拉动各项存款的增长，取得良好的效果；六是抓源头，通过加强对省行“十大市场”以及代发工资、三方存管、拆迁补偿款、机关事业单位养老金、住维账户等的营销力度，促进各项存款增长和其他业务的发展；七是促进“4e”和e支付商户等电子银行业务全面快速发展，加快互联网金融发展。

信贷业务方面：一是加快个人贷款业务的发展与转型，不断提高个人贷款业务的综合贡献。有效筛选优质楼盘按揭项目资源，为扩大个人住房按揭贷款市场份额，主动拓展，上门营销，加强与优质的房地产开发商的合作，努力提升在当地优质楼盘按揭业务资源的同业占比。二是加强服务意识，提升服务品质。一方面，在楼盘开盘期间，安排人员在现场驻点，受理按揭贷款业务。与此同时，加强沟通联系，对内要求每个客户经理每周上报住房按揭贷款办理进度，有问题及时反馈，尽快解决。对有意向但未准入的楼盘进行梳理，安排专职客户经理加快办理楼盘准入手续，为争取更多的信贷资源。另一方面，对外加强与各开发商沟通和回访，了解开发商开盘和销售情况，对每个楼盘合理安排人员受理业务。通过把握房贷新政，及时与楼盘营销人员沟通和宣传，使其了解该行的房贷政策，为个人住房按揭贷款业务保持较快增长提供有力的支撑。三是盘活存量贷款客户，维护好存量优质个人贷款客户。从信贷系统中导出当年结清的贷款客户信息，安排专人电话回访，征询其是否有转贷需求，介绍工行的信贷资金配置、利率等客户比较关心的问题。四是严防死守，把好入口关，强化贷后管理，确保资产质量。

内控管理　扎实抓好内控案防工作，进一步加强和改进党建工作。深入开展“不忘初心、牢记使命”主题学习教育活动，不断推进作风建设及党团队伍建设工作；继续以“三严三实”作为作风建设的新坐标，深入抓好党风廉政建设和案件防范工作责任制的落实，坚持廉洁合规教育，进一步筑牢全行拒腐防变思想道德防线，严格执行“八项规定”，深入开展“四风”、形式主义和官僚主义整治，认真贯彻落实厉行节约勤俭办行工作要求；突出重点，认真抓好重点领域和关键环节的案件防控工作；不断强化员工异常行为排查和动态管理工作，及时消除案件隐患。一是强化合规理念的传导，继续培育合规文化，进一步提高员工内控与合规理念、违规风险和责任意识。二是开展党风廉政建设和“四风”、形式主义和官僚主义整治、案件防范专项治理和查防工作、商业贿赂案件专项治理等活动，与各单位负责人签订内控管理、党风廉政建设和案件防范、社会治安综合治理和消防安全等责任书，确保内控案防和安全工作责任落实。三是坚持按月召开案防分析会议，抓好案件多发部位、重要交易环节的检查工作，规范操作行为，对检查发现的问题及时落实整改，杜绝屡查屡犯。四是认真做好反洗钱和反假货币工作，严格执行《中华人民共和国反洗钱法》和反假货币的管理规定。

2020年年底中国工商银行股份有限公司梅县支行

行　长：黄镇芳

（供稿：黄健明）

【中国建设银行股份有限公司梅县支行】　2020年，梅县支行以分行党委工作要求为指导，围绕以人为本、凝聚人心、激发潜能为目标，争先创优激励机制，鼓励创新，优化工作流程，提升工作效能。2020 年，一般性存款时点余额 23.51 亿元，一般性存款日均余额 22.22 亿元，比年初新增-1.28 亿元。各项贷款余额 29.92 亿元，比年初新增 5.85 亿元,实现拨备前考核利润 10145 万元，同比增加 2.5 万元，增幅 32.89%。公司业务方面：企业存款时点余额 14.02 亿元，比年初新增-1.02 亿元，企业存款日均余额 13.1 亿元，比年初新增-2.09 亿元，公司类贷款余额 9.66 亿元，比年初新增 2.64 亿元。个人业务方面：个人存款时点余额 9.49 亿元，比年初新增 1.13 亿元。个人存款日均余额 9.12 亿元，比年初新增 0.81 亿元，个人贷款余额 20.26 亿元，比年初新增 3.21 亿元。中间业务方面：实现中间业务净收入 2372.43 万元，同比增长 13%，在市分行排列第五名。

业务经营　1. 加强政府机构走访，紧密政银关系，掌握经济热点。加强与区财政局、人社局、住建局、交通局和自然资源局等重点单位走访，以便密切掌握每一阶段财政资金使用情况及重点项目开展进程，全力争取每一次与建行的合作机会。2. 加强与区科工商务局、农业农村局等单位走访，以便动态掌握梅县区经济热点，重点寻求与梅县区高新技术企业、上规企业的合作机会，了解梅县区乡村振兴配套方案和农业龙头企业经营情况，在熟悉梅县区乡村建设的基本情况下，成功向省分行争取到梅县区作为县域支行的业务发展扶持政策，为接下来梅县区的乡村振兴业务发展奠定坚实的政策基础。3. 2020 年，受疫情影响，了解到预算类财政资金极度匮乏的情况下，对公存款业务发展将受到严重冲击，抓紧制订梅县支行战略转型方案，积极推进大中型信贷项目发展，加强楼盘、房地产中介和中小企业走访，并不断寻求新的项目合作机会。4. 加强私行客户和中高端客户走访，实行分层维护，加强公私业务发展，联动信贷团队一起走访客户。实现 9 月行外吸金金额 1600 万元，筹备跟进的信贷项目约 4 个，资金约 3500 万元；储备新增私人银行客户 2 户。5. 筛选主要客群，实行总行数字化战机营销模式，做好网点常态化管理，提高全员日常开口营销率。筛选存量房贷客户名单，按楼盘分类，重点针对近两年收楼客群进行专项分期营销；做好存量分期客户维护，以老客户带动新客户；发展家装商户和楼盘合作关系，做好装修分期宣传、转介等工作。6. 做好日常到店客户营销维护，强化网点日常弹性排班机制和高峰应急机制，杜绝“超长票号”现象，减少客户平均排队等候时间，大幅提高到店客户满意度。实现全年定期新增 8210 万元，为全年个人存款新增打下稳定基础；手机银行活跃客户新增、第三方绑卡客户新增、微信银行客户新增、龙支付客户新增、CTS 客户新增、建融家园平台个人客户新增、智慧政务业务新增、生态化平台场景获客数等常态化营销指标均位于分行前列。

内控管理　2020 年，梅县支行实现全年无案件、无事故的目标，业务差错在总量上取得良好控制，全年差错 8 笔，其中一般违规 4 笔，规范性差错 4 笔，特别是在上半年的工作中，实现零差错，并在一季度的网点内控评价考核排名并列全省第一名。梅县支行持续落实疫情防控常态化工作要求，聚焦“三个能力”建设，围绕高质量发展和“合规平安年”工作目标，以“三变三不变”要求为总遵循，按照“四严”要求，坚持“四抓”方法，本着“管住人、看住钱、扎牢制度防火墙”的工作导向，完善合规案防治理体制，改进合规案防治理方式，着力构建全员共建共治共享的合规案防治理格局，建设人人有责、人人尽责、人人享有的合规案防治理共同体，进一步提升合规案防治理效能，取得良好成效，较好地实现年初提出的“合规平安年”工作目标。

2020 年年底中国建设银行股份有限公司梅州梅县支行

行　长：李　健

（供稿：办公室）

【中国农业银行股份有限公司梅州梅县支行】 2020 年，梅县支行坚持以习近平新时代中国特色社会主义思想为指导，紧紧围绕上级行党委的工作部署和要求，以党建为统领，以改革为主线，以业务为中心，扎实推进“三农”工作，实现全行业务稳健发展。至年底，各项存款余额47.98亿元，各项贷款余额63.87亿元，全年实现净利润1.2亿元。

业务经营　一、结对共建，推进乡村振兴发展。支行发挥农业银行作为梅县地区国有商业银行的作用，持续推进梅县区南口镇、程江镇、扶大高管会、新城办事处等重点区域、乡镇营业网点所在圩镇的党建+金融的结对共建工作，其中：南口镇54个居委、村和学校，程江镇14个村，扶大高管会4个村，新城办事处5个村已推进结对工作。同时，支持地方金柚和丝苗米现代农业产业园，包括十记果业（授信6000万元，用信2740万元）、稻丰实业（授信8000万元，用信5600万元）、正佳农业（授信3000万元，用信2106万元）、惠兴米业和众信农业等产业园重点企业。

二、e贷获客，加快小微普惠业务发展。以产品、政策优势为抓手，着力发力e贷获客，加快小微普惠业务发展。一是大力推广营销抵押e贷、税银通、微捷贷等线上和纯信用贷款产品，累计投放特色融资产品7099万元，覆盖小微企业67家，至年底，用信余额4943万元，覆盖小微企业53家；二是持续推进乡村好时贷支持村居能人、农资e贷支持经营农资销售商、纯信用的金柚e贷支持金柚产业园种植农户、双优单位网捷贷与集团e贷支持公务员临时消费需求，至年底，投放个人各项e贷11253万元；三是抓住“商户e贷”推广契机，与梅县区新城办事处联合开展“党建+金融暖企行动”的结对共建工作，利用新城办事处“网格管理员”向辖区4000多个商户推广该行商户e贷业务，并将该成功模式复制到其他各网点。

三、培育项目贷款操作技能。响应省行“网点办对公”的文件精神，快速开展法人类贷款专项营销操作项目组组建工作，通过自愿报名与筛选，选定24位项目组入库成员，组建3户项目贷款组。2020年，支行新增并投放项目贷款3个，其中昌盛教育集团授信2.5亿元、用信2500万元，宏创威科技授信2000万元、用信355万元，稻丰实业授信2000万元、用信895万元；成功营销嘉元科技结构性存款4亿元，并开立即期涉外信用证13.86亿日元（按照最新汇率1日元兑0.063元人民币，折合人民币约8732万元）；营销跟进融资需求2000万元以上的法人类项目贷款客户有6户，其中：重点跟进项目有总投资15亿元的PPP西部旅游快线项目、总投资4亿元的诚泰昌“三旧”改造项目、总投资近13亿元的嘉元科技铜箔项目。

四、推进机构业务营销。持续加强与政府机构、优质企事业单位的沟通联系和拜访频率，不断提高与政府机构和事业单位的黏性，至年底，新增机构账户41户（含村集体经济合作社），同比增加31户；新开梅县区应急管理局、梅县区扶大高管会、梅县区新城办事处、北大新世纪实验学校、北大新世纪附属幼儿园等重点机构账户，新开26户幼儿园学校账户；推进梅县区畲江镇、梅县区梅西镇、梅县区交通运输局、梅县区公路事务中心局、梅县区中医医院、梅县区程江镇经济联合社、梅县区武装部、梅县区市场监督管理局、梅县区南口镇、梅州市第三人民医院等机构账户。

内控管理　梅县支行以从严治党、从严治行为抓手，认真组织和开展“两学一做”学习教育，严抓党风廉政建设和案件防范、风险管理工作，坚决守住风险底线。一是紧密结合“两学一做”学习教育，分别就党委班子成员与党员、党员与群众开展谈心活动，党员领导干部谈心谈话做到“下谈两级”。谈心谈话深入结合员工行为“案防排雷”行动，真正通过党员谈心谈话发现员工异常行为，解决员工潜在的问题。二是坚持按季召开员工行为管理风险分析例会暨案防分析例会，持续抓好员工“网格”管理、“案防排雷”回头看、业务风险漏洞严控等工作，压实“两个责任”。三是“以三线一网格”为抓手，重点开展“网格”管理专项排查，全面梳理员工行为“网格式”管理系统中历次排查数据，重点关注员工是否存在参与民间借贷、非法集资、“飞单”、代客理财、赌博、信用卡套现、洗钱、违规查询征信等行为。四是切实履行主体责任，强调网点负责人是基层案件风险防控第一责任人，重点关注各层级员工是否存在异常行为，特别是营销人员的工作记录，落实好上班期间的外出报告制度。五是深入基层调查研究，帮助基层解决困难和问题，并通过员工座谈，重点了解基层重要岗位和敏感环节工作人员 8 小时外的行为，综合运用日常观察、排查家访等形式，充分了解员工社会交往和家庭生活等情况，对存在违规违纪苗头的行为，及时采用提醒谈话、诫勉谈话等方式处理。

2020 年年底中国农业银行股份有限公司梅州梅县支行

行　　长：张上敏

（供稿：赖　斌）

【中国农业发展银行梅州市梅县支行】 2020 年，梅县支行在省、市分行党委的领导下，坚持以习近平新时代中国特色社会主义思想为指导，全面贯彻党中央、国务院方针政策和决策部署，坚决做好疫情防控和助力复工复产，全力服务脱贫攻坚、粮食安全和乡村振兴，深入开展各项业务发展，加强风险防控，各项工作稳中向好。至年底，各项贷款余额 64960 万元，日均贷款余额 71421 万元；各项存款余额 20066 万元，日均存款余额 30245 万元，中间业务收入 0.43 万元。实收利息 3538 万元，利息收回率 100%。全年各项营业收入 1583.9 万元，营业支出 387.5 万元，实现账面盈利 1196.4 万元，人均利润 75 万元。

业务经营　2020 年，根据省分行提升信贷财会基础管理三年规划的相关要求，认真学习信贷财会基础管理相关规章制度，从思想上高度重视基础管理工作，强化合规意识。一是全力支持粮食储备业务，服务粮食安全。至年底，合计保管地方储备粮油 26062 吨，价值 7247 万元，实物保管良好，账实相符，日常做好库存监管工作，查库频率由每月一次增加为每旬一次，特别在疫情期间，采用非现场方式，通过微信、拍摄现场视频等方式对库存进行监管。2020 年，粮食轮换数量为 1671.11 吨，提早谋划，与区发改局、区财政局及粮食收储企业多方做好沟通，及时发放地方储备粮油轮换贷款 500 万元和地方储备粮油贷款 474 万元，保障粮食收购资金供应，确保不因农发行原因造成收购资金“打白条”。二是加强贷款资金支付管理。本年贷款资金支付 50 笔，合计 15056.03 万元。（1）对于支付材料较凌乱或部分材料缺失等问题，及时与贷款企业沟通，要求其补充相关材料，完善支付手续，坚决落实信贷资金“穿透式”的监管要求。（2）对支付材料中涉及的发票等凭证通过上网发票查验进行核实，同时组织人员和监理经理、企业人员一起到项目现场进行现场核实，并与施工方沟通工程进度等情况，确保信贷资金运用与工程进度相匹配。三是按时足额收回贷款本息，虽然还本付息资金已纳入财政预算，但受疫情等因素影响导致财政较困难，还本付息资金拨付困难，该行及早通过发函和主动上门等方式，多次向区政府、区财政、主管部门和贷款客户（包括贷款客户集团总部）沟通协调，穗丰公司和广通公司的还本付息资金能及时足额到位，恒基公司的还本付息资金由区水务局拨付，伟宏公司的部分本息 3046 万元由铁汉生态拨入，剩余本息 473 万元由财政拨付。四是转变思想观念，积极主动走出去，加大营销力度，推进转型创新发展。由行领导带队，多次主动上门到政府、财政、金融办和业务主管部门推介信贷产品，还特别到民营上市公司超华科技、嘉元科技、嘉应制药和集一控股和省级产业化龙头企业十记果业了解企业经营情况和融资需求。同时，利用梅县区靠近市区的区域优势，摸底梅江区、嘉应新区、东升工业园等区域的融资需求。成立项目小组，集中业务骨干力量形成合力，提高执行力和工作效率，加快项目营销工作进度，超华科技评级流程由发起流程到完成信用等级评定仅占用 14 个工作日。2020 年，新营销开户企业 9 个，准入客户 4 个。五是积极主动加强存款营销。至年底，营销存款 14817 万元。

内控管理　一是开展员工异常行为自查排查工作、2020 年广东银行业非法集资风险排查工作、2020 年梅州市涉非涉稳风险专项排查整治工作和案件警示教育活动，促进和规范全行经营行为，警示员工要根植守法合规观念，加强内部控制监督，提高风险防控能力。二是解决原营业用房历史遗留问题。根据《关于进一步加快解决资产类历史遗留问题的通知》(财电邮〔2019〕111号)文件精神，该行进一步梳理历史遗留问题，对农行划转的财产进行认真清理，并于2019年12月盘盈固定资产217952.02元进行账务处理。支行成立以行长为组长的解决历史遗留问题领导小组，解决产权不清晰和资产闲置问题，采取瑕疵拍卖的方式处置一、二层营业用房。已委托广东恺旋拍卖有限公司拍卖，争取早日解决历史遗留问题。三是严格落实各项规章制度。抓好落实《梅州市分行合规管理考核办法》等制度办法，促进业务流程化和责任的落实。同时结合内外部业务检查，开展2020年度合规经营及全面风险管理考核自查自纠工作，做好整改落实，强化基础管理考核激励约束作用。四是按照省、市分行要求，开展档案、保密、印章管理自查工作，持续加强档案管理、保密管理和着力规范印章的保管、审批、使用、登记手续。加强档案管理和保密工作。严格执行密件管理制度，强化员工保密意识，加强档案库房的检查，严格落实档案室“八防”标准，确保档案库房的安全。做好档案考评管理和2019年度档案归档工作。归档文书档案49件、会计档案74件、信贷档案45件。五是配合上级行做好内控监督管理信息平台及内控评价系统的内容录入工作，健全内部控制监督机制，推进内控数据化信息化建设，有效提升内控管理水平。六是做好科技网络保障。严格遵守网络安全相关制度，信息安全等级保护工作得到有效开展，遵守网络安全应急协调保障机制，开展计算机应急演练工作。

2020年年底中国农业发展银行梅州市梅县支行

行　长：赖庆文

（供稿：刘威胜　张舒婷）

【梅州农村商业银行股份有限公司】 2020年，该行围绕省联社2020年的工作部署，在抓好全面从严治党、继续改制化险、加快“四个转型”等三方面工作上下功夫，解放思想，勤勉务实，奋勇争先，统筹推进疫情防控和各项业务稳健发展。至年底，全行资产总额1847398.97万元，较年初增加201001.71万元，增幅12.21%；负债总额1647763.39万元，较年初增加196444.37万元，增幅13.54%。各项存款余额1474964.02万元，较年初增加156090.72万元，增幅11.84%；各项贷款余额939659.55万元，较年初增加77950.12万元，增幅9.05%；不良贷款余额18120.11万元，不良贷款率1.93%；资本充足率18.62%，拨备覆盖率166.43%，贷款损失准备充足率456.66%，拨贷比3.21%。

业务经营　存款方面：一是着力发展稳健性高净值客户及优质的企业客户群体，推出大额存单以及“悦农e存”定期存款产品，改变以往存款产品单一的现象，满足投资者多样化的投资需求，提高该行存款利率市场化定价能力和主动负债能力。二是做好政务下沉试点工作，在辖内46个网点的超级柜台引入包括社保、公积金、税务、医保、民政等八大模块36项政务服务功能，为客户提供一站式金融及政务服务办理功能。三是加快移动营销设备在辖内的布放进度，2020年，为辖内8个转型升级试点网点配备移动营销设备，有效减轻网点柜面业务办理压力，助力网点更好地开展户外营销活动，为客户提供更为安全、便捷的金融服务，推动网点普惠业务转型工作顺利开展。

贷款方面：一是坚守定位、强化治理，全面完成小微“两增两控”和金融扶贫工作。响应国家号召，贯彻落实第五次全国金融工作会议及中央农村工作会议精神，进一步推进该行回归本源、专注支农支小，制订2020年度小微“两增两控”和金融扶贫工作具体实施方案，助推本地金融精准扶贫工作，帮扶贫困户脱贫和扶贫企业发展壮大，促进当地经济发展。至年底，实现5号文的15项指标全面达标。二是坚持朝普惠金融转型，不断提升产品和服务创新能力。围绕小微、民生、消费等金融领域，进一步加大贷款产品创新力度，推出支持民营经济、城乡个体及私营经济发展的“成长好易贷”“成长免抵贷”以及改善居民生活质量和居住环境的“安居贷”等产品，对稳就业、惠民生、稳外贸、保产业链供应链等起到积极意义。三是在全辖加大力度开展“悦农 e 贷”业务营销，依托省联社云计算平台，发挥大数据风控优势，在业务流程设计、产品开发、柜面服务等各个环节充分考虑并满足客户多层次的需求，加强线上线下联动，进一步提高信贷风险识别能力，持续改进金融服务实现方式。至年底，本行悦农 e 贷授信户数 2414 户，授信金额 31994.3 万元，贷款余额 11738.13 万元，比年初净增 10972 万元。整体实现户均授信 13.25 万元，户均贷款余额 4.86 万元，平均用信率 36.69%，本年利息收入 179.49 万元。四是优化贷款考核管理，调动全员营销积极性。一方面，因地制宜调整贷款定价策略，提高贷款利率的市场竞争力。另一方面，树立全员营销理念，优化 2020 年度信贷考核指标为贷款余额净增、支农支小贷款净增等量化指标，设立正常、关注类逾期贷款占比考核指标，在引导全行加快普惠业务转型的同时，将信贷管理、风险防控与业务发展相结合，做到风险关口前移，提前预警、及时处置，形成信贷业务的均衡、快速、可持续发展的良好态势。五是加快推行“阳光信贷”工程，促进信贷管理和发展转型。一方面，充分利用移动互联网技术，成功开发上线阳光信贷系统，实现发起贷款申请、信息录入、资料上传、后台审核、资料退回修改补充等环节的在线处理，极大提高客户办贷的便利度和满意度。另一方面，充分利用阳光信贷系统优势，对贷款业务量、贷款业务流程、客户等待时间、客户评价信息等多个方面进行大数据分析，有效提高信贷业务整体效率。

网点转型方面：在总结分析前期第一批网点转型成果的基础上，发展江南支行、新联支行、畲江支行、丙村支行、法政路分理处为第二批 5 个转型网点，全面推进网点综合化建设。转型后的网点，通过改变网点内部功能分区、再造网点标准化视觉形象、融合团队凝聚力、建立指标细分与岗责分明的内部管理机制、提升服务意识和营销能力等途径，营造以人为本、温度服务的厅堂氛围，整体提升网点营销发展的生产力和战斗力。

渠道管理方面：针对网点布局不合理、部分网点服务功能及盈利能力差等问题，实施多元化、立体化的渠道管理，逐步加大对网点的撤并、整合和业务功能转型，有效实现网点资源的高效利用。一是结合政府区划和网点实际位置，对部分网点进行更名，提高网点的辨识度和知名度；二是因地制宜撤并部分效益低、布局重叠的网点，将人力物力重新配置，有效降低经营成本，增强区域核心网点的服务能力；三是抓住机遇、抢占先机，对部分老旧网点进行升格并搬迁至新型社区和商圈内，并在有发展潜力区域设立新网点，实现了整体服务区域的扩展，为践行推广普惠金融战略、与区域经济协同发展打下坚实基础。

内控管理 一是以法治思维为保障，夯实五位一体的案防机制。以案件风险“5+2”专项治理为重点，通过层层签订责任书、案防责任书、反赌博承诺书，全年签订案件防控责任书 723 份。二是加强案防工作的督导检查，夯实案防基础。加大全行案防工作的检查力度，采取集中与专项检查的形式，对发现的问题及时进行现场整改。2020 年，开展风险排查 37 项，对各条线开展的排查发现存在问题 252 个，涉及金额 60986.89 万元；已整改问题 244 个，整改率 96.83%以上。全年未发生案件风险事件，案防工作整体风险可控。三是全面系统地开展案件警示、岗位规范和业务流程教育，加强案防知识的学习及培训，组织全行员工通过云端学习、腾讯会议等平台进行案防内控、民法典等知识学习，覆盖面达 100%。四是进一步加强反洗钱工作，有效履行反洗钱义务。持续加大对高风险、较高风险客户的重点监控，监督全辖分支机构落实大额和可疑交易报告制度，全年共向省联社上报可疑交易案例 88 份，合计金额 37886.84 万元，向金融异常交易线索信息系统提交报送个人可疑交易报告 38 份、涉及对公账户 2 份，涉及金额 64360.23 万元，并对 93

个可疑账户进行交易控制。高度重视反洗钱宣传工作，全年开展大型反洗钱宣传教育活动 14 次，受众人数 2.4 万余人。五是坚持落实扫黑除恶方针政策不动摇，通过加强自身干部员工的学习教育和开展内部宣传，提高辖内员工“扫黑除恶”意识，严格按照制度要求全面做好对客户识别工作，开展银行业非法放贷风险专项排查，全年未发现涉黑涉恶人员非法交易的现象，全辖不存在非法放贷行为。六是扎实推进监管评级基础工作，贯彻落实“五个一”工作机制，实现 2020 年度监管评级基础达标自评估结果达到省联社的考评标准。

2020 年年底梅州农村商业银行股份有限公司

董事长：卓仲宇

行　长：黄日海

（供稿：李庆雄）

【中国邮政储蓄银行股份有限公司梅县支行】 2020 年，梅县支行在上级党委的领导下，严格贯彻落实县委、县政府部署要求，将新冠肺炎疫情防控作为头等大事，强化使命担当，充分统筹金融资源，为受疫情冲击企业给予贷款利率优惠、减免服务收费等减费让利举措降低融资成本，同时开辟绿色通道，简化审批流程，为企业复工复产达产送去金融“及时雨”，精准帮扶中小微企业克服疫情影响，积极保障民生，助力复工复产达产，持续为疫情防控和经济发展贡献金融力量。至年底，参与梅龙高铁银团贷款项目已授信审批 83 亿元，放款 11 亿元；宝丽华授信 6 亿元，放款 3.84 亿元。发放个人贷款 2150 笔 4.61 亿元，其中：“三农”类贷款 1309 笔 3.08 亿元、消费类贷款 841 笔 1.53 亿元。各类贷款结余 29.51 亿元，其中：公司信贷 13 亿元、企业贷款 1.53 亿元、个人贷款 14.98 亿元。存款结余 65.56 亿元，较年初增长 3.79 亿元。全年实现各项营收 7284 万元，完成利润 6186 万元，全年缴税额 512 万元。

业务经营　（一）存款方面：通过全面引导全行员工树立“存款立行”理念，强化工作主动性和积极性，利用业务联动、走访营销等多种渠道收集和掌握重要信息，以实际行动打赢存款营销攻坚战。一是明确目标，以主题营销活动为抓手，针对不同资产、产品偏好、年龄段的客群持续开展各类主题营销活动，提升客户储蓄存款和增强客户黏性。二是对青年、社保、代收付、商贸、军人五大客群进行深挖拓展，以主题卡营销、权益回馈、专项营销活动为抓手，维护和开发客户。三是持续开展大客户回访力度，要求网点通过电话、微信、上门等方式回访客户，改善服务，引存客户他行资金。四是深化公私联动，做好代发项目拓展，切实做好企事业工资代发、代收付、征地补贴款、农田复垦、邮惠付商圈建设等基础性业务，沉淀核心存款。五是对关键机构、关键人物采取上门拜访、电话等形式做到 100%维护。围绕重点客群进行财富提升，通过充分利用 CRM 系统进行客户识别和筛选，瞄准客群，结合高息理财，大额存单等提高优质客户存款沉淀。2020 年，网点个人储蓄时点余额年增 8054 万元，点均增量列居市分行前列。

（二）贷款方面：1. 主动摸排、分类施策，与企业并肩战“疫”。为扩大金融服务可及性，促进金融与实体经济良性互动发展，邮储银行梅县支行积极参与“访百万企业助实体经济”专项行动，分组分片区深入企业走访，积极搭建政银企三方协作平台，面对面及时了解企业复工复产运营情况及受疫情影响企业融资需求。一是积极回访，主动关心客户下一步经营发展趋势，与客户沟通了解经营中可能遇到的困难，特别对受疫情影响较大的批发零售、餐饮住宿、文化旅游、进出口加工等行业做到不抽贷、不断贷、不压贷，与企业并肩战“疫”。二是延长还款期限。对于贷款受疫情影响较大归还本息困难的企业，按企业受影响程度办理信贷要素变更，对于受疫情影响企业征信的进行修复处理。对受疫情影响暂时失去收入来源的人群，适时调整住房按揭、信用卡等个人信贷还款安排，合理延后还款期限。三是开通绿色通道，优化审批流程。对疫情防控期间相关授信业务，通过开通绿色审批通道、安排专项信贷额度、给予专项低利率贷款额度等方式，按照特事特办、急事急办的原则加快业务办理速度。在信用风险、法律风险可控前提下，简化业务办理和审批流程，给予企业新增授信、新增用信和无还本续贷等支持。疫情期间对名单内企业发放用于疫情防控相关生产经营活动的各项企业贷款，均给予利率优惠，资费减免支持。对参加疫情防控的医护人员、政府工作人员、感染新型冠状病毒肺炎及隔离人员，疫情期间因还款不便造成逾期，暂不视为违约，减免逾期利息和罚息，提供征信修复。2．不断创新融资产品。一是推出“抗疫贷”。针对央行全国性重点医用物品和重点生活物资的名单内企业。开通“抗疫贷”应急流程，根据一户一策，给予中小企业最高3000万元信用贷款，提供优惠利率贷款。针对省、市政府、县级及以上发改、工信、人民银行或相关疫情防控主管部门等地方政府部门发布的本地区疫情防控重点保障企业名单，给予防疫重点企业最高1000万元信用贷款。二是推广线上产品。加大宣传推广线上“小微易贷”以及“E捷贷”自主支用产品。客户可随时根据用款需求，通过电子银行支用贷款资金，无须线下审核，实现了贷款查询、支用、还款全过程随时随地在线完成（不到10分钟时间），减少现场业务办理。2020年，发放线上贷款1175笔计1.26亿元。3．进一步加大“极速贷”等线上产品营销力度，巩固快捷贷、E捷贷等拳头产品优势，做大“三农”业务。持续深化平台合作营销模式，加大银担、银政、银保、银企等多主体合作力度，做优做大新兴农业经营主体支持力度。一是在做好存量客户维护工作的同时加大对新客户走访走访营销工作，利用政银企、园区办及各商会等多渠道，实现择优营销与精准营销；二是加强条线人员业务培训，提升服务质量，培养出专业能力强、服务意识高，能做业务、会做业务、能够做好业务，高综合素质营销团队；三是切实做好小企业大走访推进工作，依托大数据分析推广小微易贷、信用易贷、转贷通等新产品为抓手，大力开拓市场。2020年，极速贷结余净增11390万元，位列市分行第一。

内控管理　梅县支行以“严守风险底线、支撑业务发展”为根本，按“优政策、提质量、增效率、强管理”的工作主线，以呆账核销和不良贷款清收为抓手，全面提升资产质量管控和风险管理水平，实现全年零案件目标。推进全面从严治党，结合员工行为排查、合规检查工作，及时掌握员工思想动态，加强方向指引。扎实开展领导干部联系基层活动，并结合支部实际调整支委挂钩网点，协助解决经营、管理等方面存在的问题，重视做好支部廉政教育。积极做好合规故事宣讲，将主题活动与党日活动相结合，由支部书记带头领学《守纪律、讲规矩，做新时代合格共产党员》《学廉洁故事，树邮储清风》，坚持用身边事教育身边人，通过加强纪律教育，提升全体员工合规意识。通过组织全行员工观看警示教育片，安排党员同志参观梅州名人廉吏馆和市分行党风廉政宣传教育暨清廉文化展，扩宽员工视野，将廉洁自律内化于心、外化于行。通过多种方式对员工强化身边人身边事的警示作用，引导各级员工算好“事业账”“家庭账”“人生账”。

2020年年底中国邮政储蓄银行股份有限公司梅县支行

行　长：张淑芬

（供稿：刘壁嘉）

【梅州客家村镇银行股份公司】　2020年，梅州客家村镇银行股份公司在各级党委、政府、监管部门和主发起行的指导和大力支持下，一手抓风险处置工作，一手抓业务发展。实现风险化解工作有序推进，各项业务保持稳步发展，各项经营指标明显好转。至年底，各项存款余额47.26亿元，较年初增加2.19亿元，增速4.87%；各项贷款余额31.62亿元，较年初增加5.07亿元，增速19.08%。

业务经营　1．成功引入2家战略投资者。该行与深圳市怡亚通集团下属子公司深圳市怡亚通信息技术有限公司和中国核工业参股公司厦门核贸能源有限公司签署了战略合作协议。深圳市怡亚通信息技术有限公司持有该行股份550

万股，持股比例3.09%；厦门核贸能源有限公司持有该行股份200万股，持股比例1.12%。2. 助力企业复工复产。一是上下联动、主动对接、精准发力，不断优化金融服务，强化信贷支持，确保资金支持及时到位，以金融之力助推企业复工复产，帮助企业渡过难关。二是借助“送贷入户 · 春风行动”活动，扎实做好外拓营销工作，走进受困企业、协会、商会成员企业等单位，了解客户融资需求，送贷上门。践行社会责任。依据“一企一策、一户一策”的原则，对生产防疫物资、受疫情影响严重的餐饮、住宿、零售等企业逐户走访。同时，制订有针对性的金融扶持方案，创新推出具有“利息低、门槛低、放款快”特点的“复工贷”“抗疫贷”产品，运用“线上+线下”信贷平台，全面推进数字化经营和线上化运营，坚持做到第一时间受理调查、第一时间审查审批、第一时间发放贷款。至年底，发放“复工贷”1626笔金额计12446万元，发放“抗疫贷”10笔金额计2130万元。三是贯彻“六稳”“六保”政策。加强金融服务支持的要求，对存量贷款客户，做好到期帮扶工作，不抽贷、不断贷，合理采取续贷、展期、调整贷款方式等措施助力客户渡过难关；对收入暂时困难人员延后还款期限，对疫情防控相关企业一户一策进行资金支持；同时积极运用人民银行货币政策工具，先后向人民银行梅州中支申请4笔“支小再贷款”合计9000万元。至年底，9000万元已全部投放至小微企业，共计1018笔，为企业复工复产提供低成本资金。3. 加强同业资金运营管理，提升运营效益。该行实现同业业务专营化后，业务收益率稳步提升，市场活跃度持续提升。在保证信贷需求的前提下，合理安排富余资金，充分运用线上债券交易的优势，将富余的闲置资金投资到抗疫特别国债、地方债、政策性金融债业务上，盈利持续保持良好的发展势头。4. 加大数字金融发展步伐，提升金融科技服务能力。一是大力推进数字银行业务，通过客银宝线上平台，拉动存贷款业务跨越式发展。至年底，客银宝平台合计吸收存款4.42亿元，发放客家e贷、复工贷、支农贷、客e快贷、绿色光伏贷等线上贷款4.91亿元，实现净利息收入858.38万元。二是积极扩宽业务盈利模式，加强与中信百信银行、新网银行、重庆富民银行、京发科技等机构的合作，深度挖掘科技优势和资源整合。同时借助新兴科技赋能供应链金融，先后对接正邦生态养殖、天禾农资、恰亚通等供应链企业，推动联合贷款项目、供应链金融项目、运费宝等项目顺利落地。至年底，联合贷款余额42947.48万元，占互联网贷款的87.52%，为218565贷款户服务。通过业务模式的智慧再造，实现业务和科技发展的“双轮驱动”，逐渐降低运营成本和提升用户体验，推动线上线下一体化发展模式加速建成。

内控管理　2020年，在监管部门及主发起行的督促指导下，治理结构和内部控制体系在问题整改中逐步改善。（1）加强组织领导，明确责任分工。成立检查整改工作领导小组和风险处置领导小组，以问题为导向，建立风险整改台账，对照检查问题逐条逐项坚决整改落实。同时，高度重视与监管部门和主发起行的联系、沟通，每周反馈问题整改的进展情况，整改工作总体上取得了良好的成效。（2）充分发挥主发起行业务助推作用。主动加强与主发起行的沟通，充分借鉴主发起行在公司治理机制、内控管理方面的成熟经验和模式，进而对管理制度和业务规范进行修订和完善，对业务流程进行梳理和改造。至年底，新增和修订制度59份，确保用规范的制度推动业务健康发展。与此同时，主发起行和监管部门的联动监管，促使该行在治理、内部控制和流程管理方面得到了优化和提升。（3）理清权责边界。按照监管风险提示，进一步梳理和完善“四会一层”的基本制度和议事规则，明确“四会一层”职责和权限，明晰职能界限，着重梳理重大事项、财务费用、人才建设、风险管理等方面的决策管理，进一步建立有效的制衡关系，促进该行规范化发展。（4）积极推进不良贷款处置。2020年，以先易后难、应收尽收为原则，不良贷款处置稍显成效。一是不断加强不良贷款清收力度，营造全员清收的积极气氛；二是加大司法诉讼力度，借助公检法力量，严厉打击“逃废债”、老赖行为，提高执行回款率，至年底执行回款 458.2 万元；三是加大银担合作类贷款代偿力度，至年底，不良银担合作贷款余额合计 4502.59 万元，2020 年度担保公司代偿不良贷款 3067.82 万元，符合银担代偿条件的不良贷款已代偿 100%。

2020 年年底梅州客家村镇银行股份公司

董事长：李东强

（供稿：赖志坚）

保险业

2020 年，中国人民财产保险股份有限公司梅县支公司全年各类保费收入 8586.36 万元，同比下降 16.4%；赔款金额 4417 万元，同比下降 7%。中国人寿保险股份有限公司梅县支公司全年各类保费收入 15979.3 万元，同比增长 6.2%；赔款金额 498.2 万元，同比下降 54.6%。

【中国人民财产保险股份有限公司梅县支公司】 2020 年，梅县支公司全年各类保费收入 8586.36 万元，同比下降 16.4%；赔款金额 4417 万元，同比下降 7%。完成市分公司下达任务指标的 102.56%，人均产能约 300 万元，利润完成 973.64 万元。

业务经营　一、车险方面　年初延续 2019 年大好的发展势头，1 月喜迎开门红，单月保费收入创新高，981 万元，同比增长 71.5%。但是在进入 2 月和 3 月后，受疫情和外地收单影响，车险发展遇到较大的问题，发展乏力。面对这种情况，梅县支公司沉着应对，积极联系商用车业务，终于在 3 月下旬迎来快速的发展，第一季度是圆满完成目标，取得开门红。第二季度，为降低经营成本，梅县支公司按照产品线部署，4 月初开辟新渠道，单独经营二手车及大卖场车险，减少中间环节，费用能直达销售末端，取得一定成效。结合市公司其他政策，在 6 月底实现车险保费收入 3905.4 万元，上半年同比增长 7.24%。三季度，按照市公司部署，对车险经营进行业务清分，调整一些渠道，进一步清晰团队专营方向。上线车险团队管理的“基本法”，有效调动销售人员的积极性。在综合费改后，梅县支公司车险保持高度发展，全年增速 7.2%。

二、商业非车险方面　商业非车险方面，开局即遇不利。2020 年年初，梅县支公司脱保 80 万元一揽子保险（原梅州市城综局保险）和减少 10 万元左右的农村住房保险（受农村户籍人口减少影响），1 月底，商非保费同比减少 24.1%。梅县支公司并没因此放松发展，商非团队在分管领导的带领下，深挖保源，在农民工工资保证保险和安全生产责任险方面有一定发展；分散性业务发展方面周密部署，加强业务培训，在安康险和家财险业务竞赛中勇争全市业务发展排头兵。二季度，梅县支公司想方设法谋发展，多次联系走访公路局，寻求在工程险方面有所突破。至 6 月底，虽没有扭负为正，但也将业务缺口大幅缩减，业务同比仅减少 5.9%。下半年，农民工工资保证保险方面紧跟人社局，积极跟进所有工程项目，工程险在经理室持续跟进下，拿下 85 万元的建筑工程一切险和建筑施工人员团意险；防返贫责任险在 11 月初出单，新增 40 多万元保费；安全生产责任险方面，经过与梅县区应急管理局紧密联系，成功获得 3 个乡镇的烟花爆竹安全生产责任保险。全年商业非车险保费收入 1415.6 万元，同比增长 15.7%，目标达成率 98.31%。

三、农险方面　因 2019 年生猪遭遇不明疫情，梅县区生猪生产大幅缩水，导致保源减少，保费也随着下降。水稻种植保险，投保面积同比减少 4000 多公顷，造成保费较大缺口，农险 1—9 月为负增长。面对困难，梅县支公司农险团队走村串户宣传农业保险。在岭南特色水果方面收获成果，全年承保 2666.67 公顷柚树，保费 1140 多万元。

内控管理　内控制度建设是风险防范的源头性、基础性工作。2020 年，梅县支公司按照总、省、市公司的工作部署积极开展内控体系工作，严格执行相关制度文件。在业务管理方面，依法合规承保、准确录入客户信息、业务档案完整有序归档；财务管理方面，严格执行各项财务制度，未违规设立独立账户，不存在“小金库”现象；在反洗钱内控制度发面，制定反洗钱操作相关规章制度细则，建立反洗钱岗位责任制，做到分工合理，责任到人，确保反洗钱各项工作职责落实到位。

2020 年年底中国人民财产保险股份有限公司梅县支公司

经　理：钟　俊

（供稿：林苑华）

【中国人寿保险股份有限公司梅县支公司】 2020 年，梅县支公司围绕省、市公司工作部署，围绕“转型升级　扩量提质　创造价值　共赢共享”的工作目标，全力以赴开展各项工作，在分公司党委、总经理室的指导下，把握工作重点，转变思想观念，对外强化对标，对内聚焦突破，抢抓机遇，加强规划，深入一线，践行营销规律，积极开展各项工作。2020 年，梅县支公司人寿险全年各类保费收入 15979.3 万元，同比增长 6.2%；赔款金额 498.2 万元，同比下降 54.6%。

业务经营　1．严格按照基本考核要求每天至少 2 访，其中团险政保系类伙伴要求每周至少 2 次进村政保业务拓展，对公系列伙伴要求每天至少拜访 2 个网点，法人系列伙伴要求每天至少拜访 2 个法人客户。银保客经要求每天至少拜访 2 个银行网点，每周至少举办 2 场银行沙龙活动。要求所有人员及时反馈当天拜访情况，严格执行凭证管理考核办法，有效拜访量进行抽查、回访。

2．户经营借助菁英会、中高端客养、节假日各类主题活动平台、周年司庆活动、国寿大健康平台等方案进行有效获客，以自营保费为依据增加客养活动支持费用，大力开展客养活动，加大沉淀客户力度，加快客户经营建库。

3．统一团队主管思想，交流研讨，明确思路，问题反馈，协商解决。进行时事资讯分析、业绩播报、产品与方案宣导、话术演练、展业技能培训，营造积极有冲劲的团队氛围。对拜访情况进行追踪及进行督导，及问题反馈与解答。

银、团方面：（一）团险渠道

2020 年梅县短期险业务指标达成情况表

表 1

渠　道	年度目标（万元）	年度达成（万元）	年度进度（%）	年度同比（%）
团　险	720	711.46	98.81	–10.78
个　险	746	572.44	76.73	0.69
银　保	8	16.1	201.25	—
大短险	1474	1300	88.20	–6.17

2020 年，梅县支公司短期险业务银保渠道提前超额完成年度任务目标，因疫情对展业条件的限制、监管环境对银行渠道业务的影响及监管要求对保险产品出单方式的变更等原因，梅县团险渠道业务推进相对被动，年度任务目标达成 98.81%。个险及大短险业务进度相对落后，个险渠道达成年度任务目标进度 76.73%，大短险达成年度任务目标进度 88.2%。

2020 年梅县团险专项指标达成情况表

表 2

专项指标	年度任务（万元）	完成保费（万元）	年度进度（%）	年度同比（%）
老人险自付费	150	157.84	105.23	29.04
计生险自付费	35	32.73	93.51	43.87
妇联业务	30	19.56	65.20	2003.23
银行对公	35	44.89	128.26	68
信 贷 险	20	46.92	234.60	–76.02
员　福	131	131.52	100.40	62.51
非 银 邮	3	1.40	46.67	–56.11
学 生 险	66	76.60	116.06	35.22

2020 年，梅县支公司年度专项指标完成情况，老人险自付费、银行对公、信贷险、员福业务、学生险已完成年度任务目标，计生险自付费、妇联业务、非银邮未达成年度任务目标。除信贷险和非银邮业务年度同比呈负增长，其他板块业务同期均呈正增长。

（二）银保渠道

2020 年梅县银保业务达成情况表

表 3

指标	年度目标（万元）	年度达成（万元）	年度进度（%）	年度同比（%）
首年期交	786	505.69	64.34	73.38
五 年 期	79	178.85	226.39	114.55
短　险	8	16.1	201.25	—

2020 年，梅县银保五年期交保费及短期险业务提前超额完成，首年期交保费达成年度任务目标 64.34%。首年期交、五年期交保费年度分别同比增长 73.38%和 114.55%。

内控管理　在团队早会进行诚信服务和风险防范宣导，营销员违规案例宣导，对营销员信用等级建立服务制度，制定服务措施，规范服务行为，杜绝不合规行为。做好相关反洗钱工作，确保部门安全发展。严格按照人民银行和监察部要求做好反洗钱宣传工作，配齐各种设施，积极响应人行组织的各项户外宣传活动。

2020 年年底中国人寿保险股份有限公司梅县支公司

总经理：黄丙明

（供稿：卜晓灵）

上 市 公 司

梅 雁 吉 祥
（600868）

2020年，在面临新型冠状病毒肺炎疫情影响和降雨量减少等不利因素的考验下，公司一方面严格做好疫情防控工作保障生产经营的顺利开展，另一方面积极提高管理效能，狠抓生产落实各项改革措施，同时围绕“发展”和“效益”两个中心，积极探索转型发展之路，多措并举保障公司正常的生产经营以及法人治理结构的有效运行。

报告期内公司实现归属于上市公司股东净利润为34270206.84元，较上年同期减少39.52%；实现营业总收入182029495.87元，较上年同期减少36.85%，其中电力生产营业收入同比减少51.65%。

【经营情况】

1．水力发电主营业务

报告期内公司电站全年销售电量25123.94万千瓦时，较上年同期的51960.17万千瓦时减少51.65%；电力生产营业收入为11009.31万元，同比减少51.65%，占营业收入的比例为60.48%。

2020年，受梅州地区降雨量大幅减少的影响，公司各电站发电量大幅减少，为提高发电效益，公司在保障电站安全稳定运行的前提下，开展技改和维修工作，力求不断提升设备效率，同时注重提升公司水电站维修队的工作效率和能力，使其在电站节约开支及设备维护等方面发挥更好的职能。

2．教育业等其余业务经营公司全资子公司梅州市梅雁中学为民办中学，学校坚持贯彻公司“创办粤东名校”的发展战略，以全面提高教育教学质量为中心、认真落实立德树人的根本任务，扎实推进学校稳步发展。报告期内教育服务业收入为5150.49万元，同比增长25.12%，占公司营业收入的比例为28.3%。

3．公司控股子公司梅州市梅雁旋窑水泥有限公司、全资子公司梅州市梅雁矿业有限公司采取租赁经营的模式。公司严格履行租赁合同，加强与承租方沟通，监督承租方依法依规生产经营，督促承租方贯彻落实安全生产、确保生产过程达到环境保护要求。

【分配预案】 2020年度公司经审计的母公司净利润为23166599.39元，合并报表归属于上市公司所有者的净利润为34270206.84元。公司拟按2020年期末总股本1898148679股为基数，向全体股东每10股派发0.06元（含税），合计派送现金股利11388892.07元，占审计后归属于上市公司股东净利润的33.23%。此议案需提交公司2020年度股东大会审议批准。

宝 新 能 源
（000690）

2020年，公司董事会与管理层坚决贯彻落实国家决策部署，保持战略定力，优化业务模式，积极应对挑战，统筹做好疫情防控和健康发展，以推动高质量发展为主题，严抓电力业务稳定增长，力促金融投资特色发展，交出了一份运作规范、运营稳健、健康发展的企业发展答卷。报告期内，公司实现营业收入71.60亿元，同比增长27.24%；利润总额23.01亿元，同比增长112.82%；归属于上市公司股东的净利润18.18亿元，同比增长105.83%；基本每股收益0.84元，同比增长

104.88%，实现持续健康发展的目标。

【经营情况】 （1）狠抓运营、主动作为，新能源电力实现快速增长。①报告期内，在疫情防控的关键时期，公司积极应对各种不利因素，以高度的使命感和责任感，从严从细做好疫情防控，全员全力抓好安全生产，做到不停工不松懈，稳固在资源综合利用新能源发电方面的优势，创造了良好的经营业绩，进一步巩固了公司新能源电力细分行业龙头地位。报告期内，公司完成上网电量 126.85 亿千瓦时，实现了收入和利润双增长，业务规模跃上新台阶，进一步巩固了公司新能源电力细分行业龙头地位。②为积极响应广东省委、省政府大力推动海洋经济发展、打造全省海洋经济发展重要增长极的号召，公司与中广核风电有限公司签署协议，共同投资设立中广核新能源海上风电（汕尾）有限公司（以下简称“项目公司”），联合开发汕尾甲子海上风电场（900 兆瓦）和汕尾后湖海上风电场（500 兆瓦）。报告期内，项目建设工作有序进行，为广东省同批次核准项目进度最快的项目，为 2021 年全容量并网奠定了良好基础；项目公司新增注册资本 50000 万元，其中公司新增出资 1 亿元，进一步保障工程建设发展需要。③报告期内，公司全资子公司宝新售电秉承“真诚实干、合作共赢”的发展理念，以公司发电量为依托，审时度势，大力开拓电力营销市场。2020 年，销售电量 6.4 亿千瓦时，是公司主动适应、积极参与电力体制改革，不断提升公司市场化发展核心能力的重要平台。

（2）科技赋能、金融向善，新金融投资探索特色发展。公司发起设立的梅州客商银行主动适应新时代金融发展要求，紧抓数字化发展大趋势，明确“科技赋能，金融向善，做‘特、专、精、美’的新型价值银行，全力打造数字银行、苏区银行、湾区银行、全球客商银行”的“2.0 版”发展战略，借助金融科技力量，以产业金 融和消费金融双轮驱动，扎根苏区、融入湾区，向新而生，融合共生。报告期内，梅州客商银行坚持数字化发展，设立深圳软件开发中心，启动核心自建工程，与阿里云全面合作，加速数字化转型步伐；坚持特色化发展，推进温氏物联网金融、供应链 金融特色业务，发布“税银通”“金柚贷”，在全国民营银行中率先推出抗疫专项金融产品“抗疫贷”；坚持共赢发展，与国开行广东分行签订转贷业务合作协议，共助微企，与嘉控集团、嘉城建设集团、华南康复集团、金马集团、中吉大地集团、红鹤集团、国美酒业集团、珠海飞航、江西北斗等企业全面战略合作；坚持创新发展，与互联网骨干企业——五科技、紫晶存储、飞翔云、中国移动梅州分公司深度合作，助力建设“客都智谷”；坚持规范发展，参加存款保险，更好保护存款人的利益。截至报告期末，梅州客商银行总资产 230.85 亿元，报告期内实现营业收入 2.56 亿元，净利润 6039.09 万元，不良贷款率 0.032%，形成业务规模持续增长、资产质量持续稳定的良好发展局面，成为公司金融战略落地的重要抓手，为服务实体经济、助力乡村振兴、推动梅州绿色金融发展贡献一分力量。

【分配预案】 以 2020 年年末公司总股本 2175887862 股为基数，向全体股东每 10 股派发现金红利 3 元(含税),共计分配利润 652766358.6 元，剩余未分配利润结转以后年度分配。本次不送红股也不进行资本公积金转增股本。

超华科技
（002288）

2020 年，公司主要从事高精度电子铜箔、各类覆铜板等电子基材和印制电路板（PCB）的研发、生产和销售。公司近年坚持“纵向一体化”产业链发展战略，并持续向上游原材料产业拓展，已具备提供包括铜箔基板、铜箔、半固化片、单/双面覆铜板、单面印制电路板、双面多层印制电路板、覆铜板专用木浆纸、钻孔及压合加工在内的全产业链产品线的生产和服务能力，为客户提供“一站式”产品服务，是行业内少有的具有全产业链产品布局的企业。报告期内营业收入 1277778377.89 元，较上年同期减少 3.29%。

【经营情况】 1. 铜箔产能大幅提升，新项目加速推进。2020年11月26日，公司在梅州隆重举行“年产8000吨高精度电子铜箔项目二期”投产仪式、“年产600万张高端芯板项目”开工仪式及“年产2万吨高精度超薄锂电铜箔项目”培土仪式。铜箔二期项目投产后，公司铜箔产能2万吨，铜箔产能大幅提升67%，铜箔产能位居国内前列。公司并加速推进锂电铜箔、高端芯板项目进度。

2. 高端产品再获突破，产品性能持续提升。随着5G、IDC、新能源汽车、储能、智能驾驶等下游行业高速增长，下游需求不断升级迭代，为把握市场机遇，保持产品领先水平，公司不断加大研发投入力度，加快推进新产品的研发进度。公司前期成功开发用于5G通讯的RTF铜箔的已实现量产。报告期内，VLP铜箔已小规模生产，并持续推动量产进度；此外，公司在锂电铜箔领域已成功开发4.5μm锂电铜箔产品，产品性能已满足市场高端产品的要求。6μm高强、高延展锂电铜箔再取得性能突破，并持续对HVLP铜箔、NP铜箔新晶型产业化研究，公司产品性能得到快速提升，大幅提升产品核心竞争力。

3. 持续深化产学研合作，强化自主创新能力。公司始终秉持创新发展的理念，坚持自主创新，同时持续深化产学研合作，不断提升核心竞争力。进一步深化与上海交通大学、华南理工大学、哈尔滨理工大学、嘉应学院等科研院校的产学研合作，依托科研院校雄厚理论技术和丰富研究成果，助推公司工艺提升、新产品的研发及产业化进程，加速进口替代。梅州市政府支持公司申报创建广东高性能电解铜箔创新研发中心，将进一步提升公司整体研发实力。继续深入开展产学研合作，推动技术人员进入高校进行培训、交流，壮大公司研发队伍，不断提升公司产品核心竞争力。公司拟联合上海交通大学以及玉柴集团等机械制造领域知名龙头企业对“高强极薄铜箔制造成套技术”及铜箔关键生产设备等开展专项攻坚和研发，早日攻克铜箔生产的关键工艺和关键设备，突破“卡脖子”的瓶颈，奋力实现国际领先的进口替代。

4. 优化客户结构，推动产品升级。公司依托优秀的品牌影响力、良好的产品品质、稳定的交期和快速响应客户需求的市场营销优势，大力开拓优质客户，持续优化客户结构，目前客户群已覆盖国内大部分PCB、CCL上市公司和行业百强企业，公司已成为全球PCB专用铜箔领域的头部企业，在原有合作的基础上，深挖客户需求，与重点大客户签订《战略合作协议》，为后续产能、新产品释放筑牢坚实基础。同时为积极抢抓国内“新基建”发展机遇，作为5G、IDC、新能源汽车锂电池上游原材料提供商，满足下游客户对于高频高速铜箔、超薄铜箔需求，公司不断推出RTF铜箔、6μm锂电铜箔等一系列新产品，推动公司产品结构升级。

【分配预案】 2020年，不分配，不转增。

新 三 板

嘉元科技
（688388）

2020年，公司主要从事锂离子电池用4.5～12μm各类高性能电解铜箔及PCB用电解铜箔的研究、生产和销售，主要用于锂离子电池集流体、PCB电路板。锂离子电池集流体的主要功能是利用金属箔将电池活性物质产生的电流汇集起来，以便形成较大的电流输出。锂离子电池铜箔在锂离子电池中既是负极活性材料的载体，又是负极电子的收集与传导体，因此要求具有良好的一致性、导电性、柔韧性和耐腐蚀性。PCB 是采用电子印刷技术制作的组装电子零件用的基板，是在通用基材上按预定设计形成点间连接及印刷元件的印制电路板，主要功能是使各种电子零配件形成组件并按预定电路连接，是电子产品的关键电子互连载体。公司主要产品为锂离子电池极薄铜箔和超薄铜箔及少量的 PCB 用电解铜箔，产品广泛应用于锂离子电池、印刷电路板等领域。报告期内营业收入 1202178945.26 元，较上年同期减少 16.86%。归属于上市公司股东的净利润 186414420.41 元，较上年同期减少 43.46%。

【经营情况】 2020 年，受突发新冠疫情影响，国内外市场销售不及预期，同时各锂电铜箔生产厂商新建产能逐步释放，竞争日趋激烈。公司根据市场需求，及时调整产品生产与销售策略，加大了>6 微米超薄铜箔和 PCB 用铜箔的生产、销售力度，保证公司在报告期内生产经营正常、人员稳定。

1．以市场和客户为导向，坚持做强做大铜箔产业。铜箔产业是公司主营业务，其销售构成公司主要收入来源。在报告期内，公司坚持以市场和客户为导向，持续夯实公司铜箔主营业务，加大下游市场开发力度，目前公司铜箔业务稳健发展，客户结构得到优化。2020 年，全年实现销售收入 1202178945.26 元，较上年同期减少 16.86%。随着终端消费市场回暖，需求不断增加，公司将进一步抓住产业机遇，乘势做大做强铜箔产业。随着公司在技术创新方面的强化和升级，产品结构的调整和优化，产能规模的进一步提升，以及客户群体、市场区域的进一步拓展，公司将进一步增强持续发展的综合竞争力。

2．加大技术创新，进一步优化产品结构和提升产品质量。随着新能源汽车产业快速发展，对其所使用的动力电池要求具有高能量密度、轻量化、高安全性等。基于公司深耕锂电铜箔行业将近 20 年的技术积累，顺势抓住客户需求调整的机遇，加大了>6 微米超薄电解铜箔的生产，同时实现≤6 微米极薄铜箔的技术升级和产品应用。在报告期内，公司申请技术专利 53 项，其中发明专利 47 项、实用新型专利 6 项；获得授权实用新型专利 17 项、发明专利 26 项。与宁德时代（CATL）、比亚迪等国内外主要动力电池企业合作关系持 续稳定，公司不断夯实锂电铜箔领域的市场地位。

3．加强产销联动和协同合作，进一步优化管理模式。公司进一步落实产销联动和协同合作模式，大力开展产品生产、品质提升、技术创新、降本增效和培英育才等工作。重视并严格执行全面预算管理，落实预算考核，并逐步使资金预算刚性化，充分发挥预算在公司经营管理全过程中的统领作用。进一步理顺管理机制，夯实管理基础，提升管理运营效率。报告期内，公司生产经营正常、人员稳定，以实际行动践行国家年初提出的“六稳六保”工作；同时公司为新建产能作好人员储备，新招聘 234 人，其中大专以上学历 85 人、副高职称 3 人。

【分配预案】 2020 年，公司拟以权益分派实施时股权登记日的公司总股本为基数，向全体股东每 10 股派发现金红利 2.5 元（含税），以公司现有总股本 230876000 股计算，共计派发现金红利 57719000 元；不送红股，也不进行资本公积转增股本。实际分派现金红利金额以实施 完毕后中国证券登记结算有限责任公司上海分公司确认的数额为准。本次利润分配预案已经公司第四届董事会第十一次会议审议通过，尚需提交股东大会审议通过。

责任编辑：黄　森

科 教 文 旅

科 学 技 术

【科学技术】 2020年，全区有国家高新技术企业41家；国家企业技术中心1家；国家级“星创天地”1家、省级1家；广东省创新型企业2家、创新型试点企业1家；广东省企业重点实验室1家；省级工程技术研究中心10家、市级28家；广东省省部产学研示范基地3家、省科技特派员工作站7个；省部产学研合作重点实验室培育单位1家；广东省产业技术创新联盟1个；省级技术创新专业镇8家、市级2家；广东省众创空间试点单位2家；省科技企业孵化器1家、市级1家；广东省青少年科技教育基地4家。

【项目申报与科技创新】 科技项目申报 积极开展2020年度科技计划项目申报工作，申报国家级1项、省级15项、市级医研项目45项，经批准立项国家级1项、省级9项、市级医研项目40项，争取到上级核拨科技经费501.4万元。其中，康立高科技“血气电解质分析仪的研发与产业化”被列入科技部“科技助力经济2020”重点专项项目（立项经费50万元）。列入省（“大专项+任务清单”）科技专项5项，超华科技“纳米纸基高频电子基材的关键技术的开发与应用”列入引进重大科技创新资源计划项目（立项经费300万元），庆达实业“采用盘式制动器的盘式挡泥板的研发与产业化”被列入提升科技型中小企业创新能力计划（立项经费50万元），区科工商务局承担实施的“梅州市梅县区科技服务能力提升建设项目”被列入完善地市科技服务体系建设计划项目（立项经费30万元），区农科所有2个项目被列入农村科技特派员计划项目，立项经费各10万元。另外，南口镇中心小学获省粤东西北地区农村中小学校科学馆（室）建设试点示范计划项目1项，立项经费20万元。自远环保“农村农业多元化污染水体生态节能治理与资源化利用技术及关键装备”、南方金柚研究院“柚类资源精深加工研发平台建设”和伟友耐磨“高强韧耐磨挖掘机减速器用钢铁材料的研发”3个项目列入2020年广东省企业科技特派员专项资助项目，资助经费分别为12.6万元、9.4万元、9.4万元。

全区有3个省级科技计划项目通过结题验收。分别是振声科技2013年省“扬帆计划”引进创新创业团队“山地果园运输机的研发和应用”专项项目和“山地果园运输机械设备专利技术转化”2015年省产学研协同创新成果转化项目；石扇镇人民政府“梅州市梅县区石扇镇金柚产业升级示范建设”2015年省专业镇产业升级示范建设项目。受市科技局委托，梅县区组织开展市级科技计划项目结题验收，经专家组验收和市科技局审核，25个医研项目全部通过结题验收。组织泰鸿科技和BPW（梅州）车轴2家企业的14个项目申报并取得技术合同登记，技术合同金额1260.15万元。

科技创新平台建设　1．科技孵化器：梅州云电商的“梅州云电商生态城科技企业孵化器”被认定为广东省科技企业孵化器，实现省级科技企业孵化器在梅县区“零”的突破；2．星创天地：李金柚公司的“李金柚星创天地”被认定为广东省“星创天地”；3．工程中心：梅州康立高科技有限公司于2020年8月11日获批准组建市级工程中心，嘉宝电子企业（梅县）有限公司、广东奥蓝科技发展有限公司、广东十记果业有限公司3家企业于2020年11月3日获批准组建市级工程中心。至年底，梅县区规上工业企业中建立市级以上研发机构的比例为39.39%。

组织嘉元科技等企业参加2020年度企业和科研机构类省级工程技术研究中心动态评估，全区10个省级工程中心通过省动态评估。其中，超华科技、自远环保、航鑫科技3个省级工程技术研究中心评估成绩优秀。积极开展梅州专利技术孵化产业园园区服务，积极开展相关招商工作，多方寻求合作共建机会。组织做好广东梅兴华丰产业集聚带梅县产业集聚地申报省级高新技术产业开发区工作，拟好申报初稿，协调国土、环保、发改、统计、园区等部门共同做好申报工作。

产学研结合和科技人才队伍建设　做好省部产学研结合科技特派员的选派工作。新增4家企业与4所高等院校、科研院所建立产学研合作关系，聘请6名科技特派员。协助20多名省、市农村科技特派员深入梅县区各相关乡镇开展“暑假大下乡”活动达30多场（次）。积极发动梅县区的副高以上高级专业技术人才加入广东省科技咨询专家库，成功入库高级人才7名。振声科技的省“扬帆计划”项目引进华南农业大学创新创业团队人员10人。

【高新企业管理】　2020年，全区有国家高新技术企业41家；37家企业通过国家的科技型中小企业评价入库。组织申报广东省名优高新技术产品14个。按照《梅州市人民政府关于印发梅州市进一步促进科技创新若干政策措施的通知》（梅市府〔2019〕21号）精神，对2018年首次认定的庆达实业等11家高新技术企业按每家30万元规定给予奖励，合计金额330万元。2020年，区高新技术企业认定情况如下表：

2020年梅县区认定高新技术企业一览表（12家）

表4

序号	企业名称	认定时间
1	广东嘉元科技股份有限公司	2020年重新认定
2	广东超华科技股份有限公司	2020年重新认定
3	广东航鑫科技股份公司	2020年重新认定
4	广东翔龙科技股份有限公司	2020年重新认定
5	广东华鼎新维设计工程有限公司	2020年重新认定
6	梅州琉璃光电力设备有限公司	2020年重新认定

续表 4

序号	企业名称	认定时间
7	梅州市梅县区雄辉实业有限公司	2020 年重新认定
8	梅州市盛富金属制品有限公司	2020 年首次认定
9	广东李金柚农业科技有限公司	2020 年首次认定
10	广东宏基生态设计工程有限公司	2020 年首次认定
11	广东华东爆破拆迁工程有限公司	2020 年首次认定
12	梅州华宸信息科技有限公司	2020 年首次认定

【科技奖励】 推荐科技成果参与科技评奖，嘉元科技的《锂离子动力电池用极薄电解铜箔核心技术研发及产业化》项目获省科学技术奖二等奖和首届叶剑英基金科学技术进步奖一等奖。

2020 年年底梅县区科工商务管理局
局　长：王庆润

（供稿：李晓莹）

教　育

【概述】 2020 年，梅县区教育局全面落实中央、省、市对教育工作的决策部署，努力推动全区教育工作高质量发展。全区有各级各类学校 81 所（含教学点）、幼儿园 132 所、在职教职工 5304 人、学生 77953 人，适龄儿童入学率和小升初升学率为 100%，高中毛入学率为 96.10%；在园幼儿 22165 人，学前三年毛入学率 118.8%。全区教育系统现有二级党委 4 个、党支部 60 个，党员 2252 人，党员在干部职工中占比为 43%。

【学前教育】 2020 年，梅县区有各级各类幼儿园 132 所（其中：区直属幼儿园 2 所、镇中心幼儿园 19 所、学校附设幼儿园 14 所、民办幼儿园 97 所）。全区幼儿园有教职工 2795 人，教师学历达标率为 100%；在园幼儿 22165 人，学前三年毛入学率 118.6%。梅县区教育局设有幼教办，专门管理学前教育工作，配备有专职工作人员 4 名。全区公办学位在园幼儿占比 50.24%，公办幼儿园和普惠性民办幼儿园在园幼儿占比 94.25 %，如期完成省学前教育“5080”攻坚目标任务。

【中小学教育】 2020 年，梅县区有中小学校 55 所（不含教学点），其中：完全中学 7 所，十二年一贯制学校 1 所，初级中学 11 所，九年一贯制学校 6 所，中心小学和直属小学 28 所；民办中小学 2 所即梅州富力足球学校和北大新世纪实验学校。另有区教师发展中心、特殊教育学校、青少年宫各 1 所。中小学生 75778 人（其中：普通高中 8168 人、初级中学 17501 人、小学 50109 人），适龄儿童入学率和小升初升学率为 100%，高中毛入学率为 96.10%。义务教育均衡发展成效显著，起始年级大班额现象全面消除，其他年级大班额数量控制在 1%以内，如期完成省定消除义务教育大班额工作任务。

2020年，全区高考参考人数3473人，高分优先投档线上线人数312人（不含地方专项），同比增长42.5%；本科上线人数1748人，本科率为50.33%，同比增长4.86%；专科上线人数3449人，专科率99.31%，同比增长1.97%。其中：高级中学600分以上11人，优先投档线共200人，比上年增加46人，本科线以上942人，本科率88.28%，比上年增长6.77%；梅县外国语学校600分以上5人，优先投档线88人，优先投档上线率35.3%，居全市第二，且本科率保持在95%以上的高位。2020年，梅县区优先投档线人数大幅增加，特别是体艺生成绩更是喜人，如梅县外国语学校1位学生考入中央美术学院，高级中学有2位学生考入中国美术学院、1位学生考入北京体育学院等。全区中考参考人数5547人，760分（总分830分）以上有29人，750分以上有77人，700分以上有494人，高分层人数位居全市前茅，其中梅县外国语学校270位学生参考，平均分718.5分。

【中等职业教育】 2020年，梅县区有中职学校2所，即第一职业学校和英才外语学校，在校学生2175人。第一职业学校为国家级重点中等职业学校，设8个专业，学生人数1517人，其中学前教育专业586人、幼儿保育专业135人、电子商务专业186人、机电技术专业90人、民航专业306人、计算机专业136人、旅游专业58人、企业班20人。另有技工学校1所，由梅县区民政和人力资源社会保障局管理。

【成人教育】 2020年，梅县区19个乡镇（办事处、高管会）均办有成人文化技术学校共19所，其中2所达到省级示范校标准，其余17所达到市级示范校标准。学校均成立了有镇党委或政府领导参加的校务委员会，配备有成人教育专职工作人员，全区有专职干部19名，专职教师76名，兼职教师100多名；图书阅览室20个、图书5.2万册、服务实体20个。另有村级成人文化学校22所、开展培训的中等职业学校2所。

【特殊教育】 梅县区历来重视适龄残疾儿童少年接受义务教育工作，切实保障残疾儿童接受教育，全区有适龄残疾儿童461人，入学460人，其中在梅县区随班就读的有378人，在特殊教育学校就读的有48人，在梅县区送教上门的有34人，残疾儿童入学率99.8%。

【特色教育】 梅州市梅县区扶外小学　百年老校——梅县区扶外小学（原万秋小学）。为做好“传承与发展”，着力打造特色学校，学校以“传承翰墨，书法育人”为推手，确立“书法教育”为学校创建“一校一品”的艺术特色项目，构建“一笔一画写字，一言一行立德”的育人理念。

打造“一校一品”的办学特色，注重特色课程设置。根据学校实际构建了“1+15+1”的特色课程设置（每周上好1节书法课，每天15分钟书法午练课，1节兴趣班辅导课）；常年聘请4位梅州市书法家协会的老师每周到学校上课，选拔培养10多位骨干老师，采取“外聘教师+校本培训”解决师资问题。

每个年级的书法课确立教学目标，如一、二、三年级：练习写硬笔字为主，主要结合语文课进行，掌握正确的笔顺，做到规范、端正、整洁，熟练书写正楷字，加强正确写字姿势、笔画顺序、结构和良好写字习惯的培养。四至六年级在练习硬笔书法的基础上，渗透软笔书法教学，用毛笔临摹名家名帖书法，进行初步的毛笔书法创作练习，大致了解书法历史和汉字源流，培养初步的书法欣赏能力和审美情趣。

全校每班每周1节的书法课，要求专职书法老师要制订好教学计划，认真备好课，围绕每周写字课的目的要求，强化训练，通过反复练习，以求目标的达成及取得良好的效果。每周5节的15分钟午练课，要求学生按照配套的硬笔书法软件，以模仿练习为主进行书写，书法老师进行全程指导。每周1节的兴趣班课程，分软笔、硬笔基础班和提高班。该班由外聘书法老师进行教学，主要以三年级至六年级学生为主，目的是通过培养优秀书法苗子，以点带面提高学生对书法的兴趣，搭建互相学习、交流的平台。

为培养和调动学生学习书法的兴趣与积极性，学校实行学生写字质量“五个一”动态管理：每周上交一张书法作业给老师批改；每班每周对写字作业进行一次评比，优秀作品在班级门口展板中展示；每个月在学校书画作品长廊中展出各年级的优秀作品；每学期举行一次百人书法大赛；每年举办一次师生书画作品展。通过“五个一”的动态管理，掌握每个学生的写字情况，为学生提供展示的平台，激励学生勤奋刻苦、积极向上的精神。

将书法教学与新时期创新德育相结合。在书法教学中，扎实抓好书法教学与思想品德教育的渗透。

如：一、二、三年级重点以渗透书法家的人品为教学目标，塑造学生美好心灵，引导学生向人书俱佳的书法家学习，不断提高道德修养，塑造美好心灵，从而使学生在书法学习过程中，养成沉着冷静，做事有始有终、勤动脑、善观察的良好品质；四、五、六年级以欣赏书法之美和临摹书法作品为主，通过对优秀书法作品的学习、观赏和评点，以此丰富学生的美感，培养学生的审美和鉴赏能力，进而起到陶冶情操、培养高雅情趣的作用。

将校园文化注入书法文化内涵。对校园文化进行重新建构，从教室内外墙布置，到楼道墙面的点缀，到处都有书法教育的印记，学生书法作品挂满学校的每一面墙。同时，学校还设立 2 个书法专用教室、书画园，为师生提供了一个学习书法、练习书法、欣赏书法的场所。实现“一笔一画写字，一言一行立德”的育人理念。2020 年，该校被评为“梅州市新时代文明实践所”，学校连续 5 年被评为区教育工作先进集体。

【民办教育】 民办幼儿园　2020 年，梅县区有民办幼儿园 97 所，在园幼儿 16257 人。全区民办幼儿园有专任教师 1130 人，师生比为 1 ∶ 7.68，民办幼儿园专任教师持证率为 69.52%。

民办义务教育学校　2020 年，全区有民办中小学校 2 所，即富力足球和北大新世纪实验学校，有在校生 735 人。同时，在建的民办学校有 2 所，即华师华业外国语学校和广外附设梅州实验学校，各项建设有序推进。

民办职业学校　2020 年，梅县区有民办中等职业学校 1 所，即梅州市英才外语学校。该校地处梅州城区，是一所由梅州市教育局批准成立的中等职业学校，1996 年创办，有 20 多年办学历史，是梅州市一所大型的民办中等职业学校。学校设 4 个专业，学生人数 640 人。

【教师队伍建设】 师资质量　2020 年，梅县区各级各类学校有在职教职工 5304 人，其中：公办幼儿园 71 人，中小学校 4976 人，第一职业学校、教师发展中心、青少年宫、特殊教育学校共 257 人。全区教师研究生学历的有 96 人，本科学历的有 3845 人，大专学历的有 1275 人，大专以下学历的有 88 人，本科以上学历占比 74.3%。

队伍培训　分层分类开展教师培训，全年组织校级领导、学校中层干部及教师参加区级以上培训达 5000 人次以上，全面提升政治素养和教学能力；积极实施名师工程，至年底创建市级名师工作室 7 个、省级名师工作室 2 个，对提升全区教师专业化水平起到以点带面的示范作用；成立区级教师发展中心，整合区教师进修学校、区教育局教研室和区教师继教指导中心等部门成立梅县区教师发展中心，主要承担梅县区校（园）长、在职教师培训，开展教育科学研究及成果推广、促进教师专业发展、推动教师教育信息化运用、提供教育决策服务等工作，为梅县区教育提供优质高效的教科研训一体化服务，在提升教师专业发展水平、提高梅县区教育教学质量方面发挥积极作用；发挥教育发展基金作用，筹措 1700 多万元，于 12 月成立梅州市梅县区教育发展基金会，激发广大教师积极性、推动教育基础设施建设、支持教育事业发展起积极作用；加强师德师风建设，坚持把师德师风作为评价教师素质的第一标准，全区广大教职工未出现违反师风师德典型案例。

引进人才　积极实施高素质人才引进工程，全年公开招聘95名应届、往届毕业生到中小学校任教，提升梅县区师资力量水平。

【教育经费】　2020年，梅县区年度教育经费总投入149152万元（其中：国家财政性教育经费135455万元、民办学校中举办者投入3569万元、社会捐赠经费225万元、事业收入9775万元、其他收入128万元）。

【教学设施】　至年底，全区中小学教育装备投入资金7984470元，新安装电教平台，新购进电脑、打印机、电视、图书及教学仪器以及仪器橱架一批。全区各中小学校教育技术装备发展势头良好，计算机生机比达到5∶1，全区各中学、完全小学每校都有1个以上的综合电教室，中小学电教平台与教室数比达到1∶1；中学理化生实验室和小学科学实验室能满足教学的需要，每所中心小学都安装1—2个语言实验室，其他学科功能场室、教学仪器和图书等设施设备也逐年增加，大部分学校的教育装备达到规范化学校的标准，为促进梅县区中小学教育手段现代化，推进实施素质教育，加快课程改革，提高教育质量提供重要的条件保障。同时，加大对特殊教育的投入，投入资金160万元，建设特殊教室16个。

【校园卫生安全】　梅县区教育系统有序高效地做好疫情防控工作。专门成立教育系统疫情防控工作领导小组及工作专班，多次召开专题会议，研究部署教育系统疫情防控工作；认真做好全区师生重点人员的核查工作，加强返梅师生、疫区师生的跟踪、管理工作，实行师生健康日报告制度；成立督查组多次对学校、幼儿园、培训机构进行疫情防控和复工复学准备工作专项督查，确保疫情防控工作全面落实到位；广泛开展防疫宣传活动和防控知识培训，提高师生自觉防控的意识和能力，确保防控知识在教师队伍中实现全覆盖，引导师生做好防控工作；制定春季和秋季开学工作指引，强化进入校园管理，做好校园公共活动场所卫生保洁等疫情防控工作，学校（幼儿园）全面加强对食堂、宿舍等重点场所的人员管控，确保各项防控措施落实到位，切实保护广大师生的生命安全和身体健康。在抓好新冠疫情防控工作的同时，加强秋冬季传染病防控工作，全区学校、幼儿园健全传染病防控工作制度，进一步落实晨、午检、消毒消杀机制，完善突发性公共卫生事件报告制度和应急预案，做好入园、入学儿童预防接种证件查验工作。时刻绷紧“安全”这根弦，狠抓校园安全工作。加强校园安全宣传教育力度，提高师生应对安全风险能力；积极开展心理健康教育，多次组织对相关人员的心理健康知识培训，有效预防师生心理问题的发生；争取公安、交警等各职能部门支持，加大力度开展校园安全环境综合治理工作，努力为师生创造一个良好的学习和生活环境；实施“一键式”报警全覆盖，增强校园安全保卫力量；每季度组织检查组对全区中小学（幼儿园）进行安全工作大检查，对检查出的安全隐患全部建立台账，及时采取措施进行整改，消除了潜在的安全风险；在全区中小学推进“阳光厨房”建设，全面提升学校食品卫生安全管理水平；大力推动“平安校园”创建活动，全区59所学校全部通过区级“平安校园”创建，其中宪梓中学等25所学校通过“梅州市平安校园”创建，高级中学等4所学校通过“广东省平安校园”创建，全年教育系统安全生产实现了两个“零”的管理目标，即全区师生犯罪率为零、校园安全责任事故为零，为广大师生营造安全、稳定、文明、和谐的育人环境。

【德育教育】　创新形式开展德育教育，落实立德树人根本任务。加强德育教师队伍特别是班主任队伍建设，培养一支政治素养高、业务能力强的德育教师队伍；系统开展“书香校园”建设评比活动，培养学生良好的阅读习惯，全区创建成省级“书香校园”10所、市级“书香校园”20所；加强校园文化建设，营造良好的校园文化氛围，积极发挥环境育人功能；开展养成教育，促进学生文明礼仪习惯、生活卫生习惯、自觉学习习惯、安全自理习惯四方面进行良好习惯的建立；组织开展各类型活动，如“闪闪红星故事会”、“我和我的祖国”征文比赛、“致抗疫先锋的一封信”等，丰富学生课余生活，强化了中华优秀传统文化和社会主义核心价值观的传播；广泛组织开展“文明校园”建设。至年底，全区有国家级“文明校园”1 所、省级“文明校园”1 所、市级“文明校园”28 所、区级“文明校园”33 所；重视未成年人思想道德建设工作，将延伸到校外，梅县区校外未成年人心理健康辅导站于 8 月底建成并投入使用，全区 17 个乡镇达到乡村学校少年宫全覆盖。组织全区小学生 2797 人参加 2020 年梅县区研学实践教育活动。

【体艺工作】 2020 年，扎实推动阳光体育和校园足球运动的开展，努力提升学生健康水平，成功举办第 61 届中小学生田径运动会和第 16 届中小学生足球联赛；在 2020 年“市长杯”足球联赛中，华侨中学女子足球队获得高中女子组冠军、高级中学男子足球队获得高中男子组亚军；在 2020 年广东省“省长杯”青少年校园足球联赛（高中、中职组）全省总决赛中，华侨中学女子足球队获得亚军；梅县区 3 名足球运动员表现优异，进入 2020 年全国青少年校园足球夏令营“全国最佳阵容”。

2020 年年底梅县区教育局

局　长：张云龙

（供稿：萧　潇）

文化艺术 · 旅游

文 化 艺 术

2020 年，全区有文旅产业企业 99 家。其中文化旅游产业 6 家：雁南飞茶田景区、雁山湖国际花园度假区、广东麓湖山文化产业园区、中国文化收藏示范基地、南寿峰健康产业园、客都人家；文艺表演团体 5 家、歌舞娱乐场所 13 家、互联网服务营业场所 9 家、出版物零售发行单位 54 家、包装装潢印刷 9 家。从事文旅产业的工作人员 1 万多人。2020 年，梅县区成功创建国家全域旅游示范区，雁洋镇长教村获评第二批全国乡村旅游重点村，雁洋镇获评省级旅游度假区。

【文化设施建设】 2020 年，梅县区文化广电旅游局扎实推进乡镇综合文化站评估定级和文化馆图书馆总分馆制建设。改造提升全区 19 个文化站场室及设施等，提高免费开放运行效率，为广大人民群众提供更加丰富、健全、完善的公共文化服务。2020 年度广东省综合文化站评估定级结果：梅县区文化站特级站 5 个、一级站 5 个、二级站 9 个，全部达二级站以上标准；建成 3 个总馆，19 个分馆，144 个服务点，实现总分馆全覆盖。梅县区图书馆建成智慧图书馆，梅县区文化馆对文化驿站、舞蹈排练室等场馆进行提升，健全免费开放服务项目等；梅县区图书馆总分馆建成数字化管理建设平台，为群众提供更好的公共文化服务。松口图书馆由三级图书馆提升完善为二级图书馆。雁洋镇文化站被选为国家级文化和旅游公共服务机构功能融合建设试点，丙村镇芦陵村综合性文化服务中心被选为基层综合性文化服务中心和旅游服务中心融合发展建设试点。

【文学艺术创作】 由梅县区精心创排选送的大型山歌剧《春闹》，在第十四届广东省艺术节中荣获大型舞台艺术作品戏曲组一等奖。传承中心和木偶传习所精心创作抗疫专题题材作品：录制山歌对唱《疫情无情人有情》、快板《科学周密把疫防》、表演唱《众志成城加油武汉》等；由文化馆组织选送的防疫抗疫题材作品快板《科学防疫心中记》、歌曲《血脉相连》入选学习强国平台，其中歌曲《血脉相连》MV 还在央视网平台播出。

【群众文化】 大力开展文化惠民活动。2020 年，开展各类型文艺演出、送戏下乡、进景区、进园活动近 300 场次，创作抖音宣传视频作品 22 个。区图书馆开展世界读书日系列活动之悦读达人挑战活动、“品味端午　传承国学”、广东省首届“中华传统文化百部经典”知识大赛、暑期少儿 21 天阅读挑战等活动；区文化馆举办 2020 年梅县区社会主义核心价值观教育实践活动——彩书家训 · 快乐涂鸦和竹板歌传唱活动、“我们的中国梦 · 文化进万家”2020 年梅县区文化馆总分馆联动系列活动等，还举办暑期公益少儿艺术培训班；区松口图书馆深入开展书法培训、亲子活动、故事分享、全民阅读等系列阅读推广活动；区博物馆举办“百年记忆 · 世纪画梦——林风眠艺术人生”展览、梅县籍中国现代艺术教育先驱“两林三李”图片展等，分别入选 2020 年广东省弘扬社会主义核心价值观主题展览和广东省弘扬社会主义核心价值观主体展览推介。区客家山歌传承保护中心、区木偶传习所积极开展戏曲进农村、进景区、进校园和公共文化服务惠民全市巡回演出等活动、“非遗传承　健康生活 2020”梅州市客家文化（非遗）艺术周系列活动 · 雁南飞景区中秋国庆非遗主题活动、梅州市“三百工程”文化惠民巡回演出、普法儿童剧《猴哥让我再想想》巡回演出等，丰富群众的文化生活。此外，“相约梅县”综合性文旅宣传平台上线，开展线上线下演出 38 场次。线下举办走进名人故居——张榕轩纪念馆、宋湘故居活动。

【文化市场整治】 2020 年，全年出动 2100 人次，检查文旅企业 560 家次。落实安全生产主体责任。局领导班子高度重视安全生产工作，制定印发安全检查和整治方案，层层压实企业主体责任，与局辖属 64 家文旅企业和单位签订安全生产责任书。开展疫情防控和安全生产大检查。2020 年，在元旦、春节、“五一”等重要节日开展疫情防控和安全生产大检查，还开展汛期、秋冬时期等重要时间节点的文旅单位（场所）安全生产排查整治行动，每月集中开展 2 次以上文旅行业安全生产和疫情防控大检查，认真查找并消除安全隐患，确保文化广电旅游行业的安全有序稳定。严格开展执法，大力开展文旅市场综合治理工作。严查娱乐经营场所存在的安全隐患和禁止内容的曲目等违规经营行为，积极参与“扫黄打非新风”行动，强化文旅市场涉黑涉恶线索摸排整治，文旅市场秩序得到进一步规范。深化行政审批制度改革。2020 年，完成新设立 1 家游艺游戏娱乐场所行政审批许可，2 家演艺团体、6 家娱乐场所延续换证和 2 家网吧变更审批工作，开展《原乡》营业性演出审批，所有审批事项都在法定工作期限内完成，做到便民利民。

【公共图书馆】 流动站建设　梅县区武警中队图书更新 300 册；新建流动站点 4 个（梅县区外国语学校、梅州市廉政教育中心、中共梅州市梅县区委组织部、新城办华侨城党群服务驿站），配置图书 1900 册。区图书馆建立 24 个流动图书站，有效延伸图书馆的服务领域。

梅县区图书馆总分馆制建设　以区级图书馆为总馆、镇级文教体育服务中心为分馆、村文化室为服务点的图书馆总分馆体系基本形成。图书馆已建成 19 分馆、59 个村服务点，2020 年，总馆分配到各分馆物资总价值 90.45 万元。其中：图书 37522 册、书架 200 组、桌子 6 张、凳子 57 张。

文献资源、智能化建设　2020 年，进馆图书、杂志 16029 册，其中新购图书 13660 册，新购杂志 620 册，盲人读物 180 册，接受社会捐赠图书 1449 册，捐赠期刊 120 册。至年底，纸质馆藏量 27.7 万册（含分馆馆藏）。图书馆一楼原外借处改造升级打造一个智慧图书馆，藏书2800册，于9月23日正式运行(开放时间8:00—22:00)，对群众免费开放。

加强全民阅读推广　以“我们的节日”为契机，开展“庆元旦　贺新春”电影展播活动、“亲子齐上阵，共写新春福”元旦亲子活动、“品味端午 传承国学”、广东省首届“中华传统文化百部经典”知识大赛、暑期少儿21天阅读挑战书活动、暑期创客公益培训班、“弘扬中华文化，迎中秋庆国庆”亲子活动、庆国庆·迎中秋——梅县区“两美”摄影作品展等一系列文明实践活动，充分发挥中心文化阵地职能作用，传播和学习新思想、新文化、新文明。

松口图书馆举办展览6次、推广阅读活动9次、少儿书法培训2次，全年开展阅读推广活动17次，新建松口镇新农村服务点8个。新购图书18411册、订阅报刊40份、提升服务点3个。

【文物保护】　2020年，梅县区新增市级文物保护单位5处，各级文物保护单位68处，其中：国家级1处，省级20处，市级31处，县（区）级16处。积极发动各方力量，筹集资金对名人故居进行维修保护，开展名人故（旧）居摸底调查，完成围龙屋普查工作，推进名人故居保护利用开发取得新突破。开展文物保护单位的维修和布展工作。2020年，完成世德堂、莲塘古氏洋楼、双龙村大夫第等省级文物保护单位的维修工作。还对省级文物保护单位桥溪小学、不可移动文物辑瑞庐、将军第进行抢修和维修;对省级文物保护单位桥溪村古民居建筑群、丘哲旧居、莲塘洋楼进行布展。开展名人故（旧）居摸底调查。3月，组织专人对这些历史名人的故居进行摸底调查，确定名人故（旧）居64处，并列入各级文物保护单位和梅县不可移动文物的有33处。全面完成围龙屋普查工作。梅县区普查确定客家围龙屋639座，有省级文物保护单位6座、市级文物保护单位5座、县级文物保护单位2座，有不可移动文物46座，并基本掌握全区围龙屋的分布情况和保存状况。培育打造历史文化游径。2020年，梅县区申报的梅县叶帅故里客都人家历史文化游径入选广东省第一批历史文化游径。

富力切尔西足球学校

梅县区各级文物保护单位一览表

表5

序号	级别序号	级别	名称	年代	地址	文号	批次	备注
1	1	国家级	叶剑英故居	1897年	梅县区雁洋镇雁上村虎形自然村	国发〔2001〕25号	2001年6月第五批	
2	1	省级	灵光寺	唐代	梅县区雁洋镇阴那村	粤府办〔2002〕56号重新核定	1978年7月第一批	
3	2	省级	元魁塔	明代	梅县区松口镇铜琶村	粤府办〔2002〕56号重新核定	1989年6月第三批	
4	3	省级	南华又庐	1886年	梅县区南口镇侨乡村	粤府办〔2002〕56号	2002年7月第四批	
5	4	省级	桥溪村古民居建筑群（含仕德堂、朱氏祖祠、守庆公祠、世德楼、燕怡楼、慎安居、凌云馆、宝善楼、桥溪小学、宝善家塾、衍庆楼、宝庆居、继善楼、逸庐、世安居、祖德居）	清代	梅县区雁洋镇长教村	粤府办〔2002〕56号	2002年7月第四批	
6	5	省级	宋湘故居	清代	梅县区白渡镇创乐村	粤府〔2012〕123号	2012年10月第七批	
7	6	省级	李金发故居	1900年	梅县区梅南镇上村	粤府〔2012〕123号	2012年10月第七批	
8	7	省级	群丰大夫第（仁厚温公祠）	清代	梅县区丙村镇群丰村	粤府〔2012〕123号	2012年10月第七批	
9	8	省级	仪园	1943年	梅县区水车镇先锋村	粤府函〔2015〕343号	2015年12月第八批	
10	9	省级	世德堂	明清	梅县区松口镇铜琶村	粤府函〔2015〕343号	2015年12月第八批	
11	10	省级	张民达旧居	1925年	梅县区桃尧镇螺江村	粤府函〔2015〕343号	2015年12月第八批	
12	11	省级	双龙村大夫第	清代	梅县区畲江镇双龙村	粤府函〔2015〕343号	2015年12月第八批	
13	12	省级	莲塘村古氏洋楼	1919年	梅县区城东镇莲塘村	粤府函〔2015〕343号	2015年12月第八批	
14	13	省级	邓仲元旧居和仲元小学旧址	1918年	梅县区丙村镇银场村	粤府函〔2015〕343号	2015年12月第八批	
15	14	省级	喆庐	1925年	梅县区松口镇大黄村	粤府函〔2015〕343号	2015年12月第八批	

续表 5

序号	级别序号	级别	名　　称	年　代	地　　址	文　　号	批　　次	备　注
16	15	省级	茶山绍德堂	明清	梅县区水车镇灯塔村	粤府函〔2019〕96 号	2019 年 4 月第九批	含风水塘
17	16	省级	槐岗继善楼	清	梅县区程江镇槐岗村	粤府函〔2019〕96 号	2019 年 4 月第九批	
18	17	省级	德馨堂	1917 年	梅县区南口镇侨乡村	粤府函〔2019〕96 号	2019 年 4 月第九批	含风水塘
19	18	省级	干庐	1936 年	梅县区南口镇锦鸡村	粤府函〔2019〕96 号	2019 年 4 月第九批	含风水塘
20	19	省级	松江大酒店旧址	1932 年	梅县区松口镇繁荣社区	粤府函〔2019〕96 号	2019 年 4 月第九批	
21	20	省级	松口图书馆旧址	1934 年	梅县区松口镇公园路	粤府函〔2019〕96 号	2019 年 4 月第九批	
22	1	市级	盘龙围	清代	梅县区石坑镇龙凤村	梅市府〔2014〕2 号	2014 年 1 月第二批	
23	2	市级	蔡蒙吉故居	明代	梅县区松源镇金星村	梅市府〔2014〕2 号	2014 年 1 月第二批	
24	3	市级	新南斐厦堂	明—清	梅县区松源镇新南村	梅市府〔2015〕4 号	2015 年 2 月第三批	
25	4	市级	闽粤梁氏宗祠	明—清	梅县区松源镇青塘村	梅市府〔2015〕4 号	2015 年 2 月第三批	
26	5	市级	茶山资政第	民国	梅县区水车镇灯塔村茶山自然村	梅市府〔2015〕4 号	2015 年 2 月第三批	
27	6	市级	肖向荣故居	清	梅县区石扇镇新东村	梅市府〔2015〕4 号	2015 年 2 月第三批	
28	7	市级	悦来凹下山新居	民国	梅县区白渡镇悦来村	梅市府〔2015〕4 号	2015 年 2 月第三批	
29	8	市级	邓太乙墓	元	梅县区松口镇盘龙村	梅市府〔2015〕4 号	2015 年 2 月第三批	
30	9	市级	谢田谢氏祖祠	清代	梅县区城东镇谢田村	梅市府〔2016〕13 号	2016 年 6 月第四批	
31	10	市级	悦来敦尚楼	民国	梅县区白渡镇悦来村	梅市府〔2016〕13 号	2016 年 6 月第四批	
32	11	市级	铜琶爱春楼	清代	梅县区松口镇铜琶村	梅市府〔2016〕13 号	2016 年 6 月第四批	
33	12	市级	桃源继述楼	清代	梅县区桃尧镇桃源村	梅市府〔2016〕13 号	2016 年 6 月第四批	
34	13	市级	太湖刘屋	清代	梅县区畲江镇太湖村	梅市府〔2016〕13 号	2016 年 6 月第四批	
35	14	市级	坑美以祯居（蒲风故居）	清代	梅县区隆文镇坑美村	梅市府〔2016〕13 号	2016 年 6 月第四批	

续表 5

序号	级别序号	级别	名　称	年　代	地　址	文　号	批　次	备　注
36	15	市级	广东工农革命军（东路）第十团团部旧址	1927年	梅县区梅南镇九龙村	梅市府〔2016〕13号	2016年6月第四批	
37	16	市级	连江作庐	1941年	梅县区畲江镇连江村	梅市府〔2016〕13号	2016年6月第四批	
38	17	市级	人和三堡学堂	清代	梅县区丙村镇人和村丙村中学	梅市府〔2016〕13号	2016年6月第四批	
39	18	市级	中和善庆庐（彭精一故居）	1931年	梅县区石扇镇中和村	梅市府〔2016〕13号	2016年6月第四批	
40	19	市级	温鸣剑旧居	民国	梅县区丙村镇红光村	梅市府〔2017〕5号	2017年3月第五批	
41	20	市级	红旗村夏氏祖屋	清代	梅县区新城办事处富贵居委红旗村民小组	梅市府〔2017〕5号	2017年3月第五批	
42	21	市级	安思居	民国	梅县区雁洋镇下村村	梅市府〔2017〕5号	2017年3月第五批	
43	22	市级	南福村笃敬庄	清代	梅县区雁洋镇南福村	梅市府〔2017〕5号	2017年3月第五批	
44	23	市级	茶山村德崇楼	清	梅县区水车镇灯塔村茶山自然村	梅市府〔2017〕5号	2017年3月第五批	
45	24	市级	茶山村畅云楼	清	梅县区水车镇灯塔村茶山自然村	梅市府〔2017〕5号	2017年3月第五批	
46	25	市级	茶山村大夫第	清	梅县区水车镇灯塔村茶山自然村	梅市府〔2017〕5号	2017年3月第五批	
47	26	市级	松口火船码头	清	梅州市梅县区松口镇	梅市府〔2017〕23号	2017年11月第六批	
48	27	市级	同怀别墅	民国	梅县区松源镇金星村	梅市府函〔2020〕34号	2020年3月第七批	
49	28	市级	怀永庄（廖安祥故居）	民国	梅县区雁洋镇黄坳村	梅市府函〔2020〕34号	2020年3月第七批	
50	29	市级	永新资政第	清	梅县区丙村镇红光村	梅市府函〔2020〕34号	2020年3月第七批	
51	30	市级	罗芳伯故居	清	梅县区石扇镇西南村	梅市府函〔2020〕34号	2020年3月第七批	
52	31	市级	大黄村河南堂	清	梅县区松口镇大黄村	梅市府函〔2020〕34号	2020年3月第七批	
53	1	县级	龙岩寺	清代	梅县区隆文镇岩前村	梅市府字〔1987〕104号	1987年11月第二批	
54	2	县级	中山公园	1933年	梅县区松口镇社区居委圩镇中心	梅市府字〔1987〕104号	1987年11月第二批	
55	3	县级	龙源宫	清代	梅县区松源镇圆岭村蕉松公路旁	梅府〔2010〕43号	2010年11月第三批	

续表 5

序号	级别序号	级别	名　称	年　代	地　址	文　号	批　次	备　注
56	4	县级	龙居堂	清代	梅县区白渡镇嵩溪村坎里小组坝围	梅府〔2010〕43 号	2010 年 11 月第三批	
57	5	县级	茶山村古民居建筑群（含访云楼、翼诒楼、培元楼、振华楼、承庆楼、云汉楼、儒林第、同德楼、义顺庐、进士第、搏云书屋、稻香楼、伯荣楼、萼辉楼、云汉女子学校、祥裕楼）	清至民国	梅县区水车镇灯塔村茶山自然村	梅府〔2010〕43 号	2010 年 11 月第三批	
58	6	县级	陈烈士敬岳纪念碑	1941 年	梅县区丙村镇横石村双对坑	梅府〔2010〕43 号	2010 年 11 月第三批	
59	7	县级	宝善楼	1915 年	梅县区城东镇石下村	梅府〔2010〕43 号	2010 年 11 月第三批	
60	8	县级	承聚楼	1923 年	梅县区城东镇谢田村	梅府〔2010〕43 号	2010 年 11 月第三批	
61	9	县级	光远居	1940 年	梅县区白渡镇创乐村	梅府〔2010〕43 号	2010 年 11 月第三批	
62	10	县级	承德堂	民国	梅县区南口镇侨乡村	梅府〔2010〕43 号	2010 年 11 月第三批	
63	11	县级	梅县革命烈士纪念碑	1960 年	梅县区南口镇益昌村	梅府〔2010〕43 号	2010 年 11 月第三批	
64	12	县级	廖氏雕楼	民国	梅县区水车镇先锋村曾田自然村廖氏庆捷公祠左侧	梅府〔2010〕43 号	2010 年 11 月第三批	
65	13	县级	来安楼	民国	梅县区梅南镇顺里村大凹	梅府〔2010〕43 号	2010 年 11 月第三批	
66	14	县级	扬孝石刻	明代	梅县区丙村镇石窟河西崖新墟村古渡口岸边	梅府〔2010〕43 号	2010 年 11 月第三批	
67	15	县级	高隐洞天摩崖石刻	清代	梅县区大坪镇汤湖村	梅府〔2010〕43 号	2010 年 11 月第三批	
68	16	县级	水光接天摩崖石刻	明代	梅县区畲江镇双溪村鸭粤威自然村	梅府〔2010〕43 号	2010 年 11 月第三批	

梅县区非物质文化遗产代表性项目及代表性传承人一览表

表 6

序号	序号	代表性项目级别	类别	项目名称	批次	文号	代表性传承人级别	姓名	批次	文号
1	1	省级	传统音乐	客家山歌（松口客家山歌）	2007 年 6 月 广东省第二批	粤府〔2007〕57 号	省级	卢月英	2008 年 3 月 广东省第一批	粤文社 〔2008〕19 号
							区级	温婉香、廖胜华、李园妹、梁媚玲、刘谦隆、廖　丽、黎　骏、梁　莹	2016 年 12 月 梅县区第五批	梅县区府 〔2016〕43 号
2	2	省级	传统戏剧	木偶戏（梅县提线木偶戏）	2009 年 10 月 广东省第三批	粤府 〔2009〕112 号	省级	巫启胜	2011 年 1 月 广东省第二批	粤文非遗 〔2011〕2 号
							区级	黎为艺、李嘉珍、廖佳萍、陆怡婷、聂　瑜	2016 年 12 月 梅县区第五批	梅县区府 〔2016〕43 号
3	3	省级	曲艺	竹板歌（梅县竹板歌）	2012 年 2 月 广东省第四批	粤府〔2012〕20 号	省级	肖建兰	2014 年 10 月 广东省第四批	粤文非遗 〔2014〕45 号
							市级	李玉珍	2017 年 10 月 梅州市第六批	梅市府函 〔2017〕174 号
							区级	朱丽芳	2019 年 1 月 梅县区第六批	梅县区府 〔2019〕2 号
4	4	省级	传统技艺	酿造酒传统酿造技艺（梅县客家娘酒酿造技艺）	2013 年 11 月 广东省第五批	粤府 〔2013〕118 号	省级	温凤珠	2014 年 10 月 广东省第四批	粤文非遗 〔2014〕45 号
							区级	郭榴红、温带芬、郭忠爱、郭忠义	2016 年 12 月 梅县区第五批	梅县区府 〔2016〕43 号
5	1	市级	传统技艺	畲江菊花糕	2011 年 4 月 梅州市第三批	梅市府 〔2011〕27 号	区级	张应新	2012 年 3 月 梅县第二批	梅府办 〔2012〕23 号
6	2	市级	名俗	松源扛公王	2013 年 7 月 梅州市第五批	梅市府函 〔2013〕85 号	区级	王耀东	2012 年 3 月 梅县第二批	梅府办 〔2012〕23 号

续表 6

序号	序号	代表性项目级别	类别	项目名称	批次	文号	代表性传承人级别	姓名	批次	文号
7	3	市级	名俗	水车小桑等公王	2013 年 7 月 梅州市第五批	梅市府函 〔2013〕85 号	区级	罗铸英	2012 年 3 月 梅县第二批	梅府办 〔2012〕23 号
8	4	市级	传统体育、游艺与杂技	足球运动	2013 年 7 月 梅州市第五批	梅市府函 〔2013〕85 号	区级	杨电松、陈晋干	2012 年 3 月 梅县第二批	梅府办 〔2012〕23 号
9	5	市级	传统美术	梅县区客家门神画	2014 年 3 月 梅州市第六批	梅市府函 〔2014〕128 号	市级	侯文发	2015 年 6 月 梅州市第五批	梅市府函 〔2015〕119 号
							区级	徐建文	2016 年 12 月 梅县区第五批	梅县区府 〔2016〕43 号
10	6	市级	传统技艺	南口镇车陂仙人粄	2014 年 3 月 梅州市第六批	梅市府函 〔2014〕128 号	区级	饶俊顺	2013 年 2 月 梅县第三批	梅府办 〔2013〕8 号
11	7	市级	传统技艺	丙村开锅肉丸	2016 年 8 月 梅州市第七批	梅市府函 〔2016〕135 号	区级	李尧君	2016 年 12 月 梅县区第五批	梅县区府 〔2016〕43 号
12	8	市级	传统美术	客家泥塑	2019 年 1 月 梅州市第八批	梅市府函 〔2019〕8 号	市级	刘沅声	2019 年 10 月 梅州市第七批	梅市文广旅通 〔2019〕129 号
							区级	刘芷瑜	2016 年 12 月 梅县区第五批	梅县区府 〔2016〕43 号
13	9	市级	传统技艺	梅县白渡牛肉干制作技艺	2020 年 12 月 梅州市第九批	梅市府函 〔2020〕284 号	区级	宋增广	2014 年 3 月 梅县第四批	梅县区府办 〔2014〕10 号
14	10	市级	传统技艺	客家红焖肉烹饪技艺	2020 年 12 月 梅州市第九批	梅市府函 〔2020〕284 号	—	—	—	—
15	11	市级	民俗	梅县挂大牌	2020 年 12 月 梅州市第九批	梅市府函 〔2020〕284 号	—	—	—	—
16	1	区级	民间文学	客家方言	2007 年 3 月 梅县第一批	梅府〔2007〕5 号	区级	廖广坤	2006 年 11 月 梅县第一批	梅文字 〔2007〕22 号
17	2	区级	民间文学	歌仙刘三妹的传说	2007 年 3 月 梅县第一批	梅府〔2007〕5 号	区级	梁德新	2006 年 11 月 梅县第一批	梅文字 〔2007〕22 号

续表 6

序号	序号	代表性项目级别	类别	项目名称	批次	文号	代表性传承人级别	姓名	批次	文号
18	3	区级	民间文学	民间歌谣	2007年3月梅县第一批	梅府〔2007〕5号	—	—	—	—
19	4	区级	民间文学	民间谚语	2007年3月梅县第一批	梅府〔2007〕5号	—	—	—	—
20	5	区级	传统音乐	客家山歌	2007年3月梅县第一批	梅府〔2007〕5号	—	—	—	—
21	6	区级	传统技艺	松源麦芽糖	2007年3月梅县第一批	梅府〔2007〕5号	区级	王集荣、温维明	2013年2月梅县第三批	梅府办〔2013〕8号
22	7	区级	传统技艺	南口黄皮豆干	2007年3月梅县第一批	梅府〔2007〕5号	—	—	—	—
23	8	区级	传统技艺	石坑柿花	2007年3月梅县第一批	梅府〔2007〕5号	—	—	—	—
24	9	区级	传统技艺	隆文竹编	2007年3月梅县第一批	梅府〔2007〕5号	—	—	—	—
25	10	区级	传统技艺	隆文土纸	2007年3月梅县第一批	梅府〔2007〕5号	—	—	—	—
26	11	区级	传统技艺	隆文木炭	2007年3月梅县第一批	梅府〔2007〕5号	—	—	—	—
27	12	区级	传统技艺	客家服饰	2007年3月梅县第一批	梅府〔2007〕5号	—	—	—	—
28	13	区级	传统技艺	梅县客家名菜	2007年3月梅县第一批	梅府〔2007〕5号	—	—	—	—
29	14	区级	传统技艺	客家围龙屋	2007年3月梅县第一批	梅府〔2007〕5号	—	—	—	—
30	15	区级	传统技艺	梅县金柚	2007年3月梅县第一批	梅府〔2007〕5号	—	—	—	—

续表 6

序号	序号	代表性项目级别	类　别	项目名称	批　次	文　号	代表性传承人级别	姓　名	批　次	文　号
31	16	区级	传统技艺	畲江工艺品	2009 年 7 月 梅县第二批	梅府〔2009〕24 号	—	—	—	—
32	17	区级	传统技艺	九龙手工茶	2009 年 7 月 梅县第二批	梅府〔2009〕24 号	—	—	—	—
33	18	区级	传统技艺	石扇咸菜	2009 年 7 月 梅县第二批	梅府〔2009〕24 号	—	—	—	—
34	19	区级	传统技艺	石扇鱼血焖饭	2009 年 7 月 梅县第二批	梅府〔2009〕24 号	—	—	—	—
35	20	区级	传统技艺	梅西肉丸	2009 年 7 月 梅县第二批	梅府〔2009〕24 号	—	—	—	—
36	21	区级	民俗	七月二十八日老姑婆生日	2009 年 7 月 梅县第二批	梅府〔2009〕24 号	—	—	—	—
37	22	区级	民俗	观音生日	2009 年 7 月 梅县第二批	梅府〔2009〕24 号	—	—	—	—
38	23	区级	民俗	升龙转火	2009 年 7 月 梅县第二批	梅府〔2009〕24 号	—	—	—	—
39	24	区级	民俗	作福	2009 年 7 月 梅县第二批	梅府〔2009〕24 号	—	—	—	—
40	25	区级	传统舞蹈	打腰鼓	2009 年 7 月 梅县第二批	梅府〔2009〕24 号	—	—	—	—
41	26	区级	传统技艺	客家手工茶	2014 年 3 月 梅县区第五批	梅县区府办 〔2014〕10 号	区级	李新玲	2014 年 3 月 梅县第四批	梅县区府办 〔2014〕10 号
42	27	区级	传统技艺	金柚陈茶	2014 年 3 月 梅县区第五批	梅县区府办 〔2014〕10 号	区级	钟　亮	2014 年 3 月 梅县第四批	梅县区府办 〔2014〕10 号
43	28	区级	传统技艺	钉砻	2016 年 12 月 梅县区第六批	梅县区府 〔2016〕43 号	区级	张学敬	2016 年 12 月 梅县区第五批	梅县区府 〔2016〕43 号

续表 6

序号	序号	代表性项目级别	类别	项目名称	批次	文号	代表性传承人级别	姓名	批次	文号
44	29	区级	民俗	“三月三”相公爷出巡	2016 年 12 月梅县区第六批	梅县区府〔2016〕43 号	区级	张绍轩、张倣明、张建新、张自荣	2016 年 12 月梅县区第五批	梅县区府〔2016〕43 号
45	30	区级	传统技艺	黄金玉香糕	2019 年 1 月梅县区第七批	梅县区府〔2019〕2 号	区级	古运宏	2019 年 1 月梅县区第六批	梅县区府〔2019〕2 号
46	31	区级	传统技艺	企炉饼	2019 年 1 月梅县区第七批	梅县区府〔2019〕2 号	区级	魏汉兴	2019 年 1 月梅县区第六批	梅县区府〔2019〕2 号
47	32	区级	传统技艺	鱼散粉	2019 年 1 月梅县区第七批	梅县区府〔2019〕 2 号	—	—	—	—
48	33	区级	传统技艺	羊雌汤	2019 年 1 月梅县区第七批	梅县区府〔2019〕2 号	区级	钟　鑫	2019 年 1 月梅县区第六批	梅县区府〔2019〕2 号
49	34	区级	传统技艺	荷泗拱桥肉	2019 年 1 月梅县区第七批	梅县区府〔2019〕2 号	区级	黄俊明	2019 年 1 月梅县区第六批	梅县区府〔2019〕2 号
50	35	区级	传统技艺	砣子豆腐	2019 年 1 月梅县区第七批	梅县区府〔2019〕2 号	—	—	—	—
51	36	区级	传统技艺	松源豆干	2019 年 1 月梅县区第七批	梅县区府〔2019〕2 号	区级	何胜旺	2019 年 1 月梅县区第六批	梅县区府〔2019〕2 号

说明：全区非物质文化遗产代表性项目共 9 类 51 项，其中省级代表性项目 4 项　代表性传承人 4 人，市级代表性项目 11 项、代表性传承人 3 人，区级代表性项目 36 项、代表性传承人 44 人

【文化遗产保护与传承】 做好客家文化（梅州）生态保护试验区验收的各项准备工作。注重加强对梅县区非遗项目、传承人、传习所（点）等的资料收集、整理和提升，高标准建成梅县区非遗展示馆，该馆全面对外开放。做好市、区级非遗代表性项目的申报和评审工作。组织专人对梅县区的非遗项目进行梳理，从中挑选出具有代表性的传统技艺类“白渡牛肉干制作技艺”“客家红焖肉烹饪技艺”和民俗类“梅县挂大牌”3个项目申报市级非遗项目，并于2020年年底被梅州市人民政府公布为第九批市级非遗项目。完成“一部手机游梅州”梅县区特色美食板块文字及相片上报工作，APP正式投入使用。在隆文镇卢溪村成立梅县区非遗扶贫就业工坊。2020年，与隆文镇卢溪村竹制品专业合作社合作，设立梅县区非遗扶贫就业工坊。该工坊一方面收购贫困户的竹子，另一方面优先提供就业岗位，优先为隆文镇23名贫困户提供就业岗位。积极开展非遗日活动。非遗日活动采用线上直播的形式举行“非遗传承·健康生活梅县区2020年文化和自然遗产日”非遗专题晚会——2020梅县区非遗购物节线上直播活动，七个平台同时在线直播，观看人数：梅县云播4968人次，虎牙39328人次，斗鱼2392人次，哔哩哔哩163人次，抖音1783人次。此外，直播间为客家非遗美食代言“打call”，非遗美食（盐焗鸡、牛肉干、仙人粄）销售活动取得预期的效果。

旅　游

【旅游发展规划】 旅游发展分期计划　（一）重点建设阶段：2017—2020年本阶段为梅县区旅游开发建设的重点阶段，主要任务是建设形象引领项目和重点带动项目，推进行车风景道、水上风景道和绿道建设，完善旅游基础服务设施开发建设等。

任务之一：为“十三五”期间梅县区旅游项目的大力开发建设完成前期的规划设计编制、土地征收、招商引资等准备工作；

任务之二：按照国际慢城标准，继续完善雁洋镇慢城建设，并辐射带动全区慢生活旅游目的地建设；

任务之三：加快推进松口古镇、侨乡村、洞天湖旅游区、金柚产业园等重点项目的建设；

任务之四：对雁南飞茶田景区、雁山湖国际花园度假区、麓湖山文化产业园、灵光寺景区、南寿峰健康产业园等发展相对成熟的项目进行完善提升；

任务之五：启动城区、油草塘、鸡冠山、五指峰、水车镇、桃尧镇、南口镇、大黄村、横西村、横东村、长教村、南福村、群丰村、禅林寺、莲花寺等支撑项目的建设；

任务之六：推动包括行车风景道、水上风景道和绿道建设，尤其是覆盖城乡、景区的绿道慢行系统的打造；

任务之七：大力开展旅游形象宣传和旅游产品推介，策划大型旅游节庆活动，全面推进旅游市场营销；

任务之八：加快智慧旅游的建设与推广；

任务之九：完善旅游道路、标识系统、水电等基础配套设施以及特色餐饮、住宿等接待服务设施的开发建设；

任务之十：要大力推动乡村旅游发展，特别是主要旅游景区（点）周边乡村，结合梅县区古民居、古村落、金柚园、茶园等资源，引导和扶持当地村民发展以农家乐为主的乡村旅游产品。

（二）提升完善阶段：2021—2025年　本阶段是梅县区旅游开发建设的提升完善阶段，主要任务是架构完善的旅游产业体系，基本完成规划的旅游项目，积极扩大旅游影响。

任务之一：完成桃源村、雁上村、侨乡村、茶山村、群丰村等形象引领项目的建设；

任务之二：继续完善提升松口古镇、侨乡村、洞天湖、金柚产业园等重点项目的建设；

任务之三：完成城区、油草塘、鸡冠山、五指峰、水车镇、桃尧镇、南口镇、大黄村、横西村、横东村、长教村、南福村等支撑项目的建设；

任务之四：根据旅游市场需求推动旅游项目深度开发，不断推出各项参与性旅游活动；

任务之五：完成主要旅游乡镇的现代化服务功能改造，提升沿线旅游服务水平；

任务之六：积极开展多种形式的区域旅游合作开发；

任务之七：规范和提升以农家乐为主的旅游产品，形成梅县区发展乡村旅游的重要内容。

（三）品牌发展阶段：2026–2030 年 本阶段为旅游目的地深度发展时期，主要任务是根据市场动向建设新的旅游项目，推广旅游品牌，提升旅游综合服务水平，增加游客停留时间和综合消费能力，提高综合旅游业盈利能力。

争取到规划期末，把梅县区建设成为旅游品牌特色突出、旅游项目发展成熟、旅游产品类型丰富、旅游服务设施和基础设施配套完善的文化旅游强区。

【重大项目建设】 1. 梅州鼎盛冀大文旅产业投资有限公司投资建设的“客都人家康养文旅综合体”项目一期位于梅县区丙村镇，项目占地 100 公顷，总投资约 50 亿元，包括客家特色大型实景演出、客乡老街、五星级悦麓度假酒店、康体颐养社区、康体运动中心、电影艺术馆等核心板块。

按照中共广东省委十二届六次全会和中共梅州市委七届六次全会的部署，协调推进“四个全面”战略布局，坚持稳中求进工作总基调，坚持新发展理念，坚持推动高质量发展，实施省“一核一带一区”区域协调发展战略，主动融入粤港澳大湾区建设，打造宜居宜业宜游“世界客都 · 长寿梅州”，并确定“促进产业高质量发展，新兴产业特色文旅”，作为 2019 年梅州市 11 个重点工作之一，客都人家康养文旅综合体项目的开发建设为其中核心工作内容。

通过建设客都人家康养文旅综合体项目，对项目进行科学规划，整合各类资源禀赋；配套建设道路、给排水、环保等基础设施；保护历史古建筑、建设生态旅游相关配套设施，彰显当地古文化，实现以旅游开发带动城镇化的建设，以达到经济增长促进城镇化速度，合理利用资源、大力宣传文化、整合周边产业，实现产业、文化、旅游、“三位一体”，生产、生活、生态融合发展战略，带动全镇乃至全区经济腾飞。

该项目的建设以体现梅州风光，集中文化展示、实景演出、民俗体验、健康美食、休闲度假功能为一体，围绕“吃、住、行、游、购、商、养、学、闲、情、奇”打造业态全面、产业链完整的综合休闲文化旅游胜地。通过夯实基础市场，进一步推进景区、项目景点质量提升，完善提升游览设施，逐步壮大传统的莲花观光、艺术写生旅游市场，提高景区的品牌影响力和核心竞争力，增加游客逗留时间。以旅游景区创建、品牌提升为契机，在观光基础上，加强精品休闲、民宿、民俗、度假产品建设，推进周末休闲、自助游、亲子游市场拓展力度，提高当地及周边市民休闲旅游停留时间、重游率，提升核心市场。

该项目建设情况：客乡老街运营采用三类模式，1. 自营展馆：包括 5 个国家级非遗和 10 多家省级非遗文化展馆（侨批馆、红色文化馆、客家蓝衫馆、广东汉剧汉乐馆、木偶馆、客家剪纸馆、客家民俗展览馆、梅州奇境、客家美食文化体验馆、足球馆）；2. 招商租赁：招商店铺 110 间，入驻 68 家商家，业态包括酒店民宿、餐饮娱乐、综合零售等，包括 1 家酒店（游行迹）、3 家民宿（寻麓间民宿、梅花湾民宿、新龙门客栈），宴江南、李小娘等重点餐饮；3. 合作联营：两家，包括吉玉陶瓷、萌宠乐园。

原乡剧场自开演以来，完成演场 36 场、观演 18733 人次、收入约 180 万元。市场品牌方面做到月月有主题、周周有活动，全年国家级媒体报道不少于 3 次，百度收入不少于 150 万词条，官方媒体报道不少于 100 次，自建新媒体矩阵宣传不少于 1000 万人次阅读量。销售方面围绕经营指标，以梅州为中心，辐射潮揭汕市场，分销合同 180 家，切票社 4 家，完成 7 万张保量保票；完成 OTA 平台 7 个全覆盖签约（携程、同程、美团、驴妈妈、大麦、猫眼、大众点评）；2 个自有新媒体端售票渠道（抖音、小程序）。

2．梅县区博物馆建设。为贯彻落实《国务院关于进一步加强文物工作的指导意见》（国发〔2016〕17 号文）中关于 2020 年博物馆公共服务达到标准化、均等化建设，突出博物馆的社会教育职能、更好地实现免费开放要求，将梅县区博物馆新馆建设列入 2018 年梅州市重点建设项目，于 2018 年 10 月委托广东省信仕德建设项目管理有限公司制订梅县区博物馆工程建设项目可行性研究报告，区发改局于同年 11 月通过该项目，同年 12 月项目勘察、设计公开招标，中标单位联合体为武汉理工大设计研究院有限公司和广东诚实建设工程设计有限公司。

总体规划　梅县区博物馆及青少年宫建设工程项目位于府前大道梅县区人民广场左侧，项目总预算 25252.7531 万元（其中博物馆 16856.51 万元、青少年宫 8396.2431 万元）。该博物馆项目的用地面积 10695 平方米，总建筑面积 20228.1 平方米。梅县区青少年宫项目的用地面积 10429 平方米，总建筑面积 12005.27 平方米。共投入项目资金 2141 万元，其中土地转让款博物馆 963 万元、青少宫 939 万元，城市配套建设费 133 万元，前期工作、编制可研、勘察设计等费用共 105 万元。

建设周期　梅县区博物馆建设项目整个建设周期拟定横跨 3 年，按照建设工程的程序进行，梅县区博物馆建设项目工程建设整个周期拟为 22 个月，包括工程前期咨询、测量勘探、规划设计、概预算、招标报建、施工、设备采购到竣工验收生产等工作。完成项目预算编制，上送财政局审查，审核程序在进行中。

【配套设施】　1．提升改造新县城人民广场梅县区旅游咨询服务中心整体外观形象，融入“细柚”文旅 IP 形象，对外展示新时代梅县文旅新形象新活力。

2．建设梅县区乡村旅游智慧导览系统（名人故居），该系统综合运用信息技术，通过线上梅县区名人故居智慧旅游导览系统微信小程序、线下设立一批名人故居标识牌及微信扫一扫等导览方式，以全面新颖的图文、语音、视频等多媒体展示方式对梅县区名人故居及陈列历史文物等内容进行呈现，为游客提供个性化的互动交流和信息发布，满足游客阅览服务需求。

3．为加快梅县区创建国家全域旅游示范区，大力推进全域旅游公共服务设施建设，在“205 国道白渡路口：城东—白渡方向”“205 国道白渡路口：蕉岭往白渡方向”“白渡镇宋湘故居路口”“石窟河大桥—丙村往雁洋方向”路段安装旅游道路标识标牌，2020 年年底创建成功。

4．积极推动“厕所革命”。2020 年，是全国旅游厕所建设管理新三年行动计划（2018—2020）总结评估之年，2018—2020 年梅县区旅游厕所建设目标数 15 座，实际上报数 18 座，完成数 18 座，完成率 100%。旅游厕所电子地图标注数量有 105 个，标注率 100%。

【景区（景点）建设】　提升辖区内 A 级旅游景区资源吸引力，丰富景区旅游体验，提升景区主题形象。梅县区雁洋镇国际慢城旅游度假区获评省级旅游度假区，南寿峰旅游景区通过 AAA 级旅游景区质量评定复核工作，不断增强景区的核心竞争力、完善公共服务设施、智慧旅游系统、旅游标识系统等。

精心谋划精品旅游路线规划，完善相关服务配套、标识设施，做好线路的宣传推广工作，雁洋镇长教村获评第二批全国乡村旅游重点村，“南洋古道 · 千年古镇”乡村旅游精品路线入选第二批省级乡村旅游精品线路名单。

【旅游宣传】　组织文旅宣传推介活动，打响“美丽梅县 · 客都明珠”“中国旅游强县”品牌，宣传客家传统优秀文化。2020 年，印制 1.5 万份梅县区全域旅游宣传手册和折页，更新制作梅县文旅宣传片和一批全域旅游道路标识标牌；线上推出梅县名人故居智慧旅游导览系统微信小程序，线下设置名人故居导览图标识牌；协助中央电视台《味道》栏目组拍摄宣传梅县美食；推进区木偶传习所与客都人家康养文旅体项目签订合作协议，在景区设立梅县区木偶展示馆，促进非遗文化与旅游融合发展；积极组织或参加大型旅游宣传推介活动："5 · 19"中国旅游日——2020年智游打卡梅州 · 文旅复苏有我媒体直播带货活动、2020广东国际旅游产业博览会、"魅力广东 · 客都梅州、和美汕头、古韵潮州"旅游（南昌、泉州）推介会、第八届广东自驾旅游日暨精彩梅州自驾旅游日、2020广东国际旅游产业博览会、"世界客都 · 长寿梅州欢迎您"梅州文旅复苏在行动系列活动启动仪式暨客都人家项目推介活动亮灯仪式、客乡客都大柚获 · 中秋国庆喜相逢——首届客家柚获节、"中秋月圆合家欢 · 同喜同贺迎国庆"文化旅游周、2020"世界客都 长寿梅州"马拉松赛事、博览会等一系列文旅宣传推广活动，进一步打响梅县文旅知名度和影响力。

【景区（景点）选介】 梅州客都人家康养文旅综合体由中国文旅地产运营优秀企业——上海翼天文旅集团倾力打造，项目计划总投资50亿元，总规划占地面积133.33公顷，项目位于广东省梅州市梅县丙村镇，石窟河与梅江交汇处。项目一期占地面积55.5公顷，以客家建筑和文化为基础元素，古今结合；以客乡老街，大型实景演艺为引擎，以文化体验与康养度假为主线，内设客乡老街、原乡剧场、悦麓度假酒店、文创产业园、康体颐养社区及会展中心六大版块，打造集实景演出、民俗体验、地方美食、休闲度假、康体颐养社区功能于一体的综合休闲文化旅游胜地。

客乡老街在广东地区首创沉浸式游览，以记忆梅州、饕餮梅州、风物梅州、乐活梅州为四大主题版块，是集《原乡》实景演艺、客家文化展示、特色风情民宿、客家非遗文创手工坊、客家特色美食、亲子休闲娱乐等六大业态体验项目于一体的客家风情古街。

《原乡》是中国首台围屋情景体验大型舞台剧，同时也是全球首台以客家文化为主题的实景演出。故事以客家人衣冠南渡、过番谋生的迁徙背景为创作题材，通过"穿越 · 溯 · 回归"三大演出线索，跨越时间维度，讲好"客人、客家、客都"的客乡故事，传递出开拓进取、团结互助、崇文重教、敬祖睦宗的客家精神，以此展现梅州客家文化的过去、现在及未来。

原乡剧场结合客家围屋舞台设计，配备360°多面旋转观众席，充分采用3D、激光、投影等最先进的声、光、电科技手段，为观众打造一场集视觉、听觉、嗅觉、触觉于一体的科技、艺术、视觉盛宴。

客都人家各大版块相辅相成，用匠心打造丰富的互动式旅游体验，将成为最具客家文化代表性，且具持续生命力的休闲文化旅游胜地，向广大游客朋友们呈现"游长寿梅州、看客都人家、逛客乡老街、观原乡演艺、享客家风情"的美丽新景象。

2020年年底梅县区文化广电旅游局
局　长：章广润

（供稿：叶春婷　何友花）

广 播 电 视

【概述】 2020年，梅县区广播电视台以习近平新时代中国特色社会主义思想为指导，落实管党治党责任，坚持党媒姓党，科学统筹推进新冠肺炎疫情下的广播电视工作，服务中心，唱响主旋律，疫情防控攻坚战有序有力，改革进取，梅县区融媒体中心顺利建成启用，正式开通4K电视网络信号，本地高清频道正式上线，有线数字电视网络阵地得到巩固和发展。2020年，该台被中共梅州市委、梅州市人民政府评为“梅州市抗击新冠肺炎疫情先进集体”，被梅州市精神文明建设委员会评为“2019-2020年度梅州市文明单位”，被梅县区政协评为“梅县区政协提案先进单位”，在梅县区多种形式应急救援队伍业务技能大赛中荣获重点单位微型消防站团体第二名，电视纪实片《战疫》、诗朗诵《最美的颜色》分别获得2020年度全国市县电视专题和短视频一等奖。

【宣传报道】 舆论宣传　2020年，该台紧紧围绕区委、区政府的中心工作，坚持唱响主旋律，打好新冠肺炎疫情防控、复工复产、重点工程和重点项目建设主动仗，较好地发挥广播电视职能。

1．重点突出新闻宣传。全力打好“防控新冠肺炎疫情”宣传战役。面对新冠疫情考验，全体采编播人员全员返岗，迅速成立疫情防控宣传队伍，加强宣传策划、制订宣传方案，全力以赴抓好疫情防控宣传工作。防控工作初期，《梅县新闻》栏目重点开设“战疫一线党旗飘”“青春肩扛起担当”“疫情防控中的马甲红”“抗疫一线巾帼风采”“援鄂抗疫群英谱”；《梅县民生》栏目重点开设“防疫曝光台”“新春走基层”“战疫在一线”“复工复产加速跑”等系列报道，广泛宣传报道梅县区防疫一线涌现出来的先进党组织、优秀党员干部代表以及抗疫取得的显著成绩；疫情防控取得阶段性成效后，该台主动围绕区委、区政府中心工作，把宣传重点放在复工复产复课等方面，《梅县新闻》开设“防疫生产两手抓”“复工复产加速跑”“战疫一线”，继续播出“援鄂抗疫群英谱”等专栏，跟进梅县区抓好复工复产复课的新动态、新进展。2020年，该台制播疫情防控新闻宣传稿件1060条（篇）。

2．围绕中心开展系列重点宣传。2020年是脱贫攻坚的决胜之年，台党组积极学习宣传习近平总书记在决战决胜脱贫攻坚座谈会上的重要讲话精神，在宣传方面主动服务中心，紧紧围绕梅县区对接广州“四个出新出彩”、省委“1+1+9”工作部署和市委“123456”思路举措、区委“13365”工作部署，在《梅县新闻》中开设“决战决胜脱贫攻坚”专栏，大力反映梅县区脱贫攻坚工作中的新举措、新成效、新典型，体现梅县区打赢脱贫攻坚战的决心和信心。同时，还开设“创文在行动”“创文曝光台”“美丽乡村进行时”等专栏，抓好创文、“两美”行动、乡村振兴等重点工作的主题宣传。

专题宣传　围绕自办电视频道的定位，该台坚持办好办活本地专题节目。1．办好固定专题栏目。继续办好《梅县农情》《梅县教育》《健康园地》《以案说法》《客家方圆》《梅县党建》《纪检监察之窗》等自办栏目，2020年，该台制播本地专题节目136期。其中，《梅县农情》开展以“乡村振兴在路上”为主题的系列报道，以镇为单位，通过精心策划、深入采访，推出一批有深度、有温度的节目，为乡村振兴摇旗呐喊，受到好评。《以案说法》栏目扩宽报道领域，由政法系统5家单位延伸至有执法权和普法义务的相关单位。2．推出防疫战疫主题宣传节目。在《梅县党建》《梅县教育》《梅县农情》《健康园地》等专栏中推出防疫相关题材节目；开辟体现地方防疫的特色节目，专门制作3期客家话防疫情景剧、5期防疫战疫短视频、1期防疫战疫纪实片和普客双语录制抗疫广播，第一时间制作防控疫情、加油武汉等系列公益宣传作品，开展疫情防控公益广告高密度宣传，让疫情政令、信息和防控科普知识第一时间传送到基层一线群众中。

外宣工作　2020年，该台大力拓宽外宣渠道。进一步扩宽本地节目的宣传平台。把该台采编的新闻、专题同步推向本台网站和微信公众号，并大力向“学习强国”平台推送，共有4期抗疫专题视频和1期武汉加油MV被“学习强国”平台采用，纪实片《战疫》获得2020年度全国市县广播电视专题一等奖，《最美的颜色》获得短视频一等奖。继续保持新闻通联排名“双双居首”的强势。继续抓好新闻上送市电视台、电台播出等对外宣传工作，全年该台上送市电视台播出稿件 906 分；上送市电台播出稿件 312 条，继续在各县（市）台中遥遥领先。

【城乡网络建设】 2020 年，抓好广播电视网络联网改网工作，全区城乡网络得到进一步优化。1．联网改网，夯实有线网络基础。加大管网建设力度。将管道建设纳入到城市的整体规划，投入资金 10 多万元，在三葵二路、三丰二路、平安路等地段，投资新建管道 3.5 千米。大力实施联网工程。投入资金近 300 万元，按照光纤到户（栋）的标准发展新网络、改造旧网络，投入资金 200 万元，对祥泰雅苑、富力城 E 区、顺安雅居、亲水湾一期、锦绣首府、山水名都 C 区、山水名都 D 区等新建小区约 7000 户全部按照光纤到户的标准规划实施敷设网络；投入资金 30 万元 ，在中心机房和熙园分前端配置能提供双向传输业务需用的设备，规划建设配置完成后可为周边 6000 多户用户提供有线电视高清回放、宽带接入等业务。配合做好网络整治。助力梅县区“两美”工程，做好白渡镇宋湘故居、西阳镇林风眠故居、松口寺坑圆盘景观提升项目和畲江镇圩镇凌乱线路的整治以及程江镇 8 个老旧小区（吉祥 B 区、碧清楼、昌盛大楼、华龙小区、槐岗教师楼、吉祥花园、丽华苑、文化城）的有线电视网络改造，为老旧小区提供良好的高清、互动、宽带服务；配合新城办完成老旧小区管线改造工程，对县属宿舍小区、宏业 A4 区按光纤到户标准实施敷设网络；进一步巩固和优化全区城乡网络基础。2．主动配合，开展公共服务惠民行动。做好疫情期间“宅”服务。在新冠肺炎疫情重要防控时期，紧紧结合广播电视公共服务职能，大力丰富本地群众在疫情期间的“宅”生活：一方面，为广大群众提供“有线电视欠费不停机”“百套付费频道免费看”“特色专区任性点”“权威信息早知道”等惠民服务，对该台传播的广播电视节目做到按要求“满频率”“满时段”“满功率”传播；另一方面，贯彻落实教育部、省教育主管部门“停课不停学、停课不停教”的工作要求，配合省广电网络公司开发网上教学平台，开发广东教育电视课堂专区，采取“点播+轮播”的方式播放教育部门提供优质辅导课程视频，助力实现“停课不停学”。正式开通 4K 电视网络。实施文化惠民工程，大力推进 4K 超高清电视项目。2020 年 11 月，该台文广视讯公司与市广电网络公司正式签订《网络 IP 化融合发展合作协议》，城区光纤入户小区于 12 月正式开通了 4K 网络 IP 信号源，有线数字电视用户通过安装“U 点家庭服务器”机顶盒，除可享受原宽带服务业务外，还可以收看 4K 超高清电视节目。积极推进“极速宽带+4K 超高清视频+个性化业务+智能管家”的一站式服务业务。3．积极谋划，推出本地高清频道。为进一步满足标清机顶盒用户和高清机顶盒用户的不同收视需求，该台积极筹划推出“电视高清主干兼容标清播出”的播出方案，投入 60 万元，于 2020 年 12 月 15 日正式上线“梅县综合高清频道”，频道 22 为双向高清用户，频道 143 为单向高清用户。开通高清频道后，相比原标清电视，画质从 720 × 576i 变为 1920 × 1080i，电视画面比例由过去的 4 : 3 调整为 16 : 9，电视画面更加清晰逼真、鲜艳醒目，可以完美匹配主流的平板电视显示比例，画面更宽广，人物不变形，细节也更为真实，梅县区和梅州城区有线电视用户都可以收看到该台播出的高清电视节目。

【广告经营】 2020 年，该台迎难而上，积极做好事业经营创收，电视广告、专题宣传收入 184 万元、电台广告 56 万元，有线数字电视网络收 3529 万元，全区有线数字电视在用主机 75784 户（其中双向宽带、U 互动用户 1036 户），在用副机 17591 台；实行微信办理有线数字电视的申请报装、缴费续费、故障报修等业务，2020 年新关注用户 8471 户、受理业务 17271 万单（笔）。

【安全播出】 2020 年，该台自觉承担起举旗帜、聚民心、育新人、兴文化、展形象的使命任务，多措并举守好广播电视意识形态阵地。1．定期研判，意识形态宣传正能量满满。把意识形态安全工作摆在首位，定期组织召开意识形态研判会，坚持开好广播电视宣传编前会，全年召开专题策划会22期，做到了对本周舆论宣传情况及时总结回顾，并对下一周宣传工作进行策划部署，实现了意识形态宣传安全关口前移。坚持团结稳定鼓劲、正面宣传为主，开展好习近平新时代中国特色社会主义思想，中共十九大和十九届四中、五中全会精神，中央和省、市、区委重大决策部署的宣传，开展新冠肺炎疫情防控的宣传攻坚战，开展脱贫奔康的舆论宣传，及时传递梅县主流声音，为党委政府的各项中心工作、重点工作造了势、助了威。2. 筹措资金，进一步巩固安全基础。根据需要新增设演播厅，添置一批采、编、播器材；对潮塘发射中心周边实施道路扩宽、沥青铺设等工程，使广播电视安全播出硬件基础得到有效巩固。3. 严防死守，意识形态网络阵地安全。层层落实广播电视意识形态安全责任，开展好行业的宣传安全防范，定期开展安全播出应急演练，坚持网络安全和设施保护安全检查常态化，先后开展危险化学品、消防安全和防汛防风工作自查整治，专门开展广播电视采、编、播设备和无线覆盖设施等定期进行安全性能检测，开展有线数字电视网络安全、融媒体宣传网络安全和微信公众号等自查，切实加强“三重”时期和重大节庆、会议等活动的安全防范。圆满完成中共十九届五中全会、习近平总书记出席深圳经济特区建立40周年庆祝大会等重大节庆活动的安全播出任务，确保广播电视安全播出和安全生产“零事故”，把党和政府的声音安全优质传送到了千家万户。

【县级融媒体建设】 2020年，该台坚持改革创新，积极配合推进县级融媒体建设。1. 攻坚克难，梅县区融媒体中心建设顺利完成。区委、区政府把“加快区级融媒体中心建设，推动媒体融合发展”列为区2020年重点工作，指定由区委宣传部牵头，梅县区广播电视台负责，主要具体实施融媒体中心的场地建设、媒体平台搭建、人才资源整合等工作。2020年1月，筹资410万元，将该台二楼、三楼300多平方米的闲置房改造成融媒体中心，并购置一批采、编、播设备设施，完备相关网络平台建设；9月，梅县区融媒体中心已基本建成投入使用；9月9日，省委宣传部常务副部长刘红兵前来调研融媒体中心建设，对梅县区融媒体中心建设工作给予充分肯定。2. 整合资源，不断深入媒体融合。梅县区融媒体中心成立以来，大力推动平台资源、人力资源等的整合、共享和开发。平台资源方面，于2020年9月新开发“梅县发布”移动客户端APP、注册“梅县融媒中心”视频号，2020年11月，注册“i梅县”抖音号，并把梅县区广播电视台的广播节目、电视节目、梅县广播电视台微信公众号平台和《南方日报 · 梅县视窗》等纳入梅县发布APP平台，同时与珠江云、南粤云、触电新闻、学习强国等媒体互动对接，打造“声、屏、报、网”全媒体矩阵，初步达到“一次采集、多元生成，多端发布”的要求；人力资源整合共享方面，除新进5个全额财拨编制的融媒体专业人员外，实行台与中心共用该台所有采编播人员，实行广播电视与融媒体共用本台新闻、专题的所有节目，做到同步采写、编播。3. 积极推动，融媒中心宣传效应初显。梅县区融媒体中心自成立运营后，媒体深度融合正不断推进，效果也较为明显。2020年，融媒体中心在触电新闻发布新闻837篇，在学习强国发布新闻193篇；融媒体中心推出的“梅县发布”APP平台，自2020年9月运营以来，4个月时间发送即时消息360多条（电视新闻除外），同时，还开展丰收节活动、钢琴大赛网络直播，以及主持人直播“带货”等有益尝试。其中，“梅县发布”APP中的视频号推出的《副市长、梅县区委书记吴泽桐为梅县美丽乡村代言》《客都人家亮灯》等短视频节目，点击播放量超过80万元；12月底推出的短视频《梅马精彩视频集锦，你入镜了吗》，点击播放量超过18万元。

【队伍管理】 党建工作　2020年，该台以学习型党组织建设为平台，切实抓好党员干部职工思想教育和理论学习工作。1. 全面落实“一岗双责”。切实落实好“一把手”抓党建工作主体责任和“一岗双责”责任，层层签订党风廉政建设责任书、安全生产工作责任书和意识形态工作责任制责任书，切实把责任落实到岗到人。2. 抓好思想政治常态化学习教育。始终把学习习近平新时代中国特色社会主义思想作为台党组、党支部学习第一议题、常设议题，不断加强全台党员干部的理论武装和党性教育，同时，鉴于疫情，主要采取党支部学习、党小组学习和自学的形式进行。学习内容上，专门制定《2020年梅县区广播电视台党组和党支部理论学习计划暨学习型党组织建设工作计划》，全台上下继续深入开展党章党纪的学习教育，坚持“学习强国”平台的学习，重点学习了习近平总书记关于新冠肺炎疫情防控工作的重要论述和关于全面小康、脱贫攻坚、乡村振兴、安全生产的重要论述，开展了习近平总书记出席深圳经济特区建立40周年庆祝大会和视察广东重要讲话、重要指示精神专题学习讨论，组织党员干部开展读原著活动，学习《习近平谈治国理论》（第三卷）及《习近平在厦门》《习近平在宁德》等书目。系列学习教育，使广电团队增强“四个意识”、坚定“四个自信”、做到“两个维护”的思想认识更为牢固，凝聚了力量和干劲。

挂钩帮扶　结合该台的挂钩帮扶工作，组织党员干部到挂钩帮扶点水车镇小桑村开展党员开展“1+1”包户扶贫活动，积极联合梅州爱心义工团、广东省瑞祥慈善基金会等单位到村开展捐资活动，至年底，小桑村原32户贫困户全部脱贫；继续选派一名中层干部到省定贫困村——水车镇鹅峰村开展驻村党建指导，与省挂钩单位一起，共同推动该村村委落实“三会一课”制度、开展党日活动，培养致富带头人5名，举办蔬菜栽培技术暨扶贫技能培训会，帮助解决该村一些实际问题。同时，全台党员干部积极响应扶贫济困日“以购代捐”、消费扶贫活动，有53位党员购买鹅峰村破壁孢子粉、食用紫灵芝等农产品，金额2.51万元，受益贫困户21户。

创文工作　积极配合做好全国文明城市创建工作。在做好广播电视部门创文工作的同时，努力做好该台创文挂钩的程江镇车上村红光组、向阳组、文化组、新建组、红星组等5个责任网格区域的创文工作；由党员干部带头，全台人员全员加入梅县区创文志愿服务队伍，主要开展“社区疫情防控”、文明交通志愿者和创文入户调查等活动。

2020年年底梅县区广播电视台

台　长：翁尚华

（供稿：刘利梅）

体　育

【基础设施建设】　至2020年年底，全区有大、小足球场133块，乒乓球、羽毛球场（馆）480个，田径场12座，游泳池10个，全民健身广场21个，社区体育公园3个。体育场地面积133万平方米，全区人均体育场地面积2.46平方米。梅县区大型的体育设施：

梅县文体中心　位于梅县人民广场侧，占地面积9850平方米，建筑面积22136平方米，总投资4亿多元。按国际标准比赛场馆建设，并采用客家围龙式的建筑风格，圆形建筑直径112米，可容纳观众6000多人，是一个集比赛、大型演出和会展于一体的综合性场馆。

曾宪梓体育场　与梅县文体中心前后相接，并与梅县人民广场、梅县梅花山公园连为一体，占地面积3.2万平方米，其中建筑面积4600平方米，观众座位2万多个，建筑资金约2.8亿元。

曾宪梓体育场按国际标准比赛场馆设计建设，可进行足球、田径等体育项目的大型赛事活动。

【群众体育】 2020年，发放健身路径21套、篮球架10套。逐步完善全区各体育协会的建设和管理，并以协会为主体开展好各类体育活动。春节期间，开展梅县区贺岁杯足球比赛活动；在疫情防控态势持续向好的前提下，先后组织开展梅县区、梅江区干部职工庆‘七一’金山云杯羽毛球邀请友谊赛、全民健身日区直机关足球邀请赛、首届乡镇篮球联赛；成功举办2020年“体彩杯”“谁是棋王”全民争霸赛梅州赛区总决赛、第三届客商银行 · 2020世界客都长寿梅州马拉松赛。

至2020年年底，梅县区有2位国家级、48位一级、150多位二级、1400多位三级社会体育指导员队伍，分布在梅县区各镇、学校、机关和“晨、晚”练点的各个场合，社会指导员在全区各个领域为全民健身活动起到指导、带动的骨干作用。

精心组织和积极参加各类足球赛事。继续完善区、镇、村三级足球组织体系。全区有区级足球协会1家，镇级足球协会19家，村级足球协会35家；组织开展各种足球赛事，扩大社会影响力。通过举办区直机关足球联赛、乡镇足球联赛、村级足球联赛、春节足球联赛等品牌赛事，活跃足球气氛。

加强群众身边的体育健身指导。2020年，国民体质监测工作于10月23日至11月23日（工作日）在梅县区文体中心开展，收集近1000名群众的监测样本。

【竞技体育】 *协助办好中冠联赛赛事* 2020年3月，梅州市梅县区四三三足球俱乐部正式成立，并成功申报参加2020年中冠业余足球联赛和申报承办2020中国足球协会冠军联赛总决赛。其中，梅县赛区于11月22—30日在富力足球学校举行。

积极开展校园足球 组织开展好全区中小学生足球联赛。梅县区中小学生足球联赛是全市最早开展的校园足球联赛，已连续举办16届，成为梅县区品牌赛事之一，有力地带动了校园足球的开展。积极开展“满天星”训练营活动，打造足球苗子展示天赋的平台。2020年6—7月举办的“满天星”训练营吸引了280多名青少年校园足球精英参加，其中有3名学生进入全国青少年校园足球夏令营全国总营最佳阵容。各年龄段球队在2020年梅州市“市长杯”青少年校园足球联赛暨梅州市“满天星”训练营联赛中，获冠军2个、亚军3个、季军1个。

【体育产业管理】 *体育彩票销售* 2020年，体彩销量再创新高，运营平稳发展。体育彩票全年销售5885万元，比上年增长3.07%。

体育产业发展 鼓励社会力量经营体育产业。梅州市祥健体育产业有限公司于2020年投资200多万元，新建新城篮球馆；投资930万元，新建程江周塘、锦绣首府、梅县碧桂园等5家游泳池，不断满足人民群众对游泳、健身的需求。鼓励旅游景区兴建足球场地，以足球推动体育和旅游产业的融合，在南口麓湖山文化产业园规划建设标准足球场地，至年底，建成2块投入使用。落实高危性体育项目“放管服”改革工作，完善审批环节，加强行政检查，强化规范执法，做好高危险性体育经营活动的监管工作，对梅县区高危性体育项目（游泳）场所开放期间进行检查，排查安全隐患，保障人民群众的人身安全。2020年，全区有10家经营性游泳场所，新审批经营性游泳场所5家。

【梅县区业余体校】 2018年5月30日，经梅县区政府常务会议研究决定，同意将梅县区业余体校搬迁至广益中学，探索教体结合新模式，区政府投入资金升级改造了广益中学七人制标准人工草塑胶足球场2个、五人制标准人工草塑胶足球场3个和学生宿舍、教练员办公场室等教学、办公场所，基本满足足球运动员的训练、比赛和住宿需求。2019年春季学期，区业余体校正式入驻梅县广益中学，区业余体校在梅县广益中学合体办校。

业余体校开展的训练项目有足球、乒乓球、

羽毛球、拳击、跆拳道等。其中：足球按照梅州市第九届市运会足球项目的年龄段设置和俱乐部梯队设置，共有 10 支梯队，男、女各 5 支，（2005—2006 年、2007 年、2008 年、2009 年、2010—2011 年），每支队伍配备 1 名教练，20—30 名运动员，2020 年，正在组建 2012—2013 年龄组男女足球队。业余体校有学生 312 人，其中“三集中”学生有 95 人，走训队员 217 人。

足球项目住宿队员在广益中学进行系统训练，外围走训队员节假日集中在广益中学训练。乒乓球、羽毛球、拳击、跆拳道等项目在文体中心集中训练，有队员 72 人。队员伙食安排在华侨中学，租赁华侨中学的房屋集中住宿，统一管理。

【富力足球学校】 学校前身为梅县富力切尔西足球学校，学校于 2013 年 9 月 18 日正式开学，首期工程占地面积 17.33 公顷，投资 5 亿元兴建行政中心、教学中心、生活中心、运动员培养与发展中心等功能建筑，及 14 块具备全天候训练条件的国际顶级足球场，其中人造草球场选用荷兰进口 GreenField 品牌草种，全校教职工 130 多人，在校学生 350 人。

参照“中国足协青少年足球培训基地”和省一级学校标准，学校二期工程（中学部）建筑面积 8000 平方米于 2015 年 9 月正式完工投入使用，涵盖教学、生活、住宿等功能，建设有文化课室、生化实验室、物理实验室、技术分析室、会议室、公寓、食堂、餐厅、更衣室等，能够同时满足 500 人的生活、学习、足球教学及会议需要。

2017 年 11 月 27 日，富力足球学校与荷兰阿贾克斯足球俱乐部正式签订合作协议，2018 年 1 月 1 日，阿贾克斯教练团队全面入驻富力足球学校。至 2020 年年底，有荷兰阿贾克斯足球俱乐部外籍教练员 7 名，中方教练员 20 多名。

【梅州市梅县区四三三足球俱乐部】 梅州市梅县区四三三足球俱乐部成立于 2020 年 3 月，是在广东省足球协会注册的唯一一家位于梅州市市中心的职业足球俱乐部。该俱乐部立志于扛起梅县职业足球大旗，本着理性投入，青训为本的原则，大力推动梅州市及梅县区职业足球体系建设，为梅州市创建中国足球特区贡献一分力量。该足球俱乐部组队工作基本完成，球队由荷兰顶级俱乐部阿贾克斯外教坐镇担任主教练，由来自中超、中甲及中乙俱乐部的多名优秀球员组成球队主力阵容，球队人员齐整，后勤物资保障充足，并成功申报参加 2020 年中冠业余足球联赛。

2020 年年底梅县区体育局

党组书记：李　梁

局　　长：叶柳华

（供稿：林　枫）

社会科学

党史资料征集与党史研究

【党史资料征集与编纂】 收集整理《广东中央苏区历史梅县卷》丛书 2013—2019 年大事记，上报省委党史研究室。收集《梅县区 2020 年抗击新冠疫情大事记》约 2 万字。启动《梅县红色故事》（第二、三辑）史料收集和《中共梅县历史百事》资料收集及整理编写工作。撰写《风云初起党旗飘——记中共梅县地方组织的成立与开展的革命斗争》，上报省委党史研究室和省老促会。撰写《卢伟良——红色交通线上的常青树》

文稿，上报省委党史研究室。撰写《中共中央九月来信在梅县松源传达的现实意义》。参与市委党史研究室奔向古田课题项目研究。与嘉应学院马克思主义学院共同撰写《红四军传达九月来信对古田会议的影响》。召开评审会，再次修改《中国共产党梅县历史》(第二卷)。编纂《广东中央苏区梅县革命简史》，上报省委党史研究室审核。编纂《梅县区革命遗址通览》。参与编纂《广东省红色革命遗址精览》和《广东省红色革命遗址大博览》。编辑出版《红色岁月》和《梅县红色故事》(第一辑)。

【史料服务】 党史宣传方面：宣讲《梅县革命斗争历史》《粤东北（九龙嶂）革命根据地斗争历史》《弘扬苏区精神，传承红色基因，争当新时代新担当新作为干部》《坚定信念、一力担当，历史紧要关头的叶剑英》《少年时期叶剑英》等课程。开展《同怀别墅——九月来信传达贯彻启航地》主题宣讲活动。推进党史“六进”(进机关、进学校、进企业、进军营、进社区、进乡村)，在党员干部和学生中开展党史和革命传统教育15场（次）。分送红色党史书籍600多本。在梅县人民广场、华侨城广场和沿江金岸等地更新党史宣传栏8块。联合区委组织部、区委党校、区文化广电旅游局培训红色讲解员110名。

革命遗址普查、保护等方面：完成全区革命遗址普查。认真做好革命遗址填报、照片拍摄、史料审修和充实、修改完善及核定入库等工作。全区有革命遗址（含其他遗址）120处，其中列入广东红色革命遗址名录68个。协助松源镇党委补充和完善中共闽西南潮梅特委第六次执委扩大会议旧址蛟花堂布展。同怀别墅修缮工程于2020年3月完成。大坪镇卢伟良故居经过修缮打造，于2020年8月27日正式揭牌对外开放，并成为梅县区首批区级党员教育基地之一。协助做好同怀别墅中央九月来信史料陈列室脚本编写和展陈设计。配合区委宣传部及相关镇争取上报项目。2020年获得广东省红色革命遗址利用项目资金2140万元，有力推动卢伟良故居、同怀别墅、九龙嶂革命根据地旧址群、肖向荣故居等广东省红色革命遗址修缮和布展，统筹推进红色革命遗址保护利用工作。

其他服务方面：先后收集、整理蒲风等5名“左联”人物史料，报市委党史研究室和区文广新局。为区科工信局开设党建展室提供有关史料和图片。协助审修客都红藏馆室内布展史料。审修作家沈沧源（松口人）执笔编著的纪实文学《梅县红色堡垒》。为省委党史研究室提供党内交通人物卢伟良事迹文图史料。为南方日报社和梅州日报社记者提供梅县党史、红色革命遗址等史料和图片，配合做好梅县老区苏区宣传等。

2020年年底梅县区委党史研究室

主　任：连焕荣

（供稿：林柿华）

地方志编修

【《梅县年鉴(2020年)》】 《梅县年鉴(2020)》为总第27卷，全书设大事记、梅县区概况、政治、经济、科教文旅、社会生活、乡镇建设、国民经济主要指标、名录、内设机构、文献辑存等11篇、共40章、87节、792个目、彩照12版，约568千字。9月底，全面完成《梅县年鉴(2020)》总纂工作，年底公开出版发行。一是精心组织，认真收集资料。要求各单位、各部门按照年鉴篇目、内容的要求，安排责任编辑人员，按时按质报送相关材料。二是落实责任，认真编辑。为确保年鉴按时、按质完成编辑，并向精品目标迈进，工作实行岗位责任编辑制，做到责任落实，任务落实，充分调动各编辑人员的积极性。三是突出重点，加强指导。为确保年鉴按时、按质完成编审工作，区地方志办与各单位加强联系，督查各单位年鉴资料撰写情况，并对年鉴资料撰稿人给以实时指导。四是认真编审，反复修改。质量是年鉴的生命和价值所在，为确保年鉴的质量，区地方志办在加强指导的同时，认真进行编审，反复修改，力求年鉴资料真实可靠。《梅县年鉴》坚持一年一鉴、当年编辑、当年出版，并由方志出版社负责审核出版。

【《全粤村情》】 《全粤村情》（梅县卷）第一卷包括雁洋、丙村等 11 个乡镇的文字内容，经市终审并报送省旅游出版社，其间根据出版社的要求，对照片和内容等做了多次完善和补充，加强与出版社的沟通和联系；同时，完成《全粤村情》（梅县卷）第二卷包括南口、松口等 8 个乡镇的文字内容，上送省地方志办公室，并依照省里要求及时完成相片像素不足等问题。

【《梅县村情概览》】 按照省地方志办关于做好地情书的编辑出版工作的要求，充分利用自然村落历史人文普查资料，经过 2 年多的编纂，于 8 月出版发行《梅县村情概览》。该书以行政村为单位，以自然村落历史人文普查资料为基础，全方位多视角反映村情概貌，为乡村旅游发展，打造宜居、宜业、宜游“美丽梅县，客都明珠”提供素材，传承客家文化、客家精神贡献力量。

【数字化建设】 根据省、市地方志办关于数字化建设要求，区地方志办开展认真细致的全面摸底，并指定专人对本单位公开出版的存量图书文献资料进行统计，区地方志办公开出版的图书有《梅县年鉴》（2014—2019 年）共 5 本。2020 年，拟按照入库标准提供《梅县年鉴（2019）》电子文档，并按照流程填写好“图书资料数字化入库发布审批表”，做好内容校验及审核、发布等相关工作，逐年将公开出版发行的图书全部实现数字化。继续做好地情推介，加强地情信息完善及图书入库工作，推进年鉴资源数字化利用。

【举办多彩乡村主题教育实践活动】 根据省、市地方志办《关于举办多彩乡村主题教育实践活动的通知精神》，区地方志办、区教育局、团区委联合组织开展 2020 年梅县区“多彩乡村 · 美丽梅县”系列评选活动。活动期间，收到微视频 36 份、调研报告 23 份、图片资料 210 张。评选出优秀微视频 6 份、优秀调研报告 6 份及优秀图片资料 10 张。这些优秀作品通过团区委公众号进行推送、宣传，并上送参加省地方志办、省教育厅、共青团广东省委员会等 9 家单位联合举办的“2020 多彩乡村主题教育实践活动”评比。

【政策法规学习宣传】 认真学习《条例》，通过全体职工会、志书编纂培训会等形式，组织干部职工及修志人员反复学习两个“条例”和《关于进一步加强新时代地方志工作的通知》精神，及时学习省、市、区委对地方志工作重要指示精神等政策文件，将“条例”宣传贯彻作为区地方志办依法治区、依法行政工作的重要内容，开展普法宣传和依法修志指导。

2020 年年底梅县区人民政府地方志办公室
副主任： 杨东梅

（供稿：办公室）

档　案

【基础设施建设】 梅县区重点项目梅县区档案馆新馆建设项目占地面积 1104.16 平方米，共 6 层（地下 1 层、地上 5 层）。2017 年 10 月动工以来，工程建设稳步推进，2018 年 10 月，完成主体建筑并开始进入室内外装修，至 2020 年年底投入资金约 1514.7 万元。加强对档案馆设备设施的管理，对档案馆库区安装的闭路监控系统和报警系统进行全面的检修和维护，对用电、照明、空调、档案消毒工具、除湿机等设备定期进行检查和维修，确保设备的正常运行。

【馆藏档案】 至 2020 年年底，档案馆馆藏档案共 187670 卷、178917 件，排架长度 1040.6 米，其中，中华人民共和国成立后档案 112 个全宗，档案 186320 卷；中华人民共和国成立前档案 1350 卷（其中：民国档案 1234 卷，革命历史档案 116 卷）。馆藏光盘档案 192 盘，录像档案 69 盒，照片档案 11290 张，实物档案 177 件，图书资料 7544 册，侨批 200 多份，清朝房契 60 多张。档案案卷目录 16 本，全引目录 960 本，专题目录 4 本。

【档案收集整理】 接收区信访局、区直工委、区人大、团区委、区农业局等 5 个单位的文书档案 95624 卷又 5760 件。收集和整理省、市和区级领导在区本级重要活动、外事活动和重大事件活动相片 2400 张。

【档案保管保护】 加强档案保管和保护工作。7 月，制订库房除虫除虫方案，并对全部档案柜更换防虫药。12 月，对馆藏档案、资料、实物、档案柜等和库区进行一次全面清洁整理和安全检查。对馆藏特别珍贵的档案建立特藏室进行特殊保护。

【档案宣传】 组织全馆干部职工学习《中华人民共和国档案法》《中华人民共和国档案法实施办法》《广东省档案管理条例》《广东省侨批档案保护管理办法》等法律法规，提高干部职工的依法治档水平。利用 6 月 9 日开展 “国际档案日”组织开展档案宣传活动，购置档案宣传手册《兰台小红工作记》50 套进行档案宣传，营造全社会关心支持档案工作的良好氛围，吸引更多人关注档案、走近档案，帮助社会公众认识档案价值，增强档案意识。

【档案开放利用】 2020 年，提供档案查阅利用 8668 余卷，接待查阅利用者 459 人次，出具复印证明 3154 余份，为领导决策、修史编志，落实政策、工作查考、离任村干部工龄补助、解决山林权、责任田纠纷提供有力的证据。

【信息化建设】 做好档案信息化工作。2020 年，新增著录档案文件级条目 5000 多条，档案目录条目总数有 70 万多条。

2020 年年底梅县区档案馆
馆　长：廖秀丽

（供稿：陈昌平）

嘉应学院赠送锦旗

社 会 生 活

民政和人力资源社会保障

【概述】 2020年，梅县区民政和人力资源社会保障局深入学习贯彻中共十九大及十九届二中、三中、四中、五中全会精神，紧紧围绕“民生为本，为民服务”的工作理念，积极应对新冠肺炎疫情，着力抓好疫情防控期间民政和人社各项工作。聚焦脱贫攻坚兜底线、聚焦特殊群体谋福利、聚焦群众关切优服务，突出抓好就业创业工作、全面提供人才智力支撑、织密织牢社会保障网，为梅县区经济社会发展和民生改善作出积极贡献。

【社会保障】 低保动态管理　强化保障对象动态管理，积极做好低保政策与扶贫政策有效衔接工作，切实做到应保尽保、应退尽退、精准帮扶。至2020年年底，全区城乡低保对象6053户11600人，全年发放低保金4905.3139万元。从2020年1月起，全区城镇、农村低保补助标准分别为每人每月609元、302元。

留守儿童和困境儿童关爱保护　孤儿基本生活最低养育标准分散供养水平从每人每月1025元提高到1110元，全年发放686人次76.146万元。开展留守儿童入户调查和信息录入及入户探访孤儿工作，登记在册并录入系统的留守儿童2888人，探访孤儿180人次。

困难残疾人生活补贴和重度残疾人护理补贴　困难残疾人生活补贴标准从每人每年1980元提高至2100元，重度残疾人护理补贴标准从每人每年2640元提高至2820元。全年发放困难残疾人生活补贴55702人次976.0388万元，发放重度残疾人护理补贴137961人次3244.119万元。

特困供养　城镇、农村特困供养标准分别从每人每月1128元、832元提高到每人每月1236元、852元。至2020年年底，全区有特困供养人员2194人，支出特困供养资金2235.2744万元。

临时救助　充分发挥临时救助制度托底功能，提高临时救助标准，优化申请审批程序，提高兜底保障能力和救助时效，有效保障了因遭遇灾害、交通事故、突发重大疾病或其他特殊困难和其他社会救助制度实施后仍有严重困难家庭的基本生活，临时救助1136人，发放临时救助生活补贴389.5298万元。

【基层政权】 基层政权建设　加强农村基层基础工作，健全自治、法治、德治相结合的乡村治理体系。指导全区 389 个村（居）开展修订和完善村规民约、居民公约，2020 年上半年全区修订工作完成率 100%。指导社区（村）做好疫情常态化防控及关爱关心工作。按照防控指挥部要求做好相关工作，与区财政、区委组织部等部门联合，结合疫情防控任务、工作成效等核定具体对象范围，确定一线社区（村）工作人员补助标准和发放办法，确保补助经费及时发放到位。做好正常离任村干部信息采集工作。与区委组织部、纪委、财政等六部门联合完成全区 2 批次共 4784 名正常离任村干部信息采集审查上报工作，并指导各镇做好正常离任村干部信息采集认定资料归档保存工作，至 9 月底，全区归档工作全部完成。做好 2021 年村级换届筹备工作。根据省、市换届文件精神，与组织部门到各镇调研换届选举前期工作，进行重点村、难点村排查工作，排查上报 26 个重点村、难点村。按照区委工作要求，指导各镇做好村主任的补选工作，10 月底前完成全区村（社区）党支部书记、主任“三个一肩挑”补选工作；与区直 14 个部门共同完成 2465 名村（社区）“两委”干部人选资格审查工作。推进扫黑除恶专项行动。建立线索摸排举报机制，深入排查打击把持基层政权、插手基层公共事务、破坏社会稳定的黑恶势力；分别开展村级换届选举整治、打击整治非法社会组织专项行动、全省农村低保专项治理和打击涉黑涉恶团伙操纵残疾人员、未成年人员及流浪乞讨人员行乞牟利违法行动等。

【社会工作】 积极实施“双百镇（街）社会工作服务五年计划”，组织开展第九届“岭南社工宣传周”活动。2020 年，梅县区各社工站主要参与社区防疫工作，服务群众 6718 人次，发展社区志愿者 390 人。梅县区 7 个社工站有 13 名社工取得助理社会工作师证，2 名社工取得社会工作师证。同时，不断推进志愿服务制度化，协同区文明办、团区委加快推进志愿服务工作。

【区划地名】 做好地名和界线管理工作，成立领导小组和制订出台清理整治工作方案，开展整治不规范地名。推进地名普查成果图录典志的转化，做好国家地名信息库完善更新。完成梅县区——兴宁市县界 4 个镇 9 个桩的联检，有效防范化解界线领域风险。

【社会事务与福利】 *老年人福利优待* 百岁老人保健金每人每月 1000 元，全年发放百岁老人保健金 872 人次共 92.5 万元；发放百岁老人一次性客家寿星奖 84 人共 10.08 万元。重阳节前一次性发放 80—99 周岁高龄津贴人数 20699 人共 620.97 万元。

兴办养老服务机构 全区拥有养老床位数 4335 张，每千名老年人拥有床位数达到 35.8 张。其中民办养老机构备案床位 827 张，护理型床位有 265 张。对符合条件的养老机构发放运营补贴 11.99 万元。

养老服务机构规范化建设 建立健全各项应急预案，与区市场监督管理局、应急管理局、消防救援大队开展联合检查，全面落实疫情、消防、食品安全职责。加强对民政服务机构安全隐患监控，充分利用“广东省民政服务机构管理系统”，督促各镇（高管会、办事处）加快隐患整改，逐项实地检查核销，切实提高信息化安全管理水平。

“长者饭堂”建设 结合区、镇实际情况，采取试点先行、示范带动的方式，建成 4 家长者饭堂并正常运营，为所在辖区内 60 岁以上的有需要的老年人实施大配餐服务，实现“老有所依、老有所养、老有所乐”。

留守老人关爱服务 对全区留守老人进行摸底登记，登记在册留守老人 1105 人，通过录入“三留守”系统，关注留守老人，同时开展探访工作。

流浪乞讨人员救助 引导、劝导和救助流浪乞讨人员 75 人次。认真做好在市第三人民医院接受治疗的 36 名精神病人的救助工作，救助经费开支 185.85 万元。

【社会组织管理】 建立梅县区社会组织工作联席会议制度，依法办理申请变更、注销、换发证书等。联合区公安分局等部门开展打击整治非法社会组织专项行动，梅县区未发现有重点打击的六大类非法社会组织。2020年，新登记社会团体9个，民非5个，变更24个，注销10个，全区有社会组织438个。

【福利彩票】 加强福彩营销管理工作。2020年，全区65家投注站共销售4459万元，超额完成销售总任务。城区“44070267”投注站喜中双色球一等奖1注，奖金590万元；城区“44070237”投注站喜中双色球一等奖1注，奖金538万元。

【婚姻登记】 继续实施周末和法定节假日提供婚姻登记服务，全年办理婚姻登记业务6027宗，其中：结婚登记3648对（其中包含涉外结婚登记10对）、离婚登记1433对（其中包含涉外离婚登记2对），补领婚姻登记证860对、补领离婚证86件。

【收养登记】 依法依规做好收养登记管理工作，办理收养登记46户（其中：符合办理条件2户，不符合办理条件44户）。

【殡葬管理】 深入开展殡葬管理工作，全年全区免除殡葬基本服务费4236宗，金额562.08万元；办理群众举报和上级交办违规建坟案件7宗。认真传达全国、全省、全市安葬（放）设施违规建设经营专项摸排暨违建墓地专项整治成果巩固提升行动电视电话会议精神，按照殡葬领域损害群众利益突出问题专项整治行动、违建墓地专项整治成果巩固提升行动、违法违规建坟专项整治行动的重要部署，深入贯彻落实我区整治方案。联合区自然资源、林业、发改等部门对辖区内1家经营性公墓和4家经批准建设的公益性公墓进行检查，及时督促检查中发现存在墓位档案不规范问题的个别公墓按要求进行整改。

【就业创业培训】 职业技能培训和鉴定　全年共组织实施“广东技工”职业技能培训17098人次，其中：推进企业开展线上适岗培训13417人次；组织城乡劳动力技能晋升培训1358人；开展企业新型学徒制培训，积极与本地企业对接，充分利用优质培训资源，按本地经济发展对岗位、工种的需求，完成60名培训备案任务。同时，坚持职业技能鉴定数量和质量并重的原则，全年接收技工学校和各培训机构培训鉴定申请56期1571人，核发技能等级证书836人，其中初级工554人、中级工282人。

就业与失业登记　加大专项资金扶持力度。为有意愿创业的劳动者提供创业小额担保贷款贴息支持，2020年，新增发放贷款15笔，发放贷款总额392.8万元，全年贴息35.85万元，支出就业创业专项资金556.84万元。抓好线上线下招聘等就业服务和就业援助活动。举办网络招聘22场，在线招聘企业128家，在线发布岗位4050个，网络招聘信息点击量55385次，投递简历4005人次，达成就业意向2035人次，成功就业807人。进行现场招聘会6场，其中招聘企业79家，提供岗位信息2330个，达成就业意向248人，发放就业政策等宣传材料7000份。全区城镇新增就业2950人，城镇失业人员就业2410人，城镇登记失业率2.51%。夯实公益性岗位开发。2020年，全区有2个镇申报开发公益性岗位，开发5个（乡村）公益性岗位，安置4人（皆为建档立卡贫困户劳动力家庭成员或本人），分别从事村委的保洁、维护、管理等工作，完成当年下达任务指标。加大就业扶贫力度。全区建档立卡贫困户9832户，贫困劳动力4138人，实现就业3051人，有就业意愿贫困劳动力100%就业。全力做好高校毕业生就业保障工作。通过网站、短信等渠道发布报到程序及招聘招考信息，促进高校毕业生就业。全年接收2020年应届高校毕业生报到1231人，接收保管高校毕业生档案2691份，应届高校毕业生就业率98.15%。全年办理流动人员人事档案转递502份。

孵化园建设　推进梅兴华丰产业集聚带现

代创业孵化园（省市共建创新创业孵化园）建设，创新创业孵化园项目分两期建设，规划用地面积 3.67 公顷，建筑面积 6.3 万平方米，总投资 2.5 亿元，完成二期主体工程建设的 95%。

“粤菜师傅”工程　2020 年培训 319 人，其中：组织“粤菜师傅”工程餐饮企业开展线上适岗培训，中式烹调师 235 人；梅县技工学校全年举办“粤菜师傅”线下培训班 2 期，培训学员 84 人，均完成专项能力考核。承办 2020 年度梅州市“三十道客家菜名菜”复评活动，梅县区 6 道名菜入选；承办 2020 年梅州市“粤菜师傅”工程之“名师名店名菜”评选活动暨梅县区成果展示活动，与梅州市“粤菜师傅”工程工作领导小组办公室和梅州日报社签订全媒体宣传合作协议，梅州日报社利用全媒体宣传平台对此次活动进行宣传推广，展示梅州“粤菜师傅”工程发展成果，促进客家饮食文化交流，全方位拓展舆论传播力、社会影响力；联合程江镇人民政府在人民南路打造梅县美食街，推进“粤菜师傅”工程工作。

“南粤家政”工程　通过落实职业培训补贴、社保补贴、岗位补贴、创业带动就业补贴、创业担保贷款贴息等一系列扶持政策，培育龙头企业，支持家政企业发展壮大。加大线上线下培训力度，通过培训提高从业人员的职业素养。2020 年，母婴服务类培训 432 人次，完成年度工作计划的 148.97%；居家服务类培训 363 人次，完成年度工作计划的 181.5%；养老服务类培训 76 人次，完成年度工作计划的 126.67%。

劳务派遣经营许可　严格按照《中华人民共和国劳动合同法》《劳务派遣经营许可申请实施办法》的有关规定，2020 年，审批 4 家劳务派遣经营许可，受理同意 5 家公司提出的成立培训学校或到期换证、地址变更、新增培训工种申请。

【工资福利制度】　按照上级的统一安排部署和政策规定，在规定时间内及时兑现各项工资福利待遇，做好梅县区机关事业单位 1.2 万名在职人员绩效考核奖金和 7800 名离退休人员慰问金的审批工作；做好住房维修和物业管理补贴、乡镇工作补贴、机关单位交通补贴等的审批工作；做好梅县区三类事业单位公路事务中心、交管总站、不动产登记中心等单位转一类事业单位 70 多名工作人员信息录入工作；做好梅县区新成立的教师发展中心 80 名工作人员信息录入工作。对违法违纪并受处分人员的工资及相关福利待遇严格按规定予以处理，维护工资政策的严肃性。

【社会保险】　扩面征缴　至 2020 年年底，完成各类别参保人数任务 100%。基金征缴收入 15.5687 亿元；各项待遇按时足额发放，区级统筹基金支付 7.4981 亿元。

社保改革　有序推进全区退休“中人”新办法计发待遇工作。完成全区 1345 位退休中人的视同缴费认定工作和全区 1801 位退休中人信息核对工作；完成全区财政全额拨款单位职业年金单位缴费准备期（第一期 2014 年 10 月至 2015 年 12 月）单位缴费补缴工作。巩固提升社保统筹层次。进一步完善企业职工养老保险省级统筹的经办管理、财务管理工作；按照失业保险金“畅通领、安全办”要求，做好延领人员待遇的及时发放和超出法定退休年龄失业人员的审核发放工作。推进社保领域“放管服”改革，积极开展人社快办行动。完成 53 项社保经办公共服务事项与广东省政务服务网链接工作，实现区社保政务服务事项网办率 70%以上和最多跑一次事项数占比达到 100%，进一步提升政务服务能力。

被征地农民养老保障　2020 年，上级批准的涉及被征地农民养老保险业务的征地有 10 个批次，共 1692 个养老保障名额，养老保障资金 1522.8 万元。

失业保险支持企业稳定岗位补贴　2020 年，有 160 家企业申请失业保险稳定岗位补贴，其中有 80 家企业通过市级人社部门审核，获得稳岗补贴资金 172.5271 万元。

工伤认定　全年工伤认定数 235 宗，其中工亡 9 宗；工伤不予认定数 1 宗。

【基金管理】 加强自查自纠工作，对照《人力资源社会保障部办公厅关于加强社会保险经办风险防控工作的通知》和《社会保险经办风险防控工作任务清单》的项目和内容，逐一认真进行梳理，对自查中发现的问题，及时提出改进措施并加以整改，对没有问题的项目按要求及时组卷备查。加强日常稽核监督工作，加强对业务经办的合规性、程序性等方面的督查工作，定期随机抽查业务经办情况，全面抽查高风险岗位业务经办情况。加强风险廉政教育，每季度开展一次专项警示教育，以社保系统正反面典型案例教育干部职工，营造风清气正、廉洁高效的社保经办环境。

【劳动权益保障】 劳动保障监察执法 2020年，受理劳动保障监察投诉案件148宗，涉及劳动者835人，追讨劳动者工资1996.29万元；处理群众来电、来信、来访投诉298批次，涉及554人次；给予行政处罚3宗；列入“黑名单”管理1宗；对涉嫌拒不支付劳动报酬罪移送公安机关立案2宗，涉案金额12.23万元，追回拖欠工人工资2.63万元；处理劳动人事案件268宗，涉及人数271人，涉案金额715.15万元。

劳动和人事争议调解仲裁 坚持“调解为主”的办案思想，依法快速调解、审结劳动争议案件。全年处理劳动人事争议案件280宗，立案受理268宗，不予受理12宗，涉及劳动者人数271人，涉案金额715.15万元，当期结案案件数269宗，法定期限内结案率100%，调解率79.55%。

【人事人才】 干部任免管理 严格按照程序，认真细致做好选拔对象的任命工作，办理政府口副局级以上干部任免73人次。

专业技术人才队伍建设 按照专业技术资格的评审范围、评审程序及评审条件，进行严格把关，全年为企事业单位专业技术人员办理评审和认定高、中、初级专业技术资格共687人。

人才培养引进 2020年，梅县区疾病预防控制中心引进4人；企业急需紧缺人才引进4人，其中：广东宝丽华电力有限公司2人、广东嘉元科技股份有限公司1人、梅州市广顺海食品有限公司1人。同时，认真做好梅县区2020年第二轮急需紧缺人才需求岗位的征集工作。

事业单位调配招聘 做好事业单位调配招聘工作，为87名事业单位工作人员办理调配手续。做好公开招聘各项考务工作，举行公开招聘4场，聘用182人。

【梅县技工学校】 2020年，梅县技工学校认真落实国家资助政策，确保政策落实到学生个人，为89人发放国家助学金共17.34万元。通过政府采购招标投资40多万元在学校食堂天面和汽修专业实训场搭建树脂瓦，该两处场地用于烹饪专业学生鼎工实训和汽修专业学生汽车拆装实训。做好学生推荐就业工作，为毕业生提供广州市车篁汽车服务有限公司、深圳市星雨教育有限公司、深圳市顺丰信息服务科技有限公司东莞分公司、深圳春满园饮食管理集团等一批珠三角城市优质企业就业岗位，就业率99%。

2020年年底梅县区民政和人力资源社会保障局

局　长：陈纪珠

（供稿：朱庆峰）

卫 生 健 康

【概述】 2020年，梅县区卫生健康局坚持以习近平新时代中国特色社会思想为指导，全面贯彻落实中共十九大、十九届历次全会精神，贯彻落实区委、区政府的决策部署，在全力做好新冠肺炎疫情防控工作的同时，积极实施“围绕一个中心，落实六大任务，实现三大提升”的“健康梅县163思路”，较好地完成年度各项工作目标任务，全区卫生健康事业呈现优质、均衡发展的良好局面，进一步改善，主要卫生资源指标、居民健康指标、人口生育指标。

【人口管理】 充分利用全员人口系统、妇幼保健、预防接种等数据，分析政策调整后带来的生育模式变化影响，准确掌握育龄人群变化、育龄人群生育意愿、全面两孩政策实施效果等的跟踪评估，做好出生人口动态监测和风险防控，科学提出人口发展规划建议，为政府决策提供科学、可靠的人口数据支撑，促进计划生育家庭健康发展，稳步实施全面两孩政策。至2020年年底，全区户籍人口情况：总人口651806人、总出生6029人、政策生育率88.72%、政策外多孩率9.99%、性别比112.21、出生率9.25‰、死亡率5.9‰、自增率3.35‰；全区常住人口情况：总人口493324人、总出生4482人、政策生育率88.76%、政策外多孩率10%、性别比109.15、出生率9.21‰、死亡率7.24‰、自增率1.97‰。

【医药卫生体制改革】 认真落实上级医改工作部署，紧紧围绕解决群众“看病难、看病贵”问题，转变工作理念，锐意改革，攻坚克难，纵深推进医药卫生体制改革，分级诊疗体系逐步形成，现代医院管理制度逐步建立，药品跨区域联合限价采购创新实施，公立医院公益性更加彰显，健康扶贫政策全面落实，以减轻群众看病就医负担为突破口，带动三医联动改革，医疗服务水平明显提升，医改工作取得阶段性成效。建立完善双向转诊绿色通道，提升区域住院率，做好居民健康“守门人”。按照“以点带面，逐步推广”的原则，采取分批分步骤稳步推动医联体建设，以粤东医院为牵头医院，推进全区医联体建设和医疗卫生资源的合理配置，理顺区、镇、村三级医疗机构功能地位，完成医联体网格化布局，最终达到覆盖全区。

【保障措施】 基础建设保障 梅县区中医医院中医综合大楼建设项目完成投资1.5亿元，大楼整体完成框架建设及封顶工作。扩建妇幼保健计划生育服务综合业务大楼项目于2020年12月中旬竣工验收。粤东医院肝病大楼升级改造工程项目总投资3001万元，于2020年9月动工建设。梅县区第二人民医院改扩建项目于2018年6月动工，省财政补助资金2040万元，建设项目正在验收中。

人才资源保障 加大招聘力度，通过开展本地区事业单位公开招聘加强人才储备，事业单位公开招聘人员67名，对新招聘人员进行岗前培训；改善人才学历结构，全年招收农村订单定向代培生21人并签订就业协议书，从而为基层卫生医疗机构培养一批下得去、留得住、干得好的高素质医学人才；引进紧缺人才，为缓解基层卫生人才总量不足和结构不合理等矛盾，引进高素质人才4名，继续签订2名首席专家下基层，有效充实医疗队伍力量；积极响应省卫健委关于千名高校毕业生下基层从医上岗退费号召，加大对工作宣传力度，进一步吸引和鼓励高校毕业生到基层从事医疗卫生工作，严格按照有关要求为9

名符合条件的高校毕业生进行退费；加大培训力度，对基层医疗卫生人员实施全方位、全覆盖培训，全年共培训西医全科医生 38 名、中医全科医生 12 名；落实住院医师培训任务，全年华医网远程继续医学教育学习及公需科目培训人数 2369 人；2020 年，参加高级职称评审有 125 人；初、中级职称报考共 544 人。

信息技术保障　为适应形势的发展，全区医疗机构共投入近 1 亿元升级建设信息化系统。其中：粤东医院、区中医医院对原有信息管理系统进行升级改造，主系统已投入使用；区妇幼保健院计划生育服务中心对院内信息系统进行“智慧医院”升级改造、区慢性病防治院进行信息化建设；广梅开发区医院信息系统建设正在有序进行。区直医疗机构基本实现“智慧医院”的功能，“让信息多跑路、病人少跑腿”，不断增强人民群众的医疗健康获得感。为保证上级指令能够及时传达到基层，依托“智慧梅县”远程视频平台，建成全区医疗卫生系统的远程会议系统，为抗“疫”提供了坚实信息保障。

舆论宣传保障　围绕建设“健康梅县”的目标，在全区广泛开展健康教育与健康促进工作，不断扩展健康教育阵地，有针对性地开展各类慢性病预防和疫情防控等知识的宣传，倡导文明健康的生活方式，扎实推进健康素养促进项目落实。通过电视、报纸等传统媒体及“南方+”“掌上梅州”“健康梅县”微信公众号、微博等新媒体大力普及宣传健康知识及卫生健康工作，全年发布相关文章 1300 多篇，其中，被“学习强国”平台转载 18 篇；在区广播电视台推出《健康园地》专题节目，制作健康知识宣传短片，定期播放居民健康素养动画视频 66 条，发放 700 多种近 80 万份宣传资料。以多形式全方位开展健康教育宣传活动，区卫健系统各单位共设置健康教育宣传栏 100 多块，全年更新 247 次。结合“全国儿童预防接种日”“世界艾滋病日”等主题日，开展义诊咨询和健康讲座宣传活动近 400 场，参加人员 1 万多人次。

【重大公共卫生】　区卫健系统全体党员干部、医护工作者全面动员，统一思想，制订周密方案，采取切实有效措施，坚决遏制新冠肺炎疫情。粤东医院作为全市定点收治医院之一，共收治新冠肺炎确诊患者 7 例，全部治愈出院，实现确诊病例“零死亡”、医护人员“零感染”和出院患者“零复阳”，疫情防控工作取得重大成效。

思想重视，行动迅速。1 月 23 日，按照《广东省突发公共卫生事件应急预案》和重大突发公共卫生事件一级响应要求，局党组高度重视，深刻认识疫情防控的严峻形势，把疫情防控工作作为最重要的工作来抓，全面动员、全面部署，把人民群众生命安全和身体健康放在第一位。1. 统一思想，加强领导。迅速研究部署全区卫健系统新冠肺炎疫情防控工作，明确以责任担当和主动作为响应区委、区政府工作部署，落实疫情防控。2. 紧急行动，全面布防。坚决落实区委、区政府的决策部署，第一时间投入疫情防控，参与落实疫情控制、流动人口管理、交通卫生检疫等工作。3. 周密部署，全力奋战。全局干部职工取消休假返岗工作，按照区疫情防控指挥部的部署，会商研究疫情发展趋势，统筹协调和指导各医疗卫生单位落实各项防控措施。4. 主动配合，服务专班。区新冠肺炎疫情防控指挥部在卫生健康局设立工作专班，第一时间腾出办公场所，配套做好后勤保障和各项物资供应，落实专人全力以赴配合指挥部专班集中办公。及时调度防控所需医护人员、医用物资等，确保防控工作有力有序、科学周密推进。

主动担当，守土尽责。为全面打好疫情防控人民战争，打赢疫情防控阻击战。区卫健系统党员干部和医务工作者主动担当，投身新冠肺炎疫情防控、救治工作。1. 主动战备应对疫情防控。粤东医院抽调精悍力量成立区新冠肺炎防控医疗救治专家组，并制订医疗救治工作方案，连夜组织临床专家和综合护理人员进行培训和演练，指导医护人员做好自我防护；同时，从全区各医疗卫生机构抽调 78 名医务人员组成第一批后备医疗队。2. 用心用情开展患者救治。1 月 25 日，粤东医院收治了从湖北省输入梅县区首例不明原因发热的病人，经核酸检测呈阳性。医院立即启动应急预案，及时对患者进行隔离，集中专家组进行会诊、研究，严格按照应对新冠病毒指引制订了具体的救治方案，医院把救治工作和病例研究结合起来，利用专家优势和学科优势，及时跟进，精准对症治疗。3. 主动驰援湖北抗疫行动。积极主动派出医疗队援助湖北，第一时间从粤东医院挑选13名医护人员共同组建广东省第二批医疗队，支援湖北抗“疫”。4. 推进发热门诊发热诊室规范化建设。全区建成规范化发热门诊4间和发热诊室17间，配备必要的诊疗设备和充足的医疗防护装备。5. 不断提升核酸检测能力。区委、区政府投入200多万元，在区疾控中心建设PCR实验室并投入使用，成为全市首个具备新冠病毒核酸检测能力的县（区）级疾控中心。粤东医院和区疾控中心均具备独立核酸检测能力，日均检测量约1500份，增设梅县区松口镇中心卫生院为“愿检尽检”服务点。同时，加强检测人员队伍建设，组织各医疗机构864名核酸检测（采样）人员线上参加学习，86名检测（采样）人员参加实操培训。

周密部署，服务大局。严格遵照传染病防治法及“外防输入、内防扩散”的要求，坚持“全区一盘棋”的思想，针对不同地区、不同场所、不同行业等不同情况，采取主动服务，科学防控的措施，提高疫情防控的科学性和有效性，切实保障企业复工复产、稳步有序推进群众生产生活秩序。组建健康监测医技队和疫情防控驻点服务队助力企业复工复产、学校学生复学。由全区各镇卫生院负责，深入复工企业，协助企业开展工作场所消杀和外来务工人员咽拭子核酸检测采样工作。为全区62所中小学校等各配备1名卫生健康兼职副校长，抽调62名医务人员到全区各学校驻点；为95间幼儿园配备疫情防控挂点医务人员。对相关单位、企业疫情防控工作进行综合评估，指导科学制定复工复产和疫情防控方案，执行健康管理制度、组织人员落实设备疫情防控物资配置、返工人员排查和环境消杀、加强人员培训和应急演练等，并精心熬制预防性中药处方汤药免费派发给重点企业员工，为企业安全复工复产保驾护航。

【基本公共卫生】 不断健全体制机制，保障公共服务落实。落实经费保障，确保按人均65元保障基本公共卫生经费足额配套到位；严格执行基本药物制度并实行零差率销售，有效控制药品费用的不合理增长；落实基本公共卫生服务，对原12类国家基本公共卫生服务和从重大公共卫生服务项目划入基本公共卫生服务的17个项目全部免费或补助的方式向全民提供。有序开展国家基本公共卫生服务项目绩效评估，全面推进基本公共卫生服务工作，提升公共卫生服务能力和水平。

【卫生监督检查】 公共卫生　采取“日常监督、突击检查、专项整治”三结合等措施，依法查处违法行为。开展集中整治“号贩子”和“网络医托”专项行动、打击“两非”专项整治、传染病医源性感染防控专项整治、放射诊疗防护检查等工作，监管能力和水平不断提高。全年受理各类行政许可1410份，出动卫生监督人员约6621人次，检查医疗机构429间，公共场所699家，查处案件25宗，共计罚款约4.29万元。对7家医疗卫生机构的不良执业行为实施记分查处，共记62分；调查处理“12345”政府热线88宗；无行政复议案件。

饮用水卫生　对全区38家集中供水单位进行两轮监督检查。对部分供水单位“消毒不到位，周边环境卫生不符合卫生学要求，个别供水人员未办理健康证上岗工作”等存在问题，下达卫生监督意见书并要求立即整改，防止生活饮用水污染事件发生，保障人民群众身体健康和生命安全。

学校卫生　对辖区内15间学校周边的11家医疗机构、35家娱乐场所进行监督巡查，未发现有非法行医或以人流、性病治病业务为主的诊所，未发现无许可证经营等娱乐场所门店。

职业卫生　深入开展职业健康工作，加强重点职业病监测，落实职业健康管理措施。1．结合新冠肺炎疫情防控工作，对全区近149家企业进行了复工前及复工期间疫情防控及职业卫生管理工作进行监督检查。2．开展职业卫生宣传培训。职业病防治宣传周期间，召集89家企业的职业卫生主管进行培训职业健康管理知识培训。通过组织人员进企业进行宣传和专题讲座，在企业车间向员工宣传讲解职业病危害，提高劳动者对职业卫生工作的关注度和自我保护意识。发放《中华人民共和国职业病防治法》单行本、职业健康和新冠肺炎疫情防控宣传1056份。3．对全区149家企业开展2020年度作业场所职业危害因素现状调查，对尘肺病病人摸底随访调查。4．开展尘肺病专项治理工作，对全区部分非煤矿山、石材加工等车间存在粉尘、化学毒物危害因素的企业进行重点检查，督促企业落实职业病管理主体责任。

【传染病防治】　1．依法依规开展免疫规划工作。疫苗冷链配送和预防接种标准化建设作为梅县区2020年十大民生实事之一，完成梅县区疾控中心疫苗冷链配送系统和19个预防接种门诊标准化建设，全区各预防接种门诊、产科接种门诊、狂犬病暴露预防处置门诊和成人接种门诊实现疫苗流通和接种管理信息系统全面投入使用并实现互联互通，全区扩大免疫规划疫苗基础和加强免疫接种率99.69%，建卡发证率100%，上传接种信息数据准确率和上传率100%。2．进一步加强传染病管理工作。全年规范调查处置传染病疫情12起。有效预防和控制艾滋病，开展性病防治干预工作，继续做好麻风病防治和病症状监测，提前完成全年监测任务；做好疟疾等重点寄生虫病防治工作；加强登革热媒介密度监测，实现全区蚊媒监测全覆盖；加强地方病防治监测，完成重点人群碘缺乏病监测和饮水型地方性氟中毒监测工作，持续消除碘缺乏病，有效控制饮水型氟中毒危害。3．持续推进慢性病防治和基本公共卫生服务。加强建立居民健康档案、慢性病患者、老年人健康管理；不断完善居民健康档案，认真做好慢性病患者健康管理指导工作和质控工作，提高慢性病患者规范管理率和65岁及以上老年人健康管理水平；加大肺结核防治力度，落实肺结核患者或疑似患者的报告和转诊制度，建立追踪机制，加大结核病防治健康宣教；做好严重精神障碍管理治疗。继续做好食管癌/贲门早诊早治、全死因监测和肿瘤随访登记工作。4．有效提升应急处置水平。开展多场次卫生应急宣传活动，做好应急消杀物资储备、消杀准备工作，进行灾后防病知识宣传，印发卫生防病知识宣传单6000多份。

【医政管理工作】　进一步完善医疗服务体系，提高医疗服务能力，加强重点专科建设。粤东医院获高血压达标中心建设单位授牌，肝脏内科等20个专科获评2020年梅州市临床重点专科。制订《梅州市梅县区加快推进分级诊疗制度建设实施方案》，明确各级医疗卫生机构的功能定位和分工协作机制，细化和完善分级诊疗实施细则，以基层医疗卫生机构为主的全科医生签约覆盖率稳步提升，区域内就诊率85%以上。

【中医药工作】　以“创建全国基层中医药工作先进单位”为抓手，不断完善中医药政策和管理体系。在通过省级评审基础上，2020年9月接受“创建全国基层中医药工作先进单位”国家级评审，并得到评审专家组的充分肯定和积极评价。开创“中医药+互联网+物联网”发展模式，区中医医院与中国中药控股有限公司、广东省葛洪中医药研究院共建的梅州地区首个“中药智能化中心”于7月正式运营，为市民和患者提供中药代加工、膏方制作配送等服务，全流程最快2小时内完成，为全区各级医疗机构和患者提供一站式的优质中药服务。选择程江镇古塘村卫生站试点建设中医阁。继续加强与省中医院合作，在原有基础上增设肖静妇科名医工作室。

【妇幼卫生管理】　规范孕产妇健康管理工作，

早孕检查率 95.86%，产后访视率 98.24%，住院分娩率 99.98%；规范 0—6 岁儿童健康管理，接受健康管理服务 40450 人，健康管理率 96.29%；认真落实城乡妇女“两癌”免费检查项目工作，全年完成“宫颈癌”免费筛查 5326 人，“乳腺癌”免费筛查 5278 人，超额完成全年检查任务。开展地中海贫血防控工作，初诊孕妇 3501 人，地贫筛查 3501 人，筛查率 100%，全年无重度地贫儿出生；婚前医学检查率 93.73%，为 1782 对夫妇进行免费孕前优生健康检查，出生缺陷三级预防进一步巩固。

【行政管理】 以“服务群众、促进发展”为宗旨，全年受理行政审批 1410 宗，办结 100%，实现无一件违规办理、无一起投诉事件。做好 “双随机一公开”数据整治、抽查情况录入及公示，加强“互联网+监管”系统、涉税平台数据的管理，进一步完善权责清单清理和政务事项。完成国家卫健委下达的 90 家公共场所、1 家生活饮用水供水单位、1 所学校、22 家医疗机构、4 家放射卫生单位“双随机一公开”监督抽检任务。完成区级 58 家随机抽查单位的监督任务，将抽查情况及查处结果及时向社会公布，接受社会监督。

【安全生产】 认真贯彻上级关于安全生产工作部署，落实安全生产工作职责，坚持“管行业必须管安全、管业务必须管安全、管生产经营必须管安全”的原则，深化隐患排查整治，强化监管，结合卫健工作实际，以医疗安全、消防安全为重点，扎实开展安全生产宣传教育，严格落实安全生产“一岗双责”“一票否决”制度，采取切实有效的措施，不断提升预防和应对各项突发事件的能力，2020 年，实现全年无安全事故发生，圆满完成各项安全工作任务。

【专项救治】 积极落实贫困大病患者专项救治，做好贫困人口大病专项救治工作台账，并进行动态追踪管理，定点医疗机构救治贫困患者 58 人次。开展贫困家庭先天性心脏病儿童及风湿性心脏病患者救治筛查，符合手术条件的患者分批次安排到定点医院进行手术治疗，手术费用采取“医保报销+基金会资助+医院适当减免”的方式结算，大大减轻特殊贫困家庭的负担，全年有 3 名先心病患儿施行心脏手术，并得到手术费用减免。

【党建工作】 切实提高政治站位，始终把思想政治建设摆在首位，严守政治纪律和政治规矩，不断夯实党建工作基础，提升党建工作水平。树牢“四个意识”、坚定“四个自信”、坚决做到“两个维护”，坚决反对形式主义、官僚主义，把党中央的决策部署落到实处。坚持“党建+”推动“五个强化”，充分发挥党组织的核心领导作用，全面加强意识形态工作，把干部队伍建设摆在更加突出的位置，全面提升卫健干部队伍战斗力，牢牢把握正确的舆论导向，唱响卫生主旋律、凝聚健康正能量，推动党风廉政建设，促进党建与各项工作相融合，引领卫生事业驶入高质量发展的“快车道”。

坚持“党建+意识形态”，强化理论武装。意识形态是党的一项重要工作，是稳思想、稳人心、稳预期的关键手段。加强精神文明建设，筑牢卫健系统干部职工意识形态，把党的政治理论放在首位，通过中心组集中学习和“三会一课”等形式，深入学习新时代中国特色社会主义思想，以党的建设为统领，持续推进“两学一做”学习教育常态化、制度化，充分利用“学习强国”“两微一端”平台加强学习，补足“精神之钙”，强化各级党组织意识形态的主体责任，切实做到守土有责、守土尽责、守土担责。区卫健局被授予“梅州市文明单位”称号。年初制定《2020 年梅县区卫生健康局党组中心组学习计划暨学习型党组织建设工作计划》，做好学习教育安排，明确学习内容，认真贯彻落实意识形态工作责任制，切实将学习习近平新时代中国特色社会主义思想作为第一议题，加强领导班子思想政治建设，全年党组理论学习中心组开展集中学习 20

场次，确保领导干部政治上的清醒与坚定，通过抓好中心组学习，更好地带动系统广大党员干部自觉加入学习行列，坚持领导班子先学一步、学深一层，带动学习，形成全员学习的良好氛围。建设学习型党组织。不断巩固“不忘初心、牢记使命”主题教育成果，在系统内打造学习型党组织，以党建为引领，增强医院竞争力，提高医院的整体实力及综合服务能力，提升医院医务人员业务水平，增强职工的凝聚力和战斗力，促进医院各项工作健康长远发展。各医疗卫生单位结合工作实际制订学习计划，做到医院有规划、科室有安排、个人有目标。持续加强组织管理。引导干部职工积极开展常态化、多形式学习，依托“学习强国”平台，把网上学习作为广大党员干部提升自己的载体，通过“每周一学”等方式，将党员干部的碎片时间利用起来，为随时随地开展党员干部教育创造了便利的条件，锻造一支“让学习成为一种习惯”的优秀党员干部队伍。

坚持“党建+文化建设”，强化团队协作。结合医疗卫生工作性质和自身特点，以“5·12”护士节、“8·19”医师节等节日活动为载体将文化建设理念融入其中，大力弘扬“敬佑生命、救死扶伤、甘于奉献、大爱无疆”的职业精神，激发广大职工“感恩社会、服务群众”的积极性和主动性，将文化理念根植于心，让党组织成为引领卫生事业发展的“主心骨”，不断提升团队凝聚力。在抗击新冠肺炎疫情工作中，党组织充分发挥战斗堡垒作用，涌现出一批不畏艰险，冲锋在前的白衣卫士，发挥了先锋模范作用，粤东医院获评“广东省抗击新冠肺炎疫情先进集体”、区卫健局机关获评“梅州市抗击新冠肺炎疫情先进集体”，4名党员获评“梅州市优秀共产党员”，有22人获评“梅州市抗击新冠肺炎疫情先进个人”等。

坚持“党建+队伍建设”，强化人才培养。2020年，区卫生健康系统党委吸收预备党员16名（其中8名医务人员在疫情防控第一线递交入党申请书，经省委组织部审查批准接收为预备党员），完成9名预备党员按期转正工作。

坚持“党建+舆论宣传”，强化声音传递。牢牢把握意识形态的领导权和话语权，始终站稳政治立场，提高新闻舆论宣传的传播力、引导力和公信力，及时传递党建好声音，让党的主张在卫生事业宣传阵地高高飘扬。为褒扬在新冠肺炎疫情防控阻击战中发挥先进典型示范引领作用，挖掘先进典型，加强正面宣传，正确引导舆论，通过开展“最美战疫天使”评选活动、《援鄂抗疫群英谱》系列报道、援鄂医疗队事迹报告会，弘扬正能量，进一步继承和发扬党的光荣传统和优良作风，引导和激励卫健系统党员干部爱岗敬业、甘于奉献，积极投身“健康梅县”建设，不断开创梅县区卫生健康工作新局面。

坚持“党建+廉政建设”，强化责任落实。严格按照“一岗双责”的要求，明确领导班子成员分工和职责。层层签订《党风廉政建设责任书》，确保党风廉政建设任务到人、责任到岗，形成上下联动、齐抓共管、各负其责的工作格局，保证党风廉政建设和反腐败工作的各项任务落到实处。2020年，签订党风廉政建设责任书36份。常态化开展党内谈话工作。坚持把党内谈话融入日常工作，全年开展谈话提醒、党内谈话52次。

【卫生科研与应用】 落实全科医生培训，加强技术交流合作，粤东医院、中医医院、妇幼保健院等单位与多家省内知名医院建立协作关系，培养学科带头人。2020年，招收农村订单定向代培生21人，完成助理全科医生带教师资培训15人，住院医师规范化培训2人，助理全科医生培训8人，全科医生岗位培训20人，全科医生转岗培训20人。

【卫生应急】 2020年，全区报告突发公共卫生事件5起，分别为1例新冠肺炎确诊病例；松口中学诺如病毒发生事件，共报告33例病例；流感病原学监测中发现1例人感染H9N2禽流感病例；新城中心小学诺如病毒发生疫情，共报告15例病例；德兴小学水痘发生疫情，共报告62例病例。

【爱国卫生运动】 全面加强农贸市场、商场、车站等人群密集场所环境卫生整治工作，全年发动城乡居民26.5万人次，清理垃圾1.3万吨，公共场所消毒面积623万平方米，消杀面积1556万平方米，为疫情防控提供有力保障。

【红十字会】 2020年，发放爱心人士捐赠价值300万元的药品，惠及3.22万人次，大大减轻贫困家庭患者的医药费负担；积极发动社会各界热心企业、热心人士、港澳台胞、海外侨胞及国际友人捐款捐物，助力“抗疫”工作。区红十字会接收捐款193.75万元及防控物资一批。同时，严格依法依规、及时高效做好疫情防控捐赠款物的使用和管理；全年开展普及急救知识和技能培训8场次，培训和科普人数800多人，增强企业职工、景区工作人员、志愿者和社区群众的急救意识，提高公民自救互救能力。梅州首个景区红十字救护站正式落户雁南飞，有效提升景区人道救援水平和处置突发事件能力，为游客生命健康保驾护航。

【无偿献血】 2020年，有3271人次献血，采血量超82万毫升，医疗临床手术回收性自身输血82例，24675毫升，基本满足梅县区医疗临床用血的需求。针对新冠肺炎疫情期间临床用血需求紧张的状况，积极组织发动机关、企事业单位干部职工、社会各界热心人士踊跃参加无偿献血，有382人次参加无偿应急献血，献血量7.64万毫升，有效保障临床用血安全与需求。

【健康教育】 2020年，全区创建健康促进单位216个，健康家庭27655户，健康主题公园2个，健康步道44条，居民健康素养水平23.75%。梅县区创建省级健康促进区工作于2020年11月通过省级技术评估。

【民生实事】 2020年，全面推进省、市卫生村、镇创建工作，全区创建省卫生村360个、市卫生村361个，创建比例位于全市前列；全区创建省级卫生镇的比例超过50%；稳步实施便民惠民工程。“互联网+医疗健康”便民惠民服务信息“五个一”工程扎实推进，为全区32个省定贫困村村医配备智能监测设备包；做好精神障碍患者的建档、随访、记录及每年1次的健康体检，开展对辖区病人应急处置和家庭护理教育。全区严重精神障碍在册患者3645人，报告患病率6.71‰，管理率96.24%，规范管理率95.31%，服药率和规律服药率分别为89.36%、72.7%，危险性评估3级以上患者215例。至2020年年底，免费提供精神病门诊治疗药物5224人次，约87.2万元；落实计生对象奖扶。落实农村计生家庭奖励、城镇独生子女奖励、计划生育节育奖励、计划生育独生子女死亡、伤残特别扶助、计划生育手术并发症特别扶助、农村医保、独生子女保健费、计划生育家庭意外伤害保险等政策，全年发放奖扶资金2163万元，惠及6.07万人次。强化老年群众保障。继续实施“银龄安康行动”，2020年，区财政出资140.285万元，为11.69万名老年人团购老人意外伤害保险；同时为5654名60周岁及以上贫困老年人加投每人50元，共28.27万元，老人意外伤害保险，合计171.568万元。

2020年年底梅县区卫生健康局

局　长：钟匡仁

（供稿：陈　敏）

医疗保障

【**概述**】 2020年，梅县区医疗保障局坚持以习近平新时代中国特色社会主义思想为指导，全面贯彻落实中共十九大和十九届四中、五中全会精神以及中央、省、市、区委会议，认真贯彻落实上级医疗保障部门的工作部署，坚持以人民为中心的发展理念，按照“13365”的思路举措，坚持“千方百计保基本、始终做到可持续、回应社会解民忧、敢于担当推改革”，扎实推动医疗保障各项工作，为梅县区医疗保障事业做出积极贡献。梅县区医疗保障局于2019年2月28日挂牌成立，2020年12月新增设基金监管和规划财务股，局机关内设4个股室，分别为办公室、医疗保障管理股、医药服务管理股、基金监管和规划财务股。设行政编制10名，后勤工作人员2名。

【**全民医保**】 扩面征缴 2020年，以“应保尽保”为目标，牵头会同相关部门积极做好城乡居民医保、职工医保扩面征缴工作，整体统筹开展扩面工作。至年底，全区基本医疗保险参保人数54.9万人，其中：城镇职工参保人数7.3万人、城乡居民参保人数47.6万人，职工生育保险参保人数5.5万人。2020年，基本医疗保险和生育保险基金总收入7.3亿元。其中：职工医保与生育保险合并征收3.5亿元，城乡居民医保基金收入3.8亿元。

医保待遇 继续提高财政补助标准，稳步提高个人缴费标准。2020年，城乡居民医保人均财政补助标准增加30元，达到550元/人；落实持居住证参保政策，对持居住证参保的港澳台居民、内地居民，财政按当地居民相同标准给予补助；贯彻“两病”政策惠及民生，将轻症的高血压、糖尿病纳入城乡居民医保支付范围，实行门诊特定病种管理，年度支付限额600元，支付比例60%。将建档立卡贫困人员、最低生活保障家庭成员、低收入救助对象的住院及特定病种门诊费用一次救助的救助比例从80%提高至85%。

医保改革 完成城乡医保统筹层次提高、生育保险和职工医保合并实施、深化医保支付方式改革等工作；2020年1月1日起，实施《广东省基本医疗保险、工伤保险和生育保险药品目录（2019年版）》，9月1日起，实施梅州市2020年版《诊疗项目》和《服务设施》，贯彻执行《梅州市医疗保障局关于调整完善基本医疗保险门诊保障有关政策的通知》（梅市医保规〔2020〕3号），新增、调整特定病种门诊病种，实行特定病种门诊和普通门诊的年度、季度“双限额管理”；贯彻落实职工医疗保险个人账户参加商业补充医疗保险工作，落实推进医保补充保险“保尚保”宣传工作，优化个人账户功能，构建更加完善的多层次医疗保障体系。

医保精准扶贫 执行医保待遇倾斜政策，开通困难群众参保“绿色通道”，落实政府全额资助政策，全年资助2.21万名困难群众参保，资助金额610.63万元。

【**医疗救助**】 稳步推进医疗救助工作，全年3.19万人次享受救助待遇，救助金额1489.6万元，其中二次救助0.13万人次，金额469.37万元。2020年，医疗救助收入0.23亿元，支出0.21亿元，当期结余0.02亿元。

【**公费医疗**】 根据《关于进一步规范梅县区公费医疗管理工作的意见（试行）》，区医疗保障局积极牵头做好公疗对象新证换发，承接区财政局公疗门诊费用受理支付等工作；进一步规范经办管理，规范医疗行为，提高服务质量。

【基金监管】 政策宣传　制定《梅县区“打击欺诈骗保维护基金安全”集中宣传月活动实施方案》，编印医保政策宣传海报，组织全区“两定机构”联合开展宣传活动；充分利用网络平台宣传基本医疗保险基金监管法律法规和政策、打击欺诈骗取医疗保障基金典型案例、举报投诉渠道以及医保政策及办事流程等信息，充分营造“不能骗、不敢骗、不想骗”的良好氛围。

专项治理　组织开展医保基金监管专项治理疑点问题核查工作、定点医疗机构专项治理“回头看”工作、医保定点医疗机构高值医用耗材和大型仪器设备使用专项治理工作等一系列专项治理工作，以医保经办机构和定点医疗机构为重点，认真组织开展全覆盖的专项治理工作，对欺诈骗保行为保持高压态势。通过对医保疑点数据筛查核对，督促全区定点医疗机构完成超限医疗服务价格、限定适应证条件用药、超限定频次、特殊人群用药禁忌、重复收费等违规问题整改并退回相应款项。

行政执法　认真做好行政执法资格考试，组织开展业务知识学习和参加业务知识培训，开展行政执法公示平台建设工作。

【药品采购】 积极组织区属各公立医疗机构在深圳全药网、广州 GPO 和省药品交易平台开展采购工作。认真做好每月药品采购统计上报工作，规范医疗机构的备案线下采购、申请原渠道采购等采购行为。2020 年，全区公立医疗机构药品采购总额 19325.68 万元，其中线上采购 19136.71 万元，占采购金额的 99.02%（深圳平台 11754.51 万元，广州平台 5063.53 万元，省平台 2318.67 万元）；线下采购药品 188.97 万元，占总采购金额的 0.98%。认真贯彻落实国家组织药品集中采购使用（“4+7”中选药品）试点扩围工作，组织全区公立医疗机构做好第一批、第二批、第三批国家集采及第四批药品报量审核工作，并加强对医疗机构采购“4+7”中选药品进度和回款比率的跟踪监测。至年底，全区各公立医疗机构已全面完成上级部门下达的第一批国家集采任务，集采的药品涉及 31 个品规，采购金额 134.12 万元，降幅约 56.92%，完成任务量后可节约资金 177.21 万元。

【医用耗材采购】 组织梅县区各公立医疗机构自 2020 年 9 月 1 日起通过省耗材联盟区开展医用耗材集中带量采购、配送、结算等交易活动，实行“在线议价、在线交易、在线支付、在线监管”。2020 年，梅县区公立医疗机构医用耗材采购总额 12390.1 万元，其中线上采购 4267.18 万元，线下采购 8122.92 万元。组织各公立医疗机构做好高值医用耗材（冠脉支架类）集中带量采购相关工作。

【医疗服务价格】 贯彻落实医疗服务价格动态调整政策，贯彻执行《广东省医疗保障局新增医疗服务价格项目管理暂行办法》，对新纳入的 172 个、实行市场调节价的 51 个，新增的 1 个和取消的 1 个，以及修订的 83 个医疗服务价格，均实行动态管理，促进医疗机构引进新技术，进一步满足群众医疗服务需求。调整基层公立医疗机构基本医疗服务项目价格标准，各基层一级公立医疗机构从 2020 年 12 月 1 日起执行新的价格标准。加强对各公立医疗机构医疗服务价格管理的监测和指导工作，进一步规范了价格管理和收费工作。

【疫情防控】 向粤东医院预拨医保基金，用于保障疑似和确诊的新型冠状病毒参保患者的医疗费用，切实减轻医院资金垫付压力。做好新冠肺炎医疗费用结算工作。2020 年，拨付年度医保预付金 1346 万元、新冠肺炎相关医保费用 165.08 万元。组织全区医保定点药店开展购买感冒发热药品实名登记工作。全年上报 2.87 万药店次，购药登记 11.57 万人次。做好疫情防控物资保障工作。实时跟踪粤东医院对疫情防控药品的需求变化，每日汇总上报粤东医院的疫情防控重点药品储备情况。加大对定点医疗机构和医保定点药店的巡查力度，加强价格监测和预警。助力企业复工复产和减负。跟踪监督各医保定点医疗机构的药品资金回款工作，切实减轻药品配送企业资金周转压力。同时，对辖区内各类型企业的职工基本医疗保险单位缴费部分减半征收，全年全区职工医保减半征收涉及单位 5174 家，减免金额约 2869.83 万元。

2020 年年底梅县区医疗保障局

局　长：李华新

（供稿：钟育荣　鲁燕青）

责任编辑：邓慧聪

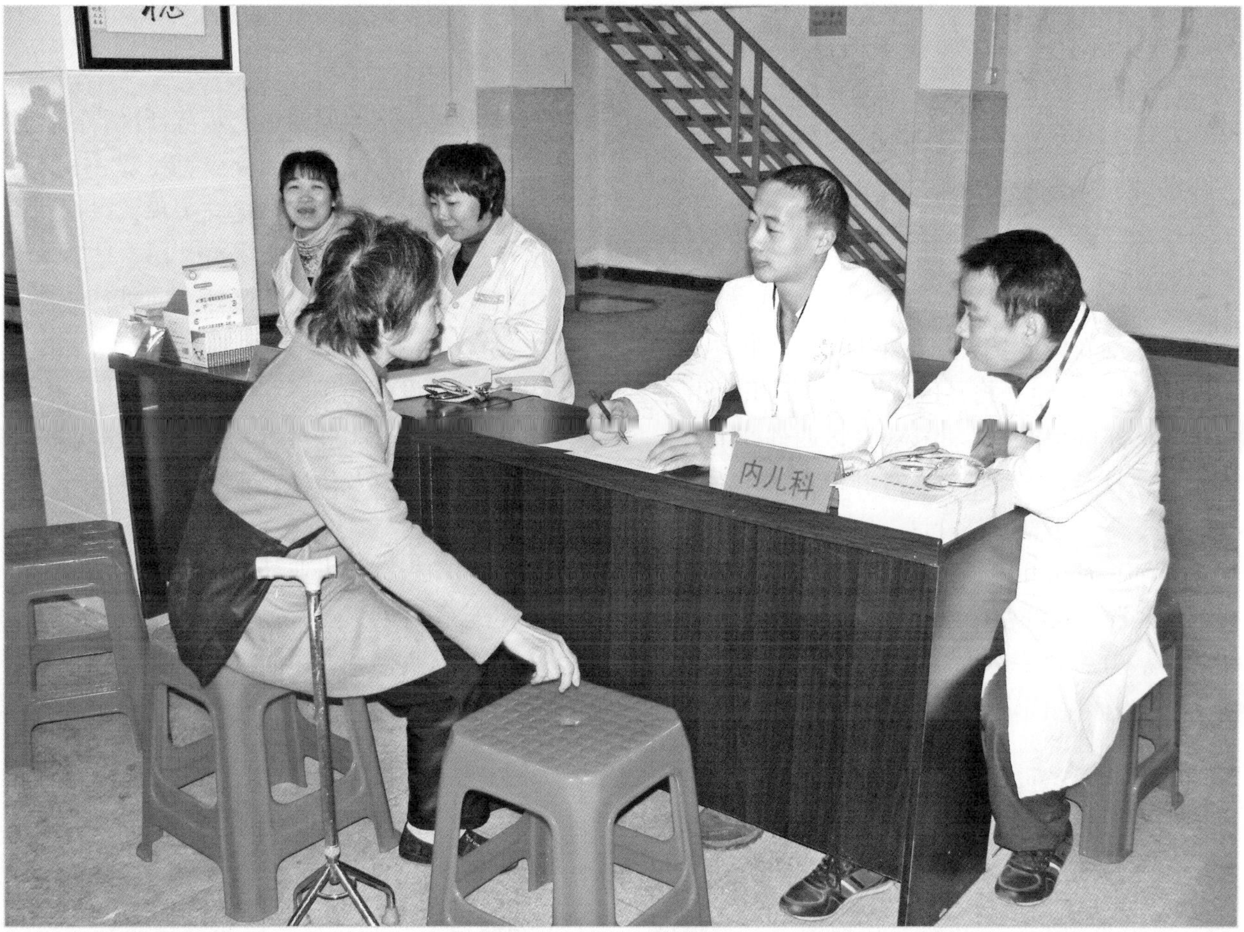

医疗服务进社区

乡镇建设

新城工委、办事处

【概述】 新城工委、办事处（简称新城办）成立于1999年，地处梅县区城区，总面积3.88平方千米，东临梅江河，北接梅江区西郊办事处，西、南靠梅县程江镇，办事处驻梅县区华侨城扶贵西路5号，下辖程江社区、富贵社区、华侨城社区、西桥社区和锭子桥社区等5个社区。2020年，辖区常住人口总户数近3万户，常住人口8.6万多人，其中户籍总人口2.3万多人。实现税收收入2.7亿元；固定资产投资7173万元。

【工商企业】 2020年，新城办辖区内较大型规模企业有梅州市农商银行、梅县客家村镇银行股份公司、广东宝丽华集团有限公司、广东华银集团有限公司、梅州市锦发房地产开发有限公司、梅州正大卜蜂莲花连锁超市、梅州柏丽酒店、力天世纪公司、梅州市喜多多超市连锁有限公司等。

【基础设施建设】 一是以老旧小区改造为契机，对老旧小区的水、电、气、路和外立面等进行改造。2020年，已立项建设5个老旧小区，总投资1420.21万元。全力打造西桥成为全国“美好环境与幸福生活共同缔造”示范社区，已完成建设和验收工作。二是全面完成总投资318万元的西桥头国商中心周边环境提升工程，以及总投资45万元的赖屋小广场建设工程。三是筹集资金约155多万元，对老旧小区外立面进行改造、整治“四线”、拆除违规广告牌和天面铁皮瓦、加强消防设施设备建设等。四是充分发挥各社区主观能动性，筹资100多万元用于背街小巷的路面和墙面改造，以及便民停车场的建设。

【民生】 积极宣传失业补助金政策，指导受疫情影响符合条件的失业人员自主申领，享受政策优惠，同时认真做好城镇居民养老保险、基本养老保险工作，保障居民切身利益。创新城市基层治理服务，成立“富贵社区长者饭堂”，推出“健康2元餐”项目，为辖区的民政服务对象和60周岁以上的老人提供社区交流和就餐服务。

【综治维稳】 坚持综治信访维稳研判会议制度、包案调处制度、责任追究制度。全年综治信访维稳中心接待来访人员25批33多人，受理矛盾纠纷124宗，成功调解117宗，成功率93%，其中反映城建问题的60宗、环境问题的36宗、物业管理的12宗，合同纠纷5宗、邻里纠纷9宗、其他纠纷2宗，同时网访问题大部分得到解决，维护了辖区的社会稳定。充分发挥“中心+信息化+网格化”的工作优势，加强对辖区黑恶势力易发多发地带的排查巡查，依托宝华派出所，部门联动坚决铲除黑恶势力滋生土壤，全年破获涉黑刑事案件9宗，刑拘10人，逮捕10人。

【人口管理】 促进人口均衡发展和健康老龄化，加强人口动态监测和形势分析，做好出生人口性别比综合治理。2020年度办事处户籍人口出生248人，出生率10.10‰；死亡62人，死亡率2.5‰，人口自然增长率7.58‰；性别比93.75。全面落实计划生育奖励扶助政策，关爱计生特殊家庭、流动计生贫困家庭、女孩、留守儿童，广泛开展创建幸福家庭等活动。全年享受节育奖有195人，全年享受城镇独生子女父母奖励433人、农村家庭奖励120人、特殊扶助11人，免费为624人办理计划生育家庭农村医疗保险，为252户774人的计生家庭投保家庭意外伤害保险，为3004人免费购买老年人意外险。落实免费孕前优生健康检查80对。

【文化】 围绕“凝聚民心、服务群众、传播文明、助力振兴”的方向主旨，积极开展各项文明实践活动。结合创文中心工作，有序开展消防知识培训、传统节日文化活动等各项活动，共投入资金8万多元，开展活动27次，2万多人次参加。

【教育】 辖区内小学有丽群小学（省一级小学）、新城中心小学、扶外小学，梅县区第一职业学校附属小学共4所；2020年适龄儿童入学率100%，义务教育阶段升学率100%。有鹏辉、春天等幼儿园19所。

【社区建设】 新城办5个社区共有220个小区，老旧小区占95%以上。结合实际，科学谋划，统筹指导组建小区业主委员会、党支部、志愿者小分队，条件成熟的协助引进专业物业公司进行规范化管理。2020年，新成立小区业主委员会7个。投入57万元，针对老旧小区“六乱”现象进行专项整治。在西桥社区新建1万平方米的公共停车场，可满足280辆车停车需求。

【环境综合治理】 投入200多万元，引进枫榆保洁公司实行环卫市场化运作，结合网格式管理，垃圾整治工作实现无缝对接。作为梅州市垃圾分类示范片区，新城办在抓好5个示范小区智能化建设的同时，采取线上线下、校内校外相结合的方式，全力推进垃圾分类宣传工作，至年底，已100%宣传到位，并100%实现公共机构正常运行。

【党的建设】 2020年，新城办下辖党组织26个，有党员1043人，其中新发展党员7人。新成立党支部4个：华粤保安党支部、和谐小区党支部、西桥头小区党支部、富贵花园二区党支部。

在新冠疫情期间，各党组织切实把疫情防控工作作为当前最重要的政治任务来抓，通过各种方式开展宣传、做实疫情防控工作、积极捐款捐物，切实发挥党组织战斗堡垒作用。有918名党员志愿者参与社区疫情防控，收到党组织和党员捐款11.9万元。发挥锦发君城商务楼宇党群服务中心的阵地联建、活动联办、党员联培、资源联享、发展联商，共建、共治、共享的城市党建“五联三共”工作模式的作用，开展系列活动，着力增强教育党员、管理党员、监督党员，组织群众、宣传群众、凝聚群众。如利用“五四”青年节开展青春党建活动，将党建知识融入活动中，带动“两新”组织党建工作出特色、出亮点、出品牌，打造城市党建亮丽“景点”。积极推进党支部进小区工作。已有和谐家园、富贵花园二区、西桥头小区正式挂牌。鼓励党员在社区亮身份，主动参与小区建设和管理，同时建设小区党群之家和社区党员志愿服务驿站。坚决贯彻执行中央八项规定精神，坚决反对形式主义、官僚主义。班子成员分组挂点社区和“两新”组织党支部，通过抓点带面，夯实建强战斗堡垒，全面提升城市基层党组织建设质量和服务发展、服务群众的能力。党工委着力净化政治生态，根据区委巡察整改专项督查反馈意见，严格履行整改工作责任，逐一对照巡察整改方案，坚持问题导向，从严从实从细推进整改落实，切实把整改转化为改进作风、推动工作发展的实际行动。

2020 年年底梅县区新城工委、办事处

书　记：李　扬

主　任：曾婉玲

（供稿：黄　明）

梅州高新技术产业开发区梅县区（扶大）园区管理委员会

【概述】　扶大高新区地处梅县新县城规划区范围内，距梅州市区 5 千米，东临梅江，北靠程江，南、西两面是丘陵地带，与程江镇车上、槐岗相邻，西与南口镇接壤。辖区面积 18.8 平方千米，其中：耕地面积 20.6 公顷（含水田面积 17.3 公顷），林地面积 0.07 万公顷，养殖水面面积 19.73 公顷。2020 年，下辖 4 个行政村和 1 个居委会，有 6997 户，在册人口 15589 人。2020 年，完成国地两税 3.03 亿元，镇级地方财政税收 8150 万元。

【农业】　全年水稻种植面积 66.8 公顷，总产 497 吨，水果种植面积 55.13 公顷，总产 1864 吨，其中金柚种植面积 38.27 公顷，总产 1456 吨，“三鸟”存栏 5.88 万只，出售 59.87 万只，养殖水面 292 公顷，总产 153 吨。全区农田参加政策性水稻种植保险，增强了农业、农民抗风险能力。

【工商企业】　2020 年，锦绣国际建材家居商业城、艺展中心、香熹谷珍稀香木庄园、天虹购物中心、扶大物流仓储配送中心、华师华业外国语学校和昌盛实验学校等 7 个重点项目稳步推进。规上工业企业有 5 家：广东鸿荣重工有限公司、广东自远环保股份有限公司、广东卓立变压器有限公司、惠兴米业、梅州市森润生物质燃料有限公司；限额以上批发零售业企业有 11 家。有连锁超市 1 个、酒店 3 家、餐饮服务业 44 家、个体工商户 1432 户。至年底，园区规模以上工业总产值 22.8 亿元。

【圩镇与农村基础设施建设】　投入 900 多万元，建成铁炉桥、所里两个沿河村污水处理设施，完善村村通自来水工程。完成辖区 4 个村的公厕升级改造，提升群众生活品质。对辖区内医院、学校、农贸市场、主要市政道路等重点地段的基础设施进行再完善。三葵村范围内，筹资 40 多万元，完成三葵村一组、二组村道建设，筹资 30 多万元，建成通往安置区的 200 米便道；筹资 6 万元，改造五组便民村道；筹资 50 万元，在三葵村七组打造休闲广场，此外，筹资 60 多万元，升级 5 个祖屋门前安全围栏。所里村范围内，筹资 4 万元，完成十三队池塘美丽景观提升工程；筹资 20 多万元，打造移民区党建文化休闲广场。铁炉桥范围内，筹资 10 多万元，完成蓝屋角客家元素小广场升级改造；社区居委范围内，筹资 1 万元；增设簸箕窝路灯，三丰村范围内，改造村址周边便民村道约 150 米。

【民生】　2020 年，全城乡居民基本养老保险参保 3499 人，参保率 95.7%；参加新型农村合作医疗 1.01 万人，参合率 100%，参合金额 253.38 万元。失地农民养老保险办理 9 人，申请资金 123.66 万元。全年发放低保、五保及困难群众救助款 40.19 万元。对全区 7 户 10 人次给予临时救助，救助金额 1.78 万元。全年帮扶 3 名残疾人及残疾人家庭计 7000 元，为 94 名重残人员交 2021 年度医保计 2.58 万元，社会化发放残疾人两项补贴费 52.84 万元。有 327 名 80—99 周岁以上老人，符合高龄补（津）贴发放条件，社会化发放高龄补（津）贴计 9.81 万元。

【扶助贫困】　至 2020 年年底，全区 35 户贫困户 71 人全部退出贫困户序列。2020 年对建档立卡贫困户再次进行逐一入户检查，确定建档立卡贫困户 35 户、71 人，其中五保户 10 户 10 人、有劳动能力的贫困户 8 户 27 人、无劳动能力的贫困户 27 户 44 人。建档立卡贫困户子女教育扶贫生活费补助（每生 3000 元）全部发放到位；年满 60 周岁的贫困人口全部领取农村社保金；

帮助全部贫困户购买了2021年度城乡居民医疗保险；年满16周岁的非学生贫困户全部购买农村养老保险。对贫困户发展产业和进厂务工的都进行奖补，有劳动能力的8户贫困户每户都领取2000元的务工奖补，3户有条件饲养鸡鸭的贫困户领取了2700元的养殖奖补。

【综治维稳】 全年接待来访群众73批共156人次，为群众提供法律咨询2380人次，受理群众矛盾纠纷、来信来访102宗，解决96宗；开展13场次普法宣传。全年接警1948起，立刑事案件129起，破获55起；查处治安案件105起，行政拘留16人，行政罚款49人，强制戒毒4人，刑事拘留31人，逮捕21人。

【环境保护与治理】 以“创文”和“两美行动”为契机，以“三清三拆三整治”为抓手，按照“八整治、四提升、三规范”工作要求，在辖区内开展环境卫生大提升行动，提高人居环境综合水平。与此同时，积极开展志愿者活动，高管会多次组织志愿者清扫道路、清理“牛皮癣”等活动。

【土地保护与利用】 利用“4·22”地球日、“6·5”环境保护日、“6·25”土地日及“8·29”测绘日等节日进行土地法律法规的宣传活动，通过张贴宣传标语、横额，在干部大会上学习土地法律、法规，以召开座谈会等多种形式进行耕地保护、环境保护、依法用地、合理用地、集约用地的宣传教育。全年发现违法用地35宗，发出责令违法行为通知书11份，强制拆除10多宗，制止停建30多宗，有效地制止了乱占滥用土地的违法行为。

【人口管理】 2020年，全区出生186人，人口出生率14.12‰；全年办理生育登记415例，办理再生育审批13例，全年完成孕检对象45例；实施计生家庭奖励政策，全年纯二女户及独生子女发放304人，奖励金额18.24万元；纯二女及独生子女部分家庭奖励155人，奖励款由区财政拨付到个人账户；2020年度纯二女及独生子女户合作医疗补助835人，补助金额23.38万元。

【文化】 2020年，高新区高度重视文化场所的建设，全年投资60多万元提升二级站的改造，整改二楼围栏，消除安全隐患、完善儿童活动室；购买了现代化电子信息触摸屏1台、新购图书2000本、新购电脑4台、新设图书架等；在对区域内文化市场管理工作中，制定相应的管理方法和管理措施，做好各个时期的“打击非法出版物和盗版出版物”的专项整治工作，还协同相关部门对辖区范围内的文化市场经营门店进行了检查工作，全年计出动检查行动6次，出动检查人数48人次，并做好文化经营户证照年检换证工作。

【卫生】 2020年，扶大卫生院有现职人员34人，其中执业医师10人、执业助理医师5人、执业护士7人、主管药师1人、中药师1人、药师2人。主要仪器设施有：B超、心电图、血细胞分析仪、尿液分析仪、全自动生化分析仪、牙椅、红外线灯治疗仪、中频脉冲治疗仪、电子低频治疗仪、医用冷藏柜、医用化验室专用超纯水系统、超声电子身高体重测量仪、纯数字超生诊断仪图文一体、医用离心机、中医体质电子仪、超声波治疗仪、全自动三分类血液分析仪、健康一体机、污水处理设备、全自动脉动真空灭菌器、明基投影仪、除颤仪、多功能综合手术床，有住院病床8张。

【教育】 **梅县外国语学校** 新建的一所集高中、初中、小学、幼儿园于一体的高标准、现代化、有特色的公办外国语学校，位于梅县区新城西片区剑英大道旁，占地面积26.67公顷，建筑面积11.75万平方米，项目总投资10.5亿元（学校建设约4.5亿元，土地估价6亿元），于2014年3月正式动工，2015年8月基本建成，同年9月开办。2020年，学校有336位教职员工，教师均为省部属重点本科院校全日制毕业生或全日制师范类本科起点的全日制硕士研究生（学校有硕士研究生 74 人，占比 22%），教辅人员也为师范类全日制本科毕业生。学校 5 个部设 134 个教学班，学生 6792 人（幼儿园共 12 个班，共 409 人；小学部 59 个班，共 3197 人；附小 22 个班，共 1295 人；初中部 23 个班，共 1171 人；高中部 18 个班，共 720 人）。

梅县外国语学校富力城附属小学　暂设 3 个年级、22 个班、1295 人。

梅县外国语学校幼儿园　有 43 名职员工，暂设有 13 个小班，有学生 424 人。

梅县区宪梓中学　是一所区直属初级中学，梅州市一级学校。学校位于梅县新城区，创办于 1969 年，原名为梅县扶大中学，1990 年起由原全国人大常委、金利来集团董事局主席曾宪梓博士先后捐资 2600 多万元重新兴建，并于 1993 年春更名为梅县宪梓中学。2014 年改为梅县区宪梓中学。学校占地面积约 9.7 万平方米，建筑面积 4.08 万平方米，校园绿化率 30%。2020 年，学校有教学班 88 个，有学生 5467 人；有教职工 380 人，其中初中高级教师 90 人、初中一级教师 210 人。2020 年，学校升高中考试仍然取得良好成绩，达到东山中学最低控制线有 88 人，达到曾宪梓中学最低控制线有 128 人，达到广东梅县外国语学校最低控制线有 155 人，达到重点高中（高级中学以上）最低控制线有 239 人。

扶大宪梓中心小学　坐落于扶大高新区所里村，始建于 1939 年，1991 年经原全国人大常委、香港金利来集团董事局主席曾宪梓博士伉俪捐资改建后更名为宪梓学校，2009 年 8 月扩建后升格为中心小学，是广东省义务教育规范化学校。2020 年，学校占地 3 公顷，建筑面积 3 万平方米，可提供优质学位 3500 个。学校有教学班 41 个，有学生 2300 多人；有专任教师 122 人，其中本科学历占 80%、大专学历 100%。

扶大宪梓中心幼儿园　2020 年，幼儿园占地面积 2700 平方米，建筑面积 1400 平方米，有大、中、小共 7 个教学班，有幼儿 300 人；有教职员工 21 人，学历均符合标准要求。

梅县区特殊教育学校　隶属于梅县区教育局，是一所为适龄智力障碍残疾儿童提供基础教育的九年制义务教育学校，也是梅县区唯一一所特殊教育学校。

2012 年 9 月开始创办，原址在程江镇大和村。原址位置相对偏僻，交通不够便利，设施设备也不够完善。在各级党委、政府和教育行政部门的关心和重视下，投资 4050 万元，新建一所标准化特殊教育学校，于 2017 年 8 月建成并交付使用。新校位于扶大高新区三葵村，学校占地面积 1.57 万平方米，建筑面积约 6335 平方米，建有教学楼、办公楼、综合楼等，配备有标准的足球场、篮球场、羽毛球场等运动场地，配置了唱游律动室、多感官室、心理辅导室等 15 个功能场室。2020 年，学校有 4 个教学班，有学生 48 人，有教职员工 18 人。

【农村环境综合治理】　2020 年，高新区投入农村生活垃圾处理费用 144 万元，高新区主干道等区域环境卫生保洁工作外包给枫榆公司，实行环境保洁网格化管理，细化道路包干负责，网格长和村（居）干部包干村民小组和道路保洁，随时巡查维护，发现问题即时整治。结合创文工作，投入 100 多万元清理环境卫生，积极开展志愿服务活动，扫道路、清理“牛皮癣”等。同时加强对辖区范围内焚烧秸秆和野外用火行为的管控。

【党的建设】　2020 年，高新区有党支部 17 个，其中“两新”支部 7 个，有党员 657 人。2020 年，扶大新区全域推进党支部标准化规范化建设，投入 30 多万元，完善基层党建和营造党建宣传氛围，辖区 5 个村（社区）已全面完成场所建设和制度建设。重点抓好党员干部学习教育，通过开展“亮身份、晒承诺、作表率”、党建业务培训、带头讲党课等活动，提升“头雁”履职能力。此外，不折不扣执行“三会一课”制度，扎实开展“不忘初心、牢记使命”主题教育，不断强化党员政治素养。全年各支部（总支）共开展志愿活动29场1030人次,其中党员参与30场903人次。

2020年年底梅州高新技术产业开发区梅县区（扶大）园区管理委员会

书　记：刘演政

副主任：古富强

（供稿：刘嘉玲）

程江镇

【概述】 程江镇地处梅县区新县城，因程江河下游在此与梅江汇合构成程江平原，故名。是梅县区政治、经济、文化的中心部分，东连新城办事处，西接扶大高新区和南口镇，南望梅州城区，北邻梅江区。205、206国道，宪梓大道，人民大道，梅河、天汕、梅大高速公路纵横贯穿全镇。是广东省卫生镇、教育强镇、文明镇、生态镇，梅州市文化先进镇、平安镇、生态镇。全镇总面积61平方千米，其中：耕地面积502公顷，山地有林面积3013.3公顷。辖14个行政村和3个社区居委会，2020年户籍人口4.7万人，常住人口11万多人。自然资源有钴、煤、石灰石、矿泉水等资源，其中煤炭储量丰富。2020年，全镇级财政税收收入5.47亿元，比上年同期减收1.4亿元，减幅20.38%（其中：本级税收1.55亿元，减收2160万元，减幅12.21%）。

【农业】 2020年，全镇年农作物总播种面积1116公顷,其中水稻种植555.5公顷,总产量3958吨；水果种植面积135.5公顷，总产量3122吨，其中金柚种植面积86.2公顷，总产量2063吨；蔬菜种植面积254.46公顷，总产量1.55万吨；生猪出栏量880头；水产品总产量530吨。落实各项惠农政策,全年落实农机补贴11户共7700元。积极参与粮食高产创建活动，2020年早、晚稻在长滩周车建立粮食高产示范基地，种植面积20公顷。积极做好“一村一品、一镇一业”项目遴选推介工作，浒洲村梅州市郁葱农林发展有限公司的“蜜枣”项目被遴选为2020年“一镇一业”建设项目。

【工商企业】 2020年，程江镇实现规模以上工业总产值约32611万元，限额以上批发零售商品销售额约88971万元，限额以上住宿和餐饮业营业收入约8784万元。规模较大的企业有勇兴集团、诚功电子、新华印务和荣赐拉链厂。

【圩镇与农村基础设施建设】 一是全域推进农村生活污水处理设施建设。其中槐岗、长滩、墩上、周塘、浒洲、横岗、大和村已完成污水处理站点共7座及完善相应设施配套管网的建设。二是村村通自来水工程进度加快。浒洲村、大和村和大塘村工程量已完成，共完成管网铺设3.86万米。其中周塘、西山和古塘村新增管网铺设1.92万米。三是打造“四好”农村公路。全年投入377万元，完成村级道路维修改造4千米，铺设柏油升级路面6500平方米；投资706万元用于铁炉桥危桥改造工程建设，预计2021年2月建成通车。四是大力开展“厕所革命”。对各村的户厕和公厕进行认真摸查，按要求完成户厕及公厕的改造计划，全年新建公厕13座。五是积极参与创建全国文明城市工作。全年投入1200多万元，全面加强道路修缮、“四网”整合、推进老旧小区改造、背街小巷提升；全面推广垃圾分类收集，确保镇村生活垃圾收集率、无害化处理率100%；开展“六乱”专项综合整治。积极实施奖补措施，全年对各村（社区）奖补资金300万元，撬动近1000万元的社会资金完善各项基础设施建设。

【民生】 2020年，全镇居民基本医疗保险参保人数36007人，参保率100%。最低生活保障体系实现城乡全覆盖，残疾人权益得到有效保护。进一步推进一村（社区）一法律顾问，做好群众的“移动法律服务站”，保障群众基本法律权益。落实各项惠民政策，不断健全幼有所育、学有所教、劳有所得、病有所医、老有所养、住有所居、弱有所扶等方面基本公共服务制度体系。

【扶贫助困】 一是政策兜底。落实低保和基本生活保障金兜底政策，对丧失劳动能力、无法通过产业扶持和就业帮助实现脱贫的贫困户100%纳入农村低保或基本生活保障。二是资产扶贫。投入到梅县区伟业基础设施建设投资有限公司的530万元和梅州市增红光伏发电有限公司的188万元已解除合同，将707万元扶贫资金投入广东省三宜集团有限公司参与分红。三是光伏发电。由镇统筹的14个光伏发电站已确权到村，由各村按照扶贫资产管理办法统筹收益。四是产业帮扶。对未脱贫户进行产业帮扶，发放3000包茶树菇菌包帮助其发展生产，以此增加收益。五是稳定脱贫，实现有序退出。按照相对贫困人口稳定实现“两不愁三保障”和“八有”标准，严格核查、严格评估、逐户销号、有序退出。至年底，全镇建档立卡贫困户共365户927人（其中有劳动能力178户619人，无劳动能力户187户308人）。全年退出4户8人，截至2020年6月，全镇所有贫困户全部有序退出。

【综治维稳】 一是深入推进社会矛盾化解。坚持党政领导从周一至周日轮流带班和党政领导包案责任制，实行镇（村）干部挂队包片入户制，镇综治信访维稳受理平台实现一站式管理。全年受理信访案件435宗，妥善解决421宗，成功率96.7%；全镇受理矛盾纠纷435宗，解决矛盾纠纷405宗，未发生5人以上群众集体进京到省上访事件、无群体事件、无民转刑案件。二是开展突出治安问题整治。全镇排查整治共出动580人次，发现消防隐患问题301处，已全部整改完成，未发生消防安全和安全生产事故；镇派出所受理群众报警案件6696起，其中立刑事案件495宗，破获196宗，受理行政案件580宗，查处124宗。涉毒查处5人，刑拘44人，逮捕28人。三是广泛开展扫黑除恶专项斗争工作。共发放宣传折页1.22万张、问卷调查800张、LED显示屏滚动播放600多条次、宣传工作收到预期效果；扎实开展“六清”行动，打击寻衅滋事逮捕9人。

【环境保护与治理】 一是落实最严格森林管护措施。完善森林防火机制，不断加强扑火队伍建设管理和配强扑火设施设备。加强野外火源的管理巡查，实行分片分段“网格化”责任制，及时制止查处违反野外用火行为50宗。同时，深入各村加大宣传力度，发放《梅州市梅县区人民政府森林防火禁火令》《致全区干部群众的一封森林防火信》《森林防火宣传画册》等防火宣传资料1.7万份。继续做好责任区的森林病虫害调查监测工作，对大塘、浒洲、长滩、墩上、槐岗村、梅花山的林地1066.67公顷感染有松材线虫进行密封处理。监督中央森林抚育资金在长滩村、浒洲村进行森林抚育，面积213.33公顷。在各村建设总长20.02千米两边各3米宽防火隔离带，投入资金近10万元组织人员进行全面清理消除森林火险安全隐患。二是深入实施城乡环境综合治理工程。加大环境监督力度，切实抓好污染减排、大气污染防治工作，落实环保责任制，扎实开展了节能减排全民行动，倡导绿色低碳生活方式。大气防治污染和饮用水源保护工作落实到位。制定环境长效管护制度，开展倾倒建筑余泥和焚烧垃圾污染环境的整改工作。守住生态保护红线，做好河长制、林长制工作，实施清水行动、净土行动、国土绿化行动，加大对污水乱排、垃圾乱倒、野外焚烧等整治力度，努力改善全镇环境质量。

【土地保护与利用】 全力加快重点项目建设，推进城市配套设施不断完善。华师华业教育用地工程项目正进入土地清表清障阶段；梅州柚产业发展基地已基本完成征地拆迁工作，征收土地11.23公顷，现正协助做好用地报批手续；槐岗河堤侧军坝地块政府储备用地征收土地6.31公顷，签约房屋13户；大沙安置区低丘缓坡政府储备用地征收土地9.67公顷，完成计划数88%；扶外村原电力修配厂侧市政道路用地共征土地0.2公顷，全面完成；人民南路于2020年10月完成主道内房屋的签约拆迁，双向6车道全线贯通。2020年，组织镇村力量拆除违章建筑物1692平方米。

【人口管理】 2020年，全年出生555人，其中一孩222人，二孩280人，多孩53人，政策生育率92.79%，出生率10.91‰。全镇享受节育奖有3744人、农村部分家庭奖励有6931人，城镇独生子女奖励有1304人，特别扶助40人，享受合作医疗补助有2698人，老人意外险1492人。

【卫生】 一是做实做细辖区疫情防控工作。自新冠肺炎疫情发生以来，对湖北（武汉）、境外和重点地区等返粤人员共计902人做好信息收集上报，其中进行医学观察共计627人；严格贯彻落实“外防输入、内防反弹”防控策略，积极开展核酸检测“应检尽检、愿检尽检”工作，全年检测份数3701份，农贸市场环境和产品检测964份；积极配合辖区中小学校、幼儿园做好复学复产防控工作，安排专职医护人员到学校参与防控，为复学疫情防控提供有力保障；同时，组织医务人员、村医在高速路口和各村主要出入口严防死守，全面落实联防联控，构筑群防群治的严密防线。二是探索多元化医疗服务机制，加快医疗业务发展。镇卫生院全年医疗门、急诊总人数13298人次，为辖区居民建立电子健康档案49489份，2020年新建4009份；预防接种门诊人数46973人次；2020年全镇孕产妇2609人（其中流动437人），管理2568人，系统管理率98.4%。积极宣传及实施《梅州市出生缺陷干预工作方案》，减少人口出生缺陷，提高人口素质；积极开展家庭医生式服务签约活动，组建家庭医生签约团队5个，已签约的居民人数22877人；2020年学生体检人数17960人（其中新生实验室检查6264人），发出《学生体检情况通知书》（异常）7921份。三是加快做好发热诊室建设工作。为了能在短时间内完成发热诊室建设工作，把发热诊室建设当作重要任务来抓，按时按规范完成了发热诊室建设。并于10月初投入使用，发热诊室使用后充分发挥了“哨点”作用，做到对急性传染性疾病的及时筛查、发现、处置、预警和防控的作用。四是积极稳妥完成新城预防接种门诊建设。为满足和方便城区儿童预防接种需求，缓解疫情期间儿童预防接种难的问题，在区妇幼保健院增设程江镇卫生院新城预防接种门诊，临时设置在区妇幼保健院1楼。同时，按照广东省预防接种门诊建设要求，加快完成新城预防接种门诊建设，并在2020年12月31日投入使用。

【文化】 2020年，全镇投入100多万元，建设了大新城社区、府前社区综合文化服务中心，提升岗子上社区综合文化服务中心，打造成为群众文化生活的主阵地。挂牌成立了程江镇新时代文明实践所，下辖17个村（居）委挂牌成立了新时代文明实践站，其中槐岗村新时代文明实践站被列为区示范点。同时打造桃源小镇小区、豪生苑小区、百福豪园小区等11个小区为新时代文明实践点，并积极开展各类文明实践活动，平均每月2次。同时，深入开展“创建全国文明城市”宣传“五进”活动，抓好志愿服务进小区，已有90个小区成立志愿服务队。全年组织开展疫情防控志愿者活动、“党群齐参与·共建梅州美”志愿活动、创文志愿者入户宣传活动、党员教育宣讲会、“我们的节日”主题文明实践活动以及普法、科普、安全等宣传活动约300场。加快文物保护和故居修复工作。本着不改变文物原状、不影响历史文化真实性、完整性，以及修旧如旧的原则，加快推进大塘村李树化故居—棣萼楼和长滩村林文铮祖居—承怡居的修复工程，累计投入520万元，着力解决建筑屋顶、墙面、地面粉化、霉烂、破损、脱落、漏水以及存在的安全隐患等问题，整体工程已全面完成。

【教育】 程江镇2012年通过广东省人民政府教育督导室验收，成功创建教育强镇。梅县北大附属实验小学（梅县区程江镇中心小学）是一所区级中心小学、省规范化学校，含两间完小（槐岗小学、发昌小学）和4个教学点（大塘小学、大和小学、新民小学、长滩小学）。2020年，中心小学有83个教学班，学生约5600人。

【农村环境综合治理】 一是扎实推进农村人居

环境综合整治工作。大力开展“三清三拆三整治”，结合创建全国文明城市行动落实“网格化”责任制。全年投入200多万元统一安排机械拆除破旧老屋、废弃猪牛栏、旱厕及清运各类垃圾。二是加快推进“1+N”生态宜居美丽乡村示范创建项目。2020年，经区委实施乡村振兴战略联席会议研究，程江镇长滩村人居环境整治项目、古塘村美丽乡村建设项目、车上村环境整治提升项目列为第一批“1+N”生态宜居美丽乡村示范创建项目，拟投入资金约780万元，已完成勘测设计，车上村正加快土地征收，长滩村和古塘村正在做施工前期准备工作。同时，结合美丽乡村建设，通过铺柏油路、拆除破烂危旧围墙、四线整治等，配套提升故居周边人居环境。

【党的建设】 一是全面完善提升村（社区）党群服务中心建设。严格规范建设企事业单位、两新组织的党组织活动场所，其中投入70多万元高标准升级改造大塘村党群服务中心；投入160多万元高标准打造新增设的府前社区和大新城社区，建成集党建软硬设施齐全，党建氛围浓厚，配套设施完善的党群服务中心。二是继续落实《关于对程江镇基层党建工作的督查方案》要求。对程江镇各村（社区）的党建工作进行了全面督查1次，并抓住党组织书记履行基层党建工作第一责任人职责这条主线，切实压紧压实基层党建的主体责任，确保督查整改实效。三是以党建引领基层社会治理创新，继续推进支部进小区。全镇222个小区共单独组建了小区党支部30个，并将店铺及小区统一划分网格，成立党小组28个，同时将辖区内的市直、区直党员进行吸纳回迁，到所在社区报到，由社区将报到党员归并到所在网格党小组，实现党组织全覆盖，进一步推广普及“3+N”小区治理和服务体系，切实将制度优势转化为治理优势，打通服务群众最后一公里，全面营造共建共治共享社会治理格局。四是抓好干部队伍建设，着力做好2021年村级换届选举前期工作。成立调研组进行深入摸底调研，建立工作台账，认真制订新任“头雁”调整方案、“三个职位一肩挑”方案、拟任村（社区）“两委”干部人选方案，严格村（社区）“两委”干部人选条件审查，提出初步人选名单，并在9月底前新任“头雁”全部调整到位，10月底前全镇14个行政村全面实现村党组织书记“三个职位一肩挑”。并于12月30—31日进行程江镇2021年村（社区）党组织换届选举，全镇17个村（社区）党组织换届平稳圆满完成。

2020年年底梅县区程江镇党委、政府

书　记：赖宇坚

镇　长：李建新

（供稿：林子浩）

南口镇

【概述】 南口镇地处梅县区西南部，镇政府驻南口圩，距梅城14千米，由原南口、瑶上、荷泗三镇于2004年合并而成。东与扶大为邻，西与石坑为界，南与水车毗连，北与大坪接壤。辖区总面积262.5平方千米，有山林面积1.85万公顷、耕地面积2400公顷、圩镇面积2.5平方千米。矿产资源主要有钴、锰、煤、石灰石、硅石、钨、钼、铁、金、稀土、高铝土、铀等。下辖46个行政村和3个居委会。全镇总户数17996户，户籍总人口70985人，常住人口36238人。2020年，全镇完成国地税3317.2万元，乡镇净收入1504.2万元。

【农业】 2020年，南口镇利用新技术大力推广良种良法，不断创新、集成高产栽培技术，建设了20公顷水稻高产创建示范片，有2400公顷果树，其中金柚1400公顷，脐橙366.67公顷；做好农村土地确权扫尾工作，全年收回有差错证书200份，更正证书200份，清理归档材料19.5万份；实施“一村一品、一镇一业”项目建设工作，实施主体分别是梅州市梅县区嘉园农业发展有限公司和梅州市客家一品百果园生态农业发展有限公司，并入库参与区级遴选，接受监管；开展农村承包地经营权流转工作，其中侨乡村土地流转面积 33.33 公顷、车陂村 20 公顷。开展 2021 年耕地地力保护补贴的造册，补贴户数为 14826 户，补贴面积为 2378.2 公顷。2020 年耕地地力补贴发放工作，全年发放补贴户数为 14826 户，补贴面积是 2394.17 公顷，社会化发放补贴资金 293.4 万元。

【工商企业】 2020 年，南口镇规模较大的企业有梅州金蔡光伏发电有限公司、广东新金基文化创意产业集团有限公司、梅州南宇砂轮有限公司、梅州莲泉酒液酿制有限公司、广东长荣生物科技有限公司、广东梅州烟叶复烤有限公司、梅州盛富金属制品有限公司、梅州市梅县区金蔡建材厂、梅州市梅县区金蔡轻质砌块厂、梅州市梅县区金雁水泥有限公司等。

【圩镇与农村基础设施建设】 一是全面开展村村通自来水工程建设，已完成 1 个镇级污水处理设施建设和 87 个自然村农村生活污水治理，剩余项目正在建设中。投资 1.31 亿元建设“村村通”饮水工程，供水范围涵盖 49 个行政村（居），设计供水规模为日供水量 1.1 万立方米，已经全面动工。二是抓好“四好农村路”及农村公路扩宽建设，投入资金 450 万元，完成总长 11 千米、共 10 条路线的四好农村路；提升优化南口圩镇红绿灯至瑶美村道路 6.2 千米；投入资金 200 万元，完成东坑至太平 14.5 千米道路拓宽，并实现公交车通行。道路基层设施得到进一步完善。

【民生】 2020 年，全镇有农村低保户 865 户、1702 人。城镇低保户 32 户、51 人。五保户 205 户、205 人（不含敬老院集中供养人员）。敬老院集中供养人员 40 人，其中南口敬老院 21 人、南口瑶上敬老院 19 人。农村患有重病的人员和生活困难人员实施临时救助计 133 人次，发放保障金额 43.18 万元。2020 年，城乡医疗保险年缴费参加 55454 人，参合率 97.5%，报销金额 799.12 万元，受惠 8.56 万人次。发动乡贤、企业筹集 340 多万元，成立梅县区首家镇级教育发展基金会；推动南口中学与广东梅县外国语学校的合作共建集团化办学项目；成立南源世第研学教育实践基地，推动南口教育事业再上新台阶。

【扶助贫困】 一是落实教育扶贫政策。2020 年秋季为 267 名贫困户家庭学生全部发放了教育补助。二是落实社会保障政策。为 16~60 周岁有劳力贫困户人员全部购买了养老保险，“三保障”完成率 100%。三是落实医疗保险和医疗救助政策。全镇 1065 户 2303 人已全部参加农村合作医疗保险以及纳入重特大疾病救助范围。四是落实有劳力贫困户产业和就业培训工作。基本实现每户有劳力贫困户都有 1 个就业人员。五是开展产业帮扶，鼓励转移就业。继续实施光伏扶贫项目投资 1578 万元，有劳动能力贫困户通过参股分红实现了每户每年增收 3000 元。积极引导企业共同参与脱贫攻坚，深入挖掘本地企业就业岗位，为 500 多名贫困户输送就业机会。鼓励有劳动能力贫困户参加合作社发展紫玉淮山、百香果、红薯、玉米等种植产业，实现特色种养与传统种养相结合，通过产业扶贫促脱贫增收。

【综治维稳】 一是全镇未出现到相关重点场所和重点地区、重点会议点上访、聚集等事件。二是组织综治、派出所、司法所、应急队、卫生院、南口中学、南口居委等部门人员在南口开展禁毒“六进”工作；投入资金 3.4 万多元开展禁毒宣传发动工作。三是围绕创建“平安南口”目标，广泛深入开展“无邪教乡村（居）”创建工作，进一步夯实筑强反邪教工作基础。

【土地保护与利用】 落实垦造水田项目，完成种植任务面积 54.67 公顷；拆旧复垦完成 7.33 公顷。同时，积极落实卫片执法违法图斑整改，完成卫片执法违法图斑核查 2 宗，完成违规占耕整改 1 宗；完成占耕房屋摸查 4203 个图斑，面积 1.48 万平方米。加强“两违三抢”防控工作，拆除各类违法建筑 18 宗 4000 多平方米，整治违规抢种果树花木 0.8 公顷，有效制止违法用地行为 20 多宗。

【人口管理】 2020 年，全镇户籍人口出生 671 人。人口出生率 9.22‰，人口自然增长率 2.07‰，计划生育率 88.18%。

【卫生】 抓好医疗卫生服务工程，推进成立以中山大学附属第三医院粤东医院为龙头、南口镇中心卫生院为成员单位的城市医联体，为群众提供更优质、便捷的疾病预防、诊断、治疗、康复、护理等一体化、连续性医疗服务。全镇 46 个村全部被评为广东省卫生村。

【文化】 通过结合传统节日、特色项目等主题，营造浓郁的节日氛围，丰富群众文化活动。春节、“五一”、重阳、国庆期间均举办了系列文体活动，有足球、篮球、排球、象棋和文艺会演等。深挖“文化”特色，多举措助力文化旅游品牌建设。建设富有吸引力的特色小镇，利用国家级和省级历史文化名镇名村、传统村落和重点文保单位等资源，引进知名企业和专业团队进行项目开发，围绕“侨乡客侨胞小镇、葵岗足球小镇、麓湖山休闲运动小镇”三个精品特色振兴发展美丽乡村。

【旅游】 一是打造亮点，激发乡村文化旅游活力。充分利用南口镇精品特色村庄和省定贫困村建设等方面的资源优势，科学编制分别以侨乡、七贤为依托的两条涵盖 11 条村的连片连线打造线路，以“特色”为抓手，通过发展农耕体验、圩镇文化等创新功能区，推动乡村旅游高质量发展；二是整合资源，串珠成链打造精品旅游路线。以麓湖山文化产业园、侨乡村、南源世第、四季佳禾为精品旅游重点，建立旅游沟通交流平台，结合各景区的发展定位，深入发展特色亮点，将四张风格鲜明的名片整合成南口旅游大招牌。三是突出文化，推进研学旅游健康持续发展。因地制宜结合客家文化、南口特色，通过开展优秀传统文化、农耕科普、综合素质教育等系列课程实现“寓教于游”“寓学于游”。

【教育】 2020 年，南口镇有各级各类学校 15 所，其中，幼儿园 10 所（公立 3 所，民办 7 所）、小学 2 所、中学 3 所（南口中学属于完全中学，梅兴中学、瑶上中学为九年一贯制学校），有在职教职工 386 人，有中小学生 4262 人；有幼儿教师 131 人，有在园幼儿 1408 人。入学率和普九率均 100%。

【农村环境综合治理】 2020 年，南口镇扎实推进全镇 46 个村“三清三拆三整治”和美丽庭院建设，完成“三清三拆三整治”7918 处、面积 7.59 万平方米，美化绿化 4.14 万平方米，发放“地票”证 732 张；积极响应“两美”行动，创建美丽庭院 255 户；全面铺开“厕所革命”，完成新建无害化卫生公厕 24 座。积极开展河湖“五清”行动，清理底泥污染物共 13 条河流 29 千米长；推进河湖“清四乱”常态化规范化，对河湖违法违规问题逐项定清单、定时间，坚决做到立行立改，2020 年，清拆河湖违法违建 12 处，清理河堤乱种农作物 5000 多平方米；加强畜禽养殖污染整治，全面完成禁养区退养工作。

【党的建设】 2020 年，南口镇有党组织 59 个，有党员 2754 人，新发展党员 32 人。一是强化思想建设，通过学习强国 APP、三村联动等方式加强学习，利用镇委党校学习培训镇村干部 5100 人次、基层党员 9800 人次。二是突出队伍建设，持续深化“头雁”工程建设，开展党员亮身份作表率活动，疫情防控期间签订 2900 多份党员抗疫承诺书，有 2650 名党员捐款计 27.28 万元。三是抓严作风建设，始终坚持从严治党，加强作风建设，精简办文办会；加强纪律监督，强化问题线索摸排核实，查处党员干部 33 名；村级巡察反馈的 238 个问题全部整改到位。四是强化意识形态工作，规范和完善中心组理论学习制度，开展中心组学习 36 次；积极开展政策宣传宣讲，召开专题宣讲23次，提高基层干部政策解读能力和落地效率。五是做好换届前期工作。到全镇49个村（社区）逐一开展村级换届前期调研工作，列出问题清单168个，实地走访252户，征求意见238个，专题调研15场次，重点了解村（社区）干部的年龄、学历、工作能力等情况，精准分析“两委”班子状况，选准头雁人选，配强“两委”班子成员。

2020年年底梅县区南口镇党委、政府

书　记：梁联胜

镇　长：洪　苑

（供稿：巫惠敏）

畲江镇

【概述】 畲江镇地处梅县区南部，镇政府驻地畲江镇红星村，距梅城43千米。206国道贯穿全镇，广梅汕铁路、梅汕高铁穿境而过，梅汕高铁在此设立畲江北站，是汕梅、梅河高速公路交会中心，是梅畲快速干线的终点。东南与丰顺县相邻，西南与兴宁市、水口镇为邻，东北部与水车镇交界，西北与兴宁市的新圩镇接壤。辖区面积175平方千米，其中：耕地面积1641.53公顷，山地面积1.26万公顷。全镇矿产资源丰富，分布面广，钴、铀、瓷土和矿泉水资源等较为突出。下辖23个行政村和2个社区居委会。2020年，常住户数0.79万户，常住人口3.17万人，户籍户数1.25万户，户籍人口5.01万人。2020年，全镇规模以上工业总产值20.71亿元，固定资产投资9.1亿元，实现税收6858万元，乡镇净收入1549万元。

【农业】 2020年，全镇水稻种植面积1086.66公顷，总产量1.42万吨，园林水果种植面积1013.32公顷，总产量2.53万吨，生猪饲养量1万多头，“三鸟”饲养量10万多只，水产养殖面积110公顷。有农业龙头企业9家，其中省级2家、市级4家、区级3家。有农民专业合作社28家。有家庭农场11家。全年蔬菜种植面积760公顷。农业基地有官铺龙兴豪农林业投资有限公司花木场、连江黄塘水库然中园油茶种植基地、梅州市梅县区畲江镇新辉兰花种植场、梅州市梅县区畲江镇金运来兰花种植场、咸和村梅州市福和生态农业发展有限公司火龙果基地、成山村梅州市山粮生态农业发展有限公司优质稻种植基地、梅州市梅县区畲江径义甘薯种植专业合作社的甘薯基地等。

【征地拆迁和安置区建设】 2020年，畲江镇完成了梅州综保区33.47公顷、松棚国际无水港35.8公顷征地拆迁和综保区规划范围内德兴液化气库搬迁签约工作，为综保区“获批后一年内建成验收、封关运行”的目标打下坚实的基础；继续推进粤东天然气管道建设征地项目，完成征地18.67公顷，租地12.83公顷；扎实推进咸和、杉里高铁快线安置区建设项目，已完成设计，正在进行报建手续，双螺、叶田高铁快线安置区建设项目正在进行土地规划调整及报批手续。

【圩镇与农村基础设施建设】 2020年，全镇完成21段共20多千米“四好”农村公路建设，建成15个公交站亭，已开通6个公交线路，实现行政村通公交率88%。筹资800多万元，对20.3千米的泥土路进行硬底化改造；筹资146万元，扩宽双溪至赤岭农村公路；筹资2055万元，对咸和到学前路全长6.3千米的省道S228线升级改造；投入1200多万元，对进站路、畲南大道和畲北大道铺设沥青并进行景观提升；投入230万元，完善圩镇排污设施和改造提升圩镇综合市场；投入217万元，新建邹韬奋纪念长廊，推进梅畲快线双螺出口至上墩加油站道路提升工程项目。

【环境保护与治理】 一是加大污水处理设施建设力度。镇村两级污水处理设施建设（镇级三期污水处理设施）：三期污水处理厂完成主体建设，调试运行中，管网铺设完成7.8千米。村级污水处理设施建设：广业实施项目，咸和、彰三、上墩、径心、太湖、新化、连江、双溪8个行政村污水处理设施主体和管网完成，调试运行中；沿河4个村，即杉里、松林、双螺、成山村完成主体和管网建设，正常运行。二是加大畜禽养殖污染整治力度。加大梅江河（畲江段）、成江河、新彰河段等中小河流域沿河畜禽养殖污染整治力度，全面完成退养任务，拆除养殖场72家，全面完成污染源整治工作的禁养区养殖场拆除退养任务。三是抓好大气污染防治力度。①充分结合护林防火巡查等从严开展秸秆禁烧综合治理，杜绝露天焚烧秸秆现象；②结合国土巡查加大建筑施工、工地扬尘管控治理，从严监督施工单位落实环保防护措施；③严控工艺品企业（生产经营者）在居民居住区、临街浸染喷漆。确保大气污染持续防治。四是扎实开展“河长制”工作。①加强动态巡查。落实镇村两级河长“五清”行动专项责任，定期对负责的河流进行巡查，对中小河流内水生植物水浮莲和漂浮垃圾进行及时清理，投入25万元打捞、清理水生植物水浮莲和漂浮垃圾约200吨，清理水域面积约0.5平方千米，开展水库水质整治工作，拆除水库鱼台等设施4座，对全镇10宗水库制订水库水质整改工作方案，落实限期半年。②加强监督执法。进一步加强对全面推行河长制工作宣传，引导公众参与到河湖监督管理中来，提高社会公众对河湖保护工作的责任和参与意识，加强对河湖现场管护，重点做好河面河岸保洁、加大对侵占河湖岸线违章建筑物拆除力度等工作，做到有问题“早发现、早处理、早解决”。

【民生】 2020年，全镇城乡居民医疗保险参保人数3.71万人；医疗保险报销方面，解答群众业务咨询约700人次，办理医保报销约650单，解答群众业务咨询约2000人次，办理城乡居民养老保险缴费人数1600人，办理城乡居民养老保险申领人数377人，办理失地养老保障人数92人，核实去世参保人员95人。2020年7月28日，举办了2020年梅县区民营企业招聘月畲江招聘会活动，并利用会议、人群密集场所、广告张贴、微信、走访等各种形式，宣传到村、到户，动员城乡求职人员、建档立卡贫困劳动力、就业困难人员积极参加现场招聘活动，现场共有40多家用工规范、效益较好的用工企业进场招聘，提供招聘岗位2000个，达成意向1050人，当场录取630人，分发就业政策宣传品1100份，提供就业政策咨询服务300人次。老龄补贴参保工作稳步推进。在重阳节前，为全镇80岁至99岁的高龄老人1285人发放高龄老人补贴共38.55万元。

【综治维稳】 抓好综治维稳和依法治镇工作，促进社会和谐发展。一是认真抓好镇村综治维稳工作建设。全面推进“中心+网格化+信息化”建设，将全镇划分为104个网格，各村包片干部及公共服务站专职人员共144人任网格员，全年受理矛盾纠纷44宗，调解成功41宗，调解成功率93.1%。二是做好扫黑除恶专项斗争三年收官工作。三年来全镇共收到问题线索20条，其中上级交办核查线索16条，自查线索4条。通过公安机关排查、核查，成功打掉涉黑恶案件8宗。其中2宗是涉开设赌博场所案件、3宗是涉黄案件、2宗为寻衅滋事案件、1宗为涉恶势力案件（非法占用农用地案）。共抓获涉黑涉恶违法犯罪人员80多人。三是抓好严重精神障碍患者救助管理工作。成立精神病人排查工作专班，制订救治管理专项行动工作方案，定期排查，排查建档的精神病人数为257人，其中重性精神病人有33人，对这33人全部分别落实了2名协助监护人，并签订了《严重精神障碍患者协助监护责任书》，按照规定将监护人监护补助金全部发放到位，全年发放监护补助金36.17万元。

【计划生育】 2020年度主要责任目标完成情况：全镇户籍人口出生552人，人口出生率10.88‰，其中政策内出生488人，政策外出生64人，政策生育率81.34%；人口自然增长率5.99‰。全面落实奖励扶助政策：认真核实审查计划生育奖励对象资格，为符合条件的计生对象办理奖励补助，进一步强化利益导向机制。落实享受“农村部分计划生育家庭奖励”有190人，城镇独生子女父母奖励39人，特别扶助3人，农村计划生育节育奖励478人。

【文化】 畲江文化站站舍1600平方米，室外活动场地6000平方米，活动中心有图书馆、阅览室、综合培训室、少儿培训室、老人活动室、文艺创作室，文艺活动室、办公室等，并配备有文化活动器材一批，藏书2万册。全镇23个行政村均建立有基层综合性文化服务中心，场室功能基本齐全；2个居委会均设立有多功能文化活动室，订有报纸、杂志；举办象棋、篮球、足球、文艺表演、邀请山歌剧团演出等，丰富全镇广大人民群众的业余文化生活。“畲江民间艺术团”和社区文艺队等积极创作节目，在畲江公园文体广场或到各村进行巡回演出。2020年，送戏下乡2场次，播放电影50多场次。同时，以《畲江乡情》为阵地，活跃群众的文化生活，有力地推进全镇优秀文学艺术交流，把优秀的文学艺术作品奉献给人民，更好地传播健康有益的精神文化，促进畲江镇文化事业发展。

【教育】 畲江镇有完全中学1所（梅县区畲江中学）；九年制学校1所（梅县区径义中学）；完全小学2所（畲江镇中心小学、韬奋学校）；镇中心小学教学点5所（太湖教学点、彰坑教学点、松林教学点、杉里教学点、韬奋教学点）；幼儿园10所，其中公办2所（畲江镇中心幼儿园、径义镇中心幼儿园）、民办8所。

【党的建设】 2020年，全镇有党（总）支部34个，有党员1542人，其中新发展党员17人。2020年，为提升党组织阵地水平。持续推动村（社区）党群服务中心提档升级，投入200多万元，新建官铺、红星村党群服务中心；投入15万元，规范提升咸和、连江党群服务中心。整体提升后，各行政村（社区）党群服务中心、一站式便民服务站、党员活动室等功能室一应俱全。2020年，投入10万元，进一步提升镇级党校建设。立足现有组织活动阵地，投入100多万元，建立了新时代文明实践站和梅县区镇党代表工作室，加强对农村老党员、困难党员的关心爱护，全年支出各项慰问资金近40万元，慰问老党员、困难党员1842人。实施“头雁工程”，结合2021年村级换届工作，以选优配强“头雁”为抓手，于2020年9月提前调整了换届时不再担任的支部书记11名，占44%，全镇25个行政村（社区）全部实现“三个一肩挑”。同时严格按照上级的指导意见，全力做好换届选举。完成了25个行政村（社区）党组织的换届选举工作，共产生党支部成员125名，其中连任人数72人，平均年龄42.8岁，女性35名，占28%，大专以上文化程度49名，占39.2%，文化层次比上一届提高24.1%，交叉任职率由上届的82.6%提高到90.8%。产生新一届行政村（社区）党组织书记25名，女性书记1名，占4%，大专以上学历8人，学历层次较上一年提高50%。2020年，开展各类警示教育12次。扎实推进农村基层正风反腐违纪违法线索排查和扶贫领域腐败问题专项治理工作，全年排查线索4条，立案4宗，配合上级查办案件5宗。

【广东省工艺编织专业镇】 畲江是广东省确立的中心镇之一，也是梅州市重要的编织工艺生产出口基地，2005年获得广东省工艺编织专业镇的称号。

2020年，全镇有工艺企业30多家，家庭作坊式加工经营户2000多户，主要以“公司+基地+农户”的形式做大做强传统工艺编织业，通过实施“产城联动”战略，从而实现富民强镇。工艺产业不仅为畲江镇和周边乡镇解决约3万人的就业问题，从事工艺编织业的收入也成为农民最主要的收入来源，同时有效地带动了周边县、镇的工艺企业落户畲江发展。2002年，成功组建“梅县工艺品行业协会”，通过加强技术、人才、信息、项目的交流与合作，促进工艺行业做强做大，形成集聚式发展，以龙头企业带动中小型企业发展达到成行成市，形成一定的整体竞争力。有效带动了畲江镇物流、麻绳、铁线、灯具、纸箱、化工等相关行业的发展，促进了工艺上下游产业集聚发展，从而有力地加快畲江金融服务、商贸物流、人员集聚、城镇建设等各项事业的发展，起到了良好的经济和社会效益。

工艺编织作为畲江镇特色产业，始于1977年，至今已有40多年历史，工艺品从单一竹编逐渐发展成竹编、木编、藤编、铁编及丝编等集声、光、电于一体的五大类共计8万多个样式的工艺品，产品远销欧美、日本等世界各国，成为梅州市重要编织工艺品生产出口基地。2020年，畲江镇规上工艺企业工业总产值1.4亿元。

2020年，镇党委、政府在牢固树立崇商重企的时代理念的基础上，进一步转变工作作风，深入企业了解、调研实际情况，结合当前国际、国内经济发展形势，积极应对，科学决策。一是加大宣传力度，扩大影响。充分利用互联网这一平台，大力宣传畲江编织工艺，进一步向国内外展示企业形象和产品质量，扩升知名度。二是夯实工艺发展环境。突出畲江工艺行业协会的作用，政府协助和支持工艺企业的发展，特别是对较为困难的工艺企业，多给予政策支持，做好企业的“好保姆”。三是加强技术创新服务。打造好专业镇这块品牌，依托工艺行业协会，帮助创立工艺样品研发中心、员工培训中心和生产力促进中心，建立和完善畲江专业镇创新服务中心，大力发展科技服务业。进一步引导、支持企业与高等院校和科研机构建立长期稳定的合作关系，形成“产学研”联合，加快科技成果转化。四是协助工艺企业解决企业规模扩大过程中遇到的用地难、用工难问题，一方面政府储备用地更多倾向于工艺企业发展，另一方面协助企业做好招聘宣传工作，提高招聘会的影响力，吸引周边市县和乡镇劳动力来畲江工作。五是依托高新园区和综保区发挥贸易优势。充分利用梅州（广州）高新产业园区在畲江镇的优势，联合园区企业，深度发展和合作，同时，加快综保区申报工作，为畲江工艺企业提供更为优质的贸易平台。六是继续解放思想，做强做大企业。鼓励企业主动进行体制改革，适应经济发展形势需求，把畲江镇工艺企业的地缘优势、基础优势、人才优势、技术优势、品牌优势，等等，转化成发展优势，为畲江的经济社会又好又快发展发挥更大的作用。

2020年年底梅州市梅县区畲江镇党委、政府

书　记：邹卓祥

镇　长：林军新

（供稿：吴　懿）

水车镇

【概述】 水车镇位于梅县区南部，镇政府位于水车圩，距梅城30千米。梅江河自西南向东北穿流，将地域分成东西两部分，东南与丰顺县建桥、丰良为邻，西南与畲江相连，东北与梅南交界，西北与南口镇和兴宁市径南、新圩接壤。下辖18个行政村和1个圩镇居委会。全镇总面积123平方千米，其中山地9333公顷、耕地933公顷、鱼塘约300公顷。全镇有6486户，总人口约2.3万人。2020年，全镇固定资产投资8951万元；工商收入803.49万元，同比增长5.7%；镇级地方收入230.61万元；规模以上工业总产值2132万元，同比增长5.4%。

【农业】 2020年，水车镇农业技术深入推广，选聘农业技术指导员5名，筛选科技示范户30户，聘请乡土专家1名，开展农业技术入户指导；农产品安全严格检测，完成农产品抽样检测2400多例，合格率100%；新型农业经济主体推优创建，组织引导市、区龙头企业、区级合作社和区级家庭农场申报工作，创建市、区级农业龙头企业各1家，创建区级家庭示范农场1家；投入200万元推动新湖鹰嘴桃、水声“中华鳖”和鹅峰“食用菌”3个“一村一品”项目创建，促进特色产业由资源变产品、产品变商品、商品变名品，带动产品开发、产业发展。

【圩镇与农村基础设施建设】 投入293万元，推进5.6千米道路新建和1.2千米路面挖补维修。投入27.94万元，完成圩镇商铺外立面改造提升项目。投入30.88万元，完成国道口至客家村镇银行路肩环境美化绿化提升，实施水车综合市场环境整治。投入2421万元，实施村村通自来水项目工程，完成安美自来水厂升级改造。投入36万元，完成移民基础项目建设。

【民生】 2020年，水车镇成功创建省级卫生镇。发放最低生活保障金235万元，286户、572名困难群众实现应保尽保。争取23.88万元，为77人次低收入人群提供一站式医疗救助。发放五保老人生活保障121万元。打通服务群众"最后一公里"，年度为群众办理服务事项1103件，服务咨询823次，服务咨询事项件件有落实、事事有回音，行政效能零投诉，群众满意率100%。投入234.9万元，落实失地农民养老保险261人。生态公益林补贴面积5860公顷，发放生态公益林补助200多万元。

【扶助贫困】 至2020年年底，全镇投入扶贫开发资金1491.56万元，完成3个"一村一品"产业申报，带动全镇125户有劳动能力贫困户发展特色水产、鹰嘴桃种植、食用菌种植等项目。落实建档立卡贫困学生教育补助68名；完成房屋改造2户、房屋安全认定289户，确保贫困户住房安全；贫困人口城乡居民基本医疗保险100%覆盖。2020年，有建档立卡贫困户287户646人实现100%脱贫退出。外出就业贫困户有294人，贫困户收入得到稳步提高。

【综治维稳】 2020年，水车镇全面覆盖法律顾问工作，接受法律咨询130次，开展法治讲座76场。切实加强社区矫正人员管控，办理解除社区矫正对象3人。排查和调解不稳定因素和纠纷隐患，排查不稳定因素15起，化解15起，受理各类信访事件74件，及时办结74件；镇村两级调委会共调处民事纠纷79件，调解成功79件，成功率100%，无民转刑案件发生。化解欠薪问题3起，为35名农民工追讨欠薪8.25万元。落实平安关爱扎实开展，发放精神病患者监护人补贴126人、13.77万元。落实吸毒人员关爱走访22人。

【环境保护与治理】 2020年，水车镇养殖污染治理成效明显，投入100多万元，推进大窝水库清退承包合同和库区卫生垃圾杂物清理，水库养殖全面清退，大窝水库、洋窝水库水质明显改善。投入160多万元，清理河道12.8千米，清理漂浮物250吨，拆除非法构筑钓鱼台79座，拆除清理梅江河上水车段右岸建筑物630平方米，拆除废弃采砂架3座。完成域内36个河湖"四乱"反馈点整治销号。开展河道专项督查12次，河长巡河130次，发现并解决"四乱"问题7宗。全镇145个自然村，有95个自然村断面水质为Ⅱ类水及以上，50个自然村水质为Ⅲ类水及以下。按照上级工作部署，Ⅲ类水及以下自然村进行污水处理设施建设，已建设19座污水处理设施，试运行17座，在建2座，全镇21个地表水监测点达到或优于三类水比率为81%，水质总体良好向优。制止占用林地行为4宗，制止用林地建坟2宗，绿化造林42公顷。

【土地保护与利用】 2020年，水车镇推进乱占耕地建房排查整治和"两违三抢"防控，对全镇200多处疑似占耕图斑进行排查整治，巡查制止违建行为16宗，拆除违规构筑物3处。优化提升新湖村村庄规划，创建"广东省村庄规划优化提升试点（第一批）"，获得建设用地规模支持2.47公顷。调整优化白沙、鹅峰、小立村村庄规划，为梅州市九龙山矿泉饮料有限公司增资扩产、梅畲快线加油站落户、梅汕高铁、梅畲快线安置区建设创造良好条件。

【人口管理】 2020年，全镇户籍人口出生183人，人口出生率7.08‰，性别比为107.95，政策生育率89.62%，自然增长率3.48‰。常住人口出生139人，出生率8.5‰，政策生育率87.77%，自然增长率3.61‰。全镇享受孕前优生健康检查68例，农村部分家庭奖励补贴落实126人，农村纯二女及独生子女家庭享受合作医疗补助待遇772人，农村纯二女家庭及独生子女家庭享受意外险1653人。全镇征收社会抚养费3例、16.6万元。

【卫生】 水车镇卫生院 占地面积2425平方米，2020年，有医疗业务用房1847平方米，主要医疗设备有300mAX光机、血细胞分析仪、全自动生化分析仪、尿液分析仪、迈瑞B超诊断仪、心电图机、高压消毒锅等设备，有救护车1辆，开展编制床位20张，实有床位12张，开展24小时医疗服务。核编人数38人，在编人数36人，其中有临床副主任医师1人、中级职称有7人、初级职称有27人、中级技术工1人。

【文化】 在做好新冠肺炎疫情防控工作的基础上，积极做好各项文化工作。新增了健身室、少儿活动室、排练演出厅、图书阅览室、非遗展览室、水车特色展览室。重新布置电子阅览室，对图书进行编目和整理，完善图书管理工作，方便群众借阅。利用节假日开展少儿绘画培训班，到鹅峰村举办山歌培训暨非遗展览等活动。协调开展送电影下乡等活动，为当地群众提供多样的文化服务。购买一批《中华人民共和国民法典》《习近平谈治国理政》（第三卷）等书籍并发放到各单位，掀起学习热潮，增强了干部群众的法律权利意识。

【教育】 梅江中学 创办于1939年，1952年由私立学校改办为公办学校，1960年，梅江中学一度更名为水车中学，1981年，经梅县人民政府批准，学校复名为梅江中学，2020年，全校有学生193人，设6个教学班；有教职工26人，其中教师23人。

水车镇中心小学 原名“铸英学校”，创办于1923年。2020年，学校占地面积8666平方米，建筑面积3419平方米。有教职工34人；有12个教学班，学生545人。附设幼儿园1个，设大、中、小3个班，在园幼儿70多人。

【梅县区水车生物谷建设】 2020年，产业园区建设扎实推进。对接梅县区一核两城发展布局中的畲江水车产业城建设，科学谋划布局，优化调整13平方千米的水车产业园区规划，规划调整第一期25.53公顷用地，第二期有条件用地规模为59.87公顷。夯实园区基础，推动园区道路、供水、供电、污水处理等基础设施建设，已完成园区五村联动道路21千米。开展招商引资，坚持生态优先，积极对接科伦药业、智慧小家电产业城等企业、产业，加快吸引生态环保绿色富民型企业落地。

【农村环境综合治理】 2020年，水车镇积极推进2019年第三批、第四批拆旧复垦项目后续工作，待交易两批次共计3.61公顷用地指标，将为群众创造收益1625万元，为村级组织筹集美丽乡村建设资金325万元，为区、镇两级政府各筹集乡村振兴资金216.6万元。2020年，批次拆旧复垦项目已测量待立项。投入230万元，实现卫生保洁和生活垃圾清运全覆盖，转运垃圾2600余吨，分类减量约1000吨，焚烧处置1600吨，垃圾无害化处理率100%。

【党的建设】 2020年，水车镇有党支部25个，有党员956人，其中新发展党员13人。2020年，水车镇建立健全学习教育、调查研究、检视问题、整改落实的长效机制。深化习近平新时代中国特色社会主义思想学习教育，水车镇坚持把学习贯彻习近平新时代中国特色社会主义思想作为首要政治任务，深入开展“大学习、深调研、真落实”，突出政治学习和教育，突出党性锻炼，组织党员经常参加、长期坚持。实施习近平新时代中国特色社会主义思想教育培训计划，推动形成学习贯彻习近平新时代中国特色社会主义思想的常态化制度化。构建新时代党员教育工作格局。贯彻落实《中国共产党党员教育管理工作条例》和《2019—2023年全国党员教育培训工作规划》，深入开展“领导干部领学带学督学”，各级党组织书记每年至少讲1次党课。抓好党员集中培训，确保用5年时间把全体党员轮训一遍，构建镇级抓集中轮训、支部抓“三会一课”的党员教育工作格局。

依托党校深化学习。依托党校及各村分教点，运用领导讲课、讲师授课、视频教学等形式，组织全镇、村干部、农村党员开展内容丰富的课程学习。深入学习十九届五中全会精神，学习贯彻习近平总书记在深圳经济特区建立40周年庆祝大会上的讲话和视察广东重要讲话指示精神、习总书记在“不忘初心、牢记使命”专题民主生活会上的重要讲话精神等，开展《习近平谈治国理政》第三卷专题学习，观看梅县区“守初心、担使命”情景党课，同时也开展党务党建知识、党章党规党纪教育、农村财会工作、乡村振兴等课题的培训。2020年，镇党校面向镇村干部举办培训班15场，培训764人次，举办党组织书记专题培训班7场。2020年，镇关爱基金慰问补助了农村党员47名，发放慰问补助金15.24万元。

2020年年底梅县区水车镇党委、政府

书　记：涂启文

镇　长：李健华

（供稿：何仲雄）

梅南镇

【概述】 梅南镇位于梅县区南部，镇政府驻新塘圩，距梅县区人民政府17千米。东面与丰顺县龙岗镇毗邻，西面与南口镇相连，南面与水车镇交界，北面与程江镇、梅江区长沙镇接壤，广梅汕铁路，国道206线，梅揭高速公路，在建汕梅高铁、梅畲快线穿境而过。全镇总面积145平方千米，辖区有16个行政村和1个居委会，2020年总户数5238户，总人口19386人。2020年，全镇实现税收收入3220.75万元；规模以上工业总产值5.67亿元。

【农业】 2020年，全年水稻种植面积863公顷，产量5977吨；茶叶种植面积303公顷，产量114吨；蔬菜（含菜用瓜）种植面积约979公顷，产量2.29万吨；水果种植面积476公顷，产量7517吨；生猪出栏3319头，水产产量942吨。

【工商企业】 2020年，加快现有企业的发展水平和规模，通过积极落实领导挂钩联系重点企业和重点项目制度，全力帮助企业解决发展过程中遇到的供水、供电、土地等难题，力促企业做强做大。有工业企业18家、农贸市场2家、超市1家、个体工商户356家。2020年，实现规模以上工业总产值5.67亿元。疫情期间，支持企业复工复产，减免2020年2—6月镇属厂房租金，规上企业在3月全部实现了复工复产。成功培育区级农业龙头企业3家（梅州市丰锴实业有限公司、梅州市龙氏观赏鱼养殖有限公司、梅州市广顺海食品有限公司）；龙氏观赏鱼养殖基地成功申报为国内第一座国际标准的专业水生观赏动物隔离检疫场，并获得梅县区首届乡村创新创业创富大赛第一名。

【圩镇与农村基础设施建设】 总投资3300多万元的政协连心桥如期建成通车；计划投资1300多万元的轩坑片道路提升改造工程完成招投标公示，进入项目开工建设阶段；建成镇级自来水厂1个和村级集中供水项目7个，铺设管网长63千米，集中供水覆盖率100%；完成自然村道路面硬化9千米，道路拓宽工程15.6千米，“畅返不畅”路面挖补整治5000多平方米，实施农村公路安全生命防护工程15.4千米。

【旅游】 启动总投资1356万元的粤东北九龙嶂革命根据地旧址群修缮保护工程；围绕九龙嶂革命斗争纪念馆、水美村红军军事文化纪念园（九龙嶂红军烈士纪念碑、星拱楼、国防教育基地、红色干部培训学校）、龙文公学“三点一轴”红色资源活化利用布局。投入资金5600万元，推进3类15项的建设，有15项已投入使用，提升布展了星拱楼，筹划建设轩坑渡口公园和水美、轩坑红军绿道，立项招标国防教育基地建设。

【民生】 低保、五保和医疗救助政策全面落实。对梅南敬老院部分漏水房间进行修缮、加装全套消防安全设施，五保老人生活安全得到保障；农村合作医疗保险有13304人参保，参保率100%；组建退役军人服务站，定人定岗服务，提升退役军人服务保障水平，梅南镇退役军人服务站被评为区级三级示范点。

【扶助贫困】 全镇实现贫困户全部脱贫，脱贫率100%，退出贫困户371户1039人，退出率100%；水美村被中央组织部确定为组织振兴试点村；投入扶贫资金2105万元，以改善农村人居环境、建设美丽乡村、增加农民收入为突破口，实施基础设施、富民产业、劳动力培训等项目，资金使用率100%。通过"公司+合作社+贫困户""公司+基地+贫困户"模式，发展茶叶、蔬菜、百香果种植、光伏产业等，实现产业帮扶项目1720个，吸收转移就业扶贫363人。

【综治维稳】 确保了梅州马拉松赛事等重大活动期间的社会稳定。扎实推进"平安梅南"建设，加大群众矛盾的调处力度，努力把农村的矛盾纠纷化解在基层，逐渐化解轩中水库、梅畲快线、高铁征地历史遗留问题。开展法治镇村创建，普法知识宣讲、社区矫正和安置帮教、一村一法律顾问工作。2020年，排查调处各类纠纷矛盾97宗，成功调处96宗，成功率98.9%。镇综治信访维稳中心全年受理案件9宗，成功调处9宗，成功率100%。处理治安案件14起；受理刑事案件11宗，破获3宗。

【人口管理】 全镇户籍人口出生155人，人口出生率8.92‰，自然增长率1.61‰，死亡率7.31‰，政策内出生118人，其中一孩63人（政策内63人）、二孩65人（政策内59人，政策外6人）、三孩出生27人（政策内6人，政策外21人）。出生性别比103.95。开展第七次全国人口普查工作，核定全镇5238户19386人，其中户籍人口16462人，常住2506户7159人。

【卫生】 2020年，罗田上村成功创建省级健康促进示范村；成功创建龙岗村、罗田上村、南坑村、水美村4个省级健康村，抓好春秋防疫、非洲猪瘟疫情的监测和防控工作。

梅南镇卫生院　占地面积2600平方米，建筑面积2323平方米，设有病房8间，病床26张。全年投入约17万元进行门诊大楼和外墙修缮。梅南卫生院成功举办梅州市基层医疗机构发热诊室规范化建设现场推进会。

【文化】 罗田上村列入中国传统村落名录，并编制完成传统村落保护发展规划；提升布展了星拱楼、龙文公学，打造成梅县区党史、新中国史展馆，筹划建设了轩坑渡口公园和水美、轩坑红军绿道，立项招标国防教育基地建设。

【教育】 梅南镇中心小学　坐落于梅南镇圩镇中心，创办于1914年。校区占地面积1.26万平方米，校舍面积4839平方米。2020年，有教职工39人，有学生495人。

梅南中学　占地面积4万平方米，建筑面积6000平方米。始创于1914年。2020年，有教职工15人，有学生72人。

【广东省蔬菜专业镇】 擦亮"广东省蔬菜专业镇"品牌，2011年获评"广东省技术创新专业镇（蔬菜类）"，持续完善农田的排灌系统，组织农户和种植大户、农技员等进行蔬菜种植技术培训，指导农户科学种植和管理蔬菜；及时为农户提供良种、良苗和各类实用技术，加速蔬菜新品种、新技术的推广应用，大力引导有机肥无公害种高品质蔬菜，2020年，全镇蔬菜（含菜用瓜）种植面积1334公顷，产量1.69万吨，有4个蔬菜专业合作社，与4个蔬菜营销公司合作销售，有6个蔬菜专业种植村，带动2000多人就业，年产值3000多万元。

【农村环境综合治理】 水美村获选2020年广东省乡村治理示范村。2020年，持续做好人居环境综合整治，扎实推进“三清、三拆、三整”工作，党员干部带头开展，全年三清理2072处，三拆除429处共4.3万平方米，三整治1082处，补绿117处7.1万平方米，“三清三拆三整治”完成率100%。开展“清扫垃圾，清洁乡村”农村生活垃圾治理专项行动，清理卫生死角生活垃圾34处，清扫道路约28千米，落实网格化管理负责制；三个省定贫困村投入近4500万元，建设自来水、污水、道路、公共文化设施、绿化亮化、美丽庭院、红色文化标志设施等工程。

【党的建设】 2020年，梅南镇委党校被评为市级镇（街）党校示范点；粤东北九龙嶂革命根据地旧址群被评为梅州市党员教育基地、梅县区党员教育基地。持续推进“头雁工程”项目建设，着力整顿软弱涣散基层党组织，落实基层党组织标准化制度化建设。调整17个村（居）支部书记，6个村（居）委主任实现补选，实现“三个一肩挑”率100%，交叉率提高了16.7%，并确定村“两委”干部人选；全镇有25个党支部、2个党总支，有党员725名，女党员197名，预备党员11名。35岁及以下的党员113名，大专以上学历的党员211名。有基层党组织28个，其中非公党组织3个。有入党申请人8人、积极分子35人、发展对象4人。

2020年年底梅县区梅南镇党委、政府

书　记：陈国军（任至2020年6月）

镇　长：胡梅清

（供稿：罗伟恺　吴志峰）

梅西镇

【概述】 梅西镇位于梅县区西北部，镇政府设龙虎圩，距梅城51.4千米。邻界梅县、兴宁、平远。下辖17个行政村和2个居委会，总面积92.7平方千米。辖内交通要线主要有X020线、X010线、济广高速平兴段（梅西辖内长12.8千米），设有梅西互通收费站。2020年，总户数8380户，总人口31047人。2020年，全镇本级财税收入393万元；规模以上工业总产值1.1亿元；固定资产投资6498万元，同比增长225%。

【农业】 2020年，全镇农作物总播种面积2364.27公顷，其中水稻种植面积1566.8公顷，总产量1.05万吨；茶叶种植面积87.53公顷，总产量82吨；水果种植面积915.27公顷，总产量2.2万吨；其中金柚种植面积394.27公顷，总产量9864吨，李子种植面积103.47公顷，总产量2180吨；生猪出栏2.11万头，“三鸟”出售13.99万只，水产品总产量1940吨。有国家、省、市、区级龙头企业7家：广东长荣林业发展有限公司（国家级林业龙头企业）主要种植银杏和油茶；广东客乡农牧发展有限公司（省级）主要从事良种猪繁育、生猪品种改良、商品猪养殖等，出栏生猪主要销往港澳地区；三益农林发展有限公司（市级）种植红肉琯溪蜜柚；广东丰年盛景生态有限公司（市级）主要发展光伏农业，种植黑皮鸡枞菌种；华润五丰农产品有限公司（区级）种植生产泰国柚；梅州市梅县区三丰生态农业发展有限公司（区级）种植沙田柚，梅州市梅县区米子峰茶业有限公司（区级）主要产品为米嶂茗茶，广东嘉阳梅片树发展有限公司种植梅片树。有专业合作社30家；有家庭农场90家，其中有示范性家庭农场4家。重点推进市重点项目宝嘉石赖种猪场建设，该项目是广东省食品进出口集团有限公司旗下的梅州市众乐农业生态有限公司在石赖村总投资3.9亿元建设大型现代化生猪产业园，已完成投资4000万元，正进行主体建设阶段。

梅西镇雨量充沛、光照充足、气候温暖（地处亚热带地区），土壤肥沃有机质含量高、土层深厚且疏松透气性良好，pH值在5.5左右，矿物质磷、钾、镁等含量高，极其适宜泰国柚种植，种出的梅西泰国柚（梅西玉柚）较泰国本地出产的口感更佳，营养更丰富。梅西泰国柚已申请地理产品标志，梅西泰国柚（梅西玉柚）成熟后香气浓郁，口感脆嫩，化渣（无渣），水分多，果肉呈水晶色、柔软多汁，糖度高（12~18 度）、酸味低，富含维生素 C、叶酸、可溶性纤维素及多种人体所需微量元素。2020 年，梅西玉柚种植面积 133.33 公顷，2 万多株，年产量 750 吨。该产品在华润万家、京东商城等平台均有销售，并出口欧美等国家。

【工商企业】 2020 年，全年招商引资引进广东振声乳胶制品有限公司投资 3000 万元进行乳胶手套生产的项目 1 个。梅西镇拥有 3 家规上企业：①广东省四〇一厂，主营研究、开发、生产民用爆炸物品和危险品运输，年产值 1.05 亿元，税收 3100 万元，创造就业岗位 100 个，产能 1.8 万吨/年；②2015 年引进的梅州技腾科技有限公司主要从事电声喇叭和音箱研发、制造、销售，2017 年成功上规，产品远销世界 60 多个国家，年产值 2372 万元，税收 115 万元，创造就业岗位 140 个；③广东振声科技股份有限公司，主要从事包装技术研发和设备制造，年产值 2028 万元，税收 90 万元，创造就业岗位 90 个。2020 年全镇规模以上工业总产值 1.1 亿元。

【旅游】 广东长荣林业发展有限公司投入种植的银杏基地是梅西镇特色景点，每年观赏期都吸引大量游客前来进行“银杏游打卡”。同时以“一村一品”为依托，围绕宜塘鸡肉菌、石篆油茶、均田银杏林、三益泰国柚、龙虎梅片树、盛塘西瓜及崇化中药材等项目，积极探索生态农旅项目，以“农业+旅游+康养+亲子+电商”的模式，推动一、二、三产业融合发展，打造梅西镇特色农旅路线。按照“12425”总体规划，全面推进“梅西—石坑—大坪”精品旅游线路建设。

【圩镇与农村基础设施建设】 一是争取移民资金 1500 万元，完善移民村的路灯亮化、堤岸、村址改造等项目建设。二是投入 420 万余元，着力推进完善“四好农村路”，建成通车 10.18 千米；投入约 220 万元，对龙虎居委圩镇范围内道路进行了沥青路面升级。三是龙虎下街仓嘴投资 1500 万元的梅开盛景圩镇小区建设已完成，计 39 套，含 20 栋别墅、19 个店面。四是投资 2500 多万元进行的圩镇、车子排等 15 个村的村村通自来水工程，已基本建成。五是投入 2456 万元建设的镇级、崇化村、白面村等污水处理设施，已进入试运行。

【民生】 一是做好农村社会救济救助工作，做好辖区内低保户、五保户、残疾人等困难群体救助政策落实，发放补助金额 220 多万元；为退伍军人发放优待金约 35 万元，发放优抚金约 144 万元。二是做好残疾人关爱工作。全年组织白内障筛查 1 次，共为 4 位患者实施了复明手术。三是镇政府主办、梅西卫生院协办，在全镇范围内开展健康教育巡回讲座、咨询义诊等形式的健康宣传活动 11 场次。四是加大政务便民服务力度，进一步深化“放管服”改革，“一门式一网式”政府服务模式成效明显。“12345”政府服务热线等受理事项全部按时办结，行政效能和公共服务满意度有效提升。

【扶助贫困】 2020 年，梅西镇以“造血式”帮扶为抓手，结合贫困村、贫困户实际，精准谋划帮扶措施，因地制宜发展特色产业。全镇有 17 个贫困村，其中省定贫困村 2 个，分别是崇化村和白面村，共有建档立卡贫困户 233 户 577 人。至年底，实现全部脱贫退出，如期完成脱贫减贫任务。全镇 85 名建档立卡贫困学生 2020 年春秋两季教育补助发放到位，全镇 577 位贫困人口全部购买了 2021 年城乡居民医疗保险和大病保险。梅西镇结合实际，发展特色产业扶贫，主要有：1. 白面村以“公司+贫困户+合作社”的模式运作，让贫困户自行种植灵芝，再由公司保底回收。有劳力贫困户每户参与分红，分红后剩余收益作为合作社 2020 年产业项目投资种植资金。2. 崇化村以“公司+基地+合作社+贫困户”的模式发展农业特色产业，集约土地 1.31 公顷租给广东丰年盛景生态有限公司种植中药材牛大力，租金每年 600 元/亩，每年租金为 11778 元，同时以投资分红的形式，投入扶贫资金 30 万元到公司，投资期限 4 年，每年的分红款为本金的 8%。2020 年，全镇村级集体经济收入 71.5 万元，增长率 52%。

【综治维稳】 2020 年，梅西镇明确各村（社区）支部书记为第一责任人，按照网格化管理层层压实责任，坚持矛盾就地解决，努力实现“小事不出村，大事不出镇，矛盾不上交”。认真抓好综治信访维稳（平安建设）“网格化”管理工作。全镇各村（居委）都成立了工作站，认真开展“中心+网格化+信息化”建设。全年处理矛盾纠纷 53 宗，调处 53 宗，调处成功率 100%，无民转刑案件、纠纷激化案件的发生。进行了多轮扫黑除恶宣传，结合每个月 2 次的禁毒宣传，采用“禁毒+扫黑除恶”宣传模式，充分利用宣传标语、横幅、村喇叭、微信群等深入广泛宣传，全年印发宣传资料 3250 份。

【环境保护与治理】 2020 年，梅西镇认真贯彻落实“绿水青山就是金山银山”的发展理念，深入开展“美丽梅州 · 美好家园”行动，切实保护好辖区内森林资源，全镇森林覆盖率 62.24%；扎实开展河湖“清四乱”“五清”专项行动，落实河长制工作要求，每年投入 20 余万元进行河道垃圾清理。全面推进畜禽养殖业污染专项整治，全镇整治养殖场 34 户，整治面积 5214 平方米，发放补偿款 39 万元，进一步改善全镇生态环境。

【土地保护与利用】 2020 年，梅西镇按照区委、区政府和区自然资源局工作目标要求，认真抓好自然资源管理、地质灾害防范和拆旧复垦等工作。一是开展农村乱占耕地建房问题专项整治工作，不断加大巡查力度并做好巡查记录，对每周各村（居）上报的农村乱占耕地建房情况进行统计，及时到现场发放相关停止建设通知书及各类文书并进一步制止乱占耕地建房行为，全力做好后续跟踪整改工作。二是严格耕地保护制度，与各村（居）委已经签订了耕地保护目标责任书 19 份，各村与村域内的村民小组签订了耕地保护目标责任书 185 份。按照相关文件下达的耕地保有量和基本农田面积指标，分解落实到村，落实到村民小组和农户，同时对各村耕地保护情况进行不定期考核。三是做好拆旧复垦工作，第一批、第二批拆旧复垦地块已施工完毕，处于等待验收阶段；第三批拆旧复垦地块已立项完成，准备进入施工阶段；第四批拆旧复垦地块已公示完毕，正处于申请立项阶段。

【人口管理】 全年户籍人口出生 299 人，政策生育率 90.97%，人口出生率 9.92‰，自然增长率 3.98‰。享受农村部分计生家庭奖励政策的有 92 人，有 107 对育龄夫妇参加孕前优生健康检查。

【文化】 2020 年，为铭记历史、教育后人，广泛征集挖掘梅西镇红色史料，编著《红色梅西》。已开展革命遗址普查申报 11 处，对梅西镇革命烈士纪念碑和崇化村吴汉超故居进行维护和修缮，投入 230 余万元，积极打造吴汉超红色文化教育基地。传承红色基因，发扬红色传统，弘扬革命精神，打造一批广大党员干部接受党性教育和革命教育的平台和基地。投入 8 万元，完成对梅西镇文化站的升级改造。

【卫生】 2020 年，梅西镇有梅西卫生院 1 间和村级卫生站 17 个。梅西卫生院实际在岗在编 47 人，聘用 7 人。有专业技术人员 35 人。住院病床 30 张，主要仪器设备有 X 光机、B 超、心电图、血液分析仪、血球计数仪、尿液分析仪及救护车等。全镇有行政村 17 个，有乡村医生 17 人，全部具有执业助理医师或乡村医生资格证，从业人员全部持证上岗。

【教育】 2020年，梅西镇有中学1所（梅西中学），设教学班12个，有学生406人，有教职工50人。有小学1所（梅西镇中心小学），设教学班14个，有学生419人，有教师42人。有幼儿园4间，在园幼儿317人，有幼师28人。举办了2020年广东省四〇一厂奖教奖学扶贫济困活动，颁发奖金28万元。

【农村环境综合治理】 2020年，梅西镇坚持立足实际情况，高标准高规格打造宜居宜业宜游“西部明珠·大美梅西”。一是扎实有效推进全镇“三清三拆三整治”，拆除农村泥砖房16.12万平方米；全力推进“厕所革命”，建造公共厕所8间。二是19个村（居）开展“垃圾兑换超市”，改善农村人居环境，增强村民垃圾分类意识。三是抓住“全国文明城市创建”“广东卫生镇创建”的契机，增强村民的文明意识、卫生意识，并于2020年11月成功创建“广东省卫生镇”。

【党的建设】 2020年，梅西镇有党支部29个，有党员1222人，其中新发展党员12人。一是深入学习贯彻习近平新时代中国特色社会主义思想、中共十九届四中和五中全会精神、中共中央总书记习近平出席深圳经济特区建立40周年庆祝大会和视察广东重要讲话重要指示精神，全年开展党委理论中心组学习13次；镇党校共组织培训35场，达97学时，培训6652人次；全体机关干部集中学习14次。二是以党建为引领，坚持问题导向，狠抓软弱涣散幸福村党群整治工作。2020年，幸福村顺利通过软弱涣散整顿验收，被评为优秀。三是大力加强镇村党校建设，投入47.6万元，完成镇、村两级“沃视通”系统覆盖工作，通过“沃视通”系统，各村自行开展党章党规学习、“三会一课”等培训4124人次。四是发挥党员先锋作用，成立由党委书记任组长的疫情防控领导小组，以村（居）为单位，实行镇村党员干部分片负责制，设立党员防疫岗，号召500多名党员志愿者参与抗疫。五是抓好村级换届筹备工作，从2020年4月开始，组织调研队伍，对全镇村（社区）“两委”班子干部队伍进行深入摸底调研，以走访党员群众、与“两委”班子成员座谈等方式，精准掌握各村（社区）换届基本情况。10月21日，全面完成梅西镇19个村（社区）“三个一肩挑”。六是强化党风廉政“一岗双责”责任制，与党政领导班子成员、各党支部签订《2020年梅西镇党风廉政建设责任书》41份。

2020年年底梅县区梅西镇党委、政府

书　记：陈天新

镇　长：洪伟锋

（供稿：杨雨洁）

石坑镇

【概述】 石坑镇地处梅县区西北部，毗邻梅西、大坪、南口和兴宁市的石马、合水、黄陂、黄槐等7个乡镇，距梅城45千米。境内周高中低，多为丘陵，辖区面积88.07平方千米，其中山地6666.67公顷，耕地780公顷。有17个行政村和1个居委会。2020年，全镇总户数7334户，人口2.7万人。2020年，全镇农业总产值1.8亿元，固定资产投资5486万元。

【农业】 2020年，石坑镇继续推进粮食高产创建活动，增强粮食综合生产能力和市场竞争力，促进水稻生产全面持续稳定发展，9月，被评为2019年度粮食高产创建活动先进镇，连续3年被评为梅县区粮食高产创建活动先进镇。积极发动群众做好水稻耕种，在礤岭、琴江、澄中、澄坑等4个村完成共新增早造水稻种植面积6.67多公顷，共完成12.53公顷早造水稻新增种植面积，2020年全镇农户购买水稻保险面积1380多公顷，参保率99%以上，确保了惠农政策落实到每家每户。落实农机购置补贴政策，全年申请农机补贴12台次。引导调动农民、农机户及农机服务组织购置先进农业机械的积极性，对农机驾驶员操作、维修人员进行岗位培训和职业技能培训。全镇有合作社 33 个，有家庭农场 87 个。

【工商企业】 2020 年，石坑镇完成招商引资公司 2 家，分别是梅州市金丰贸易公司和梅州市金锦贸易有限公司。原有企业 25 家，包括梅州市志诚房地产开发有限公司、梅州市梅县区石坑赢联农业发展有限公司、梅州市旋锋建筑基础工程有限公司、梅县昌泰发展有限公司、梅县石坑客乡酿酒有限公司、梅县诚泰实业发展有限公司、泰亿手袋加工厂、恒泰花园、天草电商、志诚达再生能源物流有限公司、绿林农林有限公司、梅州市盛富金属制品有限公司、梅州市梅县区合泰房地产开发有限公司、梅州市梅县区吉盛房地产开有限公司、梅州市家安消防设备有限公司、梅州市福兴酒店管理有限公司、广东永昇食品有限公司等。

【圩镇与农村基础设施建设】 2020 年，石坑镇投入 300 多万元，对秀全堤进行升级改造；投入约 68 万元，在 X010 线圩镇段铺筑柏油路；在马径琴江路段投入 30 多万元，安装路灯 134 盏；全部完成圩镇、岭村、琴江等 12 个施工片区的村村通饮水工程；镇级污水处理厂、龙塘污水处理站、岭村污水处理站以及石坑镇自主实施建设的七朱污水处理站均建设完成，逐步投入运行；17 个村的卫生站规范化建设和镇卫生院新综合大楼已建成并投入使用，大大提高了镇公共医疗水平。

【民生】 2020 年，石坑镇根据城乡低保中应保尽保、应退尽退的原则，并配合精准扶贫每月下乡入户进行核查。全年新增低保户 22 户，40 人；退出低保户 26 户，58 人；至年底，民政在册低保户为 304 户，648 人，发放低保救济金 21.33 万元/月；做好因病困难群众实行临时救助，全年救助 70 人，发放救助金额 24.07 万元。全年新进特困供养人员 4 户，4 人；死亡退出 6 户，6 人。至年底，民政在册特困供养户 108 户，108 人，发放特困供养费用 9.2 万元/月。全镇在册低收入家庭 10 户，31 人，全年退出低收入家庭 8 户，37 人，其中有 7 人纳入低保。2020 年，全镇 80 ~ 99 周岁的老人 732 人，发放老年高龄津贴 21.96 万元；百岁老人 4 人，每月发放客家寿星奖 1000 元/人。

【扶助贫困】 2020 年，石坑镇有 4 个省定贫困村，全镇建档立卡贫困户 397 户 967 人，其中有劳动能力贫困户 209 户 721 人，无劳动能力贫困户 188 户 246 人。至年底，全镇建档立卡贫困户实现全面脱贫、全部退出。全面落实“两不愁、三保障”，全镇无劳动能力贫困人员实现政策兜底全覆盖；贫困户人员全部购买养老保险和农村基本医疗保险；134 名贫困户家庭学生全面落实教育补助。

【综治维稳】 2020 年，石坑镇持续开展对涉环境问题、涉劳资纠纷问题、涉农问题等社会矛盾问题八个项专项治理，坚持多元化化解和依法处理相结合，坚持在法制框架下解决问题，推动人民调解、行政调解、司法调解和信访调解相互衔接配合的大调解工作体系，努力将各种社会矛盾消除在萌芽状态。全年成功调处各类型纠纷 92 宗，实现矛盾纠纷调处率、防激化率 100%，并无因调处不力或不及时而民转刑案件的发生，有力地维护了辖区社会和谐稳定。全镇在册社区矫正对象 5 人，新入矫 4 人，期满解矫 2 人。全年走访矫正对象 25 人次，组织集中教育 25 人次，个别谈话教育 39 人次，社区服务 27 人次。石坑派出所共接警 164 宗，立刑事案件 9 宗，受理行政案件 22 起（查处 10 起），行政拘留 4 人。全镇 18 个村（居）中，均实现平安视频（不少于 6 个）全覆盖，开展禁毒宣传教育活动，全年开展禁毒宣传“六进”活动 24 场次。

【环境保护与治理】 2020 年，石坑镇加大林木管护力度，加大巡查、疏堵结合力度，用管控防多种措施防止人为毁林案件的发生，确保镇森林覆盖率在75%，及活立木蓄积量在1300万立方米基础上稳步提升镇绿化率。开展3个月打击森林违法用火行为专项行动及开展森林防火宣传月等护林防火活动。全年涉林纠纷9宗，调处8宗，调处率89%；信访1宗，调处1宗；涉林违法案件12宗，发放责令书12宗，查处率100%；整改卫星航拍图斑3宗。

【土地保护与利用】 2020年，石坑镇拆除违建三起，面积约900平方米。全镇共核对蓝坑村、七朱村、长埔村、礤梅村、澄上村、澄中村、澄坑村、龙塘村、礤岭村拆旧复垦面积1.2公顷，新申报拆旧复垦地块22块共1.2公顷，开展梅县区“房地一体”农村宅基地和集体建设用地确权登记发证工作，全部完成房地一体登记，数量已完成。为摸清全镇农村乱占耕地建房底数，对全镇1700个涉嫌占耕的图斑进行摸查核实，确认属于占耕的进行登记。

【人口管理】 2020年，全镇户籍人口出生383人，性别比为100.52，其中一孩153人、二孩190人、三孩及以上38人，人口出生率13.88‰；常住人口全年出生244人，性别比108.55，其中一孩101人、二孩116人、三孩及以上25人，人口出生率13.90‰。

【卫生】 2020年，石坑镇医院全年门诊人数2.38万人次，较上年持平；医疗收入231.82万元，较上年增加35.19万元。全年医技检查8193人，较上年增加3856人次。其中：B超1422人次，阳性率55%；心电图1225人次，阳性率50%；X光436人次，阳性率48%；化验5110人次，阳性率60%。全年妇产科门诊660人次，协助梅县区妇幼保健院做好妇科常见病、多发病的普查，普查妇女200人。孕产妇系统管理120人，管理率98%；儿童系统管理950人，管理率95%。发放叶酸75例，发放率98%。艾滋病、梅毒等公共服务项目筛查，筛查17例，筛查率100%，乙肝筛查17人。对全镇65岁以上老人进行健康体检1467人次。为全镇居民建立了健康档案，对高血压、糖尿病、慢性病等病例进行了健康管理，全镇系统管理高血压病人1060人、糖尿病病人330人、重性精神病人176人。

【文化】 2020年，石坑镇按照二级文化站建设标准，投入约40万元完善综合文化站建设，设立9个场馆室，修建简易羽毛球场和陈列走廊，新购入和社会捐赠图书约6000册，配置电脑8台，添置乐器1套，镇府采购单屏电子阅读机1台。礤岭村综合文体服务中心已建成投入使用；文化站龙凤分站完善软硬件设施，新建农耕文化陈列馆、农家书屋、阅览室、新时代文明实践站等场室。文化站每年及时为全镇农家书屋和镇阅览室更新了中共十九大以来有关报告、习近平总书记系列讲话等有关读物。

【教育】 2020年，全镇有独立初中1所、完全小学1所、小学教学点1个、幼儿园2所、成人文化技术学校1所。石坑中学创办于1970年秋，是一所农村寄宿制初级中学。2020年，有教学班7个，有学生189人；有在职教师22人。石坑镇中心小学始建于1938年，其前身是梅县私立秀全纪念学校，2020年，有19个教学班，有学生627人；有专任教师46人。

【农村环境综合治理】 2020年，石坑镇严格落实河长制，清理河道33千米；重点开展林塘和黄塘坑水库水质治理，关停1家牛蛙养殖场；推进农村“厕所革命”，无害化卫生户厕普及率100%；清理村巷道、房前屋后、沟渠池6680处，清除违法违规商业广告、招牌、牛皮癣等1857处；完成危旧房、废弃猪牛栏及露天厕所茅房拆除1024间3.33万平方米，完成村庄乱搭乱建、违章建筑物拆除205处5782平方米；投入250万元，实行全镇农村生活垃圾外包服务，实现全镇生活垃圾统一收集、转运和处理；重点对琴江河约 10 千米进行清淤清障，解决河道不畅问题；鼓励群众利用房前屋后隙地规划建设小果园、小花园、小公园、小菜园等“四小园”，积极参与美丽庭院创建。

【党的建设】 2020 年，石坑镇有党（总）支部 26 个，有党员 999 人。全镇有入党积极分子 171 人，发展入党对象 39 人。坚持落实“第一议题”学习制度和“三会一课”、组织生活会等党内政治生活制度，持续深入学习贯彻习近平新时代中国特色社会主义思想，召开党委会 18 次，理论中心组学习 18 次，学习中共中央总书记习近平系列重要讲话和重要指示批示精神 200 多场次。各级党组织书记在镇党校、村（社区）分教点共上各类型党课 84 场次，举办各类型培训 23 场次，参训党员群众 4000 多人次。抓好“头雁”工程实施。一是抓支部书记轮训，全年培训 109 人次。二是调整了 12 名村级党组织书记，现任 18 名村级党组织书记平均年龄同比降 3 岁，高中以上学历人员同比增 5.56%。三是择优选拔了 36 名年龄在 45 周岁以下，具有高中以上学历的村（社区）党组织书记后备人选。全镇有 300 多名镇村干部、党员、志愿者参与到疫情防控一线工作中，共发动党员捐款 12 万多元。

2020 年年底梅县区石坑镇党委、政府

书　记：殷永华

镇　长：肖韵波

（供稿：何伟豪）

大坪镇

【概述】 大坪镇位于梅县区西北部，镇政府驻大坪圩，距梅县区人民政府 30.5 千米。南邻南口镇，北接平远县长田镇，东通梅江区城北镇，西靠梅西水库管理局，省道 242 线贯穿全境。全镇总面积 76.7 平方千米，下辖 12 个行政村和 1 个居委会，总户数 5773 户，总人口约 2 万人，其中常住人口约 1 万人。2020 年，全镇税收收入 369.5 万元，乡镇净收入 210.5 万元。

【农业】 2020 年，大坪镇全面实施“一村一品”项目工作，严格按照“一村一品、一镇一业”实施方案内容，倒排工作时间，推进项目实施进度，稳步推进三台村柚标准化国家现代农业产业园工作；积极引导各类经营主体提升生产发展质量，增强发展后劲。2020 年，获评区级重点农业龙头企业 1 家、区级示范农业合作社 1 家、区级示范家庭农场 1 家，有 4 家农业经营主体试行农产品合格证制度申报；全年水稻种植面积 822 公顷，产量 5625 吨；水果种植面积 800.33 公顷，产量 1.92 万吨，其中金柚种植面积 374.4 公顷，产量 8416 吨；水产品产量 933 吨。

【工商企业】 2020 年，大坪镇引进发展制造业和特色农业产业企业 5 家，其中：引进梅州技腾科技有限公司，主营音响设备、喇叭、电子元件、计算机辅助设备等研发、制造及销售；引进梅州市恒富现代农业有限公司在三台村按照“公司+基地+农户+贫困户”的发展模式发展林下养鸡项目；引进企业在上和、平中村发展肉鸽养殖、在清连发展澳洲淡水龙虾养殖产业。指导梅州市鲴龙归生态农业有限公司在雷甘村发展小龙虾养殖产业、辐射带动清连、守台等村小龙虾养殖等特色产业向规模化发展；圩镇农贸综合市场提质改造完成；接洽发展酷车文化旅游特色博览园项目，提升镇域经济发展能力。

【圩镇与农村基础设施建设】 2020 年，大坪镇圩镇的扩容提质工程稳步推进，圩镇农贸综合市场升级改造、消防公共设施、亮化和排污系统不断完善，2020 年通过创建省级卫生强镇的各项评估、考评，获得省级卫生镇称号。完成 7.47 千米“四好农村路”建设，全面完成 100 人以上自然村道路硬底化工作，行政村通公交实现全覆盖；实施 206 升级改造和县道 X020 线改造为省道提升工程，并分别设置育豪、清连停车区；水利设施建设不断完善，投资680多万元，惠及10个村（居）的村村通自来水工程的管道铺设工作已全面完成，7个村级污水处理设施建设有序推进，镇级污水处理厂工程进入试运营阶段。

【民生】 2020年，大坪镇全面落实低保、五保和医疗救助政策，残疾人生活津贴和护理补贴落实率100%，困难群众基本生活得到有效保障；城乡居民医疗保险和养老保险工作稳步推进，2020年全镇城乡居民基本医疗保险参保15764人，参保率95.63%，养老保险参保7594人；完成重大、重度削坡建房风险户整治及治理和贫困户危房改造任务；完成农村妇女两癌检查、免费孕前优生健康检查、复退军人优抚等相关工作。

【扶助贫困】 2020年，全镇有贫困户181户396人，有劳力82户250人，无劳力99户146人。引进企业投入400多万元，在雷甘、三台村分别发展起小龙虾养殖项目、林下养殖走地鸡和油茶基地项目，内外合力培育富民兴村的主导产业，形成了持续有效的脱贫机制，相对贫困人口退出180户，退出率99.4%。围绕脱贫户帮扶成效核查“八有”标准，全力推进改善贫困户生活条件，2020年完成4户贫困户危房改造。

【综治维稳】 2020年，大坪镇严格落实镇领导接访下访和包村包案的领导责任以及驻村干部、社工、村干部的属地管理责任，按照“三到位一处理”原则，坚持“三属地三同步”做法（属地管理、属地排查、属地化解；政策宣传与问题排查同步、法律服务与疏导化解同步、直联工作和信访维稳同步），全面排查治理涉军、涉土地、涉黑涉恶及意识形态领域等的不稳定因素，确保辖区的和谐稳定。综治“中心+网格化+信息化”及社会矛盾大化解工作机制稳定运行，2020年，发生刑事案件7宗，发生治安案件16宗。

【环境保护与治理】 2020年，大坪镇贯彻落实“绿水青山就是金山银山”的发展理念，把好护林防火、污染防治“两道关”，严格执行干部“网格化责任制”“河长制”等制度，坚持从源头防治，着力解决水、大气、农业面源土壤污染等突出环境问题。2020年，全镇禁养区养猪场已全面完成退养工作；投入18.5多万元，开展河湖“五清”专项行动，进行中小河流域治理，推动境内尖石笔自然保护区、程江河（大坪段）水域、汤湖天然温泉等特色自然资源的保护工作落到实处。

【土地保护与利用】 2020年，大坪镇耕地保有量保持动态平衡，基本农田保护工作任务按时、按质、按量高标准完成，全镇未出现利用耕地进行非农建设情况；对镇域内矿产资源进行经常性巡查，确保无非法开采行为，全年发现并制止违法用地、违章建筑21起；全面排查地质灾害隐患，做好削坡建房户管理工作；重点开展农村建设用地拆旧复垦工作，第一批拆旧复垦实现挂牌交易2.63公顷，第二批组织完成现场测量约3公顷。

【人口管理】 2020年，全镇户籍人口出生168人，人口出生率8.43‰，人口自然增长率2.71‰，政策生育率89.88%。享受“全国农村部分计划生育家庭奖励扶助”政策的有83人，城镇独生子女父母奖励16人，计划生育特别扶助1人，农村计划生育节育奖励340人。

【卫生】 有大坪镇卫生院1所和村级卫生站12间。2020年，大坪镇卫生院有现职人数38人，其中执业医师12人、执业助理医师6人、执业护士10人、主管药师3人、药士1人、执业会计师1人。有住院病床20张。主要仪器设备有全自动生化分析仪、彩色B超、心电图机、尿液检验机、DR机、血球计数仪和产科设备设施等。2020年，大坪镇获得“广东省卫生镇”称号，营里村、育豪村、雷甘村获得“广东省卫生村”称号；清连村、守台村、大坪村获得“广东省健康促进村”称号；圩镇居委获得“广东省健康促进社区”称号。

【文化】 2020 年，大坪镇 12 个村已完成村级综合文化服务中心建设工作，镇综合文化活动中心按照省二级建设标准建成并投入使用；稳步推进创建全国文明城市、文明镇街、文明村三级联创工作；活化利用“红色”+“特色”文化资源，完成古氏缙公宗祠、丘氏宗祠河南堂建设和推进卢伟良故居建设。全年送戏下乡 2 场，送电影下乡 156 场；镇内有 2 支文艺队，在春节等重大节日举办了大型群众性文艺演出 25 场。

【教育】 2020 年，大坪镇有幼儿园 2 所（大坪镇中心小学内设幼儿班、广博幼儿园），在园幼儿 163 人，有幼师 13 人；有小学 1 所（大坪镇中心小学），有学生 342 人，有教师 32 人；有中学 1 所（程风中学），有学生 151 人，有教师 21 人，其中中级教师 13 人，高级教师 7 人。适龄儿童入学率 100%，义务教育阶段升学率 100%，教师学历达标率 100%。2020 年，大坪镇中心小学被授予“梅州市安全文明校园”称号，程风中学获得“第三届梅州市文明校园”“梅县区教学管理先进集体”称号。

【农村环境综合治理】 2020 年，大坪镇以“三清理三拆除三整治”“厕所革命”工作为主要抓手，以“两美行动”、拆旧复垦工作为契机，对标“干净整洁村”标准，积极开展人居环境整治工作。全年拆除危旧房、猪牛栏、茅厕等 7.94 万平方米，清理沟渠溪河 1 万多米，清理建筑垃圾、杂草杂物等 350 多吨，清理房前屋后生产工具乱堆乱放 180 多处。全镇 13 个村（居）均实现农村垃圾卫生外包管理，农村“厕所革命”改造无害化卫生户厕 93 户，公厕修建 10 座。

【党的建设】 2020 年，大坪镇有基层党组织 29 个，其中党委 1 个、党总支 2 个、党支部 26 个，有党员 922 人，其中新发展党员 7 人。常态化开展“两学一做”学习教育和全面落实“三会一课”制度。始终坚持把学习中共十九大精神、中共中央总书记习近平系列重要讲话和治国理政新理念新思想新战略作为重大政治任务来抓，不断增强党员“四个意识”、坚定“四个自信”、做到“两个维护”。深入开展“不忘初心、牢记使命”主题教育活动。通过书记讲党课、“主题党日+”等活动，引导全镇党员干部深入学习贯彻习近平新时代中国特色社会主义思想，坚持学做结合，把初心和使命落实到解决群众最忧最盼的紧迫问题上。自主题教育活动开展以来，全镇开展专题学习活动 10 次、传统革命教育 3 场、警示教育 2 场、志愿活动 120 次、领导班子成员和党组织书记讲党课 25 场。着力提升基层党组织组织力。以突出政治功能、提升组织力为重点，进一步推进基层党组织规范化制度化建设；依托守台村党群服务中心、卢伟良故居、丘氏宗祠等打造“党建+”示范点；按照“六有”标准规范镇党校建设，并设立镇党校守台村分教点，宣传党的主张、贯彻党的决定，充分发挥党校教学点的作用。全年镇党校开展各类培训 39 班次、3741 人次。大力整顿软弱涣散党组织。通过党委书记挂点、派驻第一书记、抓好村“两委”班子和后备干部队伍建设、实施“头雁”工程等措施，不断提高上和村党支部的战斗力，投入约 373 万元，进行完善党群服务中心、道路硬底化、亮化工程、安居工程等，完成民生实事 30 项。扎实开展驻点直联工作。全镇驻点团队 13 支共 66 人，以深入开展驻点联系群众工作为载体，实现镇街领导干部与群众沟通交流全覆盖，解决联系服务群众“最后一公里”问题。强化党风廉政建设。深入整治“四风”问题，强化执纪问责，全年镇纪委立案 8 宗，结案 8 宗，办结率 100%；严格落实制度建设，认真抓好提醒谈话、函询、诫勉等制度的落实，对干部的苗头性、倾向性问题及时提醒纠正，全年谈话提醒干部 59 人，红脸出汗、咬耳扯袖已成常态。

2020 年年底梅县区大坪镇党委、政府

书　记：钟政堂

镇　长：邹其森

（供稿：杨　嫱　陈思雅）

城东镇

【概述】　城东镇地处梅州城郊，镇政府所在地竹洋，距梅城8千米。东邻丙村，西连石扇、城北，南与东郊、西阳交界，北与白渡和蕉岭县新铺接壤。辖区面积79.3平方千米，圩镇面积1.2平方千米。有耕地面积680公顷、园地面积1480公顷、林地面积5098公顷、养殖水面175公顷。下辖12个行政村和1个居民委员会。2020年，全镇户籍总户数5560户，有2.12万人。全镇矿产资源丰富，分布面广，煤、锰、铜、铅、锌、石灰石、建筑石和黏土等较为突出。是广东省（机电）技术创新专业镇、广东省教育强镇、梅州市文明镇。全镇规模以上工业总产值24.5亿元；固定资产投资6.76亿元；完成工商财税2.68亿元；实现镇级财政收入6444万元。

【农业】　全年水稻种植面积670公顷，总产量5230吨；水果总种植面积1098公顷，其中沙田柚种植面积680公顷，总产量1.3万吨。蔬菜种植82公顷。全力保障农产品质量安全，健全长效溯源监督机制。落实耕地红线政策，积极宣传惠农政策，充分提高农户的生产积极性。做好农业技术指导工作，强化农药使用规范，加强农科人才队伍建设。扎实推进“一村一品、一镇一业”项目实施，玉水村获评“广东省粤菜师傅名村”，积极实施“粤菜（客家菜）师傅”工程，探索形成“客家菜厨师培养、绿色农家乐旅游、特色产品产销”等产业链，推动建设玉水厨乡田园综合体。

【工商企业】　2020年，以BPW车轴为龙头辐射带动形成高端装备制造业产业集群，坚持创新驱动，力促BPW车轴、庆达、伟友耐磨和均耀等企业建成研发中心，持续巩固深化我镇装备制造的产业优势。BPW八期项目投资任务已完成，年度计划内部分生产线已调试完毕并投入生产。做大做强205国道沿线工程机械商贸、机械汽修产业链。振声高新工业基地、梅县区协卓现代农资物流配送中心、梅县区玉水厨乡田园综合体、广东梅州古梅梦景文化旅游产业项目一期、梅州监狱迁建项目、梅州柚深加工项目进程在有序推进。2020年，我镇辖区内有8个重点项目，其中有3个省重点（振声高新工业基地、BPW第八期车轴扩产和转型升级项目、梅州柚深加工项目）、2个市重点（广东梅州古梅梦景文化旅游产业项目、梅县区协卓现代农资物流配送中心）、3个区重点（梅县区玉水厨乡田园综合体、梅县区城东镇乐活金盘公寓、梅州监狱迁建项目场地平整工程），8个重点项目的建设均有序推进，如期完成投资任务。其中，振声高新工业基地项目和协卓现代农资物流配送中心已完工并投产。2020年，新注册企业68家、个体工商户230家。全镇有企业462户、外资企业9户、农民专业合作社24户、个体户1180户，有酒店13家（新增1家）、餐饮服务223户（新增5户）、旅游业23户（新增3户）。

【圩镇与农村基础设施建设】　投入265万元，致力“四好农村路”的建设，分别针对葵上、石下、谢田区域进行沙土路改造；对潮塘村址至黄屋、玉水朱屋—大沙坝道路进行水泥硬底化；对莲塘石子背至官塘道路进行扩宽；对溪子背危桥进行重建，大力优化城东镇的交通基础设施。实施村村通饮水安全工程，完成上坑等7个村接白渡源丰源水厂集中供水工程项目及主管网线铺设，完成镇级污水处理厂建设及3个村5个污水处理设施主体建设。开展圩镇“脏乱差”整治，消除占道经营、乱搭乱建乱堆乱放、乱贴乱画等不文明现象。继续加强农贸市场规范化管理，规范商贩进场经营，消除马路摆卖现象，组织4次“两美”全民志愿活动。

【民生】 2020年，全镇有农村、城镇低保户174户，保障人口311人。全年发放保障金120.6万元，有特困供养人员58人，全年发放保障金60.06万元。全镇在册优抚人员154人，为优抚对象发放119.34万元。对三无人员、优抚对象、老党员困难户、老基层干部困难户、因灾、因病、因祸、因残致贫困难户，全年发放临时困难救助金5.3万元。

【扶助贫困】 2020年，城东镇持续巩固脱贫攻坚成果，全面落实扶贫"两不愁、三保障"政策措施，实施"公司+合作社+贫困户""公司+基地+贫困户"的产业帮扶模式，大力发展金柚种植、光伏发电等特色产业，全年开展产业帮扶项目123个，已收益项目92个，收益比例74.8%，项目平均收益4959元。助力全镇建档立卡贫困户219户488人全部实现脱贫，脱贫率100%，我镇玉水村、莲塘村两个省定贫困村经审定均退出相对贫困村行列。

【综治维稳】 2020年，城东镇进一步推进"平安城东"建设，强化完善"中心+信息化+网格化"平台，积极落实"小事不出村，大事不出镇，矛盾不上交"原则，有效及时化解农村基层矛盾纠纷。有力推进扫黑除恶工作，在综合治理、宣传发动、线索摸排、严打整治、依法严惩上精准发力。积极做好法律宣讲，尤其是《中华人民共和国民法典》的普法宣传，实现一村一法律顾问，村居法律顾问全年为群众开展线上法律咨询和法律宣传60人次。全年受理各类纠纷131起，其中村级调委会112起、镇调委会19起。公安部门立刑事案件19宗，破获11宗，其中逮捕4人，刑事拘留5人；查处治安案件82宗，行政拘留10人，查处吸毒人员2人次，其中强制戒毒1人，社区戒毒1人。

【环境保护与治理】 深入推进环境污染整治工作，重点针对农村人居环境、工业污染等进行专项整治。加大涉危企业危险废物排放处置隐患排查力度，认真核实并对涉危企业危险废物的收集、贮存、处置等进行监督管理。对辖区内的散乱污工业企业进行全面的排查整治，其中13家企业存在一定的污染问题，已经全部完成整治，6家企业已关闭，1家企业已搬迁，6家企业已完成升级改造。推进农村环境综合整治，全镇41个自然村，有28个自然村农村生活污水达到治理要求，有13个自然村处于立项准备阶段。

【土地保护与利用】 持续扎实做好耕地保护、拆旧复垦、农田垦造和土地征收等工作，强化对违规占用耕地建设行为的惩处力度，压实"两违三抢"的网格化监管责任，推动我镇的土地保护与利用工作。贯彻落实全国农村乱占耕地建房问题整治工作，依法拆除违法搭建18宗，拆除违法面积2284平方米。2020年，完成拆旧复垦面积1.72公顷，推进3批拆旧复垦项目立项，涉及面积约5.07公顷。

【人口管理】 2020年，城东镇全面实施免费孕前优生健康检查，切实做好全面实施"二孩"政策的服务工作，严格做好计划生育奖励扶助。全镇人口出生225人，其中一孩92人、二孩111人、多孩22人（政策外14人），人口出生率9.61‰，政策生育率92%，人口自增率2.69‰。

【卫生】 2020年，城东镇有效推进新冠肺炎疫情防控工作，实行疫情防控网格化管理，全覆盖布点设卡，全面风险排查，及时疫情上报，有力推动复工复产复学，积极发动1351名志愿者投身抗疫，下村逐户派放防疫宣传资料约5.6万份。开展农村妇女"两癌普查"工作，全镇13个村（居）34周岁到64周岁512名妇女参加了梅县区提供的免费"两癌"筛查。玉水、莲塘、石月村通过健康促进机关和健康促进村的省级验收，其中玉水村为健康促进示范村。进一步推进我镇医疗卫生体系建设，镇卫生院有职工38人（其中在编34人，自聘4人。研究生1人，本科14人，大专学历14人，中专学历8人，高中1人），主要仪器设施有肝功能检测机、B 超、心电图、血细胞分析仪、尿液分析仪、心电监护仪、胎心监测仪、X 光机等。

【文化】 积极推进精神文明创建活动，完善各项基础建设，2020 年投入 50 多万元对文体中心进行升级改造，改造后各功能室被划分为展览室、老人少儿活动室、多功能培训室（党员教育、普法教育、科普教育）、电子阅览室、图书阅览室、书画室、舞蹈室、器乐室、卡拉 OK 室等十大功能室。镇图书室补充纸质图书 1300 册、电子图书 4000 册，购买多功能电子阅读屏 1 台，总藏书量 1.1 万册。镇文体中心举行中小学生书法培训班及总分馆联动活动“山歌”培训班两场。充分利用新开设的舞蹈培训室，聘请两位专业舞蹈老师，每周为群众免费提供两节形体训练课。

【教育】 2020 年，城东镇有完全中学 1 所（广益中学）、小学 1 所（城东镇中心小学）、幼儿园 3 所（公办的城东镇中心幼儿园和民办的金盘幼儿园、宝宝幼儿园）。全镇有教职工 147 人，有中学生 258 人、小学生 759 人，有在园幼儿 501 人。

【城东白渡产业园】 2020 年，城东镇有规模以上工业企业 9 家，全镇规模以上工业总产值 24.5 亿元，同比增速 25%。BPW 八期、伟友耐磨二期、梅州柚深加工项目共投资 8.9 亿元，为梅县区政银企工作座谈会签约 5 个项目中的 3 个项目，并且克服疫情影响，实现签约即动工。城东白渡工业园是梅县区山区现代产业集聚带“三园合一”的主战场，城东镇以 205 国道沿线商铺为带动，大力发展与工业、建筑、运输相配套的工程机械商贸销售、机械汽车维修等现代服务业，打造城东“绿色经济工业走廊”。

【广东省机电专业镇】 以“城东白渡工业园区”为载体，围绕“聚焦工业”一条主线，突出“重点项目建设、招商引资、企业上规模和上市”三大重点，大力发展实体经济。一是以 BPW 车轴为龙头辐射带动装备制造业集聚发展，积极实施创新驱动发展战略，有效辐射带动全镇装备制造业的发展。二是以 205 国道沿线商铺为带动，大力发展与工业、建筑、运输相配套的工程机械商贸销售、机械汽车维修等现代服务业，打造城东“绿色经济工业走廊”。三是以城东白渡工业园区为平台，扎实推动园区内交通、水电等基础设施建设，大力实施“乡贤回乡投资兴业”工程，不断延长机电企业上下游产业链。

【农村环境综合治理】 城东镇 12 个行政村全面完成村庄规划编制。持续深化农村人居环境综合整治工作，基本完成 41 个自然村的“三清三拆三整治”工作，完成率 92%。推进农村厕所改造，城东镇农村无害化厕所改造工作涉及 12 个行政村，完成 4750 户，实现农村无害化厕所改造全覆盖，并全面完成 12 个标准化公厕建设。五村连线连片美丽乡村示范点建设取得新进展，以莲塘、玉水示范村的辐射带动，借助“美丽庭院”创建工作，葵上、葵下村成功创建美丽庭院示范村，全镇打造美丽庭院 40 户。全年清理乱堆乱放、清理房前屋后和村巷道杂草杂物 1057 处 4179 吨，拆除危旧房、猪牛栏、茅厕等 437 间 2.63 万平方米。

【党的建设】 2020 年，城东镇党委下设 19 个基层党组织，其中村级党委 1 个（石下村党委）、党总支 2 个（莲塘村党总支和汾水村党总支）、党支部 16 个[村（居）党支部 10 个，机关企事业单位党支部 4 个、“两新”组织党支部 2 个]；全镇党员 1047 人，其中 2020 年着重从产业工人、青年农民、高级知识分子、非公有制经济组织等群体中培养发展党员 6 名。

城东镇严格落实第一议题学习制度、党委中心组学习、“三会一课”、组织生活会和民主评议党员等组织生活制度。不断持续巩固深化主题教育成果，以个人自学和集中研讨的方式相结合，开展“领导干部领学带学督学”“党课开讲啦”等活动，充分利用镇党校和各村分教点、广东党建云平台、学习强国APP，分层分类抓好党员教育培训。全年全镇开展党员培训教育各类活动108场次，受训党员1.03万人次。精准实施“头雁工程”，选优配强基层党组织班子，扎实推进村“两委”换届选举工作，把加强党的全面领导贯穿选举全过程。切实落实党内关怀，坚持及时全覆盖帮扶走访慰问老党员、困难党员、困难群众、离任村（社区）干部、因病致贫的特困群众690人次。通过召开2020年民主生活会，发放征求意见表56份，广泛征求党员群众的意见建议，深入开展谈心谈话，紧紧围绕5个方面进行对照检查，深刻剖析，找准差距，抓好整改落实。班子征求到5个方面意见建议9条，对照剖析存在6个方面共18个问题，以上建议问题立行立改并长期坚持。

2020年，全镇9个村（社区）接受区委巡察，坚持将村级巡察工作与软弱涣散党组织排查整顿工作同部署、同研究、同整改。将村级巡察结果进行梳理分析，狠抓整改反馈结果，软弱涣散党组织石月村党组织经过有效整顿，实现从软弱涣散向全面过硬全面提升的优秀基层党组织转化，提升班子凝聚力，党内政治生活更加规范。通过发挥党建引领作用，积极争取区美丽乡村“1+N”项目资金，全力推进美丽乡村建设。

2020年年底梅县区城东镇党委、政府

书　记：刘志刚

镇　长：古勇科

（供稿：李　丹　钟创图）

石扇镇

【概述】　石扇镇位于梅县区西北部，镇政府驻中和圩，距梅州市区18千米。东界城东镇，西邻平远县长田、热水，南连梅江区城北，北接蕉岭县新铺、徐溪。辖区面积94.3平方千米。下辖12个行政村和1个居委会，2020年，全镇有总户数6323户人口21475人。系广东省金柚技术创新专业镇、广东省森林小镇、广东省卫生镇。2020年，全年完成规模以上工业产值2.81亿元；完成限上批零产值3661万元；完成税收883.17万元；固定资产投资同比增31.2%。

【农业】　2020年，全年投入近2000万元实施高标农田建设项目，733.33公顷水田灌溉和耕作条件得到改善。通过推广优质新品种、水稻三控施肥技术及秸秆还田技术，培肥土壤，增产增收。水稻种植面积913公顷（早稻+晚稻），玉米面积51.4公顷，花生295公顷，咸菜133.5公顷，水果种植面积1836.8公顷，其中金柚面积1400公顷，金柚总产量5万多吨，总产值3亿多元。全年生猪出栏6000多头，年末存栏4000多头；全年“三鸟”出栏近40万只，年末存栏“三鸟”10万只；全年水产产量1228吨。

【工商企业】　2020年，石扇镇扎实推进现有企业增资扩产、转型升级，拓锋石粉厂投入560万元，升级改造建筑固废回收利用砂浆生产线；兴缘农业投入2000万元，建设梅州优势产区现代农业产业园。

【圩镇与农村基础设施建设】　突出以构建“一核两翼三线”美丽乡村格局为主线，以点带线扩面逐步推进“三宜”石扇建设。重点提升圩镇“核心区”；修整巴庄村三栋革命遗址，硬底化加庄村虾子塘“四好农村路”，动工建设红南村党群服务中心，全面提升巴庄、加庄、红南等生态“北翼”村；实施新东村肖向荣中将故居修缮保护和红色村落风貌提升工程，硬底化银钱村主扶畲“四好农村路”及提升岭梅花园，新建三坑村党群服务中心，全面打造新东、银钱、三坑等富美“南翼”村；实施村南村旱塘岗—察栗岗“四好农村路”、建新村国家现代农业产业园柚果产后初加工升级项目，打造中和村文章祠千亩柚园示范基地，新建中和村租赁大楼，不断夯实村南、建新、中村、中和等村“经济线”；打造西南村沿河步道绿道、松林村澄塘滨水公园，升级改造中和村羊田角、大围片等桥梁2座，实施新东村滨水公园项目，连片打造西南、松林、中和、新东等村“流域线”；村南村“镇标”提升，中村水毁水利修复、崩岗治理卓有成效，X019县道沿线景观美化绿化、亮化，优化提升党建元素，建新村“村标”、停车休息区、旅游公厕建成开放，常态化开展河湖“五清”和“清四乱”行动，持续巩固村南、建新、中村沿河沿线“景观线”。

【民生】 石扇镇有农村低保户240户437人、城市低保户5户5人，有五保户96人，其中分散供养五保户78人，敬老院集中供养五保户18人。无劳力的精准扶贫户237人，其中享受低保五保政策237人，已全面完成兜底保障工作，助力贫困群众实现脱贫。参加城乡居民医疗保险18096人，基本实现全民医保，为民政对象购买2020年农村合作医疗保险554人。高龄津贴发放970人；持残疾证人数有610人，其中，2020年发放重度补贴423人，享受低保户残疾人生活津贴164人，享受残疾人子女学费补助3人，申报并完成白内障免费复明手术30例，设有社区康园中心1个；开展孕前优生健康检查72例144人。

【扶助贫困】 全镇254户536人全部退出相对贫困人口，西南村退出相对贫困村行列。全镇有劳力贫困人数140人，实现稳定务工的有64人，其中参与公益性岗位的有5人。精准实施金柚、百香果等农产品“农企结对、产学帮扶”项目，因户实施“政银企农”小额贷款、“企业+贫困户”投资分红等项目，全面实施扶贫“1+N”政策，精准实施就业扶贫77人、参加技能培训350人次，有劳力贫困户就业培训达100%；所有在册贫困户均纳入医疗保障；为现有有劳力贫困户购买150元/户的防返贫救助保险；落实教育补助45人。

【综治维稳】 严格落实“党政同责”“一岗双责”和镇领导包村包案、镇村干部网格化排查化解矛盾纠纷的属地管理责任，扎实推进扫黑除恶专项斗争以及法治镇村、无邪教镇示范点建设。2020年，镇调解委员会调解民事纠纷127件，100%成功调解。持续开展“七五”普法工作，全年法制授课2场次，受教育者800多人次，及时做好社区矫正和安置帮教工作，新接收社区矫正对象8人，解除社区矫正10人，接受安置帮教对象19人。

【环境保护和治理】 常态化开展河湖“五清”和“清四乱”专项行动，持续深化畜禽养殖污染整治、有机肥替代化肥行动、农业面源和工业面源污染治理；扎实开展“两美”、爱国卫生运动，推进农村生活垃圾和污水集中处理。全年新增公厕10座，新拆除泥砖房面积3.3万多平方米。推进农村垃圾和污水集中处理，镇级污水处理厂及西南村污水处理厂竣工试运营；由镇级实施的6个村污水处理设施项目正有序施工。

【人口管理】 严格贯彻执行全面二孩政策，狠抓再生育审批监督管理，深入开展流动人口卫生计生关怀关爱专项活动、关爱女性健康义诊活动、免费孕前优生健康检查活动、计生政策条例宣传活动等，强化人口计划生育服务管理，有效提高出生人口素质。全年出生198人，其中男113人、女85人，性别比为133；二孩出生83人，占比42%；出生率为8.82‰，计划生育率为89%，人口自然增长率为1.52‰；征收社会抚养费4.98万元。

【卫生】 2020年，辖区有卫生院1间和村级卫生站12个。石扇镇卫生院现职人数42人，其中卫生技术人员36人（高级职称1名，中级职称9名，初级职称26名），临时聘用人员3人；乡村医生10名。全镇65户食品生产经营店铺、26户餐饮经营单位、4户集体食堂均持证经营；全镇0～3岁儿童应健康管理445人，已建卡管理407人，0～6岁儿童应健康管理870人，已建卡管理840人，“六苗”应全程接种167人，已完成全程接种159人，接种率95%，免疫接种安全注射率100%；全镇中小学校健康教育课开课率100%，群众创卫知晓率90%，群众对卫生满意率94.5%。

【体育】 2020年，投入250万元升级改造的镇篮球场、新建的中心小学运动场、曾雪麟足球场等体育惠民场所均建成开放。辖区现有足球场4个、室内运动场馆1个、篮球场15个，13个村（居）均建有文体休闲活动广场。全年先后组织广场舞、篮球赛、足球赛、羽毛球赛等各类文体活动30多场（次）；各村自发组织开展各类文化体育活动13场次。

【文化】 围绕讲述好故事、传播好声音、树立好形象、传递正能量，持续开展“星级文明户”“十佳文明贤媳”“美丽庭院户”推优评选活动，培育文明乡风、良好家风、淳朴民风。完成修缮保护肖向荣故居前期准备工作，罗芳伯故居被纳入梅州市文物保护单位。结合新时代文明实践中心（站）开展各类志愿、文化活动，不断提升公共文化服务质量和水平，推动实现文化小康；充分发挥工会、共青团、妇联和社工志愿组织等优势作用，开展书法活动、义剪活动、重阳节敬老感恩等活动7场次，全镇有党群服务中心13个、业余文艺健身队10支、农家书屋12个；全年开办文艺培训班8期，放映电影80场，接受上级文艺演出团体4次。

【教育】 2020年，全年投入20多万元助困奖学。全镇有初级中学1所，教职工28人，学生303人；有中心小学1所，教师50人，学生790人；幼儿园1所，幼儿321人，幼师32人。

【广东省金柚专业镇】 按照“擦亮石扇金柚品牌，推动支柱产业发展”的产业发展方向，扎实推进金柚产业“扩规模、调品种、提质量、塑品牌”，大力实施现代农业示范区和“一村一品”项目，2020年，石扇镇巴庄村谢碧丰、中和村郑采勇果园被评为梅县区十大优质金柚园。至2020年年底，全镇已成立农民专业合作社84家。全年共培育“一村一品”金柚专业村1个、高素质农民9名，新增省级农业龙头企业1家、市级农业龙头企业2家、区级农业龙头企业2家；有金柚注册品牌25多个，其中4个为省级农业名牌产品。金柚年产值3亿多元。石扇镇金柚产业已初步形成以金柚协会为行业引领，以农检中心为品质保障，以电商运营服务中心、金柚技术创新联盟、金柚产业协同创新中心为创新驱动，以优质生态柚园、金柚文化展馆、金柚公园、柚家乐、金柚小镇镇标、金柚文化街、金柚主题文化休闲旅游园等为产业化平台，以省级重点农业龙头企业为示范基地，集示范园建设、仓储物流、批零电商、包装加工、生态体验和旅游观光等为一体的“接二连三”产业融合发展模式。

【农村环境综合治理】 2020年，农村垃圾清运实现社会化外包，前期投入约2300万元，对中心片区5个行政村及1个居委会的排污管渠进行升级改造；投入近300万元，采用三级化粪池+人工湿地治理模式，新增的6个村级污水处理设施站正紧张有序推进建设；全年新增公厕10座，无害化卫生户厕普及率100%；依托客家建筑风格及金柚文化，新建石扇镇金柚公园及文化街、石扇镇象村森林公园、石扇镇银钱村岭梅花园、银钱村沿路景观提升、建新村X019线停车休息区及休闲广场、建新村沿河道路环境美化、三坑村河堤美化、中和村桥亭等各类工程设施；发放地票230户、拆除面积1.6万平方米；危房改造任务全面完成；新增“三拆”面积3万多平方米，完成拆旧复垦面积近3.2公顷。

【党的建设】 2020年，石扇镇有党组织21个，有党员956人，其中新发展党员11名。持续深化主题教育，严格落实党委理论中心组学习制度，坚持把学习《习近平谈治国理政》、中共中央总书记习近平重要讲话和重要指示批示精神作为第一议题、常设议题，围绕中共中央总书记习近平出席深圳经济特区建立40周年庆祝大会和视察广东重要讲话、重要指示精神，中共十九届五中全会精神等必修课程开展集体学习28次，研讨交流2次，结合“两学一做”学习教育，常态化推行“干部例会每周学、值班党小组每晚学、领导挂点督导学”等机制，以镇党校为“主引擎”，邀请市、区党校老师、专家开展各类专题辅导、培训班26场次2000多人次；以19个支部党校教学点为“支撑点”，落实驻点领导、党支部书记讲党课57场次；以理论教育、党性教育线路为“经络线”，组织干部观看爱国主义教育片7场次600多人次；组织党员接受革命传统教育15批次690多人；投入150万元，新建的三坑村党群服务中心即将启用，红南村党群服务中心在建设中，村南村党群服务中心搬迁升级改造在推进中。全年投入近10万元，用于新东村分校点及梅北中学党校分校点日常管理维护，确保石扇镇党校阵地建设、开课、培训等保障有序规划。

2020年年底梅县区石扇镇党委、政府

书　记：曾　谋

镇　长：韩晓晖

（供稿：易　标）

丙村镇

【概述】 丙村镇位于梅县区东部，东南部邻雁洋，西南连白宫、西阳，东北接雁洋、松南，西北界城东、白渡，镇政府驻地丙村圩镇镇南街，距梅城20千米。辖区面积170.7平方千米。旅游快线S223、S224线、梅大高速公路、嘉应环城高速（在建）和梅坎铁路贯通整个丙村。辖21个行政村和1个社区居委会。全镇有12562户，总人口4.6万人。2020年，全镇社会经济总收入38.06亿元，同比增长10%；农业总收入3.15亿元，同比增长12.5%；农村人均收入3.19万元，同比增长16%；镇级税收入库1.18亿元，增收3042万元，同比增长35%；规上工业总产值43亿元，同比增长65%；固定资产投资6.6亿元，同比增长33.8%。

【农业】 2020年，全镇粮食作物播种面积2255.67公顷，其中水稻1201.33公顷，粮食总产量1.73万吨，其中水稻9765吨。通过推广优质高产新品种深优9708，开展技术培训、宣传资料印发、田间调查、技术指导等建设粮食高产创建示范区66.67公顷。2020年，水果种植面积1931.87公顷，总产量4.23万吨，主要以种植金柚为主，有金柚、三红蜜柚、百香果、红肉火龙果、枇杷等特色产业基地80公顷，完善“一村一品”申报工作，完成郑均村金柚产业、溪联村水稻产业等申报。2020年，全镇经济作物种植面积1386.67公顷，其中蔬菜1114.4公顷，花生大豆192.13公顷。2020年，肉猪出栏量2.1万头，家禽出栏量3.69万只，肉用牛238头，肉用羊1289只，肉用狗2686只，家兔5123只；水产养殖面积共209.2公顷，产量2797吨。2020年，林地面积1.28万公顷，其中生态公益林面积5856.67公顷。完成造林绿化、森林抚育733.33公顷，全年审批出砍伐（桉树）指标5762.69立方米。以培育发展优势特色农业为抓手，着力巩固发展农业龙头企业和搞好新优农产品示范基地建设，以“公司+基地+农户”“合作社+基地+农户”等模式，联结农户。强化技术信息服务，做大做强优势产业。积极培育农业龙头企业，2020年新增省级家庭农场1家、培育现代农业产业园3家。全镇已培育发展省级农业龙头企业1家、市级农业龙头企业3家、县农业龙头企业8家，有农民专业合作社72家、家庭农场56家，其中大雅红肉蜜柚专业合作社获得国家级示范专业合作社荣誉。加大粮食种植指导力度，重点教学水稻科学种植技术。完成21个村361个村民小组确权、颁证工作，完成率99%。完成22个村（居委）、365个村民小组资产登记、录入工作。

【工商企业】 2020年，丙村镇有规上企业荷树园电厂、梅县泰山建材有限公司、丙村水泥厂、梅县锦江电路板有限公司、客迁食品、丙村客运、梅县铜盘水泥有限公司共7家。全镇工业总产值43亿元。全镇有农贸市场1个；有个体工商户1727户，其中商店户1598户、连锁超市2家、酒店2家、餐饮服务185家。

【圩镇与农村基础设施建设】 2020年，丙村镇全力推进农村泥砖房专项整治工作，“清出安全、清出美丽、清出空间”。沿石窟河连线连片美丽乡村建设项目实现完工；“1+N”生态宜居美丽乡村示范有序创建，溪联、雷丰、新圩村民房风貌提升和民房管控提升双管齐下，打造亮点、突出主题、做出示范，有效推动全镇民房风貌整治提升工作深入开展。省万里碧道试点工程项目（丙雁大堤）一期全面建成，全面加强厕所革命组织领导，强化资金保障，深化探索创新，新建公厕5座，实现无害化卫生户厕100%全覆盖。2020年，全市乡村振兴现场推进会，丙村镇芦陵村、溪联村作为梅县区现场参观考察点。实施圩镇电网、人行步道、柏油路改造提升工程，完成锦江南街步道建设、府前路柏油提升。启动环镇公路建设，不断完善农村路网；全面实施四好农村公路建设，完善公交站候车亭建设。推进全镇村村通自来水工程建设，达到97%以上的覆盖率、水源保证率和水质合格率。完善省定贫困村田头、郑均村污水管网铺设，筹建石窟河沿河5个村污水处理站，其中雷丰、程江、旋风3个村污水处理站主体已建成，同时对圩镇排污管渠进行升级改造，全力推进截污次支管网接驳和雨污分流体系建设；开展咀头河治理。

【旅游】 丙村镇是民国时期革命烈士邓仲元、温生才，爱国人士温鸣剑将军，明清秀才李文古，原广东文学院院长，国家一级作家程贤章的故乡。境内有500多年历史、规模宏大的中国传统民居建筑客家围龙屋——仁厚温公祠，有省级文物保护单位银场村邓仲元故居，有市级文物保护单位新圩村扬孝石刻，有叶剑英元帅少年时期就读的三堡学堂等名人故居景点。2020年，丙村镇一是做好旅游线路规划。以锦江桥至梅福粗石坑旅游专线公路沿线村为重点的旅游线路，包括梅福村李文古故居、墓地，梅州市梅县区刘屋家庭农场、梅州天绿农业发展有限公司、黄梅村广利达家庭农场、东溪辉鸿农业发展有限公司；仁厚温公祠、生泰鱼庄、邓仲元故居、银二村枇杷基地、杜陂坑民宿和梅溪山庄民宿；旋风村、芦陵村（举人村）——市级生态村；郑均村、咀头村乡村游。二是利用沿路古民居风貌，在群丰、芦陵、咀头村等村鼓励开发民宿，并利用山水田园风光打造具有丙村特色的乡村旅游项目。三是结合丙村镇农业特色水果品种多的优势，利用田头红肉火龙果、四季龙眼、银二枇杷、大雅红肉蜜柚基地为游客推出采摘、品尝、购买于一体的亲子田园旅游项目。2020年，总投资50亿元的大型康养文旅项目中国·梅州“客都人家”康养文旅综合体项目竣工，并于12月25日举行世界长寿之都授牌暨客都人家开街、《原乡》公演等系列活动。

【民生】 2020年，丙村镇城乡居民医疗保险工作实现全覆盖，农村养老保险工作覆盖面不断扩大。认真落实低保、五保供养政策，为全镇783户重度残疾人（其中包括三、四级精神、智力）按月社会化发放每月235元的“护理津贴”，357户低保户残疾人每月175元的“生活津贴”。免费为贫困白内障患者成功施行复明手术（植入人工晶体）计150多例。积极参与香港力行植林慈善基金会8月底举办的“扶贫助学”活动，发放扶贫助学金100多人约25万元。以客都人家开业为契机带动就业，提升劳务输出的规模和层次，强化职业技能培训，全年举办劳动力技能培训6场。2020年，发放种粮补贴面积1330.2公顷计168.41万元；全年发放生态公益林补偿面积5853.33公顷，计231.86万元。

【扶助贫困】 2020年，丙村镇扶贫开发工作紧扣“七抓”做到“七实现”，一抓资产扶贫，在确保扶贫资金使用安全高效的前提下，投入扶贫资金 1150 万元，实现贫困户分红增收。二抓产业扶贫，通过农产品购销合作，近 300 户签订加入合作，实现贫困户产销顺畅。三抓技能培训，对有劳动力的贫困户进行了全员培训，培训 322 人次。四抓消费扶贫，6 个产品申报认定扶贫农产品；做好扶贫爱心卡申办工作，消费扶贫额 20 多万元，实现消费、扶贫双收益。五抓“三保障”落实，有 286 户 436 人纳入最低生活保障，为贫困户购买城乡居民医疗保险、城乡居民养老保险、返贫救助险，实现应保尽保。六抓扶贫资产的登记确权管理，完成 212 个扶贫资产的登记确权工作，涉及金额 2215 万元，实现登记全覆盖。七抓帮扶责任落实，进一步强化作风要求，防止松劲懈怠，严格落实“四不摘”要求，稳定驻村工作队伍和现行帮扶政策。实现精准扶贫对象 491 户 1049 人、两个贫困村全部脱贫退出。至年底，全镇有居民低保户 30 户，农村低保户 419 户 741 人，孤儿 6 人，享受五保待遇 145 人；积极做好部队退伍士兵的安抚工作，全镇定恤定补优抚对象有 342 人。

【综治维稳】 2020 年，丙村镇积极开展普法宣传工作，全年举办宣传活动 15 次，印发宣传资料 1 万多份，悬挂宣传标语 35 余幅，受教育 1 万人次，解答法律咨询 1300 人次。全年开展排查 156 次，受理各类矛盾纠纷 80 宗，已调处 78 宗，调处成功率 97%。重点做好红光坝尾政府储备用地征拆、东环高速征地等的矛盾纠纷调处工作。强化社会治安综合治理，继续推进“一村（社区）一律师顾问”法律援助服务和平安村（居）工作；积极创建法治镇，不断强化“中心+网格化+信息化”建设，围绕“排查防控违法犯罪、排查化解矛盾纠纷、排查排除公共安全隐患”三大功能，将全镇划分 97 个网格，每个网格员配备一部办公手机，有效预防和遏制了各类违法案件的发生。

【环境保护与治理】 组织 1 万多株苗木分拨到 21 个村委会进行套种。全年制止乱占乱开林地 19 宗，发出整改通知 19 宗；采取“户收集、村转运、镇处理”的模式，建立农村生活垃圾处理长效机制，21 个行政村均成立了环境卫生协会，负责环境卫生知识宣传；配备 800 多个垃圾桶、21 辆垃圾处理运输车，聘请保洁员 70 多名，投入 400 多万元用于农村生活垃圾处理；加强垃圾分类宣传引导，在芦陵、田头村建立垃圾分类回收兑换超市。

【土地保护与利用】 扎实开展耕地动态巡查工作，确保耕地面积稳定。完善镇村建房用地管理“网格化”巡查制度，规范管理圩镇和农村建房。全年制止无用地手续的违法建设 10 宗，查处违法用地 2 宗，拆除违章建设 2 宗，“两违三抢”行为得到有效遏制。

【人口管理】 2020 年，丙村镇人口出生 346 人，其中一孩 132 人、二孩 168 人、三孩及以上 46 人，人口出生率 7.56‰，政策生育率 89.88%，性别比 120.38，自然增长率 1.31‰。全年征收社会抚养费 3.1 万元。

【卫生】 全镇 21 个村全部成功申报省卫生村，2020 年积极创建健康促进区。2020 年，新建标准化村级卫生站 5 个，共 20 个村级卫生站已全部完工。继续提升镇卫生院基础设施，进一步提升医疗硬件水平。

【教育】 2020 年，丙村镇有中学 1 所、小学 2 所、幼儿园 2 间。其中丙村中学面积 7.2 万平方米，教师 128 人，学生 1380 人；丙村镇中心小学面积 2.34 万平方米，教师 90 人，学生 1826 人；丙村镇第二小学面积 3.43 万平方米，教师 40 人，学生 806 人；丙村镇中心幼儿园面积 8260 平方米，教师 12 人，学生 151 人；丙村镇二小幼儿园面积 2650 平方米，教师 8 人，学生 102 人。

【党的建设】 2020 年，丙村镇有党支部 42 个，有党员 1938 人，其中新发展党员 12 人。全面贯彻新时代党的建设总要求，认真落实党委管党治党政治责任，大力实施加强基层党组织建设三年行动计划。一是巩固完善党组织标准化规范化建设成果。认真贯彻落实《中国共产党支部工作条例（试行）》《中国共产党农村基层组织工作条例》等，持续推进农村基层党组织标准化规范化建设，统筹抓好中小学校、卫生院、派出所等事业单位及“两新”组织党组织规范化建设，深化“双同步”工作，提升“两新”组织党建质量。全年投入100多万元，规范改造提升梅福、横石、银竹村党群服务中心及翼天置业党支部等示范点，收缴党费20.72万元。二是镇党委坚持以党建为引领，紧紧围绕“五个好”工作目标，高质量完成芦陵村、银场村党支部软弱涣散整顿工作。芦陵村在全区23个软弱涣散基层党组织整顿工作验收中排名全区第一，2020年被评为市文明村。三是着眼2021年村级换届选举工作，镇党委多次召开专题会议，分析研判村情民意和后备干部人选，做到早谋划、早部署、早准备。前期通过个别座谈、入户走访等形式，对全镇22个村（社区）“两委”班子状态、运行情况、“头雁”人选和拟新进“两委”干部人选逐一分析研判，针对摸排的重点难点村实行区镇领导挂点，采取“一村一策”，加强重点指导，制订应急预案，发现问题及时研判，及时处理，把问题化解在萌芽状态，确保换届选举稳定顺利。9月，有12个村（社区）党组织书记提前调整到位，并全部实现“三个职务一肩挑”。四是加强党员教育培训工作。2020年，丙村镇委党校举办各类培训班10批次（不包含各分教点培训），培训1100多人次。五是大力实施南粤先锋工程。继续开展达标创优活动和党员先锋工程，通过设立党员先锋示范岗、评优评先等形式，充分发挥党员在推进疫情防控、乡村振兴、脱贫攻坚等领域的先锋模范带头作用。“七一”期间，镇党委共表彰先进党组织6个、表扬党组织6个，先进党员143名。六是镇党委认真履行党风廉政建设主体责任，镇纪委认真履行监督责任，把开展涉农领域腐败问题专项治理、严肃整治群众身边的不正之风和腐败问题、加强对党员领导干部“八小时以外”活动日常监督管理、抓早抓小和工作督查作为一年来的重点工作。发放上级纪委印制的《举报贪腐、共创廉洁》宣传册600份，拓宽线索来源渠道，引导群众规范举报。针对区委巡察办巡察丙村镇村级时发现“三资”方面存在问题，丙村镇纪委协助镇党委完善巡查整改，及时提醒和督促。

2020年年底梅县区丙村镇党委、政府

书　记：吕瑜泉

镇　长：古　健

（供稿：李思雁）

雁洋镇

【概述】 雁洋镇地处梅县区东北部，镇政府驻雁洋圩镇荷树岗，距梅县区人民政府35.2千米。位于莲花山脉的五指峰下，东、南、西、北四面分别与大埔县英雅、大埔县银江、梅县区丙村、白渡、松口镇接壤。总面积188平方千米。下辖27个行政村和2个居委会，2020年总户数8748户，总人口34249人。有3家A股上市公司（广东梅雁吉祥水电股份有限公司、广东宝丽华新能源股份有限公司、广东超华科技股份有限公司）、1家科创板上市公司（广东嘉元科技股份有限公司）、2家新三板上市公司（广东客家园林股份有限公司、广东客都物业发展股份有限公司）、1家美股上市公司[卡莱（梅州）橡胶制品有限公司]；有1家国家AAAAA级景区（雁南飞茶田景区）、3家国家AAAA级景区（叶剑英纪念园、雁山湖国际花园度假区、灵光寺景区）、1家国家AAA级景区（大观天下文化旅游景区）及阴那山五指峰旅游景区等。2020年，全镇农村经济总收入95.4亿元，规上工业企业产值28.3亿元，固定资产投资6.1亿元，税收收入6.8亿元。

【农业】 2020年，雁洋镇大力发展以金柚、茶叶、金线莲、葡萄、火龙果等农产品种植、加工和采摘体验为主的现代高效农业。全镇种植金柚近2000公顷，产值3.75亿元；茶叶近533.33公顷、产值1.5亿元，葡萄13.34公顷，金线莲3.34公顷，产值2000万元。全年粮食作物种植面积1067公顷，产量7504吨，其中水稻种植面积1046公顷，产量7408吨；茶叶干品产量106吨；生猪饲养量8410头，“三鸟”饲养量约17万只。有农业龙头企业18家，其中省级农业龙头企业4家（梅州雁南飞茶业有限公司、梅县海霞水产品有限公司、广东万斛源生态农业有限公司、广东虎形山生物科技有限公司），市级农业龙头企业4家（梅州市英帅茶业有限公司、梅州市梅县区恒盛农业发展有限公司、广东客家园林股份有限公司、梅州好自然农业有限公司），区级农业龙头企业10家（广东华银集团公司、梅县世德果业有限公司、广东梅县雁球食品有限公司、梅州市新泓基农业科技发展有限公司、梅县安盛果蔬有限公司、广东雁归来养生产业有限公司、梅州市达亿生态农业发展有限公司、梅州市梅县区轩华农业发展有限公司、梅州市梅县区宝丰生态农业开发有限公司、梅州市梅县区客都蛋鸡有限公司）。有农民专业合作社38家，有家庭农场49家。有8家农业基地（南药生产基地、阴那山茶叶基地、南福金柚现代化示范区、雁南飞茶叶生产基地、雁上鸿园花木生产基地、雁上村金线莲种植基地、南福村火龙果种植基地、甲坑村青梅种植基地）。南福村国家现代农业产业园金柚标准化生产示范基地建设项目已完成规划设计、立项审批、招投标。高位换接金柚良种项目在金柚村（南福、塘心、大坪）开展，嫁接任务1.34万株，惠及310多家农户。

【工商企业】 2020年，嘉元科技年产3500吨高性能铜箔项目、年产5000吨高性能铜箔项目和投资1.4亿元现有生产线技术改造项目均已建成投产，铜箔产能2.1万吨/年，其国家企业技术中心经发改委等五部委认定挂牌，实现全市国家级研发平台“零”的突破，并入选2020年国家技术创新示范企业名单。超华科技投资3.76亿元的年产600万张高端芯板项目已开工建设、年产2万吨高精度超薄锂电铜箔（一期）项目正进行开工前期准备工作，年产8000吨高精度电子铜箔工程项目已投产，铜箔产能2万吨/年，超华科技携手上海交大共建电子材料联合研究中心，正共同推进高频高速电子信息传输材料的研发与应用。翔龙科技投资8600万元的亚微米非金属微粉工程及功能性粉体母粒技术改造项目已建成投产。卡莱轮胎生产线节能环保综合技术改造项目已完成投入使用。全镇规模以上工业企业有11家[卡莱（梅州）橡胶制品有限公司、广东超华科技股份有限公司、梅州超华数控科技有限公司、梅州超华电子绝缘材料有限公司、梅州超华电路板有限公司、广东嘉元科技股份有限公司、梅州市梅县区亿丰实业有限公司、梅县雁洋矿业有限公司、梅州侨韵环保科技有限公司、广东翔龙科技股份有限公司、梅州市梅县区金象铜箔有限公司]。有个体工商户929户，其中旅馆业24家、餐饮服务176家、农贸市场1个；有企业297家。2020年，全年工业总产值53.8亿元。

【圩镇与农村基础设施建设】 全镇27个行政村的村庄规划已完成编制，统筹推进中国特色小城镇、省新型城镇化“2511”综合试点镇、省级特色小镇创建示范点建设，不断优化提升基础设施，壮大文化旅游体育休闲康养产业。2020年，投入420多万元，推进“四好农村路”建设，新增30千米乡村管护道路，全镇乡村养护道路总里程120多千米。环镇路已完成40公顷土地征收、6千米路段清表，建成路基约5千米；全年处理占道经营摊贩、商户18宗，强制拆除沿线街道的违规广告牌18块，清理黑臭水体40处，发出执法文书71份，按“经济美观耐用”标准统一更换沿街遮雨棚80余处，完成雁洋农贸市场升级改造，成功创建省级卫生镇，被评为省级乡村治理示范镇。

【旅游】 雁洋镇有以茶文化为主题的国家AAAAA级景区——雁南飞茶田度假村，以养生文化为主题的国家AAAA级景区——雁山湖国际花园度假区，以禅文化为主题的国家AAAA级景区——灵光寺景区，以红色教育为主题的国家AAAA级景区——叶剑英纪念园，以收藏文化为主题的国家AAA级景区——大观天下文化旅游景区，以足球运动为主题的富力足球学校以及粤东名山阴那山五指峰等景区。

叶剑英故居　位于雁洋镇雁上村虎形村，建于清代，占地面积350平方米。20世纪70年代初，由当地政府及地县拨出专款进行部分整修。1987年被列为县级文物保护单位；1989年被列为省级文物保护单位；1989年建立叶剑英纪念馆；2001年被列入全国第五批重点文物保护单位；2001年纪念馆成为全国爱国主义教育示范基地；2007年扩建成叶剑英纪念园；2010年被评为国家AAAA级旅游景区。

雁南飞茶田景区　位于雁洋镇长教村，由广东宝丽华集团有限公司投资创办，占地总面积450公顷，是一个以客家文化、茶文化为主题，融茶叶生产、加工和旅游度假于一体的“三高农业”“生态农业”“旅游农业”旅游度假区，先后获评国家AAAAA级旅游景区、全国农业旅游示范点、全国三高农业标准化示范区、全国青年文明号。2019年，雁南飞茶田景区投入4000多万元对配套设施和服务质量进行整改提升，整合桥溪古韵旅游资源，将桥溪古韵纳入雁南飞景区，形成茶文化与客家文化、侨乡文化的互补，擦亮AAAAA级旅游景区名片。

雁山湖国际花园度假区　位于雁洋镇南福村，占地800公顷，依托天然的生态环境，是粤东首家以花卉为主题，集休闲、养生、健康、游乐为一体的国家AAAA级综合型旅游度假区。2018年由棕榈生态城镇发展股份有限公司投资升级改造，新增四季花园等近10个旅游项目，打造集游览观光、休闲度假和养生保健为一体的国际花园度假区。

灵光寺景区　位于雁洋镇阴那村的阴那山麓，原名圣寿寺，始建于唐朝，1385年由梅鼎捐钱扩建，易名“灵光寺”，并亲书“灵光寺”三个字嵌刻在山门殿的门额上，是广东省四大名寺之一，是广东省重点文物保护单位之一，也是一个以佛教文化为主线，融佛教、生态、探险、茶文化为一体的国家AAAA级景区。

大观天下文化旅游景区　位于雁洋镇雁中村，由广东客属文化产业开发投资有限公司投资，苏州和氏设计营造股份有限公司策划，广东宏图建筑设计有限公司设计，以苏州园林结合客家风情设计打造，是集收藏文化、客家文化、民俗文化为一体的文化旅游综合体，具有大观博物馆（九馆一中心）、大观天池、特色风情文旅古街等文化项目，是粤东地区最具文化旅游活力的古街之一，于2019年12月获批成为国家AAA级旅游景区。

阴那山五指峰　位于粤东莲花山脉东北部，是梅州首屈一指的胜景名山，被称为“粤东群山之祖”。险峻雄奇的玉皇顶海拔1298米，情人谷、观音岩、帷帐壁、棋盘石、茶泉坑等10多处神秘景观，更是令人赏心悦目，流连忘返。高山之巅的科普天文馆是由中国科学院紫金山天文台主持设计、施工。阴那山与罗浮、南华鼎峙齐名，并称“粤东三胜”。

桥溪古韵　位于雁南飞茶田景区以东4千米的阴那山五指峰西麓，2019年整合至雁南飞茶田景区，是长教村的一个自然村，2020年，有人口367人，有常住人口100多人，有海外华侨三胞6000多人，村里朱、陈两姓人家，自明朝末年开始，世代联姻。村内客家民居建筑，依山傍水，错落有致，山涧溪流清澈。古树婆娑，远山含黛，层林尽染。整个村落内小桥、溪水、古树、民居构成一幅秀丽客家山村的田园风光。2002年，桥溪村古民居建筑群被列为广东省文物保护单位，2012年11月被评为“广东最美十大古村落”。

【民生】　2020年，雁洋镇全年发放各类救助资金415.9万元，发放各类惠民资金651.5万元，基本养老保险、基本医疗保险实现全覆盖。新增公交线路1条，新建纪念园港湾式公交亭2个。完成永福村1.5千米中低压PE燃气管铺设，服务支持50多户群众使用管道燃气。

【扶助贫困】 2020年，雁洋镇投入各类扶贫资金280多万元，实施产业帮扶、就业帮扶、兜底保障等2000多个帮扶项目，其中资产扶贫项目166个，全镇166户319人相对贫困户全部实现脱贫并达到退出标准。严格落实“四不摘”要求，延续帮扶政策，建立完善防止返贫监测机制，确保已脱贫户不返贫。

【综治维稳】 2020年，全镇受理矛盾纠纷115宗，成功调处103宗，调处率90%；受理农民工欠薪案件3宗，追回农民工工资50多万元。切实提高精神障碍患者管理服务水平，有效防范精神障碍患者肇事肇祸事件发生，全年发放精神障碍患者监护补助资金21.56万元。

【环境保护与治理】 全镇有933.33公顷的常绿阔叶林、竹林、灌木丛，森林覆盖率78.3%，空气质量优良率和水质达标率均100%；全年春季新植、补植造林2000株，抚育梓湖顶山场幼树12公顷；建成三乡梅花园镇级森林公园1个。全面做好约8666.67公顷的生态公益林管护工作。全年制止毁林开荒、违规建坟及其他占用林地破坏森林资源的行为13宗，调查处理卫片图斑3处，处理行政案件3宗。建成镇级污水处理站2个、村级污水处理站点8个、村村通自来水工程点16个。严控工地地面扬尘、工业企业废气排放、餐饮油烟排放、露天秸秆焚烧，全年重点区域水体和空气质量实现稳定达标。

【土地保护与利用】 2020年，雁洋镇加强土地跟踪监察，充分发挥镇、村、村民小组土地监察三级网络的作用。聘请了15位土地巡查员，成立镇综合行政执法队，认真处理群众反映的问题。全年共接来信10宗、接访42宗、接访90人次，处理纠纷35宗，妥善处理来信来访30宗。

【人口管理】 2020年，雁洋镇全年出生274人，政策生育率91.61%，人口出生率7.93‰，自然增长率1.56‰。

【卫生】 有镇级卫生院1个、村级卫生站17个。雁洋镇卫生院属一级乙等医院，占地面积5000平方米（含三乡门诊2900平方米），建筑面积5257平方米（含三乡门诊2584平方米）；设置科室有内儿科、普外科、妇产科、中医科、理疗科、口腔科、医学影像科、检验科、公共卫生科等。主要医疗设备有彩超机、心电图机、全自动血液分析仪、全自动生化仪、全自动母婴检测仪、进口超声洁牙仪、计算机X线成像系统、尿液分析仪等。

【文化】 雁洋镇文化园位于雁洋镇圩镇中心地带，与叶剑英元帅纪念园首尾相连，总投资950多万元，于2005年12月26日开工，2009年年底建成投入使用，占地面积1万多平方米，绿化面积1500平方米，硬化面积5000平方米，美化面积100平方米，舞台面积350平方米，辅助设施1950平方米，含1个文化活动中心、1个文体广场、2个室外乒乓球台、1个篮球场及一批休闲健身设施。文化活动中心建筑二层总面积1800平方米，内设全国信息资源共享点、图书电子阅览室、卡拉OK厅、棋牌书画室、老人少儿活动室、乐器室、歌舞培训厅、文娱文作室，其中图书室内藏书1.6万多册。全镇29个村（社区）均建立多功能文化室，订有报刊，并成立农家书屋。有广东省文物保护单位桥溪村及松坪村、石楼村、雁下村等共187座古民居得到全面的保护与修缮。

【体育】 有雁山湖7人制足球场1个；有富力足球学校11人制天然草坪足球场3个、11人制人造草坪球场2个、沙滩足球场1块、守门员训练场1块，拟新增改建天然草场两块；有雁洋中学11人制足球场1个；有三乡中学11人制足球场1个；有大坪村5人制足球场1个；成立有梅州市梅县区足球协会雁洋镇分会。

【教育】 2020年，雁洋镇有初级中学1所（雁洋中学）、九年一贯制学校1所（三乡中学）、中心小学1所（雁洋镇中心小学，又称叶剑英红军小学），有幼儿园2所（雁洋镇中心幼儿园、丹尼阳光幼儿园），有足球学校1所（富力足球学校）。

雁洋中学 创办于1905年，是梅州市一级学校，占地面积约7.8万平方米。2020年有9个教学班，有学生354人；有教职工36人，其中高级教师11人、中级教师18人。

三乡中学 成立于1912年，占地面积6.93万平方米，建筑面积5295平方米。2020年有9个教学班，有学生277人，其中小学168人，中学109人；有教职工29人，其中高级教师8人、中级教师15人、初级教师6人。

富力足球学校 位于雁洋镇雁下村，是一所民办公助学校，由广州富力地产集团与梅县区人民政府合作兴建，于2013年9月正式开学。学院首期工程占地面积17.33公顷，投资5亿元兴建行政中心、教学中心、生活中心、运动员培养与发展中心。学校已建成“11人制”1天然草坪足球场3个、“11人制”人造草坪球场2个、沙滩足球场1块、守门员训练场1块、游泳池1个，拟新增改建天然草坪两块、天然草坪足球场5块，所有球场均装置全景摄像系统及照明系统。学校实行基础教育与足球训练并重的全日制寄宿办学模式，按照广东省一级学校标准开设小学至高中课程，纳入梅州市国民教育系列，有来自韩国及中国台湾、香港等地的学生，学校采用个性化培养模式，专注于各个年龄相关方面的培养，实行单年龄段建队模式，建有U9、U10、U11、U12、U13、U14、U15、U16、U17、U18、U19共11支后备梯队，实行领队负责制。2020年，有国内外学生340多人；有荷兰阿贾克斯足球俱乐部外籍教练员7名、中方教练员20多名。

雁洋镇中心小学（叶剑英红军小学） 始办于1967年，1975年政府公办民助迁建于雁上村，1976年经教育主管部门确立为中心小学，2009年8月经全国红军小学建设工程办公室等6个单位命名为叶剑英红军小学，老校址位于雁上村，占地面积8000多平方米，建筑面积3800平方米。新校址位于雁中村，于2017年6月动工建设，于2019年9月建成并招生启用。新校址占地面积3公顷，建筑面积2.98万平方米，投资1.4亿元，集规范化、现代化、信息化于一体，是梅州市最美校园。2020年，有教学班32个，有学生1204人；有教职员工80人，其中副高4人、一级教师53人、二级教师23人。

雁洋镇中心幼儿园 创办于1976年，占地面积4085平方米，建筑面积1382平方米，户外活动场地使用面积1064平方米，2020年有在园幼儿163人，有教职工14人。

丹尼阳光幼儿园 位于雁洋镇叶剑英纪念馆旁，是一所民办品牌幼儿园，加盟北京Yojo幼儿园联盟，全园占地面积2500多平方米，2020年有教学班9个，有在园幼儿260人，有教职工26人。

【广东省旅游专业镇】 制定专业镇产业发展规划，近年来陆续编制了《梅州雁洋文化生态旅游产业园总体规划》《雁洋综合服务区城市设计方案》《叶帅故园客家天堂（叶剑英纪念园二期）修建性详细规划》《雁南飞茶田度假村旅游发展总体规划》《梅县雁洋镇桥溪古村落旅游概念性规划》《梅县雁洋大坪村生态宜居乡村建设规划》《梅县区南福村乡村旅游概念性规划》《梅县区阴那村乡村旅游概念性规划》《雁洋镇总体规划》《梅州市梅县区雁洋镇省级新农村示范片综合提升方案》等规划。各个景区的建设项目符合规划要求，保护利用当地自然和人文景观资源，规划注重整体统一，与地形地貌、自然环境和人文风貌相协调，突出乡村特色和地方特色。成立以镇党委书记为总负责的雁洋镇旅游专业镇建设领导小组，下设办公室，负责协调专业镇重点项目规划建设、招商引资、土地利用、重点难点问题等方面事宜。“叶帅故里—雁山湖—灵光寺—桥溪古韵”线路被评为广东省100条森林旅游特色线路，长教村被评为全国乡村旅游重点村。莆里、高桥、黄坳、添溪、沿边、文社、林农、东洲、甲坑9个村被评为广东省卫生村。2020年，雁洋镇充分发挥“客都人家”首期项目客乡老街开街的综合效益，全力推进度假酒店、文化创意产业园等三期项目的前期土地征收工作，完善周边基础配套和公共服务建设，扩大文旅产业规模，不断提高产业集聚度，力争把雁洋建设成为粤东旅游第一名镇。

【农村环境综合治理】 2020年，雁洋镇持续开展“百村示范、千村整治”、“厕所革命”、破旧泥砖房清理、美丽庭院等行动，全年拆除破旧泥砖房505间共8813平方米，颁发“地票”218张，完成拆旧复垦面积9.6公顷，新建农村公厕32座，无害化户厕普及率100%。完成98个自然村环境整治，所有行政村达到干净整洁村标准。严格落实河长制，持续开展“清四乱”“五清”专项行动，全年清理整治5个排污口，清漂50余吨，清淤河道4.5千米，清理水库违章建筑物1处。

【党的建设】 2020年，全镇有党支部68个，有党员2050人，其中新发展党员25人，吸收预备党员25人。有党代表工作室1个、党代表工作站29个、党代表信箱30个、党员关爱基金1个。全年有100位（人次）党员因病申请党员关爱基金补助，发放补助款12.5万元，其中发放镇级基金7.9万元。一是组织全镇38个党（总）支部持续深入开展“不忘初心、牢记使命”主题教育活动，2020年，组织开展支部书记集中培训6次，聘请专家学者上专题党课3次，领导班子成员和党组织书记上党课或报告个人学习体会68场次，组织志愿服务30批次，党员干部为身边群众办实事好事245件；领导班子成员深入学习调查，形成书面报告14篇。组织408名党员干部和志愿者参与一线疫情防控。成立雁洋镇关爱留守儿童、困境儿童党员志愿者服务队，组织开展志愿活动9场次。二是全面落实“加强党的基层组织建设三年行动计划”。2020年，着力抓好规范提升、示范引领和非公企业“双同步”等工作，投入50万元，组织实施雁中村党群服务中心镇级示范点提升工程，并已投入使用；筹资100多万元，推进高桥村党群服务中心新建工程，配齐一厅四室。三是有序开展村级换届选举工作。2020年，落实驻村团队包村责任制，全镇拟新进村（社区）干部人选97%为党员，女干部人选占比31.3%，高中（中专）以上学历占比74.5%，35岁以下占比27.8%，平均年龄41岁。12月16日，召开了村级换届选举动员会和业务培训会，向广大党员、村民发放了党员明白卡、“五个严禁、五个一律”等换届选举资料1万多份。四是全面加强党风廉政建设。落实“一岗双责”，层层签订党风廉政建设责任书。全面开展党内谈话和党内问责工作，加强对镇村干部日常教育和监督管理，镇党委书记、镇领导班子成员共开展谈话提醒159人次。深入开展基层正风反腐三年行动，重点摸排8个方面的违纪违法问题，共排查出线索9条，由镇纪委立案2宗，党纪处分1人，提醒谈话3人。

2020年年底梅县区雁洋镇党委、政府

书　记：叶铭光

镇　长：刘志刚（任至2020年10月）

（供稿：姚良斌）

白渡镇

【概述】 白渡镇位于梅州市梅县区东北部，镇政府位于白渡圩，总面积187.6平方千米，距梅城24千米。东南与松口、丙村相连，南与城东为邻，东北与隆文、松口交界，西北与蕉岭县新铺、高思接壤。全镇有山地面积1.47万公顷，耕地面积1358.5公顷，圩镇面积0.43平方千米。辖24个行政村和1个居委会，2020年，全镇总户数8200户，户籍人口约2.87万人。是连接蕉岭县、大埔县和福建省的交通枢纽，205国道、国防战备公路、天汕高速、雁白公路贯穿全境。是广东省卫生镇、广东省教育强镇、广东省宜居示范镇、梅州市平安镇、梅州市文化先进镇。2020 年，固定资产投资完成 3.63 亿元，同比增长 49.1%；规上工业总产值完成 3.15 亿元；全年税收总收入 1966 万元，其中镇级地方收入完成 692 万元。

【农业】 全镇耕地保有量 1140 公顷，基本农田面积保持不少于 990 公顷。全镇共 6538 户农户完成了土地确权登记颁证，完成 577 公顷的粮食功能区的划定工作。2020 年新培育区级农业龙头企业 2 家，全镇农业龙头企业 7 家，其中市级 2 家、区级 5 家。全镇合作社和家庭农场总数分别达到 72 家和 244 家。农业专业基地有 3 个，分别为长田金柚标准化种植基地、悦来村水稻种植专业基地和悦一生态农业蔬菜种植基地。计划总投资 1.8 亿元的臻尚米制品项目、总投资 3 亿元的亲客农业生猪养殖基地落户动工，梅县区活禽屠宰市场建设有序推进征地工作，镇农业规模化、产业化水平不断提高。全镇种植水稻 233 公顷，产量 2986 吨。种植金柚、柑橘、橙、香蕉、龙眼、李子、火龙果等水果，其中柚子种植面积 1533 公顷，产量 4.44 万吨。

【工商企业】 至 2020 年年底，白渡有内资私营企业 176 家、外资私营企业 27 家、非私营企业 22 家、个体工商户 1114 户。有规模以上工业企业 5 家（航鑫科技股份有限公司、源兴混凝土搅拌有限公司、和安沥青混凝土有限公司、福德金属、特变电气）、限额以上批零企业 1 家（诚辉化工股份有限公司）。

【工业园区】 梅兴华丰产业集聚带梅县集聚区城东白渡产业园区涵盖城东、白渡两镇，其中白渡控制区内面积约 14 平方千米，分为汶水、沙坪和梅州坑 3 个园区。至 2020 年年底，沙坪工业片区落户企业 6 家，分别是中爱医疗、福德金属、盛焰燃气、雄辉实业、嘉元科技和特变电气。嘉元科技首期年产 1.5 万吨锂电铜箔项目正快速推进厂房和办公楼建设，在此基础上新增年产 1.6 万吨高性能铜箔项目继续落户沙坪片区，预计 2023 年年底建成投产；中爱医疗首期项目已投产，疫情期间紧急建成全区第一条口罩生产线，为防疫工作提供物资保障；福德金属投产后完成上规，投资 1.3 亿元的技术改造项目正进行桩基建设；雄辉零配件、盛焰燃气和特变电气已建成投产；6 家入园企业计划总投资 29.8 亿元，所有项目建成投产后预计年产值 25.9 亿元。汶水工业片区落户企业主要 9 家，分别是佳居门业、家安消防、铠曼科技、锦龙汽配、可嘉木制品、绿园环保、明宇新材、和安沥青和源兴混凝土，其中铠曼科技、和安沥青、源兴混凝土、可嘉木制品和明宇新材等项目已建成投产，锦龙汽车配件项目正在推进厂房、办公楼建设，绿园环保建设项目正安装设备。所有入园企业计划总投资 12 亿元，建成投产后预计年产值 13.18 亿元。梅州坑工业片区落户企业 2 家，分别是航鑫科技和诚辉化工，均已建成投产。2 家入园企业总投资 3.6 亿元，年产值约 2 亿元。2020 年，白渡镇重点建设项目有 10 个。省重点项目中爱医疗首期项目已投产，嘉元科技正快速推进厂房建设；市重点项目福德金属技改项目近期将动工，盛焰燃气已具备通气条件，雄辉零配件正在调试设备，特变电器准备试产，臻尚米制品和亲客农业进行场地平整等前期准备工作；区重点项目锦龙汽配准备搭建厂房，绿园环保正在安装设备。

【圩镇与农村基础设施建设】 2020 年，白渡镇推进圩镇建设“六个一”，动工建设派出所办公楼、白渡工业园区拆迁安置小区、停车场等基础设施，实施农民街路面提升工程，实现圩镇扩容提质；常态化开展“六乱”整治，进一步规范市场经营秩序。“三清三拆三整治”拆除危旧房 8174 间、13.5 万平方米，24 个村全部建成干净整洁村。总投资 1300 多万元的 X962 线至 X954 线连接线建成通车；争取上级资金 960 多万元，对 G205 国道白渡段和省道 S332 线圩镇段共 3.55 千米路面铺设柏油；投入 150 多万元，完成创乐等 7 个村的“四好农村路”建设。总投资 982 万元的村村通自来水工程竣工，总投资 1500 多万元的全域自然村集中供水工程开工建设；改造圩镇自来水管网，投入250万元新增取水点。

【民生】 完成兑付生态公益林补偿面积6587.6公顷，资金276.7万元。全年发放低保293.93万元、五保救济金137.36万元，发放高龄补贴34.86万元，为困难群众提供临时救济24.57万元。全镇城乡居民基本医疗保险参保人数23481人，基本实现应保尽保。

【扶助贫困】 2020年，全镇建档立卡精准扶贫贫困户539户、1104人。至2020年年底，相对贫困人口脱贫539户、1104人，总体脱贫率100%。相对贫困人口退出539户、1104人，退出率100%。全年投入约7.4万元的精准扶贫专项帮扶资金，用于帮扶全镇20户有劳动能力贫困户实施养鸡等种养帮扶项目。将全镇贫困人口纳入城乡居民基本医疗保险、大病保险和医疗救助保障范围，落实6.1万元，完成2户贫困户危房改造，投入约2.4万元，修缮29户贫困户房屋。

【综治维稳】 2020年，实行“中心+网格化+信息化”管理，全镇100名综治网格员全年共结案上报网格事件3201宗。镇综治信访维稳中心受理各类不稳定因素和矛盾纠纷94宗，调处成功63宗；全年办结94宗群众来信来访。镇司法所受理矛盾纠纷103宗，成功75宗；村级人民调解组织化解矛盾111宗。镇派出所深入开展“飓风2020”“梅安2020”等专项行动，全年接处警情473起，其中立刑事案件32宗，受理行政案件42宗，调解纠纷156起，共抓获各类违法犯罪人员31人。开展扫黑除恶专项斗争，广泛发动群众，张贴宣传、悬赏等通告1500多张，发放各类宣传资料近2万份，第一时间分析研判相关问题线索，做到问题线索甄别100%、核查100%、处理100%、反馈100%。打掉了1个以白渡镇建侨人叶某为首的犯罪团伙，破获各类刑事治安案件22宗，抓获各类违法犯罪人员17人。

【土地保护与利用】 完成低风险边坡整治3户，完成12个村拆旧复垦4.29公顷。2020年，严格落实“两违三抢”防控，认真落实耕地目标责任制，加强基本农田保护区及耕地易保区的管护建设；加强对土地资源的管理，及时制止和处理各种违法用地行为。

【人口管理】 2020年，全镇出生人口248人，人口出生率8.54‰；死亡人口212人，人口死亡率6.96‰；人口自然增长率1.58‰；计划外出生41人，计划生育率88.22%。户籍迁入53人，迁出133人。

【卫生】 2020年，白渡镇获评“广东省卫生镇”称号。白渡镇新卫生院门诊综合大楼占地720平方米、建筑面积2986平方米，于2018年2月投入使用。总投资近1000万元的医技楼、住院楼已完成主体建设，进入室内装修阶段。卫生院开设诊疗科目有全科医疗科、内科、外科、儿科、妇产科、口腔科、中医科（包含针灸理疗）、医学检验科、医学影像科和预防保健科，主要有彩色B超、DR数字影像仪、多功能生化分析仪、全自动血液分析仪、尿液分析仪、心电监护仪、胎心监护仪等设备。医院现有职工46人，卫生技术人员43人，其中高级职称2人、中级职称8人、初级职称33人，设置病床30张，救护车1辆。

【体育】 全镇有各类民间体育活动队伍30支，参加体育运动人数8000余人，占全镇人口近45%。全镇24个村均建成文体休闲广场，并配有运动器材。组织20多支队伍约300人举办贺岁杯篮球、足球比赛。

【文化】 2020年，白渡镇文化站升级为广东省特级文化站。打造“宋湘故里”特色人文品牌，支持梅州市宋湘研究会对宋湘文化进行深层次挖掘和系统性研究，提升宋湘故居内部展陈，筹资集智建成开放集宋湘生平及诗书作品展示、党员廉政教育和文化休闲观光等功能于一体的宋湘纪念公园。圆满举办“书香墨韵 · 宋湘故里”第二届宋湘学术研讨会暨纪念宋湘系列活动，启动“宋湘杯”全国书法摄影大赛，微电影《白渡原乡人》成功首映，举办“相约梅县 · 走进名人故居”文艺晚会。全镇有文保单位 5 个，分别是省级文保单位宋湘故居、市级文保单位凹下山新居、敦尚楼和区级文保单位龙居堂、光远居。投入 2905 万元，建成“文星桑梓地 · 河畔云水乡”石窟河（白渡）精品游线，石溪村中国传统村落保护工程基本完成。成功举办“台湾乡土文学杰出奠基人”钟理和生平事迹展。

【教育】 白渡中学　位于白渡镇中心区，创办于 1951 年 10 月，是由原铸人公学、杏村学校、象宿中学三校合并而成，2016 年改为五年一贯制学校，设五至九年级。校园占地面积 3.66 万平方米，建筑面积 9512 平方米，各项教育教学设备设施齐全。2020 年有 12 个教学班，有学生 513 人；有教职工 37 人，其中高级教师 11 人；中级教师 23 人。

白渡镇中心小学　校园占地面积 1.36 万平方米，建筑面积 5018 平方米，设一至四年级。设有 25 个功能场室（包括兼用），设施设备均按义务教育规范化要求配置。2020 年，学校拥有一至四年级 14 个教学班，全镇有学生 520 人（包括梅大教学点），有专任教师 37 人，其中取得中小学副高职称的教师 4 人、一级职称的教师 28 人、二级职称的教师 5 人。

幼儿园　2020 年有白渡镇中心幼儿园、佳佳幼儿园、雅豪幼儿园 3 家幼儿园，2020 年有幼儿 394 人，有教职工 39 人。

【农村环境综合治理】 2020 年，白渡镇持续开展畜禽养殖污染整治，加强宣传教育和巡查监管，全年退养非法养殖场（户）11 处，拆除栏舍 5096 平方米。全面推行河长制，“清四乱”，全年拆除涉河湖违建 23 处。推进污水处理设施建设，镇级处理厂开始试运营，村级站点正建设中。加强巡查监测，大力整治企业污染。落实耕地保护政策，强势推进乱占耕地建房问题整治工作，全年拆除沙坪、蕉南等 6 个村违建 8 宗，共 6320 平方米，涉及金额 200 多万元，加大森林资源保护力度，凤岭村获评“国家森林乡村”。

【党的建设】 2020 年，白渡镇党委下设党总支（支部）35 个，其中村（社区）党总支（支部）25 个、“两新”党组织 3 个。2020 年，全镇新发展党员 17 人，有中共党员 1256 名，全年收取党费 12.35 万元，镇级配套关爱基金帮扶及慰问困难党员 59 人，共 7.01 万元。

按照“五个统一”要求，继续推进村（社区）党组织标准化规范化建设，完成对基础较薄弱的三和村、嵩溪村党群服务中心的整体建设。按照“六有”标准，规范镇党校教学场所和村级党校分教点，完善教学设备等硬件设施，全年开展教学培训班 24 期，培训党员干部 2160 多人次。不断挖掘宋湘文化，挂牌成立区党员教育基地（宋湘廉政教学点），建成宋湘纪念公园、宋湘廉政主题多功能电教室，以及廉洁文化广场、家风家教广场，并联合区委党校推出宋湘廉洁精品课程，综合打造集爱国主义教育与廉政教育于一体的高标准党员教育基地。

深推党建品牌活动，先后开展党员挂牌“亮身份、做表率”活动、“星级共产党员”评定活动、寻找“最美党员”活动，“七一”期间集中评选表彰了 7 名“最美党员”，同时积极总结宣传党建工作经验，全年经学习强国、央广网、南方日报、梅州日报等媒体报道白渡党建工作 29 篇次。

扎实开展基层正风反腐三年行动，重点加强涉农扶贫领域腐败和作风问题惩治，全年党纪立案 5 宗，警告处分 4 人。开展党员干部谈心谈话 72 人次，做到“抓早抓小抓常”，切实提高党员干部廉洁自律意识，不断净化基层政治生态。

2020 年年底梅县区白渡镇党委、政府

书　记：洪　明

镇　长：陈　浩

（供稿：镇党政办）

松口镇

【概述】 松口镇位于梅县区东北部，镇政府驻地松口镇寺坑新区，距梅县区人民政府48.1千米。东与大埔县青溪为邻，西与白渡镇嵩山接壤，南接大埔县英雅和梅县区雁洋镇，北与桃尧镇、隆文镇相连。松口镇是岭南四大古镇之一，客家先民南迁的始居地之一，也是孙中山发动辛亥革命的策源地之一，负有“自古松口不认州”盛名，享有“文化之乡、华侨之乡、山歌之乡”美誉。辖区面积328.6平方千米，下辖41个行政村和5个社区居委会。2020年，全镇总户数16949户，总人口约6.3万人。全年镇级工商税收入2954.3万元，四公司（水电站）征收数890万元，其中乡镇净收入726.3万元，同比增长61.31%；规模以上工业总产值1.22亿元，同比增长7.2%。

【农业】 2020年，全年粮食作物播种面积4728.3公顷，其中粮食种植面积2651.9公顷，粮食总产量1.85万吨（水稻产量1.83万吨）。水果种植面积4356.5公顷，总产量16万吨，主要以种植金柚为主，特色水果有红肉蜜柚、三红蜜柚、沙田柚等。经济作物的种植面积402.3公顷，主要有甘蔗、花生、木薯、烟草等。全年出栏肉猪13566头。水产养殖面积330公顷，产量2396吨。全镇有农民专业合作社160家、家庭农场261家，有32家企业、家庭农场和经济组织入选省级惠农信息社。松口镇推行“公司+基地+农户”的发展模式，推动优良品种种植，加快农业产业结构调整工作。以沙田柚协会和嘉丰公司为基地，发动农户、科技示范户种植红心蜜柚、官溪蜜柚等，鼓励农户种植西瓜、蔬菜、烤烟等短期高效益品种。农村集体土地确权工作基本完成。全镇参与确权农户12490户，申请颁证12161户，颁证率97.37%，暂缓颁证331户，合同资料上交12119户。农药经营主体经营许可培训和申请审批34户。农业龙头企业培育申报和监测3家，其中省级1家、市级1家、区级1家。

【工商企业】 2020年，全镇规模以上工业企业有广东梅州建兴水泥厂1家，规模以上工业企业总产值11464万元。松口镇有农贸市场1个，各类经营户1932户，其中商店户1737户、连锁超市2家、酒店4家、餐饮服务193家。

【圩镇与农村基础设施建设】 2020年，松口镇圩镇全面提质。筹集400多万元实施石盘圆盘至圩镇段道路拓宽改造及新城街道提升改造工程提升沿途观赏性和安全性；投入60多万元完成柴圩坪基础设施改造及光明路提升改造工程保证市场整洁；加快推进农村电网改造，对老旧线路等进行升级改造。

重点线路升级改造，配合实施好省道S223线松源至雁洋段（出省通道）改建、省道S332线松口介溪口至甲路岗段路面改造、省道S227线桃尧汾水至松口蓬下段改造，X953线下井至上井路面改建全面完成；旅游干线进一步提升，对S222线南寿峰旅游干线进行铺设柏油升级改造；加快农村公交站点建设，全年投入25多万元，新建标准化公交站亭6个，全镇完成20个行政村的公交站点建设，实现村村通公交；加快产业路等农村道路建设，全年投入资金5000多万元，建设100多千米69条高标路、致富路、小康路、脱贫路、产业路等。

全面推进农村“厕所革命”，全年改成卫生户厕11821户，卫生公厕建设120个，农村无害化卫生户厕普及率100%。2020年，完成新建农村公厕9座。

持续推进水利工程建设。开展农田水利基础设施建设，包括水毁水利工程的修复、各村主排灌渠道清淤整修工作和开展江河湖库的“五清”专项行动；完成新松口自来水厂建设并投产运营；镇级污水处理厂一期正常运行，二期工程完成并试运营，25个村污水处理设施基本完工，已运营13个，试运营5个；继续推进松口镇村村通自来水工程建设，完善圩镇及周边村庄老旧管网改造。

【旅游】 松口镇是“中国历史文化名镇”，是岭南四大古镇之一。2020 年，松口镇持续加强古镇古街、古村落、红色资源等的保护开发，完善古镇人居环境整治和旅游基础设施的建设，其中包括：一、中山公园叶剑英纪念长廊建设和整体环境提升项目全面建成投入使用，丰富以中山公园为核心的多元化爱国主义教育示范基地和新时代文明实践基地。二、积极推进南寿峰健康产业园建设，南寿峰南药特色小镇入选广东省第二批特色小镇创建名单，玻璃栈道项目建成开放，推进南寿峰健康产业园创建国家 AAAA 级旅游景区。三、积极推进古民居的活化利用和乡村旅游发展，完善张榕轩纪念广场建设和免费对外开放，“仁寿庄”客家围龙屋民宿投入运营。四、乡村振兴示范村大黄村门楼至广场周边节点、许屋自然村门楼节点、大黄小学周边环境及道路拓宽硬底化提升等一批旅游基础设施和节点亮点进行建设；南下长山坝美丽乡村建设、到车村美丽乡村建设项目入选梅县区第一批“1+N”生态宜居美丽乡村示范创建项目，进入立项实施阶段。五、以松口古街、大黄村、铜琶村、南下圳头村为代表的松口南洋古镇乡村游旅游线路成功入选第二批“广东省乡村旅游精品路线”。

【民生】 2020 年，松口镇城乡居民医疗保险参保人数为 46592 人，总参保率为 92.02%，参保率同比降低 2.12%，缴费金额 1164.8 万元。其中，城镇居民完成 4342 人，城镇居民参保率为 86.6%，参保率同比降低 3.08%，缴费金额 108.55 万元；农村居民完成 42250 人，农村居民参保率为 90.68%，参保率同比降低 3.95%，缴费金额 1056.25 万元。

2020 年，松口镇入户核查低保户 878 户 1764 人，新增低保户 46 户 86 人，取消 62 户 125 人；有五保 287 户 287 人；动态调整 85 户 202 人。全年为 1200 户困难群众发放大米 6000 公斤、食用油 1920 升共计约 12 万元。为 84 户困难群众申请临时救济金 16.75 万元。为 170 多户患重大疾病的困难家庭提供医疗救助，发放救济金 82.62 万元。机关事业单位养老保险制度改革工作扎实推进，完成已申领城乡居民养老保险待遇人员指纹采集约 1.34 万人，完成行动不便和外出的已申领城乡居民养老保险待遇人员相片采集约 1 万人。对辖区残疾人进行全面的摸底调查，反映残疾人生活现状和生活需要，落实城镇最低生活保障制度，协助办理残疾证和重残、特困残疾人家庭的定期补助和临时救济工作，为全镇 674 名重度残疾人购买医疗保险。

【扶助贫困】 2020 年，松口镇有 41 个行政村，2 个省定重点贫困村富坑村和桃宝村由市委办、市人大办挂钩帮扶，分别有驻村工作队及第一书记 1 名，其余 39 个非重点村有驻村工作队共 39 个 96 人。2020 年，为符合条件的贫困户购买了价值 15.6 万元的套袋进行发放，帮助贫困户发展自身扶贫产业。有建档立卡贫困户 556 户 1136 人，其中一般贫困户 133 户 442 人，低保户贫困户 227 户 497 人，五保户贫困户 196 户 197 人，有劳动能力贫困户 196 户 673 人，无劳动能力贫困户 360 户 463 人。2020 年，556 户 1136 人全部脱贫，脱贫率 100%。2020 年，相对贫困户退出 556 户 1136 人，相对贫困人口退出率 100%。富坑村、桃宝村 2 个省定贫困村退出率 100%。富坑村有贫困户 28 户 65 人，其中一般贫困户 11 户 28 人，低保贫困户 12 户 32 人，五保户贫困户 5 户 5 人，有劳动能力户 18 户 50 人，无劳动能力户 10 户 15 人。桃宝村有贫困户 29 户 80 人，其中一般贫困户 8 户 31 人，低保贫困户 14 户 41 人，五保户贫困户 7 户 8 人，有劳动能力户 17 户 63 人，无劳动能力户 12 户 17 人。

【综治维稳】 2020 年，松口镇始终把矛盾纠纷排查调处工作放在重要位置，每月召开全镇矛盾纠纷排查工作会议，并及时向上级综治办上报全镇矛盾纠纷排查调处工作情况，全面提高镇村两级法制水平。2020 年，松口镇组织开展矛盾纠纷排查会议20次，排查调处矛盾纠纷104宗，化解长期矛盾纠纷1宗。在46个行政村（社区）委抓好扫黑除恶、普法、防邪教、禁毒及反电信诈骗等工作，全年发放宣传资料2.5万余份，悬挂横幅122条，贴宣传标语2.1万多张，受教育人数3万多人次，做好社区矫正对象教育和刑释解教人员帮教工作。

【环境保护与治理】 2020年，松口镇组织开展了植树造林活动，种植黄花风铃、樱花等大小树苗3500多棵。协助中大南药公司红豆杉和其他树种的种植基地工作，并做全方位的服务。已种植红豆杉面积330多公顷。协助做好南寿峰健康产业园市级森林公园及南上村镇级森林公园开发工作。完成2020年度生态公益林补偿款的发放台账数据工作；完成桃宝村、梓育村桉树砍伐点的审批相关工作，砍伐面积约200公顷。基本完成国家生态公益林落界工作、天然林落界工作及护林员网格化责任管控区落界工作。在设置固定宣传牌、张贴宣传标语等形式开展宣传的同时，深入林区和农户家中开展入户宣传。全镇书写森林防火标语7000条。充分利用广播等公众媒体进行宣传，村村张贴《森林防火戒严令》，做到宣传不留死角。

【土地保护与利用】 2020年，全镇耕地保有量不少于2133公顷，全镇基本农田保护区面积1669.44公顷（涉及全镇除横东村外40个行政村）。2020年度，继续推进拆旧复垦工作，共立项4个批次，涉及26个行政村，总面积10.07公顷，立项面积较上年度提升235%。完成2020年度垦造水田项目建设规模84公顷。

【人口管理】 2020年，松口镇扎实推进人口管理工作。一是推进免费孕前优生健康检查工作。通过广泛宣传，动员符合条件的育龄群众参加孕前免费健康检查，以村（居）委为单位开展送检工作，组织100多对夫妇参加免费孕前优生健康检查。二是落实各项利益导向机制政策。严格按照省农村部分计划生育家庭奖励政策、城镇独生子女父母计划生育奖励和区节育奖的奖励办法，做好全镇范围内符合奖励政策对象摸底核实审批工作，确保不漏报、不错报，并及时兑现政策。三是切实抓好人口出生统计工作，提高人口和计划生育统计质量。及时核对好当月新婚、出生、死亡等各项数据，按时录入上报，确保人口统计的及时性、准确性。2020年，松口镇户籍人口出生636人，人口出生率8.63‰，自然增长率2.63‰，政策生育率85.85%。

【卫生】 2020年，松口镇有标准化建设村卫生站38个，卫生站配备专职医生共18名。梅州市梅县区松口镇中心卫生院地处松口镇寺坑开发区，医院占地面积3.6公顷，总建筑面积1.2万平方米，副科级建制，医院编制人数158人，有在编干部职工142人（其中副高8人，中级职称27人，初级职称100人，其他7人），聘用人员21人，返聘人员2人，离退休人员106人；编制床位110张。医院分设全科、外科、内儿科、妇产科、急诊科、中医科、门诊部、医技科、皮肤科、精神科、老年病科、防疫组、药政科及行政后勤。医院设备有CT机、CR、DR、彩超、B型超声波、多功能心电监护仪、心电图、进口全自动生化分析仪、半自动生化分析仪、进口血球计数仪、电解质分析仪、血气分析仪、凝血四项、尿12A机、碎石机、进口电子胃镜、多功能腰椎牵引床、电脑中频治疗仪等设备。

【文化】 2020年，松口镇大力推进文化事业发展，6个行政村获评村级综合性文化服务中心示范点，“邓太乙”申报梅县区非物质文化遗产。9月，在大黄村中心广场举行梅县区庆祝2020年“中国农民丰收节暨第五届广东高速车主节”活动；中秋国庆期间，在中山公园举办梅州市梅县区松口镇“中秋文化之旅”、2020年迎“中秋”“国庆”文艺晚会和2020年度梅县区松口镇山歌文艺晚会活动；11月，在张榕轩故居举办“相约梅县——走进名人故居”文艺会演。

【教育】 2020年，松口镇有中学2所（松口中学、松南中学），有小学8所，有幼儿园、托儿所12所。2020年，新民小学获省级荣誉2项[获评“广东省少先队先进学校”；科研课题成果“信息化环境下引导农村小学生自主学习语文的实验研究”获广东省教育教学成果奖（基础教育）二等奖]。

【中国历史文化名镇、名村】 松口镇建制早于梅州，经千年孕育，具有丰富的客家人文资源，有独特的区位优势、丰富的华侨资源、优良的生态环境和港口运输等良好条件，是客家先民南迁的始居地之一，享有“文化之乡”“华侨之乡”“山歌之乡”的美誉。小黄村、大黄村、梅教村、南下村、铜琶村被公布为第三批中国传统村落保护名录，圳头村被公布为第四批中国传统村落保护名录，桃宝村、富坑村被公布为第五批中国传统村落名录。

近年来，松口镇不断创新发展思路，积极推动特色产业建设，挖掘古驿道、古码头“海丝文化”内涵。现代农业（金柚）产业园柚果产后精深加工项目持续推进，现代化管理模式初见成效；完成“元魁塔”“爱春楼”“张榕轩纪念馆”等景点、古建筑周边改造提升工程；“仁寿庄”客家围龙屋民宿投入运营；中井村广东工农革命军东路第八团革命烈士纪念碑红色革命基地完成修缮；南寿峰南药特色小镇入选广东省第二批特色小镇创建名单。中国美丽乡村示范点——大黄村进一步提升，修缮大黄小学，推进渔港码头建设，提升丘哲纪念馆展藏内容。2020年，以松口古街、大黄村、铜琶村、南下圳头村为代表的松口南洋古镇乡村游旅游线路成功入选第二批“广东省乡村旅游精品路线”，“丰收游”“梅县金柚”“古镇文化”“海丝文化”等已成为古镇旅游优势品牌。

【农村环境综合治理】 2020年，松口镇投入环境卫生综合整治经费900多万元。认真开展城乡环境卫生综合治理工作，在镇村主要干道张挂关于环境卫生方面的横额和竖立固定宣传牌，在各村（居）委张贴标语，印制城乡环境综合整治宣传资料发到相关群众手中，印发环境卫生综合整治宣传资料5500份发到各行政村，印发环境卫生综合整治宣传资料5000份发到圩镇各商户、住户，印发环境卫生整治宣传资料3000份发到柚果销售户。由外包公司志诚达对全镇范围布置垃圾桶4000多个，新的垃圾中转站已于11月建成并投入使用。全年下乡卫生巡查150天次，城镇管理监察队拆除乱拉乱挂的遮阳网、遮阳布、塑料膜共90多处，拆除乱摆乱挂的灯箱招牌40多处，清理乱涂乱画、乱挂的宣传广告200多处，整治纠正乱摆乱卖400户次。

扎实推进“三清三拆三整治”工作。41个村按月依次推进，全年清理村巷道及生产工具、建筑材料乱堆乱放2655处，清理房前屋后和村巷道杂草、积存垃圾3120处，清理沟渠池塘淤泥、漂浮物和障碍物2392处；拆除危、弃房3810间8.57万平方米，拆除乱搭乱建、违章建筑123处8227平方米，拆除非法违规商业广告、招牌203处1488平方米；整治生活垃圾、生活污水、水体污染2090宗。

全面推进建设生态宜居·美丽乡村建设，围绕镇党委、政府“五个一”工作思路开展各村亮点节点打造（一个公交亭、一块宣传牌、一段绿化、一段竹篱笆、一面墙画），结合村中宗祠、广场、学校、村址等重点打造，富坑、大黄、下坪、到车、镇郊、介溪等大部分行政村均建成公交亭，筑起竹篱笆，以点带面推动全村生态宜居美丽乡村建设。继续推进“厕所革命”工作，完成公厕建设9座。

【党的建设】 2020年，全镇有党支部67个，有党员2886人，其中新发展党员36人。松口镇巩固深化“不忘初心、牢记使命”主题教育成果，整改落实突出问题15类，解决实事368件。严格执行“三会一课”制度，依托村级党群服务中心建立15个党校分教点，建立35人的兼职党校教师后备库，全年共组织开展培训36期，培训党员干部5328人次。大力实施“头雁”工程，轮训支部书记5场次285人次，组织机关党员到社区开展“双报到”活动236人次。整顿径礤村软弱涣散党组织，着力解决径礤石场开采引发群众房屋受损问题，筹集200多万元落实民生实事9项，整顿工作通过验收。投入党建经费400多万元，加快镇党校、党建示范点建设，修缮中井村红色革命教育基地，大黄村被评为首批区级党员教育基地。按时足额下拨村级党组织经费487.6万元，党组织服务群众专项经费261万元；落实党员关爱帮扶机制，投入15.91万元专项经费，发放关爱基金补助29.25万元，补助党员118人次，慰问困难党员242人；落实553名正常离任村干部生活补助。做好村居党组织换届工作，46个村（社区）全部实现“三个一肩挑”。做好常态化疫情防控和经济发展工作，设立党员先锋岗、示范岗，充分发挥基层党组织战斗堡垒作用和党员先锋模范作用。以党建引领乡村振兴和文化旅游产业，实施道路建设、厕所革命、污水处理等重点民生实事。开展环境清洁、疫情防控、贫困帮扶等“党员+”主题志愿服务活动236余次、2460人参加。

2020年年底梅县区松口镇党委、政府

书　记：李志兴

镇　长：宋铁军

（供稿：钟嘉华）

隆文镇

【概述】 隆文镇地处梅县区东北部，距梅县区人民政府62.5千米。东连桃尧，西邻蕉岭蓝坊，南与松口、白渡交界，北与松源接壤。总面积114.3平方千米。下辖14个行政村和1个社区居委会，2020年总户数6638户，总人口2.32万人。2020年，全镇财税入库319.5万元；镇级净收入110.5万元；固定资产投资569万元。

【农业】 2020年，隆文镇有耕地面积1053.13公顷，有农民专业合作社50个，合作社成员有524人；有种植大户37户，畜禽养殖大户42户，家庭农场138个。烟叶种植面积63.33公顷，产量2659.6担。

【工商企业】 2020年，隆文镇核准个体工商户200户，变更45户，注销22户。2020年，辖区内应年报企业139户，已年报138户，年报率99.28%。推进审批服务制度化，全年办理各项许可业务13户。

【圩镇与农村基础设施建设】 2020年，省定贫困村横庄村创建社会主义新农村示范村工作深入推进，规划的26个项目基本完成建设。投入582万元，用于隆文镇木寨村烟区新农村建设项目，至年底，项目已完工交付使用。

【民生】 2020年，隆文镇有农村低保263户451人16.73万元，全年共发3156户5412人次200.76万元；居委4户6人3742元，全年共发48户72人次4.49万元。特困分散供养人员131人11.19万元，全年共发1572人次134.28万元。特困集中供养人员8人6816元，全年共发98人次8.18万元。临时救助52人17.89万元。

【扶助贫困】 2020年，隆文镇精准扶贫建档立卡贫困户327户603人（其中，五保户98户102人，低保户157户279人，一般贫困户72户222人），有劳动能力户100户295人，无劳动能力户227户308人。2020年脱贫退出327户603人，退出率100%。至年底，投入各类帮扶资金约1400万元，其中631财政资金投入617.9万元，资金主要投入在种养（金柚、牛、羊、鸡、农资、农机等）产业和正佳、伟业资产收益项目以及光伏项目等。

【综治维稳】 2020年，全镇摸排纠纷线索12件；调处各种矛盾纠纷67件，其中镇调委会成功调解 16 件，村（社区）调委会成功调解 51 件。2020 年，全镇未发生群体性事件，未发生到省进京上访的事件。辖区内接收刑事警情 13 宗，行政警情 34 宗，刑事立案 13 宗，破刑事案件 9 宗，其中逮捕 5 人，未办理取保候审；行政受理 34 宗，其中行政处罚 3 人；调解各类纠纷 83 宗，治安消防检查 283 家。

【环境保护与治理】 2020 年，继续建设村东、江上污水处理设施，梅州、檀江、苏溪、文普、横坑、木寨、坑美已开始动工建设。全面落实“河长制”，隆文河断面水质达到Ⅱ类标准。

【土地保护与利用】 2020 年，全镇耕地保有量保持在 1450.4 公顷以上，镇基本农田面积保持在 866.67 公顷以上，不低于区政府下达的耕地保护面积和基本农田保护面积指标；完成两批拆旧复垦立项工作，第一批已完成施工；完成对檀江村塘背地质灾害隐患点的整治工作。

【人口管理】 2020 年，隆文镇全年出生 222 人，政策生育率 91.44%，人口出生率 8.52‰，自然增长率 0.96‰，征收社会抚养费 2.24 万元。

【卫生】 隆文镇卫生院是一级乙等医院，2020 年，有医务工作人员 37 人（在编 35 人，临工 2 人），其中有中级 4 人、初级 29 人，有全科医生 7 名。有编制床位 20 张、开放床位 10 张。有檀江、横坑、卢溪、苏溪、文普、村东、江上、横庄、岩前、居委卫生站 10 个，由镇卫生院提供技术指导和业务培训。

【文化】 隆文镇文化活动中心按照二级站标准进行升级改造（2019 年 12 月重新对外开放），中心楼高四层，建筑面积约 800 平方米，设有老年活动室、少儿活动室、图书室、公共电子阅览室、书画室、展览室、乐器室、多功能室（舞蹈培训室和辅导室）、文体娱乐室、乒乓球室等 10 个公共活动室，其中图书室有藏书 8000 册。全镇有文保单位 2 个，分别是市级以祯居（蒲风故居）和县级龙岩寺。

【教育】 2020 年，隆文镇有幼儿园 2 间、中心小学 1 间、初级中学 1 间。

隆文镇中心小学　2020 年，学校占地面积 1.3 万平方米，有教学班 18 个，有学生 709 人；有教师 45 人，设有幼儿园 2 间，有在园幼儿 340 人。

隆文中学　2020 年，学校占地面积 5.03 万平方米，建筑面积 1.56 万平方米，有教学班 6 个，有学生 197 人；有教职员工 21 人，其中高级教师 6 人、一级教师 7 人、二级教师 7 人、高级技工 1 人。

【农村环境综合治理】 2020 年，隆文镇继续推进“三清三拆三整治”工作，全年拆除危旧房、废弃猪牛栏等 1019 间，面积 2.88 万平方米；有序推进“厕所革命”，全面完成 58 座户厕、23 座公厕改造。

【党的建设】 2020 年，隆文镇有党总支 2 个、党支部 21 个，有党员 984 人，发展预备党员 10 名，培养入党积极分子 40 名。隆文镇始终坚持把学习宣传习近平新时代中国特色社会主义思想和贯彻中共十九届五中全会精神作为首要政治任务来抓，用理论武装头脑，指导实践，全年举办党委理论学习中心组集体学习 12 次，为党员上党课 25 次，为群众办实事、好事 30 多件。坚持每月专题研究基层党建工作，严格落实“三会一课”、“主题党日”活动、组织生活会、意识形态、廉政建设等制度。依托镇委党校，举办党员干部培训班，抓实教育培训，全年举办培训班 8 期、550 人次。充分发挥基层党组织战斗堡垒和党员先锋模范带头作用，组建 8 支新冠肺炎疫情防控党员先锋队，积极参与镇村（社区）疫情的联防联控，织牢疫情防控网格。2020 年，隆文镇党校被评为梅县区首个省级镇街党校示范点；隆文镇被评为“梅州市文明镇”。

2020 年年底梅县区隆文镇党委、政府

书　记：黄文辉

镇　长：

（供稿：张　驰）

桃尧镇

【概述】　桃尧镇位于梅县区东北部，镇政府驻桃尧圩，距梅县区人民政府 67.5 千米，辖区内面积 118 平方千米，圩镇面积 1.5 平方千米。辖区内有 15 个行政村和 1 个居民委员会。2020 年，全镇总户数 5061 户，总人口 17214 人，常住人口 8633 人。有铁、稀土和石灰石等资源，水资源丰富。2020 年，全镇农村经济总收入 4.49 亿元；工商税收 208.32 万元；乡镇净收入 113.01 万元。

【农业】　金柚产业是桃尧镇的第一传统产业，也是桃尧的支柱产业。2020 年金柚种植面积约 1973 公顷，总产量 6.87 万吨，产值 3.35 亿元，同比增长 3.55%；完成总投资 112.17 万元螺江村“一村一品”项目建设，总投资 50.24 万元松林村“一村一品”项目建设在稳步推进中。完成总投资 105 万元的无损检测设备项目和总投资 150 万元柚标准化生产示范基地建设项目；带领组织新型职业农民、科技示范户、基层农技推广人员等培训学习 5 场 280 人次。全镇水稻种植保险投保涉及 15 个行政村，总面积 1357.42 公顷；培育了 2 家区级农业龙头企业；2020 年，全镇水稻种植面积 1016.26 公顷，总产量 6265 吨，其中早稻种植面积 507.33 公顷，产量 3162 吨，晚稻种植面积 508.93 公顷，产量 3103 吨；烟叶种植 23.33 公顷，产量近 980 担，产值约 145 万元；生猪年末存栏量 4586 头，全年生猪出栏量 9953 头；“三鸟”饲养量 13.89 万只。2020 年，松林村成功申报为广东省“一村一品，一镇一业”专业村。

【工商企业】　2020 年，桃尧镇无新引进的招商项目。往年引进的华然农林、润土生态旅游开发有限公司等企业发展势头良好，规模不断扩大。

【圩镇与农村基础设施建设】　2020 年，全镇投入各类美丽乡村建设资金 1000 多万元，完成美丽乡村建设项目 30 项，持续扩大全镇美丽乡村覆盖面；争取上级美丽乡村建设资金 2406 万元，完成桃溪村、桃源村、螺江村美丽乡村建设规划设计方案；投入 1960.81 万元，完成新农村公路建设 31.84 千米。

【民生】　2020 年，全镇发放低保、五保金 190 万元，临时救济金 4.5 万多元；发放高龄津贴、优抚津贴、残疾人生活补贴和护理补贴等 259.8 万元；新型城乡医疗保险缴费人数 13695 人；全年特殊门诊、普通门诊和住院合计受惠人数 13753 人，受惠金额 721.5 万元；新型城乡养老保险参保人数 5938 人。

【扶助贫困】　2020 年，全镇有建档立卡贫困户 261 户 592 人，已全部脱贫退出，脱贫率 100%；建档立卡贫困户 2020 年度人均可支配收入 15749.8 元，较上年增长 18.3%。投入户帮扶资金 75.5 万元，其中投入 56 万元为贫困户发放肥料，投入 19.5 万元为 16 户贫困户发放种牛。麻坝村投资 69.55 万元，建设 120.2 千瓦光伏发电项目，光伏项目于 7 月投入使用。松林村拟投入 107 万元，新建现代化金柚仓库，在施工中；投入 22 万元，为 23 户贫困户开展住房修缮提升工程，全面消除贫困户住房安全隐患。贫困户新型农村合作医疗参合率 100%；贫困学生生活补助发放率为 100%，脱贫攻坚成效持续扩大。全镇无劳动能力贫困户 143 户 214 人，已全部纳入社保保障兜底。

【综治维稳】　2020 年，坚持以人民为中心的思想理念，以“事要解决”为目标，用心、用情、用功做好信访维稳工作。全年召开 12 次社会稳定形势分析研判会议，镇、村两级成功调处化解涉各类矛盾纠纷45宗；召开12次镇扫黑除恶专项斗争领导小组工作会议，发放宣传折页4200多份；通过“12345”服务热线为群众协调解决好各类问题32件，镇村政务服务平台为群众办理各项事务900件。

【人口管理】 2020年，全镇有新婚夫妻56对；出生146人，人口出生率为7.98‰；政策内132人，政策内生育率90.41%；自然增长率0.98‰。完成妇女“两癌”筛查150例，完成率100%。

【卫生】 桃尧镇卫生院 占地面积1270平方米，总建筑面积2110平方米，业务用房面积1100平方米，万元以上设备20台，2020年，全年门诊、急诊人数1.14万人次。

【文化】 桃尧镇有镇级文化馆1个，位于圩镇繁荣街道1号，一栋三层，面积580平方米，分馆位于河口路，面积360平方米。馆内设有办公室、图书室、电子阅览室、培训馆、卡拉OK厅、老人活动室、少儿活动室和器材室等多个场馆，内藏书1.08万册；在麻坝村、珠玉村、余坑村设立3个村级文化分馆和图书分馆，站内藏书约2000册；配备有文化站运动场馆，场馆室内外面积约2800平方米，馆内设有羽毛球场、乒乓球室、舞台、灯光、音响、健身室等基础设施。

【教育】 桃尧中学 校园占地面积7.59万平方米，校舍建造面积7284平方米。全校有教学楼两栋，教师办公楼一栋，学生宿舍两栋，教师宿舍楼两栋，学生膳堂一座，学校设有一场十八室，建设标准达到省颁一类标准。校园内建有篮球场两个，一个宽阔整洁的德新广场，一个绿草如茵的200米跑道运动场，还有一座多功能的礼堂。2020年，有教学班3个，有学生80人，有教师17人。

桃尧镇小学 桃尧镇小学包括桃尧镇中心小学、桃源小学、希望小学，中心小学校园占地面积2.8万平方米，建筑面积1.13万平方米。全镇小学有14个班级，在校学生329人，送教上门学生1人，教职工39人；设有15个功能场室（包括兼用），设施设备均按义务教育规范化要求配置。

桃尧镇中心幼儿园（公办） 建筑面积300平方米，教室4间，设有图书室、体育活动室、音乐活动室、阅览室、美术室等5个功能室，有教职工6人，在园幼儿50人。

【农村环境综合治理】 2020年，投入240多万元，用于农村生活垃圾治理；投入40多万元，用于河湖日常保洁和“五清”“清四乱”专项整治行动；拆除危旧房、废弃猪牛栏及露天厕所茅房2.15万平方米；投入33万元，完成11座农村卫生公厕建设，实现每个行政村均有一个标准化卫生公厕，全镇农村无害化卫生户厕普及率100%。

【党的建设】 2020年，全镇有党支部21个，有党员910人，其中新发展党员13人。一是抓实理论武装。全年组织党委理论中心组学习12次，邀请专家教授专题授课2次，实施领导干部每周上台带学制度，重点领学《习近平谈治国理政》第三卷、习近平新时代中国特色社会主义思想和中共中央总书记习近平系列重要指示批示精神，结合工作谈心得谈体会，并通过镇党校举办7期培训班，实现镇干部、基层党组织书记集中轮训和基层党员培训全覆盖。二是强化阵地建设。突出抓好新时代文明实践站所、党校强化提升和宣传阵地建设。高质量完成镇级新时代文明实践所和16个行政村（社区）新时代文明实践站建设，三级文化站晋升一级站工作，进一步强化全镇宣传文化阵地。三是抓牢意识形态工作。全面落实意识形态工作责任制，全年召开4场次党委会议专题研究意识形态工作，并结合实际举办两场次的镇村干部意识形态培训班，同时还重点规范镇村党务、政务公开栏和党建宣传栏，进一步规范镇村宣传工作。四是强化支部建设。完成松林村新党群服务中心建设，同时通过届中调整优化村级干部队伍，村（社区）“三个一肩挑”比例从62.5%提高至100%；支部书记平均年龄大幅下降，下降幅度8岁，女支部书记由零提高至12.5%，大专以上学历占比从6.25%提高至37.5%，进一步提升基层支部战斗力。五是抓好村级换届前期工作。充分发挥党委牵头抓总作用，做到提早部署人才培养、提早做好宣传工作，提前做实调研摸排，提早制定应对措施，用心用情用功做实做细村级换届选举前期工作。制定和实施村（社区）党组织书记后备干部跟班学习培训班，采取到镇跟班学习和在村实践锻炼相结合的培养模式，培养的16名后备干部有10名在落实“三个一肩挑”工作中，依法当选为党支部书记和村委主任。研究制定《桃尧镇关于返聘离任村干部担任村（社区）“四员”的工作方案》，切实解决因年龄拟不再提名连任干部的后顾之忧，同时及时表彰11位优秀村（社区）党支部书记，授予“优秀党支部书记”称号，为村级换届选举打下坚实基础。六是扎实推进镇（街）体制改革。始终坚持早谋划、早部署，注重做好与区级机构改革的有机衔接，并于8月28日完成桃尧镇党政机构挂牌，10月15日完成应急管理委员会、公共服务委员会、规划建设委员会、综合治理委员会和综合行政执法委员会五大工作平台挂牌，进一步优化和提升党政机构的运行效能。

2020年年底梅县区桃尧镇党委、政府

书　记：温育泉

镇　长：黄树金

（供稿：廖伟民　谢媛媛）

松源镇

【概述】 松源镇位于梅州市梅县区东北部，是远近闻名的革命老区，东邻福建永定洪山，西连蕉岭南磜，南与隆文、桃尧交界，北与蕉岭北磜、福建上杭、武平接壤，是两省五县八乡镇的集散地。辖区面积149.5平方千米，圩镇面积3.5平方千米。镇政府驻地金星，距梅城93千米，下辖22个行政村和1个居委会。2020年，有12206户，在册人口43272人。境内矿产资源丰富，有锰、铁、铀、煤、金、瓷土和石灰石等资源，宝坑锰矿、杨阁铁坑铁矿储量丰富。2020年，全镇实现社会总产值8.87亿元，同比增长3%；农村经济总收入6.75亿元，同比增长3.2%；实现工商税收520万元，同比增长16.5%；实现镇级财政收入2694.8万元，同比增长29%;农民人均纯收入13442元，同比增长3.1%。

【农业】 松源镇是农业大镇。2020年，松源镇围绕区委、区政府重点打造绿色生态产业组团的战略定位，全方面推进绿色产业经济体系构建，一是大力发展绿色生态农业，持续做好烟叶种植宣传和协助工作，鼓励和服务社会资本投入特色农业，全镇种植烤烟416.2公顷，收购量17480.4担；水稻种植面积833.33公顷。横坊葡萄、案背黄金果等特色农业发展势头良好。二是注重构建绿色产业平台，一方面持续深入探索和推广“科技+”“公司+”生态休闲农业发展模式经验，推动农业资源集聚化、高效化、科技化发展，降低农业生产成本，增加农产品附加值；另一方面加强金柚产业园项目建设，向上争取省级产业园资金205万元，建设宝坑千亩果园提升项目和梅州恒丰农业科技有限公司的金柚无损验糖设备项目，加强金柚的科技化和产业化。三是扎实开展农技员入果园工作，深入种植户，培训种植技能、提高金柚种植品牌包装和宣传意识，增强松源金柚市场竞争力，2020年培育梅县“十大优质金柚园”2个，全镇金柚种植面积1533.33公顷，产量5.75万吨。

【圩镇与农村基础设施建设】 2020年，松源镇抓好2020年高标准农田项目建设，该项目惠及径口、豪秀等8个村，涉及面积366.67公顷，总投资800万元，至年底，8个行政村的高标准农田项目全面完工。抓好农业用水保障工作，提高水资源利用和农业可持续发展能力，全年完成水毁修复河道、圳道6处共500米，冬修发电圳道和灌溉圳道8000米，新建高标准农田砼渠3500米，清淤渠道2万米，改善农田灌溉面积约133.33

公顷。村村通自来水工程有序推进，通过管网扩容、改造、联通、整合等措施，完成80%的管网铺设任务，黄坑、白玉、荷玉3个独立水厂已通水运行。持续完善村级道路建设，筹集资金500多万元，新建、扩建道路12千米，惠及宝坑、湖维等6个村；此外，抓好园潭村7千米农村“四好公路”建设项目，项目筹集资金250多万元，至年底，已全线完工。

【民生】 从2020年1月份起，城镇居民最低生活保障标准从705元提高到772元；农村最低生活保障标准从520元提高到532元。城镇居民最低生活保障补贴月人均从555元提高到609元；农村最低生活保障补贴月人均从290元提高到302元。继续开展农村低保专项治理工作，对所有在册最低生活保障对象进行入户复核工作，清退不符合政策要求的低保对象31户60人，新增低保对象35户63人。继续“聚焦脱贫攻坚”，对390户568人丧失劳动能力、无法通过产业扶持和就业帮助实现脱贫的精准扶贫对象，全部纳入低保和五保体系实施政策性兜底脱贫。从2020年1月份起，特困人员的分散供养标准从每人每月832元提高到每人每月852元。完成全镇164户特困供养对象的生活自理能力评估工作和照料护理费的发放工作，其中全自理人员有133人，半自理（半失能）人员有23人，全护理（全失能）人员有8人。2020年，为低保、特困供养、低收入、孤儿、重残等1481名民政特殊人群缴费参加2020年度新农村合作医疗。至11月底，进行临时救助67人次，救助金额24.95万元。做好残疾人服务，落实残疾人民生工程。全镇有1182名残疾人，为221人办理了到期换二代残疾人证，并及时发放到残疾人手中；在粤东医院举行香港植林慈善基金会扶贫复明白内障筛查，查出成熟患者多人，并安排时间到粤东医院进行手术。做好残疾人的两项补贴发放工作，完成859位重度残疾人的护理补贴和305位特困残疾人的生活津贴复核上报，并根据核定后数据完善了残疾人两项补贴系统。

为年满80～99周岁的1465位老人的300元高龄补（津）贴进行造册社会化发放；关爱9名百岁老人，及时发放客家寿星奖和长寿保健金。

【扶助贫困】 2020年，全镇663户贫困户已全部达到“八有”脱贫标准，脱贫退出率100%。一是落实好教育帮扶、政策兜底等工作，认真做好帮扶对象的动态管理，确保政策红利落到实处。二是抓好产业帮扶，因地制宜、因户施策，依托烤烟、金柚、畜禽养殖等传统优势产业，有效提高帮扶效率。先后投入50万元帮扶金柚产业发展、投入25万元用于农药化肥、农械等物资工具发放、投入20万元帮扶有劳动力贫困户发展养鸡养羊项目、投资392万元到广东省三宜集团有限公司，所产生的收益全部用于贫困户进行收益分红，形成稳步、长效的扶贫机制。三是做好就业帮扶和医疗保障工作，组织有劳动能力贫困户参加培训并推荐就业，为建档立卡贫困户全额购买城乡居民新型合作医疗保险，并纳入大病医疗保险，为16～60周岁贫困人员参保城乡居民养老保险。

【综治维稳】 2020年，松源镇全面推进“中心+网格化+信息化”工作体系，扎实推动平安乡村视频监控，紧紧围绕平安建设和加强社会治安防控体系建设的总体要求，加强网格员队伍建设，进一步提高村级综治网格员的思想认识，提高网格化工作成效和基础数据录入的能力，确保网格化账号平台活跃度每月不低于90%以上，确保事件处理每月按时按质办结且办结率100%。认真抓好严重精神障碍患者救治管理工作，切实增强做好严重精神障碍患者救治管理工作的责任感和紧迫感，有精神障碍患者165人，其中一般性患者154人，重度（3级以上）精神障碍患者11名。严格按照“中心+网格化+信息化”的要求，谁的网格谁负责的原则，要求网格员对普通患者每月走访1次以上，对3级以上患者每半月走访1次以上，加强对患者家属的针对性宣传教育，提高监护人的责任意识和应急处置能力，最大限度地预防和减少严重精神障碍患者肇事事件的发生。加大调处力度，优化社会环境，全年调解各类民事纠纷313宗，其中镇、村两级人民调解委员会调解183宗，派出所受理调解130宗。

【环境保护与治理】 2020年，松源镇继续致力于打好“绿色牌”“生态牌”，深入开展人居环境综合整治和污染防治攻坚工作，全面推进美丽乡村建设。一是持续保持畜禽养殖污染专项整治高压态势，将禁养区和限养区巡查工作常态化，防止复养扩养。二是抓生活污水处理，完成了2800米圩镇污水收集管网铺设，松源河10个村已建成污水处理站点主体工程，管网铺设完成80%以上，同时完成全镇22个村80个自然村农村生活污水治理情况摸排，因地制宜，科学规划各自然村污水处理方案。三是深入开展松源河治理及河长制工作，投入20多万元，对松源河及其支流进行清淤清障，建立河道保洁机制，基本实现河面无成片水面漂浮物。

【土地保护与利用】 2020年，松源镇国土管理工作，按照基本农田“七有”“五不准”要求，加大耕地保护力度，成立“两违三抢”联合执法队并签订巡查责任书，进一步加强土地巡查执法监察工作，把违法违规用地和非法采矿行为处理在萌芽状态。坚守松源镇1604公顷耕地、1305公顷基本农田保护两条红线，落实耕地占补平衡。在园潭村、黄坑村、横坊村、五星村实施的拆旧复垦工作正按程序稳步推进，园潭村旧房已拆除并进行土地平整，其余3个村正进入财审阶段。

【人口管理】 2020年，松源镇人口出生394人，人口出生率9.11‰，性别比118，药具发放、随访服务率100%，全年征收社会抚养费18.75万元。2020年，享受农村部分计生家庭奖励对象339人，特别扶助（伤残死亡）6人，城镇独生子女父母奖励12人，农村计划生育节育奖励对象698人，兑现奖励扶助金额99.62万元。计划生育家庭农村医保人数1555人，承担扶助金额19.44万元，人口计生奖励扶助政策落实率100%。

【卫生】 宜康医院　占地面积2001平方米，建筑面积5218平方米，是镇中心卫生院建制。2020年，有卫生技术人员56人。设内儿科、中医科、骨伤理疗科、妇产科、治疗室、预防接种门诊等科室，拥有彩超、CR、全自动生化分析仪、全自动尿液分析仪、全自动血细胞分析仪及心电图等先进设备。

【文化】 松源镇历史悠久，是两省五县八乡镇的集散地，是远近闻名的革命老区。为更好地保护和挖掘松源镇丰富的红色资源，对已挖掘出的173处红色革命旧址进行完善和初步挂牌保护，积极争取上级及乡贤支持，蛟花堂修缮和布展工作已全面完成，同怀别墅主体修缮工作于4月已完成，陈列布展工作在紧张筹备中。全面完成投入340万元的横江村传统村落建设项目，形成融合红色文化、宗祠文化、农耕文化，公共文化服务设施健全的社会主义新农村景象。大力推进白玉村古树公园项目建设，注重保护珍贵乡土古树资源，传承乡村历史文脉，全面提升村庄格调。

【教育】 松源中学　2020年，学校占地面积7.71万平方米，建筑面积2.55万平方米。初中部有11个班级，高中部有6个班级，有教职工76人，有学生696人。

松源镇中心小学　2020年，学校占地面积2万多平方米，建筑面积5957多平方米。有23个班级，有教职工72人，有学生1141人。

松源镇中心幼儿园（公办）　2020年，幼儿园占地面积2751平方米，建筑面积1481平方米。有教室8间，设有幼儿多功能活动室、厨房、寝室、户外体育活动场、种植园地、玩水池、玩沙池、饲养角等。有教职工26人，在园幼儿286人。

【农村环境综合治理】 2020年，松源镇大力推进“三清三拆三整治”和厕所革命工作，全镇完成拆除危旧房屋、废弃猪栏、露天厕所等 785 间、2.02 万平方米，完成改造农村公厕 8 座。做好投入 1154 万元的省定贫困村社会主义新农村示范村项目建设规划工作，该项目以道路、河堤、公厕等 29 个公共基础设施项目为主，注重人居环境的综合提升。

【党的建设】 2020 年，松源镇有党支部 38 个，有党员 1470 人，其中新发展党员 20 人。松源镇不断强化基层党建这一中心工作，坚持党建对全面工作的坚强引领。一是巩固深化“不忘初心、牢记使命”主题教育成果，紧紧围绕深入学习贯彻习近平新时代中国特色社会主义思想，落实全区加强党的基层组织建设三年行动计划。二是严格执行三重一大集体决策制度，坚持把党建工作与全镇发展建设工作同安排、同部署、同考核，落实党委“一月一研判”基层党建工作制度，每月专题研究党建工作。三是着力推进巡察整改，对全镇 9 个村级党组织巡察发现的 87 个问题及时制定整改方案，并已全部整改完成。四是强化基层保障，投入资金将 8 个村的党群服务中心进行升级改造。五是深化乡镇体制改革，完善基层治理体系，重新制定松源镇“三定”规定，并完成了党政机构和乡镇五大工作平台的挂牌和组建。六是充分发挥镇委党校功能，加强党组织书记和党员干部培训，全年举办各类培训班 22 期、2525 人次。七是强化头雁效应，建立党组织书记后备干部队伍，落实基层党组织书记抓党建述职评议工作，并强化考核结果运用。

2020 年年底梅县区松源镇党委、政府

书　记：卢剑平

镇　长：李新泉

（供稿：黄仕杰）

责任编辑：黎志康

9 月 3 日，梅县区公路事务中心、松源镇政府及施工单位到横坊村起始点举行省道 S223 线松源至雁洋段（出省通道）改建工程第六标段动工仪式

国民经济主要指标

统 计 图

梅县区生产总值（亿元）

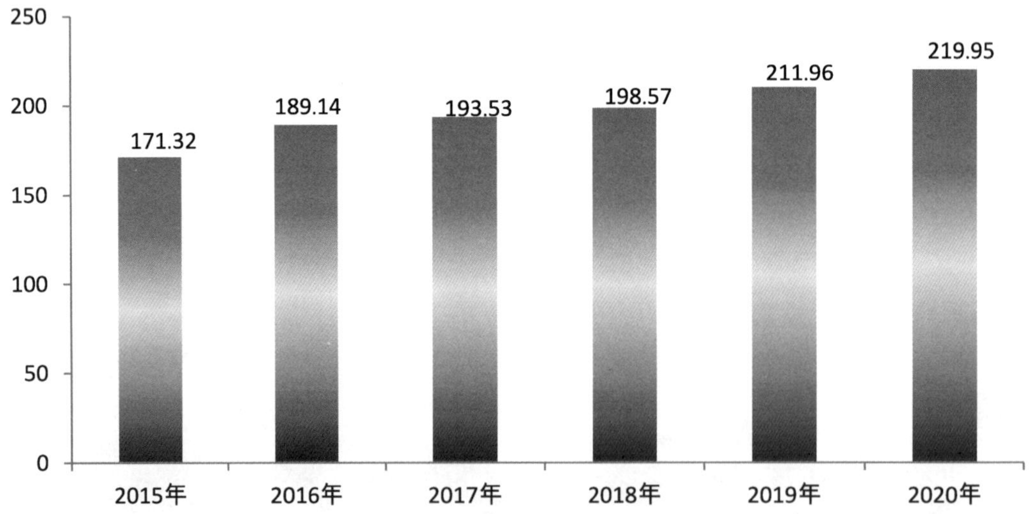

2015 年梅县区生产总值构成（%）

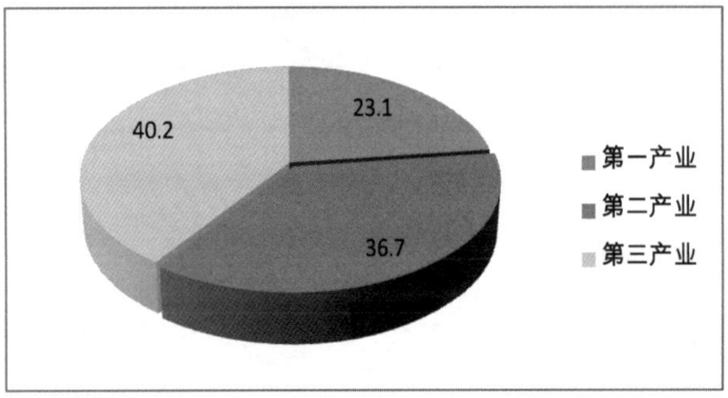

2020 年梅县区生产总值构成（%）

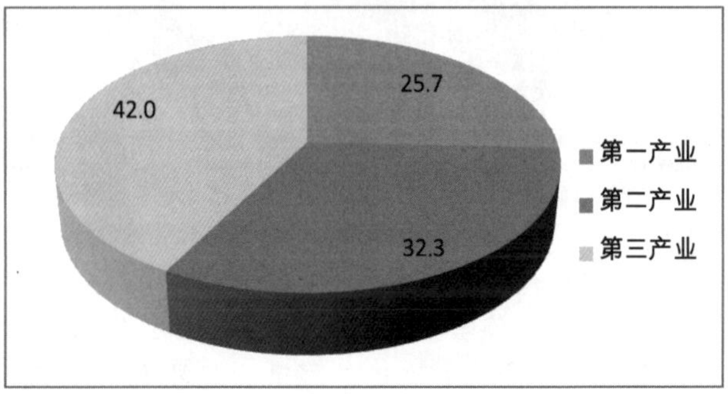

梅县区人均地区生产总值（当年价）（元）

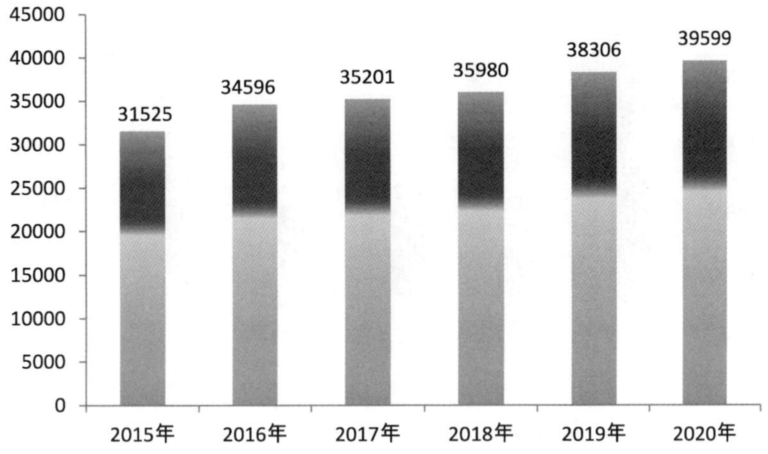

梅县区户籍人口状况

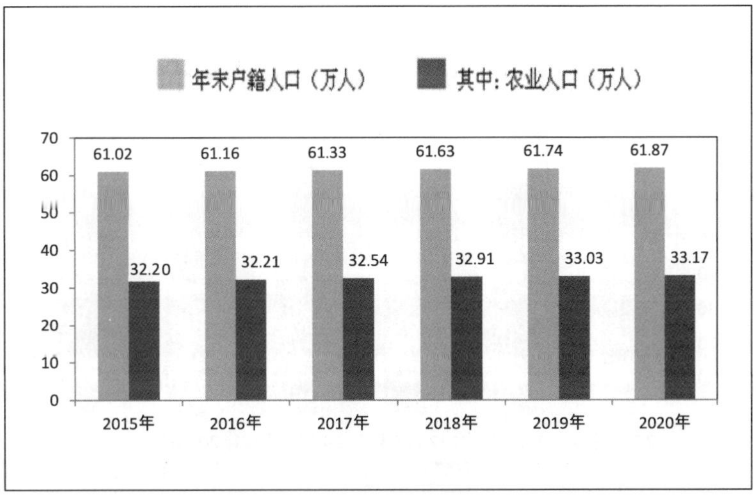

全体居民人均可支配收入（元）

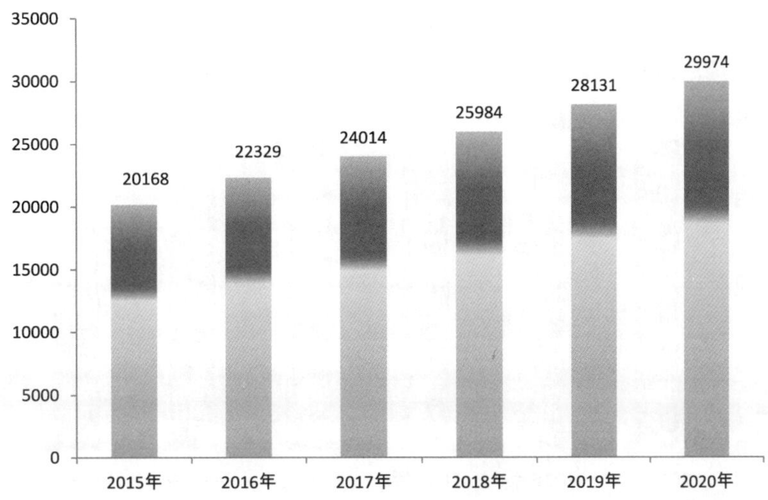

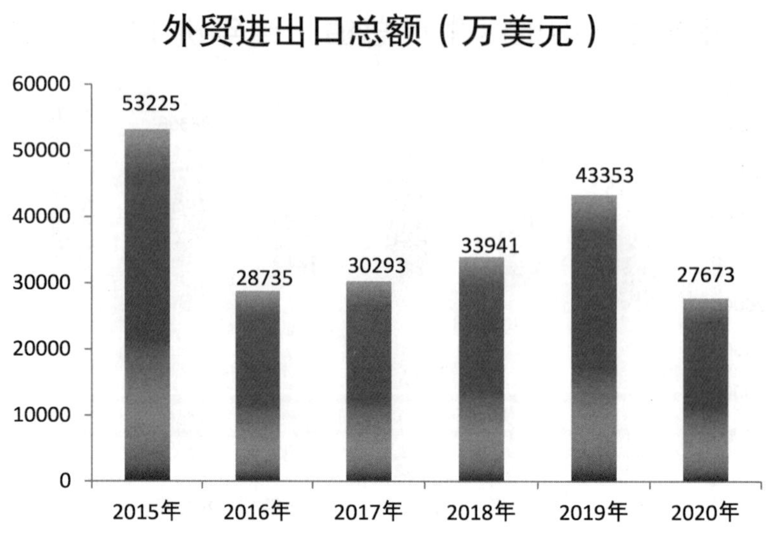
外贸进出口总额（万美元）
60000
50000
40000
30000
20000
10000
0
53225
28735
30293
33941
43353
27673
2015年
2016年
2017年
2018年
2019年
2020年

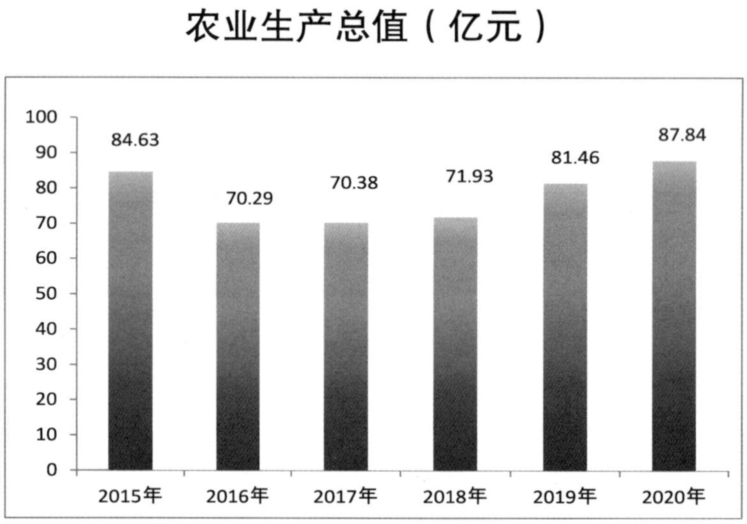
农业生产总值（亿元）
100
90
80
70
60
50
40
30
20
10
0
84.63
70.29
70.38
71.93
81.46
87.84
2015年
2016年
2017年
2018年
2019年
2020年

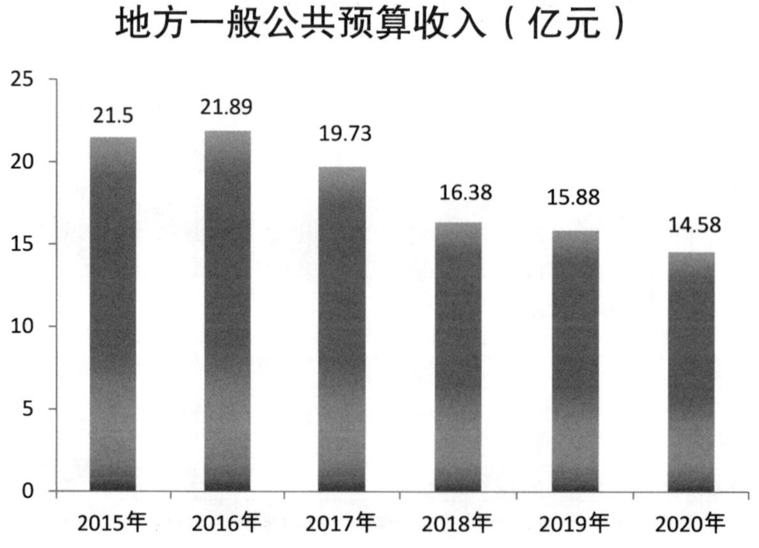
地方一般公共预算收入（亿元）
25
20
15
10
5
0
21.5
21.89
19.73
16.38
15.88
14.58
2015年
2016年
2017年
2018年
2019年
2020年

金融机构存款余额（本外币）（亿元）

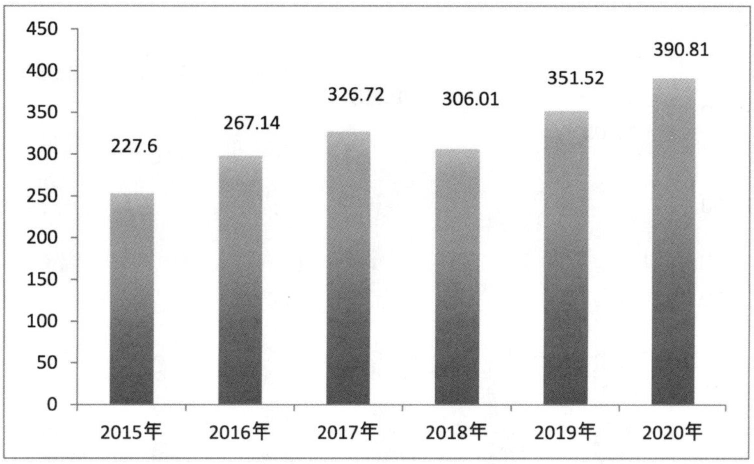

粮食产量（万吨）

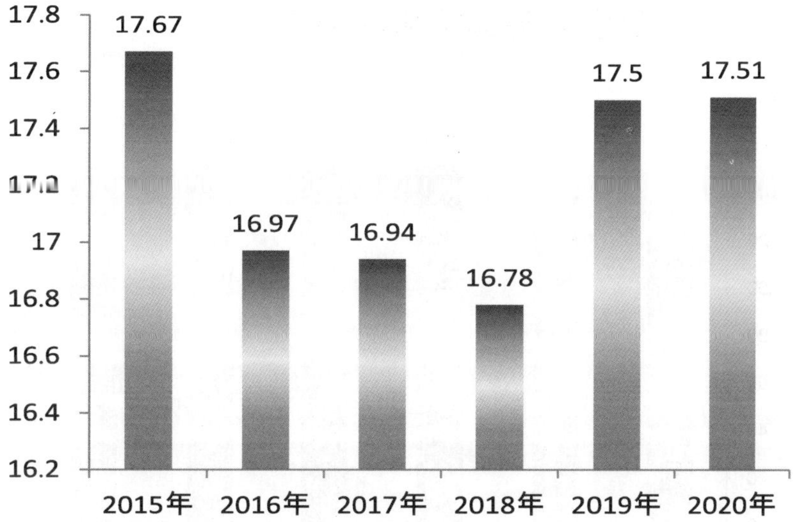

规模以上工业企业总产值（亿元）

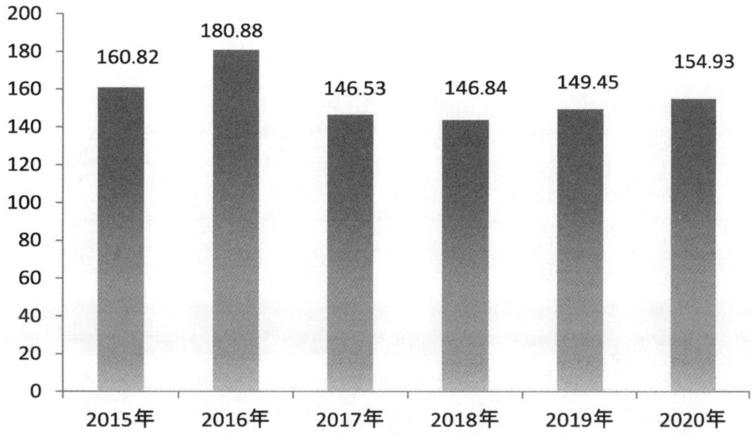

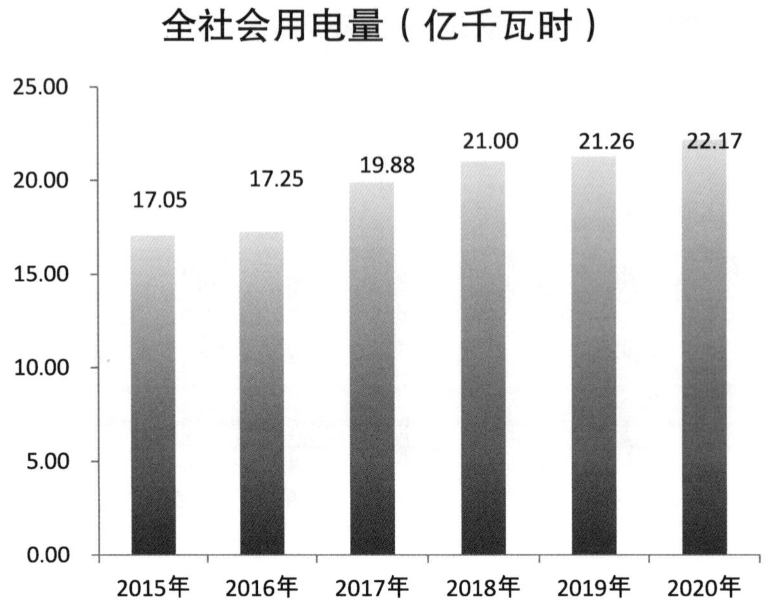
全社会用电量（亿千瓦时）
25.00
20.00
15.00
10.00
5.00
0.00
17.05
17.25
19.88
21.00
21.26
22.17
2015年
2016年
2017年
2018年
2019年
2020年

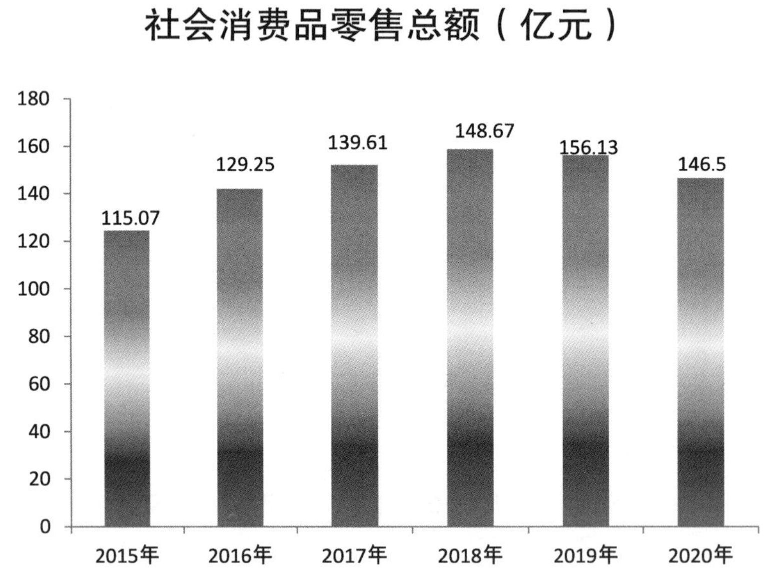
社会消费品零售总额（亿元）
180
160
140
120
100
80
60
40
20
0
115.07
129.25
139.61
148.67
156.13
146.5
2015年
2016年
2017年
2018年
2019年
2020年

综　合

梅县区国民经济和社会发展主要指标情况表

表 7

主要指标	计量单位	2020 年	主要指标	计量单位	2020 年
人口与就业	—	—	增长速度	%	19. 4
年末常住人口	万人	55.68	房地产开发投资	亿元	—
城镇化率	%	53.03	增长速度	%	–5. 0
年末总人口（户籍人口）	万人	61.87	**财　税**	—	—
#农业人口	万人	33.17	财政总收入	亿元	14.58
男性人口	万人	31.23	地方一般公共预算收入	亿元	14.58
年末全社会从业人员数	万人	28.0	地方一般公共预算支出	亿元	57.82
#职工人数	万人	—	税收总收入	亿元	29.61
国民经济核算	—	—	**能源及能耗**	—	—
地区生产总值（当年价）	亿元	219.95	全社会用电量	亿干瓦时	22.17
增长速度	%	3.5	#工业用电量	亿千瓦时	12.76
#第一产业	亿元	56.64	单位 GDP 能耗	吨标准煤 / 万元	0.572
增长速度	%	2.4	单位 GDP 能耗降低率	%	–2.42
第二产业	亿元	70.92	**农　业**	—	—
增长速度	%	7.6	农业总产值（当年价）	亿元	87.84
#工业增加值	亿元	59.83	增长速度	%	2.2
增长速度	%	9.7	#粮食产量	万吨	17.51
第三产业	亿元	92.4	水果产量	万吨	76.09
增长速度	%	0.8	茶叶产量	吨	1413
人均生产总值（当年价）	元	39599	猪肉产量	万吨	1.96
增长速度	%	3.1	水产品产量	万吨	3.0
固定资产投资	—	—	**工　业**	—	—
固定资产投资	亿元	—	#规模以上工业企业数	个	104
增长速度	%	0.1	规上工业总产值	亿元	154.93
#基础设施投资	亿元	—	增长速度	%	3.8
增长速度	%	–27.7	规上工业增加值（当年价）	亿元	57.71
工业投资	亿元	—	增长速度	%	3.8

续表 7

主要指标	计量单位	2020 年	主要指标	计量单位	2020 年
交通运输邮电	—	—	金融机构贷款余额（本外币）	亿元	240.22
公路通车里程	公里	3380	保险费收入	亿元	0.86
客运量	万人	145	#财产保险收入	亿元	1.19
货运量	万吨	1895	**人民生活**	—	—
邮电业务总量	亿元	5.3	全部职工工资总额	亿元	—
商　业	—	—	在岗职工年平均工资	元	—
社会消费品零售总额	亿元	146.51	全体居民人均可支配收入	元	29974
#限额以上批发零售企业数	个	69	城镇居民人均可支配收入	元	36838
限额以上批发零售销售额	亿元	56.56	农村居民人均可支配收入	元	22047
限额以上住宿和餐饮业企业数	个	16	**教育、卫生、文化**	—	—
限额以上住宿和餐饮业营业额	亿元	1.9	中等职业教育在校生人数	人	2175
对外经济贸易	—	—	普通中学在校生人数	万人	2.56
外贸进出口总额	万美元	27673	小学在校生人数	万人	5.01
#外贸出口总额	万美元	18338	医院及卫生院病床数	张	3108
实际利用外资	万美元	40	卫生技术人员	人	3414
金融保险	—	—	#执业医师和执业助理医师	人	1394
金融机构存款余额（本外币）	亿元	390.81	公共图书馆藏书量	千册	335
#居民存款余额（本外币）	亿元	245.50			

人　口

人口状况

表 8

指　标	单　位	2020 年	指　标	单　位	2020 年
一、全区年末户籍人口	人	618685	非农业人口	人	286971
其中：男	人	312337	二、全区年平均户籍人口	人	618043
女	人	306348	三、年末常住人口	万人	55.68
性别比	%	101.95	城镇化率	%	53.03
其中：农业人口	人	331714			

依据 2020 年第七次全国人口普查对常住人口进行修正

计划生育情况

表 9

指　　标	单位	2020 年	指　　标	单位	2020 年
一、出生人数	人	6029	二、全年死亡人口	人	3844
其中：男	人	3188	死亡率	‰	5.90
女	人	2841	三、全年自然增长人数	人	2185
出生人口性别比	%	112.21	自然增长率	‰	3.35
出生率	‰	9.26	四、政策生育率	%	88.72

农　业

全 县 基 本 情 况

表 10

项　　目	单位	2020 年	项　　目	单位	2020 年
1. 镇级单位	个	20	其中：农林牧渔业	人	128449
其中：镇数	个	17	6. 土地面积	平方公里	2483
2. 村（居）委会	个	35	7. 年末常用耕地面积	亩	314535
3. 总户数	个	179519	其中：水田	亩	247400
4. 总人口	人	618685	8. 水田占耕地比例	%	78. 7
其中：乡村人口	人	331714	9. 农业机械总动力	万千瓦特	17. 70
5. 乡镇从业人员	人	211795			

农业总产值及其构成

表 11

项　　目	单位	2020 年	项　　目	单位	2020 年
合　计	—	878449	农业总产值构成	%	100
1. 种植业	万元	635448	1. 种植业	%	72.3
其中：稻谷	万元	. 84300	其中：稻谷	%	13.3
水果	万元	356256	水果	%	56.1
2. 林业	万元	12733	2. 林业	%	1. 4
3. 牧业	万元	172789	3. 牧业	%	19.7
其中：生猪	万元	107091	其中：生猪	%	62.0
4. 渔业	万元	44696	4. 渔业	%	5.1
5. 农林牧渔服务业	万元	12783	5. 农林牧渔服务业	%	1.5

各镇水稻面积

表 12　　计算单位：亩

镇　别	2020 年	镇　别	2020 年	镇　别	2020 年
城　东	14319	南　口	50415	松　源	19310
程　江	8333	畲　江	28901	隆　文	11661
石　扇	13904	水　车	11940	桃　尧	16760
梅　西	22952	梅　南	12930	白　渡	27934
石　坑	16060	丙　村	18111	扶　大	1002
大　坪	12556	雁　洋	15625	松　口	37800

各镇水稻产量

表 13　　计算单位：吨

镇　别	2020 年	镇　别	2020 年	镇　别	2020 年
城　东	6875	南　口	23534	松　源	9228
程　江	3985	畲　江	13889	隆　文	5456
石　扇	6607	水　车	5480	桃　尧	7778
梅　西	10897	梅　南	6007	白　渡	13553
石　坑	7651	丙　村	8810	扶　大	487
大　坪	5950	雁　洋	7611	松　口	18477

各镇水果面积

表 14　　计算单位：亩

镇　别	2020 年	镇　别	2020 年	镇　别	2020 年
城　东	17290	南　口	42803	松　源	22754
程　江	2113	畲　江	14485	隆　文	19837
石　扇	25402	水　车	10965	桃　尧	26727
梅　西	13962	梅　南	7104	白　渡	35787
石　坑	11789	丙　村	22936	扶　大	827
大　坪	11988	雁　洋	17918	松　口	73003

各镇水果产量

表 15　　计算单位：吨

镇　别	2020 年	镇　别	2020 年	镇　别	2020 年
城　东	34151	南　口	87265	松　源	45063
程　江	3386	畲　江	25208	隆　文	33481
石　扇	67204	水　车	18242	桃　尧	55569
梅　西	24915	梅　南	7686	白　渡	46499
石　坑	19283	丙　村	35701	扶　大	1864
大　坪	20287	雁　洋	37142	松　口	191638

各镇蔬菜面积

表 16　　计算单位：亩

镇　别	2020 年	镇　别	2020 年	镇　别	2020 年
城　东	12010	南　口	22890	松　源	4689
程　江	3857	畲　江	13130	隆　文	7544
石　扇	8812	水　车	9433	桃　尧	3982
梅　西	8372	梅　南	10789	白　渡	9937
石　坑	6374	丙　村	18968	扶　大	1085
大　坪	6359	雁　洋	4737	松　口	13151

各镇蔬菜产量

表 17　　计算单位：吨

镇　别	2020 年	镇　别	2020 年	镇　别	2020 年
城　东	46201	南　口	62038	松　源	12106
程　江	15599	畲　江	45571	隆　文	15849
石　扇	22746	水　车	21280	桃　尧	9912
梅　西	21047	梅　南	24386	白　渡	35028
石　坑	13063	丙　村	66086	扶　大	2780
大　坪	14216	雁　洋	12029	松　口	34787

各镇生猪饲养量

表 18　　计算单位：头

镇　别	2020 年	镇　别	2020 年	镇　别	2020 年
城　东	19305	南　口	57066	松　源	14084
程　江	16914	畲　江	25443	隆　文	9120
石　扇	16224	水　车	14791	桃　尧	14539
梅　西	48869	梅　南	7644	白　渡	25371
石　坑	38639	丙　村	26760	扶　大	3580
大　坪	19880	雁　洋	17115	松　口	50485

各镇家禽饲养量

表 19　　计算单位：只

镇　别	2020 年	镇　别	2020 年	镇　别	2020 年
城　东	1324080	南　口	797212	松　源	237337
程　江	303813	畲　江	1065003	隆　文	502722
石　扇	445682	水　车	453550	桃　尧	248710
梅　西	192725	梅　南	1039671	白　渡	967491
石　坑	250941	丙　村	1742375	扶　大	658424
大　坪	455882	雁　洋	422175	松　口	1085120

主要农作物面积

表 20　　计算单位：亩

项　目	2020 年	项　目	2020 年
一、粮食作物	386657	二、花生	33916
其中：1. 水稻	341031	三、木薯	18289
（1）早稻	168622	四、蔬菜	166600
（2）晚稻	172409	五、瓜类	19367
2. 大豆	14016	六、黄烤烟	13600

主要农作物产量

表 21　　计算单位：吨

项　目	2020 年	项　目	2020 年
一、粮食作物	175102	二、花生	7732
其中：1. 水稻	162522	三、木薯	21288
（1）早稻	78679	四、蔬菜	475173
（2）晚稻	83843	五、瓜类	41080
2. 大豆	3635	六、黄烤烟	1833

水 果 面 积

表 22　　计算单位：亩

项　目	2020 年	项　目	2020 年
合　计	379938	4. 柿子	5918
1. 柑桔橙	34733	5. 李子	24652
2. 香（大）蕉	13698	6. 柚子	255043
3. 龙眼	6589	7. 其他水果	39305

水 果 产 量

表 23　　计算单位：吨

项　目	2020 年	项　目	2020 年
合　计	760992	4. 柿子	9983
1. 柑桔橙	62428	5. 李子	39190
2. 香（大）蕉	24439	6. 柚子	555601
3. 龙眼	7134	7. 其他水果	62217

工　业

工业企业单位个数

表 24　　计算单位：个

项　目	2020 年	项　目	2020 年
一、规模以上工业企业	104	4．股份制企业	93
1．国有企业	1	5．外商及港澳台投资企业	5
2．集体企业	1	6．其他经济类型企业	4
3．股份合作企业	—		

注："规模以上工业企业"是指全部国有以及主营业务收入达到 2000 万元及以上非国有独立核算工业企业。

工业总产值

表 25　　计算单位：万元

项　目	2020 年	项　目	2020 年
一、规模以上工业企业	1549309	4．股份制企业	1223155
1．国有企业	13340	5．外商及港澳台投资企业	293675
2．集体企业	7226	6．其他经济类型企业	11913
3．股份合作企业	—		

规模以上工业主要产品产量

表 26

产品名称	计算单位	2020 年	产品名称	计算单位	2020 年
1．服装	万件	134.4	6．发电量	万千瓦小时	515012
2．电路板	M^2	1569957	（1）水电	万千瓦小时	22805.1
3．水泥	万吨	383.35	（2）火电	万千瓦小时	492207
4．橡胶轮胎外胎	万条	945.37			

规模以上工业增加值（现行价）

表 27　　计算单位：万元

项　目	2020 年	项　目	2020 年
合　计	577094	4．股份制企业	487148
1．国有企业	6101	5．外商及港澳台投资企业	78989
2．集体企业	2455	6．其他经济类型企业	2401
3．股份合作企业	—		

规模以上工业主营业务收入

表 28　　计算单位：万元

项目	2020 年	项目	2020 年
合　计	1564295	4．股份制企业	1261893
1．国有企业	8654	5．外商及港澳台投资企业	274609
2．集体企业	7226	6．其他经济类型企业	11913
3．股份合作企业	—		

规模以上工业资产合计

表 29　　计算单位：万元

项　目	2020 年	项　目	2020 年
合　计	2964128	4．股份制企业	2610213
1．国有企业	54676	5．外商及港澳台投资企业	274579
2．集体企业	2269	6．其他经济类型企业	22391
3．股份合作企业	—		

规模以上工业实现利润总额

表 30　　计算单位：万元

项　目	2020 年	项目	2020 年
合　计	261152	4．股份制企业	217981
1．国有企业	-439	5．外商及港澳台投资企业	42681
2．集体企业	141	6．其他经济类型企业	788
3．股份合作企业	—		

能源指标

表 31

主要指标	计量单位	2020 年
能源消费总量	万吨标准煤，等价值	122.80
规上工业综合能源消费量	万吨标准煤，当量值	42.49
单位 GDP 能耗	吨标准煤 / 万元	0.572
单位 GDP 能耗降低率	%	-2.42
单位 GDP 电耗	千瓦小时 / 万元	1032.9724
工业增加值能耗（规模以上，当量值）	吨标准煤 / 万元	2.3517
全社会用电量	万千瓦时	221669.33
# 工业用电量	万千瓦时	127572.78

规模以上工业企业水消费总量

表 32

主要指标	计量单位	2020 年	主要指标	计量单位	2020 年
合计	万立方米	1738	4．其他水	万立方米	0
1．地表淡水	万立方米	1472	外排水量	万立方米	136
2．地下淡水	万立方米	58	重复用水量	万立方米	1238
3．自来水	万立方米	208			

交通、固定资产

交通运输线路长度及机动车辆水上运输船舶拥有量

表 33

项　目	计算单位	2020 年
一、公路通车里程	公里	3380
二、汽车合计	辆	5670
其中：货车	辆	5554
客车	辆	110
三、机动运输船	辆	6

注：（1）汽车中，其中：私人货车 2448 辆、客车 0 辆；（2）机动运输船中，其中：私人 6 艘。

交通运输部门货物、旅客运输量、周转量

表 34

项　目	计算单位	2020 年	项　目	计算单位	2020 年
一、货物运输量	万吨	1895	三、旅客运输量	万人	145
二、货物周转量	万吨公里	189520	四、旅客周转量	万人公里	18851

固定资产投资完成情况

表 35

主要指标	计量单位	2020 年比 2019 年增长（%）	主要指标	计量单位	2020 年比 2019 年增长（%）
固定资产投资总额	万元	0.1	2．第二产业	万元	19.4
其中：项目投资	万元	5.8	其中：工业投资	万元	19.4
房地产开发投资	万元	–5	工业技改	万元	33.9
按产业分	—	—	3．第三产业	万元	–4.8
1．第一产业	万元	666			

注：2018 年国家投资制度调整

服务业、房地产

规模以上服务业基本情况

表 36

项　目	计算单位	2020 年	项　目	计算单位	2020 年
一、服务业个数	个	21	五、利润总额	万元	1942
二、资产总计	万元	87497	六、从业人员	人	3358
二、营业收入	万元	59942	七、应付职工薪酬	万元	21069
四、营业利润	万元	1640			

注：指标数据按年报口径。

房地产基本情况

表 37

主要指标	计量单位	2020 年	主要指标	计量单位	2020 年
房屋施工面积	万平方米	630.7	商品房销售面积	万平方米	89.07
其中：住宅	万平方米	412.6	商品房销售额	亿元	50.71
房屋峻工面积	万平方米	148.77	商品房销售套数	套	6220
其中：住宅	万平方米	100.73	待售面积	万平方米	123. 38

贸易、劳动工资

社会消费品零售总额

表 38

主要指标	计量单位	2020 年	主要指标	计量单位	2020 年
合计	亿元	146.5	二、按行业分	—	—
一、按区域分	—	—	1. 批发零售业	亿元	139.02
1. 城镇	亿元	110.9	2. 住宿餐饮业	亿元	7. 49
2. 乡村	亿元	35.60			

居民消费价格分类指数

（以上年同期价格为 100）

表 39

项　目	2020 年	项　目	2020 年
居民消费价格总指数	102.1	1. 食品	111.1
一、食品烟酒	108.4	2. 茶及饮料	101.6

续表 39

项　目	2020 年	项　目	2020 年
3．烟酒	103.5	五、交通和通信	97.3
4．在外餐饮	102.3	六、教育文化和娱乐	100.3
二、衣着	99.8	七、医疗保障	102.5
三、居住	96.4	八、其他用品和服务	101.6
四、生活用品及服务	99.0		

建筑、全体居民

建筑业

表 40

项　目	计算单位	2020 年	项　目	计算单位	2020 年
一、建筑业个数	个	55	1．建筑工程	千元	3488197
二、资产总计	千元	5624428	2．安装工程	千元	57354
三、建筑总产值	千元	3558799	3．其他产值	千元	13248

全体居民住户调查资料

表 41

主要指标	计量单位	2020 年		
		全体居民	城镇居民	农村居民
一、人均可支配收入	元	29976	36838	22047
1．工资性收入	元	14851	20540	8277
2．经营性收入	元	7454	6542	8507
3．财产性收入	元	1622	2901	145
4．转移性收入	元	6049	6855	5118
二、人均消费支出	元	19022	20290	17557
（一）食品烟酒	元	7524	7711	7308
（二）衣着	元	659	777	523
（三）居住	元	4712	4741	4678
（四）生活用品及服务	元	1177	1354	974
（五）交通通信	元	1979	2495	1382
（六）教育文化娱乐	元	1153	1422	843
（七）医疗保健	元	1449	1380	1528
（八）其他用品和服务	元	369	410	321

备注：2014 年实施城乡一体化住户调查改革。

教育、卫生、环保

教育

表 42

项　目	2020 年						
	学校数（所）	班数（班）	在校学生数（人）	招生数（人）	毕业学生数（人）	教职员工（人）	在教职工中专任教师（人）
1. 普通中学	36	561	25219	9357	7809	2377	2149
其中：初中	27	383	17501	6451	5104	1479	1417
高中	9	178	8168	2906	2705	898	732
2. 职业学校	2	44	2175	951	881	169	155
3. 小学	37	1202	50109	7988	6768	2861	2691
4. 幼儿园	132	756	22165	5383	9020	2795	1528
5. 特殊教育学校	1	9	48	6	5	25	23

卫生机构、床位、人员数

表 43

指　标	计算单位	2020 年	指　标	计算单位	2020 年
一、医疗卫生机构数	个	391	6. 其他卫生事业机构	个	1
1. 医院	个	7	二、病床位数	张	3108
县及县以上医院	个	7	三、卫生工作人员	人	4004
乡镇卫生院	个	18	1. 卫生技术人员	人	3414
2. 妇幼保健院	个	1	其中：医生	人	1394
3. 卫生监督所	个	1	护师（士）	人	1401
4. 疾病控制中心	个	1	2. 管理人员	人	69
5. 慢性病防治院	个	1	3. 工勤人员	人	236

环境保护基本情况

表 44

指　标	计算单位	2020 年	指　标	计算单位	2020 年
1. 二氧化硫排放量	吨	10542.50	4. 氨氮化物排放量	吨	4708.37
2. 化学需氧量排放量	吨	5886.96	5. 固体废物产生量	万吨	204.7553
3. 氨氮排放量	吨	420.90	其中：综合利用量	万吨	204.7553

内 设 机 构

2020 年年底梅县区区直和各部门内设机构

中共梅州市梅县区委： 办公室、秘书股、综合股、人事股、督查室、接待股、新闻办、机要局、保密局、会务股、文电法规股、档案保密股、档案发展和管理股。

梅州市梅县区人大常委会： 办公室、专门委员会、法制委员会、监察和司法工作委员会、财政经济工作委员会、农村农业工作委员会、选举联络人事任免工作委员会、城乡建设环境与资源保护工作委员会、教育科学文化卫生华侨工作委员会、社会建设工作委员会。

梅州市梅县区人民政府： 办公室、秘书股、政务股、会务股、人事股、综合股、行政股、督办室、金融股、外事股、保密股、职能转变协调股、打击走私综合治理办公室、直属机关武装部、信访一室、信访二室、信访三室、信访四室。

政协梅州市梅县区委员会： 办公室、文史科、联络科、人秘科、专门工作委员会、学习文史委员会、提案委员会、农业和农村工作委员会、社会法制委员会、经济科技委员会、民营经济委员会、文教卫体委员会、港澳台侨委员、委员联络服务中心。

中共梅州市梅县区纪律检查委员会： 办公室、组织宣传室、党风政风监督室、信访室（举报中心）、案件监督管理室、案件审理室、第一纪检监察室、第二纪检监察室、第三纪检监察室、第四纪检监察室、第五纪检监察室、第六纪检监察室、第七纪检监察室；派驻机构：区纪委监委驻区委办公室纪检监察组、区纪委监委驻区政府办公室纪检监察组、区纪委监委驻区委宣传部纪检监察组、区纪委监委驻区委政法委纪检监察组、区纪委监委驻区农业农村局纪检监察组、区纪委监委驻区住房和城乡建设局纪检监察组、区纪委监委驻区交通运输局纪检监察组、区纪委监委驻区发展和改革局纪检监察组、区纪委监委驻区财政局纪检监察组、区纪委监委驻区教育局纪检监察组、区纪委监委驻区卫生健康局纪检监察组、区纪委监委驻梅州市公安局梅县区分局纪检监察组。

中国人民解放军广东省梅州市梅县区人民武装部：

中共梅州市梅县区委组织部： 办公室、组织一室、组织二室、组织三室、组织四室、干部室、干部监督室、公务员管理室、干部培训室、人才管理室、调研室、老干部管理室、关心下一代工作室、组织人事档案管理中心、老干部服务中心、基层党建工作指导中心。

中共梅州市梅县区委机构编制委员会办公室：综合股、行政机构编制股、事业机构编制股、监督检查股、事业单位登记管理股（加挂梅州市梅县区事业单位登记管理局牌子）；下属事业单位：梅州市梅县区机构编制电子政务中心。

中共梅州市梅县区委统战部：办公室、干部股、党派股、民族宗教工作股、侨务股、台港澳工作股、非公有制经济工作股（加挂新的社会阶层人士统战工作股牌子）；下设一类事业单位：梅县区统战工作联络交流中心。

中共梅州市梅县区委政策研究室：人秘股、政教文股、农村股。

中共梅州市梅县区委巡查办公室：办公室。

梅州市梅县区工商业联合会：办公室。

梅州市梅县区归国华侨联合会：办公室和联络股。

梅州市梅县区各民主党派：民革、民盟、农工党、致公党、九三学社。

中共梅州市梅县区委党校：办公室、教研室、行政股、对外培训股。

中共梅州市梅县区委党史研究室：人秘股、征研出版股。

梅州市梅县区档案馆：办公室、档案管理室、声像技术室。

梅州市梅县区总工会：办公室、组织宣传教育部、生产生活女工部、财务部。

共青团梅州市梅县区委员会：联络部、团务部、办公室、学少部。

梅州市梅县区妇女联合会：办公室、妇工部和儿童部。

广州增城市（梅县区）产业转移工业园管理委员会：办公室、招商与经济发展部、规划建设部、资产管理部、环保与安全生产部。

梅州市梅县区审计局：办公室、财政金融债务审计股、经济责任与农业农村审计股、行政事业与社会保障审计股、法规审理股、整改监督与投资企业审计股。

梅州市梅县区应急管理局：办公室、综合协调股、人事法规股、执法大队、应急指挥股、地震和地质灾害救援股、安全生产基础股、科技和信息化股（行政审批股）、风险监测和综合减灾股；下设两个事业单位：区应急中心、区应急宣传教育中心。

梅州市梅县区政务服务数据管理局：办公室、标准建设与审批协调股、数据资源与安全管理股、政府热线和效能监督股；下属事业中心：政务大数据中心、政务服务中心、智慧梅县政务指挥中心。

梅州市梅县区退役军人事务局：办公室、移交安置与军休服务管理股、拥军优抚与褒扬纪念股；下设区退役军人服务中心，区军休所、区光荣院，各镇（办事处、高管会）设退役军人服务站。

梅州市梅县区体育局：人秘股、群众体育股、训练竞赛股、体育产业股（加挂行政审批股）；下属事业单位：梅县区业余体校。

梅州市梅县区人民政府地方志办公室：人秘股、编审指导股。

梅州市梅县区科学技术协会：办公室。

梅州市梅县区残疾人联合会：办公室（梅县人民政府残疾人工作协调委员会秘书处）、康复股、教育就业股；下属事业单位：残疾人劳动就业服务所、残疾人辅助器具服务站、残疾人康复托养服务中心。

梅州市自然资源局梅县分局：办公室、耕地保护监督与生态修复股、国土空间与村镇规划股、自然资源所有者权益与开发利用股、国土空间用途管制股、自然资源调查监测股、自然资源确权登记股、测绘地理信息管理股、执法股、地质与矿产资源管理股。

广东电网有限责任公司梅州梅县供电局：办公室、党建人事部、生产计划部、工程建设部、安全监管部。二级机构：综合服务中心；下设：程江、城东、扶大、南口、大坪、石坑、梅西、雁洋、白渡、石扇、松口、隆文、桃尧、松源、梅南、丙村、水车、畲江18个供电所。

中共梅州市梅县区委宣传部：办公室（加挂区企业思想政治工作人员专业职务评定工作领导小组办公室牌子）、理论股（加挂市讲师团梅县区教员组牌子）、宣传文艺股（加挂区政府新闻办公室牌子、区国防教育办公室牌子）、版权股（加挂“扫黄打非”工作领导小组办公室牌子）、精神文明建设股、网络安全和信息化股；下设事业单位：梅县区互联网新闻信息中心、梅县区社会科学界联合会办公室。

梅州市梅县区文化广电旅游局：办公室、市场法规股、公共服务股、资源产业股、文化遗产股、艺术推广股、执法股。

梅州市梅县区文学艺术界联合会：办公室；下属事业单位：文学院。

梅州市梅县区广播电视台：办公室、财务室、总编室和新闻中心、专题中心、广播节目中心、电视节目中心、广告中心、新媒体中心、技术中心、网络传输中心、服务中心、播控中心；下设发射中心、服务中心。

中共梅州市梅县区委政法委员会：办公室、干部室、调研宣传与网络舆情室、执法监督室、维稳指导协调室、政治安全与反邪教工作室、综治指导协调室。

梅州市公安局梅县区分局：指挥中心、国保大队、刑侦大队、交警大队、治安大队、政工室、监督室、法制大队、警务保障室、巡警大队、经侦大队、出入境管理大队、网监大队、森林大队、梅县区拘留所、梅县区看守所；19个派出所：城东派出所、松源派出所、松口派出所、雁洋派出所、丙村派出所、畲江派出所、南口派出所、宝华派出所、程江派出所、水车派出所、梅南派出所、扶大派出所、石扇派出所、白渡派出所、隆文派出所、桃尧派出所、大坪派出所、梅西派出所、石坑派出所。

梅州市梅县区消防救援大队：

梅州市梅县区人民法院：民事审判一庭、民事审判二庭、刑事审判庭、综合办公室（司法警察大队）、审判管理办公室（研究室）、执行局、政治部（督察室）、立案庭（诉讼服务中心）。

梅州市梅县区人民检察院：第一检察部、第二检察部、第三检察部、第四检察部、综合业务部、政治部、办公室（加挂司法警察大队牌子）和检务保障部；派出机构：派驻程江检察室、派驻畲江检察室。

梅州市梅县区司法局：政治工作办公室（副科级建制）、办公室、法治调研督察股、法制股、社区矫正管理股、行政复议与应诉股、政府法律顾问工作股、行政执法协调监督股、普法与依法治理股、人民参与和促进法治股、公共法律服务管理股、律师工作管理股；下设19个基层司法所；下辖直属单位：梅县公证处、梅县区公职律师事务所、梅县区法律援助处。

梅州市梅县区农业农村局：办公室、政策法规与改革股（加挂行政审批股牌子）、乡村产业发展股、乡村振兴股、农产品质量安全监管与市场信息股、种植业管理股、农业机械化管理办公室、农田建设管理股、科技教育股（加挂农业转基因生物安全管理办公室牌子）、执法大队、畜牧与饲料股、兽医与屠宰管理股、渔业发展股、扶贫开发与老区建设股、生态保护修复股、森林资源管理股、自然保护股、人事股。

广东梅县阴那山省级自然保护区管理处：综合科。

梅州市梅县区水务局：办公室、计划财务股、水政水资源股（加挂区节约用水办公室、行政审批股牌子）、建设与管理股、水土保持股、水库移民办公室、农村水利水电股、水旱灾害防御调度股。

梅州市梅县区气象局：气象灾害防御管理办公室（重大气象灾害应急指挥部办公室）、办公室（人力资源股）、站网管理股、预报股、发展改革与财务股；直属事业单位为梅县区气象公共服务中心、梅县区气象公共安全技术支持中心、梅县区气象局机关服务中心；地方气象机构有梅县区突发事件预警信息发布中心和梅县区生态气象服务中心。

梅州市梅县区住房和城乡建设局：办公室、计财股、政策法规和行政审批股、住房保障股、城乡建设股、公用事业股、房地产市场管理股、建筑管理和科技节能股、人防工程建设股、执法股、消防审验股；下属事业单位：市住房公积金梅县区业务分理处、城市管理监察大队、土地房屋征收安置中心、环境卫生管理所、房屋白蚁防治管理所、建设工程造价管理站、建设工程质量安全检测站、城建综合档案室、散装水泥服务中心、房管所、数字化城市管理中心、市场物业管理站、路灯管理所、园林绿化管理所、城区供排水服务中心、人防工程所。

梅州市生态环境局梅县区分局：办公室、政策法规股、综合股、污染防治股、执法股（加挂生态环境应急办公室牌子）。

梅州市梅县区交通运输局：办公室、人事股、综合规划股、基建管理股、安全技术股、财务审计股、综合行政执法局（副科级）。

梅州市梅县区公路事务中心：办公室、计划工程部、养护管理部、应急管理部、科技信息部、路政服务部、财务资产部、人力资源部；所属事业单位为公路养护中心，道班15个，绿化设施班；下属公司梅州市梅县区伟康公路建设投资有限公司。

梅州市梅县区发展和改革局：人秘股、财务审计股、改革规划综合股、农业工交能源股（挂审批股）、投资和社会管理股、价格和收费管理股、粮食物资储备管理股；下属事业单位：梅州市梅县区国民经济动员办公室、梅州市梅县区重点项目办公室、梅州市梅县区铁路建设办公室、梅州市梅县区价格认定中心、梅州市梅县区节能监察中心。

梅州市梅县区民政和人力资源社会保障局：办公室、财务股、社会事务与福利股、社会救助股、执法大队、人力资源与专业技术管理股（行政审批股）、社会保险管理股、工资与事业单位管理股、就业与培训教育股（职业能力建设股，区劳动力转移办公室）、基层政权与区划地名股、婚姻登记股。

梅州市梅县区物资总公司：办公室。

梅州市梅县区医疗保障局：办公室、医疗保障管理股、医药服务管理股、基金监管和规划财务股。

梅州市梅县区统计局：办公室、综合法规股、农业和服务业股、工业和能源股、社会和固定资产投资股五个职能股；下属事业单位：梅州市梅县区人口调查队、梅州市梅县区统计信息中心、梅州市梅县区统计普查中心。

中国人寿保险股份有限公司梅州市梅县支公司：营销发展部、收展发展部、团体业务部、综合部。下设石坑、程江、松口、松南、白渡、畲江、扶大、瑶上、雁洋、梅南、隆文、荷泗、水车、丙村、大坪、城东、石扇、松源、梅西、桃尧、白宫、南口、西阳23个乡镇营销服务部。

中国人民财产保险股份有限公司梅州梅县支公司：中国人民财产保险股份有限公司梅县支公司经理室下分别由综合部、农险部、业务管理部、修理厂业务一团队、修理厂业务二团队、综合渠道业务团队、中介团队、商非团队等部门组成。

梅州市梅县区科工商务局：办公室、法规和行政审批股、经济运行监测股、技术改造与创新股、信息产业股、电子商务股、贸易市场股、生产服务与行业管理股、高新技术股、科技规划股、外资和对外贸易发展股、招商股、投资促进股、人事股和军民融合发展工作股；下设事业单位：梅州市梅县区企业服务中心。

梅州市梅县区财政局：办公室、人事股、预算股、综合股、国库股、经济建设股、行政政法股、教科文股、社会保障股、工贸发展股、农业股、国有资产管理股、监督检查股、法规股、会计股、绩效评价股、农村财务管理股；下设事业单位：国库支付中心、政府采购管理办公室、投资审核中心、财政信息中心、财务总监办公室、资产管理运营中心。

梅州市梅县区市场监督管理局：办公室、政策法规股、执法协调股、登记注册与行政许可股、协调应急与新闻宣传股、信用风险监管股、价格监督检查与反不正当竞争股、标准化股、市场规范管理股、广告监督管理股、知识产权管理股、质量发展监管股、食品生产安全监督管理股、食品流通安全监督管理股、食品餐饮安全监督管理股、特殊食品安全监督管理股、药品化妆品监督管理股、医疗器械监督管理股、特种设备安全监察股、计量股、科技与信息化股、执法大队、人事股、信息服务中心（机关服务中心）、消费者权益保护中心、安全保障中心；派出机构：松口、隆文、松源、丙村、雁洋、城东、白渡、梅西、梅南、南口、畲江、程江、新城、扶大市场监督管理所。

梅州市梅县区商业企业集团公司：办公室。

梅州市梅县区供销合作联社：人事股、业务股、财会股、办公室。

梅州市梅县区二轻工业联社：办公室、生产技术股、资产财务股。

梅州市梅县区税务局：办公室、法制股、税政一股、税政二股、社会保险费和非税收收入股、收入核算股、纳税服务股、征收管理股、风险管理股、财务管理股、人事教育股。下设事业单位：信息中心和规费服务中心。派出机构：第一税务分局（办税服务厅）、第二税务分局、程江税务分局、大坪税务分局、雁洋税务分局、松口税务分局、梅南税务分局、城东税务所。

梅州市梅县区烟草专卖局：综合管理部、党建监察部、营销部、财务部、烟叶管理部（烟基办）和专卖监督管理办公室(内管派驻组、稽查大队)；下设1个烟叶工作站、3个烟叶工作点、4个稽查中队和4个卷烟营销片区。

中国邮政集团公司梅州市梅县区分公司：

中国电信股份有限公司梅州市梅县分公司：综合部、销售部、客响维护部、政企客户部、中国电信驻广州（梅州）产业转移工业园办公室、11个营销服务中心。

中国移动通信集团广东有限公司梅县分公司：

中国联合网络通有限公司梅县分公司：

梅州客商银行股份有限公司：

中国建设银行股份有限公司梅州梅县支行：

中国农业银行股份有限公司梅州梅县支行：公司业务部/三农对公业务部、个人金融部/农户金融部、运营财会部/综合管理部/风险管理部；下设11家营业机构和1个金融服务站。

梅州农村商业银行股份有限公司：内设15个部门、3个办公室、3个专营中心，下设营业网点60个。

中国工商银行股份有限公司梅县支行：综合部、营业网点。

中国银行梅州分行梅县支行：

中国农业发展银行梅州市梅县支行：办公室、客户业务部、会计结算部。

中国邮政储蓄银行股份有限公司梅县支行：自营网点3家，代理网点21家。

梅县客家村镇银行股份公司：

交通银行梅州梅县区支行：

广东省盐业集团梅州有限公司梅县分公司：盐政法规股、专营部、财务部。

梅州市梅县区教育局：人事股、督导室、教育股、教仪站、内审室、德育股、体卫股、职成股、党委办、保健所、幼教办、行政审批股、信息中心、办公室、计财股、勤工办、招生办、资助中心。

梅州市梅县区卫生健康局：办公室、规划与信息化股、法规监督股（加挂行政审批股牌子）、老龄健康与家庭发展股、疾病预防控制股、妇幼健康股、医政医管股、中医药管理股、体制改革股、人事股。

2020年年底梅县区各镇（办事处、高管会）内设机构

梅州高新技术产业开发区梅县区（扶大）园区管理委员会：管委会办公室、经济建设办公室、社会事务办公室、招商引资办公室、人口和计划生育办公室、创业服务中心，下设农业服务中心、机关服务中心、文教体育服务中心、人力资源与社会保障服务中心、财政结算服务中心。

梅县区程江镇党委、政府：党政综合办公室、人大常务会办公室、党建工作办公室、纪检监察办公室、公共服务办公室（党群服务中心）、综合治理办公室（应急管理办公室）、综合行政执法办公室（综合行政执法队）、规划建设办公室（城市管理办公室、社区建设办公室）、农业农村办公室（经济发展办公室、生态环境保护办公室）。

梅县区新城工委、办事处：党政办公室、经济事务办公室、社会事务办公室、公共事务办公室、人口和计划生育办公室、社会治安综合治理信访维稳办公室、城乡规划建设管理办公室、人大工委办公室；下设财政结算服务中心、社会保障服务中心、文教体育服务中心，退役军人服务站。

梅县区雁洋镇党委、政府：党政综合办公室、人大常务会办公室、党建工作办公室（组织人事办公室）、纪检监察办公室（与区监委派出检察组合署办公）、公共服务办公室（党群服务中心）、综合治理办公室（应急管理办公室）、综合行政执法办公室（综合行政执法队）、经济发展办公室、规划建设办公室（城市管理办公室）、农业农村办公室（生态环境保护办公室）；下设农业农村服务中心（农产品质量安全监管服务中心、水务服务所）、经济发展和财政服务中心、公用事业社会保障服务中心、文旅教体服务中心、卫生院（卫生健康服务中心、疾病预防控制中心）。

梅县区畲江镇党委、政府：党政综合办公室、公共服务办公室（党群服务中心）、综合治理办公室（应急管理办公室）、农业农村办公室（经济发展办公室生态环境保护办公室）、城乡规划建设管理办公室、人大常务会办公室、党建工作办公室（组织人事办公室）、纪检监察办公室、综合行政执法办公室（综合行政执法队）；下设农业农村服务中心（农产品质量安全监管服务中心、水务服务所）、经济发展和财政服务中心、公用事业社会保障服务中心、文旅教体服务中心、退役军人服务。

梅县区松源镇党委、政府：党政综合办公室、人大办公室、党建工作办公室（组织人事办公室）、纪检监察办公室（与区监委派出监察组合署办公）、公共服务办公室（党群服务中心）、综合治理办公室（应急管理办公室）、综合行政执法办公室（综合行政执法队），规划建设办公室（城市管理办公室）、农业农村办公室（经济发展办公室、生态环境保护办公室）；下设镇农业服务中心（加挂镇发展服务中心牌子）、镇财政结算服务中心、镇社会保障服务中心（加挂镇公用事业服务中心牌子）、镇文教体育服务中心、镇退役军人服务站。

梅县区南口镇党委、政府：党政综合办公室、人大常务会办公室、党建工作办公室、纪检监察办公室、公共服务办公室、综合治理办公室、规划建设办公室、农业农村办公室、综合行政执法办

公室、经济发展办公室；下设农业农村服务中心、经济发展和财政服务中心、文旅教体服务中心、公用事业社会保障服务中心、退役军人服务。

梅县区松口镇党委、政府：党政综合办公室、人大常务会办公室、党建工作办公室（组织人事办公室）、纪检监察办公室（与区监委派出监察组合署办公）、公共服务办公室（党群服务中心）、综合治理办公室（应急管理办公室）、综合行政执法办公室（综合行政执法队）、农业农村办公室（生态环境保护办公室）、规划建设办公室、经济发展办公室。

梅县区丙村镇党委、政府：党政综合办公室、人大常务会办公室、党建工作办公室、纪检监察办公室、公共服务办公室、综合治理办公室、农业农村办公室、规划建设办公室、综合行政执法办公室；下设农业农村服务中心、经济发展和财政服务中心、公用事业社会保障服务中心、文旅教体服务中心、退役军人服务站。

梅县区梅西镇党委、政府：党政综合办公室、人大常务会办公室、党建工作办公室（组织人事办公室）、纪委监察办公室、公共服务办公室（党群服务中心）、综合治理办公室（应急管理办公室）、综合行政执法办公室（综合行政执法队）、规划建设办公室、农业农村办公室（经济发展办公室、生态环境保护办公室）

梅县区城东镇党委、政府：党政综合办公室、人大常务会办公室、党建工作办公室、纪检监察办公室、公共服务办公室、综合治理办公室、综合行政执法办公室、农业农村办公室、规划建设办公室。下设农业农村服务中心、经济发展和财政服务中心、公用事业社会保障服务中心、文旅教体服务中心、退役军人服务站。

梅县区梅南镇党委、政府：党政综合办公室、农业农村办公室（经济发展办公室、生态环境保护办公室）、公共服务办公室（党群服务中心）、综合治理办公室（应急管理办公室）、规划建设办公室、党建工作办公室（组织人事办公室）、纪检监察办公室、人大常务会办公室、综合行政执法办公室（综合行政执法队）；下设农业农村服务中心（农产品质量安全监管服务中心、水务服务所）、经济发展和财政服务中心、公用事业社会保障服务中心、文旅教体育服务中心。

梅县区水车镇党委、政府：党政办公室（加挂人大常务会办公室牌子）、经济事务办公室、社会事务办公室、人口和计划生育办公室、社会治安综合治理信访维稳办公室、城乡规划建设管理办公室、农业事务办公室；下设农业服务中心、文教体育服务中心、社会保障服务中心、财政结算服务中心。

梅县区大坪镇党委、政府：党政综合办公室、党建工作办公室、人大常务会办公室、纪检监察办公室、公共服务办公室、综合治理办公室、综合行政执法办公室、农业农村办公室；下设农业服务中心、文教体育服务中心、社会保障服务中心、财政结算服务中心、退役军人服务站。

梅县区石坑镇党委、政府：党政综合办公室、农业农村办公室、人大常务会办公室、党建工作办公室、纪检监察办公室、公共服务办公室、综合治理办公室、综合行政执法办公室；下设农业服务中心、财政结算服务中心、社会保障服务中心、文教体服务心中。

梅县区石扇镇党委、政府：党政综合办公室、人大常务会办公室、党建工作办公室（组织人事办公室）、纪检监察办公室、公共服务办公室（党群服务中心）、综合治理办公室（应急管理办公室）、综合行政执法办公室（综合行政执法队）、规划建设办公室、农业农村办公室。

梅县区白渡镇党委、政府：党政综合办公室、人大办公室、党建工作办公室（组织人事办公室）、纪检监察办公室、公共服务办公室（党群服务中心）、综合治理办公室（应急管理办公室）、综合行政执法办公室（综合行政执法队）、规划建设办公室、农业农村办公室（经济发展办公室、生态环境保护办公室）；下设农业农村服务中心、经济发展和财政服务中心、公用事业社会保障服务中心、文旅教体服务中心、退役军人服务站。

梅县区隆文镇党委、政府：党政办公室、农业事务办公室、社会事务办公室、社会治安综合治理信访维稳办公室；下设农业服务中心、财政结算服务中心、社会保障服务中心、文教体育服务中心、退役军人服务站。

梅县区桃尧镇党委、政府：党政综合办公室、人大常务会办公室、纪检监察办公室、公共服务办公室、综合治理办公室、农业农村办公室、综合行政执法办公室、党建工作办公室；下设农业服务中心、财政结算服务中心、社会保障服务中心、文教体育服务中心、退役军人服务中心。

8 月 28 日，松源镇隆重举行乡镇体制改革党政机构挂牌仪式

名　录

领导干部名录

2020年年底梅州市梅县区领导班子成员名单

梅州市副市长、中共梅州市梅县区委

书　记：吴泽桐
副书记：温助民
　　　　陈远洋
常　委：李瑞金
　　　　涂戈峰
　　　　古　裕
　　　　张小兰（女）
　　　　王杞杨
　　　　赖启忠
　　　　丘孝良
　　　　宋碧峰（挂职）
　　　　吕瑜泉

梅州市梅县区人民政府

区　长：温助民
副区长：赖启忠
　　　　宋碧峰（挂职）
　　　　梁惠文
　　　　谢　芳（女）
　　　　郭龙元
　　　　王宏基
　　　　刘演政

梅州市梅县区人大常委会

主　任：曾庆辉
副主任：刘　敏
　　　　李丹玲（女）
　　　　王英豪
　　　　梁新强
　　　　叶世振

政协梅州市梅县区委员会

主　席：罗时亮
副主席：钟梅福
　　　　余洪昌
　　　　张炳荣
　　　　李　刚
　　　　徐婉玲（女）
　　　　林作鹏

中共梅州市梅县区纪律检查委员会

书　记：古　裕
副书记：彭俊华
　　　　徐　涛

先进名录

先进单位

国家级先进单位一览表

表 7

单　位	授予单位	荣誉称号	表彰时间
梅县区税务局	中央精神文明建设指导委员会	全国文明单位	2020 年 11 月 20 日
梅县区税务局工会委员会	中华全国总工会	全国模范职工之家	2020 年 12 月 31 日
梅县区石扇镇梅北中学	中华人民共和国教育部	2020 年度温馨校园	2020 年 12 月
梅县区农业农村局	全国农技中心	入选全国农作物病虫害“绿色防控示范县”创建推评名单	2020 年 3 月 19 日
梅县区农业农村局	农业农村部	梅县绿茶获国家地理标志认证。	2020 年 4 月 30 日
梅县区农业农村局	农业农村部	入选“互联网+”农产品出村进城工程试点县	2020 年 8 月 24 日
梅县区梅南镇水美村	中央组织部	组织振兴试点村	2020 年 12 月
民盟梅州市梅县区委员会	民盟中央委员会民盟思想政治建设和宣传工作会议	民盟思想政治建设和宣传工作先进集体	2020 年 12 月
梅县区南口敬老院	国家卫生健康委员会和全国老龄工作委员会	2020 年全国“敬老文明号”	2021 年 2 月

续表 7

单　位	授予单位	荣誉称号	表彰时间
梅县区新城办事处西桥社区	住房和城乡建设部城市建设司	全国美好环境与幸福生活共同缔造 166 个试点之一	2020 年
梅县区白渡镇风岭村	国家林业和草原局	国家森林乡村	2019 年 12 月 25 日
梅县区雁洋镇长教村	文化和旅游部、国家发展改革委	全国乡村旅游重点村	2020 年 9 月 2 日
梅县区社会科学界联合会办公室	2019 年度全国社科组织先进单位	全国大中城市社科联工作会议主席团	
广东华银集团（企业）	全国工商联	抗击新冠肺炎疫情先进民营企业	2020 年
梅州市梅县区疾病预防控制中心	中国疾病预防控制中心慢性非传染性疾病预防控制中心	2014—2019 年“中国死因登记报告工作先进集体奖”	2020 年 3 月

省级先进单位一览表

表 8

单　位	授予单位	荣誉称号	表彰时间
梅县区税务局雁洋税务分局党支部	中共国家税务总局广东省税务局委员会	广东省税务系统先进基层党组织	2020 年 4 月 7 日
梅县区丙村镇丙村法庭	广东省高级人民法院	集体二等功	2020 年 6 月
梅县区松口镇镇郊村民委员会	中共广东省农村工作办公室	广东省农业农村厅 2020 年广东省乡村治理示范村	2020 年 1 月
梅县区松口镇大黄村	广东省农业农村厅	广东省“一村一品、一镇一业”专业村	2020 年 8 月
梅县区松口镇大黄村	广东省农业农村厅	广东省休闲农业与乡村旅游示范点	2020 年

续表 8

单　位	授予单位	荣誉称号	表彰时间
梅县区程江镇退役军人服务站	广东省退役军人事务厅	广东省星级示范退役军人服务中心（站）	2020 年 12 月
广东省烟草梅州市有限公司梅县分公司	广东省市场监督管理局	连续十七年（2003—2019）“广东省守合同重信用企业”荣誉称号	2020 年 7 月
梅县区农业农村局	广东省农业农村厅	成功创建省级水产健康养殖示范县	2020 年 7 月 15 日
梅县区农业农村局	广东省农业农村厅	被评为 2020 年省级家庭农场示范县	2020 年 7 月
梅县区城东镇玉水村	广东省委农村工作办公室 广东省人力资源和社会保障厅 广东省文化和旅游厅 南方报业传媒集团	广东省粤菜师傅名村	2020 年 12 月
梅州市梅县区供销合作联社	广东省 供销合作联社	2020 年度全省供销合作社系统综合业绩考核县级优胜单位二等奖	2021 年 2 月 9 日
梅县区检察院	广东省检察院 政治部	全省检察机关 2019 年度政工信息工作先进集体	2020 年 6 月
梅县区检察院	广东省妇女联合会	广东省“巾帼文明岗”	2020 年 5 月
梅县区梅南镇镇机关	广东省卫生健康宣传教育中心	省级健康促进机关	2020 年 11 月
梅县区梅南镇水美村	中共广东省委农村工作办公室	2020 年广东省乡村治理示范村	2020 年 12 月
梅县区梅南镇黄礤村	广东省农业农村厅	省级“茶叶专业村”	2020 年 8 月
梅县区梅南镇顺里村	广东省农业农村厅	省级“茶叶专业村”	2020 年 8 月
梅县区梅南镇北洞村	广东省农业农村厅	省级“茶叶专业村”	2020 年 8 月

续表 8

单　位	授予单位	荣誉称号	表彰时间
梅县区南口镇人民政府	中共广东省委、广东省人民政府、广东省军区	爱国拥军模范单位	2020 年 1 月
梅县区南口商会	广东省工商业联合会	2020 年广东省工商联系统“四好”商会	2020 年 12 月
梅县区南口镇 46 个行政村	广东省爱国卫生运动委员会	2020 年度“广东省卫生村”	2020 年 12 月
梅县区突发事件预警信息发布中心	广东省气象局	嘉奖	2020 年 8 月 14 日
梅县区图书馆	广东省立中山图书馆、广东图书馆学会	优秀组织奖	2020 年 8 月 1 日
梅县区客家山歌传承保护中心	广东省文化和旅游厅	第十四届广东省艺术节一等奖	2020 年 12 月 6 日
梅州市生态环境局梅县分局	广东省第二次全国污染源普查领导小组办公室	广东省第二次全国污染源普查表现突出的集体	2021 年 2 月 5 日
梅县区石坑镇澄坑村	广东省爱国卫生运动委员会	2020 年广东省卫生村	2020 年 12 月 29 日
梅县区石坑镇澄中村	广东省爱国卫生运动委员会	2020 年广东省卫生村	2020 年 12 月 29 日
梅县区石坑镇长埔村	广东省爱国卫生运动委员会	2020 年广东省卫生村	2020 年 12 月 29 日
梅县区石坑镇琴江村	广东省爱国卫生运动委员会	2020 年广东省卫生村	2020 年 12 月 29 日
梅县区松源镇人民政府	广东省退役军人事务厅	广东省星级示范退役军人服务中心	2020 年 12 月
梅县区松源镇人民政府	广东省卫生健康局	2019 年广东省健康促进机关	2020 年 11 月
梅县区松源中学	广东省卫生健康局	2019 年广东省健康促进学校	2020 年 11 月
梅县区松源镇湾溪村	广东省卫生健康局	2019 年广东省健康促进社区	2020 年 11 月

续表 8

单　位	授予单位	荣誉称号	表彰时间
梅县区松源镇横坊村	广东省卫生健康局	2019 年广东省健康促进社区	2020 年 11 月
梅县区松源镇白玉村	广东省卫生健康局	2019 年广东省健康促进社区	2020 年 11 月
梅县区松源镇园岭村	广东省卫生健康局	2019 年广东省健康促进社区	2020 年 11 月
梅县区松源镇径口村	广东省卫生健康局	2019 年广东省健康促进社区	2020.11.
梅县区松源镇白玉村	广东省林业厅	广东省绿美古树乡村	2020 年 3 月
梅县区松源镇白玉村	中共广东省委农村工作办公室	2020 年广东省乡村治理示范村	2020 年 12 月
梅县区新城办事处工会	广东省总工会	广东省职工服务示范点	2020 年
梅县区新城办事处退役军人服务站	广东省退役军人事务厅	广东省星级示范退役军人服务站（三星级）	2020 年
梅县区白渡镇	广东省爱国卫生运动委员会	广东省卫生城镇	2021 年 1 月 21 日
梅县区白渡镇文化站	广东省文化和旅游厅	广东省特级综合文化站	2021 年 1 月 25 日
梅县区白渡镇居民委员会	广东省妇联、广东省精神文明办	广东省家庭文明建设示范点	2020 年 7 月 22 日
梅县区雁洋镇	广东省文化和旅游厅、广东省林业局	第一批广东省历史文化游径	2020 年 5 月 11 日
梅县区雁洋镇	广东省文化和旅游厅、广东省林业局	广东省 100 条森林旅游特色线路（叶帅故里—雁山湖—灵光寺—桥溪古韵）	2020 年 7 月 6 日
梅县区雁洋镇	广东省文化和旅游厅	广东省 100 个森林旅游新兴品牌地（梅州雁山湖国际花园度假区）	2020 年 7 月 6 日

续表 8

单 位	授予单位	荣誉称号	表彰时间
梅县区雁洋镇雁上村	中共广东省委组织部、广东省财政厅	开展推动红色村组织振兴建设红色美丽乡村先行试点	2020 年 12 月 12 日
梅县区雁洋镇	中共广东省委农村工作办公室、广东省农业农村厅、中共广东省委组织部、中共广东省委宣传部、广东省民政厅、广东省司法厅	2020 年广东省乡村治理示范乡（镇）名单	2020 年 12 月 29 日
梅县区雁洋镇莆里村	广东省爱国卫生运动委员会	2020 年广东省卫生村	2020 年 12 月 29 日
梅县区雁洋镇高桥村	广东省爱国卫生运动委员会	2020 年广东省卫生村	2020 年 12 月 29 日
梅县区雁洋镇黄坳村	广东省爱国卫生运动委员会	2020 年广东省卫生村	2020 年 12 月 29 日
梅县区雁洋镇添溪村	广东省爱国卫生运动委员会	2020 年广东省卫生村	2020 年 12 月 29 日
梅县区雁洋镇沿边村	广东省爱国卫生运动委员会	2020 年广东省卫生村	2020 年 12 月 29 日
梅县区雁洋镇文社村	广东省爱国卫生运动委员会	2020 年广东省卫生村	2020 年 12 月 29 日
梅县区雁洋镇林农村	广东省爱国卫生运动委员会	2020 年广东省卫生村	2020 年 12 月 29 日
梅县区雁洋镇东洲村	广东省爱国卫生运动委员会	2020 年广东省卫生村	2020 年 12 月 29 日
梅县区雁洋镇甲坑村	广东省爱国卫生运动委员会	2020 年广东省卫生村	2020 年 12 月 29 日
梅县区业余体校华侨中学	广东省体育局 广东省教育厅	高中女子足球队获“省长杯”亚军	2020 年 12 月
梅县区业余体校	广东省体育局	广东省青少年高尔夫锦标赛	2020 年 8 月
梅县区业余体校	广东省体育局	广东省青少年高尔夫锦标赛甲组男子（刘永涛，钟明兴）团体第七	2020 年 8 月

续表 8

单　位	授予单位	荣誉称号	表彰时间
梅县区业余体校	广东省体育局	广东省青少年高尔夫锦标赛甲组女子（古嘉宁，黄奕樱，林诗娴）团体第五	2020 年 8 月
梅县区业余体校	广东省体育局	广东省青少年高尔夫锦标赛乙组男子（高祖，黄健霖，刘皓然）团体第十	2020 年 8 月
梅县区业余体校	广东省体育局	广东省青少年高尔夫锦标赛乙组女子（高安，刘凯云，刘玉薇）团体第七广东省青少年高尔夫锦标赛甲组男子（刘永涛，钟明兴）团体第七	2020 年 8 月
梅县区业余体校	广东省体育局	广东省青少年高尔夫锦标赛甲组女子（古嘉宁，黄奕樱，林诗娴）团体第五	2020 年 8 月
梅县区业余体校	广东省体育局	广东省青少年高尔夫锦标赛乙组男子（高祖，黄健霖，刘皓然）团体第十	2020 年 8 月
梅县区业余体校	广东省体育局	广东省青少年高尔夫锦标赛乙组女子（高安，刘凯云，刘玉薇）团体第七	2020 年 8 月
梅县发布南方号	南方报业传媒集团	广东好货（2020）主题活动好货推荐奖	2020 年 9 月
梅县发布南方号	南方报业传媒集团	2020 年广东政务新媒体年度区县传播力奖	2021 年 1 月
梅州市梅县区司法局	广东省司法厅	集体二等功	2020 年 2 月 24 日
中山大学附属第三医院粤东医院	中共广东省委、广东省人民政府	广东省抗击新冠肺炎疫情先进集体	2020 年 1 月
中山大学附属第三医院粤东医院	广东省总工会	2015—2019 年“工会女职工工作先进集体”	2020 年 11 月

市级先进单位一览表

表 9

单 位	授予单位	荣誉称号	表彰时间
广东电网有限责任公司梅州梅县供电局程江供电所	中共梅州市委员会	2020年梅州市先进集体	2020年12月18日
梅州市梅县区司法局	中共梅州市委 梅州市人民政府	2019年梅州市创建全国文明城市平安建设工作先进单位	2020年7月14日
梅县区程江镇党委	中共梅州市委员会	梅州市先进基层党组织	2020年12月
梅县区程江镇党委	中共梅州市委 梅州市人民政府	梅州市抗击新冠肺炎疫情先进集体	2020年12月
广东省烟草梅州市有限公司梅县分公司	中共梅州市委 梅州市人民政府	2020年“梅州市先进集体”荣誉称号	2020年12月
梅县区城东镇	中共梅州市委 梅州市人民政府	2019年度梅州市安保维稳工作先进集体	2020年7月
梅州市公安局梅县区分局应对抗击新冠肺炎疫情工作专班临时党支部	中共梅州市委 梅州市人民政府	先进集体	2020年
梅州市公安局梅县区分局	中共梅州市委员会	梅州市先进基层党支部	2020年
梅县区教育局	中共梅州市委 梅州市人民政府	2019年梅州市创建全国文明城市工作先进单位	2020年7月
梅县区科工商务局	中共梅州市委 梅州市人民政府	梅州市抗击新冠肺炎疫情先进集体	2020年12月
石坑镇人民政府	梅州市精神文明建设委员会	梅州市文明村镇	2021年1月14日
广东烟草梅州市有限公司梅县分公司	中共梅州市委 梅州市人民政府	梅州市先进集体	2020年
广东电网有限责任公司梅州梅县供电局程江营业点	中共梅州市委 梅州市人民政府	梅州市先进集体	2020年

续表 9

单　位	授予单位	荣誉称号	表彰时间
广东嘉元科技股份有限公司	中共梅州市委 梅州市人民政府	梅州市先进集体	2020 年
梅县区卫生健康局	中共梅州市委 梅州市人民政府	梅州市先进集体	2020 年
梅州农村商业银行股份有限公司	中共梅州市委 梅州市人民政府	梅州市先进集体	2020 年
梅州高新技术产业开发区梅县区（扶大）园区管理委员会	中共梅州市委员会	梅州市先进基层党组织	2020 年
中共梅州市梅县区白渡镇委员会	中共梅州市委 梅州市人民政府	2019 年度梅州市安保维稳工作先进集体	2020 年 7 月 16 日
梅县区雁洋镇黄坳村怀永庄	梅州市人民政府	第七批梅州市文物保护单位	2020 年 3 月 19 日
梅州市梅县区卫生健康局	中共梅州市委 梅州市人民政府	梅州市先进集体	2020 年 12 月
梅州市梅县区卫生健康局	中共梅州市委 梅州市人民政府	梅州市抗击新冠肺炎疫情先进集体	2020 年 12 月

先 进 个 人

国家级先进个人一览表

表 10

单位	姓名	授予单位	荣誉称号	表彰时间
梅县区人民法院	刘国勇	最高人民法院	全国法院人民法庭工作先进个人	2020 年 4 月
梅县区司法局	王　芸	司法部	全国公共法律服务管理工作先进个人	2020 年 1 月 16 日
梅县区司法局	张玲玲	司法部	在“大排查、早调解、护稳定、迎国庆”专项活动表现突出予以通报表扬	2020 年 1 月 8 日
梅县区妇女联合会	余红梅	中华全国妇女联合会	全国家庭工作先进个人	2020 年 12 月
梅县区农业农村局	钟永辉	农业农村部	农业农村部第二届“最美农技员”	2020 年 9 月 21 日
梅县区检察院	辜颖珊	最高人民检察院案件管理办公室	“2020 年全国检察机关案件管理理论与实务研究”征文活动三等奖	2020 年 11 月 5 日
农工党梅县区委员会	林百润	农工党中央	抗击新冠肺炎疫情先进个人	2020 年 12 月 28 日
梅县区疾控中心卫生医师	庄美艳	中国疾病预防控制中心慢性非传染性疾病预防控制中心	死因报告登记工作先进个人	2020 年 3 月

省级先进个人一览表

表 11

单位	姓名	授予单位	荣誉称号	表彰时间
梅县区残疾人联合会	王艾平	广东省人力资源和社会保障厅、广东省残疾人联合会	广东省残联系统先进工作者	2019 年 10 月
民革梅州市梅县区委员会	古海平	中国国民党革命委员会广东省委员会	2020 年抗击新冠肺炎疫情工作优秀奖	2020 年 6 月
民革梅州市梅县区委员会	梁淑芳	中国国民党革命委员会广东省委员会	2020 年抗击新冠肺炎疫情工作优秀奖	2020 年 6 月
广东省烟草梅州市有限公司梅县分公司	戴新导	广东省总工会	2019 年度“广东省优秀职工之友”称号	2020 年 6 月
广东省烟草梅州市有限公司梅县分公司	谢志东	广东省烟草学会	“2019 年学术年会论文”[illegible]等奖	2020 年 7 月
广东省烟草梅州市有限公司梅县分公司	时　映	广东省烟草学会	“2019 年学术年会论文”三等奖	2020 年 7 月
致公党梅州市梅县区委员会	李发达	致公党广东省委员会（致公党广东省十二届四次全会）	广东省优秀致公党员	2020 年 4 月 26 日
致公党梅州市梅县区委员会	张晴洪	致公党广东省委员会（致公党广东省十二届四次全会）	社会服务工作先进个人	2020 年 4 月 26 日
梅县区农业农村局	李永生	广东省农业农村厅	广东省 2020 年十大杰出高素质农民	2020 年 9 月 18 日
民盟梅州市梅县区委员会	赖瑜明	广东省文化和旅游厅	第四届广东省基层先进文化工作者	2020 年 5 月
农工党梅县区委员会	林百润	农工党广东省委员会	疫情防控工作一线先进个人	2020 年 6 月 12 日

续表 11

单位	姓名	授予单位	荣誉称号	表彰时间
农工党梅县区委员会	刘　智	农工党广东省委员会	疫情防控捐赠先进个人	2020 年 6 月 12 日
梅县区文化广电旅游局	刘谦隆	广东省文化和旅游厅	第十四届广东省艺术节——大型山歌剧《春闹》（单项奖）优秀表演奖	2020 年 12 月 6 日
梅县区文化广电旅游局	赖瑜明	广东省文化和旅游厅	广东省基层先进文化工作者称号	2020 年 6 月 8 日
梅州市生态环境局梅县分局	黄伟政	广东省第二次全国污染源普查领导小组办公室	广东省第二次全国污染源普查表现突出的个人	2021 年 2 月 5 日
梅州市生态环境局梅县分局	赖志宇	广东省第二次全国污染源普查领导小组办公室	广东省第二次全国污染源普查表现突出的个人	2021 年 2 月 5 日
梅州市生态环境局梅县分局	刘　彪	广东省第二次全国污染源普查领导小组办公室	广东省第二次全国污染源普查表现突出的个人	2021 年 2 月 5 日
梅州市生态环境局梅县分局	黄佳霖	广东省第二次全国污染源普查领导小组办公室	广东省第二次全国污染源普查表现突出的个人	2021 年 2 月 5 日
梅州市生态环境局梅县分局	林　方	广东省生态环境厅、广东省自然资源厅、广东省农业农村厅	全省农用地详查表现突出个人	2021 年 2 月 2 日
梅州市生态环境局梅县分局	黄　灏	广东省生态环境厅	全省生态环境保护执法工作表现突出个人	2020 年 12 月 1 日
梅州市生态环境局梅县分局	廖　杰	广东省生态环境厅	全省生态环境监测工作表现突出的个人	2021 年 1 月 28 日
共青团梅州市梅县区委员会	魏南辉	中共广东省委广东省人民政府	广东省抗击新冠肺炎疫情先进个人	2020 年 10 月 1 日

续表 11

单位	姓名	授予单位	荣誉称号	表彰时间
梅县区业余体校	刘文威	广东省体育局	广东省青少年拳击锦标赛男子甲组 52 公斤第五名	2020 年 8 月
梅县区业余体校	金　华	广东省体育局	广东省青少年乒乓球锦标赛甲组双打第三名	2020 年 8 月
梅县区新城工委办事处	陈晓师	广东社工“双百计划”项目办公室（广东绿耕社会工作发展中心）、广东省社会工作发展促进会	优秀副站长	2020 年 6 月 9 日
中山大学附属第三医院粤东医院管理顾问（梅县区新冠疫情防控专家组组长）	李　刚	中共广东省委 广东省人民政府	广东省劳动模范	2020 年
广东嘉元科技股份有限公司技术工程师	钟孟捷	中共广东省委 广东省人民政府	广东省劳动模范	2020 年
中山大学粤东医院管理顾问、双聘学科带头人	李　刚	中共广东省委 广东省人民政府	广东省抗击新冠肺炎疫情先进个人	2020 年 1 月
中山大学粤东医院临床技能中心主任	李　先	中共广东省委 广东省人民政府	广东省抗击新冠肺炎疫情先进个人	2020 年 1 月
中山大学粤东医院呼吸与危重症医学科副主任	舒昱立	中共广东省委 广东省人民政府	广东省抗击新冠肺炎疫情先进个人	2020 年 1 月
中山大学粤东医院管理顾问、双聘学科带头人	李　刚	中共广东省委 广东省人民政府	“广东省劳动模范”称号	2020 年 12 月

续表 11

单位	姓名	授予单位	荣誉称号	表彰时间
中山大学粤东医院呼吸与危重症医学科副主任	舒昱立	广东省卫生健康委员会	最美逆行者	2020 年 5 月
程江镇卫生院院长	叶东方	广东省基层卫生协会	中国社区卫生协会“守土尽职守望相助”城乡社区卫生机构和城乡社区卫生工作者关爱行动中社区卫生工作者	2020 年 9 月
广梅开发区医院护理部副主任兼综合科护士长	温志英	广东省总工会	授予“广东省五一劳动奖章”	2020 年 3 月
中山大学粤东医院团委副书记	廖伟锋	共青团广东省委员会	2019—2020 年度“广东省优秀共青团干部”	2020 年 5 月
中山大学粤东医院	余璇新	共青团广东省委员会	2019—2020 年度“广东省优秀共青团干部”	2020 年 5 月
中山大学粤东医院	林依婷	共青团广东省委员会	2019—2020 年度“广东省优秀共青团干部”	2020 年 5 月
中山大学粤东医院	张素嫦	共青团广东省委员会	2019—2020 年度“广东省优秀共青团干部”	2020 年 5 月
中山大学粤东医院	杨茹钰	共青团广东省委员会	2019—2020 年度“广东省优秀共青团干部”	2020 年 5 月
中山大学粤东医院门诊护士长	谢玉燕	广东省护理学会、广东省护士协会	2020 年全国抗击“新冠”肺炎战疫中，逆行出征，驰援湖北，授予荣誉证书	2020 年 5 月
中山大学粤东医院	余璇新	广东省护理学会、广东省护士协会	2020 年全国抗击“新冠”肺炎战疫中，逆行出征，驰援湖北，授予荣誉证书	2020 年 5 月
中山大学粤东医院	林依婷	广东省护理学会、广东省护士协会	2020 年全国抗击“新冠”肺炎战疫中，逆行出征，驰援湖北，授予荣誉证书	2020 年 5 月
中山大学粤东医院	钟　敏	广东省护理学会、广东省护士协会	2020 年全国抗击“新冠”肺炎战疫中，逆行出征，驰援湖北，授予荣誉证书	2020 年 5 月

续表 11

单位	姓名	授予单位	荣誉称号	表彰时间
中山大学 粤东医院	张素嫦	广东省护理学会、 广东省护士协会	2020 年全国抗击“新冠”肺炎战疫中，逆行出征，驰援湖北，授予荣誉证书	2020 年 5 月
中山大学 粤东医院	杨茹钰	广东省护理学会、 广东省护士协会	2020 年全国抗击“新冠”肺炎战疫中，逆行出征，驰援湖北，授予荣誉证书	2020 年 5 月
中山大学 粤东医院	梁　姬	广东省护理学会、 广东省护士协会	2020 年全国抗击“新冠”肺炎战疫中，逆行出征，驰援湖北，授予荣誉证书。	2020 年 5 月
中山大学 粤东医院	宋宏中	中国农工民主党 广东省委员会	新冠肺炎疫情防控工作一线先进个人	2020 年 6 月
中山大学粤东医院感染性疾病科二区区长	李干文	中国农工民主党 广东省委员会	新冠肺炎疫情防控工作一线先进个人	2020 年 6 月
中山大学粤东医院内分泌科病区护士长	刘雅芳	中国农工民主党 广东省委员会	新冠肺炎疫情防控工作一线先进个人	2020 年 6 月
中山大学粤东医院	林百润	中国农工民主党 广东省委员会	新冠肺炎疫情防控工作一线先进个人	2020 年 6 月
广梅开发区医院护理部副主任兼综合科护士长	温志英	广东省护理学会、广东省护士协会	2020 年全国抗击“新冠”肺炎战疫中，逆行出征，驰援湖北，授予荣誉证书	2020 年 5 月

市级先进个人一览表

表 12

单位	姓名	授予单位	荣誉称号	表彰时间
梅县区税务局	罗志坚	中共梅州市委员会	2019 年梅州市创建全国文明城市工作先进个人	2020 年 7 月 14 日
梅州市公安局梅县区分局	赵松立	中共梅州市委 梅州市人民政府	梅州市抗击新冠肺炎疫情先进个人	2020 年
梅州市公安局梅县区分局	赵松立	中共梅州市委员会	梅州市优秀共产党员	2020 年
梅县区新城工委办事处	温清华	中共梅州市委员会	梅州市优秀共产党员	2020 年 12 月
梅县区新城工委办事处	温清华	中共梅州市委 梅州市人民政府	梅州市抗击新冠肺炎疫情先进个人	2020 年 12 月
广东超华科技股份有限公司技术负责人	刘吉扬	中共梅州市委 梅州市人民政府	梅州市劳动模范	2020 年
卡莱（梅州）橡胶制品有限公司叉车科长	叶勤图	中共梅州市委 梅州市人民政府	梅州市劳动模范	2020 年
广东宝丽华新能源股份有限公司董事长	宁远喜	中共梅州市委 梅州市人民政府	梅州市劳动模范	2020 年
梅县区教育局教研室主任	温荣华	中共梅州市委 梅州市人民政府	梅州市劳动模范	2020 年
中山大学附属第三医院粤东医院医师（粤东医院援武医疗队队长）	舒昱立	中共梅州市委 梅州市人民政府	梅州市劳动模范	2020 年
梅县区松口镇大黄村党委书记	廖建明	中共梅州市委 梅州市人民政府	梅州市劳动模范	2020 年
中共梅县区委政法委员会	宋汉平	中共梅州市委 梅州市人民政府	2019 年度梅州市安保维稳工作先进个人	2020 年 7 月

续表 12

单位	姓名	授予单位	荣誉称号	表彰时间
中共梅县区委政法委员会	何皓儒	中共梅州市委 梅州市人民政府	2019 年度梅州市安保维稳工作先进个人	2020 年 7 月
中共梅县区委宣传部	黄雄安	中共梅州市委 梅州市人民政府	2019 年梅州市创建全国文明城市工作先进个人	2020 年 7 月
梅县区卫健局党组书记、局长	钟匡仁	中共梅州市委员会	梅州市优秀共产党员	2020 年 12 月
梅县区中医医院党总支书记、院长	冯华坚	中共梅州市委员会	梅州市优秀共产党员	2020 年 12 月
梅县区丙村镇中心卫生院院长	黄大可	中共梅州市委员会	梅州市优秀共产党员	2020 年 12 月
梅县区卫健局党组书记、局长	钟匡仁	中共梅州市委 梅州市人民政府	梅州市抗击新冠肺炎疫情先进个人	2020 年 12 月
中山大学粤东医院	杨振辉	中共梅州市委 梅州市人民政府	梅州市抗击新冠肺炎疫情先进个人	2020 年 12 月
中山大学粤东医院	钟　敏	中共梅州市委 梅州市人民政府	梅州市抗击新冠肺炎疫情先进个人	2020 年 12 月
中山大学粤东医院	丘伟杰	中共梅州市委 梅州市人民政府	梅州市抗击新冠肺炎疫情先进个人	2020 年 12 月
中山大学粤东医院	林百润	中共梅州市委 梅州市人民政府	梅州市抗击新冠肺炎疫情先进个人	2020 年 12 月
中山大学粤东医院门诊护士长	谢玉燕	中共梅州市委 梅州市人民政府	梅州市抗击新冠肺炎疫情先进个人	2020 年 12 月
广梅开发区医院护理部副主任	温志英	中共梅州市委 梅州市人民政府	梅州市抗击新冠肺炎疫情先进个人	2020 年 12 月
中山大学粤东医院	梁　姬	中共梅州市委 梅州市人民政府	梅州市抗击新冠肺炎疫情先进个人	2020 年 12 月
中山大学粤东医院	张素嫦	中共梅州市委 梅州市人民政府	梅州市抗击新冠肺炎疫情先进个人	2020 年 12 月

续表 12

单位	姓名	授予单位	荣誉称号	表彰时间
中山大学粤东医院	余璇新	中共梅州市委 梅州市人民政府	梅州市抗击新冠肺炎疫情先进个人	2020 年 12 月
中山大学粤东医院	杨茹钰	中共梅州市委 梅州市人民政府	梅州市抗击新冠肺炎疫情先进个人	2020 年 12 月
中山大学粤东医院	林依婷	中共梅州市委 梅州市人民政府	梅州市抗击新冠肺炎疫情先进个人	2020 年 12 月
梅县区中医院党总支书记、院长	冯华坚	中共梅州市委 梅州市人民政府	梅州市抗击新冠肺炎疫情先进个人	2020 年 12 月
梅县区慢性病防治院医务科主任、皮肤性病科主任	钟天荣	中共梅州市委 梅州市人民政府	梅州市抗击新冠肺炎疫情先进个人	2020 年 12 月
梅县区妇幼保健院医教科主任	丘宝才	中共梅州市委 梅州市人民政府	梅州市抗击新冠肺炎疫情先进个人	2020 年 12 月
梅县区疾控中心副主任	陈复才	中共梅州市委 梅州市人民政府	梅州市抗击新冠肺炎疫情先进个人	2020 年 12 月
梅县区南口镇中心卫生院医师	张　清	中共梅州市委 梅州市人民政府	梅州市抗击新冠肺炎疫情先进个人	2020 年 12 月
梅县区梅南镇卫生院医务组长	张勇嘉	中共梅州市委 梅州市人民政府	梅州市抗击新冠肺炎疫情先进个人	2020 年 12 月
梅县区梅南镇卫生院护师	庄会琼	中共梅州市委 梅州市人民政府	梅州市抗击新冠肺炎疫情先进个人	2020 年 12 月
梅县区梅南镇卫生院检验组长	曾向党	中共梅州市委 梅州市人民政府	梅州市抗击新冠肺炎疫情先进个人	2020 年 12 月
梅县区程江镇卫生院副院长	李苑萍	中共梅州市委 梅州市人民政府	梅州市抗击新冠肺炎疫情先进个人	2020 年 12 月
梅县区畲江镇中心卫生院医师	刘远良	中共梅州市委 梅州市人民政府	梅州市抗击新冠肺炎疫情先进个人	2020 年 12 月
梅县区丙村镇中心卫生院院长	黄大可	中共梅州市委 梅州市人民政府	梅州市抗击新冠肺炎疫情先进个人	2020 年 12 月
梅县区松口镇中心卫生院副院长	饶小安	中共梅州市委 梅州市人民政府	梅州市抗击新冠肺炎疫情先进个人	2020 年 12 月
中山大学粤东医院呼吸与危重症医学科副主任	舒昱立	中共梅州市委 梅州市人民政府	梅州市劳动模范	2020 年 12 月

文献辑存

接续奋斗　破难攻坚
奋力实现梅县苏区全面建成小康社会

——在区委一届九次全会第一次全体会议上的报告

（2020 年 1 月 15 日）

吴泽桐

同志们：

现在，我受区委常委会委托，向全会作工作报告，请予审议。

一、2019 年工作回顾

2019 年，区委常委会坚持以习近平新时代中国特色社会主义思想为指导，深入贯彻习近平总书记对广东重要讲话和重要指示批示精神，坚决落实省委“1+1+9”工作部署，认真贯彻落实全省推进老区苏区振兴发展工作现场会精神，贯彻落实市委“123456”思路举措，深入推进区委“13365”工作举措，用心用情用功推动梅县苏区振兴发展，全区经济社会实现稳步健康发展，各项事业取得新进步。

一年来，我们集中精力办好了几件大事。一是扎实开展“不忘初心、牢记使命”主题教育。严格按照“守初心、担使命，找差距、抓落实”的总要求，把学习教育、调查研究、检视问题、整改落实贯穿主题教育全过程，推动主题教育全覆盖，实现“理论学习有收获、思想政治受洗礼、干事创业敢担当、为民服务解难题、清正廉洁作表率”的目标。二是积极实施“三好一正”工程。成功举办或承办了 2019 客商银行 · 世界客都梅州马拉松赛、健康“一带一路”暨传承创新发展中医药院士研讨会、中国柑橘学会 2019 年学术年会暨梅州柚产业发展推进会、2019 年梅州柚产销对接大会暨金柚飘香文化旅游节、广东（梅州）“稻鱼共生”丰收庆典暨“稻渔综合种养”产业发展论坛等大型活动，进一步提升了梅县形象，展现了梅县魅力，提振了干事创业精气神。三是推动一批大项目、好项目落地见效。高铁梅州西站和畲江北站站前广场建成投入使用，成为梅州网红“打卡地”；投资50亿元的客都人家项目，从签约到动工仅用半年时间；嘉元科技成为全国首批科创板上市企业，建成全市首家国家企业技术中心；新引进天虹购物中心、昌盛实验学校等总投资70亿元的13个项目，总投资10亿元的14个基础设施和产业项目动工建设。四是积极增创亮点工作。我们积极抓重点、创亮点，增添了多张新名片。获评全国农村一、二、三产业融合发展先导区、国家现代农业产业园、全国森林康养基地试点建设区、广东省特色农产品优势区、广东省首批全域旅游示范区。

一年来，我们的工作主要体现在“六个进一步”。

（一）党的建设进一步加强。把学习贯彻习近平新时代中国特色社会主义思想作为全区各级党组织学习的第一议题，深入开展党员干部教育培训，引导全区党员干部不断增强“四个意识”，坚定“四个自信”，做到“两个维护”。贯彻落实加强党的基层组织建设三年行动计划，深化推进“头雁工程”“党员先锋工程”和模范机关创建，基层党组织的组织力得到进一步提升。坚持正确选人用人导向，党员干部工作热情进一步激发。全面落实党委（党组）意识形态工作责任，各类宣传舆论阵地建设得到加强。建成全市首个党史新中国史主题展馆，九龙嶂革命旧址群被评为省级党史教育基地。严格规范党内政治生活，认真开展党章党规党纪教育，良好的政治生态持续巩固。深化政治巡察，全区常规巡察完成率达到84%、村级巡察完成率达到61%。严格落实中央八项规定精神，保持反腐败高压态势，全年立案查处党员干部182件182人，给予党纪政务处分168人。坚定不移发展社会主义民主政治，加强和改善党委对人大、政协工作的领导，爱国统一战线持续巩固壮大，人民团体作用进一步发挥，党管武装、全民国防教育、军民融合发展取得新成绩。

（二）经济发展质量进一步提升。认真落实“六稳”措施，有效应对经济下行压力，全年生产总值比增3.8%；规上工业增加值40.82亿元，固定资产投资增长6.8%；完成税收收入31.31亿元，一般公共预算收入15.88亿元，全区经济运行呈现稳中趋好态势。实施创新驱动战略，认定国家级高新技术企业11家，全区高企数量达37家。产业平台建设进一步加快，梅州综保区申报工作取得突破性进展，松棚铁路货场前期工作有序推进，产业集聚地落户企业72家，建成投产54家。组建客客柚果有限公司，金柚产业集群化发展水平得到提升。电子商务发展迅速，全年交易额突破60亿元。55个重点项目和“三个10”项目有序推进，增强了后发优势。

（三）发展环境进一步优化。梅汕高铁、梅平高速、梅畲快线建成通车，东环高速、葵岗互通立交建设顺利推进，梅龙高铁动工建设，瑞梅铁路前期工作有序推进；完成国省道提升改造112公里；持续推进“四好农村路”建设，完成旅游公路、主村道升级改造及通自然村路面硬化434公里，完成农村公路安全生命防护工程治理364公里。建成城市“十个一批”项目，国商中心烂尾楼问题有效解决，人民南路断头路实现贯通。“两美”行动深入开展，城市环境得到优化提升。雁洋经济发达镇行政管理体制改革试点稳步推进。“放管服”“一门一网式”“马上办”改革持续深化，“数字政府”建设有效推进，营商环境持续优化。

（四）生态文旅优势进一步凸显。坚持生态优先，打好蓝天、绿水、净土保卫战，完成市下达的污染减排任务，全年城区空气质量优良率达98.9%，城区饮用水源水质100%达标。大力查处整治违法违规用地，自然资源保护水平不断提升。完成造林与生态修复6.1万亩，全区森林覆盖率达75.36%，“一包三年、一种三抚育”造林新模式在全省推广。打造雁洋、松口、南口多个乡村旅游精品线路，推动文化、旅游、生态、农业“四位一体”联动发展。全年接待游客2068万人次，实现旅游总收入174亿元，同比分别增长8.2%、9.1%。

（五）美丽乡村进一步提质。聚焦连线连片

打造、乡村产业发展和人居环境整治等重点，全域推进美丽乡村建设。全面推进“三清三拆三整治”等专项行动，完成“厕所革命”年度任务，基本完成1386个自然村环境整治。全面完成行政村村庄规划编制，实现宅基地和农房建设管理全覆盖。建成美丽庭院1900户，创建美丽庭院示范村57个、示范户250户。完成7个镇11个农村生活垃圾填埋场专项整改，13个镇建立生活垃圾分类推广示范点，设立38个垃圾分类兑换超市。建成11个镇级、91个村级污水处理设施。

（六）民生福祉进一步改善。坚持量力而行、尽力而为，办好十件民生实事。雁洋镇中心小学建成投入使用，第二实验幼儿园等一批学校新建和扩建工程加快推进，完成“区管校聘”改革。健全区、镇、村三级医疗服务网络，基层医疗卫生信息化和紧密型医联体建设稳步推进。粤东医院胸痛中心通过国家认证，中医医院、妇幼保健院成功创建“二甲”。镇级农民健身广场实现全覆盖。全力打好脱贫攻坚战，贫困户脱贫6980户15444人，脱贫率99.89%；6755户14882人退出相对贫困人口，退出率96.26%；32个省定贫困村全部退出相对贫困村行列。深入实施“客家菜师傅”工程，玉水村获评广东首个“厨师之乡”，石赖村获评中国“烘焙之乡”。城镇新增就业2800人，城镇登记失业率2.38%。扎实推进全国文明城市创建工作，志愿服务工作蓬勃发展，入选新时代文明实践中心建设省级试点。华侨中学女足蝉联“省长杯”冠军。扎实开展扫黑除恶专项斗争，“飓风2019”打击成效全市第一，“平安之乡”建设稳步推进，全区安全生产形势持续稳定向好。

在看到成绩的同时，我们也清醒地认识到，工作中还存在不少问题和短板。经济下行压力仍然较大，产业发展层次仍然偏低，支撑力强的工业骨干企业、竞争力强的农业龙头企业仍然缺乏；交通等基础设施仍需进一步完善，与对外快速联通、对内全面畅通的目标还有较大差距，城市基础设施建设欠账仍然较多；民生服务和保障水平仍需进一步提升，教育、医疗等民生保障能力与群众期望仍有不小差距；党员干部的能力水平与新时代的要求还有差距，有些部门主动担当作为的意识、大胆创新工作的能力还不够强，等等。我们要高度重视，采取有力措施，切实加以解决。

二、形势和任务

今年是全面建成小康社会决胜之年，是“十三五”规划收官之年，是打赢脱贫攻坚战的决战之年，做好今年工作意义重大。当前，我国正处在转变发展方式、优化经济结构、转换增长动力的攻关期，结构性、体制性、周期性问题相互交织，“三期叠加”影响持续深化，经济下行压力加大。世界经济增长持续放缓，中美贸易摩擦升级，世界大局加速演变。习近平总书记深刻指出，困难和挑战是前进道路上必然会遇到的，我国经济稳中向好、长期向好的趋势没有改变，仍处于重要战略机遇期。李希书记强调，要深刻领悟习近平总书记关于“两个大局”的重要论述精神，准确把握“稳和进”“危和机”“守和战”的辩证关系，做到“八个必须”。陈敏书记强调，要强化“两山”论，突出重点论，用好矛盾论，因势而谋、顺势而为、乘势而上。我们要深刻领悟习近平总书记关于“两个大局”的重要论述精神，深刻领会省委十二届九次全会、市委七届八次全会的精神，把握大局大势，坚定信心决心，抢抓发展机遇，推动中央、省委和市委的决策部署在梅县落地落实。

（一）必须强化政治引领。习近平新时代中国特色社会主义思想的科学指引，中国特色社会主义制度的巨大优越性，是我们应对一切风险挑战的最大优势，是我们推动工作、解决问题的根本遵循。我们要深入学习贯彻习近平新时代中国特色社会主义思想，深入贯彻落实总书记对广东重要讲话和重要指示批示精神，深入贯彻落实总书记关于老区苏区振兴发展的重要论述，更加自觉地同以习近平同志为核心的党中央保持高度一致，牢记使命、感恩奋进，用实际行动树牢“四个意识”、坚定“四个自信”、做到“两个维护”。

（二）必须强化机遇意识。建设粤港澳大湾

区、支持深圳建设先行示范区，是党中央赋予广东实现高质量发展的重大历史使命，也是当前广东发展的重大历史机遇，必将带动全省的高质量发展。中央和省出台了实施乡村振兴战略、支持原中央苏区加快振兴发展系列政策，省将实施新一轮对口帮扶，为苏区振兴发展提供有力支撑。这些机遇非常难得，我们要倍加珍惜，主动对接、积极谋划、抢抓落实，盘活用好自身资源，积极争取各级政策资金和项目支持，把各类资源汇集到抓重点、补短板、强弱项上，把机遇转化为实实在在的行动举措，把高质量发展之路走对走实走好。

（三）必须强化创新思维。改革开放以来，梅县区取得了令人瞩目的成绩，靠的就是梅县人民解放思想、敢闯敢干、拼搏奋斗。新时代实现梅县苏区振兴发展，依然要靠不断解放思想、创新思路。我们要敢于打破思维“天花板”，保持锐意创新、敢为人先的勇气，破除经验主义、主观偏见的束缚，跳出条条框框限制、形成人人争先，越是艰险越向前的奋进态势。在谋划改革发展上创新思路，在解决矛盾问题上创新举措，在激发基层活力上创新机制，厚植发展优势，接续奋斗、再创佳绩。

（四）必须强化担当作为。习近平总书记指出，良好的精神状态是做好一切工作的重要前提。当前，我区干部队伍能力素质、工作作风、精神状态总体上是好的，但也有少数干部精神游离、作风散漫，不愿担当、不敢担当、不会担当的问题不同程度存在。我们要弘扬苏区精神和叶帅精神，立足梅县长远发展，以造福苏区群众为己任，养成“带头干”的习惯、强化“我来干”的意识、提高“马上干”的效率，遇到问题和困难少抱怨、少推诿，多提思路、多想办法，把时间和精力集中在解决难题、促进发展上，干出新气象、展现新作为。

今年工作的总体要求是，坚持以习近平新时代中国特色社会主义思想为指导，全面贯彻党的十九大和十九届二中、三中、四中全会以及中央经济工作会议精神，坚决贯彻落实党的基本理论、基本路线、基本方略，深入贯彻落实习近平总书记对广东重要讲话和重要指示批示精神，增强“四个意识”、坚定“四个自信”、做到“两个维护”，紧扣全面建成小康社会目标任务，落实省委“1+1+9”工作部署，落实全省推动老区苏区振兴发展工作现场会精神，主动服务融入粤港澳大湾区和深圳先行示范区建设，积极对接广州“四个出新出彩”，全面做好“六稳”工作，统筹推进稳增长、促改革、调结构、惠民生、防风险、保稳定各项工作，落实市委“123456”思路举措，深化区委“13365”工作举措，全力打造宜居宜业宜游“美丽梅县·客都明珠”，决战决胜全面建成小康社会和“十三五”规划圆满收官。

经区委常委会研究确定，今年我区的发展目标是，地区生产总值增长4.5%—5%，居民人均可支配收入增速高于经济增速，这是经过深入调研和充分研究提出的，我们要全力以赴确保完成，力争完成得更好。

三、2020年重点工作

做好2020年工作，我们要弘扬一心为民的苏区精神，拿出赛龙夺锦的志气，拿出破难攻坚的担当，拿出抓铁有痕的韧劲，全力做大做强特色优势产业，着力提升城市品质，强力推进乡村振兴，致力推动产城乡融合发展，干好打基础、利长远、惠民生的实事，走实生态优先、绿色发展的道路，重点抓好九方面工作：

（一）加快发展优势产业，推动经济高质量发展。省委全会强调，推动苏区振兴发展，要着力培育发展特色优势产业，增强内生动力。我们要突出特色优势产业，坚持一手抓现有企业增资扩产、一手抓招商引资，实施“补链延链强链”工程，推动产业优势、生态优势转化为发展优势。

做大绿色低碳先进制造业。以推进供给侧结构性改革为主线，积极实施创新驱动战略，推动传统产业转型升级，着力培育壮大优势产业。支持超华科技、嘉元科技等企业，瞄准高端铜箔领域，加大技术改造力度，发展壮大电子信息产业集群；完善城东白渡园区基础设施建设，力促BPW车轴、庆达实业、福德金属等加快技术能力提升，提高产业集聚度，打造全省重要的汽车零部件先进制造基地。支持以荷树园电厂为龙头的电力产业稳定发展。支持嘉元科技国家企业技术中心、超华科技—上海交通大学电子材料联合研究中心等平台建设，推动科技成果转化。鼓励梅雁吉祥、宝新能源、集一家居等13家上市公司借力资本市场，增资扩产、转型升级、做强实业。发挥平台对产业发展的推动作用，加快推进梅州综保区、梅州国际无水港（松棚铁路货场）、创新创业孵化园三大平台的建设，打造服务全市产业发展的新平台。加快区级国有企业改革，盘活国有资产，整合资源，更好地发挥国有企业在产业园区、城市和交通基础建设方面的作用。

发展壮大文化旅游体育产业。积极打造梅州文化旅游强区，进一步提高文化旅游产业的发展定位，整合提升A级景区、名人故居、古镇古村、优美生态等优势资源，打造串联全市主要景区、景点的精品旅游线路，促进“文化+旅游”的深度融合发展。积极打造梅州文化旅游新名片，以客都人家、梅州古城两大龙头项目为重点，打造有影响力的文旅产业IP。积极打响梅县文化旅游品牌，以建设省级全域旅游示范区、创建国家级旅游度假区两大品牌为重点，发挥雁洋国家级文化旅游特色小镇优势，建设粤东旅游第一名镇，加快规划建设华侨文化旅游经济合作试验区。深挖足球之乡优势资源，积极打造梅县足球青训基地，支持服务广东华南虎俱乐部发展，办好足球联赛等赛事，推动体育产业与文旅产业互动发展。

举全区之力保障世界客商大会顺利召开。举办世界客商大会是梅州的大事，是全省的喜事，是全球客商的盛事。梅县区作为大会举办的主要活动所在地，全区上下要树牢“主人翁”意识，以强烈的责任担当,以最饱满的热情、最高效的工作、最靓丽的环境迎接客商大会，全力做好各项筹备工作，确保客商大会顺利举办、圆满成功。加快客都人家等重点项目建设，确保如期高质量交付使用；认真谋划客商大会梅县“三个一批”项目，以好项目、大项目、绿色项目促进梅县苏区振兴发展。

（二）加快完善基础设施，持续优化发展环境。充分发挥基础设施建设对经济社会发展的关键性、引领性、支撑性作用，持续扩大有效投资，全力以赴推进71项年度重点项目建设，增强发展的后劲。着力推进机场、高铁、高速、国省道、农村公路“五大”交通工程，不断提升“内联外畅”的立体交通网络，积极打造“交通强区”。围绕“五龙入梅”目标，打造粤东北区域高铁枢纽，全力加快梅州至龙川高铁征地拆迁，保障无障碍施工；助推瑞梅铁路、龙岩至梅州高铁动工建设。确保完成东环高速、葵岗互通立交项目建设，加快推进梅州至潮州、梅县至永定高速前期工作。优化形成全区国省道骨干网络，加快东部快线建设进度，加快开工建设西部快线，谋划梅华公路升级改造，加快推进国道G205线、G206线梅州城区改线项目，形成主城区绕城公路环线。提升县乡公路等级水平，高质量建设“四好农村路”，继续创建全国“四好农村路”示范县。规划建设1—2个客运枢纽站场。推进西雁大堤“万里碧道”省级示范工程及韩江治理、全域自然村集中供水等工程建设，持续推进中小河流治理。加快推进信息基础设施建设，落实省市加快5G产业发展实施方案、5G站址建设规划，开工建设移动5G数据中心，推进5G智慧城市建设。深入开展拆旧复垦、垦造水田、“两违三抢”防控等专项工作，强化土地储备管理，储备一批建设用地，为项目建设提供保障。

（三）加快补齐“三农”短板，强力推进乡村振兴。要抢抓战略机遇，围绕“五个振兴”，抓重点、补短板、强基础，让农业强起来、农民富起来、农村美起来。

做强特色优势农业。以创建全国农村一、二、三产业融合发展先导区为契机，高标准推进国家现代农业产业园建设，建好柚果检测中心、有机溯源平台、大数据平台，全力创建梅州柚优势产区现代农业产业园。推广“龙头企业+合作社+农户”发展模式，发挥客客柚果集团龙头带动作用，推动金柚精深加工，延长金柚产业链，借力顺丰速运、怡亚通、村之翼等电商物流平台，打响梅县金柚品牌。充分发挥各地不同的资源禀赋，挖掘产业潜力，推进“一村一品、一镇一业”项目建设，打造一批特色农业专业村镇。大力发展休闲农业和乡村旅游，办好赴圩节等特色活动，培育发展民宿和农家乐产业，促进农民就地创业就业、增收致富。

美化农村人居环境。突出人居环境再提升，推动农村人居环境从基础整治向美丽建设提升铺开。积极开展沿路、沿河、沿线、沿景区的连线连片环境综合整治，加快补齐交通、环保等农村基础设施短板，实现全部自然村村内道路硬化，行政村集中供水全覆盖。持续深化“厕所革命”和垃圾处理、污水治理等行动，深入推进“千村示范、万村整治”工程和美丽庭院创建工程，推动乡村农房管控、风貌提升。以生态宜居为重点，提升村庄绿化、美化建设水平，建设一批美丽宜居村、社会主义新农村示范村、特色精品村。

激活“三农”要素资源。抢抓中央和省深化涉农资金统筹整合改革的机遇，积极争取上级资金支持。落实农村承包地制度和农村宅基地制度改革，抓好“房地一体”确权登记工作，深入开展资源变资产、资金变股金、农民变股东“三变”改革。深入开展“百企帮百村”行动，加快建设新型乡村助农服务示范体系，支持企业特别是涉农企业到农村建基地、做品牌、搞服务。加快农村金融产品和服务方式创新，全面激活农村金融服务链条。支持鼓励人才回乡，促进资本、技术、管理等先进要素流向农业、流向农村。

（四）强化精准服务对接，主动融入“双区”发展。突出交通基础的“硬联通”，体制机制、营商环境的“软联通”，优势互补、链条延伸的“产联通”，深度融入粤港澳大湾区和深圳先行示范区的“交通圈”“经济圈”“金融圈”“生活圈”“人文圈”。主动融入“双区”产业链，借力穗梅对口帮扶，加大对深圳招商力度，着力引进一批先进制造业、高新技术产业项目，当好“双区”配套产业基地。主动对接“双区”大市场，大力发展“梅州柚”“嘉应茶”“客都米”绿色有机农业，当好“菜篮子、米袋子、果盘子、茶罐子、水缸子”供应基地。主动服务“双区”大消费，推介梅县好山、好水和客家美食、美景，当好最佳“康养地”“体验场”。主动对接“双区”金融服务体系，支持鼓励客商银行、梅州农商行、客家村镇银行等参与“双区”建设，积极引进“双区”金融企业到梅县投资合作、发展业务，当好特区苏区“合伙人”。主动引入“双区”科技教育医疗优质资源，推广外国语学校、粤东医院合作经验，以灵活方式引进高端人才，推动我区教育卫生事业高质量发展。

（五）强化文明城市创建，促进产城乡融合发展。以交通基础设施为抓手，以融合发展为方向，立足产业基础和资源禀赋，宜水则水、宜山则山、宜粮则粮、宜农则农、宜工则工、宜商则商，逐步形成错位发展、协调发展格局。

突出创文攻坚，推动城区提质增效。今年是创建文明城市关键之年、攻坚之年，必须对标创建标准、坚持问题导向、集中攻坚、狠抓落实，高标准推进文明城市创建工作。以梅县城区为重点，着力大提质、适度小扩容，做好“微改造”，大力开展“两美”行动，补齐基础设施、公共服务短板，提升城市精细化管理水平。积极解决交通拥堵、农贸市场不足、停车难等群众的操心事、烦心事，抓好背街小巷环境整治，推进老旧小区微改造试点，聚焦小切口，服务大民生。加强土地储备管理，高质量规划建设葵岗片区和槐岗片区，拓展城市发展空间，增强城市承载力。

突出产城融合，促进城乡协调发展。以建设交通快速通道促进城乡协调发展，以东部快线打通东部通道，推动中部辐射带动东部加快发展；以西部快线打通西部通道，结合梅畲快线、梅华公路，推动西部、南部与梅县城区联动发展。提升梅县城区和中心镇的城镇化水平，增强要素承载能力和公共服务功能，梅县城区服务商贸物流、金融、文化旅游体育产业，丙雁松片区服务文化旅游、电子信息产业，城东白渡片区服务高端装备制造产业，畲江水车片区服务外向型加工贸易、高新技术、中医药健康产业，以城促产、以产兴城，推动产城融合发展。

（六）强化苏区品牌提升，打造红色文化传承创新高地。习近平总书记多次强调“要把红色资源利用好、把红色传统发扬好、把红色基因传承好”。红色资源和苏区精神是我们的宝贵财富，我们要切实担负起传承红色文化和苏区精神的历史责任。

增强弘扬红色文化的使命感。红色资源是中国共产党人践行初心和使命的历史见证。梅县苏区人民在革命斗争中作出了重大贡献，留下的革命遗址、旧址、会址，都是红色历史的浓缩和见证。我们要提高站位，增强使命感和责任感，深入开展红色革命遗址普查，科学编制全区红色资源保护利用规划，做到全地域、全时期无遗漏，加强修缮和保护，利用好、发扬好、传承好红色文化。

提升梅县红色文化的影响力。借助权威部门、专业机构的力量，深入开展研究论证，深挖红色资源的历史意义，加大对具有重大历史意义遗址的发掘和保护。特别要梳理九月来信、古田会议、东江革命等重大事件历史脉络，学习借鉴古田会议旧址保护建设经验，以叶帅故居、“古田会议先声—九月来信”首次传达地同怀别墅和粤东北九龙嶂革命根据地等为重点，打造一批革命传统教育基地，进一步丰富苏区红色内涵，擦亮苏区红色品牌。

增强苏区振兴发展的新动能。践行初心使命，保护传承红色文化，要与推动苏区振兴发展结合起来，与更好地造福苏区人民结合起来，用好苏区政策和红色资源，把政策红利转化为一项项具体工作、一个个具体项目，积极争取中央和省的支持，推动一批关系梅县长远发展和群众切身利益的基础设施、产业、民生项目落地建设，加快补齐苏区发展短板。要引导全区广大党员干部以传承红色基因、推动苏区发展为己任，深入弘扬苏区精神和叶帅精神，凝心聚力、艰苦奋斗、自力更生，形成奋发进取、破难攻坚的强大合力。

（七）聚力三大攻坚，筑牢高质量发展底线。三大攻坚战事关全面建成小康社会目标的实现。我们要进一步坚定决战决胜的信心决心，确保如期高质量完成任务。

如期全面完成脱贫攻坚任务。始终把提高脱贫质量放在首位，建立健全稳定脱贫长效机制，盯紧影响“两不愁三保障”的突出问题，确保现行标准下的贫困户实现全部脱贫，确保“不漏一户、不落一人”。巩固扩展脱贫成果，防止返贫，保持脱贫攻坚政策总体稳定。积极开展“回头看”“回头帮”，做好返贫人口和新发生贫困人口的帮扶。

打好污染防治攻坚战。加快理顺林业管理体制机制，强化森林培育、保护、防火管理责任落实，持续提高林业绿化质量，推进县级国家森林城市创建工作。严格落实河长制，抓好辖区河流水体污染整治，确保地表水和省考、国考断面水质全面稳定达标。加强重点污染源控制，完成减排各项任务。抓好农村人居环境综合整治，加快推进生活垃圾分类处理，全面推进农业面源污染防治，打好净土保卫战。

着力防范化解重大风险。坚持底线思维，增强忧患意识，着力提高各领域风险防控能力。坚持长期过紧日子的思想，严格落实政府债务限额管理要求，坚决遏制隐性债务增量，稳妥化解存量。推进房地产市场平稳健康发展，防范化解经济领域重大风险。坚决维护网信领域意识安全，加强阵地建设和青少年思想政治工作，防范化解意识形态领域重大风险。严格生态保护责任落实，防范化解生态环境领域重大风险。

（八）聚力民生保障，增强人民幸福感获得感。集中精力办好一批“三就一保”民生事项，让美好生活更有温度、更有厚度。

实施就业社保惠民。坚持就业优先，实行城乡统筹的就业政策，深入实施“客家菜师傅”“南粤家政”“广东技工”等就业技能培训工程，举办乡村振兴创业大赛，探索工学结合、校企合作的技工培养模式，建立全方位公共就业创业和人才服务体系。提高底线民生保障和城乡基本医疗保险等社会保障水平。

实施教育医疗惠民。着力解决城区学位供给

不足问题，加快推进梅县外国语学校、德兴小学、扶大中心小学、第二实验幼儿园等新建和扩建工程，启动东山中学客都人家分校建设和程江镇槐岗小学改扩建；积极引入高端优质教育机构，支持华师华业外国语学校、昌盛实验学校等一批民办学校加快建设。全面深化医药卫生体制改革，探索推进医养结合养老服务，推动中医药事业振兴发展；积极创建全国基层中医药工作先进单位和省级健康促进区；加快推进中医医院、妇幼保健院综合大楼项目建设，以粤东医院和中医医院为主体成立两个城市医联体，力争创建五个省级卫生镇。

实施文化服务惠民。落实“三好一正”工程，打造一批新时代文明实践所示范点，培育一批百姓宣讲家，开展“百姓大舞台”、“百姓宣讲团”等活动，打造“相约梅县”文化惠民品牌。加快区级融媒体中心建设，推动媒体融合发展。加强非遗项目的传承保护，推动山歌剧团和木偶剧团改革发展、提质增效。强化基层文化阵地建设，推进图书馆、文化馆总分馆建设，加快推进博物馆、青少宫等工程建设。开展乡村文化品牌创建活动，实施乡风文明提升、公共文化服务优化、乡村文化传承工程。加强对艺术创作的引导，培养文艺人才，多出精品佳作，推动文化艺术繁荣发展。

（九）聚力平安建设，提升基层治理效能。紧紧围绕创建全省最安全稳定、最公平公正、法治环境最好的县区之一的目标，持续深化“平安梅县”“法治梅县”建设。始终把维护稳定作为第一责任，防范化解政治领域重大风险。认真学习“枫桥经验”，深入推进“综治中心+网格化+信息化”建设，深入开展平安镇街、平安村居创建活动。严格落实安全生产工作责任，确保不发生重特大事故。加强食品安全监管，实现校园食堂“互联网+明厨亮灶”全覆盖。推进基层应急“四个一”建设，全面提高防灾减灾救灾能力。深化扫黑除恶专项斗争，提升电信诈骗、黄赌毒等突出治安问题整治能力，提高人民群众安全感。完善政治、法治、德治、自治、智治“五治融合”的基层治理体系。巩固扩展国家住建部试点项目雁上村“美好环境与幸福生活共同缔造”试点工作成效，创新和完善城市基层治理制度。深化法治建设，推进法律“六进”活动，强化依法行政，提高司法质量和公信力。

今年是“十三五”规划收官之年，我们要重点完成好“十三五”规划目标任务，精准对接中央和省、市的政策和规划，科学编制“十四五”规划，科学谋划未来的发展。科学编制国土空间规划（2020—2035），统筹划定落实生态保护、永久基本农田、工业用地和城镇开发边界四条红线，为可持续发展预留空间。

四、全面加强党的领导和党的建设

认真落实新时代党的建设总要求和党的组织路线，把党的政治建设摆在首位，以更高更严的标准锻造各级党组织，为决胜全面建成小康社会提供坚强保障。

（一）强化政治引领。巩固扩展主题教育成果，建立不忘初心、牢记使命制度，推动学习贯彻习近平新时代中国特色社会主义思想常态化制度化，不断用党的创新理论武装头脑、指导实践、推动工作。把树牢“四个意识”、坚定“四个自信”、做到“两个维护”作为政治建设的首要任务抓实抓好，确保中央决策部署落地落实。严格执行新形势下党内政治生活若干准则和民主集中制，全面加强和规范党内政治生活。持续坚决全面彻底肃清李嘉、万庆良恶劣影响，巩固风清气正的政治生态。坚持正确的政治方向，压实意识形态工作责任，不断强化制度机制和阵地建设，筑牢意识形态安全防火墙。发挥区镇党校和党群服务中心等主阵地作用，加强对基层党员干部的教育培训，打通学习贯彻“最后一公里”。

（二）夯实基层党建。强化大抓基层鲜明导向，以“基层党建全面进步全面过硬”为主题，深入落实加强党的基层组织建设三年行动计划。突出政治功能，加强基层党组织对其他组织的全面领导。大力实施“头雁”工程，全面加强基层党组织规范化建设，深入开展模范机关创建，提升“两新”组织党组织覆盖率，重点打造一批各领域基层党建示范点。全面整顿软弱涣散基层党组织，开展基层党组织达标创优活动。提高基层保障水平，推动人往基层走，钱往基层投，政策往基层倾斜。

（三）锤炼过硬队伍。加强干部队伍的思想淬炼、政治历练、实践锻炼、专业训练，打造忠诚干净担当的高素质专业化干部队伍。引导党员干部在急难险重任务中积累斗争经验，提高斗争本领。坚持正确的选人用人导向，强化正向激励，落实“三个区分开来”，激励干部担当作为，营造干事创业良好氛围。加大人才培育引进力度，营造人才发展良好环境，广聚人才共创梅县美好明天。

（四）从严肃纪反腐。严格落实管党治党政治责任，狠抓惩治不放松，把党风廉政建设和反腐败斗争引向深入。强化党对反腐败工作集中统一领导，紧盯重大工程、重点领域、关键岗位，加大监督和反腐力度。以基层正风反腐三年行动为抓手，深入推进扶贫、民生、环保等领域专项整治，深挖涉黑涉恶“保护伞”，全面惩治形式主义、官僚主义问题。严格落实中央八项规定精神，持续整治“四风”。深化运用监督执纪“四种形态”，加强廉政警示教育，筑牢“拒腐防变”防线。深入推进巡察工作，实现巡察高质量全覆盖，推动全面从严治党落到实处。

我们要加强和完善党对人大、政协工作的领导，支持人大依法行使职权，政协按章程开展工作。支持法院、检察院依法独立行使职权。充分发挥民主党派、工商联、无党派人士的参政议政作用和工会、共青团、妇联、商会等群团组织的桥梁纽带作用，进一步凝聚苏区振兴发展的强大合力。坚持党管武装，加强国防动员和后备力量建设，开展全面国防教育，巩固和发展新时代军政民融合，提高双拥工作整体水平。

同志们，全面建成小康社会决战决胜之年，必须保持只争朝夕、不负韶华的奋斗姿态，用汗水浇灌收获，以实干笃定前行。让我们更加紧密地团结在以习近平同志为核心的党中央周围，在省委、市委的坚强领导下，不忘初心、牢记使命、接续奋斗，闻鸡起舞、日夜兼程、风雨无阻，撸起袖子加油干，奋力实现梅县苏区全面建成小康社会！

政府工作报告

——2020年6月11日在梅县区第一届人民代表大会第五次会议上

梅县区人民政府区长　温助民

各位代表：

现在，我代表区人民政府，向大会报告政府工作，请予审议，并请政协各位委员和列席人员提出意见。

2019年和今年以来工作回顾

一年来，我们在市委市政府和区委的正确领导下，在区人大及其常委会和区政协的监督支持下，深入学习贯彻习近平新时代中国特色社会主义思想，扎实开展"不忘初心、牢记使命"主题教育，守初心、担使命，攻坚克难、砥砺前行，统筹推进稳增长、促改革、调结构、惠民生、防风险、保稳定，经济发展稳中向好，社会大局和谐稳定，人民生活稳步提升，"美丽梅县·客都明珠"建设迈出新步伐。获评全国森林康养基地试点建设区、全省首批全域旅游示范区，入选国家、省级现代农业（金柚）产业园创建名单，梅州综合保税区申报通过国家八部委联审，正呈报国务院审批。

一、抓实体、兴实业，实体经济平稳发展。全年地区生产总值210.2亿元，同比增长3.8%。完成一般公共预算收入15.8亿元，税收31.3亿元。外贸进出口总额4.3亿美元。减税降费4.8亿元，释放免抵押贷款3亿元。新增规上企业12家，规上工业产值完成146.8亿元。电商交易额突破60亿元。新增省级农业龙头企业3家，完成省级现代农业（金柚）产业园建设任务，梅县金柚品牌估值195.6亿元。县域旅游竞争力连续九年进入全省10强。BPW车轴、嘉元科技、超华科技等企业逆势增资扩产，福德金属、中爱医疗等项目建成投产，雄辉实业、盛焰燃气等项目启动建设。产业集聚地投产企业54家。

二、抓项目、稳投资，发展动能持续增强。坚持"项目为王"，谋划228项总投资615亿元的原中央苏区振兴发展项目，全年固定资产投资比增6.8%。"3个10"项目完成投资47.7亿元，55项重点项目完成投资74亿元，超额完成年度任务。梅汕高铁、梅平高速、梅畲快线如期建成通车，在全市率先实现通高铁。瑞梅铁路完成前期准备工作，地下综合管廊、东环高速、葵岗高速出口等项目有序推进。投资50亿元的客都人家项目从签约至开工，仅用半年时间，创造了梅州速度。投资10亿元的天虹购物中心落地建设。完成国省道改造112公里、中小河流治理14.7公里，建成城乡污水处理项目192个。丙雁大堤景观提升工程入选省万里碧道试点。

三、抓提质、重管理，城乡面貌日新月异。加快城市提质扩容，公园南路、怡景路建成通车，3座人行天桥建成使用，困扰市民出行十多年之久的人民南路正式通车。投入1.6亿元创建全国文明城市，背街小巷、集贸市场整治取得实效。完成老旧小区"四网融合"试点建设，城区保洁全面覆盖，垃圾分类加快推广，城市更加洁净有序。认真落实"百村示范、千村整治"和"两美"行动，32个省定贫困村全面建成干净整洁村，无害化卫生户厕和农村卫生公厕建设任务全部完成，农村生活垃圾有效处理率达到100%，长教村、大黄村获评广东美丽乡村特色村，雁上村入选全国第一批“美好环境与幸福生活共同缔造”活动试点单位。加快美丽乡村连线连片建设，“叶帅故里·国际慢城”游线获评省美丽乡村精品线路，石窟河沿线提升初见成效。入选省生态宜居美丽乡村示范区创建名单。

四、抓重点、补短板，三大攻坚深入推进。坚决打好脱贫攻坚战，筹集各类资金5亿多元，实施帮扶项目7.86万个，6980户15444人实现脱贫，脱贫率99.89%，32个省定贫困村全部退出相对贫困村行列。坚决打好污染防治攻坚战，全面办结中央、省环保督察组转办案件。严格落实河长制，完成“五清”“清四乱”年度任务。全区空气质量优良率98.9%，考核断面水质100%达标，生态修复和造林6.1万亩，森林覆盖率75.37%，实现天更蓝、水更清、山更绿。有效防范化解重大风险，调整优化政府投资项目，压减一般性支出10%，压缩政府“三公”经费19.1%，盘活财政存量资金3.7亿元，新增债券资金10亿元，收支矛盾逐步缓解。

五、抓改革、促开放，创新活力明显提升。坚持创新驱动发展，新增国家高新技术企业7家、科技型中小企业22家、省级科技计划项目9个、发明专利575件，“高企”数量达到42家。嘉元科技建成全市首个国家企业技术中心，振声科技荣获中国专利优秀奖。坚持深化改革，行政服务中心进驻事项1132项，“无费市”“最多跑一次”改革全面落实。八大改革任务、六大改革试点稳步实施，机构改革、区管校聘、雁洋经济发达镇行政管理体制改革等纵深推进。积极实施“三好一正”工程，圆满举办了我区庆祝新中国成立70周年系列活动、健康“一带一路”暨传承创新发展中医药院士研讨会和客商银行·世界客都梅州马拉松赛等大型活动，凝聚发展正能量。

六、抓民生、保稳定，社会事业保障有力。坚持把八成财力用于民生领域，十件民生实事基本完成，城乡居民人均可支配收入28131元，年末城镇登记失业率2.38%。投入2.4亿元办好人民满意教育，叶剑英红军小学建成开学，外国语小学、德兴小学、宪梓中心小学、华师华业等学校扩建新建工程有序推进。外国语学校本科率稳居全市前茅。建设卫生强区，健康“一带一路”院士研讨会6项成果加速转化，中医医院、妇幼保健院晋级“二甲”，粤东医院肝病大楼正式启用，医疗卫生水平稳步提升。兜牢底线民生，发放低保金4813万元，实施医疗救助9144人次，基本养老保险、基本医疗保险基本实现全覆盖。文体事业蓬勃发展，入选新时代文明实践中心建设省级试点，华侨中学女足蝉联“省长杯”冠军。区级融媒体中心组建成立，新闻传播多领域拓展。提升社会治理水平，投入2700多万元建成综治视联网系统，纵深推进扫黑除恶专项斗争，严厉打击各类违法犯罪，公安工作群众满意度全省第一。压实安全监管责任，开展食品抽检1983批次，安全生产事故比降30%。坚持“新官要理旧账”，妥善解决8家房企产权登记、国商中心等历史遗留问题。社会救助、慈善、养老、残疾人事业、志愿服务、科技推广等工作扎实开展。

过去一年，面对艰巨繁重的改革发展稳定任务，我们锤炼务实作风、强化自身建设。压减文件40%、会议35%。人大建议、政协提案办复率和满意率均为100%。港澳台侨联谊、监察、审计、民宗、工青妇、气象、史志、档案、文联等各项工作有序开展。国防动员、民兵预备役、拥军优属、优抚安置、应急救灾等工作取得新成效。完成第三次全国国土调查。获评“第四次全国经济普查先进集体”。

各位代表！

成绩来之不易。这是习近平新时代中国特色社会主义思想科学指引的结果，是省委省政府、市委市政府和区委正确领导的结果，是全区人民团结一心、奋力拼搏的结果。在此，我代表区人民政府，向所有外来投资者和建设者，长期关心支持我区发展的港澳台同胞、海外侨胞、外出乡贤表示衷心的感谢！

各位代表！

面对突如其来的新冠肺炎疫情，我们始终把人民群众生命安全和身体健康放在第一位，按照

“坚定信心、同舟共济、科学防治、精准施策”的总要求，一手抓疫情防控，一手抓经济社会发展，全力将疫情造成的损失降到最低。一是全面实施高效一体的作战体系。以战时体系应对战时状况，第一时间启动重大突发公共卫生事件一级响应，成立疫情防控指挥部，及时调度会商，加强闭环管理，织密织牢防控网，筹集防疫物资，为打赢疫情防控人民战争、总体战、阻击战打下坚实基础。二是全面落实最严格的防控举措。坚决落实“四早”措施，设立1850个防疫监测点，选派1000多名机关干部进驻社区，带动1.5万名志愿者投身基层一线防控，看紧城乡“进出口”，堵住扩散“风险点”。三是全面开展医疗救治工作。粤东医院作为全市定点收治医院，收治疑似病例201例、确诊病例7例，全部医治康复出院，医务人员“零”感染，出院病人“零”复阳。13名医护人员主动请缨、驰援湖北，无私无畏、逆行抗疫，在“湖北保卫战”中展现梅县担当、贡献梅县力量！四是全面推动复工复产复学。紧跟疫情防控形势，调整细化防控举措，强化政银企对接，出台支持复工复产“20条”，项目全部复工，企业有序复产，学生全面复课，疫情防控取得重大阶段性成果。

疫情面前有大爱。在这个特殊时期，全区上下万众一心、众志成城，同时间赛跑、与病魔较量。广大医务工作者英勇奋战，社区工作者、公安干警、基层干部、志愿者坚守岗位，快递、环卫、抗疫物资生产运输人员不辞辛苦，社会各界、海内外侨贤乡贤捐款捐物，广大群众守望相助，涌现出一大批可歌可泣的先进典型和感人事迹。这是我们战胜疫情的最大底气、最强力量！

借此机会，让我们用热烈的掌声，向全区人民、各民主党派、人民团体、社会各界、侨贤乡贤和驻梅部队、武警官兵、公安干警致以崇高的敬意！对大家辛勤付出和无私奉献表示衷心的感谢！

在肯定成绩的同时，我们也清醒地看到面临的困难和问题。一是经济下行压力持续加大。受全球疫情冲击，产业链、供应链、消费链受阻，消费需求回落，出口业务下滑，经济增长动能不足。二是发展要素存在制约。闲置用地盘活效率不高，集聚地建设用地存量不足，一些招商项目因用地规模、土地指标、征地拆迁等原因难以落地。三是工业增长缺少支撑。支柱产业增速回落，新兴产业集聚缓慢，先进制造业和新兴产业尚处培育阶段，短期难以形成新的支撑。四是财政收支矛盾加剧。减税降费政策全面实施，减收因素增多，“三保”等刚性支出增大，政府债务化解任务较重，收支矛盾突出。五是政府执行力有待加强。政府工作存在不足，政务服务效率有待提高，营商环境仍需优化，少数干部存在不作为、不敢为、不会为的现象。今后，我们一定用心用情、改进工作，履职尽责、不负韶华。

今年发展的主要目标和工作部署

2020年，是全面建成小康社会和“十三五”规划收官之年。做好今年政府工作，要以习近平新时代中国特色社会主义思想为指导，全面贯彻党的十九大和十九届二中、三中、四中全会精神，深入学习贯彻习近平总书记重要讲话和重要指示批示精神，增强“四个意识”、坚定“四个自信”、做到“两个维护”，按照全国“两会”和省委、市委、区委全会部署，紧扣全面建成小康社会目标任务，坚持稳中求进工作总基调，坚持新发展理念，坚持供给侧结构性改革，坚持改革开放，坚决打好三大攻坚战，加大“六稳”力度，落实“六保”任务，统筹推进常态化疫情防控和经济社会发展工作，确保完成决战决胜脱贫攻坚目标任务，全面建成小康社会。

全年经济社会发展的主要预期为：地区生产总值增长4.5%—5%，一般公共预算收入增长3%，固定资产投资增长8%，社会消费品零售总额增长7%，外贸进出口总额增长4%，居民人均可支配收入增速高于经济增速，城镇登记失业率控制在3%以内。

围绕今年目标任务，要突出做好“七个聚焦”“三个加强”：

一、聚焦“两个统筹”，全面恢复经济社会秩序

坚持底线思维，毫不放松抓紧抓好常态化疫情防控工作，千方百计为生产生活秩序全面恢复创造良好条件。

千方百计抓好疫情防控。坚持“外防输入、内防反弹”，顺应疫情形势变化，抓实“四方责任”，加强来梅外籍人员健康管理服务。做好社区、学校、酒店、景区、娱乐场所等防控工作，防范聚集性疫情风险，确保万无一失。

千方百计全面恢复秩序。畅通产业循环、市场循环、消费循环，带动上下游企业协同复工达产。开放商场、住宿、餐饮、文体等生活场所，加快服务行业复市复业，稳住市场主体。全力保障学校复学复课，确保教学正常运转。因类施策推动野生动物养殖户有序转产，保障群众合法权益。

千方百计落实稳企政策。打好政策组合拳，加快“实体经济十条”“民营经济十条”“稳外贸9条”落地，加大减税降费力度，加强国家专项债券项目资金申报，用好抗疫国债，让政策的“真金白银”切实惠及企业，精准支持企业保市场、保订单、保份额，留住青山，赢得未来。

二、聚焦实体经济，培育壮大产业集群

扭紧实体经济不放松，加强金融、政策、土地等要素保障，做大总量，提升质量，打造“11115”产业集群。

大力培育电子信息产业集群。以梅州打造“铜箔之都”为契机，以壮大铜箔产业为抓手，以超华科技、嘉元科技等企业为龙头，加快培育电子信息百亿产业集群。依托省市共建战略性新兴产业基地，打响“梅县铜箔”自主品牌，全力扶持超华科技、嘉元科技等企业增资扩产、做强做大、提质升级，推动总投资40亿元的4.5万吨高端铜箔和600万张高端芯板项目尽快建成投产，力争3年内铜箔产值翻番，助力梅州打造全国领先的铜箔制造基地。

大力培育装备制造产业集群。全力促进宝丽华、梅雁吉祥等电力企业平稳发展。大力实施补链延链强链工程，加快BPW车轴八期扩产项目建设，鼓励福德金属、庆达实业、伟友耐磨等上下游企业，与BPW、广汽集团深度合作，开展产品研发，延伸产业链条，提高产业集聚度，打造装备制造百亿产业集群。

大力培育电商物流产业集群。抢抓国家跨境电子商务综合试验区建设机遇，引导梅县区电子商务产业园转型升级，加快村之翼物流园区和标准化快件集散中心等项目建设。鼓励发展平台经济、共享经济、网红经济，新建一批“双创”示范基地，推进“互联网+农产品”融合发展，力争今年电商交易额增长10%以上，五年内达到百亿产值。

大力培育文化旅游产业集群。坚持全域旅游发展思路，加快客都人家、特色小镇、古梅梦景等省市重点文旅项目建设，推动梅州嘉应古城项目尽快落地。整合雁洋优质文旅资源，大力完善雁南飞、雁山湖、叶剑英纪念园、灵光寺、大观天下等A级景区服务配套，建设粤东旅游第一名镇。加快同怀别墅、九龙嶂等重点爱国主义教育基地建设，推动红色旅游发展。创建国家全域旅游示范区，打造文化旅游百亿产业集群。

大力培育金柚产业集群。突出“围绕大区域，培育大企业，运用大数据，对接大市场，做强大品牌，形成大产业”的要求，抢抓金柚“两园一区”政策叠加机遇，以扩大规模、增强实力、延长链条为突破，发展金柚标准化种植、精深加工和科技应用等全产业链，创建梅州柚优势产区。加快国家现代农业（金柚）产业园建设，组建大数据、大物流、大检测中心，推行金柚有机认证和有机溯源，建设柚苷深加工等项目，培育金柚50亿产业集群，打造国家金柚产业生产示范基地和全省山区现代农业样板区。

三、聚焦项目为王，全力扩大有效投资

充分发挥投资的拉动作用，全力以赴抓项目、稳投资，稳住经济基本盘。

集中精力攻项目。坚持工作项目化、项目工作化，强攻“3个10”项目，加快总投资623.7亿元、年度投资80.4亿元的88个重点项目建设。加快东部快线建设，推动梅龙高铁（梅县段）、

瑞梅铁路、西部快线年内动工，葵岗高速出口、东环高速年内通车。全力支持5G基站、大数据中心尽早建成，打造5G智慧城市。有序推进天虹商场、锦绣国际、地下综合管廊等项目建设。

集中发力抓招商。落实招商引资三年行动方案，编制产业集群招商图谱，推动精准招商、产业链招商。主动对接粤港澳大湾区，及时调整招商计划，提前谋划“三个一批”项目，筹备办好世界客商大会，争取全年引进亿元以上项目12个，投资总额超过65亿元。紧密跟进合同项目和意向项目，推动华侨城、伟光汇通、鸿艺集团等投资项目尽早落地，实现招大商、招好商。

集中资源强配套。实施“5+6”工作机制，服务项目早落地、早建设、早见效。贯彻“个十百千万”思路，高标准完善园区道路、污水处理等基础设施。推广“政府建设标准厂房、企业拎包入园”模式，鼓励以租赁方式使用工业用地，降低企业投资成本。建立“产学研”合作联盟，配套实施奖励政策，推动规上工业企业设立研发机构比例达到38%以上，新增高新技术企业3家、创新产业示范基地1个。

四、聚焦三大攻坚战，决战决胜全面建成小康社会

坚决打好三大攻坚战，与全国全省同步全面建成小康社会。

决战决胜脱贫攻坚。坚持现行标准，紧盯当前未脱贫6户17人，因人因户施策，全面解决贫困人口义务教育、基本医疗、住房和饮水安全问题，确保6月底前相对贫困人口和相对贫困村全部如期有序退出。建立产业扶贫、就业扶贫、政策兜底等长效机制，巩固脱贫成果。落实“四个不摘”，健全和执行好返贫人口监测帮扶机制，高质量打赢脱贫攻坚战。

坚决打赢污染防治攻坚战。落实能耗“双控”，全面治理大气污染，重点整治“散乱污”工业企业，加强禁燃区管理，

持续改善空气质量。开展“五清”“清四乱”专项行动，打造万里碧道工程试点样板。因地制宜建设城乡污水处理设施，纳入河长制管理体系。严格控制农业面源污染，畜禽粪污综合利用率要达到75%以上，规模化养殖场粪污处理设施配套率要达到95%以上，断面水质考核要100%达标。

全力防范化解重大风险。坚持过紧日子，把每一笔钱用在刀刃上、紧要处。加强政府债务限额管理，压减一般性支出10%以上，非急需非刚性支出压减50%以上，“三公”经费只减不增。加强预算绩效管理，清理回收结余结转资金，强化税收征管，促进收支平衡。组建国企集团，盘活国有资源。加快土地收储，保障土地供应，促进房地产市场平稳健康发展。

五、聚焦“三农”发展，持续推进乡村振兴

围绕“五大振兴”，深化农业供给侧结构性改革，促进一、二、三产业深度融合，打造让人“记得住乡愁”的秀美乡村。

发展精细农业。完善农业基础设施，巩固发展金柚、茶叶、南药等特色优势产业。完成5.4万亩高标准农田建设。高质量实施水田垦造，稳定水稻播种面积。狠抓禁养区管理，推动生猪养殖向规模化、现代化、生态化转型。推广稻鱼综合种养，发展特色水产新业态，创建渔业健康养殖示范县。引导发展休闲型、观光型、体验型、直供型城郊农业，释放农村活力，增加农民收入。加快“三品一标”认证，推进“一村一品、一镇一业”项目建设，培育省级农业龙头企业，新建一批面向湾区的“菜篮子、米袋子、果盘子、茶罐子、水缸子”生产基地。

建设精美农村。加快建设国家森林康养基地试点区，创建县级国家森林城市、国家生态文明建设示范县和“两山”实践创新基地。按照“3年取得重大进展、5年见到显著成效”目标，力争今年355个行政村基本建成干净整洁美丽宜居村。抓好名人名居、革命旧址、古道古树保护开发，加快丙雁片区、松源、桃尧等连线连片精品游线建设，发展乡村旅游。突出“五沿”重点，围绕“三江四线”，实施“增花添绿”工程，打造“一河一路一树一花一景”生态景观廊道。启动全域自然村集中供水工程，确保年内基本实现

村村通自来水。加快土地有序流转，基本完成“房地一体”农村不动产登记发证工作。高质量完成162.9公里“四好农村路”攻坚任务，提高农村公路通畅水平。强化农村建房管控，整治乱占耕地建房等违法行为，打造一批“美丽庭院”，提升农村整体风貌。

培养精勤农民。举办农村创新创业创富大赛，鼓励企业家、技能人才、农民工返乡投资兴业。实施“乡村工匠”工程，推动规划师、建筑师等“五师”下乡。强化农业实用技术培训，培育一批新型职业农民。探索开展农村集体经营性资产股份合作制改革，规范村级经济组织运行。开展农村集体经济增收三年行动，逐步消除无收益村（居），低收益村（居）要提高到5万元以上，共推乡村大振兴。

六、聚焦新型城镇化，加快建设三宜城市

深入推进新型城镇化，提升城市品位，发展城市经济，打造宜居宜业宜游城市样板。

加快城市提质。高标准编制城乡建设规划，高水平规划高铁片区、槐岗片区，增强主城区首位度。启动丙雁片区规划编制，打造梅州城市副中心。围绕“六个一”，逐步提升中心镇、专业镇、建制镇综合承载力和产业集聚度。抓好“十个一批”城建民生项目，动工建设博物馆、青少宫，新建宪梓公园，改造提升集贸市场、停车场、梅花山公园，提升城市品质。学习借鉴西安、杭州等城市建设先进经验，坚持每年提升一条主干道、改善一个片区，在主要节点营造城市花景、建设城市雕塑，通过“微改造、小更新”，实现“小扩容、大提质”。

加强城市管理。坚持以绣花功夫管好城市，用好智慧梅县“数字城管”平台，加强“铁骑”巡查执法，提升城市管理效能。建立分类投放、分类收集、分类运输、分类处理的垃圾处理系统，巩固“创卫”成果。深入开展“两美”行动，大力整治城区铁皮瓦，共建“美丽梅县·美好家园”。改造一批老旧小区，打好创文收官战，同城共创全国文明城市。

创新社会治理。加强城乡网格化管理，提升群防群治水平。加强国家安全能力建设，依法打击各类犯罪。用好综治视联网平台，建设“平安梅县”。强化应急管理“四个一”建设，抓好安全生产、应急救援和防灾减灾救灾工作。发挥村民理事会、村规民约作用，加快乡村“五治融合”。开展第七次人口普查工作。依法加强民族和宗教事务管理。保障妇女、儿童、老人、残疾人、退役军人合法权益。抓好人防建设、知识产权、地方志等工作。做好国防动员、双拥共建、国防教育基地建设，促进军民融合发展，争创省“双拥模范城（县）”。

七、聚焦民生改善，着力提升群众幸福感

坚持以人民为中心的发展思想，千方百计保障民生支出，办好民生实事，不断提升人民群众获得感、幸福感。

办好人民满意教育。坚持公办、民办“两条腿”走路，新建、扩建外国语学校、德兴小学、扶大中心小学、华师华业学校、昌盛实验学校等一批城区学校。加快东山中学客都人家分校、畲江小学等乡镇学校建设。建好第二实验幼儿园，落实城镇住宅小区配建标准普惠性幼儿园政策。谋划新建一所3000个学位以上的城区初级中学。实施名教师名校长示范带动工程，开好思政课，引导学生扣好人生第一粒扣子。设立区级教育基金，完善奖教奖学激励机制，健全生均经费保障制度，全面提升教育教学水平。

补齐公共卫生短板。深化医药卫生体制改革，努力为人民群众提供全方位、全周期的健康服务。狠抓重大疫情防控，提升核酸检测能力，做到应检尽检。完善疫苗冷链配送，推进预防接种标准化。谋划新建传染病救治医院，加快中医医院、妇幼保健院扩建项目建设，补齐医疗卫生短板。探索打造2家医联体，鼓励扶持民营医疗机构。发展大健康产业，创建全国基层中医药工作先进单位和省级健康促进区，支持南寿峰健康产业园、中大南药健康产业园加快发展。广泛开展爱国卫生运动，培养群众良好卫生习惯。

完善社会保障体系。优先稳就业，认真落实“粤菜（客家菜）师傅”“南粤家政”“广东技工”

工程，稳定现有就业，增加新的就业，促进失业人员再就业，确保零就业家庭动态清零。全力保障困难群众基本生活，城乡困难家庭应保尽保，因病因灾暂时困难人员及时救助。加大食品抽样检验力度，推动校园食堂“互联网+明厨亮灶”全覆盖。

八、加强战略谋划，筑牢发展平台

科学编制“十四五”规划、国土空间规划，优化整合自然保护地，合理划定生态保护、工业用地、永久基本农田和城镇开发边界四条红线，为未来发展留足空间。谋划建设槐岗片区、高铁片区、丙雁片区、综保区、临港物流园、临港工业园，加快推进梅州华侨文化旅游经济合作试验区、城区至松口旅游轨道交通规划建设，打造城市新的发展极。围绕综保区“年内获批、批复一年内封关运行”目标，加快推动围网、卡口和信息化等配套项目建设，打造开放型经济发展新平台。同步推动松棚货场建设，积极申报指定口岸，打造国际“无水港”。

九、加强重点领域改革，优化营商环境

持续营造市场化、法制化、国际化营商环境，建设亲商、爱商、护商的首善之区。深化“放管服”改革，加快“证照联办”“用地清单制”改革，推动施工报建“容缺受理、并联审批”，实现企业开办、税费缴纳网上办理。建设智慧梅县二期，加快粤省事、粤商通、粤政易等应用落地，打造“数字政府”。深化简政放权，确保企业开办全流程 1 个工作日内完成，不动产登记的一般登记 3 个工作日内、抵押登记 1 个工作日内完成。缩短工程建设项目审批时间，确保政府投资项目审批 90 个工作日内、社会投资项目 60 个工作日内完成。推动市场监管领域相关部门“双随机、一公开”监管全覆盖。

十、加强政府自身建设，提升治理效能

全面贯彻党的十九届四中全会精神，建立系统完备、科学规范、运行高效的制度体系。巩固拓展“不忘初心、牢记使命”主题教育成果。深入落实中央八项规定，驰而不息纠治“四风”，解决困扰基层的形式主义问题。改进督查考核方式，严防文山会海反弹回潮，持续为基层减负。加强跟踪审计，抓好审计整改。强化正向激励，实施绩效考核体系。落实“三好一正”工程，打造模范机关。自觉接受人大法律监督、政协民主监督、纪委监委监督和社会舆论监督，认真落实民主集中制，实现科学决策、民主决策、依法决策，提升治理效能。

各位代表，人心齐，泰山移。特别之年，需要我们采取特别之举，展现特别之为，取得特别之效。让我们更加紧密团结在以习近平同志为核心的党中央周围，弘扬一心为民的苏区精神，拿出赛龙夺锦的志气、破难攻坚的担当、抓铁有痕的韧劲，在危机中育新机、于变局中开新局，统筹兼顾、闻鸡起舞、日夜兼程、风雨无阻，坚决夺取脱贫攻坚全面胜利，推动梅县全面建成小康社会，实现高质量发展，为打造宜居宜业宜游“美丽梅县 · 客都明珠”作出新的更大贡献！

名 词 解 释

1. “六稳、六保”：“六稳”指稳就业、稳金融、稳外贸、稳外资、稳投资、稳预期；“六保”指保居民就业、保基本民生、保市场主体、保粮食能源安全、保产业链供应链稳定、保基层运转。

2. “3113”绿色产业体系、一江两翼、一核两城：是区委一届十一次全会上提出的发展思路。其中，“3113”绿色产业体系，“3”是高端铜箔、装备制造、电力能源产业，“1”是特色现代农业产业，“1”是特色文化旅游产业，“3”是大健康、金融、体育产业。“一江两翼”生态发展格局，是指系统推进梅江流域水生态保护治理和碧道建设，打造生态廊道；推进东、西两翼生态保护利用、绿色产业发展和美丽乡村建设，筑牢生态屏障。“一核两城”城乡发展格局，“一核”是梅县主城区，“两城”是丙雁“三宜”城、畲江水车产业城。

3. “双十”战略性产业集群：是省政府重点培育发展的10个战略性支柱产业集群和10个战略性新兴产业集群。

4. 四方责任：属地责任、部门责任、单位责任、个人责任。

5. 三减少一加强：减少人员流动、减少旅途风险、减少人员聚集、加强个人防护。

6. 双随机、一公开：市场监管过程中，随机抽取检查对象、随机选派执法检查人员，抽查情况及查处结果及时向社会公开。

7. 互联网+明厨亮灶：通过视频监控和互联网技术，对餐饮单位后厨进行实时直播，通过手机APP、小程序或微信公众号，监管人员和公众可实时查看厨房环境卫生、食品加工操作情况。

8. 应急管理“四个一”：一个健全的应急管理组织体系、一支应急救援队伍、一个应急指挥平台、一个应急救援物资仓库。

9. “个十百千万”工程：“个”是每年办好一个招商会，投入一个亿财政资金；“十”是每年新入园10个项目，固投实现10%的增长；“百”是每年增加收储土地100亩以上，早日达到百亿工业产值；“千”是园区要达到千亩以上总规模，每年增加税收1000万元以上；“万”是建成1万平方米以上的标准厂房，实现万人以上的就业。

10. 三品一标：无公害农产品、绿色食品、有机农产品和农产品地理标志。

11. 五沿：交通干道沿线、省际边界沿线、河流两岸沿线、旅游景区沿线、城市郊区沿线。

12. 四小园：小菜园、小果园、小花园、小公园。

13. 三江四线：梅江、程江、石窟河，雁洋—松口—松源线、梅南—畲江线、程江—南口线、城东—白渡—丙村线。

14. 两园一区：国家现代农业（金柚）产业园、省级现代农业（金柚）产业园和梅州柚优势产区。

十件民生实事

2020年，区政府将全力办好十件民生实事，切实提升人民群众幸福指数。

一、增加学前教育和义务教育阶段公办学位供给。新增公办幼儿园学位450个，完成普惠性幼儿园覆盖率80%以上。完成扶大中心小学、梅县外国语学校小学部和德兴小学扩建工程。拆除原程江镇槐岗小学，重建一所小学。实施畲江小学教学楼、南口中学学生宿舍新建工程。

二、健全学前至普通高中各学段生均经费保障制度。学前教育生均经费补助最低标准由每生每年300元提高到400元。小学、初中按省定义务教育生均公用经费标准执行。公办普通高中生均公用经费最低标准由每生每年500元提高到1000元。

三、深入实施“粤菜（客家菜）师傅”“南粤家政”“广东技工”三大培训工程。培养“客家菜师傅”270名以上。开展居家、母婴、养老和医护四个培训项目，培训660人次以上。支持广东技工终身持续提升发展，全面推行终身职业技能培训，完成各类职业技能提升培训800人次以上。

四、推进疫苗冷链配送和预防接种标准化建设。升级建设梅县区疾控机构冷链系统。实现19家预防接种门诊数字化。

五、提高低保、特困人员、孤儿基本生活补贴和残疾人补贴等保障水平。城乡低保对象最低生活保障人均补差水平分别从每月555元、290元提高到609元、302元。特困人员基本生活标准不低于当地最低生活保障标准的1.6倍。孤儿基本生活最低养育标准集中供养和分散供养水平分别从每人每月1685元和1025元提高到1820元和1110元。困难残疾人生活补贴、重度残疾人护理补贴标准分别从每人每月165元和220元提高到175元、235元。建档立卡贫困人员、最低生活保障家庭成员、低收入救助对象的住院费用一次救助的救助比例从80%提高至85%。建档立卡贫困人员、最低生活保障家庭成员的特定病种门诊一次救助的救助比例从80%提高至85%。

六、新建和提升改造一批厕所。完成农村卫生公厕建设185座。支持28所以上中小学厕所改造。新建旅游厕所4座。新建和提升改造城市厕所5座。

七、深入推进“四好农村路”建设。完成通100人以上自然村村道路面硬底化130公里。改造危桥2座。完成人民南路断头路建设。

八、推进重点区域饮用水工程建设。继续推进全域自然村集中供水工作，基本完成全部行政村集中供水任务，全面完成32个省定贫困村130个自然村集中供水任务，保障农村人口饮水基本安全。完成城区15个老旧小区供水管网改造,提高城区供水服务质量。

九、加大食品抽检力度和食品安全信息透明度。食品检验量达到每千人5批次，及时公布食品抽检信息，不合格食品核查处置率达到100%，防控食品安全风险。实现全区学校食堂“互联网+明厨亮灶”全覆盖，强化关键节点风险防控，推进校园食品安全。

十、加强地质灾害隐患点综合治理。完成2处地质灾害工程治理。完成1处地质灾害专业监测。

索　引

索引说明：

一、本索引采用主题分析方法，款目按汉语拼音字母（同音字按声调）顺序排列。

二、文中的类目题、分目题用黑体排版，其余用宋体排版。表格在其款目后注明“表”。

三、索引款目后的数字表示内容所在的页码，数字后面的拉丁字母（a、b）表示栏别（即版面的左右栏）。

四、同一主题的内容在文中多次出现的，在其款目后用不同的页码标明。

五、本索引对“大事记”“名录”“内设机构”“文献辑存”等篇不做内容主题分析。

主题索引

A

B

C

D

E

F

G

H

J

M

N

P

T

W

X

Y

Z